한국건축의 흐름

한국건축의 흐름

정영철 저

씨아이알

건축은 인간의 사고와 이념, 실제적인 생활과 기술을 반영하는 거울이고 역사는 시간에 대한 인간학이라고 할 수 있으므로, 건축사는 시간과 공간에 대한 사회학으로서 시대의 흐름에 따라서 건축양식의 변천이나 발전과정을 담게 된다. 쾌적하며 안전한 생활의 영위를 위해 기술적·예술적으로 전개되어 온 한국건축은 선인들의 사상이나 이념 등의 정신적 구조와 문화, 물질적 측면의 동질성을 지니는 총체적 집합체이다. 과거로부터 이어지면서 시대적 상황을 조화시킨 우수한 가치를 지니고 있는 것으로서, 우리나라의 자연적·인문적 환경 여건에 의해 형성된 것이다. 이 책은 오랜 역사와 뛰어난 예술성을 지닌 한국전통건축의 흐름을 파악하고자 한 것으로서, 세계문화 속에서 한국적인 건축문화의 가치를 규명하기 위해서는 그 속에 내재된 사상과 정신, 원리와 방법에 대한 깊은 이해, 그리고 한국건축의 특질을 형성시킨 풍토와 사상, 역사, 문화, 조형에 대한 종합적인 지식이 필요할 것이다.

즉, 고도의 조형예술적 특질, 광범위한 기술공학적 성질 등 건축이 갖는 다면성을 생각하면 건축사는 복잡다단한 인간생활을 다루는 총괄적 시각이 필요하므로 이 책은 한국건축을 구성하는 건축적·사회문화적·인문적·자연적 주요 요소 등을 설명하며 각 시대를 통해 건축의 흐름을 파악하고 조형의지를 고찰하고자 하였다.

최근 많은 기업체와 관공서 등 공공기관에서 인문학 열풍이 강하게 불어, 인문학이 사회적 트렌드로 확산됐고 이젠 기업들이 채용에서 인문학적 소양을 평가하는 단계까지 이르렀다. 인문학적 소양이란 세상이나 시대, 미래를 제대로 읽고 이해하는 안목을 말한다. 인문학이란 인간의 사상 및 문화를 대상으로 하는 학문으로서, 인문학 열풍은 결국 폭넓은 사고와 창의적인 생각을 필요로 하는 것에서 비롯되었다고 할 수 있을 것이다. 소위 '인간을 담는 그릇'이라고 하는 건축물을 다루는 건축분야에서는 인문학적 소양의 필요성은 더더욱 크다고 할 것이므로 이 책은 선인들의 사상 및 문화에 대해 폭넓은 인문학적 이해를 통하여 우리 한국건축의 역사를 파악하고자 하였다.

이 책은 한국건축문화의 역사적인 흐름을 건축의 기원에서부터 근대 이전까지 서술하였다. 일반적으로 한국건축사는 원시-고대-중세-근세 또는 왕조에 따른 시대구분에 따라 서술되지만, 이 책은 건축문화의 궁궐건축과 불교건축, 주거건축 등 각 유형별로 시대별 흐름을 고찰하고자 하였다. 한국건축은 기능과 기술, 조형이 주어진 자연 및 사회인문적 조건에 의해 형성된 자연과 인문 환경의 결정체이므로 이 책은 폭넓은 사고와 창의적인 생각의 인문학적 이해를 바탕으로 제1장에서는 한국건축의 자연적 및 사회인문적 배경요인, 한국건축의 특징, 목구조건축의 구성 등 한국건축문화를 이해하도록 하였고, 제2장에서는 원시시대의 건축과 각 왕조시대별 사회인문적 건축형성 요인들을 개략적으로 고찰한 다음 여러 유형별로 건축의 흐름을 시대별로 파악하였다.

이 책은 건축을 전공하는 학생이나 건축인들, 전통건축문화에 관심 있는 문화인들이 우리 전통건축문화에 대해 좀 더 쉽게 접근하며 이해할 수 있도록 가능한 한 쉬운 문장으로 표현하려고 하였으며, 이로써 우리 전통건축에 대한 관심과 애착이 한국건축의 발전으로 이어지기를 바란다. 끝으로 여러 가지 어려움과 힘든 일에도 불구하고 이 책이 출판되기까지 조언과 충고를 해주시고 애써주신 여러분께 심심한 감사를 드린다.

2016년 2월

정 영 철

목 차

한국건축문화의 이해

한국건축문화의 이해

1.1 한국건축의 배경

　문화는 인간의 역사 및 삶과 함께 형성되며 과거의 역사로서만이 아니라 오늘의 삶을 가늠해주는 지침이 되기도 한다. 한국문화는 한국인이 이 땅에서 5,000여 년 동안 살아온 역사이자 삶과 생활의 지혜로서, 모든 창조물과 성과의 집성이다. 한국의 문화와 예술은 한반도의 풍토와 역사, 민족성 등과의 밀접한 관계 속에서 자연적인 요소와 인문사회적인 요소를 배경으로 이루어졌다. 선인들은 반도라는 지리와 지형적 특징, 온화하고 뚜렷한 사계절의 기후, 유교와 불교, 음양오행사상 등을 배경으로 대륙문화와 해양문화가 융합되는 독특한 문화와 예술을 형성하여 왔다.

　일반적으로 한국문화의 형성과 전개과정은 다음과 같이 시대구분에 따라 요약될 수 있다. 원시공동체사회는 한국문화가 형성된 시기이고, 고대와 삼국시대는 한국문화와 외래문화가 접촉하며 문화의 개방성과 전파성이 이루어진 시기, 통일신라와 발해는 한국문화의 성숙기, 고려는 한국문화의 다양화 시기, 조선은 한국문화의 폐쇄적이며 민중적인 문화가 태동된 시기라 할 수 있다.

　이러한 문화 가운데 건축문화는 선인들이 우리 자연환경과 사회에 맞추어 생활의 터전과 그릇을 만들어 온 지혜의 결실이다. 건축은 그 지역의 지리나 자연적 조건, 인문사회적 요인에 맞도록 만들어지며 발전되므로 한국건축문화를 이해하기 위해서는 한국의 자연적 요인과 인문적 요인에 대한 이해가 반드시 필요하다. 한국의 건축은 전 국토의 70% 이상을 차지하는 산지, 주요 건축자재인 풍부한 나무, 온대계절풍 기후, 그리고 한민족의 성격이나 취향, 습성 등이 반영되어 고유한 특징과 전통이 만들어져 왔다. 사람이 생활하는 공간을 이루는 조형물로서 그 생활환경과 양상에 따라 형성된 전통건축은 그 자연환경뿐만이 아니라 선인들의 민족성 및 사고, 풍속 등을 잘 나타낸다. 한국의 자연과 풍토 및 자연관, 토속신앙, 풍수지리사상, 불교와 유교, 도교 등의 요인들은 건축의 기능이나 용도에 적합하도록 특유의 한국건축을 형성시켜 왔다.

1. 자연적 요인

지리적으로 유라시아 대륙의 동쪽 한끝에 자리 잡고 있는 한국은 결합기능과 분리기능을 지니는 반도에 위치하고 있다. 한국은 대륙과 해양이 접촉되는 반도국의 점이지역으로서, 대륙의 주변국으로서 문화의 적응성과 보수성을 지녔는데, 한국인들은 대륙문화와 해양문화와의 접촉이 쉬운 반도적·전이적 위치에 놓여 있는 반도의 특성을 잘 살려 불교와 유교 등 대륙문화를 적절히 토착시키고 일부는 해양쪽의 일본으로 전수해주는 역할도 하였다.

한국의 지형은 우리나라의 지붕이라 불리는 개마고원이 함경산맥 북쪽에 위치하며 태백산맥과 함경산맥이 동쪽에 치우쳐 있어 동쪽과 북쪽이 높고 서쪽과 남쪽이 낮은 형상이다. 한국은 국토의 약 70%가 산지인 산악국이지만, 1,000m 이상의 높은 산지는 약 10%에 불과하고, 200~500m의 낮은 산지가 40% 이상을 차지한다. 이러한 지형 조건은 농업과 건축, 마을, 교통, 사상과 예술 등 각종 문화에 직접적·간접적으로 영향을 주었다. 높은 산지는 여러 가지 커다란 장애로 작용하여서 태백산맥과 소백산맥 등이 지역과 주민을 경계지워 행정경계가 이루어지고 호남과 영남, 관서와 관북 등 각기 개성이 뚜렷한 지역들이 형성되었으며, 언어와 주택구조, 농업, 풍속 등 차이를 보이게 되었다.

지질학적으로 노년기의 침식지형으로 경사가 완만하고 급류성의 하천이 드물며 넓은 평야가 적은 금수강산의 한국 지형조건은 부드럽고 곡선적인 자연환경을 형성했으며, 자연의 지세를 존중하며 자연에 조화되는 세계관과 자연주의적 민족성을 발생시켰고, 예술과 일상도구, 생활양식에 역동적인 곡선을 만들어내게 되었다.

한국은 북위 33~43°의 아시아대륙 동단에 위치해 사계절의 구분이 뚜렷한 온대 내지 냉온대 기후지역에 속하며, 더위와 추위의 차가 심하다. 기후는 일반적으로 의식주 생활과 마을의 입지, 산업활동 등에 큰 영향을 미치는데, 우리나라의 의식주 생활은 대체로 겨울의 추위와 여름의 더위를 이겨내도록 만들어졌다. 동서남북으로 다양한 기후는 한대성과 열대성의 2중적 성격을 띠는데, 겨울에는 시베리아의 대륙성 고기압으로부터 북서계절풍이 불어와서 매우 추운 반면, 여름에는 북태평양의 해양성 아열대고기압이 지배하여 몹시 무더우므로 고유의 온돌난방과 마루구조를 형성하게 되었다. 사계절이 뚜렷하며 온난다습한 여름, 한랭건조한 겨울의 기후조건은 건축 재료의 선택이나 사용, 형태, 색채, 질감 등에서 최적의 상태를 이루도록 하였으며, 재료에 있어서는 벽돌이나 진흙 등과 같은 재료를 사용함으로써 여름과 겨울 모두 쾌적하게 유지할 수 있었으며, 양질의 석재로 고대부터 석탑과 석불, 석조건축물이 발달되었다.

기온의 측면에서는 대륙성 기후이고 강수나 바람의 측면에서는 몬순(계절풍) 기후이기 때문에 한국의 전통주택은 겨울의 추위와 여름의 더위를 견딜 수 있도록 온돌과 마루가 설치되어 있다. 전통주택은 방한에 대비하여 일반적으로 지붕이 낮고 방이 좁으며 벽이 두껍고, 창과 문의 수는 적고 규모도 작으며, 2중 구조로 되어 있는 경우가 많은 한편 마루나 대청이 설치되어 있어 여름을 시원하게 보낼 수 있도록 구성되었다. 또한 주택의 구조도 지방에 따라 북쪽으로 갈수록 폐쇄적으로 되는데, 관북지방의 주택은 부엌과 방 사이에 정주간을 설치하고 부엌을 넓혀 작업장으로 이용하며 축사도 부엌에 설치되었다. 집터와 마을터로서는 강한 북서계절풍을 직접 받지 않고 일사량을 최대로 받을 수 있는 남향 산록이 제일 좋은 곳으로 여겨졌는데, 풍수지리사상에서 길지의 으뜸으로 여겼던 배산임수는 우리나라의 기후나 자연환경과 잘 부합되는 조건인 것이다.

한국은 남북의 기후 차이가 크고 지표의 기복이 심하여서 식물의 종류가 풍부하고, 난대와 온대, 냉대의 수림대가 분포하며, 고도에 따른 식생의 변화도 현저하여 다양한 수종을 활용한 목조 중심의 건축이 발달하였다. 전통적인 건축의 재료로는 쉽게 구할 수 있는 것을 이용하였는데, 목재가 가장 많이 사용되었고 그 다음이 흙과 돌이었다. 풍부히 생산되는 소나무는 재질의 특성과 우리 민족성이나 취향이 잘 어울렸기 때문에 주요 자재로 많이 사용되었다. 전통주택은 지붕재료에 따라 초가, 기와집, 너와집, 굴피집 등으로 구별하기도 한다.

2. 인문적 요인

고유의 언어로 사고하고 살아온 한국인은 혈통적으로는 동이계의 족속이 근간이 된 몽고인종이며, 언어로는 알타이 족의 한 갈래로서 알타이 산지와 바이칼 호 일대에서 동쪽으로 이동해 중국 장성지대의 동북부와 요령지방 및 한반도에 정착하여 하나의 민족단위를 형성하였다. 이후 이 지역의 요하 등 여러 하천의 유역에 펼쳐진 평야에서 농경문화를 이루고 마을을 형성하며, 청동기문화를 발달시키면서 읍락국가를 형성하였다. 이러한 읍락국가 가운데 고조선이 가장 강성했으며 여러 읍락국가의 지도적 나라가 되었다.

한국민족은 동양문화의 원시적 기반을 형성하였던 흑해 연안과 시베리아에서 펼쳐진 북동아문화(Scytho-Siberia 또는 Scythia-Siberia)에서 시작되어, 중국문화와 인도불교문화를 받아 융합, 발전시켜서 고유의 문화를 형성하였다.[1] 북동아문화의 요람기에는 청동검과 청동거울 등 청동기가 전래되며 원시민간신앙의 자연숭배와 영혼불멸사상 등으로 인해 많은 거석분묘건축을 이루었고, 단일민족의 긍지와 홍익인간의 사상을 나타내는 건국신화의 수직적 세계관과 아담한 풍토환경의 영향으로 소박하며 청초한 문화적 환경이 형성되었다. 한민족은 깨끗하고 맑은 하늘, 아담한 풍토환경 등으로 인하여 청초함을 상징하는 흰빛을 사랑하게 되어 백의민족이라 불렸다.

고대의 한민족은 정치적 측면에서 하늘과 사람의 교섭관계를 믿어서 하늘을 신격화하여 최고의 주재자로 보고 왕권은 하늘이 준 것으로 보며 궁궐건축을 조성하였고, 한대의 천문사상과 점성사상에 유래하는 중국의 궁전건축을 본받은 불사건축이 조영되었다. 불교의 전래는 각 시대를 통하여 수많은 불교건축을 건립하게 하였고, 조선시대에는 유교가 융성하여 문묘, 향교 및 서원들이 크게 성행하였다. 한국사상은 자연환경의 영향을 받으며 민간신앙의 바탕 아래 유교와 불교, 도교를 받아들여 주체적으로 발전해왔다. 유교와 불교, 도교, 음양오행설에 의한 풍수지리사상 등이 도읍이나 주거지의 선정 등 건축문화에 크게 영향을 주었으며, 한국의 건축에는 그 시대와 문명의 사상과 철학이 스며들어 있는 것이다.

1) 민간사상

(1) 음양오행사상

음양오행사상은 동양사상의 바탕을 이루며 무속과 풍수 등의 논리적 근거가 되는 등 생활 전반에 영향을 주었다. 우주 형성과 질서의 원리로 여겨지는 음양오행설은 음양설과 오행설을 함께 지칭하는 말이다. 음양은 사물의 현상을 표현하는 하나의 기호로 우주의

---

1 스키타이(스키토)라는 민족은 B.C. 6~7세기경 흑해의 북방 지대에 번영하였던 유목민족으로, 그들은 대륙의 북부를 거쳐 동방으로 널리 분포되어 있었으며, 이들의 문화는 B.C. 5~4세기경 역사 무대에 등장한 흉노족에 의하여 만주 및 우리나라에 전해진 것으로 여겨진다. 스키토-시베리아유형은 흑해 연안, 우크라이나에서 북중국 만주지역에 이르는 유라시아 스텝 지역의 초기철기시대에 공통적으로 보이는 유물을 가지는 여러 문화를 통칭하는 용어이다.

모든 만물은 음과 양의 조화로서 이루어지는 것이다. 오행은 우주만물을 형성하는 원기로서, 오행의 상생과 상극의 관계로 사물 간의 상호관계 및 그 생성의 변화를 해석한다. 오행사상은 5라는 수를 바탕으로 삼는데, 오방 관념, 오색, 오덕 등과 연결되며 상징성을 갖게된다. 음양오행론은 풍수지리사상과 함께 자연환경과 건축의 배치, 형태 등 전통건축에 큰 영향을 미쳤다. 『도선비기』에 "산이 별로 없을 때에는 고루(高樓)를 짓고 산지에서는 평옥(平屋)을 짓는다고 하였다. 고루는 양이고 평옥은 음이라, 우리나라가 산이 많은 지형이라 양인데 고루를 짓는다면 이는 서로 상충되어 좋지 않으니 음인 평옥을 지어야 하는 것이다."라고 하였다.

(2) 민간신앙과 샤머니즘

고대인들은 천신과 태양을 숭배하고, 영혼불멸사상과 영혼숭배사상, 그리고 일월성신이나 산천초목에 모두 정령이 있다고 보는 애니미즘을 가지고 있었다. 또한 고대시기에는 조상의 영혼에 대한 숭배사상도 형성되어 조상을 후장하고 많은 부장품들을 함께 묻는 관습이 성행하였다. 샤머니즘(shamanism)은 우리 민족의 역사와 함께해 온 주술적 민간종교로서 무속이라고도 하는데, 샤먼을 중심으로 초월적 힘을 믿으며 인간의 불가항력적인 능력을 하늘과 신 등에게 의탁함으로써 현세의 고통이 없어지도록 기복한다. '샤먼'이라는 말은 퉁구스계족에서 주술사를 의미하는 '사만(Saman)'에서 유래한다고 한다. 샤머니즘은 오랜 세월을 거치며 무(巫, 여자 : 무당)나 격(覡, 남자 : 박수)의 신앙적 요소가 점복, 부적, 세시풍속과 통과의례 등에 남아 있어 선인들의 생활과 사고에 커다란 영향을 주어 왔다.

(3) 풍수지리사상

장풍득수(藏風得水)를 줄인 풍수는 '바람을 가두고 물을 얻는다'는 뜻이며, 낙원이나 이상향에 대한 염원이 함께 얽혀 자연과의 조화로운 삶, 행복을 추구하는 선인들의 자연관을 말해주기도 한다. 풍수지리설은 음양오행과 주역을 기초로 정리된 경험과학적 또는 통계학적 학문이라 할 수 있으며, 산세와 지세, 수세 등을 판단하여 인간의 길흉화복에 연결시키는 이론으로서, 도성과 사찰, 주거, 분묘 등을 축조하는 데 있어 재앙을 물리치고 행복을 가져오기를 꾀하는 것이다. 풍수지리의 원리는 산과 물이 기본으로, 우주의 모든 만물은 음과 양의 조화로써 이루어지듯 역시 산[음]과 물[양]이 어울려 배합되는 곳에서 혈과 명당이 만들어진다는 것이다.

선인들은 땅과 하늘 모두가 살아 있으며 우주를 형성하는 에너지인 기가 내재해 있다고 믿었다. 풍수란 바로 이 땅의 생기를 살피는 것으로서, 땅 위의 모든 것들을 움직이며 인간에게 감응을 일으켜 인간의 운명을 좌우한다고 여겨진 생기가 모이는 장소가 혈과 명당이다. 혈 주위를 에워싸는 산을 사(砂)라고 했으며, 방위를 청룡(동)과 주작(남), 백호(서)와 현무(북)의 4가지로 나누어 모든 산천과 건축물은 이들 4개의 동물을 상징하는 것으로 간주하였다. 그리고 땅속에 흐르고 있는 정기가 방해되거나 흩어지지 않는 장소에 주택이나 조상의 묘를 만들면 그 정기를 받아 부귀와 행복, 장수를 누리게 된다고 믿었다. 묘의 좋고 나쁜 기운이 후손들에게 끼치는 영향은 발복, 발음 또는 동기감응(同氣感應)이라 불린다.

풍수는 음택풍수와 양택풍수로 크게 나누어지며, 위치와 좌향을 다루는 풍수의 원리에는 간룡법과 장풍법, 득수법, 정혈법, 좌향론, 형국론 등이 있다. 간룡법은 풍수에서 산을 용으로 여겨 산맥의 흐름이나 형세를 보는 것이며, 장풍법과 득수법은 산과 물이 흐르는 형세를 보아 바람을 막고 물을 얻는 원리이다. 여기에는 좌청룡, 우백호, 전주작, 후현무라 하여 사방에 산이 둘러싸는 형세를 이상으로 여기고 그 안에 생기가 집중되는 혈(穴)을 찾는 것이 정혈법이다. 좌향론과 형국론은 명당과 혈의 위치에서 본 방위를 종합적으로 판단하여 좌향을 결정하는 방법이다.

양택풍수는 집터를 고르는 일에서부터 건물의 위치와 방향, 건물의 형태, 건설시기와 과정, 건축방법 등에 적용되었다. 공간의 모양, 대문과 담장의 형태, 창호의 배치, 집터의 규모, 나무의 종류와 위치 등 건축계획과 관련된 대부분이 풍수 또는 음양오행의 이치에 합당하도록 이루어졌다. 일반적으로 주요 건물의 위치와 좌향이 결정되면 주요 공간은 좌우전후의 네 방향에 각각 청룡, 백호, 주작, 현무에 해당되는 건물로 둘러싸이는 정연한 구성을 이루게 된다.

2) 불교사상

B.C. 6세기경 인도에서 창시된 불교는 고타마 붓다의 가르침과 진리를 깨달아 깨우친 사람, 곧 부처가 될 것을 가르치는 종교이다. 불교의 본질은 깨달아 성불에 이르고자 하는 것으로서, 한국에는 자리이타(自利利他)의 보살도를 실천할 것을 강조하며 성불과 불국정토 건설을 궁극의 목표로 삼는 대승불교가 전래되었다. 대승이란 모든 사람을 이상의 경지에 싣고 가는 큰 내용과 이치, 실천과 결과를 가지고 있다는 뜻이다.[2]

고구려 소수림왕 2년(372) 불교가 전래된 이래 삼국에 있어서 불교는 국가번영과 왕실의 안녕을 비는 호국불교로서 사상과 정치, 문화, 생활, 건축과 공예 등에 지대한 영향을 미쳤다. 불교는 이 땅에 정착하면서 한국의 고유한 역사와 사상, 신앙과 습합하여 독특한 믿음과 문화를 형성하였고, 역사적으로 민족종교로서 선조들을 이끌어가는 정신적인 역할을 하였다. 불교는 한국에 전래되어 한민족과 호흡을 같이하는 종교가 되었으며, 불교문화는 우리나라 문화에 많은 영향을 끼쳤다. 불교의 전개와 함께 수많은 사찰건축과 불탑이 세워지고, 불교교리와 신앙에 기초하여 예배의 대상이나 교화 활동, 불교 의식의 필요에 의해서 불교적인 소재를 조형화한 불상과 범종, 그림과 조각, 음악 등의 예술이 발달하였다.

3) 유교사상

유교는 중국 춘추시대(B.C. 770~B.C. 403) 말기에 공자에 의해 체계화된 유학을 종교적 관점에서 이르는 말이다. 유교는 수천 년 동안 동양사상을 지배하여 온 사상으로서, 그 핵심은 수기치인이라 할 수 있다. 즉, 유교는 인(仁)을 모든 도덕을 일관하는 최고이념으로 삼고, 최고 경지인 성인이 되기 위해 자기 자신의 수양에 힘쓰고 천하를 이상적으로 다스리고자 하는 수신·제가·치국·평천하의 실현을 목표로 한다. 유교의 기본적 교의는 오륜오상, 수기치인, 천인합일, 세속적 합리주의로서, 오륜오상은 군신, 부부와 형제, 붕우의 신분혈연적 관계를 인륜질서로 보고[3] 그 인간관계를 지지하는 데 필요한 도덕이 인의예지신의 오상이라는 것이다.

조선의 시작과 더불어 유학을 기반으로 하는 사대부들은 불교를 억압하기 위한 도구로서 유학을 가르침으로써 유교사상이 일반화되기 시작했다. 유교는 조선시대에 와서 전성기를 맞이하여 정치와 경제, 사회, 문화, 예술 등 각 방면에 걸쳐 영향을 미치게 되었다. 예술도 유교에 바탕을 두고 이루어졌으며, 건축과 공예, 서화의 작품은 실용성과 예술성을 조화시키며 자연미를 살리고자 하였다. 유교사상은 예술을 일정한 범위 안에서 절제되어야 하고 사회적 가치를 지니고 정화하는 기능을 가져야 한다고 여겼으며, 미를 시각을 자극하는 화려한 화장이나 꾸밈이 아니라 다듬어진 인격이 외적 형식으로 드러나는 결과라고 보았다. 오륜오상의 질서와 구별의식이 강조되는 유교사상은 기단의 크기나 높이, 다포건물과 익공건물의 차이, 지붕형식의 구별, 주요 건물과 부속건물 등에서 위계를 이루며, 남녀노소의 공간구분과 신분계급에 따른 공간구분 등에서도 나타나게 되었다.

....

2   승(乘)이란 것은 사람을 이끌어 이상의 경지에 이르게 하는 불교의 가르침을 물건을 싣고 운반하는 수레에 비유한 것이다.
3   오륜은 유교에서 사람으로서 지켜야 하는 다섯 가지의 윤리로서, 부자유친(父子有親), 군신유의(君臣有義), 부부유별(夫婦有別), 장유유서(長幼有序), 붕우유신(朋友有信)을 말한다. 삼강은 군위신강(君爲臣綱), 부위자강(父爲子綱), 부위부강(夫爲婦綱)이다.

유교의 천인합일사상은 인간의 안과 밖의 세계가 모두 하늘, 곧 자연의 이법에 근거되어 지어진 것으로서, 건축과 자연이 하나가 되게 하는 건축형식을 형성케 하였다. 성리학의 성행으로 사림들이 은거하여 수양하며 독서하기에 좋은 곳에 세운 서원과 누정건축은 유교적 자연관과 사고, 천입합일사상이 잘 나타난 건축이다. 전통주거도 충효사상이나 남녀유별이나 장유유서 등 유교의 덕목을 실천하는 장소로서 구축되었다.

4) 도가사상과 도교

도가사상은 유교사상과 더불어 2천여 년 동안 중국철학의 두 주류를 이루며 동양의 생활과 사상을 형성해 온 중국 고유의 종교철학이다. 도가사상은 노자의 도덕경, 장자, 열자 등에 보이듯이 도교가 종교의 형태로 형성되기 이전에 이미 존재하고 있었다. 도가사상은 우주의 절대적 존재를 무(無)라고 하는 무위자연설을 주장하는 사상으로서 제자백가의 하나인 노장사상을 발전시킨 것이다. 도가사상은 현실적 타락과 무지의 근거를 찾아 제거하며 자연의 실상을 깨달은 참된 지혜를 통하여 인위적인 것을 배제하고 자연의 순리에 따르는 무위의 삶을 추구하고자 하는 무위자연의 사상이다. 도가사상이 갖는 무위, 무형, 무용의 3무사상은 건축 공간에서의 비움의 미학이나 자연재료를 있는 그대로 본성을 살리며 다듬고 사용한 것 등 건축의 공간과 재료, 기예의 측면에서 큰 영향을 미쳤다. 자연의 실상을 깨달은 참된 지혜를 통하여 무위의 삶을 추구하는 도가사상은 사각형 방지와 삼신선산, 무산십이봉을 도입한 삼국시대의 정원 조성에 이미 표현되었다.

도교는 신선사상을 기반으로 자연 발생한 중국의 대표적인 민족종교로서, 음양오행과 노장사상, 유교, 불교, 통속적인 여러 신앙 요소들을 받아 형성된 중국의 토착종교이며, 노자와 장자를 중심으로 한 도가사상과 구별된다. 종교로서 도교는 유교와 민간신앙의 중간에 위치하는데, 심신의 수련을 통한 불로장생의 탐구와 기복을 통한 현세이익을 추구한다. 도가사상과 도교는 한국과 일본, 베트남 등지로 퍼져 나갔으며, 한국의 역사 속에서 지식인뿐 아니라 민간신앙에도 커다란 영향을 주었으며, 의학 및 민간풍습, 건축과 정원 구성, 문학과 예술 등에 많은 영향을 미쳤다.

도교와 도가사상은 고구려 영류왕 7년(624) 전래된 이래 천체, 예술, 무속, 산악신앙 등 큰 영향을 미쳤고, 백제와 신라에서는 노자, 장자의 무위자연사상을 받아들여 자체 사상과 융합하면서 선도, 선풍 의식을 심화시켜 나갔다. 도교는 무속과 더불어 도참사상이 상존하여 모든 것이 기복종교의 현상을 띠던 고려시대에 가장 성행했으며, 여러 민간신앙과 습합되면서 불교의 도참사상과 함께 민간생활까지 뿌리를 내렸다.

1.2 한국건축의 특징

한국건축은 자연 및 지리적 환경, 민족성과 가치관, 생활태도 등으로 인하여 단아한 아름다움과 담백하고 순박한 맛을 갖게 되었다. 한국건축은 목조건축이 주류를 이루었으며, 겨울의 극심한 추위와 여름의 무더위를 피하기 위한 건축이 발달되었고, 산지지형에 조화되기 위하여 작은 규모의 아담한 건축이 만들어져 왔다. 풍수지리설에 따라 자연환경과 조화를 이루도록 건축의 배치와 형태, 규모를 구성하여 왔다. 자연에 조화되며 번잡하지 않고 균형 잡힌 안정감이 뛰어난 한국건축은 무기교적이고 담백한 반도성, 청초성의 건축미를 갖는다.

한국전통건축을 형성한 인문적 요인으로서는 천문사상과 음양오행사상, 풍수지리사상, 종교적으로는 샤머니즘과 유교, 불교, 도교 등의 요소가 있다. 이러한 요소들은 대지의 선택에서부터 배치와 좌향, 평면 형태, 건물의 높낮이, 장식적인 요소에 이르기까지 건축의 상징적이고 실질적이며 구체적인 부분까지 영향을 미쳐왔다. 선조들의 민족성이나 사상, 습속에 따라 형성된 한국건축은 자연환경과 잘 조화되도록 규모나 형태를 정하였으며, 건축을 균형 잡히고 아름답게 구성하기 위해 공포구조와 기둥의 연출과 같은 뛰어난 여러 기법들을 발달시켰고, 매우 간결하고 담백하며 안정감과 친근감을 갖도록 조영되어 왔다.

1. 자연주의적 건축관

1) 자연과의 조화

전통건축은 자연경관과 잘 조화되도록 모양과 크기가 정해졌으며 자연을 해치거나 바꾸려 하지 않고 오히려 건축을 통하여 자연을 더 돋보이게 하려고 하였다. 흔히 서양의 예술은 지나치게 합리적이어서 이성적, 추상적, 직선적인 반면에, 동양의 예술은 정적이고 곡선적이며 자연적인 특성을 지닌다고 한다. 농본문화적 특성을 지닌 우리 민족은 중용의 성격을 지니며 자연과 조화를 이루고자 했으므로, 건축도 극대하거나 왜소하지 않고 자연에 순응하며 조화시키려 하였다. 전통건축은 자연에서 아름다움을 찾고 모든 척도를 자연 그 자체에 두는 자연중심주의 건축으로서, 주변의 자연환경과 유기적으로 더욱 조화되어 있다. 더구나 전통건축은 주로 목구조로서 재료가 주변의 자연 수목과 같을 뿐만 아니라 내부공간이 쉽게 개방될 수 있고, 깊은 지붕 처마에 의한 매개공간은 내외부 공간을 연결하며 자연환경까지도 침투시켜주기도 하였다.

건축을 자연과 조화시키는 방법에는 일반적으로 여러 요소들이 잘 어울려 변화와 통일을 포함하여 대비시키거나 또는 유사하도록 구성하는 방식이 있는데, 대비조화는 자연에 비해 건축을 돋보이도록 전혀 다른 요소인 자연과 대비시켜 조화를 이루고자 하는 것이고 유사조화는 건축을 자연에 융화되도록 서로의 요소들이 조화되며 동일감, 친근감을 주는 친화적이며 공생적 조화이다. 전통건축이 자연과 연계되며 조화를 이루기 위해서는 자연이 건축물의 배경이 되거나 외부공간에서 좋은 자연경관으로 조망할 수 있게 하는 방식을 택하기도 하였다. 선인들은 자연경관을 직접 찾아가거나 건물 안으로 옮겨 놓지 못할 경우에도 건물에서 자연을 조망하고 즐길 수 있도록 하는 방식을 쓰기도 했는데, 외부 자연의 전망을 건축 안으로 끌어들이는 수법을 차경이라 한다. 대지 선정에서부터 건물의 좌향과 외부공간의 형성에까지 영향을 준 풍수지리설로 인하여 전통건축은 배경이 되는 뒤쪽의 자연과 중첩되면서 어울리며 공간감이 뛰어나게 구성되었다.

자연과 조화롭고자 한 선인들이 추구한 건축은 인간과 건축이 한 몸이 된 관계, 인간이 내부 중심에서 정위하여 사방의 자연과 관계하는 구조를 가지며, 건물의 중심과 그곳에서 본 사방 개념이 중요하게 된다. 경복궁과 창덕궁, 부석사와 통도사, 병산서원 등과 같은 사례로 살펴보면, 산으로 둘러싸인 명당에 위치한 경복궁은 자연경관에 대한 시각적 배려가 잘 이루어져 있고 자연지형은 공간을 더한층 풍요롭게 만들어주었으며, 창덕궁에서는 진입과정을 꺾어 변환시켜 입체적으로 아름답게 보이며 앞뒤로 나무숲으로 둘러싸여 있는 듯 어울리게 하였으며, 통도사에서는 자연이 주요 건축물의 배경이 되고 또 지붕들 사이의 비어진 부분을 시각적으로 메워주는 자연과 건축의 조화를 잘 볼 수 있다. 병산서원은 자연과 건물들이 하나가 되는 뛰어난 공간감을 보여주는데, 만대루 2층 기둥 사이로 낙동강과 병산과 하늘이 7폭 병풍이 되어 얽히며 펼쳐지는 풍경은 한 폭의 그림과 같이 나 자신이 자연 가운데에 묻혀 있는 느낌을 갖게 한다. 또한 건축과 자연의 조화를 위해서는 건축물과 함께 자연지형을 활용하여 자연을 건축과 조화를 이루도록 조성하여 건축과 주변 지형이 유기적으로 조화된 건축의 외부공간을 형성하기도 하는데, 특히 부석사와 법주사, 금산사, 소쇄원, 독락당, 도산서원, 창덕궁 후원처럼 기복이 심한 자연지형에 인접한 경우 주변 지세를 잘 활용함으로써 건축외부공간을 더욱 풍요롭게 형성하였다(그림 1-01~05).

그림 1-01 창덕궁 후원의 부용지와 주합루의 조화
그림 1-02 안동 병산서원 만대루

그림 1-03 담양 소쇄원의 조화로움
그림 1-04 안동 도산서원의 도산서당 앞의 정우당

그림 1-05 경주 안강 독락당의 계장(좌)과 살창(우)

이러한 자연과의 조화라는 특성은 순박하고 자연에 따르려는 민족성이나 생활양식, 사상, 건축계획과 시공, 재료 처리 등에서 엿볼 수 있다. 한국건축의 가장 중요한 특성은 자연주의로서, 자연에 순응하고 교감하면서 살아간 선인들의 자연에 대한 사랑이나 외경이 잘 반영되어 있다. 전통건축에 나타난 자연관에 대하여 최순우는 "이것은 한국인들의 자연애와 자연에 대한 깊은 외경의 표징이며 나무 한 그루에도 정령과 생명이 스며 있다는 믿음을 가진, 자연도 인간 못지않은 존귀한 생명력을 지니고 있다고 믿음으로써 자연 보전의 가치관과 신념을 나타낸 것이다."라고 하였다. 한국건축은 위치 선택에서부터 자연과의 조화를 중시하여 자연을 침해하지 않고 더 아름답게 할 수 있는 건물 위치를 선정하려고 노력하였다. 전국의 누정들은 건물 자체를 내세우기보다 자연의 허점을 메우는 요소로서 자연과 동화하여 완벽한 환경을 조성하는 역할을 하였다. 선인들은 건물 안에서 먼 곳을 바라보는 즐거움과 함께 외부에서 건물을 바라보는 즐거움도 중요하게 여겨 왔으므로, 한국건축은 건물의 내부에서 밖으로 내다보는 시각적 구성과 함께 멀리에서 바라보이는 건물 형태의 구성도 뛰어나게 되었다.

선인들은 건축계획과 시공방법에 있어서도 지붕의 처마곡선을 형성하는 방법처럼 인위적인 기교를 많이 쓰지 않고 자연적인 아름다움을 나타내고자 함으로써 유려하고 아름다운 지붕 형태가 이루어졌다. 또한 건축재료의 가공과 사용에 있어서도 재료 본래의 특성을 잘 살리려고 하였다. 한국건축은 구부러지고 휘어진 부재를 적재적소에 적절히 그리고 아름답게 사용해왔기에, 굽은 정도에 맞추어 배열한 서까래로 인한 처마선의 아름다움, 알맞게 굽은 나무를 사용한 기둥과 보, 그리고 우미량의 자연적인 아름다움, 기둥의 아랫부분을 그렝이질하여 초석면에 맞도록 한 덤벙주초는 한국건축의 자연스러움을 잘 말해준다. 자연을 거슬리지 아니하고 조화로움을 추구하는 것은 우현 고유섭이 말하는 '무기교의 기교'이며, '무관심성'이라 할 수 있다. 자연 형태에 약간의 가공을 함으로써 자연과 융합하려는 성격은 목구조뿐만 아니라 석조물과 외부공간구성에서도 잘 나타난다. 순리대로 자연과 교감하며 자연과 융합되어 조화시키고 무작위적이고 무기교의 자연스러움을 보여주는 한국건축은 꾸미는 가운데 꾸미지 않은 듯이 보이게 하는 소박한 성격을 지닌다.

2) 풍수지리사상의 영향

풍수지리설은 산세와 지세, 수세 등을 판단하여 인간의 길흉화복에 연결시켜 재앙을 물리치고 행복을 가져오고자 하는 이론이다. 풍수지리사상은 신라 말기에 대두되었는데,

도선선사는 당나라 말기 일행선사(?~727)가 형성한 중국의 감여설[4]과 불교의 선근공덕사상,[5] 도교의 음양오행사상 등을 결합하여 소위 풍수도참설을 이루었다. 고려 태조 이후 풍수지리사상에 입각한 건축이 성행하여 양택이나 음택을 마련할 때 풍수사상에 순응하도록 계획되어 왔다. 풍수사상은 고려시대와 조선시대를 통하여 당시의 자연관이자 상식, 과학이며 건축학이었다고 할 수 있다.

인간이 살기 좋은 곳을 찾고자 하는 풍수지리는 '바람을 갈무리하고 물을 얻는 것'이라는 뜻의 장풍득수(藏風得水)를 줄인 것이다. 풍수사상의 기본 원리는 자연 지세와 환경을 잘 분석, 활용함으로써 생활의 복리를 추구하고자 하는 것이다. 자연에는 생기가 흐르고 있고, 이 기운이 많이 모이는 곳이 명당으로서 바로 인체의 혈에 해당된다. 이 명당자리에 무덤을 만들거나 집을 지으면 좋은 기운을 통하여 복을 받을 수 있다는 것이 풍수지리의 핵심이다(그림 1-06). 풍수지리는 지기로서 이루어진 살아 있는 땅에 인간이 어떻게 잘 조화롭게 살 것인가 하는 것에서 시작하여 자연과 조화된 삶의 터전을 마련하려는 것으로, 풍수지리적으로 결함이 있거나 좋지 않은 경우에는 보다 나은 상태로 보완하기 위해 본래 모습에 인위적으로 설치하거나 가꾸는 비보를 하기도 한다.

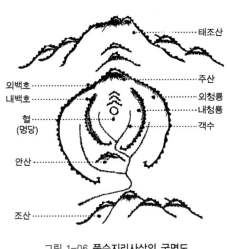

그림 1-06 **풍수지리사상의 국면도**

전통건축은 풍수지리설이 건축의 입지, 방향, 규모에 강하게 작용하여 자연환경과의 사이에도 밀접한 상관관계를 이루고 건축계획과 재료나 공간의 성격에 영향을 미쳤다. 풍수사상에 입각해 산이 많은 곳에 양의 건물을 세우면 두 양이 서로 상극하여 지력이 쇠약해진다는 설에 따라 크고 높은 건물이 세워지지 않았다.

2. 조형의장의 특성

한국건축은 안정되고 아름다운 외관을 만들기 위해 뛰어난 미적 감각과 조형의장의

---

4 산세, 지세, 수세 따위를 판단하여 인간의 길흉화복에 연결시켜 설명하려는 이론
5 좋은 과보를 낳게 하는 착한 말과 행동, 의지와 불도를 닦은 덕

원리를 잘 활용하였다. 선인들은 편리하고 아름다운 건축을 구축하기 위해 배치계획과 평면계획, 공간구성, 형태에 조형계획적인 기법과 정연하고 질서 있는 비례관계를 사용한 반면 기능과 관계없는 부가적인 장식을 많이 하지 않아 매우 간결하고 담백한 맛을 풍기는 조형을 이루었다. 아름답고 균형 잡힌 건축을 만들기 위해서 인체를 기준으로 하는 척도를 사용하며, 시각적인 착각현상을 교정하고, 여러 가지 공간구성의 기법들을 사용하였다. 또한 전통건축은 우주와 자연현상, 사상의 기호화로서 자연과 천문사상, 음양사상 등을 의미 있게 표현한 기호 및 상징체계로 이해되기도 하다. 건축을 하나의 조형물로서 아름답게 만들고 의미를 부여하며 구조적으로 안전도를 높이는 이러한 기법과 특징들은 오늘날까지도 잘 유지되고 있다.

1) 친근감을 주는 척도

모든 형태는 일정한 크기를 가지는데, 척도는 인간의 생활이나 동작을 기초로 건축물의 설계나 계획, 또는 시공의 측면에서 고려해야 할 일반적인 기준 중의 하나이다. 척도(scale)는 대상을 측정하기 위해 일정한 규칙에 의하여 만들어진 양을 나타내는 기호 또는 숫자이며, 상대적인 크기를 나타내는 개념이다. 건축에서 척도는 건축물의 비례를 측정하려는 관찰자와 건축구성 비율을 조화시키려는 시도로서, 평면의 크기를 결정짓는 것은 척도이며 척도의 응용이 비례의 기본이 되고, 비례는 기본단위척(module)을 기준으로 형성된다고 볼 수 있다. 건축가는 다양한 척도를 폭넓게 탐구하고 적절하게 이용함으로써 조화롭고 아름다운 건축환경을 조성할 수 있게 된다. 척도에 있어서 크기는 상대적인 것들 사이의 관계를 전제로 하여 거대한, 미세한, 기념적인, 인간적인 척도를 갖는다고 할 수 있다.

전통건축은 자연을 거스르지 않고 자연과 인간이 공존하는 삶에 중심을 두었으므로 건물의 계획과 구조에서부터 재료에 이르기까지 자연을 느낄 수 있도록 되어 있다. 대부분의 전통건축은 쾌적한 환경을 이루기 위해 지나치게 장대하거나 위화감을 주지 않은 인간적 척도(human scale)의 규모로 조성되어 미관이 아담하고 순박하며 친화감을 준다. 전통건축은 건물과 실의 넓이와 폭, 높이, 기둥의 굵기나 높이, 들보의 크기, 천장 높이, 지붕의 경사나 크기, 생활 가구와 도구 등 모두 사람의 인체 구조에 맞게끔 되어 있어 합리적이고 편리하게 되어 있다.[6]

....

6 한국의 단위는 모두 인간을 기본으로 하여 이루어지는데, 예를 들면 한 홉은 한 번에 마실 수 있는 물의 적정량이고, 한

한국의 전통주택에서 실의 크기와 비례, 척도는 인체와 인간의 생활치수를 기본으로 이루어진다. 한국건축에서 내부공간은 시각적으로 친밀하게 느껴질 뿐 아니라 정답게 대화를 나눌 수 있는 사방 8척(약 2.4m)의 크기가 기준이 된다(그림 1-07, 08). 천장의 높이는 사람 한 길의 1.5배, 곧 서 있는 사람의 높이에 앉은 사람의 높이를 합한 길이인 7.5척(2.25m)으로 사람의 기가 잘 운용될 수 있는 크기이다. 창호도 인체를 기준으로 하여 설치되었는데, 머름대 높이를 방에 앉았을 때 사람의 겨드랑이 아래에 들어가도록 1.8척(약 54cm)가량으로 하여 방안에서의 안정감과 개방감이 적절하도록 하였다. 1.8척 이 머름대의 높이는 사람이 방바닥에 누웠을 때의 두께 0.9척(27cm)의 두 배에 해당되며, 문갑 등 실내 가구의 높이를 결정하는 기준치가 되었다. 또 외부공간에 있어서는 무위사 중정의 경우 24m×19m, 마곡사 중정의 경우 30m×21m로 되어 있듯이 인간이 서로를 확인하고 정감을 읽을 수 있으며 육성이 전달될 수 있는 80척(24m) 크기로 되었는데, 큰 규모의 경우 짧은 변이 80척 내외이고 작은 규모의 건축에서는 긴 변이 80척 내외로 되어 있다. 이러한 인체를 기준으로 하는 척도 개념은 한국건축이 딱딱하거나 단순하지 않게 전체적으로 부드럽고 아름다운 느낌을 갖도록 하였다.

그림 1-07 경주 양동마을 수졸당의 대청
그림 1-08 경주 양동마을 향단의 안채 대청

한국건축에 있어서도 공포를 형성하는 기본이 되는 첨차의 단면 폭을 기준으로 하는 것과 같이 건물의 규모에 따라 척도기준이 사용되었는데, 그 기준이 일률적이지 않고 어느

....

마지기는 한 사람이 소나 인력에 무리가 가지 않게 하루에 경작할 수 있는 넓이이며, 10리는 일반적인 사람이 한 시간에 걸을 수 있는 거리이다. 또 1척은 팔목에서 팔꿈치까지의 길이이고, 한 사람의 키는 양팔을 편 길이와 똑같이 한 길로 6척 정도이다.

정도 변화시킬 수 있었으므로 건축이 부드럽고 아름다운 형태를 만들어냈다. 더욱이 건축 부재와 공간을 다룬 이런 척도의 기준이 인체를 기본으로 만들어졌으므로 전통건축은 아늑하고 자연스러우면서 친밀감을 주게 되었다.

2) 조형기법상의 특징

비례와 균형이 잘 잡힌 전통건축은 목구조로서 수직과 수평의 유연한 선들로 구성되어 있다. 기단의 수평선과 기둥의 수직선, 유연한 처마선과 용마루선, 지붕 기왓골의 많은 수직선들, 벽체의 창호의 잘고 섬세한 창살 등에서 오는 선들은 서로 대조되면서 조화되어 통일성을 만들어낸다. 이러한 선적 구성은 시각의 착시를 일으키게 되므로 전통건축은 기둥과 지붕 등에서 이를 미리 조정하여 조화와 균형 잡힌 형태를 만들어냈다.

(1) 기둥의 배흘림과 민흘림

한국건축은 착시로 인하여 건물이 불안정하게 보이는 현상을 조정하여 아름답고 균형 잡힌 형태를 만들어내려고 하였다(그림 1-09). 배흘림(Entasis)은 두 개의 평평한 좁은 수직선은 중간이 오목하게 들어가 보이게 되는 착시 현상을 일으키게 되므로 중간 부분을 부풀게 하여 교정하는 수법이다. 일반적으로 궁궐이나 사찰 등의 중요한 건축에 많이 쓰이는 배흘림기둥은 직경이 기둥의 머리 부분이 가장 작고 가운데 부분에서 가장 컸다가 아래 부분에서는 다시 조금 작아져 항아리와 같은 모양을 하게 되는 기둥으로서, 기둥 높이의 3분의 1 지점이 제일 굵고 위는 아래보다 더 가늘게 하는 것이 보통이다. 부석사 무량수전의 경우 기둥의 배흘림이 현저한데, 기둥 직경이 위쪽 1.12척(33.9cm), 아래쪽 1.45척(43.9cm), 최대 1.62척(49.1cm)이고, 수덕사 대웅전의 경우 위쪽 1.15척, 아래쪽 1.48척, 최대 1.72척이다.

기둥의 배흘림은 시각적으로 위쪽의 무거운 지붕 가구를 안전하게 지탱하고 있는 것처럼 보이며 건물 전체에 안정감을 주는 심리적·조형적 역할을 한다. 민흘림기둥은 직경이 기둥 아래쪽 부분에서부터 가운데나 위쪽 부분으로 가면서 작아지는 것으로서, 시각적으로 강한 안정감을 느끼도록 착시 현상을 교정한 것이다. 한편 수평선에서 살펴보면 처마의 양끝이 조금씩 치켜 올라가고 용마루도 중

그림 1-09 **기둥의 연출을 잘 보여주는 영주 부석사 무량수전**

앙부를 처지게 하여 서로 어울리게 하였는데, 만약 용마루선과 처마선이 수평으로 되면 부자연스럽게 처져 보이는 것을 역으로 한층 더 처지게 하여 교정한 것으로 짐작된다.

(2) 기둥의 귀솟음과 안쏠림

기둥의 귀솟음은 건물 네 귀퉁이의 귓기둥(우주)을 다른 기둥(평주)보다 좀 높게 만드는 기법이다. 건물의 입면에 있어서 기둥을 모두 같은 높이로 하였을 때는 귓기둥에 쏠리는 상부의 무게로 양쪽 끝이 처져 낮게 보이고 건물이 비뚤어지게 보이는 착시현상이 일어나기 때문에 이를 교정하여 귓기둥을 높게 세운 것이다. 귀솟음은 원래 귓기둥뿐만 아니라 건물 중심의 기둥에서부터 밖으로 세워지는 기둥마다 조금씩 차례로 높게 했으나 지금은 귓기둥만을 높게 한다.

기둥의 안쏠림은 기둥을 수직으로 세우지 않고 안쪽으로 조금 기울여 세우는 기법으로서 오금법이라고도 한다. 기둥들을 수직으로만 세우면 건물의 윗부분과 귀공포가 밖으로 나와 보이며 기둥들이 밖으로 벌어지며 쓰러질 듯이 보이는 착시현상이 일어나기 때문에 미리 안쪽으로 조금 쏠리게 하여 교정하는 것이다. 양끝이 조금씩 치켜 올라가고 중앙부를 처지게 하여 서로 어울리는 용마루선과 처마선들이 현수선으로 이루어지는 전통건축에서 기둥의 귀솟음과 안쏠림 기법은 배흘림 기법과 함께 착시현상을 교정해주고 건물에 안정감과 균형감을 주게 된다. 이러한 기둥의 귀솟음과 안쏠림에 대한 기법을 기록한 것은 북송 말엽에 이명중이 칙명에 의해 편수한『영조법식』에 나타나 있는데, 중앙 평주에 대한 귓기둥의 귀솟음은 정면 13칸일 때 1.2자, 11칸일 때 1.0자, 9칸일 때 0.8자 등으로, 안쏠림은 정면 기둥은 기둥길이 1자에 대하여 1푼씩, 측면기둥은 길이 1자에 대하여 8리(0.8푼)씩 기울게 하라고 되어 있다.

(3) 지붕 처마의 곡선미

한국건축에 있어 지붕은 용마루와 내림마루, 추녀마루 등 모두 자연스러운 현수곡선으로 이루어져 매우 아름답고 부드러운 입체적 형태를 이룬다. 지붕의 용마루선은 용마루 양끝이 들리고 중앙이 휘어져 유연한 곡선을 이루며, 추녀와 추녀 사이를 잇는 지붕 처마 끝의 선(처마기슭)은 휘어지며 올라가는 3차원적 곡선을 이룬다. 지붕은 추녀 부분에서 휘어오르면서 평면적으로 약간 내밀고 있는데, 처마기슭이 휘어오른 것을 처마허리, 휘어내민 것을 처마안허리라고 한다. 이것은 추녀를 들어 올리면 안으로 들어가 짧게 보이는 착시

현상을 교정하여 날렵한 아름다움을 자아내게 한 것이다.

처마안허리는 지붕의 수평면에 있어서 네 귀를 뻗게 하고 안쪽으로 선을 휘게 하여 날렵해 보이도록 하는 기법으로서 후림이라고도 하며, 평면으로 본 지붕 형태는 4면이 모두 안쪽으로 휘어진 곡선이 된다. 처마허리는 지붕을 입면으로 볼 때 양끝으로 갈수록 휘어 오르는 평고대를 둠으로써 이들 선을 네 귀에서 들려 올려지게 하는 기법으로서 앙곡(조로)이라고도 한다. 우현 고유섭은 한국건축의 아름다움에 대해서 말하기를, 조선 건축미의 생명은 지붕의 곡선미에 있다고 주창하고, 민가에서 추녀의 번앙전기(翻仰轉起, 하늘을 향해 날아오를 듯 우러르며 구르고 뻗쳐오른 곡선)를 형성할 때 직목을 굴곡지게 기교적·계획적으로 깎아 건축하지 아니하고 나무의 굴곡진 형태를 그대로 사용하여 얹었다고 하였다.

처마안허리(후림)과 처마허리(조로)는 높은 곳에 위치한 수평선의 양쪽 끝이 아래로 처져 보이므로 처마선의 양쪽 끝을 위로 들어올려 교정한 것이다. 전통건축은 이 후림과 조로 수법으로 처마선이 처져 보이는 착시현상을 미리 방지하고, 나아가 용마루까지도 휘어지게 함으로써 한층 더 적극적으로 착시 현상을 방지하여 아름답고 유려한 모습을 갖게 된다(그림 1-10). 또한 전통건축은 지붕이 매우 크고 무거워서 지붕이 집을 짓누르는 듯하고 답답해 보이는데, 후림과 조로를 동시에 사용함으로써 새가 날개짓을 하는 것 같은 우아하고 부드러운 곡선의 처마선을 만들어 육중한 지붕을 경쾌하게 보이는 한국건축만의 독특한 아름다운 처마 곡선미가 이루어진 것이다. 최순우는 '하늘을 향해 두 귀를 사뿐히 들었지만 뽐냄이 없는 의젓한 처마 곡선'이라고 표현하였다.

그림 1-10 후림과 조로가 잘 나타나는 창경궁 함인정

☑ 선자서까래

전통건축의 아름다움을 가장 잘 나타내는 것 가운데 하나는 처마의 곡선과 지붕의 물매이다. 지붕 처마선을 이루는 서까래 끝은 위치에 따라 양끝으로 가면서 휘어져 올라가며 밖으로 내밀어져 나오며 건물을 입체적으로 느끼게 해준다. 서까래의 물매에 따라 지붕의 물매가 결정되는데, 일반적으로 민가나 격식이 낮은 건물의 물매는 약하고 중요 건물은 높게 한다. 서까래의 배열방법은 맞배지붕에서는 일정한 간격으로 배열하는 평행서까래가

그림 1-11 **경주 불국사 대웅전의 선자서까래**

일반적이지만, 우진각지붕과 팔작지붕에 있어서 지붕 모서리 부분의 추녀를 중심으로 좌우면에 건 귀서까래는 배열방법에 따라 3가지 종류로 구분되는데, 일반 지붕면에 있는 평서까래에 평행으로 거는 것을 평행귀서까래, 모서리의 한 점에 부챗살처럼 거는 것을 선자서까래[扇子椽], 서까래의 연장선 상의 한 점에 모이게 방사형으로 거는 것을 말굽서까래라고 한다. 우진각지붕과 팔작지붕에서는 일반적으로 선자서까래가 설치되어 강한 연속성과 리듬감을 느끼게 된다. 선자서까래는 건물 모서리 부분에서 서까래가 추녀 옆부터 부챗살처럼 펼쳐지는 모양으로 배열된 서까래이다(그림 1-11).

3. 공간구성상의 특징

선인들은 우리의 자연과 사상, 풍속에 가장 적합하도록 삶을 위한 각각의 기능에 맞는 건물과 공간을 만들어 왔다. 한국건축은 목구조로 인한 내부 공간구성의 한계성 때문에 주요 건물을 중심으로 여러 건물들이 배치되는 분산식 형식을 보여준다. 한국건축은 여러 건물(채)들과 그 사이의 크고 작은 마당의 외부공간으로 형성되고 각 채들 자체는 다시 여러 개의 칸으로 나누어져 이루어지는 채와 칸의 구성을 보여준다. 궁궐이나 사찰 등 한국건축의 집합적인 건물들은 여러 건물(채)들로 구성되는 건물군을 이루며 건물들과 담장 사이의 외부공간이 발달하였다. 한국건축은 이러한 건물과 건물, 곧 채와 채, 그리고 이들 채들을 둘러싸는 많은 마당들이 구성하는 외부공간의 구성에서 다양한 공간의 변화와 깊이를 느낄 수 있게 해주며, 비대칭성과 분절성과 연속성, 위계성과 상호침투성 등의 특징을 갖는다.

1) 비대칭성

자연에 조화되는 한국건축은 기본적으로 비대칭적 구성의 특성을 갖는다. 일반적으로 대칭적 건축물은 권위적인 건축물이나 기념건축물, 종교건축물에 집중적으로 나타나듯이, 새로운 질서를 만들 때 대칭 구성은 가장 손쉬운 방법의 하나이기 때문에 세계 각국에서 일반적으로 이용되었다. 하지만 한국건축에 있어서 주택 등 일반 건축에는 비대칭적인 평면이 많이 사용되었으며 궁궐 및 사찰, 향교 건축에 있어서도 주요 부분의 건물은 대칭적인 평면을 가지고 있으나, 건축의 전체 배치는 지형에 따라 비대칭적인 형상을 취하며 그로 인한 다양한 외부공간을 형성하는 것이 보통이다. 소수서원은 정형적인 대칭에서 벗어나 흐트러진 것 같지만 나름대로 고도의 질서를 갖는 비대칭적 대칭 구성을 잘 드러내고, 불국 사의 경우 대웅전을 중심으로 좌우에 다보탑과 석가탑을 배치하여, 좌우대칭으로 볼 수 있으나 전체적 배치를 보면 비대칭임을 알 수 있다(그림 1-12, 13). 고려의 만월대에서도 각 건물의 중심축은 서로 비켜가서 대칭을 벗어나며, 조선의 경복궁이나 창덕궁에 있어서 는 정전 영역은 좌우대칭 균형이나 전체적으로는 비대칭 배치를 이루고 있는 것이다.

그림 1-12 비대칭적 구성의 경주 불국사
그림 1-13 비대칭적 구성의 영주 소수서원

　　이러한 비대칭적 구도는 첫째 자연주의적 건축관에 따라 주변의 자연 지세에 순응한 결과로서, 지세에 따라 물 흐르듯 건물을 자연스럽게 배치하고, 지형적 조건에 맞추어 건물 축과 동선축을 일치시키지 않고 약간씩 전이하거나 분절시키며, 여러 가지 공간축의 사용 으로 인해 다양한 경관과 시계를 제공하기도 했다. 대칭으로 인한 당당하고 근엄하고 완벽 한 권위주의나 정형성보다 자연의 뜻에 거슬리지 않으려는 소박하고 가식 없는 온화한 민 족성이 비대칭성을 만들어낸 것으로 짐작된다.
　　둘째로 한국건축은 구릉과 계곡, 산 등의 자연에 어울리게 비대칭적인 구성을 할 뿐만 아니라, 도시와 평지에서도 비대칭적 구성을 보여주는데, 이는 '비대칭적 대칭'이라는 고도 의 조형성과 미의식에서 기인되었다고 짐작된다. 한국건축은 대부분 대칭인 듯하면서도 비대칭으로서 그 비대칭적인 요소가 서로 조화와 균형을 이루고 있는데, 비대칭적 대칭은 산만하고 혼란스러운 무질서의 비대칭이 아니라 전체적으로 큰 균형감이 느껴지며 잠재적 고도의 질서를 갖는 것이다. 종묘는 비대칭적 대칭 배치를 잘 보여주는데, 각 영역 내의 건물은 전체적으로 대칭에 바탕을 두었으나 개별적으로는 대칭을 벗어난 구성을 하고 있다. 종묘의 건물들은 자연 지세에 순응하며 어울리게 적절하게 배치해 각 영역을 이루는 건물별로 개별적인 축을 따라 구성한 것이다. 정전의 동·서월랑은 전체적으로 남북축 중심의 대칭을 이루지만 세부 처리는 그렇지 않은데, 동월랑은 트여 있는 반면 서월랑은 벽으로 막혀 있어 대칭 속에서 비대칭을 보여준다.

2) 공간의 분절성과 연속성

전통건축은 채와 칸으로 분화되면서 이루어진 외부공간에 여러 가지의 작은 문과 담장들이 세워지며 주된 건물에 이르기까지 공간의 변화와 깊이, 연속성을 맛보게 해준다. 연속이란 성격이 다른 공간들이 물이 흐르듯이 유동적·연차적으로 이어진다는 뜻이다. 한국건축은 건물과 회랑, 지형의 고저차 등에 의해 주공간과 부공간으로 구분되는 공간의 분절성이 있는데, 불사건축의 경우 불전 등 성스런 공간과 승방 등 속적 공간으로 구분된다. 이 분절된 공간들은 각각의 위계에 따라 낮은 곳에서 높은 곳으로 연속적으로 배치되며, 문이나 누각 등의 건축물이 연속되는 공간들을 자연스럽게 연결하는 공간적 절점의 역할을 한다. 이 연속된 공간을 통과할 때 공간이 중첩되면서 지각되며, 중첩된 공간이 다음 공간의 방향성을 암시하며 동선을 자연스럽게 유도한다. 이러한 구성은 건물과 공간, 사물들이 이동과 시간에 대한 개념상 연속되게 느끼게 하는 시간적 체험 공간구성이라고도 할 수 있다. 사찰의 경우를 보면 경내에 진입할 때 일주문과 천왕문을 통과하는 가운데 크고 작은 공간을 느끼고, 다시 문루의 밑으로 난 좁은 공간을 지나 넓은 대웅전 마당에 이르는 시간의 흐름에 따라 공간과 공간 가운데로 이동하며 변화가 있으면서 통일성 있는 공간을 느끼게 된다(그림 1-14). 이처럼 한국건축의 성격은 공간의 크기, 트인 공간과 막힌 공간의 변화, 재료와 구조양식 등에서 공간의 연속성과 공간정서의 변화와 통일성을 이루게 된다.

또한 한국건축은 주된 공간과 부차적 공간들이 서로 유기적으로 중첩되며 연속되는 모습을 보이며, 이러한 공간을 서로 연결하거나 주변 환경과 융합시키는 중립적이고 전이적인 매개공간이 발달하였다. 전통주택도 안마당과 마루, 툇마루, 처마 밑 공간처럼 내부와 외부 사이의 매개공간이 발달되었으며, 이러한 내외부의 전이공간은 외부와 내부의 중간적

그림 1-14 해인사 봉황문에서 해탈문으로 이어지는 공간의 분절과 연속성
그림 1-15 공간의 분절과 연속성을 잘 보여주는 영주 부석사의 안양루와 무량수전

인 성격을 띠게 된다. 흔히 한국건축의 공간은 흐르는 물에 비유되는데, 고정적이고 정지된 공간이 아니라 흐르는 물과 같은 연속성을 이루어 변화하며, 또 그러한 가운데 다양한 변화가 존재하는 공간이란 것이다. 산지가람인 경우 주요한 건물을 향해 진입하는 점차 상승되는 과정을 따라 유동적인 공간의 흐름이 매우 뛰어나다.

한국건축은 공간이 바뀌는 전이점마다 시선을 받아 주는 건물과 담장, 문과 같은 요소들을 두어 흐르는 공간으로서의 질서를 부여하였는데, 문이나 누각, 처마, 마루 등 매개공간은 연속되는 공간들을 자연스럽게 연결시켜준다. 사찰건축의 경우에는 진입과정의 공간에서 여러 단계의 전이점을 통과하는데, 공간의 전이는 문이나 누하를 통과하거나 건물을 우회하는 지점에서 이루어져 물결이 굽이치면서 유현하게 흐르듯이 공간의 흐름도 유연하게 이어진다. 사찰건축에서 주요 공간에 진입할 때는 누각의 아래로 들어가는 누하진입 방식과 건물을 우회하여 모서리 방향으로 들어가는 우각진입 또는 우회진입 방식이 있다. 예를 들어 부석사에서 긴 진입로를 따라 일주문을 지나 천왕문·범종루·안양루를 통과하는 가운데 크고 작은 공간의 차이를 느끼고, 다시 넓은 마당에서 누각 아래의 좁은 공간을 지나면 무량수전 앞 넓은 마당에 이르게 된다(그림 1-15). 각각의 문은 공간들에 방향을 설정하여 공간과 다음 공간의 매듭을 지어주며 공간 정서의 변화를 제공하는 절점이 되기도 한다. 화엄사의 경우 여러 산문을 지나 보제루에서 물 흐르듯이 유연하게 우회하여 주요 공간에 이르며 부채꼴로 경관이 펼쳐진다. 이렇듯 한국건축은 진입로에서부터 하나의 방향성을 이루어 축에 따라 연속적으로 공간을 변화시키며 자연 공간과 인위적 공간의 조화를 추구하였다.

3) 공간의 상호침투성

한국건축은 내부와 외부의 공간이 유기적으로 융합되어 서로 연관되며 상호침투성이 강하다. 전통건축은 목구조로서 개구부가 크고 내외영역의 한계가 애매하며 내부와 외부공간은 서로 침투된다. 외부공간이 내부공간 못지않게 중요시되는 전통건축에서 중요한 건물들은 내부가 하나의 넓은 공간으로 이루어지고 사방이 개방될 수 있는 창호로 되어 있어, 창호를 개방하면 내외부 공간이 서로 침투되며 융합되어 매우 쾌적한 공간감을 느낄 수 있게 된다. 궁궐건축이나 사찰건축의 주요 공간에는 보통 주랑이나 회랑이 둘러졌고 건물에 깊은 추녀와 함께 툇마루가 주요 공간 주위에 둘러짐으로써 내외부 공간의 융합이 잘 이루어졌다. 또한 마당은 내부공간에서 다하지 못한 건축적 기능을 담당하는 내부공간적인 외부공간의 성격을 띠고 있다. 이러한 내외부 공간을 유입시켜 일체화시키는 것은 주택에서도 잘 드러나는데, 여러 가지 수법을 사용하여 담 이쪽과 저쪽의 공간, 즉 인공과 자연이 서로 관입할 수 있게 하였다. 사면이 여러 방들과 접하는 안마당은 생활의 여러 기능이 펼쳐지는 내부공간적 외부공간이 된다.

전통건축은 경주 안강 독락당처럼 담장에 살창을 설치하여 마당들로 이루어지는 공간이나 자연을 서로 침투시키기도 하고(그림 1-05), 건물 바닥의 위계성과 기단의 고저 차이, 들어열개로 된 창호의 개방성 등으로 공간들을 서로 또는 자연과 융합시켰다. 기단으로 인해 땅에서 분리된 듯했던 내부공간은 들어열개창으로 외부공간과 합일되며, 반투명의 창호지로 자연의 소리를 내부공간에 끌어들여 자연과 조화되게 하였다. 자연과 조화되며 소박한 성격을 갖는 한국건축은 사계절이 분명한 풍토에 따라 상록수와 활엽수를 조화롭게 심고, 마당에는 잔디를 깔지 않으며 처마에는 막새기와로 처리하여 낙수의 소리와 뜰의 바람소리, 새소리 등을 모두 내부공간에 끌어들임으로써 자연과 더불어 순리대로 살고 어울리게 한 것이다(그림 1-16, 17).

한편 전통건축에 있어서는 수경공간도 함께 어울리는데, 정자나 누각과 같은 건축은 물이 형성하는 공간과 자연공간을 엮는 매개역할을 한다. 창덕궁 후원의 부용지와 부용정에서 볼 수 있듯이 정자의 두 기둥이 물에 잠기게 처리하여 물과의 친근성을 높여주고 공간적으로도 아주 자연스럽게 상호 침투할 수 있도록 하였다. 정자는 두 개의 기둥이 물에 잠겨 있고 재미있는 내부공간을 형성하고 있어 더 자연스럽게 자연과 친근함을 형성하며 자연공간과 인공공간이 서로 관통하게 되는 것이다. 전통수경에서 연못과 정자는 불가분의 관계를 맺게 되는데, 정자는 지붕과 이를 바치는 기둥, 난간만으로 형성되어 있어 내부공간도 외부공간도 아닌 중립적 성격을 가지게 된다.

그림 1-16 경주 양동마을 관가정 사랑채 대청에서의 조망
그림 1-17 내외부공간의 상호침투가 뛰어난 해남 보길도의 부용동 세연정

4) 위계성

여러 건물들의 집합으로 이루어지는 전통건축은 기본적으로 위계성을 갖는데, 위계란 요소들 사이에 존재하는 크기, 형상, 위치의 차이를 뜻하며 신분이나 계급, 성별, 건물의 종류와 기능에 따라 영역을 구분하고 공간을 형성하며 의미를 부여하는 질서개념, 원리가 된다. 위계가 높은 것은 형태나 공간이 시각적으로 독특하게 보이고 중요한 것으로 인식되는데, 예외적인 크기, 독특한 형상, 중요한 위치를 통해 위계를 높일 수도 있다. 여러 가지 구성요소를 구비해 격식을 갖춘 공간이나 건축물은 그렇지 못한 것보다 위계가 높고, 상대적 중요성과 기능적·형태적·상징적 역할에 차별성을 갖는다고 할 수 있다. 한국건축은 대부분 구릉지형에 자리 잡고 마당과 마당들이 서로 높낮

그림 1-18 공간의 위계성을 잘 보여주는 도산서원의 정문에서 진도문으로 진입

이가 다른 단을 이루며 다시 주종의 관계로 형성되는 고저 차이의 위계나, 통도사처럼 거의 평지에 세워진 사찰이나 향교에서도 바닥의 높낮이의 위계나 건축기단 자체의 위계 등을 살펴볼 수 있다(그림 1-18).

한국건축의 내부공간과 외부공간들은 각각 건물의 성격과 기능, 용도 등에 의해서 중요한 공간과 부차적 공간, 상위 공간과 하위 공간과 같은 계층적 질서를 나타내는 위계성을 지닌다. 궁궐건축에서는 정전이 크고 화려하며 장엄한 반면, 편전이나 침전은 그 성격에 적합하게 크기와 장식이 이루어지며, 사찰건축에서는 부처와 같은 예배대상의 위계에 따라 불전과 보살전, 신중단 등 공간의 위치와 규모, 장엄의 정도가 구분된다. 가장 크고 높은 건물을 중심으로 형성된 공간이 중요한 공간으로서, 경복궁의 경우 근정전을 중심으로 회랑으로 둘러싸인 공간이, 불국사의 경우 대웅전과 두 개의 석탑으로 형성된 공간이 이에 해당된다. 사찰건축의 경우에는 진입공간, 예불공간, 승화공간으로 계층적으로 구성되며, 산지가람일 경우 일반적으로 지형의 레벨이 올라갈수록 위계가 상승된다. 도산서원에서는 진입하며 바닥 높이를 따라 올라가며 건축물이 서열에 따라 수직적으로 배치되었는데, 최상부에 존현공간이 배치되고 그 아래로 강학공간과 부속공간이 배치되었듯이, 일반적으로 서원의 개개 공간은 상하 공간의 배치에 따라 위계와 질서가 이루어졌다(그림 1-19).

그림 1-19 공간의 위계성이 잘 드러나는 도산서원의 단면도

주택건축에서 안채는 대체로 소박하며 편리하게 구성되는 한편, 사랑채는 위엄과 격식을 갖추되 장유유서와 상하의식, 남녀유별 등에 따라 건물의 위치와 크기, 실의 규모와 방향, 장식 등이 구분된다. 또한 성리학을 배경에 둔 전통마을에도 특별한 질서, 위계성이 있는데, 성리학의 원리가 '질서'이므로 전통마을 질서의 큰 틀은 양반, 중인, 상민, 천민으로 나누는 신분제도에 따른 위계가 마을 안에 철저히 표현되는 것이다. 이런 위계는 주택들의 배치에도 영향을 미쳐서 대체로 위계가 높은 것일수록 마을 공간의 후면에 위치하며, 씨족

마을에서 가장 위계가 높은 집은 종가로 마을 뒤쪽 높은 곳에 위치되고 그 앞으로 다음 서열의 집이 자리 잡는다.

　이러한 위계성은 회랑과 담장 등의 건축물이나 지붕의 크기와 볼륨, 지형의 고저차, 기단과 재료 등 물리적이거나 심리적인 요소를 이용하여 표현되며 주공간과 부공간 등을 만들어냈다. 기단의 높이는 의장적으로나 상징적으로 중요한 요소가 되는데, 지붕면이 정면이 되는 전통건축에서 기단이 없거나 높이가 낮으면 건물외관이 볼품없게 되므로 기단의 높낮이는 공간의 위계성을 부여하는 중요한 요소가 된다.

5) 내부공간의 성격

　전통건축의 내부공간은 기둥과 보에 의해 이루어지는 가구구성이 무엇보다도 중요하게 작용하는데, 건물의 용도에 의해 규모가 결정되고 이것에 의해 기둥과 보가 복합적으로 짜여 필요한 내부공간을 형성한다. 일반적으로 궁궐과 사찰건축 등 주요 건축물의 내부공간은 벽으로 분할되지 않는 단일공간이 되는 경우가 많으며, 사방의 외벽은 필요시 개방될 수 있는 창호로 구성되어 내외부 공간이 서로 융합되기도 한다. 대부분 가구식 목구조로 이루어지는 전통건축은 네 개의 기둥으로 이루어지는 한 칸의 공간이 공간구성의 기본이 되며, 이 칸들이 전후좌우로 연결, 중첩되면서 다양하게 확장되거나 변화되므로 각 실이 모두 외기에 면하게 되어 일조 및 환기, 조망이 유리하게 된다. 내부공간 모듈의 결합에 따라 한 칸의 정자에서부터 복잡한 평면에 이르기까지 다양한 조합이 이루어지는 전통건축의 내부공간은 바닥과 천장의 수평적인 요소와 벽과 기둥, 창호 등의 수직적인 요소로 구성되며, 그 기능과 구성에 따라 방과 마루, 누 등으로 구분된다. 또한 내부공간은 공포양식에 따라 다르게 표현되는데, 주심포양식의 건축물에서는 내부가구를 노출시켜 각 부재에 장식을 더하지만, 다포양식의 건축물에서는 공포가 많아지므로 장식이 더욱 화려해지고 천장을 가려 반자를 두는 경우가 많다. 또 중층으로 구성된 다포양식의 건물은 고주를 사용해 높은 공간을 만들고 평주에 이어진 툇보로 낮은 공간을 형성하며, 첨차의 끝은 운공형으로 장식하여 화려한 내부공간을 만든다.

　한국의 전통건축은 대체로 개방성과 폐쇄성을 함께 지니는데, 전통주택은 담장과 행랑 등으로 둘러싸여 집 밖에 대해서 매우 폐쇄적이지만 집 안에서는 개방적이다. 무더운 여름과 추운 겨울에 대비한 전통주택에서 이질적이고 상반적인 구들과 마루라는 두 구조는 오랜 세월 조금씩 절충되어 공존해오며 주택에 개방성과 폐쇄성을 주어 왔다. 전통주택은 벽체 상당 부분이 창과 문으로 구성되어 개방성이 강하게 되어 대청에서 담장 밖의 경관이나 후원을 바라볼 수 있고, 내부공간이 외부와 연계되며 다양한 공간을 체험하게 해준다. 내부공간의 개방성은 주로 여러 종류의 개구부에 의해 이루어지는데, 덧창이나 쌍창, 갑창, 들어열개와 같은 가변성이 있는 개구부들에 의해 내부공간의 개방 정도가 좌우된다.

또한 전통주택의 내부공간은 특정한 기능을 위한 것이 아니라 취침과 휴식, 식사, 노동 등 여러 기능을 수행하도록 만들어졌다. 내부공간은 개폐가 용이한 개구부로 인해 공간이 쉽게 축소되거나 확대되며 가구들을 작게 만들어 공간을 넓게 비어둠으로써 필요에 따라 쓰임새의 변경이 쉬운 가변적이고 다목적인 성격을 갖는다. 더욱이 병풍이나 발과 같은 가변형 칸막이를 사용함으로써 더욱 다목적적이고 다양한 역할을 하도록 보완하는 전통주거건축은 가변성과 회복성, 다양성이 뛰어난 인간중심적인 양식이라 할 수 있다.

한편 전통주택에서 채와 마당, 대청과 방으로 구성되며 개방공간과 폐쇄공간이 중첩되고 반복되고, 열린 공간인 대청과 닫힌 공간인 방이 병렬되거나 중첩되는 것처럼, 한국건축의 내부공간은 서로 연속되고 중첩된다. 움직임에 따라 공간들이 연속되어 느껴지고 개구부를 통해 공간과 그 주위에 대한 시각적 관계를 만들어내는 것을 중층성이라 할 수 있는데, 중층적으로 연속되며 중첩된 내부공간들은 이어지는 하나의 시선축에 의해 공간의 깊이감, 원근법적 효과를 제공한다. 또한 한국건축의 내부공간은 각각 건물의 성격과 기능, 용도, 사상 등에 의해서 중요 공간과 부차적 공간과 같은 서열적 질서를 나타내는 위계성을 지니기도 한다. 또 전통건축은 인간적 척도에 의한 공간구성의 특징을 갖는 바, 생활에 적합한 규모와 척도를 지닌 공간을 만들기 위해 인간의 신체와 생활치수를 기본으로 하여 각 실의 크기와 비례, 척도를 이루어 왔고 이로써 적절한 편안함과 안정감, 개방감이 이루어졌다.

4. 선과 색채, 장식

한국 전통건축은 단순한 선들로 구성되는 아름다움이 뛰어난데, 지붕과 외벽, 기단 등에서 직선과 곡선을 단아하면서도 조화롭게 사용하며 건물의 부분부분에 장식을 베풀어 왔다. 전통 기법에 따라 소박하면서도 섬세하고 우아한 멋과 아름다움이 어우러지도록 만들어진 전통건축은 지붕의 처마선과 기와골, 기둥의 배흘림선, 섬세한 창호의 창살 등 선적 구성의 아름다움을 보여주고 있다(그림 1-20, 21, 22). 특히 전통건축의 선을 이루는 부재들은 쓰임새에 적합한 자연스런 모습을 드러냄으로써 부드럽고 자연스러운 아름다움을 갖게 된다. 건축 속에 자연을 담고자 했던 선인들의 마음이 오랜 세월과 함께 만들어온 아름다움은 자연과 조화를 이룬 온화한 곡선의 미학이다. 부석사 범종루로부터 진입하면서 안양루와 무량수전 지붕선이 겹쳐 보임으로 그 지붕선의 아름다움이 더 뚜렷하게 느껴지는 것처럼, 전통건축의 처마선은 수직선과 수평선이 교차되는, 곧 지상적인 것과 천상적인 것이 만나는 형상으로서, 내리누르는 힘과 치켜 올라가는 힘이 교차되며 음(땅)과 양(하늘)이 조화되며 매우 긴장되면서도 편안함을 느끼게 하는 곡선의 아름다움을 잘 표현하였고, 거기에 더하여 아름다운 단청이 오색찬란하게 베풀어져 있다. 또한 전통건축은 흰 회벽을 바탕으로 짙은 갈색의 기둥과 보가 걸쳐져 있고 그 사이사이에 크고 작은 창이 뚫려 있어 현대건축에서 보이는 면의 분할과 구성의 아름다움을 보여주기도 한다.

그림 1-20 지붕선과 자연의 아름다움이 조화되는 합천 해인사

그림 1-21 건축의 지붕선과 탑의 윤곽이 이루는 경주 불국사의 선의 아름다움

그림 1-22 수평과 수직, 사선의 아름다움이 돋보이는 영주 부석사
그림 1-23 고령 개실마을 김종택 종택 사랑채 대들보

그림 1-24 고령 개실마을 도연재 대들보
그림 1-25 경주 양동마을 낙선당의 구조부재들의 선적 아름다움

그림 1-26 **서산 개심사 심검당**
그림 1-27 **경기도 안성 청룡사 대웅전의 측면**

또한 전통건축은 기둥의 배흘림, 보의 항아리 모습의 곡선, 휘어지고 굽은 자연 그대로
의 대들보와 서까래 등 여러 부재들에서 자연 모습 그대로의 선과 다듬은 선에서 오는 아름
다움을 볼 수 있다(그림 1-22, 27). 자연 상태 모습대로 사용된 개심사 심검당(그림 1-26)과
범종루의 기둥과 보, 병산서원 만대루의 대들보, 휘어지고 굽은 서까래 등의 곡선은 자연처
럼 깊은 멋을 지니며 편안한 느낌을 주게 된다(그림 1-23, 24, 25). 전통건축의 창호의 경우
안쪽으로 창호지를 바르기 때문에 외적으로 아름다운 창살들로 이루어지는 선적 구성을,
내적으로는 면적 구성을 이루게 된다.

한편 고대 고분벽화의 사실적이고 화려한 벽화에서 보이듯이 전통건축에서는 일찍부터
색채가 상당히 중요하게 다루어져 오기도 하였다. 일반적으로 건축의 배치나 형태, 재료의
사용 등에 있어서는 주변 및 자연과의 관계나 조화를 고려하지만, 색조에 있어서는 각각
대립되는 색조를 통해 적극적으로 대조의 아름다움을 표현하기도 하였으며, 나아가 색채는
음양오행사상에 근거하는 의미나 상징적 관념을 중요하게 의식하고 표현하기 위하여 사용
되었다(표 1-01). 우주를 형성하는 원리이자 질서의 원리로 인식되어 온 음양오행사상에 있
어서는 파랑, 빨강, 노랑, 흰색, 검정을 정색(오방정색)이라 하고 초록, 주홍, 벽색, 유황색을
오방간색이라 하며 색상과 방위, 계절과 시간 등을 연관시키며 상징성을 부여하였다. 전통색
채에서 백색은 태양과 신성함, 길조, 서쪽을 뜻하고, 흑색은 신격, 물, 북쪽을 상징하며, 적색
은 붉은색으로 밝고 고귀함과 남쪽을 뜻하며, 황색은 황제와 권위, 흙, 중앙을 상징하고,
청색은 나무, 하늘, 물, 탄생, 젊음, 동쪽을 의미한다. 이처럼 선인들은 색채를 만물의 질서와
조화를 나타내기 위한 표현 수단으로 생각하며 적극적으로 색채 사용을 모색하였다.

[표 1-01] 오행상관표

오행 (五行)	오성 (五星)	오시 (五時)	오방 (五方)	오색 (五色)	오성 (五聲)	오상 (五常)	오수 (五數)	오미 (五味)	오제 (五帝)	오정 (五情)	오장 (五臟)
목(木)	목성	춘(春)	동	청	각(角)	인(仁)	팔(八)	산(酸)	청제	희(喜)	간(肝)
화(火)	화성	하(夏)	남	적	치(緻)	예(禮)	칠(七)	고(苦)	적제	낙(樂)	심(心)
토(土)	토성	토용	중앙	황	궁(宮)	신(信)	오(五)	감(甘)	황제	욕(慾)	비(脾)
금(金)	금성	추(秋)	서	백	상(商)	의(義)	구(九)	신(辛)	백제	노(怒)	폐(肺)
수(水)	수성	동(冬)	북	흑	우(羽)	지(智)	육(六)	함(鹹)	흑제	애(哀)	신(腎)

색채는 상징체계를 표상하는 요소이며 문화의 산물로서, 한국건축은 자연의 색과 동색조화를 이루어 평온한 마음을 유발시키며 나아가 모나지 않는 조화에 이르게 되었으며, 왕궁이나 사찰과 같은 건물에서는 유채색이 주조를 이루는 반면, 일반 서민의 주택에서는 무채색이 주조를 이룬다. 또한 궁궐이나 사찰 등과 같은 건축물에 있어서는 적극적으로 채색되어 한국건축의 독특한 단청이 베풀어졌다. 단청의 색채계획은 적색과 녹청색이 주조를 이루는데, 기둥이나 첨차, 도리, 보의 하단부에는 적색이, 추녀나 천정, 창방과 평방의 측면 등에는 녹색이 사용되었다. 햇빛이 많이 받는 부분에는 적색, 그 측면에는 녹색을 칠하여 명도를 높이는 효과의 기법을 상록하단(上綠下丹)이라고도 한다. 단청은 자연과 대비되는 화려한 색으로 이루어지며 위엄을 나타내는 건물을 위한 하나의 배려였다고도 할 수 있다.

또한 전통건축은 건물을 아름답게 하거나 보호하며 의미를 부여하기 위해 다양하고 호화로운 색채와 함께 여러 가지 문양으로 장식을 베풀었다. 전통문양은 우리 민족의 사고나 감정이 일반적 관념에 의해 상징적으로 표현된 것으로서, 인간의 욕망과 기원을 담은 주술적 대상으로 또는 그러한 정서를 표현하고 전달하는 역할을 하는 상징적 조형물이라고 볼 수 있다. 문양은 보편적 무늬의 개념을 벗어나 새겨진 물체의 재료에 따라서 점, 선 등의 질감에 따라 공예, 회화, 건축 등의 공간을 구성하는 요소로서 장식적 효과를 주는 것까지 포함된다. 그래서 문양은 실제적 혹은 공상적 사물의 양식화된 모습으로서 시대와 사회에 따라 다양하게 전개되었으며, 장식문양은 길상도안의 기하형문양, 서화서초(瑞花瑞草)의 식물문양, 서수서금(瑞獸瑞禽)의 동물문양, 문자문양, 자연상징문양 등이 사용되었다. 건축물의 벽체나 담장, 굴뚝, 지붕의 합각부분 등에 베풀어진 이러한 문양에는 다채로운 색상의 장식성과 고유의 상징성이 있으므로, 이들 무늬와 상징을 통해 선인들은 신과 대화를 하려고 하고 귀신을 내쫓고 복을 빌고 장수를 기원하였다.

5. 상징성

　자연에 순응하는 민족성과 의식구조, 음양오행사상 등을 지닌 선조들은 이상적인 건축을 만들고자 인간의 능력을 벗어난 절대적이고 신비적인 천체나 자연의 힘, 신에 의존하기도 하였다. 건축물은 단지 돌과 나무로 만들어진 덩어리나 조영물이 아니라 하늘과 우주의 질서를 나타내는 소우주로 여기며 숫자나 기하도형으로 표현하고 상징과 의미가 부여되었다. 상징이란 어떤 연상되는 힘을 빌어서 사상과 의미를 밖으로 드러내는 것으로서, 외부에 나타나는 모습 이외에 내면적으로 다양한 기호와 상징으로서의 역할을 한 전통건축은 선인들의 물리적·정신적 욕구를 충족시켜주는 삶의 도구이자, 정신문화와 예술이 표현되고 여러 가지 의미가 담겨져 있는 상징체인 것이다.

　전통건축은 우주와 자연, 천문사상과 음양오행사상, 유교와 도교사상, 샤머니즘과 풍수지리 등의 질서를 나타내는 상징체계였다. 전통건축은 다양한 수와 도형, 그리고 그들의 조합과 비례 등에 의해 만들어지며 여러 가지 상징성을 표현하였다. '하늘은 둥글고 땅은 네모지다'라는 천원지방(天圓地方)의 사고는 창덕궁 청의정(그림 1-28)과 부용지 등 수많은 건물과 연못 등에서 보인다. 도형은 건축에 다양한 형태를 부여하며 수는 구체적인 치수로 적용되어 건축의 크기를 결정하며, 도형과 수의 관계를 통해 건축공간과 형태에 비례가 형성되고 의미가 부여된다. 동양에서는 도형

그림 1-28 **창덕궁 후원의 청의정**

을 그리는 기술을 규구술(規矩術)이라 부르는데, 규(規)는 원을 그리는 도구인 그레자를, 구(矩)는 직각을 그리는 곡자(曲尺, 곱자, 직각자)를 의미한다. 선인들은 이 그레자와 곡자를 이용하여 원과의 관계 속에서 6각형, 8각형 등 다각형을 만들어 왔다. 이러한 도형과 수, 비례는 천문학과 역학, 사상 등과 연관되며 건축에 표현되어 풍부하며 다양한 상징성과 내용을 지니게 하였다.

　불국사의 경우 석단으로 구분된 아랫부분은 이승세계이고 윗부분은 불국세계로서, 삼십삼천을 상징하는 청운교와 백운교의 33석조계단을 올라 자하문을 지나면 대웅전과 그 좌우 다보탑과 석가탑이 펼쳐진 금당원으로 불국세계에 해당되며, 자하문 좌우 회랑 모서리의 범영루와 경루는 아미산을 상징하듯이, 불국사는 화엄장세계와 극락정토 등 불교의

여러 불국토를 상징적으로 표현하는 건물들로 이루어진 통일된 공간체계를 구성하고 있다.

역사적으로 궁궐건축과 종교건축이 중요시되어 왔는데, 종교건축은 종교적 이미지와 신에 대한 숭배심을, 궁궐건축은 절대자의 권위와 위엄을 높이기 위해 상징성을 중요하게 표현하였다. 이러한 건축에서의 상징성은 경복궁 경회루, 창덕궁 청의정, 석굴사 등 많은 건물들에서 잘 볼 수 있는데, 여러 건물들의 복합과 외부 공간구성을 통해서 표현되어 왔으며 편액으로 그 성격을 표시하기도 하였다. 경회루의 도면인 「경회루삼십육궁지도」(그림 1-29)를 통해 보면 경회루는 평면 구조와 칸수, 기둥의 수, 부재 길이, 창의 수 등을 태극과 양의, 사상과 팔괘와 같은 주역의 이론에 적용시킨 것을 확인할 수 있다. 창덕궁 후원의 청의정은 바닥 평면은 사각형, 도리는 팔각형, 지붕은 원형으로 되어 있고, 서까래는 64개의 사각형으로 만들어졌다. 천원지방의 사고에 따라 원(하늘)과 사각형(땅), 팔각형(인간)으로 이루어진 청의정은 전통적 우주관인 천지인의 삼재를 상징하며 64개의 서까래는 64괘를 의미한다. 또 이러한 원형과 사각형, 팔각형을 조합한 건축의 사례들로는 이성산성과 공산성의 건물터, 불국사의 다보탑, 석불사의 삼층석탑 등에서도 찾아볼 수 있다.

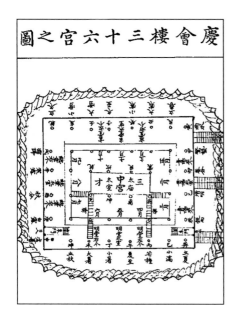

그림 1-29 **경회루삼십육궁지도**

압박적 위엄을 갖추지 않고 자연과 잘 어울리면서 안정감을 주는 전통건축은 사람과 자연을 연결하는 매개체이자 함께 조화를 이루어야 할 존재로 여겨졌다. 곧 자연과 인간의 사이에 있는 건축은 자연의 대우주와 인간의 소우주를 매개하며 조화되는 중우주라 할 수 있는 것이다. 한국건축에서 주택은 하나의 작은 우주로서, 천지인의 수직적 공간체계를 그 기본 세계관으로 하여, 지면을 상승시켜 하늘과 교감하기 위한 기단과 인간의 수직적 형상인 기둥, 하늘을 나타내는 지붕 등 집 자체에 하늘과 땅, 인간의 형상을 상징화한 것이라고도 한다. 전통건축은 하늘과 땅의 기운을 모아 무에서 유를 창조하며 살아 숨 쉬는 나무의 특성을 이용하고 선을 중요시하는 생명체와 같았다. 집을 짓기 전에는 풍수지리설을 바탕으로 햇빛과 물의 흐름, 바람의 방향, 산세와 지맥을 살펴서 조화시켰다.

1.3 한국 목조건축 구성

건축구조는 대지 위에 정착하여 가장 안전하고 내구적이며 쾌적한 환경을 만들기 위해 바닥과 벽, 기둥, 지붕 등의 요소를 합리적으로 짜 맞추는 방식이다. 한국건축은 목조 가구식 구조를 기본 형식으로 하며, 조적식 구조도 일부 병용되었고 아치와 볼트도 사용되었는데, 모두 재료의 성능을 잘 살려 효과를 극대화하였다. 건축의 구조는 건축양식을 이루는 주요 요소이면서 건축미와 조형성을 이루는 출발점이 되는데, 한국건축은 목조의 가구식 구조법을 다양하게 응용하며 양식적 특성과 조형성을 이루어 왔다고 할 수 있다.

전통건축에 있어서 초석과 기단, 기둥과 보, 서까래 등의 가공과 구법은 모두 석재와 목재의 성질을 활용하기에 외관이 소박하고 자연스러웠으며, 힘의 균형이 효과적으로 처리되었다. 전통건축에서 기단부는 상부의 하중을 잘 받을 수 있게 튼튼하게 쌓았고, 몸체부에서 기둥과 보는 결합하기 편리하도록 목재를 가공하였으며, 벽체는 일반적으로 심벽구조로 하였고, 지붕은 물이 새지 않고 날아가지 않도록 흙과 기와를 사용하며 아름다운 곡선을 이루었다.

전통건축의 목구조는 못을 쓰지 않고 부재들이 서로 맞물리는 결구방식을 가지며 여러 부재끼리 서로 의존하는 균형력을 기초로 세워지기에 매우 뛰어난 안정성을 갖는다(그림 1-30, 31). 이러한 전통건축의 목구조는 상부의 하중을 기둥에 전달 분배하고 처마와 지붕을 지지하는 공포구조를 도입하여 주심포식과 다포식, 익공식을 발전시켰다. 한옥의 대청마루에서 볼 수 있듯이 목조 구조가 노출되어 군더더기 없는 최소한의 뼈대에서 느낄 수 있는 구조적 안전성과 심미성의 아름다움을 구조미학이라 하는데, 예산 수덕사 대웅전 측벽이나

그림 1-30 영주 부석사 무량수전
그림 1-31 강화 전등사 대웅보전

안동 병산서원의 만대루는 건물을 구성하는 뼈대를 솔직하게 드러내는 구조미를 가장 잘 보여준다. 병산서원 만대루(그림 1-02)는 기둥과 보, 서까래, 지붕 등 건물에 필요한 최소한의 부재만으로 골격을 드러내어 목조 구조의 구성원리를 잘 드러내며 구조적 안정성과 심미성을 잘 보여주고 있다.

1. 목조 가구식 건축의 구성

전통건축은 목조의 가구식 건축이 대부분으로서 못이나 철물들이 많이 사용되지 않고 각 부재들이 이음과 맞춤으로 조합되어 완성된다. 목조가구식 건축은 조적조 등의 다른 구조에 비해 복잡해 보이기도 하지만, 해체와 조립이 용이하며 크고 작은 부재들이 짜 맞추어지는 과정에서 건축양식이나 건축기술이 발전되고 조형성을 나타내게 되었다. 목조 가구식 건축에서는 건물의 규모나 지붕 형식에 따라 기둥과 도리, 보, 공포 등이 적절하게 골조를 구성하게 되고, 공포 구조는 여러 부재가 짜여져 지붕을 받치며 상부의 하중을 기둥에 합리적으로 전달하고 돌출된 처마를 지지하는 역할을 한다(그림 1-32, 33).

그림 1-32 안동 봉정사 대웅전의 정면
그림 1-33 안동 봉정사 대웅전의 측면

전통건축에서 기둥이나 공포의 위에 올려져 지붕의 틀을 구성하며 상부 무게를 분산시키고 내부공간을 형성하는 구조나 구조물을 가구(架構)라고 한다. 즉, 가구는 건물의 뼈대, 골조를 가리키는 것으로서, 가구형식 또는 가구법은 이러한 건물의 뼈대를 짜 맞추는 방식

이라 할 수 있으며, 크게 벽체가구와 지붕가구로 나누어
지지만 일반적으로는 지붕가구를 뜻하며, 지붕가구는 보
와 도리, 대공 등의 기본부재들이 일정한 형식으로 구성
된다. 일반적으로 건물의 규모와 구조를 알기 위해 사용
되는 한국건축의 가구조직은 건물의 종단면을 기준으로
지붕을 지지하는 도리의 수에 따라 3량가, 5량가, 7량가,
9량가 등으로 구분되는데, 기둥 안팎의 외목도리와 내목
도리는 제외된다(그림 1-34). 주거건축에서는 5량가가 가
장 많으며 그중에서도 1고주 5량가가 보편적이어서 전면
반 칸은 퇴칸으로 구성되고, 사찰 대웅전과 같은 큰 건물은
7량가나 9량가가 많다. 고려시대 건축 중에서 봉정사 극락
전은 7량가, 수덕사 대웅전은 9량가이다. 한편 기둥 위에
보를 얹고 지붕틀을 꾸민 다음 가장 높은 위치의 종도리를

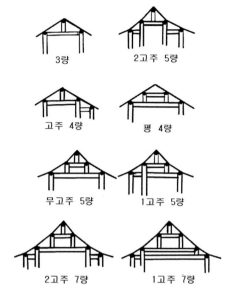

그림 1-34 목조건축 가구의 종류

올려놓는 일을 상량이라고 하는데, 건물의 골격이 마무리됨에 따라 특별한 의미를 부여하며
축원문을 새기고 잔치를 베풀게 된다.

1) 기단

기단은 건축물을 세우기 위해 대지보다 높게 올려 쌓은 것으로서, 고대로부터 건물의
규모나 용도에 관계없이 모든 건축에 축조되며 상당히 중요하게 여겨졌다. 기단은 물리적
및 기능적 역할 외에 의장적 요소가 되었으며 또한 사용자나 건물들 사이의 계급적 상징성
도 주어 왔다. 따라서 기단은 건물들 사이의 위계질서와 중요도에 따라 기단의 높이, 단수,
장식성, 재료 처리에 차이가 있다. 전통 목조건축은 인간적 척도로 지어졌기 때문에 상당히
작고 높이가 낮지만 높여진 기단으로 인해 당당하고 의젓한 모습을 갖게 되었다.

기단은 흙이나 벽돌, 기와, 돌 등의 재료로 구축되었으며, 돌로 쌓은 석축기단이 가장
많이 사용되었고 그 쌓는 방식에 따라 적석식 기단과 가구식 기단으로 구분된다. 적석식
기단은 자연석을 대충 다듬어 쌓는 것과 다듬은 돌을 쌓는 것이 있으며, 각 단의 층이 구분
이 되는 바른층쌓기 기단, 각 층의 구분이 없는 허튼층쌓기 기단으로 분류된다. 가구식
기단은 돌을 다듬어 기둥과 보를 맞추듯 쌓아 올리는 것으로서, 지대석 위에 탱주석과 면석
을 세우고 갑석으로 덮어 기단의 바닥면을 이루게 한 방식이었다. 삼국시대나 통일신라시

대에는 면석과 탱주석에 연꽃무늬나 십이지신상 등의 무늬를 아름답게 조각하기도 하였다. 가구식 기단의 실례는 통일신라시대의 것으로 불국사 대웅전과 극락전의 기단, 고려시대의 것으로 부석사 무량수전과 통도사 대웅전, 수덕사 대웅전의 기단 등이 대표적이다.

2) 초석

초석은 기단 위에 놓이며 기둥을 통해 내려오는 하중을 지면으로 전달하는 부재이다. 초석의 형태는 원형, 사각형, 팔각형 등이 있으며, 자연석을 그대로 쓰는 막돌초석과 가공하여 쓰는 다듬은 돌 초석이 있다. 돌을 가공하는 방식에 따라 정평주초와 덤벙주초로 구분되는데, 정평주초는 초석의 노출되는 윗면을 다듬어 동일한 수평면 위에 기둥을 올리는 방식으로 궁궐이나 사찰, 관아건물, 상류주택 등에 주로 사용되었다. 덤벙주초는 초석 윗면을 가공하지 않고 사용해 초석면이 편평하지 않은 것으로 초석 윗면의 형태에 맞게 기둥 아래쪽을 잘라내어, 곧 그렝이질[7]하여 기둥을 밀착되게 세운다.

3) 기둥

목조 가구식 건축에서 가장 중심적인 요소인 기둥은 상부 하중을 초석을 통하여 지반에 전달하고 내부공간을 형성하는 기본 뼈대가 되며 건축물의 높이를 결정하는 구조적 부재로서 입면구성에 있어서도 중요한 요소가 된다. 건물에 안정감을 부여하는 기둥은 또한 상징적으로 신분과 격식을 나타내기도 하고 하늘과 땅을 연결하는 매개체 역할을 하기도 한다. 건물의 조형적 성격에 큰 영향을 미치기도 하는 기둥은 기둥과 건물 전체의 크기나 비례, 기둥의 조형적 기법, 치목 등에 섬세하며 합리적인 방식이 고려되었다. 기둥과 기둥 사이인 주칸은 크기가 일률적인 것이 아니라 건물에 따라 차이가 있는 상대적 치수로서 건물의 규모를 정하는 기준이 된다.

기둥은 재료와 위치, 단면, 쓰임새 등에 따라 분류되는데, 위치에 따라 외진주(평주, 우주, 퇴주, 활주)와 내진주(고주, 심주)로, 단면의 형태에 따라 원주와 각주(네모, 육각, 팔각 기둥)로 나눠지는데, 원주는 궁궐이나 사찰 등의 규모가 크고 주요한 건물에 사용되고 각주는 궁궐과 사찰의 부속건물이나 주택 등에 주로 사용된다. 기둥은 구조적 역할뿐만 아니라

----

7 그렝이질 또는 그렝이 기법은 전통건축을 지을 때 주춧돌 위에 기둥을 초석의 윗면 모양대로 깎아 세우거나, 기둥 옆에 벽선을 세워 댈 때, 또는 도리 왕지맞춤 위에 추녀를 앉힐 때, 추녀와 도리짜임면에 갈모산방을 밀착시킬 때 등 여러 부재를 밀착시킬 때 그 밀착되는 면을 깎아내는 기법이다.

아름다운 시각적인 안정감과 균형감을 위해 흘림과 안쏠림, 귀솟음 등 여러 가지 기법이 적용되었다. 아름답고 균형잡힌 건물을 만들기 위해 고도의 기술과 경험을 바탕으로 기둥을 다루는 치목기법인 흘림을 사용한 기둥으로는 배흘림기둥, 민흘림기둥이 있다. 고려시대와 조선 초기의 주심포계와 다포계 건물에서는 배흘림 기둥이 많이 사용되었고, 조선 중기 이후의 다포계 건물에서는 민흘림이나 원통형(직립주) 기둥이 많이 나타난다.

4) 공포

공포는 벽체 밖으로 돌출된 처마를 지지하며 상부의 하중을 기둥이나 벽에 전달하는 구조적 부재로서, 기둥 위에서부터 대들보의 아래까지 첨차와 살미 등의 부재들이 조합되는데, 그 중첩되는 부재들의 형태에 따라 시각적 및 의장적으로 매우 중요한 요소가 된다. 중국계 목조가구식 건축에 공통적으로 보이는 공포는 두공(枓栱 또는 斗栱)이라고도 하는데, 두(枓)는 주두와 소로를 총칭하고 공(栱)은 첨차를 가리킨다.[8] 공포는 하나의 부재로 되는 것이 아니고 여러 층으로 중첩되어 하나의 띠[대(帶)]를 형성하기 때문에 공포대라고도 한다.

공포는 보와 도리, 기둥을 결구하는 구조적 기법으로서 여러 역할을 하는데, 첫째로 상부의 하중을 기둥에 전달하는 역학적 역할을 한다. 둘째, 공포는 돌출된 처마를 구조적으로 지지하는데, 여러 층으로 중첩되고 공포대의 높이가 높아짐에 따라서 건물이 높게 되어 웅장한 멋을 주고, 처마의 깊이가 깊어지고 천장이 높아지게 하여 내부공간을 확장시키는 역할을 한다. 셋째, 공포대는 기둥의 수직선과 지붕의 수평선이 맞부딪히는 부분에 위치하여 완충지대를 형성함으로써 지붕이 건축을 누르는 듯한 압박감을 덜어주는 심리적·시각적 역할을 한다. 넷째, 공포는 건축물의 양식을 결정하는 요소가 되며, 화려한 색채와 조각으로 장식함으로써 시각적 및 의장적 효과를 나타내기도 한다.

공포 형식은 공포가 놓이는 위치나 결합방식에 따라 주심포식과 다포식, 익공식으로 분류된다. 조선시대에 공포 형식은 일반적으로 시기가 내려갈수록 장식이 복잡해지고 다양해지는 경향이 있다. 조선 초기 주요한 건물들은 다포양식을 선호한 듯 하며, 태종 때에는 건물의 사용목적과 외관상의 필요에 따라 주심포와 다포, 두 양식을 구분하여 채택하였다. 즉, 다포양식은 궁전 건물이나 성문 또는 사찰의 주요 법당 등과 같이 권위와 격식이 요구되고 화려하여야 할 건물에 주로 채택되고, 주심포양식은 사사로운 건물이나 간소한 외관으

---

8 공포를 중국에서는 두공(枓栱), 일본에서는 조물(組物)이라고도 한다.

로 그 목적을 충당할 수 있는 종묘, 사당, 주거 건물, 사찰의 부차적인 법당 등에 채용되었다. 익공식은 일반적으로 궁궐의 행랑이나 침전, 사찰의 2차 또는 3차적인 법당, 암자 등에 많이 사용되며, 관아건물과 서원 등의 유교 건물, 누각이나 회랑 등에서 많이 사용되었다.

5) 가구

가구는 건물을 이루는 뼈대의 짜임새를 말하는 것으로서, 기둥과 보, 도리 등이 가장 중요한 구조 부재이고, 이러한 부재가 어떤 형식으로 짜여지느냐 하는 것이 가구구조이다. 창방은 공포가 있는 목조건물의 기둥머리에서 기둥과 기둥을 연결, 고정해주는 가로 부재이고, 평방은 다포식 건물에서 주간포를 받기 위해 창방 위에 수평으로 창방과 같은 방향으로 얹히는 가로 부재이다.

(1) 도리

도리는 지붕을 이루는 가구의 기본 부재로서 보와 직각방향으로 배치되며 서까래를 받쳐 지붕면을 구성하고 상부의 하중을 보와 기둥으로 전달하는 구조적 역할을 한다. 도리는 단면에 따라 둥근 단면의 굴도리, 사각형 단면의 납도리로 구분하고, 위치에 따라서 종도리, 중도리, 주심도리 등으로 불리며, 규모에 따라 상중도리, 하중도리, 외목도리와 내목도리 등이 쓰이기도 한다. 종도리는 용마루 부분에, 주심도리는 기둥 바로 위에 놓이며, 기둥 중심의 바깥 것을 외목도리, 안쪽의 공포 위에 얹힌 것을 내목도리라고 한다.

일반적으로 건물 최상부 중앙에 종도리가 놓여 있으므로 도리의 수는 일반적으로 3, 5, 7, 9의 홀수가 되는데, 전통건축을 부를 때 쓰이는 가구조직의 명칭은 이 도리의 수에 따라 3량가, 5량가, 7량가 등과 같이 불린다(그림 1-35). 우리나라에서 가장 도리가 많은 것은 9량가로, 부석사 무량수전과 수덕사 대웅전 등에서 볼 수 있다. 도리는 건물의 규모가 크고 고급스러울수록 많아지지만, 도리의 수와 건축 규모는 반드시 비례하지 않는다. 가구 조직의 기준이 되는 도리는 주심도리의 안과 밖에 있는 내목도리, 외목도리는 제외하고 지붕을 받치는 도리의 수를 계산한다. 마룻도리라고도 불리는 종도리는 건물의 가장 높은 부분으로 용마루 아래에 놓이는데, 상량을 마쳤다고 하는 것은 이 종도리를 다 놓았다는 것을 뜻하는 것으로서 상량문이나 기문(記文) 등이 쓰인다.

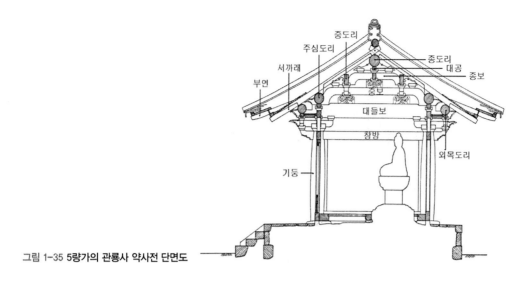

그림 1-35 **5량가의 관룡사 약사전 단면도**

(2) 보

　보는 도리와 직각 방향으로 건물의 앞과 뒤를 가로지르게 배치되어 상부 하중을 받는 수평구조재로서 위치에 따라 대들보(대량), 중보, 마루보(종보, 종량), 퇴보, 충량, 우미량 등으로 불린다. 보는 건물 규모에 따라 한 가지만으로 이루어지기도 하지만 규모가 커지면 2중, 3중으로 짜이는 등 건물 규모나 평면 구성, 지붕 모양에 따라 위치나 종류가 달라지게 도 된다. 대들보는 모든 건물에 걸치게 되는 기본 가구재로서, 건물 앞과 뒤쪽의 평주와 평주 위 또는 평주와 고주 위에, 또 기둥 위에 공포가 있을 경우는 그 위에 놓이게 된다. 마루보(종보)는 도리가 5개인 5량 이상의 가구에서 가장 위에 놓여 마루대공을 받게 되며, 길이는 대략 대들보 길이의 1/2이다. 퇴보는 일반적으로 대들보보다 한 단 낮게 걸리며 고주가 있을 경우나 퇴칸이 있을 때에 사용된다. 충량은 팔작지붕이나 우진각지붕에 측면 이 2칸 이상인 건물에서 볼 수 있는 부재로서, 다른 보들의 방향과는 달리 대들보와 직각 방향으로 놓여 측면의 평주와 가로 걸치면서 지붕 합각부의 무게를 지탱하여 대들보와 평 주로 분산시키는 역할을 한다.

(3) 우미량

　우미량은 고저의 높이 차이가 있는 상하의 도리를 연결하는 곡선형의 부재로서, 소꼬리 와 같은 모습의 곡선재를 사용하여 도리의 높이 차이로 인한 무게의 분산을 해결하는 구조적인 역할뿐만 아니라 의장적으로도 큰 역할을 한다. 우미량은 수직과 수평의 부재만으로 구성된 내부공간에 사선 방향으로 하나의 동적인 요소로 작용하여 경쾌한 느낌을 준다. 우미량은 수덕사 대웅전과 강릉 객사문 등 주로 고려시대와 조선시대 초기의 맞배지붕 형태의 건물에서 볼 수 있다.

(4) 대공

대공은 대들보나 종보 위에 놓여 그 위의 보나 도리를 받쳐주는 수직 부재로서, 그 형태와 형식에 따라 여러 가지로 나누어진다. 대공의 종류에는 초각한 부재를 접시받침 위에 층층이 올려 도리를 받쳐주는 접시대공, 나무토막을 중첩하여 사다리꼴로 이루어진 판대공, 판대공에 파련을 새긴 파련대공, 연꽃이나 연당초 모양의 꽃무늬로 장식한 화반대공, 첨차와 살미를 조립한 포작으로 만든 포대공, 짧은 기둥과 같은 동자대공, 사람 인(人)자 모양으로 된 인자대공 등이 있다.

2. 목조건축의 평면과 입면

1) 평면 구조

평면은 건축을 구성하는 가장 기본적인 요소로 건물의 기능과 크기, 구조 등이 반영된다. 한국건축은 평면 형태가 대개 직사각형으로 되어 있으며 기둥 사이의 칸 수로 평면 및 구조를 나타낼 수 있다. 전통건축에서는 평면을 나타낼 때 주칸의 수로서 정면 몇 칸, 측면 몇 칸이라고 하는데, 기둥과 기둥 사이를 길이와 상관없이 칸(間)이라 한다. 칸은 기둥 사이의 간격을 뜻하기도 하지만, 4개의 기둥이 만드는 단위공간의 넓이를 나타내는 면적의 기본단위가 되기도 한다. 평면은 칸이라고 하는 모듈로 구성되며, 주칸의 크기는 대개 8~12척 정도이다. 건물의 정면과 측면에 있어서 기둥의 위치와 칸의 구성, 수를 간략히 나타내는 평면도를 「간가도(間架圖)」라고 하며, 정면칸을 가(架), 측면칸을 간(間)이라고 하였다(그림 1-36). 문화재청에 소장된 「경복궁 대궐도형」(그림 1-37)은 임란~고종 대 중건 이전까지 경복궁을 모습을 그린 간가도로서 당시 경복궁 담장 안의 배치와 건물 평면 등을 잘 보여준다. 「경복궁교태전도형」과 「경복궁 통화당도형(通和堂圖形)」, 「창경궁 통화전도형(通和殿圖形)」은 고궁박물관 소장 「창덕궁도형」을 제외하고는 궁궐의 개별 건물 도형으로서 유일하며, 이 중 「(창경궁)통화전도형」은 창경궁 통화전에서 명정전의 북월랑까지를 그린 간가도로서 동궐도(1824~1827)와 동궐도형(1873~1907) 사이의 변화 과정을 보여준다. 『제청급

석물조성시등록(祭廳及石物造成時謄錄)』[9]에 수록된 「제청도(祭廳圖)」에는 제청의 각 실 구성, 문의 위치와 종류, 담장과 일각문 등이 상세히 그려져 있다(그림 1-38).

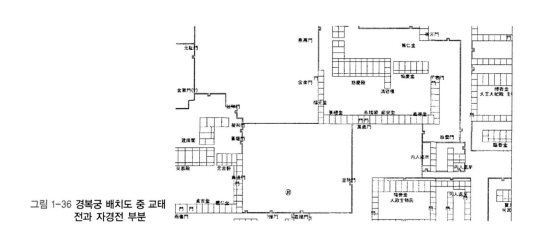

그림 1-36 **경복궁 배치도 중 교태 전과 자경전 부분**

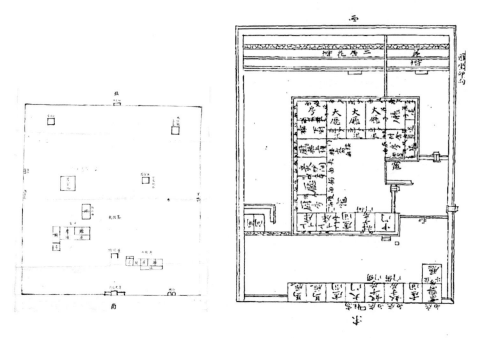

그림 1-37 「**경복궁 대궐도형**」
그림 1-38 「**제청도**」-왕실도서관 장서각 디지털 아카이브

---

9 『제청급석물조성시등록(祭廳及石物造成時謄錄)』은 숙종 44년(1718) 영조의 생모인 숙비 최씨 묘소의 제청 및 석물 조성에 관한 기록이다.

평면형식은 전체적인 평면 형태와 퇴의 구성방식으로 분류되는데, 측면 한 칸인 평면을 홑집(외통집), 측면 2칸 이상인 집을 겹집(양통집)이라 하고, 퇴의 구성에 따라 전퇴집, 후퇴집, 전후퇴집으로 구분된다. 일반적으로 평면의 방향은 장변을 정면으로 하여 도리칸, 단변을 측면으로 하여 보칸이라 부른다. 도리칸은 위치에 따라 중앙 칸을 정칸 또는 어칸, 그 좌우의 칸을 협칸(夾間), 협칸 좌우의 칸을 퇴칸(退間)이라 하며 위치에 따라 동·서 퇴칸으로 부른다.[10] 측면의 중앙칸은 정칸, 그 좌우를 협칸, 그 좌우를 퇴칸이라 부르나 위치에 따라 전후 퇴칸으로 부른다(그림 1-39). 지붕면을 향해 출입구를 만드는 한국 전통건축에 있어서 도리칸은 대부분 홀수칸 수를 쓰고, 측면(보칸)은 홀수, 짝수에 구분 없이 구성하였다. 정면을 홀수로 정한 후에 측면을 홀수 또는 짝수로 잡았으며, 칸수를 결정짓는 기본 단위척, 모듈(module)로는 주고를 사용하였다.

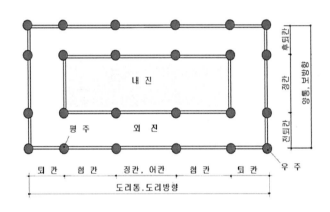

그림 1-39 **평면 구성과 용어**

일반적으로 전통건축을 표기할 때 '정면(도리칸) 5칸, 측면(보칸) 3칸, 다포양식의 단층 팔작지붕'과 같은 간단한 표현을 쓰는데, 이 표현은 건물의 평면 형식이나 구조를 잘 나타내 준다. 이 용어에서부터는 건물의 규모와 상세에 대해 다음의 내용을 추정할 수 있다. 1) 평면의 모습은 4각형이며, 정면은 기둥이 6개, 5칸이며 측면은 기둥이 4개, 3칸이다. 정면 중앙의 칸을 출입구로 사용하고 협칸과 퇴칸이 각 1씩 있다. 2) 측면이 3칸이므로 가구구조

....
10 정면이 7칸일 경우에는 어칸, 협칸, 차협칸(次夾間), 퇴칸이라 부르며, 9칸 이상일 경우에는 어칸, 협칸, 제2협칸, 제3협칸·퇴칸의 순으로 부른다.

는 5량집 이상의 구조일 것이다. 3) 화려한 다포양

식에 팔작기와지붕의 웅장한 건축일 것이다. 화엄
사 대웅전의 경우(그림 1-40), 직사각형 평면이며
기둥이 정면에 6개, 측면에 4개 있고 정칸이 출입
구로 쓰이며 규모가 정면 5칸, 측면 3칸이고, 지붕
은 옆면에서 볼 때 여덟 팔자 모양을 한 팔작지붕
이다. 가구는 1고주 7량 구조로서, 대들보는 평주
위의 5제공에 걸고 대들보 하부에는 높은 기둥을

그림 1-40 **구례 화엄사 대웅전**

세워 받쳤으며, 중보와 종보는 각각 동자주를 세워 맞추고 종보 위에 판대공을 놓아 종도리
를 받쳤다. 지붕 처마를 받치기 위해 장식하여 짠 공포구조가 기둥 위뿐만 아니라 기둥
사이에도 있는 다포양식으로 꾸몄다.

2) 입면 구성

건축물의 입면은 구조부재와 장식부재가 표현되기 때문에 건축의 시대성과 지역성, 양
식, 평면과 건축구조를 알 수 있게 해준다. 전통건축은 구조재 자체가 지니는 의장성과
장식성, 색채나 장식물들로 입면이 구성되는데, 건축물을 구성부재와 의장적인 면에서 보
면, 기단부, 벽 또는 창호의 몸체부, 지붕면으로 구별할 수 있다(그림 1-41, 42). 지붕면은
벽부분과 비슷한 높이를 차지할 정도로 입면상 중요한 역할을 하는데, 처마가 길게 돌출되
기 때문에 오히려 지붕면이 더 넓은 면적을 차지하는 것처럼 보이며, 더구나 개구부를 들어
올렸을 때는 기단 위에 지붕면이 떠 있는 것 같은 인상을 준다.

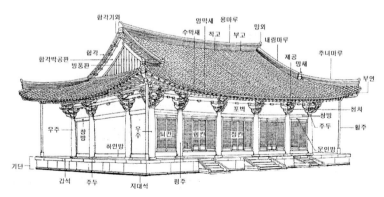

그림 1-41 **전통 목조건축물의 외관 구성**

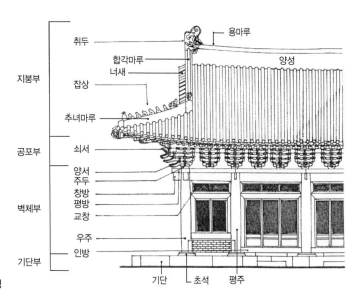

지붕부 ── 취두
      ── 합각마루
      ── 너새
      ── 잡상
      ── 추녀마루

용마루
양성

공포부 ── 쇠서
      ── 양서
      ── 주두
      ── 창방
      ── 평방
      ── 교창

벽체부 ── 우주
      ── 인방

기단부 ──

기단   초석   평주

그림 1-42 **전통건축물의 입면 구성**

전통건축은 전면이 길고 측면이 짧고 도리방향을 정면으로 하므로 진입방향의 동선이 실내에서는 짧게 되고 측면에 보조출입구를 두게 되었다. 전통건축은 정면에 개구부를 설치하고 장식을 많이 하여 정교하고 화려한 정면성을 지니지만, 측면에는 조그만 개구부 외에 벽체로 처리하여 구조체에 의한 구조미를 표현했으며, 배면에는 벽체로 처리하거나 벽화를 그리며 통풍구를 설치하기도 하였다.

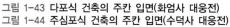

그림 1-43 **다포식 건축의 주칸 입면(화엄사 대웅전)**
그림 1-44 **주심포식 건축의 주칸 입면(수덕사 대웅전)**

한편 전통건축은 건물의 폭과 높이가 입면의 조형에 영향을 주었는데, 일반적으로 주심포식 건축은 수평적·직선적이며 단정하고 우아하며 안정된 느낌을 주고, 다포식 건축은 수직적·부양적이며 동적이고 화려한 느낌을 준다고 하는데, 이러한 사실은 중앙칸의 벽체에 있어서 기둥 중심의 입면 비례를 통해서 확인할 수 있다(그림 1-43, 44). 주심포양식의 경우는 주간과 주고의 비가 1.3 : 1로서, 건물의 가로(폭)가 세로(높이)보다 긴, 안정된 직사각형을 이룬다. 다포양식의 경우는 주간과 주고의 비가 1 : 1.3으로서, 가로가 세로보다 짧은, 키가 큰 직사각형을 이루어 수직적이고 부양적인 느낌을 주는 것이다.

3) 지붕

　　지붕은 건물의 최상부를 구성하여 비와 빛을 막는 기능적이면서 장식적인 효과와 역할이 큰 요소로서, 우리나라의 풍토와 기후에 맞게 이루어졌다. 비가 많이 오고 장마철이 있는 우리나라에서 지붕은 공간을 덮어줄 뿐 아니라 벽체와 개구부를 보호해주는 역할을 하기 때문에 처마구조가 발달되어 특유한 아름다움이 만들어졌다. 지붕은 사용된 재료에 따라서 새지붕, 너새지붕, 너와지붕, 굴피지붕, 초가지붕, 기와지붕으로, 또 형태에 따라 크게 맞배지붕, 우진각지붕, 팔작지붕으로 분류되며, 이 세 가지 형식이 기본형이 되어 여러 가지 복합 형식의 지붕이 만들어진다(그림 1-45).

(a)　　　　　　　　　　　　　　　　　(b)

그림 1-45 **전통건축 지붕의 유형**
(a) 맞배지붕(강릉 객사문)
(b) 팔작지붕(경복궁 경회루)

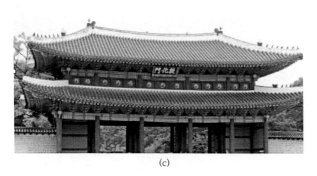
(c)

(d)

그림 1-45 전통건축 지붕의 유형(계속)
    (c) 우진각지붕(창덕궁 돈화문)
    (d) 네모지붕(창덕궁 후원의 애련정)

지붕은 건물의 격식과 종류, 규모에 따라 여러 가지 기와들로 치장되거나 의미가 부여되기도 하였으며, 기와 자체도 유리기와, 청기와, 청자기와 등 특수한 재질을 사용하기도 하였다. 기왓골 끝에 막새를 끼우거나 용마루 끝이나 합각머리에 치미나 취두, 용두를 놓고, 왕궁의 전각이나 대문, 성문들에는 추녀마루에 잡상들을 얹으며, 사모지붕, 육모지붕, 팔모지붕 중앙에는 절병통을 놓는다. 팔작지붕에서는 합각의 구성에 따라 박공판에 지네철이나 장식철물을 박거나 현어(懸魚)를 달았으며, 합각벽에 판벽이나 전돌, 와편 등으로 여러 가지 무늬를 새기거나 치장을 하기도 한다.

(1) 맞배지붕

맞배지붕은 가장 간단하게 지붕면이 양면으로 경사를 이룬 모양으로서, 정면에서 보면 사각형의 지붕면이 보이며 측면에서는 삼각형 벽면(박공면)을 형성하여 박공지붕이라고도 한다. 맞배지붕은 측면에서 가구부재들 전체가 노출되어 아름다운 가구미를 이루는데, 조선시대 중기 이후 측면에 풍판을 덧대는 경우가 많아 구조미가 삭감되었다. 맞배지붕은 추녀가 없기 때문에 후림과 조로가 약하지만 나름대로의 약간의 곡선을 갖고 있으며, 처마선이 약간 처진 만큼에 어울리게 평방, 창방, 용마루선의 중앙 부분이 약간 처져 서로가 조화를 이루면서 착시현상을 교정하여 아름다운 형태를 이루고 있다.

(2) 우진각지붕

우진각지붕은 지붕면이 전후좌우로 물매를 갖게 된 형식으로 전후면과 측면이 만나는 추녀마루의 끝이 용마루의 양쪽 끝에서 모이게 되며 지붕면이 4면이 되는데, 정면에서 보면 사다리꼴 모양, 측면에서는 삼각형 지붕면이 보인다. 가구는 팔작지붕과 흡사하나 지붕 높이가 팔작지붕보다 높게 되며 용마루선과 추녀선이 중요한 시각적 요소가 된다. 맞배지붕보다 훨씬 부드러운 곡선으로 휘어져서, 수평선이 처져보이는 착시현상을 교정하고 있다. 우진각지붕은 도성의 성문, 궁궐의 대문, 그리고 일부 사찰, 작은 규모로는 상류주택의 일각 대문 등에서 많이 사용되었다.

(3) 팔작지붕

팔작지붕은 합각지붕이라고도 하며, 용마루 부분에서 짧은 박공이 있는 박공지붕 모양으로 되고 그 밑의 지붕은 추녀마루가 있어 건물 네 면에 모두 처마가 구성된다. 팔작지붕은 지붕면이 4면으로 이루어지고, 측면 지붕면 위에 삼각형의 부분, 즉 합각이 수직면으로 형성되어 추녀마루가 합각의 밑까지 오며, 이 자리부터 합각마루가 형성되어 이것이 용마루까지 올라오게 된다. 팔작지붕은 후림과 조로 수법을 사용한 처마 곡선미, 용마루선과 같이 휘어지면서 어울려 나타나는 날아갈 듯하는 지붕선, 서까래의 흐름을 끊지 않는 선자서까래로 인한 서까래의 율동미 등 전통건축의 지붕이 이루는 특색과 아름다움을 잘 갖추고 있다.

(4) 기타

이 외에 사모지붕, 육모지붕, 팔모지붕, 십자형지붕, 솟을지붕 등이 있으며 맞배와 팔작이 합성되는 경우도 있다. 사모지붕은 평면형이 정사각형 건물이거나 정사각형에 가까운 평면을 한 건물에서 많으며 육각이나 팔모지붕은 사모지붕을 응용한 것으로서 평면에 따라 결정된다. T자형의 지붕은 왕릉의 정자각에 많이 보이며 통도사 대웅전 같은 이형의 지붕 구성에서 발견된다.

3. 공포의 양식

목조건축에서 기둥과 보, 도리가 만나는 부분을 연결하며 하중을 전달해주는 역할을 하는 공포는 주두와 첨차, 소로, 살미 등의 여러 부재들이 결합되며 구성된다(그림 1-46). 공포는 기본적인 조합부터 복잡한 것까지 구성이 다양하여 건축물의 용도에 맞게 사용할

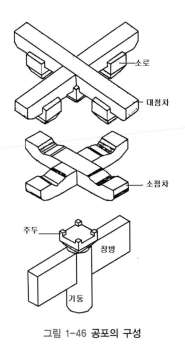

그림 1-46 **공포의 구성**

수 있는데, 기본적으로 지붕의 무게를 기둥에 전달하는 기능을 한다. 주두는 기둥 위 또는 창방이나 평방 위에 놓여 첨차와 살미를 받쳐주는 부재로서, 됫박처럼 네모지게 만들어졌으며, 다포양식의 경우에 평방 위에 위치한 주두를 좌두라고 한다. 첨차는 주두와 소로 위에 도리 방향으로 배치된 말발굽 모양의 부재이며, 크기에 따라 소첨차와 대첨차, 놓이는 위치에 따라 주심첨차, 행공첨차, 출목첨차 등으로 구분된다. 첨차는 살미와 십자형으로 배치되어 제공을 형성하며, 행공첨차는 첨차 가운데 가장 위쪽의 외목도리와 장혀를 받치는 첨차이다. 살미는 첨차와 십자형으로 이루어 보방향으로 배치되어 제공을 형성하는 부재로서, 건물 바깥쪽 부분을 쇠서 모양으로, 안쪽 부분은 교두, 초엽, 연화 등의 모습으로 조각된다. 소로는 장혀나 첨차 등의 밑에 받쳐 괴는 부재로서 주두와 비슷하게 작은 됫박 모양이며 첨차와 살미, 제공 등의 사이에서 각 부재들을 결합시키는 역할을 한다. 제공은 공포에 있어서 첨차와 살미가 십자형으로 결합되어 층층이 짜이는 단위부재를 뜻하며, 초제공, 이제공, 삼제공 등으로 지칭한다.

1) 주심포양식

주심포식은 기둥의 위에만 공포가 짜이는 것으로서 위쪽의 하중이 공포와 기둥을 통하여 지면에 전달되게 된다. 공포의 시작은 확실치 않으나 주심포양식은 삼국시대부터 사용된 것을 고식 주심포식, 고려 중기에 남송에서 새로이 도입된 것을 주심포식이라 구분하기도 한다. 고식 주심포식은 현존하는 목조 건축물로는 가장 오래된 봉정사 극락전에만 그 모습을 보일 뿐이지만 고구려의 고분벽화, 백제의 부여에서 출토된 동탑편(銅塔片), 신라의 석조물과 안압지에서 출토된 첨차와 소로 등에서 찾아볼 수 있다. 고려시대 중기에 송나라로부터 전래된 것으로 여겨지는 주심포양식은 기둥 상부에만 공포를 배치하고, 간결하고 단순하며 직선적인 느낌을 주며, 고려시대와 조선 초기에 성행하였다.

주심포양식은 공포가 기둥 위에만 놓이며 다음과 같은 몇 가지 특색을 갖고 있다(그림 1-47). 첫째, 두공으로 전달되는 상부 하중을 기둥만으로서 지탱하기 때문에 기둥은 굵고 배흘림이 강하다. 둘째, 출목수가 대개 2출목에 그치며, 지붕의 처마가 낮게 되므로 지붕이 건물을 내려누르는 듯한 느낌을 주며 단아한 맛을 나타낸다. 셋째, 보의 형태가 네 모서리가 둥글게 깎인 역사다리꼴 모양(항아리 모양)을 하고 있으며 보의 양단에서는 보의 굵기가 가늘어진다. 넷째, 첨차 끝의 하단이 S자를 연결한 곡선 모양(연속 연화 문양)이며, 살미 끝의 쇠서가 직선적이고 강직한 형태를 보인다. 공포 가장 아래쪽의 첫 출목의 첨차가 주두 아래로부터 나오는 헛첨차를 사용하는 경우로는 수덕사 대웅전, 은해사 거조암 영산전, 강릉 객사문 등에서 볼 수 있다. 다섯째, 고려시대의 주두나 소로의 굽은 내반된 곡선이 되고 대부분 주두에 굽받침을 가지고 있지만, 현존하는 한국 최고의 목조건축물인 봉정사 극락전은 굽받침을 지니지 않는다. 조선시대에는 주두와 소로 각각의 굽면이 사면이며 굽받침을 지니지 않는다. 여섯째, 주심포식은 간결한 양식으로 강한 구조미를 보이고, 모서리에서 공포는 정면성을 지녔으며, 창방의 중앙에는 화반이나 포벽이 구성되고, 일반적으로 맞배지붕, 연등천장을 주로 사용하였다.

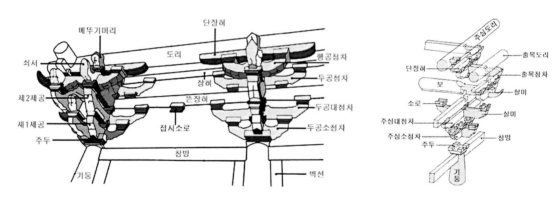

그림 1-47 주심포의 구성

현재 남아 있는 주심포식 건물로 가장 오래된 것은 안동 봉정사 극락전(12세기 말)이고, 그 외 고려시대 건물로서 영주 부석사 무량수전(경북 영주, 13세기 초)과 조사당(1377), 수덕사 대웅전(충남 예산, 1308, 그림 1-48), 강릉 객사문(14세기경) 등이 있다. 조선시대의 건물로는 은해사 거조암 영산전(경북 영천, 조선 초), 송광사 국사전과

그림 1-48 예산 수덕사 대웅전

하사당(전남 승주, 조선 초), 정수사 법당(경기 강화, 조선 초), 관룡사 약사전(경남 창녕, 조선 초), 무위사 극락보전(전남 강진, 1746) 등이 남아 있다.

2) 다포양식

다포식은 기둥 위뿐만 아니라 기둥과 기둥 사이에도 공포가 놓여 화려한 모습을 가지는 양식으로서, 고려 말기에 중국 원나라로부터 도입된 것이다. 다포양식은 공포를 기둥 상부, 기둥과 기둥 사이에도 배치하고 평방을 덧대어 기둥과 벽체로 하중을 안정되게 분포시켰는데, 기둥 위에 있는 포작을 '주심포' 또는 '주상포', 기둥 사이에 놓인 포작를 '주간포' 또는 '간포'라고도 한다. 다포양식은 창방 위에 평방을 놓고 그 위의 처마 끝까지 연속적으로 이어지는 공포의 짜임으로 건물을 더욱 높고 넓게, 크게 조영할 수 있게 되었으며, 조선시대 초기에는 왕궁이나 사찰의 주요 건물 등에 채용된 이후 점차 화려하고 장중한 기풍으로 성행하게 되었다.

다포식은 전체적으로 곡선적이고 동적, 장식적이며 화려하며 장엄한 인상을 주는데, 다음과 같은 특색들을 갖고 있다(그림 1-49). 첫째, 기둥 사이에도 공포를 배치하기 위해

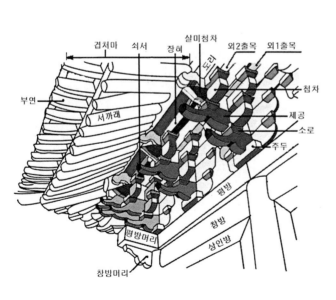
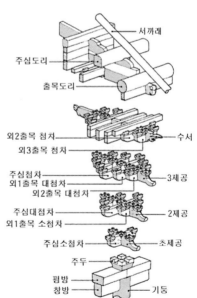

그림 1-49 **다포의 구성**

창방 위에 평방을 덧대어 구조적으로 보강함으로써, 하중의 분배와 전달이 유리하여 기둥의 부담이 적어져 가늘어지고 배흘림이 약화되었다. 둘째, 공포의 출목이 3~4출목 이상으로 출목수가 많으므로 처마가 깊고 위로 치솟아 지붕의 곡선이 강조되고 웅장하며 경쾌한 느낌을 주고 내부공간도 커진다. 셋째, 공포부재 이외의 많은 부재들이 규격화되어 시공의 편의를 도모하였으며, 보의 형태가 일반적으로 직사각형이며 보의 양끝에서도 보의 두께만 작아지고 높이는 변하지 않는다. 넷째, 첨차 끝의 아랫단이 간단한 곡선 또는 원호형을 하고 있으며, 헛첨차를 사용하지 않고, 주심포양식에 비하여 제공의 수가 많아지고 살미 끝의 쇠서가 장식화된다. 다섯째, 주두나 소로의 굽은 직선으로 경사지게 다듬어지는 사면이고 소로는 상하 동일한 수직선상에 위치된다. 여섯째, 내부공간이 확대되고 가구가 복잡해짐에 따라 내부에 반자를 설치하여 우물천장과 팔작지붕을 주로 사용하며, 건물 모서리의 공포는 정면과 측면을 동시에 향하는 양면성을 지니며 아름다운 형태를 보인다. 일곱째, 공포와 공포 사이에 작은 불감형의 포벽에 불화를 그려 위엄을 높일 뿐만 아니라, 내부 출목 끝 반자 밑의 당골벽에도 화반과 화반 사이에 불화벽을 이루게 되었다.

현존하는 가장 오래된 다포식 목조건물로서는 고려 말기의 건물인 심원사 보광전(황해도 해주, 1374), 석왕사 응진전(함남 안변, 1386)이 알려져 있고, 경천사지 십층석탑(1349)에는 다포계 형식의 공포부가 조각되어 있다. 조선시대에는 궁궐의 정전이나 사찰의 주요 전각에 다포식이 많이 사용되어 서울 숭례문(1867), 서울 흥인지문(1869), 경복궁 근정전(1867), 창덕궁 인정전(1804), 창경궁 명정전(1616), 덕수궁 중화전(1908), 화엄사 대웅전(그림 1-50), 화엄사 각황전(1703), 금산사 미륵전(1635), 통도사 대웅전(1645), 봉정사 대웅전(조선 초) 등 많은 사례가 있다.

그림 1-50 **구례 화엄사 대웅전**

3) 익공양식

익공식은 기둥 위의 밖으로 새의 날개와 같은 쇠서의 모습으로, 안으로 보아지 역할을 하는 부재를 기둥머리에 맞물리게 끼워 공포를 이루는 형식이다. 익공(翼工) 양식은 조선 초기부터 그 유구가 남아 있고 주심포계와 다포계의 공포 형식이 혼용된 양식인 것으로 미루어 고려 말기에서 조선 초기 사이에 독자적으로 생겨난 것으로 본다.

익공양식은 주심포양식이 단순화되고 간략화된 것으로서 가구가 간단하며, 평방과 주간 포작이 없으므로 외관은 주심포양식과 비슷하다. 익공식은 배흘림이 거의 없는 기둥이 사용되며, 기둥 윗부분에만 새 날개 모양의 익공이 창방 또는 보의 뺄목 위치에서 창방과 직각 방향으로 장식화되어 있고, 기둥 사이에는 화반으로 대체되어 있다. 익공식은 출목이 없어 지붕 처마를 앞으로 길게 밀어내지는 못하지만 새 날개 모양의 익공이 주심도리를 약간 높이며 장식 역할을 한다(그림 1-51). 익공식은 익공이 하나인 초익공(일익공)과 두개 겹쳐진 이익공으로 구분하며, 때로 익공의 쇠서가 약화된 무익공 형식도 있는데, 이익공은 그 위쪽에 주두와 같은 모습의 납작한 재주두를 놓아 대들보 머리를 받치기도 하며 주간에 화반을 두기도 한다. 익공쇠서는 보통 윗면이 수평으로 가공되어 끝이 뾰족하고 건물 내부 쪽으로는 보 밑에 양봉을 이루고 있다. 익공양식은 일반적으로 팔작지붕 형식을 사용하였으며, 보통 궁궐과 사찰 등의 부속건물과 사묘와 누정 등의 건축에 많이 사용되었다.

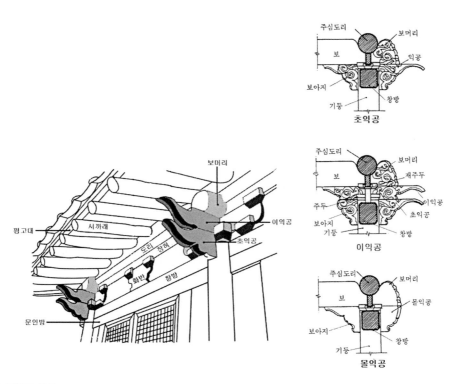

그림 1-51 **익공의 구성**

익공양식은 외관이 화려하지 않으나 소요되는 부재의 양이 훨씬 줄어들고 치목과 결구가 매우 합리적이기 때문에 궁궐의 편전과 침전, 문루, 사찰의 부속건물이나 관아건물, 향교나 서원, 상류주택 등 조선시대의 각종 건물에 폭넓게 사용되었다. 현존하는 익공식 건물로는 해인사 경판전(1488), 강릉 오죽헌(1536), 강릉 해운정(1530), 경복궁 경회루(1867, 그림 1-52), 춘천 청평사 회전문(1557), 종묘 정전 및 영녕전(1608), 문묘 명륜당(1601), 경주 양동 무첨당(1526), 경주 양동 관가정(16~17세기), 경주 안강 독락당(1532), 안동 하회 충효당(16~17세기) 등이 대표적이다.

그림 1-52 **경복궁 경회루의 익공**

4) 절충 양식

조선시대에 들어서서 주심포양식과 다포양식이 혼합되는 경향이 발생되며 한 건물 내에서 두 가지 공포양식의 기법이 혼합되는 절충적 양식이 사용되었다. 절충 양식의 건물 가운데 평양 보통문(1473)은 우진각 지붕, 연등천장 형식의 건물로서, 주간 포작을 지닌 다포양식이면서도 다포양식의 특유한 부재인 평방이 없으며 기둥과 기둥 사이의 창방 위와 두주 위에 두공이 놓인다. 경기도 강화의 전등사 약사전(18세기경)은 다포양식이면서도 평방을 지니지 않으며, 건물의 앞면을 제외하고는 주간에 공포 대신 화반을 배치하였다. 충남 서산의 개심사 대웅전(1484)은 다포양식의 건물이면서도 주심포양식의 일반적인 기법인 맞배지붕, 연등천장을 사용하여 주심포양식에서 다포양식으로 이전해가는 과도기의 절충적 모습을 보인다.

4. 고려시대의 목조건축

1) 고려시대의 목조 구조

일반적으로 목조건축은 중국은 한나라 때, 우리나라는 삼국 때 등장했다고 추측되는데, 현존하는 목조건축 중에서 가장 오랜 것은 고려시기의 것이다. 고려의 건축은 중기로 접어들어 남송과의 교류가 활발해지면서 주심포양식이 정착되었고, 말기에는 원나라와의 교류로 다포양식이 등장하였다. 고려 후기에 나타나는 다포계 목조건물의 양식이나 경천사지 십층석탑 등은 모두 원나라의 영향 아래 나타난 것이다.

대체로 주심포식은 간결하고 명쾌하지만 다포식은 화려하고 장중한데, 두 양식적 차이는 다음 가구수법을 통해서 비교할 수 있다. 고려시대의 주류적인 공포양식으로서 간결하고 명쾌한 느낌을 주며 당시의 주요 건물에 사용된 주심포양식은 ① 공포가 기둥 위 곧 주심에만 있고, ② 주심포와 주심포 사이에 지주가 필요할 때에는 조그만 동자주나 화반을 배치하며, ③ 주두와 소로의 굽면이 곡면이며 각각 굽받침을 지니는데, 봉정사 극락전은 예외이다. ④ 첨차는 2출목 이하이며 내외 같고, 굴곡부 외면은 유연한 S자형 곡면으로 깎였고, 살미첨차의 하단부는 직절된 형태에서 점차적으로 비스듬히 사절되는 형태로 변화되며, 보머리와 창방머리 모두 간결한 형태로 되어 있다. ⑤ 강릉 객사문에서 보이듯이 기둥의 배흘림이 강하며 독립되어 보이고, 천장은 구조재가 노출된 '연등천장'이고 대공은 장식적인 형태를 이룬다.

화려하고 장식성이 강한 다포양식은 ① 공포는 주심뿐 아니라 기둥 사이에도 배치되고, ② 창방 위에 가로부재인 평방을 얹어 주간포가 얹히도록 했고, ③ 주두와 소로의 굽의 단면이 직선이고 받침이 없으며, 벽 안팎으로 공포의 출목수가 3 또는 그 이상으로 늘었고, ④ 첨차의 끝이 건물 외부에서는 소의 혀처럼 벽면과 반대방향으로 뻗었고, ⑤ 천장은 구조재가 보이지 않도록 널을 격자형으로 짠 우물천장이다.

고려 시기의 목조 건축물로는 약 10여 점 정도가 있는데, 주심포양식으로는 안동 봉정사 극락전(12세기 말, 1366년 중수), 영주 부석사 무량수전(13세기 초) 및 조사당, 예산 수덕사 대웅전(1308), 강릉 객사문(14세기경), 황해 해주의 성불사(고려 말) 등이 남아 있다. 이들 주심포식 건축물들에 있어서 기둥은 배흘림이며, 주두와 소로는 굽면이 곡면이고 굽받침이 없다. 첨차의 밑면은 연화두형(쌍S자각)으로 초각했으며, 주두와 소로로 굽받침이 없는 것(봉정사 극락전)과 있는 것(부석사 무량수전, 수덕사 대웅전)의 2종류가 있고, 종도리는 곡선적인 소슬합장이나 소슬대공으로 결구되어 있다. 다포계 건축은 고려 말기에 원나라로부터 도입되었다고 하지만 확실하지 않으며, 현존하는 고려시대의 다포계 건축으로는 황해도 황주 심원사 보광전(1374), 안변 석왕사 응진전(1386) 등이 대표적이다. 심원사 보광전은 정면 3칸, 측면 3칸의 단층 팔작지붕으로 공포는 내외삼출목이며 주두와 소로는 굽받침이 없고 굽면을 사면으로 한 평굽으로 되어 있다. 첨차의 밑면에는 연화두형의 초각이 없이 단부 하단을 원호로 굴린 교두형으로 다포계 초기의 수법을 보여 준다. 석왕사 응진전은 원나라의 영향을 받은 다포양식의 장엄한 건축으로 정면 5칸, 측면 2칸의 맞배건물이나 한국전쟁 때 불타 없어졌다.

고려시대의 목조건축에 관해서는 기록을 통해 보면 네모지붕과 같은 특이한 형태도 엿볼 수 있다. 이규보의 『동문선』 권66, 최승제십자각기에 다음과 같이 서술되어 있다.

"승제상서 최공이 집을 갑제의 서쪽에 세웠는데, 기이하여 실로 세상에서 일찍이 보지 못하던 것이다. 대개 집을 짓는 제도가 들보는 가로로 하고, 마루대는 세로로 하며, 들보 위에 짧은 기둥을 세우고 연목과 모가진 서까래를 거는 것이 통례이다. 그러나 지금 이 집은 네 뿔로 모나게 하여 십자 같이 하고 그 속은 네모반듯하게 정자(井字) 같아서 세상에서 말하는 장려(帳廬)와 비슷하다. 그러므로 십자로 이름하였다. 네모난 정자 안에는 모두 밝은 거울로 메웠다. 광명하고 조요하여 안팎이 환하게 비쳐, 사람과 물건의 굵고 가는 것과, 크고 작은 것이 변하는 대로 태도 하나하나가 모두 그 가운데 나타나 우러러보면 놀랄 만하다. 나는 듯한 용마루, 굽은 두공[樀]과 층층한 주두[枡, 첩첩한 도리가 모두 날아오르는 것처럼 옆으로 빗겨 나와서 나뭇가지같이 빗겨 나왔다(承制尙書崔公 立閣于甲第之西 奇哉異乎 實人間所未嘗見也 大抵作屋之制 不過橫其梁縱其 棟 藁而梲之 椽而桷之 如是而已耳 今此閣也 楞四角如十字 而其中則方如井焉 類世所謂帳廬者 故以十字 名之 方井之內 悉以明鏡塡之 光明照耀 洞徹表裏 凡人物之洪纖巨細 一變一態 皆瀉于其中 仰之可駭也 有若飛樀曲枡層櫨疊栂 皆夭矯橫出 权枒斜據)."

2) 건축 사례

(1) 안동 봉정사 극락전, 경북 안동시, 국보 제15호

봉정사 극락전은 12세기 말 세워진 것으로서, 현존하는 한국 최고의 목조건축물이다(그림 1-53). 1972년에 해체 수리할 때 마루도리 받침 장혀에서 발견된 상량문(1625, 인조 3년)에는 공민왕 12년(1363)에 건물의 지붕을 중수한 사실이 기록되어 있어서,[11] 고려 중기인 12~13세기에 세워진 가장 오래된 목조건물임이 밝혀지게 되었다.

봉정사 극락전은 정면 3칸, 측면 4칸의 주심포식, 단층 겹처마 맞배지붕 건물로서 기둥의 배흘림이 뚜렷하다. 건물 정면에만 다듬질된 3단의 장대석 기단을 쌓고 자연석 초석을 배열하고 배흘림기둥을 세웠으며 기둥 위에 창방을 끼워 공포를 얹었다. 주두의 굽이 곡면이고 굽받침이 없으며,

그림 1-53 **안동 봉정사 극락전**

---

11 우리의 전통 목조건축은 신축한 후 지붕 부분을 수리하기까지는 통상 100~150이이 지나야 하므로 봉정사 극락전은 12세기 초까지 건립 연대를 추정할 수 있다.

첨차는 끝이 수직으로 강하게 끊어지고 밑면은 두 번 굽은 S자 모양으로 파였고, 소로도 주두와 같이 안으로 굽은 형태이다. 공포는 간결하면서도 견실하며 밖으로 출목을 한 개 내어 외목도리를 받도록 하였으며, 고려시대 주심포식 건물로서는 예외적으로 주두와 소로 가 굽받침을 지니지 않는다. 대들보 위에 복화반의 대공을 놓아 도리를 받치게 한 수법은 당나라 시대의 오대산 남선사 대전의 것과 유사하다. 건물 정면과 후면 중앙 칸에 판문을 달아 출입하도록 하였고 정면 양쪽 협칸에는 살창(광창)으로 되었으며, 내부에는 검은 전돌 이 깔려 있다. 7량 가구구조로서 구성이 간결하면서도 아름다움을 지닌 이 극락전은 주두나 소로, 첨차나 솟을합장, 복화반 등 세부 양식으로 건립연대가 오래되었다는 것을 알 수 있다.

(2) 영주 부석사 무량수전(국보 제18호)과 조사당(국보 제19호), 경북 영주시

13세기 초에 세워진 부석사 무량수전(그림 1-54)은 정면 5칸, 측면 3칸의 주심포식 단층 팔작지붕 건물로서 기둥의 배흘림이 뚜렷하며, 외관이 장중하고 안정감이 있어 한국목조건 축 중 가장 아름다운 것으로 손꼽힌다. 무량수전은 9량 가구조직이며 포작이 간결하면서도 힘이 있고, 기둥의 배흘림, 귀솟음, 안쏠림, 평면의 안허리곡 등 전통건축의 기법이 잘 드러 나고 있어 크고 묵직한 지붕을 가뿐히 여기게 해준다. 정면은 중앙간과 양쪽 협칸에 분합문 을, 퇴칸에 창문을 달았으며, 기둥에는 알맞은 배흘림이 안정감을 주며 간결한 공포와 귓기 둥에 보이는 귀솟음 수법은 건물을 더욱 돋보이게 한다. 대들보 위에는 포대공을 놓아 종보 를 받게 하였고 종보 위에는 사다리꼴의 대공과 그 양쪽에 솟을합장재를 삼각형이 되도록 놓아 종도리를 받쳐 주고 있다.

그림 1-54 영주 부석사 무량수전
그림 1-55 영주 부석사 조사당

무량수전은 기둥이나 보 등 각 부분들이 적절하게 비례를 유지하여 전체적으로 안정되고 조화된 형태를 갖추면서 기둥의 배흘림이나 귀솟음 등 섬세한 처리 등으로 완성된 조형미를 보여준다. 무량수전은 1916년 해체 수리 때 서북쪽 귀공포에서 발견된 묵서명에 공민왕 7년(1358)에 왜구의 침략으로 불에 타버린 것을 우왕 2년(1376)에 중건했다는 기록이 발견되어서 창건 시기는 중건보다 100~150년을 앞서 13세기경으로 추정된다.

부석사 조사당(그림 1-55)은 부석사를 초창하고 수도하던 의상스님을 기리기 위한 건물로 창건 연대는 정확히 알 수 없으나, 현재의 조사당은 1916년 무량수전 해체 수리 때 발견된 장여에서 발견된 묵서명에 의하면, 고려 우왕 3년(1377) 다시 세운 건물이며, 조선 성종 21년(1490)에 중수, 성종 24년(1493)에 단청, 선조 6년(1573년 6월)에 서까래를 수리하였다는 「조사당중수기」 기록도 있다.

부석사 조사당 건물은 정면 3칸, 측면 단칸의 맞배지붕 건물이지만 지붕을 묵직하고 넉넉하게 뻗어 긴 처마를 만들면서 엄숙함과 위엄을 드러내고 있다. 조사당 건물은 규모가 작고 기둥 위에만 포작이 있는 주심포식이며, 배흘림이 약간 있는 기둥 위에 대들보를 걸치고 그 위에 종보와 인자 대공을 얹어 종도리를 올린 간단한 5량구조이다. 부석사 조사당은 기둥에 배흘림이 약화되었고 헛첨차가 있으며 주두와 소로의 굽에 곡이 없이 곧게 잘려 있고 첨차가 교두형으로 되어 있으며 대공은 포대공이고 '人'자대공도 있으며, 보의 단면도 사각형에서 밑의 모서리를 굴려 곡을 두고 있을 뿐이고, 내부는 연등천장이다. 무량수전과 조사당의 포작을 비교해보면, 무량수전의 포작이 곡선으로 처리되어 정교한 것에 비해 조사당의 것은 뚝 끊어낸 듯하다. 정면의 가운데 칸에는 문이 있지만 양 옆의 칸에는 살창이 있다. 건물 내부에는 의상스님을 모시고 있으며, 내부의 바닥은 본래 벽돌을 깔았으나 지금은 참배하기에 편리하도록 마루와 장판을 깔았다.

(3) 예산 수덕사 대웅전, 충남 예산군, 국보 제49호

수덕사 대웅전은 1937년 완전 해체, 수리 때 장여와 화반 밑에서 건립 기록의 묵서명이 발견되어 창건 연대(1308, 충렬왕 34년)가 분명하며 육중한 양감, 평활한 입면비례, 공예품에 가까운 세부 구조의 섬세함 등 조형미가 우수한 건물이다. 배흘림 기둥과 맞배지붕의 선의 아름다움이 특히 뛰어난 수덕사 대웅전은 높은 7단의 장대석 기단 위에 정면 3칸, 측면 4칸의 주심포식, 단층 맞배지붕건물로서 헛첨차와 우미량을 사용하였고, 건물 측면의 가구조직이 한국건축의 구조미를 잘 나타내고 있다(그림 1-56).

그림 1-56 예산 수덕사 대웅전의 측면

대웅전 건물은 지붕이 꽤 크고 묵직하여 9량이나 되는 도리가 지붕을 받치고 있다. 수덕사 대웅전은 평기둥 위에 굽받침이 있는 주두를 놓아 공포를 상부로 전개시켜 처마를 받고 있으며, 세련된 곡선미와 질서 있는 구성미가 뛰어나다. 대웅전의 측면은 각종 부재들이 구조적으로 연결된 모습을 잘 보여주며, 세모와 네모 가로선과 세로선, 대각선 등이 정교하면서도 조화를 이루어 건물을 아름답게 만들고 있다. 측면 중앙에 사각의 고주를 세워 대들보 밑까지 올렸고 대들보 양끝에는 강한 배흘림이 있는 원형 기둥을 세우고 이 기둥 윗몸에 퇴량을 끼워 귓기둥과 연결시켜 축부를 구성하였으며, 도리 받침재는 강한 곡선의 우미량을 사용하여 주심도리로부터 상중도리까지 겹겹이 짜여 있어 매우 뛰어난 구조미를 보인다. 주심도리에서 종보 아래까지 도리의 높이 때문에 생기는 공간에 사용된 소꼬리 같은 우미량, 그리고 종도리 밑에 연속된 화초 모양의 파련 무늬를 장식한 포대공, 우아한 모습의 인자 대공 등은 매우 특징적이다. 간결하면서도 정연한 아름다움, 우아한 곡선미가 돋보이는 대웅전 건물의 정면에는 칸마다 3짝 분합문, 양 측면에는 출입문을 1짝씩 달았으며, 뒷면은 본래 칸마다 2짝 판문을 달았던 듯하지만 현재는 가운데 칸의 판문만 남고 나머지는 벽으로 처리되었다. 건물 내부의 바닥은 우물마루를 깔고 천장은 아름다운 가구가 잘 보이도록 연등천장을 하였다.

그림 1-57 강릉 객사문

(4) 강릉 객사 임영관 삼문, 강원 강릉시, 국보 제51호

강릉 객사는 고려시대 태조 19년(936) '임영관'이라는 이름으로 많은 건물로 지어졌지만, 일본 강점기에 대부분 헐리고 객사문만 남았다. 강릉 객사의 정문인 이 삼문은 현존하는 가장 오래된 문으로, 정면 3칸, 측면 2칸 크기로 배흘림기둥의 주심포식 맞배지붕의 특징이 잘 드러나 있다(그림 1-57). 정면 3칸에는 널판을 달아 삼문을 만들었으며, 앞뒤 열의 기둥은 배흘림이 뚜렷한 둥근 기둥이고, 판문이 달리는 가운데 열의 기둥은 민흘림의 사각기둥이다. 강릉 객사문의 기둥의 배흘림은 현존하는 목조 건축물 가운데 가장 두드러지며, 각 부재들은 간결하면서도 정연한 비례로 연결되고 세련된 감각과 솜씨로 세부들이 조각되었다. 객사문도 최근 완전 해체, 보수하였으며, 임영관이 복원됨에 따라 고려시대인 1366년 공민왕이 낙산사로 행차하는 도중에 친히 썼다는 '임영관' 현판을 본래대로 전대청에 옮겨 걸었다.

5. 조선시대의 목조건축

조선시대는 고려시대의 목조건축 수법을 계승 발전시켜 주심포식과 다포식이 지속적으로 사용되었으며, 궁궐이나 사찰 등 크고 위엄이 필요한 주요 건축에는 다포양식이 많이 사용되었다. 주심포식과 다포식의 두 양식은 서서히 혼용되며 간략화되기도 했는데, 주두와 소로에서 그 변화가 가장 일찍이 나타나서 주두와 소로에 있어서 주심포식 경우 굽받침이 없어지고 다포식의 경우 굽의 곡면이 없어지게 된다. 주심포식에 다포식이 혼용된 경우는 도갑사 해탈문, 관룡사 약사전 등 규모가 작은 건물에서 쓰였고, 평양 보통문과 개심사 대웅전, 전등사 약사전 등에서는 다포양식에 주심포양식이 혼용되었다. 평양 보통문은 건물 내부의 네 고주 위에 평방을 돌리지 않았고, 건물 갓기둥의 두공도 이출목이면서 첫 출목 밑에 첨차가 없으며 천장가구가 없다. 개심사 대웅전(1474)의 경우 공포 자체는 다포식을 따르지만 전체 가구의 짜임에서는 주심포식이 혼재되어 있어 천장가구가 없고 마루도리를 화반대공이 지탱하며, 전등사 약사전은 평방 없이 두공을 직접 기둥 위와 창방 위에 올리고 있다.

세부에 있어서는 주심포식과 다포식이 혼합하여 특색 있는 건축을 만들어냈는데, 시대가 내려올수록 공포가 섬세해지고 내출목 부분이 운궁이라는 화려한 장식체로 만들어지거나 공포에 조수형, 초화형 장식이 첨가되는 이른바 초공, 화공 등이 사용되어 전체적으로 번잡해졌다. 조선 후기에 오면 초기의 건물이 지녔던 정연한 선과 면, 공간의 구성이 깨지고 지붕이 무거워지거나 가벼워져서 건물 자체의 균형이나 안정감도 크게 줄어들게 되었다.

목조건축 양식으로는 그 밖에도 조선시대에 독자적으로 발전된 익공양식, 그리고 기둥머리에 장식 가구물이 없는 도리집 등이 있다. 익공양식은 궁전의 침전이나, 관아, 사찰의 부차적 건축물들, 그리고 향교와 서원 등의 유교건물에 주로 채택되었다. 민도리집 양식은 기둥 위에 주두를 얹지 않고, 도리로 기둥 위에 직접 보와 도리를 결구하는 것이며, 도리를 장여가 받고 이를 다시 소로로써 받치는 경우를 소로수장집이라고 한다.

1) 다포양식

다포양식은 조선시대에 가장 널리 사용된 공포양식으로서, 팔작지붕이 많으며 천장은 우물천장으로 만드는 경우가 대부분이다. 다포양식은 공포가 여러 겹 중첩되며 장식되어 현란함과 상승감을 지니며 화려하고 당당한 모습을 나타내므로 궁궐의 정전이나 사찰의 주불전 등의 주요 건물에 사용하였는데, 후기로 갈수록 공포양식이 장식적이고 화려해졌다. 다포양식은 궁궐이나 도성의 성문처럼 왕실의 권위를 나타내거나 사찰의 큰 건물에 주로 사용되었으며 익공식에 비해서 위격이 높았다. 경복궁의 예를 보면 근정전은 다포로 구성하였으나 경회루는 건물의 규모가 매우 크지만 익공식으로 하였다.

다포양식 건축은 기둥이 배흘림에서 민흘림으로 바뀌고, 주두와 소로는 굽받침이 없고 곡면이 사면으로 운두가 높아진다. 출목수가 점차 증가되고, 특히 외출목수보다 내출목수가 많아지면서 천장이 높아진다. 주간포작은 일구 내지 삼구 정도로 제공 끝은 앙서와 수서 등의 쇠서형이며 첨차 끝은 교두형이다. 후기로 갈수록 제공들은 상하가 맞붙은 판형이 되며 내부는 운궁을 형성하고 화려한 초각을 하여 장식적으로 변했다.

다포양식의 초기적 양식을 보여 주는 것은 봉정사 대웅전(조선 초), 서울 숭례문(1448), 개성 남대문(1394), 평양 숭인전(1467), 평양 보통문(1473), 율곡사 대웅전, 문묘 대성전, 안변 가학루, 안변 석왕사 호지문, 여주 신륵사 조사당(1469) 등을 들 수가 있다. 이들은 내외 출목수를 똑같게 한 예가 많고 첨차는 교두형으로 되어 있으며 첨차 위에는 공안을 깎아 옛 방식을 나타내고 있으며, 기둥에 배흘림(entasis)을 두고 종보 위에서 ㅅ자 대공과 파련대공 또는 포대공을 쓰고 있다.

봉정사 대웅전(그림 1-32)은 정면 3칸, 측면 3칸, 다포양식 팔작지붕 건물로서, 힘 있고 가식 없는 공포 수법과 고식의 가구형식으로 전형적인 초기 다포양식의 특징들을 잘 보여 주고 있는데, 대웅전 해체수리 시에 발견된 「법당중창기」에 '조선 세종 17년(1435)에 이르러 법당을 중창하였다'는 기록이 있어 세종 17년 이전에 창건되었음을 알 수 있다. 율곡사 대웅전(그림 1-58)은 정면 3칸, 측면 3칸의 다포계 구조의 작은 팔작지붕 건물로서 건축시기는 조선 초기와 중기로 짐작되며, 7량 구조이지만

그림 1-58 **경남 산청 율곡사 대웅전**

측면은 3개의 기둥만으로 지지하고 내부는 통칸으로 처리했다. 서울 숭례문(남대문)은 태조 4년(1395)에 시작하여 태조 7년(1398)에 완성되고 세종 30년(1447)에 고쳐 지었으나, 2008년 2월 10일 방화로 인하여 소실되어 2013년 복원되었다. 숭례문은 석축 가운데에 홍예문을 두고, 그 위에 정면 5칸, 측면 2칸 크기로 지은 누각형 2층 다포식 우진각지붕 건물이다. 공포는 그 형태가 곡이 심하지 않고 짜임도 건실해 조선 전기의 특징을 잘 보여주는 대표적 건축이다.

다포계의 중기적인 양식의 사례는 창경궁 명정전(1616), 경희궁 흥화문(1620), 관룡사 대웅전(1618), 금산사 미륵전(1635), 통도사 대웅전(1645), 법주사 팔상전(1626), 부안 내소사 대웅보전, 쌍봉사 대웅전, 화엄사 각황전(1703), 장곡사 하 대웅전, 전등사 대웅전(1621)과 약사전 등을 들 수 있다. 중기의 다포식에서 살미첨차는 각 층이 분리되어 있던 것이 전체가 하나로 일체화되는 경향을 보이며 내부에서 대들보를 받는 위치에서 운궁이라는 곡선장식이 생긴다. 이들은 첨차의 끝이 약간씩 경사를 이루어 끊기거나 밑면을 원호에 가깝게 또는 기하곡선에 가깝게 깎았으며, 쇠서도 끝이 약간씩 커지고 날카로워졌다. 출목 수도 2출목 이상인 것이 비교적 많으며, 기둥의 배흘림이 약화되었고, 보와 대공 등의 장식이 없어지고 구조적인 부재로 짜였으며 이들을 가리기 위한 반자를 설치하게 된다.

창경궁 명정전은 정면 5칸, 측면 3칸의 다포식 단층 팔작지붕 건물로서, 궁궐 정전 건축 중 가장 오래되었으며 고전적인 조형미를 보여준다. 평면은 내고주가 1열만 있어 전면에만 퇴칸을 이루며 내부 깊이가 좁지만 뒤쪽에 퇴칸을 덧붙여 회랑으로 이용하며 보완시켰다. 경희궁 흥화문의 공포는 내부 3출목, 외부 2출목이고 3단의 살미첨차가 서로 분리된 부분이 없이 일체화되어 있다.

관룡사 대웅전[그림 1-59 (a)]은 1965년 8월 보수공사 때 발견한 기록에 따르면 조선 태종 1년(1401)에 짓고, 임진왜란 때 불타버린 것을 광해군 9년(1617)에 고쳐 세워, 이듬해에 완성했음을 알 수 있으며, 정면과 측면이 모두 3칸 크기이며, 다포양식 팔작지붕 건물이다. 화엄사 각황전[그림 1-59 (b)]은 조선 숙종 28년(1702)에 장륙전 건물을 다시 지은 것으로서, '각황전'이란 이름은 임금(숙종)이 지어 현판을 내린 것이라고 한다. 이 건물은 돌기단 위에 정면 7칸, 측면 5칸 규모로 지은 2층 다포양식 팔작지붕 건물로 매우 웅장하며 건축기법이 뛰어나다. 화엄사 각황전은 바깥에서 보기에는 2층의 건물이지만 내부는 트여 있으며 천장은 우물천장이나 그 주변은 경사지게 처리하였다.

(a)

(b)

그림 1-59 (a) 경남 창녕 관룡사의 대웅전
(b) 구례 화엄사의 각황전

    장곡사 하 대웅전은 조선 중기에 지은 것으로 정면 3칸, 측면 2칸 다포양식 맞배지붕 건물로서, 맞배지붕에 화려한 다포양식을 가미한 보기 드문 예이다. 법주사 팔상전은 초창 때의 건물은 정유재란 때 불타 없어지고, 현재 팔상전은 조선 선조 39년(1605)부터 인조 4년(1626)까지 22년에 걸쳐 다시 지어졌다. 팔상전 건물은 네 면에 돌계단을 가진 낮은 기단 위에 서 있으며, 구조수법은 다포계를 기준으로 하지만 각 층마다 그 수법이 다르게 되어 있다. 팔상전은 1층이 사방 5칸이고, 한 층 올라갈 때마다 양쪽 끝에서 반 칸씩 줄어서 5층은 사방 한 칸이 되며, 1층의 한 변이 11m 크기이고, 상륜부를 포함한 전체 높이는 22.7m 이며 지붕은 사모지붕이다.

    금산사 미륵전(그림 1-60)은 정면 5칸, 측면 4칸의 다포계 3층목탑 형식의 법당으로 초창 된 건물은 정유재란 때 불타버리고, 현재의 건 물은 조선 인조 때인 1635년 재건된 이래로 여 러 차례의 중수를 거쳐 오늘에 이르고 있다. 낮 은 석조 기단 위에 세워진 1층은 정면 5칸, 측면 4칸이고, 2층부터는 양쪽 끝에서 반 칸씩 줄어 들어 3층에서는 정면 3칸, 측면 2칸이 된 팔작지 붕집으로, 높이는 18.91m에 달한다. 1층의 고주 가 3층까지 그대로 연결되며 1층의 규모에 비해 2, 3층은 급격히 체감되어 매우 장중하고 든든

그림 1-60 김제 금산사 미륵전

한 느낌을 준다.

다포계의 후기양식으로 경복궁 근정전(1867), 서울 흥인지문(1869), 창덕궁 인정전, 덕수궁 중화전(1908), 해인사 대적광전(1796), 불국사 극락전(1751)과 대웅전(1765), 신륵사 극락보전 등 수많은 예를 들 수 있다. 이들은 기둥에 배흘림이 거의 없어지고 공포의 부재가 섬세하고 장식적이며, 쇠서는 길게 뻗어 나약한 느낌을 주고 쇠서 위에는 수서를 장식하고, 살미 내외의 사이에는 운공, 연봉 등으로 복잡하게 장식을 하였으며, 출목수도 많아지고 내외를 달리하여 외부에 비해 내부가 많아지는 경우가 많다. 이것은 실내공간을 확대하기 위해 대들보를 올리려면 내부공포의 출목수가 늘어나게 되고 내부 살미첨차들이 연결되면서 끝이 연속된 초각무늬로 장식되는 운공도 더 확대되기 때문이다.

경복궁 근정전은 정면 5칸, 측면 5칸의 다포식 중층 팔작지붕 건물로서, 월대 위에 화려한 공포대의 구성과 정교한 장식적 부재 등 조선 후기의 건축을 집대성한 모습이다. 창덕궁 인정전(그림 1-61)은 정면 5칸, 측면 4칸의 다포계 중층 팔작지붕 건물로서 단정하고 고전적인 느낌을 준다. 해인사의 중심 법당인 대적광전은 원래 2층 건물로 비로전이라 불리다가, 조선 성종 19년(1488)에 다시 지으면서 대적광전으로 이름을 바꾸었고 지금의 건물은 순조 17년(1817)에 다시 지은 것을 1971년 대폭 수리한 것으로서, 정면 5칸, 측면 4칸 규모로 다포양식 팔작지붕 건물이다. 신륵사 극락보전은 숙종 4년(1678)에 중창되고 정조 21년(1797)에 중

그림 1-61 **창덕궁 인정전**

수되었는데, 정면 3칸, 측면 2칸의 다포계 팔작지붕으로서, 전면 공포의 쇠서 끝에 연봉이 장식되어 있으나 후면 공포의 쇠서는 연봉이 없는 단순한 형태를 이루어 전면의 장엄에 치중하였다.

2) 주심포양식

조선시대에는 초기에 주심포양식이 계속 사용되었지만 그 규모가 더욱 작아진 반면 고려 후기 이후 발전되어 온 다포양식이 점차 더 많이 사용되었다고 할 수 있다. 주심포양식

은 조선시대 초기에 주로 사용되고 중기 이후로는 널리 사용되지 못하였으며 구조적 견실함보다는 세부의 섬세한 장식이 가미되는 경향이 강하였다. 주심포식 건축은 고려시대와는 다르게 주두와 소로는 굽면이 사면이 되고 굽받침이 없어지며, 초기에는 첨차에 연화두형이 보이나 점차 변형되어 없어지고 기둥은 주로 배흘림으로 되어 있다.

조선시대 주심포양식의 주요 건물로는 무위사 극락전(1470), 도갑사 해탈문(성종 4년), 은해사 거조암 영산전, 관룡사 약사전, 송광사 국사전과 하사당, 개목사 원통전, 봉정사 화엄강당, 고산사 대웅전 등을 들 수 있다. 송광사 국사전과 하사당, 개목사 원통전, 봉정사 화엄강당 등은 모두 맞배지붕에 배흘림이 약화된 기둥과 뾰족하게 뻗은 쇠서를 보이고 있어 익공계 양식으로 변화되어 가는 경향을 나타내고 있다. 또 고산사 대웅전의 경우에는 다포계 양식의 모습을 많이 보여주는데, 지붕이 팔작으로 되었고 배흘림이 거의 없는 기둥 위에 창방과 평방을 올려놓고 그 위에 주두와 공포를 짰으며, 첨차는 쌍S자형의 첨차를 하고 주두와 소로는 굽에 곡을 두고 있지 않으면서 일부 굽받침을 두고 있다.

조선 초기의 건물로는 대개 지방의 불전이나 소규모 건물에서 볼 수 있으며 무위사 극락전(1476년 이전), 은해사 거조암 영산전, 강화 정수사 법당, 송광사 국사전과 하사당, 도갑사 해탈문(1473), 고산사 대웅전, 창녕 관룡사 약사전, 안성객사 등이 있다. 조선 초기 주심포식은 기둥에 배흘림이 강하게 나타나고 맞배지붕이 많으며 공포를 기둥 위에서만 짜지만 경우에 따라 장식으로서 '人'자나 동자주를 두기도 하였다. 대들보는 그 단면이 항아리의 입면과 같이 아름답게 꾸며지고 첨차는 교두형으로 이루어졌으며 대공에는 포대공을 '人'자 대공과 같이 사용하고 있고 내부가구와 부재의 조각이 아름다워 내부에 연등천장을 하였다.

무위사 극락보전(그림 1-62)은 세종 13년(1430)에 세워진 주심포양식의 규범을 유지하는 건물로서, 정면 3칸, 측면 3칸, 맞배지붕이며 측면은 각 부재 사이의 연결이 간결하면서도 균형을 이루는 짜임새가 돋보인다. 무위사 극락보전에서는 맞배지붕에 배흘림이 줄어든 구조로 주두와 소로의 굽에도 곡을 이루지 않고 살미가 뾰족한 쇠서로 변하고 양봉과 대공도 파련대공으로 변하고 있다. 영천 은해사 거조암 영산전(그림 1-63)은 고려 말기 또는 조선 초기에 건축된 건물로서, 해체 보수 때에 발견된 묵서명에 의하면 우왕 1년(1375)에 건립되었으며 여러 차례 중수되었다고 하는데, 공포와 보의 단면, 솟을합장, 포대공 등에서 일부 고식을 볼 수 있으나 일반적인 조각수법으로는 조선 초기의 것으로 보여 창건 이후 중수하면서 많은 부분이 변형된 것으로 여겨진다. 보조국사 지눌이 정혜결사를 맺은 유서 깊은 사찰인 거조암 영산전은 정면 7칸, 측면 3칸인 맞배지붕으로, 단순하지만 적절한 비례와 역동적인 구조미를 가졌으며, 기둥에 뚜렷한 배흘림이 있고 주심포양식의 초기적 형태를 잘 간직하고 있다. 정면과 측면의 비율이 3 : 1로, 긴 직사각형 모습인 영산전은 정면의 기둥 간격이 넓고 기둥의 길이는 상대적으로 짧으며, 가운데 어칸에 3분합 출입문을 달고 좌우 양끝 두 칸에 붙박이 살창을 내었으며, 건물의 양 옆의 가운데 칸에도 아래위 2단으로 살창을 마련하였다. 건물 내부는 별다른 장식 없이 꼭 필요한 기둥, 서까래 등이 그대로 노출되어 가식이 없는 아름다움과 구조미를 드러낸다.

그림 1-62 강진 무위사의 극락보전
그림 1-63 영천 은해사 거조암의 영산전

도갑사 해탈문(그림 1-64)은 1960년 해체 수리할 당시 나온 상량문에 따르면, 현재 건물은 세조 때인 1457년 중건되어 성종 때인 1473년에 완공되었다. 도갑사 해탈문은 정면 3칸, 측면 2칸이며, 좌우 1칸에는 금강역사상이 있고 가운데 1칸은 통로로 사용하고 있다. 도갑사 해탈문은 기본적으로 주심포양식의 맞배지붕 건물이지만 약한 배흘림기둥의 주두 위에 공포는 다포 계열의 양식이 가미되었고, 포대공과 '人'자대공도 두고 있다. 송광사 국사전은 고려 공민왕 때인 1369년 처음 지었고 이후 두 차례에 걸쳐 중수한 정면 4칸, 측면 3칸의 주심포 맞배지붕 건물이며, 주두 위에서 벽면으로 뻗는 행

그림 1-64 영암 도갑사의 해탈문

공첨차 같은 것은 다포 계열의 양식을 보여준다. 국사전 건물 내부는 우물 천장으로 되어 있으며, 천장의 연화 무늬나 대들보의 용무늬 등은 600여 년 전의 것으로 매우 희귀한 단청이다. 주심포 구조로서는 유일한 1칸 건물인 관룡사 약사전은 정면과 측면 모두 한 칸의 주심포계 작은 맞배지붕 건물로서 배흘림이 있는 기둥에 헛첨차를 두고 우미량과 같이 곡을 가진 보를 걸쳐 얹었으며, 지붕구조를 7량으로 결구해 각 도리들을 우미량으로 연결하였다.

성숙기에는 도동서원 중정당, 봉정사 화엄강당과 고금당, 나주향교 대성전 등에서 보이듯이 첨차의 끝에 쌍S자형의 조각이 생기며 대공과 양봉 등에 초가지의 파련화가 나타나기 시작하고, 살미에 쇠서문양을 이루기 시작하며, 또 지붕도 일부 팔작지붕이 생기게 되어 건물의 내외가 점점 많이 장식되기 시작한다.

봉정사 화엄강당은 정면 3칸, 측면 2칸의 주심포계 맞배지붕 건물로서 주두 아래에 헛첨차라는 공포부재가 결구되어 있다. 도동서원 중정당(그림 1-65)은 정면 5칸, 측면 2칸의 주심포계 팔작지붕 건물로서 웅장하면서도 견고한 조형을 보여주는데, 겹처마의 지붕을 주심포 구조가 지지하며 넓은 기둥 사이에 화반을 배열하였고, 익공양식으로 변하기 직전의 모습을 보여준다. 나주향교 대성전은 정면 5칸, 측면 4칸의 주심포계 팔작지붕 건물로서, 전면에 연꽃무늬 주초의 퇴칸을 두고 내부는 통칸으로 처리했다.

그림 1-65 **대구 달성의 도동서원 중정당**

퇴화기에는 전주 풍남문 등에서 보이듯이 주심포양식의 건물도 일부 다포양식이나 익공양식의 특징을 나타내게 됨으로써 기둥에 배흘림이 약화되고 보의 단면과 포작에 주두와 소로의 굽에는 곡을 두지 않고 쇠서가 날카롭게 뻗어 나오고 내부 목조가구도 다포식에서 보는 충량 등을 사용하며 창방 위에 평방을 올려 놓아 포작을 짜기도 한다. 전주 풍남문(그림 1-66)은 아래층 정면 3칸, 측면 3칸, 위층 정면 3칸, 측면 1칸의 중층 팔작지붕 건물로서, 홍예가 있는 석축 위에

그림 1-66 **전주 풍남문**

세운 문루로서 중앙칸을 넓게 잡고 아래층의 높이를 낮추어 외형을 조정하였다.

3) 익공양식

익공양식은 그 시원이 확실하지 않으나 조선시대에 독자적으로 개발된 것으로, 중국이나 일본에서도 볼 수 없는 고유한 결구 방식이라 할 수 있다. 익공이라는 용어는 정조 20년(1796) 집필된 『화성성역의궤』에 쓰여 있으며, 그 이전에도 영조 때 기록된 『종묘개수도감의궤』에 '입공(立工)'이라 한 것이 있는데, 이것은 익공형식을 표현한 것으로 짐작된다. 15세기 말 이후 사찰의 작은 전각이나 별당 건물에는 다포식이나 주심포식과 구분되는 매우 간소한 주두와 보가 결합되는 것이 나타나고 17세기 이후 점점 확산되어 익공이라는 형식을 이루게 된 것으로 생각된다.

익공(翼工) 양식은 주심포식의 두공 부분을 간략하게 하며 보의 뺄목 끝이나 초공을 길게 빼서 새의 날개와 비슷한 모양으로 만든 것이다. 익공양식은 주두와 소로의 굽은 사면으로 만들어지며 평방과 주간포작이 없어 외형이 간단한 주심포식에 가까우나 출목이 없는 것이 보통이고 대규모의 건축에는 외부에 1출목을 두는 경우도 있다. 살미 부재가 새 날개 모양의 익공으로 만들어진 익공양식은 보 방향의 익공이라는 공포부재의 개수와 모양에 따라 초익공, 이익공, 물익공으로 나뉘는데, 익공이라는 부재가 초익공은 1개, 이익공은 2개인 것이다(그림 1-51). 익공양식은 17세기를 지나면서 전국적으로 확산되어 소규모 건물이나 향교 등 유교와 관련한 소박한 건물에 대부분 채택되게 된다. 이 시기에는 지방의 별당이나 서원 등의 조영이 사림들에 의해 활발하게 펼쳐졌는데, 장대한 규모나 화려한 장식이 아니라 작으면서 효율적인 부재사용과 결구방식이 요구됨에 따라 익공양식이 고안된 것으로 여겨진다. 18세기에는 공포가 다포식과 익공식만 남게 되는데, 다포식은 화려하고 장중한 건물에 채택되었으며 익공식은 그보다 격식을 낮춘 관아와 사당 등의 유교 건축물, 그리고 침전, 누각, 회랑, 상류 주택, 성곽건물 등 주요 건물이 아닌 부차적 건물에도 주로 사용되었다.

주심포 형식과 익공 형식을 구분하기는 어려움이 있어 하나의 건물을 주심포식 또는 익공식으로 서로 다르게 분류하기도 한다. 익공식을 사용하였던 가장 오래된 유구는 강릉 오죽헌(1536, 2익공)과 해운정(1530, 1익공) 등 조선 초기의 것이다. 오죽헌(그림 1-67)은 창방과 같은 높이에서 직각으로 제1익공 쇠서를 돌출시키고, 이 위에 주두를 놓고 첨차와 제2익공을 십자로 짜놓았으며, 주간에는 화반을 놓았다. 보머리는 주심에서 원래의 폭대로 빠져 그 끝이 직각으로 절단되었고, 1익공에는 상하면에 굴곡이 있는 조각을 두어 주심포계의 것과 비슷한 점이 있으며, 익공의 내부는 보 밑에서 보아지를 형성하고, 첨차 일부는 교두형으로 하고 일부는 당초나 초화지 문양을 나타내었다. 강릉 해운정(그림 1-68)은 네모 기둥 위에 초익공을 짜 주두를 놓고 그 위에 보머리를 얹었으며, 익공 내부는 당초문의 양봉을 만들고, 익공 쇠서는 상하면에 굴곡 있는 조각을 두었다. 주간의 창방과 도리 사이에 청판을 막고 판소로를 배열하고 있으며 화반은 설치하지 않았다.

그림 1-67 **강릉 오죽헌**
그림 1-68 **강릉 해운정**

　　초기 형태의 익공식 건물인 강릉 해운정과 오죽헌에 앞서서 이렇게 주심포식의 형식을 취하면서 익공으로 발전되는 양식이 많이 있는데, 예를 들어 안동 개목사 원통전의 정면 포작을 비롯하여, 해인사 장경판전(1488), 전라남도 송광사 하사당, 강원도 청평사 회전문 등은 과도기적인 형식으로 주심포계로 분류되기도 한다. 따라서 15세기 말이나 16세기에는 주심포식을 간략히 하면서 주두 부분의 구조를 강화한 익공형식이 일부 채택되어 진행되었을 것으로 추측된다.

　　17세기에 들어서 익공은 완전히 독립된 형식으로 이루어지는데, 전형적인 익공식의 실례는 궁궐 안의 경회루나 향원정과 같은 누정이나 행각 및 부속건물, 서울 문묘 명륜당 (1601), 종묘의 정전과 영녕전, 서울 동묘(1602), 사직단 정문, 능의 정자각 등 사묘건물, 옥산서원과 독락당(1532년, 그림 1-69) 등 서원과 향교 등에서 볼 수 있다. 종묘 정전(1608) 은 2익공 형식인데 기둥 상부에서 창방과 제1익공재를 직교되게 가설하고, 주두를 올려 놓고 그 위에 제2익공재를 올려 놓았으며, 익공쇠서의 끝은 뾰족하게 새부리 모양을 하고 그 윗면은 거의 수평을 이루도록 다듬었고, 건물 내부에서는 쌍S자형이 변형된 당초문의 양봉을 꾸미고, 외목도리 밑에는 위에서부터 장여와 첨차가 놓이고 그 밑에 소로를 끼워 받치게 하였다(그림 1-70). 경복궁 경회루(1867)는 2익공 형식으로서 출목이나 첨차 없이 제1익공은 주두 밑에 짜고, 제2익공은 재주두 밑에 짜며, 제2익공 위에서 보를 얹고 그 위에 처마도리를 받치도록 하였다(그림 1-71).

그림 1-69 경주 안강 독락당의 옥산정사
그림 1-70 종묘 정전
그림 1-71 경복궁 경회루

고려시대 대장경판을 보관하고 있는 곳인 해인사 장경판전은 '법보전'과 '수다라장', '동·서 사간전'으로 구성되는데, 법보전과 수다라장은 각각 50m가 넘는 긴 건물로 정면 15칸, 측면 2칸 규모의 우진각지붕 건물이며, 판문과 살창문 외에 일체의 장식이 없다. 장경 판전은 조선 초기 목조 건축물의 아름다움을 잘 간직하고 있을 뿐만 아니라 장경판을 보관 하기 위한 기능을 충실히 수행해내고 있는 건물이다.

수다라장과 법보전 각 건물의 정면과 배면에 난 위 창과 아래 창의 크기를 각각 다르게 하여 습기를 최 대한 차단하려고 하였는데(그림 1-72), 수다라장의 경우 정면은 아래 창이 위 창의 약 4배, 배면은 위 창이 아래 창보다 1.5배 정도 크고, 법보전의 경우에 는 정면은 아래 창이 위창보다 약 4.6배, 배면은 위 창이 아래 창보다 1.5배 정도 크다.

그림 1-72 합천 해인사 장경판전의 개구부 구성

제2장
한국건축의 역사

한국건축의 역사

시대의 흐름에 따라 한 나라나 지역의 정치적·사회적·경제적·종교적 여건이 변화하면서 새로운 이념과 가치관의 독특한 문화가 이루어지게 되는데, 한 시대나 지역, 민족을 통하여 공통되게 나타나는 문화적인 특성을 그 시대의 양식(style)이라고 한다. 이러한 양식의 발전, 곧 과거로부터 역사의 발전을 체계적으로 이해하기 위해서는 시대구분이 필요한데, 시대구분은 어떤 일관된 기준에 의해 역사발전의 단계를 설정하는 것으로서 지배세력의 성격을 비롯한 정치와 사회구조, 사상과 문화, 경제 등 다양한 요소들이 종합적으로 고려되어야 하며, 일반적으로 원시, 고대, 중세, 근세, 근대와 현대로 구분된다.

동양문화에서 시대구분은 일반적으로 인문사회적인 여건의 변혁을 가져오는 국가적 정치상황의 변화에 따라 이루어진다. 즉, 문화적 특성을 고찰할 때 왕조의 변화와 같은 정치적인 관계가 가장 보편적이고 포괄적이기 때문에 정치적인 상황에 따라 시대를 구분하는 방법이 일반적인 것이다. 유사 이전의 원시시대는 사용된 도구에 따라 석기시대와 청동기시대, 초기철기시대로 나누어지고, 고대국가의 성립 이후에는 정치와 사회 등 여러 가지 관점들을 복합적으로 관찰하여 고대, 중세, 근세로 구분하게 된다. 우리나라에 있어서 시대구분은 고대국가의 성립 이후 삼국시대와 통일신라까지를 고대, 고려시대를 중세, 조선시대를 근세, 개항 이후를 근대로 설정하는 것이 가장 널리 사용되고 있다.

원시사회는 가족이나 씨족이 사회구성의 단위를 이루면서 단순한 석기 도구를 사용한 선사시대로서, 한국역사에서는 구석기시대, 중석기시대, 신석기시대의 단계를 거쳐 진전되었다. 신석기시대부터는 한국의 원시주거 형식이 발달되기 시작하였으며 건축기술이 발달되는 시초의 단계이다. 고대시대는 성읍국가들이 기본이 되어 연맹국가들이 형성된 시대부터 시작해서, 낙랑시대를 거쳐 실질적으로 국가 활동을 시작한 삼국시대와 통일신라시대까지를 포함하는 시대이다. 이 시대는 한국건축문화의 싹이 트는 발아기로서, 중국의 남북조 문화와 불교 전래의 영향으로 삼국의 건축은 각각 양식상으로 다른 특성을 가지며 발달되었다. 통일신라시대는 중고대라고도 하며, 불교가 융성하여 장대한 규모의 불사들이 건축되었다.

중세시대는 고려시대에 해당되는데, 초기의 경우에는 신라의 역사와 전통을 이어받고 송나라와 요의 영향을 받아서 불교가 성행하고 예술문화가 크게 발전하며 주심포식 건축이 전개되었고, 후기에는 원나라의 영향으로 다포식 목조건축이 보급되기 시작한다. 근세시대는 조선시대로서 유교를 정신적 기반으로 건축이 크게 발전되었으며, 임진왜란 이후 실학이 들어오면서 예술문화 활동에 자유로운 분위기가 조성되고 민족사상이 고취되며 예술문화 발전이 촉진되었다.

2.1 선사시대의 건축

1. 선사시대의 예술과 문화

선사시대란 일반적으로 문헌사료가 존재하지 않는 시대, 즉 인류의 원시시대의 의미로 사용되고 있다. 한국의 선사시대는 약 70만 년 전부터 시작된 구석기시대, 신석기시대, 청동기시대까지의 시기에 해당된다. 우리 조상들은 대체로 중국 동북부의 요서와 만주, 한반도를 중심으로 하는 동북아시아에 넓게 분포되어 있었다. 한반도에 사람이 살기 시작한 것은 구석기시대부터이며, 신석기시대에서 청동기시대를 거치는 사이에 민족의 기틀이 이루어졌다. 선사시대의 문화는 기본적으로 시베리아에서 내려온 고아시아족, 그리고 그 뒤를 이은 퉁구스계 민족을 바탕으로 한 수렵과 어업을 한 북방민족의 문화로 여겨지고 있다. 선사시대 사람들은 자연물에 영혼이 깃들어 있다고 믿는 애니미즘 사상, 자연숭배 신앙을 가지고 있었으며 특정 동물을 수호신으로 모시는 신앙을 바탕으로 예술 활동이 이루어지기도 했다. 토기는 표면에 색채를 발라서 갈거나, 점이나 선, 원과 같은 단순한 기하학적 무늬를 새겼으며, 세련된 형태와 아름다운 조화를 이루고 있다.

1) 구석기시대(Paleolithic Age)

일반적으로 지질시대 후반의 신생대 제3기 말에 오늘날 인류의 조상에 해당되는 고인류가 나타났으며 제4기 갱신세부터 집단생활을 통하여 구석기 문화를 발전시켜 나갔다고 한다. 우리나라는 구석기시대부터 사람이 살았으며, 구석기는 B.C. 70만 년경에서 B.C. 1만 년경의 시기에 해당되며 그동안 4번의 빙하기와 3번의 간빙기가 교체되었는데, 함북 웅기 굴포리 서포항, 충북 단양군의 금굴, 평남 상원군의 검은모루 동굴, 덕천군의 승리산 동굴 최하층 유적, 충남 공주시 석장리 등에는 B.C. 70만 년경의 타제석기와 동물 뼈조각 유적이 발견되고 있다. 한반도에서 발견된 초기의 인골은 약 10만 년 전의 평양시 역포 구역에서 발견된 역포인과 덕천군 승리산의 중층에서 발견된 덕천인, 단양 상시리 바위그늘에서 발견된 B.C. 3만 9천 년경의 남성 아래턱뼈 상시인 등이다. B.C. 4만 년경에 현생 인류가 출현하면서 B.C. 3만 년경에 한반도에 도래하여 주변 환경에 적응하면서 작은 씨족사회가 서서히 생겨난 것으로 보고 있다.

구석기시대의 유적은 큰 강 유역으로 두만강 유역(종성 동관진, 웅기 굴포리, 부포리유적), 대동강 유역(상원 검은모루, 덕천 승리산, 역포 대현동, 평양 만달리, 승호 화천동, 상원 용곡동동굴), 한강 유역(단양 수양개, 양구 상무룡리, 제천 창내, 양평 병산리, 제천 명오리 유적, 점말동굴, 단양 금굴, 상시바위은거지), 한탄강 유역(연천 전곡리, 연천 남계리 유적), 임진강 유역(파주 금파리, 파주 가월리·주월리, 고양 원당유적), 금강 유역(공주 석장리, 청원 샘골 유적, 청원 두루봉동굴), 섬진강 유역(승주 곡천·금평·죽산, 화순 대전, 곡성 옥과 유적), 보성강 유역 및 제주도 빌레못동굴 등에서 발견되었으며, 경기도 연천군 전곡리 유적은 해발 61m의 낮은 구릉지대에서 주먹도끼, 박편도끼, 뾰족찍개 등 전기 구석기 유물이 대량으로 출토되었다.

한반도에서 현생 인류가 펼쳐진 구석기시대는 자연물을 그대로 이용하여 수렵과 어로 활동을 통해 식량을 얻는 채집경제 단계였고, 조잡한 타제석기와 불을 사용하였으며 토기는 아직 만들지 못하였다. 이 시대는 생산력이 낮았지만 공동생산체제에 기반을 둔 계급이 없는 평등사회로서, 짐승을 사냥하기 위해 무리를 지어 떠돌아다니는 무리사회(群社會, bands)를 이루고 있었다. 이러한 공동생활을 중심으로 구석기인들은 강가나 바닷가에 움막을 짓고 후기에는 혈연적 모계씨족사회를 형성하였으며, 원시예술이나 신앙이 이루어졌다. 구석기 중기에 이르러 죽음의 세계에 대해 생각하는 신앙 의식이 일어나서 주검을 일정한 장소에 묻기 시작하였으며, 석기나 뼈연장을 무덤에 넣어주기도 하였고, 사회 내부의 결속력과 구성원 사이의 유대감을 굳건하게 하기 위해 각종 의례가 펼쳐진 것으로 보인다.[1] 구석기시대를 지나 1만 년 전부터 시작된 중석기시대는 세석기(잔석기)와 돌과 나무, 뼈 등의 이음도구가 만들어졌으며, 고기잡이와 조개잡이, 사냥이 이루어졌고, 바위와 동굴에 단순한 예술적 감각의 그림을 남기기도 하였다.

2) 신석기시대(Neolithic Age)

신석기시대는 B.C. 약 1만 년 전에서 B.C. 1천 년 전의 시기에 해당되는데, 빙하시대가 끝나면서 기온이 상승하고 해수면이 높아져 오늘날과 같은 지형을 갖추게 되었고, 인류는 농경정착생활을 하며 돌을 갈아 만든 마제석기가 쓰이며 토기가 제작되었다. 한반도 최초 신석기인은 시베리아 일대의 고아시아족의 일파가 들어온 것으로 여겨지는데, 신석기시대 는 원시농경이 시작되고 집단적인 정착생활을 영위함으로써 문화와 기술이 발전하게 되었 는데, 마제석기를 사용하며 동물의 뼈나 뿔로 사냥용이나 일상생활에 필요한 간단한 도구 와 토기를 제작하였다. 신석기시대부터 원시적이지만 농경생활이 시작되며 농경 도구나 토기의 제작 이외에 원시적인 수공업 생산도 이루어졌고, 강가나 바닷가에 움집(수혈주거) 이나 귀틀집을 짓고 사는 정주생활이 이루어지며 씨족 중심의 부족사회로서 경험 많은 부 족장이 생산 활동을 지휘하였을 것으로 여겨진다. 돌을 갈아서 쓰는 마제석기는 신석기 초기부터 사용되었으나 중기 이후에 농기구나 무기에 마제석기를 본격적으로 쓰기 시작하 면서 생활이 더욱 풍부하게 되었다.

신석기시대는 식량생산단계로 발전함으로써 생산의 체계와 문화발전이 촉진되며 정주 생활을 이루게 되었다. 동물의 힘을 이용하여 농사를 짓는 집약농경시대에 이르러 농업생 산력이 높아지고 식량의 잉여생산이 가능하게 된 것 같은 농업에 의한 생산기술의 개발을 고든 차일드(V. G. Childe) 같은 고고학자는 '신석기시대의 혁명(Neolithic Revolution)'이라 고 말하고 있다. 신석기시대의 사회는 처음에는 사냥과 원시농경, 어로, 채집경제에서 역할 이 큰 여성 중심의 모계사회였으나, 말기부터 농경이 보습농사로 바뀌어가면서 남성이 우 위를 차지하게 되었다. 따라서 신석기시대는 점차 가부장적 씨족공동체로의 전환이 이루어 지면서 생산도구와 토기 제작을 중심으로 하였던 여성 중심의 문화에서, 생산도구와 무기 제작을 주된 요소로 삼는 남성 중심의 부계사회 문화로 전환되기 시작하였다. 사회조직은

....

1 한창균, 『구석기시대의 사회와 문화, 한국사 1』, 한길사, 1994, p.154.

종래의 무리사회에서부터 혈연관계가 보다 강화된 부족사회로 발전하게 되었는데, 지배와 피지배의 관계가 없는 씨족공동체 위에 형성된 평등사회였다.

한편 신석기인들은 흙으로 토기를 만들었는데, 이 토기는 신석기 문화를 특징짓는 중요한 요소 중의 하나로서 인간의 정주생활과 관련되며 생산 활동을 가속화시켰다. 농경정착지에서 요리와 저장, 운반 등을 위한 여러 가지 모양의 토기는 당시의 문화적 특성과 예술적 정서를 잘 보여준다. 신석기시대를 대표하는 유물로는 마제석기를 비롯하여 빗살무늬토기(즐문토기)와 덧무늬토기(융기문토기)가 있다. 신석기 전기(B.C. 6000~B.C. 3500)에는 덧무늬토기가, 후기에는 빗살무늬토기가 한반도 전역에 성행하다가 차츰 청동기시대의 토기인 무문토기로 이행되어 갔다. 덧무늬토기는 겉면에 진흙띠를 붙이거나 손끝으로 집어 눌러 돋게 하여 무늬를 만든 것으로서 부산 동삼동과 김해, 웅기 굴포리의 조개무지(패총), 양양 오산리 유적 등 한반도 남부의 일부 지방에서 발견되었다. 빗살무늬토기는 빗모양의 무늬새기개로 토기 겉면을 누르거나 찍거나 그어서 여러 가지 기하학적 무늬를 만든 것으로서 한반도 전역에서 출토되는 대표적인 토기이므로 한국의 신석기 문화를 빗살무늬토기 문화라고도 한다. 빗살무늬토기는 크게 두 가지로 구분되는데, 함경도와 평안북도 지방에서는 납작밑토기가, 청천강 이남의 서부지방과 한강을 중심의 중부지방, 남부지방에서는 둥근밑토기가 출토되었다.

신석기시대에 사용된 '빗살무늬토기'는 약간 배가 부른 V자 모양의 토기 표면에 평행으로 사선을 그어서 대칭을 이루고 통일된 조화를 보이는 장식을 하였는데, 이러한 토기의 무늬는 미적인 것이 아니라 주술적 의미가 강한 것으로 여겨진다. 신석기시대에는 토기에 각종 장식을 더하는 것 외에 신앙을 바탕으로 사람의 모습을 주된 테마로 삼는 예술도 이루어졌는데, 이 시대의 미술품은 주로 흙으로 빚어 구운 얼굴 모습이나 동물의 모양을 새긴 조각품, 조개껍데기(조가비) 가면, 조가비로 만든 장식용 치레걸이, 짐승의 뼈나 이빨로 만든 장신구 등이 있었다.

오랫동안의 정착생활은 주거건축의 발전, 한국 원시문화 특유의 매장문화인 돌무덤을 가져 왔다. 신석기인들은 자연물을 포함한 우주 만물에 영혼이 있다고 믿는 정령신앙(Animism), 또 어떤 특정한 동물을 자기 씨족의 시조나 수호신으로 생각하는 토템신앙(Totemism), 영혼불멸 사상을 갖고 있었으며 여러 가지 유물들을 남겼다. 부산 동삼동 패총에서는 가리비조개 위에 두 눈과 입을 파서 신상과 같은 사람 얼굴 모습을 나타내었고, 웅기 서포항 유적에서는 풍요와 다산을 상징하는 여성 입상이 출토되었으며, 강원도 오산리 유적에서는 점토

덩어리를 납작하게 눌러 얼굴 모습으로 만들고 손가락으로 깊게 눌러 두 눈과 입을 표현한 토우가 발굴되었다.

3) 청동기시대(Bronze Age)

청동기시대는 약 B.C. 2000~B.C. 300년의 시기에 해당되는 것으로, 신석기시대 말기에 농경이 보다 발달하여 생활에 여유가 생기면서 새롭게 등장한 청동기와 철기의 금속문화는 고대국가가 성립되는 바탕을 제공하였다. 청동기는 구리와 주석, 아연, 납 등으로 구성된 합금으로 소성온도는 700~800도 정도이다. 청동은 제작이 어렵고 잘 깨지기 때문에 무기와 특수제기류, 일부 공구류에만 사용되고 일반적인 도구는 주로 마제석기가 쓰이었다. 청동기유적에서 출토되는 대표적인 유물은 무문토기와 비파형동검, 그리고 다뉴조문경(多鈕粗紋鏡, 많은 꼭지 거친무늬 거울) 등이다. 특히 검의 하반부가 배가 부른 비파 모습을 하고 있어 이름 붙여진 비파형동검은 중국에서는 출토되지 않고 요녕지방과 한반도에서만 독특하게 출토되어, 이 지역이 중국과 구별되는 문화권이 형성되었음을 말해준다. 비파형동검은 칼날을 자루에 끼우는 형식으로 되어 있어 일체로 만드는 중국의 것과 구별되는데, 동경의 뒷면에 동물무늬를 넣은 중국의 것과 다르게 우리나라의 동경은 주로 기하학무늬가 주류를 이루며 꽂이가 중앙에서 한쪽으로 치우쳐 2개가 나란히 붙어 있다.

청동기시대는 유물의 형식 변천과 공반(共伴)관계를 기초로 하는 동검의 분류에 따라 3시기로 구분된다. 제1기는 요녕식(遼寧式) 동검 시기로, B.C. 700~B.C. 600년 무렵으로 짐작된다. 제2기는 일식 세형동검(細形銅劍) 시기로, B.C. 4세기 말~B.C. 3세기 초 무렵으로 추정되며 한국 고유의 청동기들이 주조되기 시작하였고, 공반 유물로는 마제석족(磨製石鏃, 간돌화살촉), 천하석제식옥(天河石製飾玉, 천하석제꾸밈구슬), 점토대토기(粘土帶土器, 덧띠토기), 흑색장경호(黑色長頸壺, 흑색목항아리) 등이 무덤에서 출토된다. 제3기는 이식 세형동검 시기로, B.C. 2세기 중엽~A.D. 1세기 말 무렵으로 추정된다. 청동기로는 공구, 용기, 수레의 각 부분에 부착되어 쓰여졌던 수레갖춤(거여구, 車輿具) 등 일상생활 실용품들이 나타나고, 공반유물로 석기는 완전히 없어지고 다량의 철기가 출현하며 무덤구조는 토광묘(널무덤)이 유행하였다.

이 시기는 농경정착생활의 발달로 생산력이 커지고 잉여 생산물이 생기고 청동기가 사용되면서 예술이 발달되고 사유재산 제도와 계급이 발생됨으로써 평등했던 부족사회가 무너지고 부와 권력을 가진 족장(군장)이 출현하며 성읍국가로 발전되었다고 추측된다. 즉,

청동으로 만든 칼과 창으로 무장한 부족들은 이웃 부족들을 정복하여 공납을 받게 되면서 평등했던 부족사회는 붕괴되고 지배와 피지배의 관계가 생겨 정치적 지배자로서 군장이 출현함으로써 최초의 정치사회인 군장사회가 이루어진 것이다.[2] 이 군장사회는 점차 그 권력을 강화하여 지배조직을 확대해 가며 정복 활동을 통해 더욱 큰 정치집단으로 발전해 갔고, 이후 고조선과 부여, 고구려, 옥저, 삼한 등에서 보이듯이 철기를 사용하며 국왕이 등장하면서 초기 국가로 발전되어 갔다. 고조선은 청동기시대에 세워진 최초의 국가로서, 대동강과 요하 일대에 걸치는 광대한 연맹체이며 엄격한 법률로 사회질서를 유지하면서 지배세력을 강화하였다. 『삼국유사』에서는 단군왕검이 요임금 즉위 후 50년에 평양성에 도읍하여 나라 이름을 조선이라 하였다는 기사가 있는데, 이를 근거로 연도를 계산하면 B.C. 2333년이 된다. 초기에 읍락 중심의 사회였으나 후기에는 동북아에 중심세력을 형성한 커다란 연맹국가가 된 고조선의 청동기문화는 다양한 모습과 넓은 지역에 분포하는 비파형 청동단검에서 볼 수 있듯이 무기를 귀중하게 여겼으며, 장식품과 생활용품, 마구류 등 실용적이면서도 예술적인 취향을 드러내는 뛰어난 공예품들도 보여준다. 군장사회의 주된 산업은 농업이었기 때문에 부여의 영고, 고구려의 동맹, 동예의 무천, 삼한의 시월제 등과 같이 가을에는 제천행사가 행해졌다.

청동기시대는 농경이 본격적으로 정착된 생산경제시대에 들어섰으며, 벼농사가 성행하였고, 가축사육이 시작되었다. 농경용 도구 가운데 농경지 경작용 석기로는 곡식의 이삭을 자르는 반월형석도(반달돌칼), 철자형(凸字形) 타제석부(打製石斧, 뗀돌도끼), 유구석부(有溝石斧, 홈자귀), 곡물수확을 위한 추수용 석기로는 돌칼과 돌낫 등이 발견되고, 산림개간에 필요한 벌채용 도구로는 각종 마제도끼, 수렵과 어로활동에 사용된 것으로 여겨지는 간돌화살촉은 각 유적지에서 발견되고 있다. 경기도 흔암리 유적에서는 쌀과 보리, 조, 수수, 충남 송국리에서는 쌀, 평양 남경 유적에서는 쌀과 조, 콩, 기장, 수수 등이 탄화된 형태로 발굴되어 당시의 농경생활을 짐작할 수 있게 해준다.

청동기시대에는 다양한 종류의 무문토기(민무늬토기)가 사용되었는데, 신석기시대의 토기가 대부분 팽이형인데 비하여 토기 바닥이 평평하여 지상에 세워둘 수 있도록 변화되며, 지역과 시대에 따라 모습을 달리하면서 팽이형토기, 구멍무늬토기, 남한식 무문토기, 붉은 간토기 등으로 전개된다. 가장 기본적인 그릇은 화분토기와 심발형토기라고 하는 원

....

2 이들은 종래에는 부족국가라고도 하였으나, 근래에는 성읍국가 또는 읍락국가라고 한다.

통형 토기이고, 일상생활에서는 음식물을 끓이거나 삶는 자비용 토기, 저장을 위한 호형토기, 음식을 담기 위한 접시, 굽접시, 대접 등이 사용되었다.

이 시기의 예술은 종교 및 정치적 요구와 밀착되었는데, 제사장이나 군장들이 사용하였던 칼과 거울, 방패 등의 청동제품이나 토제품, 바위그림 등에 반영되어 있다. 청동기시대에는 규모가 커진 농경으로 증대된 남성의 역할로 부계씨족사회로 바뀌게 되고 남자가 중심이 되는 장례풍습이 나타나 고인돌과 돌상자무덤, 움두덤 등이 등장한다. 지배층의 무덤인 석관묘(돌널무덤) 등에서 출토된 청동제 의기들은 말이나 호랑이 등을 사실적으로 조각하거나 기하학무늬를 새겨 놓았으며, 어떤 의식을 행하는데 사용된 것으로 보인다. 가장 전형적인 석관묘(돌널무덤)는 네 벽과 바닥 및 뚜껑을 각각 1매의 판돌로 조립한 것이다. 고인돌은 군장의 가족묘로 짐작되며, 이러한 거대한 고인돌을 축조할 수 있었던 것은 강력한 권력의 소유자가 출현하고, 최초의 정치사회인 군장사회가 등장한 것을 말해준다. 고인돌은 남방식(바둑판식)과 북방식(탁자식)이 있는데, 유해를 안치하는 묘실(널방)이 북방식은 땅위에, 남방식은 땅밑에 설치되어 있다.

또한 흙으로 빚은 짐승이나 사람 모양의 토우 역시 장식적 용도와 풍요를 기원하는 주술적 의미를 가지고 있었다. 또 암각화는 암벽이나 큰 바위 면에 선이나 윤곽을 쪼아내거나 새긴 바위그림으로서 당시 사람들의 생활상을 잘 보여주는 것으로서, 울산 대곡리의 반구대와 천전리, 고령 양전동 등에서 볼 수 있다. 암각화는 청동기인이 남긴 신앙의식의 산물로서 현실적으로 감당하기 힘든 어려웠던 문제들을 신이나 초자연적인 힘에 의하여 해결하고자 바라는 소망을 새겨놓고 빌었던 바위제단이었다.[3] 울산 대곡리 반구대 암각화는 길이 약 8m, 높이 2m이며, 왼쪽은 고래그림들을 음영화기법으로 쪼아내어 어로경제를 표현하였고 오른쪽은 윤곽만으로 개, 돼지, 사슴, 산양 등의 짐승을 표현하여 수렵경제를 나타내고 있다. 울산의 반구대 바위그림에는 거북, 호랑이 등의 동물과 작살이 꽂힌 고래, 그물에 걸린 동물, 우리 안의 동물 등 여러 가지 그림이 새겨져 있어, 물고기와 짐승들의 증식, 사냥과 물고기잡이의 성공과 풍성한 수확을 비는 염원의 표현으로 보인다. 천전리 암각화는 원형, 마름모, 소용돌이, 물결무늬 등의 기하학적 무늬와 가면을 쓴 사람, 사슴 등의 동물을 표현하였고, 고령 양전동 암각화에는 동심원, 십자형, 사각형 등 기하학적 무늬가 보인다. 마을은 강변에 있는 구릉이나 작은 하천평야를 앞에 둔 구릉에 자리 잡고 있는

....

3　김성구, 『국립대구박물관』, 통천문화사, 1994, p.106.

데, 주거형식은 신석기시대에 이어 수혈주거가 계속되며, 주거평면은 사각형이 주류를 이루고 있다.

4) 초기철기시대

초기철기시대는 B.C. 300년경~A.D. 300년경의 시기로서, B.C. 300년에서 기원전후(혹은 B.C. 100년)까지를 초기철기시대로, 서기 전후(혹은 B.C. 100년)부터 서기 300년까지를 원삼국시대로 구분하기도 하는데, B.C. 3세기부터 철기시대로 들어섰지만 생산도구의 일부만을 철기가 대신했을 뿐이고 이전 시기의 청동기들과 함께 석기도 여전히 사용되었다. 철기시대가 시작되면서 점차 석기는 급격히 감소되고 철기와 목기가 주류를 이루게 되었으며, 철기는 무기류와 농기기류가 위주였다. 철낫과 철보습, 철반달칼 등 농업 생산도구들은 철로 바뀌었으나 의례와 신분을 상징하는 비실용성 도구들은 아직도 청동을 이용했다. 철재는 돌에 비하여 도구를 만들어내기가 쉽고 여러 가지로 변형시킬 수도 있으며, 부러져도 재생산이 가능하고, 날카롭게 가다듬을 수도 있고 돌을 다듬을 수도 있기 때문에 철기들이 다양하게 만들어져 사용되어서 생활을 크게 변화시켰다. 특히 철제 농기구에 의한 농경 방법이 발달하여 농업이 대규모화하며 생산력이 증대하고 목축과 어업도 발달하여 경제기반이 급속히 확대되는 한편, 광석의 채굴와 제련, 제조에 따른 대규모의 집단노동, 전문지식을 가진 집단이 생겨나고 이에 따른 계급분화가 촉진되며 부족 상호 간의 교역이 활발해짐에 따라 여러 문화가 융합되어 고대국가의 기초가 마련되어 갔다.

이 시대는 철기를 사용함으로써 생산력이 증가되며 부의 축적이 확대되고 이웃 부족과 교역과 정복전쟁이 전개됨에 따라서 우세한 군장사회는 주위의 군장사회들을 병합해 초기국가로 발전되었다. 이 초기국가는 통치를 위해 국왕이 출현하고 정치조직이 정비되었으며, 차츰 왕권이 더욱 강화되고 완전한 정치조직 형태가 갖추어지며 고대국가를 형성하게 되었다. 우리나라의 각지에는 여러 초기국가가 성립되었는데, 여러 소국들이 경쟁하는 가운데 일부는 다른 나라를 병합하고 다시 연맹 왕국으로 발전하여 중앙집권국가를 형성할 수 있는 기반을 마련하게 되었다. 그 가운데 가장 먼저 국가 형태를 갖춘 것은 고조선으로서 청동기시대 말기인 B.C. 5, 4세기경에 초기국가로 발전하였다. 고조선은 철기 문화를 수용하면서 중국 한나라와 대립할 정도로 발전하였고, 만주와 한반도 각지에는 부여와 삼한 등 여러 나라가 성립될 수 있는 터전이 마련되었다. 고조선 이후 북쪽에서는 부여, 동예, 옥저, 고구려가 일어났고, 남쪽에서는 마한, 진한, 변한의 삼한이 출현하였다. 이러한 여러 소국과 대국이 혼재하여 있던 이 시기를 원삼국시대 또는 열국시대라 한다.

초기철기시대는 오곡과 벼를 경작하며 가축을 기르는 재생산경제 체제로서, 김제 벽골지, 상주 공검지, 의성 대제지, 제천 의림지, 밀양 수산제 등 농경용 수리시설들이 이를 잘 보여준다. 이 시대는 종교적으로 샤머니즘이 기본적인 것으로,『진서』권97 열전 제68 동이 진한전에는 오월 씨뿌리기와 10월 추수가 끝나면 제사를 지내고 술을 마시고 춤을 추며, 각 국읍에서 제사를 지내는 것을 주관하는 사람을 천군이라 하였으며, 제사를 위한 신성한 장소를 소도라 하고 여기에 방울과 북을 달아 놓는다고 그 구체적인 모습이 기록되어 있다.

초기철기시대의 유적으로는 무덤과 집터, 생활쓰레기터, 쇠를 녹여 만든 쇠부리터 등이 있다. 무덤에는 토광묘(움무덤), 옹관묘(독무덤), 석곽묘(돌덧널무덤)가 있다. 집터는 이전 시기에 있던 움집(수혈주거)이 계속 이어오고 있는데, 춘천 중도, 중원 하천리에서 발견된 집터들을 보면 직사각형의 움집으로 화덕시설이 커지는 특징을 보인다. 당시 다양한 생활상을 보여주는 생활쓰레기터로서 남겨진 조개더미유적(패총)들은 해남 군곡리 유적, 김해 회현리 조개더미유적을 비롯해 웅천·성산·조도 등 남해안 바닷가와 섬지방에 많이 남아 있다.

한편 이 시대에는 앞시대의 민무늬토기에 다양한 변화가 일어나서 덧띠토기, 검은간토기, 연질토기, 와질토기, 회청색경질토기 등 보다 단단하고 다양한 토기들이 주로 사용되었다. 덧띠토기(점토대토기, 粘土帶土器)는 그릇입술에 진흙띠를 덧붙여 겹입술을 만든 토기이고, 검은간토기(흑색마연토기, 黑色磨研土器)는 겉면에 흑연 등의 광물질의 안료를 바르고 문질러 광택이 나게 한 토기이다. 연질토기는 노천요에서 가마를 폐쇄하지 않고 구워 갈색을 띠며 무른 토기이고, 와질토기는 정선된 고운 태토로 만들어진 밝은 회색의 연질토기이다. 회청색경질토기는 김해식 토기로 불리던 것으로 높은 온도로 구워져 회청색을 내며 단단하여 금속성의 소리가 나는 토기이다.

2. 선사시대의 건축

1) 구석기시대 주거유적

선사시대의 건축에 대해서는 지표 위에 남아 있는 유물과 유적을 통하여 당시의 생활권과 문화발달의 단계, 생활환경 전반과 특성을 추정할 수 있다. 잔존하는 유물과 유적의 형상이나 종류는 다양하지만, 건축과 관련하여 실태를 파악할 수 있는 지표가 되는 것으로는 주거지, 토기, 패총, 지석묘 등을 들 수 있다. 주거지는 인류가 거주하던 장소로서 자연에 적응하려는 노력의 결과이고, 토기는 경제활동에서 얻어진 물자의 저장이나 운반 도구, 지석묘는 시신매장에 대한 의식으로 이루어진 것, 패총(조개더미)은 쓰다 남은 자원을 폐기하는 과정에서 자연적으로 만들어진 것이다.

구석기시대는 무리를 지어 공동생활하는 평등한 무리사회(群社會, bands)를 이루고 불과 돌을 깨뜨려 만든 도구 등을 사용할 줄 알았으며, 강가나 바닷가에 움막을 짓고 혈연적 모계 씨족사회를 형성하였다. 구석기시대에는 생활이 매우 단순하여 먹이와 사냥감을 따라 이동하였는데, 바람과 비 등의 자연적 기후변화와 외적이나 사나운 맹수 등의 공격으로부터 자신과 가족들을 보호하고, 불을 보존할 수 있으며 수렵과 어로에 적합한 거처로서 주로 동굴, 동굴 밖 한데나 바위그늘과 같은 장소를 활용했던 것으로 보인다. 구석기인들은 한 곳에서 거주하는 것이 아니라 취침과 주간의 휴식 정도에 활용했을 것으로 여겨지지만, 차츰 경험을 바탕으로 하여 나뭇가지를 모아서 원추형으로 뼈대를 만들고 나뭇잎이나 짐승 가죽을 덮어서 원형의 주거를 만들었을 것으로 짐작된다. 구석기인들이 생활했던 흔적은 제주도 빌레못동굴 속에서 발굴된 구석기시대 중기와 제4빙하기 초의 유물들, 청원의 두루봉동굴과 함경북도 웅기군 굴포리 제1기층에서 찾아볼 수 있다.

구석기인들이 사용했던 원시적인 석기로는 건물 재료를 충분히 다듬을 수 없었기 때문에 아직은 인공적으로 주거를 만들지 못하였다. 구석기시대 사람들은 대부분 동굴에서 살아서 동굴인이라고도 하였지만, 동굴 밖에도 집터가 있어 한데⁴ 유적이라고 한다. 동굴주

그림 2-01 **공주 석장리의 구석기시대 막집 복원**
(공주 석장리 박물관)

거는 주로 석회암 지대에서 많이 발견되며, 단양 금굴, 청원 두루봉동굴, 제천 점말동굴, 제주 빌레못 동굴, 상원군 검은모루동굴, 평양시 승호구역 3호동굴 등이 대표적인 유적이고, 한데유적 가운데 집자리가 발견된 곳은 공주 석장리 유적, 화순 대전리 유적, 제천시 한수면 창내 유적 등이 있다. 제주 빌레못 동굴에는 긁개, 돌칼 등의 석기와 선각석편, 곰과 사슴 등의 동물화석이 출토되었다. 구석기 중기를 지

---

4 한데란 사방과 하늘을 가리지 않은 곳, 집 밖이라는 말이다.

나면서 공주 석장리 유적(그림 2-01), 웅기 굴포리 우적, 제천 창내 유적, 화순 대전리 유적 등에서 보이듯이 막집과 같은 형태도 이용되었으며 주거 내에서 불을 이용한 흔적이 발견된다.

2) 신석기시대 주거유적

신석기시대는 농경정착 생활이 이루어지고 강이나 바다를 낀 완만한 언덕의 경사면에 작은 마을을 형성하였던 시기로서, 돌을 갈아서 연장을 만들기 시작해서 생산력이 한층 발전되었다. 신석기시대에는 대부분 강가에 정착이 이루어지면서 최초의 가족이 탄생되고, 한 가족의 자식들이 3개 가족을 구성하면 씨족(clan)이 이루어지고, 씨족이 3곳 이루어지면 최초의 작은 마을(Hamlet)이 생기고, 작은 마을 3곳 이상이면 촌락(Village)이 탄생한다. 신석기시대는 주거유적이 주로 두만강과 압록강, 대동강 및 한강, 낙동강 등의 하안 지역, 서해안 지역 등에서 집중적으로 발견된 사실에서 어로에 의존한 채집경제임을 알 수 있다. 신석기시대의 석기로는 석촉(화살촉), 창, 돌도끼, 조합식 낚싯바늘 등이 사용되었으며, 한 강변의 서울 암사동 유적에서는 석제 그물추가 출토돼 그물에 의한 물고기잡이가 짐작되고, 강원도 오산리 유적과 부산 동삼동에서도 낚시바늘이 출토됐다.

신석기시대의 사람들은 해변과 강가, 호수가에 집을 마련하고 고기잡이와 짐승들을 잡아먹고, 구석기시대에 사용하던 동굴주거와 바위그늘, 바닥에 돌을 펴고 그 위에 지붕을 덮은 부석주거지, 움집 등에서 생활하였다. 동굴을 주거로 이용한 흔적은 춘천 교동과 의주 미송리에서, 바위그늘(암음)주거지는 부산 금곡동과 북제주 북촌리에서 조사되었다. 의주 미송리 동굴은 석회암으로 이루어져 있으며 밑바닥에 20~40cm의 문화층이 상하로 출토되어 오랫동안 생활공간으로 이용되었음을 말해주고, 춘천의 교동 동굴은 화강암에 인공을 가하여 조성되었으며 사람의 유골, 토기, 탄화물질 등이 발견되었다. 북제주 북촌리 바위그늘주거지에서는 바위그늘 밑바닥에 무문토기와 동물의 뼈가 발견되어 3,500~4,000년 전에 사람들이 거주하였음을 보여주고 있다. 부석주거지는 바닥에 돌을 깔아 평평하게 고르고 그 위에 원추형의 지붕을 덮어 만든 것으로, 춘성 내평 유적, 강화 삼거리 유적, 평양 청호리 유적 등에서 조사되었다. 움집은 땅에 구멍을 파서 움을 만들어 지은 집으로서, 땅에 수직방향으로 구멍을 판다는 뜻으로 수혈주거라고도 한다.

원시문화 상태인 이 시대의 건축문화는 고고학적인 분야에 속할 정도이지만 건축적 개념이 도입된 본격적인 주택은 인위적인 수혈주거에서 시작되었다고 할 수 있다. 수혈식 주거를 시작으로 하여 건축기술이 발전하게 되었는데, 수혈주거는 풍부한 식량자원의 채집, 음료수, 일조량, 건조한 지반, 방어 등 기본적인 생활조건을 고려하여 작은 언덕 경사면의 입지를 선택하였다.

인간을 위해 의도된 집을 세우게 된 수혈주거는 농사짓는 일에서 익숙해진 나무도끼나 돌도끼, 그외 적당한 도구로 땅을 파서 구덩이를 만들면서 시작되었다. 신석기 유물 중 건축에 관련된 것으로는 도끼, 자귀, 대팻날, 끌, 정, 망치 등이 있다. 수혈주거는 평면이 원형에서 모서리가 둥근 정사각형(말각방형)이나 타원형 또는 정사각형으로 바뀌었고 말기에 이르러 직사각형이 출현하였다. 규모는 지름 5~6m, 수혈깊이 60cm 내외로서 후기로 갈수록 규모가 조금씩 커지며 바닥 깊이는 낮아졌고, 바닥에는 진흙을 다져 넣었고 중앙에 화덕이 있고 그 곁에는 취사도구와 곡식을 저장하는 토기의 저장구멍을 묻어두었고, 동남쪽이나 서남쪽에 걸친 사이에 문을 두었다. 전기에는 대개 원추형 수혈주거로서 중앙에 기둥을 세우고 서까래를 결구하거나 벽 가까이에 작고 가는 기둥을 세우고 서까래를 엮어 지붕을 완성하거나(옹기군 굴포리 서포항 1호 주거지), 내부에 4개의 기둥을 세우고 그 위에 도리를 얹어 서까래를 걸거나(암사동 75-1호 주거지), 또는 기둥 없이 서까래만으로 만들어지기도 하였을 것이나, 후기에는 함북 무산 범의구석 유적이나 평북 용천군 용연리 유적에서 2열, 3열, 4열씩의 기둥구멍이 벽선과 평행하게 배열된 사실에서부터 기둥과 도리, 보, 대공 등으로 가구를 구성하여 서까래를 걸친 맞배지붕이나 우진각지붕이 이루어진 것으로 짐작된다.

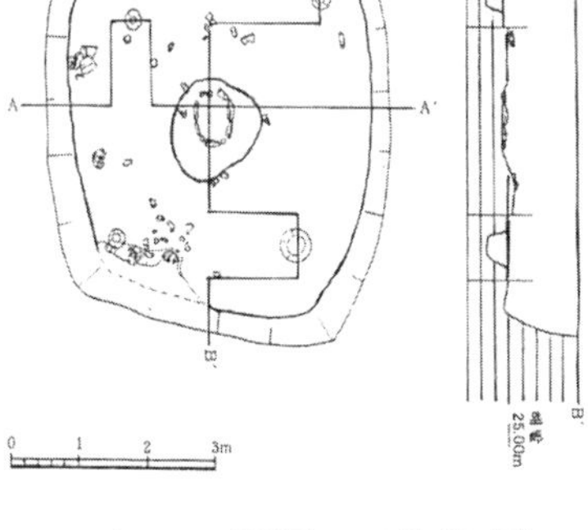

그림 2-02 암사동 75-1호 주거지

신석기의 수혈주거지는 서울 암사동, 강원 양양 오산리, 평양 대동강변 궁산, 황해도 봉산군 지탑리, 함북 옹기군 굴포리 서포항마을, 평양 남경 유적, 평북 중강군 토성리, 함북 무산 범의구석 유적, 온천 운하리, 평북 용천군 용연리 등에서 발견되었다. 신석기시대 무덤은 춘천시 교동과 시도 유적에서 확인되었는데, 전자는 동굴에 시체와 죽은 자가 사용하던 물건(부장품)이, 후자는 길이 1.65m의 타원형 돌무지무덤이 발굴되었다.

서울 암사동 주거지 경우 물고기와 짐승을 잡고 풍부한 식물을 얻을 수 있는 한강변에 십여 동 이상의 움집들이 겹겹이 층을 이루고 있음이 발굴되었다. 평면은 대부분 원형이거나 모서리가 둥근 사각형이고 60cm에서 1m 정도의 깊이이며, 직경은 5~6m이고 사각형 평면의 경우 한 변이 4~6m, 면적은 20~40cm²이다(그림 2-02, 03, 04). 실내에 4개 정도의 기둥을 세웠고 중앙에 화덕을 두었으며 그 주변에 토기를 거꾸로 박은 저장공이 있다. 서울 암사동 주거지는 지표면 아래 약 1m 이상 파낸 반지하 수혈주거로서, 평면은 원형에서 말각방형이나 타원형 또는 방형으로 바뀌었고, 말기에 이르러 장방형이 나타나고 있다. 암사동 유적은 집터 외에 부속저장시설로 보이는 야외 구덩이, 조리용 시설로 보이는 타원형의 야외노지 및 적석유구들이 발견되어 대규모 취락유적이었을 것으로 짐작된다. 현재 암사동에는 20여 기의 움집이 조사되었고, 네 개의 기둥 위에 도리를 걸치고 지면에서 서까래를 비스듬히 걸어 지붕을 원추형으로 만든 움집 7, 8동 정도가 복원되어 있다.

그림 2-03 서울 암사동 수혈 주거의 복원
그림 2-04 서울 암사동 주거유적

황해 봉산 지탑리 유적(그림 2-05)의 경우 수혈식주거는 지하 40~50cm의 깊이의 사각형으로 1변의 길이는 7m이며 벽체와 바닥은 점토로 보강하고 바닥에 여러 개의 기둥구멍과 초석이 놓여 있다. 앞쪽 가운데에 출입구가 있고 뒤쪽에 계단 통로가 뚫려 있는 사각형 평면 바닥 중앙에 타원형 화로터가 있으며 구석진 곳으로 직경 45cm 저장공이 있고 주변에 돌칼과 돌도끼 등 석기가 놓여 있다. 평양 궁산의 주거지(그림 2-06)는 40~120cm 깊이이고

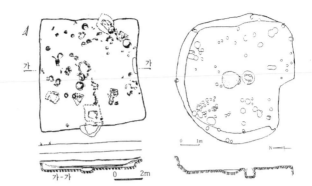

그림 2-05 황해 봉산 지탑리 1호 주거지
그림 2-06 평양 궁산리 4호 주거지

원형이거나 사각형 평면으로, 원형인 경우 집의 모양은 원추형, 사각형일 경우 집은 맞배지붕 모습이었으며, 바닥 가운데는 돌로 둘러친 화덕자리가 있다. 웅기 서포항 유적의 3호 집터는 직경 4.2~4.4m, 깊이 70~80cm 원형 평면으로 두께 70cm의 패각층 위에 진흙을 다져 바닥을 만들었고, 바닥 중앙에 불자리가 있고 가장자리에 원을 따라 0.7~1.2m의 사이를 두고 기둥구멍이 나 있다. 후기의 유적인 평양 남경 유적은 남북으로 길게 놓인 길이 13.5m, 너비 8.4m의 타원형으로 바닥이 아래위 2단으로 만들어져 윗단에는 토기, 석기, 그물추들이 놓여 있었다. 강원 양양 오산리 유적(그림 2-07, 08)은 수혈의 깊이가 58~95cm이며 직경 6.2m의 원형 평면을 이루고, 점토로 보강된 바닥 중앙에 직경 85cm의 화로터가 돌로 둘러싸여 있고 구석진 곳으로 저장공이 놓여 있다.

그림 2-07 양양 오산리의 신석기시대 주거 복원(양양 오산리 선사유적박물관)
그림 2-08 양양 오산리의 신석기시대 주거 모형(양양 오산리 선사유적박물관)

3) 청동기시대의 건축

(1) 청동기시대 주거유적

신석기 말기에는 곡물의 종류도 다양해지고 수확량이 풍부해지며 인구가 증가되며 주거와 마을의 규모도 확대되었다. 청동기시대는 신석기시대의 잡곡 농사에서 벼농사로 이전되며 가축사육이 본격화되며 고인돌이 축조된 시기로서, 경제활동에 유리한 나지막한 언덕이나 작은 하천 평야를 앞에 둔 언덕에 여러 집을 짓고 마을을 이루면서 농사와 고기잡이, 목축 생활을 하였다. 이 시기의 주거지는 평북 강계 공귀리 유적(그림 2-09)에서 보이듯이 신석기시대의 그것보다 평지로 이동된 하천유역과 산록에서 발견되어 채집경제에서 농업경제로, 지중가옥에서 지상가옥으로 이행되어 갔음을 보여준다. 청동기시대를 거쳐 초기철기시대로 옮겨가면서 생활이 점점 복잡해지고 다양해지게 되자 주거의 모습이나 가구방법도 변화, 발전해나갔지만, 이 시대 주거의 대부분은 수혈주거였고 말기에 일부지역에서 지상주거, 귀틀집 또는 고상주거 등이 나타나기 시작하였다.

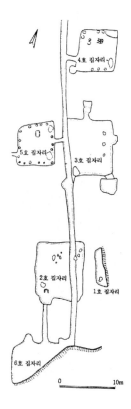

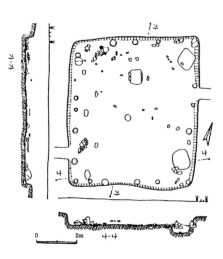

그림 2-09 평북 강계 공귀리
유적 배치도와
5호 주거지

마을의 입지는 해안과 강변의 저지대, 저구릉, 구릉정상 등으로 구분된다. 해안가 유적으로는 패총(조개무지)을 갖는 충남 서산 안면도 고남리, 제주도 대정 상모리 유적, 강변의 충적지대 유적으로는 평양 호남리 남경, 경북 금릉 송죽리, 경남 진주 대평리 유적, 하천에서 다소 떨어진 구릉상의 유적으로는 부여 송국리, 울산 검단리, 천안 백석동 유적, 산 정상의 구릉에 위치하여 방어적 성격이 강한 마을터로는 아산 교성리, 창원 서상동 남산 유적을 들 수 있다. 또한 마을에는 부지 조성을 위해 대규모 토목정지가 이루어졌고 방어를 위해 긴 구덩이로 된 환호와 나무기둥 울타리(목책)가 나타난 것에서부터 주거의 규모가 확대되고 집단생활이 이루어졌음을 알 수 있다. 환호가 확인된 유적으로는 울산 검단리, 진주 대평리, 창원 서상동 남산 유적이 있고, 부여 송국리 유적에서는 지름 20cm 정도의 굵은 나무를 잇대어 만든 목책 시설이 확인되었다.

　　대규모 취락지로 발전된 청동기시대의 수혈주거는 이전보다 규모가 커지며 길어지게 되었는데, 전기에는 사각형의 평면 형태에 위석판석식이나 위석식, 무시설식 노지를 사용하였고(미사리, 가락동, 역삼동, 흔암리 유형), 후기에는 부여 송국리 유적처럼 정사각형 또는 원형의 평면 형태에 구덩이 양쪽 끝에 원형의 작은 구덩이를 갖춘 타원형 구덩이 형태를 취하였다. 수혈주거는 대부분 반움집 형태로서 20m² 내외 크기로 5~6명이 생활하였으며 깊이는 대체적으로 50~60cm로서 점차 얕아져갔으며 정사각형에서 직사각형으로 변화되고 1실 평면에서 다실로 분화되어 갔다. 출입을 위해 남쪽에 흙을 다져서 2~3단의 계단을 만들었고, 난방과 취사가 분리됨에 따라서 화덕이 대부분 두 개 이상 설치되는데 중앙보다 한쪽에 치우쳐 놓여 있어 주거내부가 기능별로 공간 분화되었다는 것을 보여준다. 화덕은 지면을 10~20cm 정도의 얕게 파거나 평탄한 바닥면에 돌을 원형으로 돌려서 만들어 음식을 익히거나 난방용으로 이용하였다. 이 시기에는 바닥에 짚이나 긴 풀을 깔고 그 위에서 생활하게 되며 일부에서 칸막이가 나타나기도 하였으며, 기둥구멍 같은 경사진 구멍이 사라지는 반면 수직구멍이 많아지고 이들 중에는 초석을 사용한 듯한 것들도 있다. 또한 저장시설이 주거지로부터 분리되는데, 이는 농경문화의 보급에 따라서 저장량이 많아지므로 실내의 저장공은 없어지고 야외의 저장시설이 만들어져 창고가 기능 분화하는 단계를 보여준다. 주거공간 내에 분화가 발생한 사실은 경기도 파주 옥석리 2호 주거지와 황해도 봉산군 신흥동 2호 주거지에서 발견된 칸막이 흔적으로도 추측된다.

　　수혈주거의 사례로서는 충남 서산 해미 유적지, 경기 파주 교하리 및 옥석리 유적지, 광주 송암동 주거지, 평양 남경 유적, 함북 회령 오동과 무산군 호곡동 유적, 황해도 송림시 석탄리 유적지, 강계 공귀리, 영변 세죽리, 여주 흔암리 유적 등이 있다. 경기도 금촌 교하리 유적의 경우 한 주거지는 두 개의 화덕이 한쪽 편에 치우쳐 있으며 기둥은 벽선과 중앙 축선을 따라 세 줄로 나열되었다. 서산 해미 주거지와 부여 송국리 주거지의 평면은 한 변이 4~5m의 정사각형이거나 4×7m 정도의 직사각형이고, 원형의 경우에는 지름이 5m 내외 정도 되었다(그림 2-10). 평북 영변 세죽리 주거지 중에는 남북 9.3m, 동서 5.1m 크기의 사각형 평면에 화덕 두 개가 북쪽에 치우쳐 있고 세 줄로 일정한 간격의 기둥구멍이 발굴되었다. 3.7×15.7m(파주 덕은리), 3×9.5m(파주 교하리) 정도의 큰 유적지는 공동주거였거나 또는 마을의 중심지에서 공동집회 장소로 사용되었을 것으로 추측되고 있다. 대형 주거유적으로서 함북 무산군 호곡동 유적은 발견된 집터만 50개였다고 하며, 금강 유역의 부여 송국리 유적은 넓은 지역을 목책으로 둘러싸고 그 안에 대규모 집단 주거지를 이루었으며, 울주 검단리 유적에서는 타원형의 방어용 호가 둘러쳐진 가운데 90개 이상의 주거지가 발견되었다.

(a)

(b)

그림 2-10 (a) 부여 송국리의 청동시시대 장방형 주거
        (b) 부여 송국리의 청동기시대 원형 주거 축조 모습(송국리 선사 취락지 자료관)

건축구조적으로 보면 이 시기의 수혈주거는 벽체가 만들어지기 시작하며 지붕도 지면에서 분리되었는데, 사각형 평면에 맞추어 기둥을 2~4줄 배열하고 윗부분을 연결한 후

서까래를 경사지게 걸어 지붕을 만들었을 것으로 짐작된다. 이러한 수혈주거는 기둥이 3열로 배치되거나(함북 무주 범의구석 8호 주거지, 파주 교하리 1호 주거지), 장변 방향으로 4개의 기둥이 배치되거나(함북 회령 오동 5호 주거지), 중앙에 2개의 기둥과 벽선을 따라 기둥이 배치되는 경우(부여 송국리 주거지), 모임지붕 형태의 가구(평북 영변 세죽리 27호 주거지) 등 여러 가지 구조 형식을 취한 것으로 추정되지만 그 가구기법은 여전히 원시적이었다. 이처럼 청동기시대 주거에는 벽체와 지붕, 서까래 등이 지면 위에 완전히 올라오고, 바닥에 진흙 위에 짚이나 풀을 깔았으며, 온돌난방의 시초로 여겨지는 구들 모양의 연도가 보이기도 한다. 벽면은 황해도 송림시 석탄리 3호 주거지, 평북 중강 토성리 1호 주거지 등에서 보이듯이 풀이나 나무판자로 마감하고 지붕은 가는 나뭇가지를 엮어 갈대나 짚, 억새 등으로 이었다. 평북 강계시 공귀리 유적에서는 남벽 서쪽에 치우친 곳에 벽장움과 같은 저장시설도 나타나기 시작하였고, 기둥은 바닥에 직접 세우거나 원시적인 초석 위에 세우거나 혹은 구멍을 뚫어 설치하였다.

(2) 지석묘(支石墓, 고인돌, dolmen)

애니미즘 신앙을 지녔던 원시시대 사람들은 태양을 위시하여 자연물을 신격화하고 질병이나 고통을 가져 주는 악귀를 물리치기 위해 주술에 의존하였다. 청동기시대가 되면 일정한 구조물로서 내부의 매장시설과 외관이 갖추어진 분묘가 축조되기 시작하였는데, 당시 지배자들의 무덤은 단순히 죽은 사람을 묻어두는 시설일 뿐만 아니라 일종의 종교적 신앙과 의례의 대상물로 여기기도 했다. 청동기시대의 대표적 석조물인 돌무덤은 축조방법과 형태에 따라 지석묘(고인돌무덤), 석곽묘(돌덧널무덤)과 석관묘(돌널무덤), 적석총(돌무지무덤), 석실묘(돌방무덤), 토광묘(움무덤), 옹관묘(독무덤) 등으로 구분된다.

지석묘는 지역에 따라 조금씩 차이가 있지만, 대체로 크고 평평한 상석(덮개돌)과 이를 받치는 지석(받침돌, 굄돌)으로 이루어진 탁자 모양의 거석(Megalith) 건축으로 청동기시대의 대표적인 유물이며 초기철기시대까지 유지되었다. 거석문화는 인간이 어떤 목적의식을 가지고, 자연석이나 가공한 돌을 이용하여 구조물을 축조하여 종교적 숭배의 대상물이나 무덤, 제사장소로 이용한 것으로서, 일반적으로 선사시대에 속한 기념물이나 거석무덤에 국한하여 통칭하고 있다. 고인돌은 판석이나 덩이돌 밑에 돌을 괴여 지상에 드러나 있는 '괴여 있는 돌', '굄돌' 또는 '고임돌'에서 유래된 것으로 추측된다. 지석묘는 대체로 북유럽에서부터 시베리아, 동남아시아, 요동지방과 길림성, 우리나라 등에 분포하는 범세계적인 무덤으로 여겨지지만, 무덤 이외에도 기념이나 종교적 성격을 지닌 제단이나 공공집회장소, 묘표석으로도 추정되기도 한다. 묘표석은 대구 대봉동 고인돌에서 보이듯이 주로 한반도 남부지역에서 볼 수 있으며 돌널이나 돌덧널로 된 지하매장시설이 여러 개 배치되어 형성된 묘역 가운데에 큰 돌을 설치한 형식으로, 특정 매장시설과 관계된 것이 아니라 하나의 묘역을 표시하는 역할을 한 것으로 짐작된다. 여러 요소들이 복합되어 축조된 지석묘는 여러 요소들이 복합되는데, 묘지 선정에서부터 묘와 묘실의 구축, 부장품의 매장 풍습과 예술성에 이르기까지 당시 문화나 사회상을 반영하며 사후세계에 대한 생사관과 영혼 등 신앙이나 사상적인 측면까지도 이야기해준다.

우리나라에는 호남지방의 2만여 개를 비롯하여 한반도와 만주 일대에 약 4만 개의 고인돌이 집중적으로 나타난다. 고인돌을 구축하기 위해 많은 인력과 지도력이 필요했을 것이므로 당시는 족장사회(Chiefdoms) 체제였을 것으로 여겨진다. 고인돌에는 주검만을 묻는 것이 아니라 민무늬토기, 붉은간토기,[5] 반달돌칼, 비파형동검, 청동도끼 등 다양한 유물이 부장되어 있어 그 시대의 사회상을 파악하는 데 중요한 유적이 된다. 고인돌의 생성에 대해서는 한반도에서 만들어지기 시작했다는 자생설, 해양을 따라 전파되었다는 남방기원설, 시베리아나 만주지방에서 내려왔다는 북방기원설이 있다. 고인돌은 일반적으로 산과 언덕이 가까운 약간 높은 평지와 해안지대, 하천유역의 대지와 낮은 언덕에 많이 세워졌으며, 대체로 한강 유역을 기준으로 크게 북방식, 남방식으로 구별된다. 북방식은 석조 부분이 모두 지상에 노출되어 탁자와 같은 형식이고 남방식은 매장시설의 주요 부분이 땅속으로 감추어지는 형식이다. 또한 지하에 무덤방을 만들고 받침돌 없이 바로 뚜껑돌을 덮은 형태는 개석식이라고 하며 전국적으로 고르게 분포되어 있는데, 뚜껑식, 대석개묘 등으로도 불린다. 위석식은 무덤방이 지상에 있고 덮개돌이 여러 개의 판석으로 둘러싸여 있는 형식으로서 제주도에 많이 있는데, 영산강과 보성강, 낙동강 유역을 중심으로 지상에 드러난 상석의 가장자리를 따라 5~8개를 고이고 지하에 토광을 파거나 따로 매장시설을 갖추지 않은 위석식 형식도 있다. 한편 지석묘는 매장시설의 형식을 기준으로 하여 단석실형과 다석실형, 석실형, 석관형, 석곽형, 토광형 등으로 분류하는 견해들도 있다.

··············
5 토기의 표면에 붉은색 물감을 발라 간(연마한) 토기

① 탁자식 지석묘

탁자식은 다듬어진 판돌로 묘실(무덤방)을 만들고 거대한 판석 모양의 덮개돌을 얹은 탁자모양의 형태로서 한강 이북에 주로 분포되어 북방식이라고도 한다. 황해 은율군 관산리의 1호 고인돌은 높이 2.2m의 얇고 넓적한 돌을 사방에 세워 방처럼 만들고 그 위에 가로 8.75m, 세로 4.5m, 두께 31cm 크기에 무게 40톤의 뚜껑돌을 올려놓은 탁자 모양으로 현존 고인돌 중 가장 아름답고 가장 크다. 강화도에는

그림 2-11 **강화 부근리 지석묘**

산기슭과 구릉, 평지, 산마루 등 다양한 곳에 127기의 고인돌이 흩어져 있다. 강화 부근리 지석묘(그림 2-11)은 남한에서 가장 규모가 큰 것으로, 땅 위에 솟은 높이 2.45m의 고임돌 두 개가 남북 방향으로 나란히 놓이고 그 위에 길이 6.4m, 너비 5.23m, 두께 1.12m, 무게 50톤이나 되는 덮개돌이 얹혀 있다. 덮개돌 아래에 2개의 큰 고임돌을 세워 무덤방 내부가 마치 긴 통로처럼 되어 있다. 황해도 정방산 구릉지대에 수백 기의 고인돌이 분포된 침촌리 고인돌군은 석관(돌널) 또는 석곽(덧널)이 땅속에 묻히고 그 주위에 돌무지가 쌓여 있는 것이 많은데, 원형이나 타원형의 묘역을 돌로 쌓고 그 안에 덧널을 설치한 이른바 침촌리형 고인돌은 춘천 천전리 유적에서도 볼 수 있다. 황해북도 연탄군 오덕산 기슭에 수백 기가 분포된 오덕리 고인돌군은 주검을 넣은 주검곽을 지상에서 4매의 판돌로 짠 탁자식이 대부분이다. 평남 남포 용강읍 후산리 소재의 용강 석천산 고인돌군은 약 150여 기의 고인돌이 분포되어 있는데 탁자식과 기반식이 함께 섞여 있다.

② 기반식 지석묘

기반식은 묘실(무덤방)을 판돌이나 깬돌, 자연석 등으로 지하에 만들고 받침돌을 놓은 후 커다란 덮개돌을 얹어 바둑판 모양을 이룬 형태로서 주로 한강 이남에 분포하여 남방식 이라고도 한다(그림 2-12). 지상에 큰 자연석을 올려 놓는 남방식 고인돌은 전국에 걸쳐 널리 분포되지만 경상도와 전라도 등 한반도 남쪽에 아주 큰 규모가 남아 있다. 전북 고창의 고인돌은 산기슭을 따라 447기가 약 1.8km 이어지는데, 탁자식과 기반식, 개석식 등 각종

형식과 다양한 크기의 고인돌이 모여 있다. 고창 상갑리(그림 2-13)에서 규모가 가장 큰 고인돌은 상석이 장변 6.5m, 단변 5.3m, 두께 2m가 되며, 용계리의 고인돌 중에는 높이 4m, 길이 5.5m, 폭 4.5m, 무게 150톤에 이르는 초대형도 있다. 전남 화순군에도 약 5km에 걸쳐 탁자식과 기반식, 개석식 등 다양한 고인돌 597기가 집중되어 있는데, 100톤 이상 되는 고인돌도 수십 기이고 핑매바위라는 고인돌은 길이 7.3m, 폭 5m, 두께 4m, 무게 280톤에 이르는 거대한 규모이다(그림 2-14).

그림 2-12 **전북 부안 구암리 고인돌**
그림 2-13 **고창 상갑리 고인돌**
그림 2-14 **화순 핑매바위**

(3) 적석총, 토광묘, 석관묘

적석총(돌무지무덤)은 일정한 지면이나 구덩이에 시체를 넣은 돌널 위에 봉토를 덮지 않고 돌만으로 쌓아올린 무덤이다. 유적으로는 요동반도 일대의 장군산, 노철산, 우가촌 타두무덤, 옹진 시도, 통영 연대도와 욕지도, 제천 양평리, 춘천 천전동, 제주 용담동 돌무지무덤 등이 있다. 춘천 천전동의 경우는 중심부에 2, 3개의 석곽이나 석관을 두고 커다란 석괴를 덮은 형식이고, 장군산 적석총의 묘역 안에는 모두 9기의 무덤이 있다.

토광묘(널무덤)는 지하에 길이 3m, 넓이 1m 정도의 토광(구덩이)을 파고 별다른 시설을 하지 않고 직접 주검을 묻은 형식이다. 이 토광묘는 머리쪽이 넓고 아래가 좁은 긴 네모 모양으로서, 단장하거나 부부를 합장하였으며, 동검과 구리창, 철기 등이 함께 출토되었다. 평면은 원형, 타원형, 사각형이 있으며, 경주 조양동과 구정동, 김해 예안리, 평양 태성리, 황주군 흑교리, 평남 강서군 대성리, 황해도 은율군 운성리 등지에 분포되어 있다.

그림 2-15 **청동기시대의 돌널무덤(부여 송국리)**

석관묘(돌널무덤)는 구덩이를 파고 평평한 깬돌(할석)이나 판돌(판석), 괴석을 써서 상자 모양으로 관을 만들어 주검을 묻는 청동기시대의 무덤으로서, 상자식 돌널무덤(석상분)이라고도 한다. 석관묘는 벽석을 1매(압록강 유역의 강계시 풍룡리 돌널무덤) 혹은 여러 매의 판석(강계시 공귀리, 부여 송국리 돌무덤)으로 이루어졌다. 고인돌보다 앞선 시대에 나타나며, 청동기시대 거의 전 기간, 전 지역에 걸쳐 분포하였는데, 대동강 유역에 집중적으로 분포되며 무산 호곡동, 강계군 풍룡동과 공귀리, 황해도 대아리, 선암리, 부여 송국리(그림 2-15), 김해 회현동, 서흥 천곡리, 춘성 대곡리, 단양 안동리, 영덕군 사천리, 사리원 상매리 등에서 청동 유물이 출토되었다. 석곽묘(돌덧널무덤)는 무덤구덩이에 판돌이 아니라 깬돌을 쌓아 덧널을 만든 것으로서 무덤구덩이 안에 돌무지를 쌓은 예도 있다. 황해도 신계군 정봉리, 충남 아산군 남성리, 대전 괴정동 등에서 발견된 돌덧널무덤은 구조적인 특징에 따라 돌덧널로 분류된다.

4) 초기철기시대의 건축

(1) 초기철기시대의 건축

초기철기시대는 대규모 농경이 시작되고 생산력이 증대되며 계급의 분화에 따라 강력한 힘을 가진 집단이 대두되며 국가형태가 이루어지고 방어를 위한 토성, 정주생활을 위한 취락과 주거 등 건축도 한층 발전되게 된다. 초기철기시대는 고대국가로 이행하는 단계로서 계급분화에 따른 새로운 건물과 방어시설이 강화되었으며, 궁궐과 같은 큰 건물은 지상건물로서 간단한 형태의 공포 등이 사용되었을 것이나 일반의 주거는 수혈주거가 그대로 이용되었을 것으로 추정된다. 부족국가 또는 읍성국가가 형성되면서 방어를 위해 구축된 목책이나 토성은 평남 온천군 어을동 토성, 황해도 은율 운성리 토성, 황해도 신천 청산리토성, 함경남도 금야 소라리 토성 등에서 흔적을 볼 수 있다. 이들 토성들은 약간 둔덕진 곳으로 약 400~500m 둘레의 사각형 모습이며, 도끼나 끌 등 목재 가공 연장 외에 많은 철제 유물들이 출토되었다. 철기를 생활용구로 이용하면서 농업생산이 더 늘어가고 대규모 정주생활을 위한 집단취락은 하안의 충적평야 주위에 형성되었는데, 전남 승주 대곡리 취락유적에서는 보성강 하안에 청동기시대의 원형주거지 20기, 초기철기시대의 말각방형 주거지 50기, 원삼국시대 주거지 81기 등이 발굴되었다. 전남 승주 낙수리 취락유적(그림 2-16)에서는 보성강 하안의 낮은 구릉면에 15개의 주거지가, 함남 무산군 범의구석 유적에서는 100기 이상의 주거지 집단이 발굴되었다.

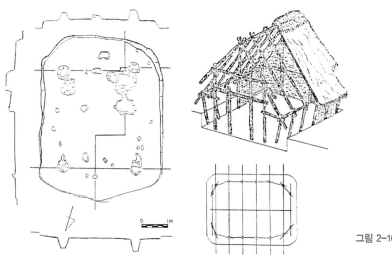

그림 2-16 전남 승주 낙수리 2호
주거지와 반움집 복원도

초기철기시대의 주거유적은 청동기시대에 비해 그 수가 적지만, 춘천 중도, 영변 세죽리, 수원 서촌동, 서울 석촌동, 강원도 양양 하평리, 횡성 둔내, 김해 부원동, 오동 유적, 범의구석 유적 등에서 확인된다. 청동기시대를 거쳐 초기철기시대로 가면서 생활이 점점 복잡, 다양해지면서 주거건축은 그 모습이나 가구방법이 발전되어 갔다. 청동기시대의 주거는 대부분 수혈주거였지만 말기에 일부 지역에서 원시적이지만 지상주거, 귀틀집, 고상식 주거 등이 나타나기 시작하였을 것으로 짐작되며, 초기철기시대에는 수혈주거가 사용되는 한편 지붕이 땅에서 떨어져 기둥이 지붕을 지탱하는 구조로 변화되면서 지상주거인 귀틀집과 고상주거 등 주거형태가 다양화되며 기와와 전돌, 두공 등 새로운 재료와 기법이 채택되기 시작된 것으로 보인다. 이 시기에 지배계급에서는 중국 한나라의 더 발달된 목조건축양식의 영향으로 궁실건축이 이루어지기도 하였는데, 지배계급의 건축물은 지상건물로 간단한 공포 등을 사용했을 것으로 여겨진다.

초기철기시대의 수혈주거는 이전 시대와 비슷하게 10~20m² 내외의 직사각형 평면이고 수혈 깊이가 20~30cm 정도로 낮아져 지상주거로의 모습을 보이며 바닥에는 배수로가 설치되기도 했으며, 구들의 원형이라고 생각되는 터널형 화덕이 출현하기도 하였다.[6] 점차 규모가 커지고 공간분화가 이루어지면서 실내 구조가 복잡해지고 지붕이 땅에서 떨어지는 반움집 형태가 나타났고, 수혈주거에서 지상주거로 변화함에 따라서 기둥이나 보, 도리를 갖춘 구조를 이루었고 잔나뭇가지와 풀 등으로 덮은 지붕은 맞배지붕이나 우진각지붕 형식으로 추정된다. 공간분화가 발생되면서 여자는 안쪽 깊은 곳을 차지하고 중간은 작업공간, 입구 쪽은 남성의 공간이나 야외 생활도구 보관의 공간으로 사용되었을 것으로 짐작된다. 구조적으로 보면 2열의 기둥이 있어 맞배지붕 또는 우진각지붕으로 생각되는 경우(영변 세죽리 1호 주거지)와 3열의 기둥에 맞배지붕을 하는 경우(승주 낙수리 9-1호 주거지), 원형 평면의 모임지붕의 경우(가평군 이곡리 주거지)로 그 모습을 추정할 수 있다.

고상식 주거는 집의 바닥이 높게 만들어진 누각이나 원두막과 같은 주거로서, 고구려의 마선구 1호분 벽화나 신라시대 가형토기에서 볼 수 있으며 건물의 유구는 김해지방과 영암 지방에서 발견되었다. 귀틀집은 통나무를 우물정자 형태로 쌓고 그 사이의 틈에 진흙으로 메워 벽체를 만든 집이며, 『후한서』 동이전 부여국조, 『삼국지』 위지 동이전 변진조에 나타나는 용어로서 나무를 횡으로 쌓아 감옥과 유사하게 보였다고 하는 뇌옥이 이에 해당된다고 여겨진다. 초기철기시대에 철제 도구를 사용하게 되면서 집 짓는 건축기술은 매우 발전하게 되었는데, 부여족 사이에는 한나라 시대에 시작된 기와나 벽돌을 사용하고 나무를 연결하고 짜 맞추는 새로운 건축기법을 받아들이기 시작하였다. 석기시대에는 돌을 다듬을 수 없었으나 철을 사용하게 됨으로써 돌과 나무를 다듬는 일이 훨씬 수월하게 되었고 그에 따라 건축기술이 향상되었다. 철제 도구의 발달로 홈, 촉 등의 발전된 구조기법을 사용하였으며, 수원 서둔동 유적, 전남 승주 낙수리 6호 유적에서 보이듯이 톱을 사용하여 각재를 만들어 구조재인 보와 도리에 사용하기도 하며 판재의 사용이 시작되었다.

(2) 문헌에 나타난 주거

초기철기시대의 건축은 유적과 발굴, 그림 등을 통해 그 모습을 살펴보는 것 외에 고문헌의 기록 등을 통해서도 확인할 수 있다. 수혈주거와 반움집, 귀틀집, 고상식 등 다양한 주거형태는 중국의 기록을 통해 살펴볼 수 있다. 중국의 『후한서』 동이전 읍루조에 보면

....
6 장경호, 「우리나라 난방시설인 온돌 형성에 관한 연구」, 고고미술 16, 한국미술사학회, 1985.

"군장이 없고 각 마을마다 대인이 질서를 유지하였으며 이곳 사람들은 산림 간에 살았는데, 기후가 매우 추워 보통 움집을 짓고 산다. 움집의 깊이가 깊을수록 귀하게 생각했고 큰 집은 아홉 단의 사다리(약 1.5~1.8m)를 내려간다. 사람은 냄새가 나고 불결하였으며 변소는 집들이 둘러있는 중앙에 만들었다."라고 적혀 있다. 즉, 읍루족의 주거는 당시 일반적인 수혈(움집)이고 그 깊이에 따라 신분의 귀한 정도가 구분되었다는 것이다. 읍루족과 같은 북쪽의 추운 지방에서는 혈거(움집)가 깊을수록 귀했으나 남쪽의 따뜻한 지방으로 내려올수록 혈거의 깊이는 얕아서 전남 영암 장천리의 유구에서는 깊이가 15~30cm 정도였다. 또한 읍루족에 대해서『진서』숙신씨조에 읍루족이 "여름에 소거하고 겨울에 혈거한다."라고 기록되고 있다. 한강 이남에 자리 잡은 마한, 진한, 변한의 삼한을 총칭하는 동이전 한조에는 "읍락에 잡거하며 성곽이 없다. 토실을 짓고 사는데 그 모습이 흡사 무덤과 같고 창호가 위에 설치되어 있다(無城郭 作土室 形如塚 開戶在上)."라는 기록이 남아 있는 것으로 보아 당시에도 움집이 여전히 사용되고 있었음을 알 수 있다. 여기에서 토실은 반지하식 구덩이로 된 수혈식 주거 또는 지상가옥의 토실로서, 지면에 세운 기둥을 이용하여 원추형의 지붕과 연결되어 있는 모습일 것으로 짐작된다. 이 움집들은 지하를 깊게 파고 기둥을 세워 도리와 보를 걸치고 서까래를 지면으로부터 걸쳐 지붕을 짜고 잔나뭇가지와 풀, 흙 등으로 덮은 수혈주거로서, 나중에는 규모가 커지고 공간분화가 이루어지면서 지붕이 땅에서 떨어지는 반움집, 지상주거로 발전되었다. 이러한 사실은 "거처작초옥토실 형여총기호재상 거가공재중(居處作草屋土室 形如塚其戶在上 擧家共在中)"라는『삼국지』,『후한서』의 기록에서 확인할 수 있는데, 이것은 거주장소를 초옥토실로 만들었는데 그 모습이 둥근 봉분과 같으며 그 속에서 온 가족이 거주한다는 뜻이다.

『후한서』동이전 부여국조에는 "목책을 둥글게 쌓아 성을 만들고 궁실과 창고, 감옥이 있었다(以員柵爲城有宮室倉庫牢獄)."라고 기록되어 있어, 중국의 동북부 지방에 위세를 떨친 부족국가로 후에 고구려를 건축한 기간 세력이 된 부여국의 건축을 말해준다. 부여국에 성이 만들어지고, 왕궁건물이나 지배세력의 주택으로 여겨지는 발전된 궁실건축이 세워졌으며, 고구려에서 발견된 작은 규모의 부경과 같은 창고가 만들어졌음을 알 수 있다.

누목식 주거의 귀틀집은 통나무를 정(井)자처럼 짜서 벽체를 만드는데, 서로 엇물리는 부분은 틈이 나지 않도록 잘 물리게 안팎의 벽면을 진흙으로 발라 바람을 막았다. 고구려의 고분벽화에도 귀틀집의 모습이 그려져 있는 것으로 보아 오래전부터 사용하였음을 알 수 있고, 또한『삼국지』위지 동이전 변진조에 보면 "집은 나무를 뉘어 쌓아 만들어 마치 감옥과 흡사한 모습이다(作屋橫累木爲之有似宇獄也)."라고 귀틀집 가구를 설명하고 있다.

고상식 주거는 집의 바닥이 높게 만들어진 누각이나 원두막과 같은 주거로서, 『진서』 숙신씨조에 "숙신 사람들을 일명 읍루(挹婁)라고도 하며… 깊은 산과 계곡에 살고 길이 험하여 차마가 통하지 못하고, 여름에는 소거하고 겨울에는 혈거한다(居深山窮谷 其路險阻 車馬不通 夏則巢居 冬則穴居)."라는 기록으로 보아서, 계절에 따라서 겨울에는 수혈주거, 여름에는 소거주거로 바꾸어 생활했음을 알 수 있으며, 소거는 높은 곳에 생활면을 시설한 고상주거의 뜻으로 해석되고 있다. 고상식 주거는 김해 부원동 유적이나 영암 장천리 유적 등에서 발견되었고, 고구려 마선구 1호분 벽화에서도 보이며 또, 신라의 가형토기 중에도 고상식 주거형태를 가지는 가형토기가 여러 개 나와서 그 역사가 오래됨을 알 수 있다. 이 가형토기에 보이는 주거 형식은 4~9개의 높은 기둥 위에 마루를 깔고 그 위에 벽체를 만들고 상부에는 맞배지붕을 한 형태를 하고 있다. 한편 이 시대에는 마을을 상황에 따라 이동하기도 하였는데, "다소기휘질병사 첩손기구택 갱조신거(多所忌諱疾病死 輒損棄舊宅 更造新居)"라는 『후한서』 예조의 기록은 사람이 질병으로 죽으면 살던 집을 버리고 새집을 축조하여 살았다는 뜻으로 영혼의 불멸을 믿으며 재앙을 물리치고 복을 기원하는 취지에서 위생상태가 나빠진 옛집을 버리고 새집을 지었을 것으로 추측하게 해준다.

(3) 초기철기시대의 분묘

초기철기시대의 무덤으로는 석곽무덤(돌덧널무덤), 토광목관묘(널무덤), 토광목곽묘(덧널무덤), 전축분(벽돌무덤), 옹관묘(독무덤) 등이 대표적이며 일부지역에서는 청동기시대에 나타난 고인돌이 계속 축조되었다. 석곽무덤은 청동기시대의 석관묘(돌널무덤)의 전통이 이어지는 것으로, 지하에 구덩이를 파고 벽과 바닥, 뚜껑돌을 사용해 상자모양으로 만들어 매장하는 형식으로 돌상자무덤이라고도 하며, 압록강 유역의 강계 풍룡리와 공귀리 유적, 대전 괴정동, 아산 남성리, 부여 송국리, 공주 산의리와 분강리, 서천 오석리, 김해 회현리 유적이 대표적이다. 토광목관묘는 구덩이에 덧널과 부장품을 넣고 매장하는 방식으로서 B.C. 1세기 전후에 한반도에 성행하기 시작하였으며, 강서 태성리 유적, 대동강 유역의 부조예군묘(정백동 1호분)와 낙동강 유역의 의창 다호리 1호 무덤이 대

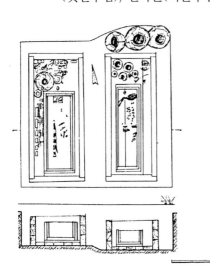

그림 2-17 **초기철기시대의 토광목곽묘**

표적 유적이다. 토광목곽묘(그림 2-17)는 직사각형의 토광을 판 후에 각재로 상자 모양의 목곽을 짜고 그 내부에 관과 부장품을 안치하고 봉토를 2~3m 높이로 덮는 형식으로서 단독 또는 부부를 함께 묻기도 하였으며, 평양 정백동 3호 무덤이 대표적 유적이다. 경주시 조양동 유적의 토광목곽묘는 신라의 적석목곽분(돌무지덧널무덤)으로 넘어가는 과도기 형식이다. 전곽분은 수혈을 파고 바닥에 전돌을 두겹으로 깔아 묘곽으로 삼고 그 위에 벽체를 쌓아 올린 횡혈식 분묘이다. 옹관묘는 크고 작은 항아리를 2, 3개 옆으로 맞대어 무덤으로 사용한 것으로서, 평남 강서군 태성리, 충남 공주 남산리, 전남 광산군 신창리, 삼천포 늑도, 김해 회현리 패총 등이 대표적 유적이다.

2.2 고구려의 문화와 건축

한국의 고대는 대략 B.C. 1세기부터 900년까지의 시기로, 고구려와 백제, 신라가 활동한 삼국시대, 통일신라 및 발해가 세워진 남북국시대, 그리고 후삼국시대가 해당된다. 원삼국 시대의 크고 작은 읍성국가들이 병합되어 발전된 고구려, 백제, 신라, 가야는 각기 고유의 건국신화를 가지고 있으며 대체로 B.C. 1세기 무렵부터 주변의 소국을 흡수하여 강대해졌다. 철기문화가 널리 보급되면서 정복전쟁이 활발해지고 농업경제가 발달되며 사회분화가 분명해져감에 따라서 왕권을 장악한 지배자는 중앙집권적 체제를 강화하고, 정복전쟁으로 영역을 확장시켜갔는데, 부여를 병합한 고구려, 백제, 신라만이 발전을 거듭해 고대국가의 체제를 갖추게 되었다. 이들 고대국가는 초기읍성국가가 발전된 형태로서 왕권이 강화되고 중앙집권적인 정치체제가 마련된 반면, 이전의 군장들은 독립성을 잃어버리고 중앙관료로 포함되었다.

강력한 왕권과 정치력을 바탕으로 정복사업을 전개해 영토를 넓혀간 고대국가들 가운데, 고구려는 1세기 후반 태조왕 때, 백제는 3세기 중엽의 고이왕 때, 신라는 4세기 후반의 내물왕 때 각각 국가체제를 정비하고 고대국가의 틀을 갖추었다. 이들 삼국은 영토와 정권의 성장을 기반으로 서로 충돌하거나 협력하면서 경쟁적으로 발전하였다. 삼국이 경쟁하는 가운데 고구려는 가장 일찍 국가체제를 정비하고 한나라 등 중국과의 싸움을 통해 국력을 축적하며 제일 먼저 주도권을 장악하였다. 고구려는 4세기 말부터 5세기에 걸쳐 광개토왕과 장수왕 시대의 전성기에 북쪽으로 요동과 만주를 차지하고 남쪽으로 죽령, 조령 일대로 부터 남양만에 이르는 대제국을 건설하였다. 백제는 4세기 후반의 근초고왕 때 영토를 크게 확장하고 고구려와 대결하기도 하였으나 고구려의 남하정책에 밀려 웅진(지금의 공주)으로 천도하면서 국력이 위축되었다. 뒤늦게 국가체제를 갖춘 신라는 5세기 초부터 자주적으로 발전하기 시작함으로써 한반도에는 5세기경 강성한 고구려를 두고 백제와 신라가 대항하는 형세가 유지되었다.

6세기에 들어서면 삼국 사이의 세력관계가 변화되었는데, 지증왕~진흥왕을 거치면서 비약적으로 발전한 신라와 무령왕과 성왕 때에 중흥을 이룬 백제, 두 나라가 고구려를 공격해 한강 유역을 점령하였고, 이후 신라는 한강 유역을 독차지함으로써 풍부한 자원을 획득하고 황해를 통해 중국과 직접 외교관계를 맺을 수 있게 되었다. 6세기 후반에 수나라와 당나라의 거듭된 침략으로 고구려는 국력이 소모되었고 신라와 당의 연합이 강화됨으로써 결국 나당연합군에 의해 백제와 고구려가 차례로 멸망하였고, 신라는 삼국통일(676)을 완수하였는데, 이로써 이제까지 혈통과 언어, 문화를 같이하면서도 서로 다른 국가체제 속에 들어가 있던 우리 민족이 하나로 통합되는 민족국가가 이루어지게 되었다.

삼국시대는 중국과 직접 또는 간접으로 교류하여 발달된 문화를 도입하며 고구려와 백제, 신라가 각각 그들의 고유한 문화와 조화시키면서 개성 있는 문화를 이루었다. 삼국시대는 본격적인 문화와 예술 활동이 시작되는 시기로서, 유교와 불교, 도교의 삼교가 전래되어 큰 영향을 끼치게 되었다. 특히 불교와 도교가 미술에 크게 영향을 미치게 되었는데, 불교 도입(고구려, 372) 이후 불교의 발전과 함께 사상적 내용이 풍부해지고 기술이 고도화됨에 따라 높은 수준의 작품들이 만들어지게 되었다. 서로 다른 특성을 지닌 삼국시대는 실질적으로 한국예술이 시작된 시기이자 한국건축문화의 개화기라 할 수 있으며 중국과의 교류에 의해 발달된 건축기법과 건축자재를 사용하였다.

1. 고구려의 역사와 문화

1) 고구려의 역사

B.C. 1세기경 삼국 중 가장 먼저 건국된 고구려(高句麗, B.C. 37~A.D. 668)는 한반도 북부와 만주 일대를 지배한 강대국으로서, B.C. 37년 주몽이 압록강 지류인 동가강 유역에 건국함으로써 성립되었다. 고구려는 1세기 태조왕 대에 들어서 압록강 유역을 중심으로 여러 부족을 통합하여 중앙집권국가의 기틀을 마련하였고, 4세기 초 미천왕 대에는 낙랑군을 축출하고 대동강 유역으로 진출하였으며, 소수림왕 대에 들어서 태학을 설립하고 불교를 국가적으로 공인하고 율령을 제정함으로써 중앙집권국가를 완성시켰다.

고구려는 5세기에 전성기를 맞이하게 되는데, 광개토대왕은 남쪽으로 임진강과 한강까지 확장시켰고 신라를 도와서 왜구를 격퇴하였다. 그의 아들인 장수왕은 중국의 남북조와 교류하였고 427년 남하정책의 일환으로 수도를 국내성에서 넓은 평야가 있는 평양으로 천도하여 중앙집권적 정치기구를 정비하였다. 5세기에 고구려는 그 영토가 북쪽으로 쑹화강[松花江], 남쪽으로 아산만과 죽령에 이르는 선, 동쪽으로 동해안, 서쪽으로 랴오허 강까지 이르게 되었다.

그러나 6세기 중반에 들어서면 고구려는 내우외환에 시달리며 국력이 크게 쇠약해졌는데, 신라의 진흥왕은 지금의 함경도 지역 일부까지 진출해 고구려를 압박하였고, 중국에 새로 들어선 수나라(581~618)는 고구려를 4차례에 걸쳐 침공하였다. 수나라와의 전쟁에서 고구려는 612년 을지문덕 장군이 이끈 살수대첩과 같은 전투에서 승리함으로써 침공을 막아낼 수 있었던 반면, 수나라는 고구려와의 오랜 전쟁으로 인한 국력 낭비와 내란으로 멸망하게 되었다. 곧이어 중국을 통일한 당나라의 태종이 연개소문의 대당 강경책을 구실로 고구려를 침입하였으나 안시성에서 양만춘이 물리쳤다. 이후 고구려는 국력이 매우 쇠퇴해졌는데, 특히 연개소문의 죽음 이후 지배층이 분열되어 정치 상황이 어지러워지고 민심이 혼란해졌으며, 마침내 668년 나당연합군이 공격하여 멸망되었다.

2) 고구려의 문화와 예술

19대 광개토대왕 시대에 만주 통구 지방을 중심으로 강력한 국가를 형성한 고구려의 문화는 만주 지방의 광대한 풍토와 외세의 영향으로 형성된 늠름하고 용맹스러운 기상이 반영되어 힘과 정열이 넘쳤다. 만주에서 일어난 고구려는 그 위치상 중국 화북의 영향을 크게 받았으며, 북방 유목민이 갖는 무예를 숭상하며 예리하며 역동적인 성격을 지니고 있다. 고구려는 터전으로 삼은 곳이 산간지역으로 식량생산이 충분하지 못하여서 일찍부터 대외 정복 활동에 눈을 돌렸고 사회 기풍도 씩씩하였다. 고구려인들은 검소, 청결하고 씩씩하며 진취적인 성격으로서 절을 할 때에도 한쪽 다리를 꿇고 다른 쪽은 펴서 몸을 일으키기 쉬운 자세를 취하였고, 걸을 때도 뛰는 듯이 행동을 빨리 하였다고 한다. 고구려의 문예는 이러한 민족성을 반영하여 장엄하고 힘차며 견실하였고 규모가 컸다. 고구려의 예술들은 활기찬 움직임과 웅혼한 기상, 풍부한 상상력의 아름다움이 뛰어난데, 이러한 강건하고 동적인 성격은 고구려의 옛 수도였던 국내성과 평양성 부근에 있는 고분, 절터와 궁궐터의 유적, 불교 조각, 금속공예, 토기와 철기, 와당문, 고분벽화의 선과 관형장식구(冠形裝飾具)

의 투각문 등에서 잘 나타난다.

고구려는 고유의 문화에 중국 남북조의 문화뿐 아니라 서역 및 남시베리아 문화와 같은 다른 지역의 문화를 섭취하고 발전시켜 나갔다. 고구려에는 소수림왕 때인 372년에 불교가 전래되고 373년에는 율령이 반포되었으며, 최초의 국립대학격인 태학이 372년에 설립되고 5세기 초에 경당이란 사립학교가 세워졌다. 4세기의 불교 도입과 함께 전래된 중국 북방과 서역 지방의 문화는 고구려 문화 발전에 많은 영향을 끼쳤으며, 불교문화는 건축과 조각, 회화, 공예 등의 종합예술로서 지대한 영향을 미쳤다. 고구려인은 강대한 국력, 발전된 경제력에 기초하여 방대한 규모, 독창적이고 정연한 문화를 형성하였다. 강력한 제국을 방어하며 통치하기 위한 도처의 성곽과 궁궐, 사묘, 고분 등은 고구려 건축의 방대함과 장엄함, 화려함을 잘 말해준다. 고구려인들은 발달된 천문학과 수학을 건축에 적용하며 역학관계를 고려하여 부재를 사용하여서 아름다운 비례와 정연한 구도의 공간과 형태를 만들어 내었으며, 앞선 건축기술을 백제와 신라, 가야, 그리고 일본에까지 전하여 주었다. 고구려 고분과 도성, 궁궐의 조영에 사용된 척도는 고려척(일명 동위척. 1척은 350mm 내외)인데, 백제와 신라 초기의 건물은 모두 역시 이 척도를 사용하였다.

고구려의 건축유적으로는 현재 성곽과 궁궐, 사찰의 건물지, 고분 등이 대부분 수도였던 통구와 평양 부근에 남아 있으며, 이들과 건물지에서 발굴된 기와와 전돌, 초석, 고분벽화의 건축도와 구조장식, 문헌기록 등을 통해 당시 건축을 추정할 수 있다. 고구려의 고분에는 적석총(돌무지무덤)과 횡혈식 토총(굴식 돌방무덤)이 있는데, 초기에는 주로 적석총이 만들

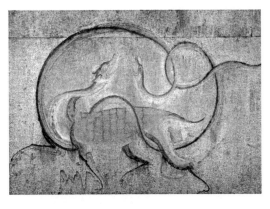
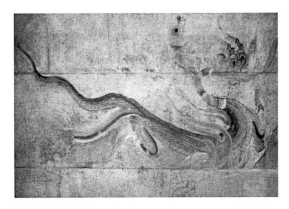

그림 2-18 평남 강서대묘의 현무도
그림 2-19 평남 강서대묘의 청룡도

어졌으나 점차 횡혈식 토총이 주류를 이루었다.
적석총의 대표적인 장군총은 계단식으로 화강암
을 7층으로 쌓아올렸고, 횡혈식 토총은 흙으로 덮
은 봉토 내부에 굴식 돌방이 있는 것으로 쌍영총,
무용총 등이 대표적이다. 횡혈식 토총의 내부에는
벽화가 있기도 하여 당시의 사회와 문화를 이해하
는데 중요한 자료가 되고 있으며, 그림의 주제는
주로 영생사상이 반영되어 묘주의 생활기록이 가
장 많다. 또한 고분벽화에는 풍속도, 수렵도 등이
그려져 있어 고구려인의 강건하고 용맹한 기질의

그림 2-20 **길림성 집안 무용총 수렵도**

생활 모습을 엿볼 수 있다(그림 2-18, 19). 특히 길림성 집안 무용총의 수렵도는 선이 굵고
강직하며 힘 있게 다루어 대담하고 용맹한 고구려인의 대륙적 기상을 보여준다(그림 2-20).

　고구려인들은 중국의 한나라 시대, 위진 시대의 회화예술에서 영향을 받아 고유의 회화
예술의 기교를 결합하여 독특하고 유일한 회화예술을 창조하였다. 고구려의 회화예술은
많은 무덤벽화에 나타나 있으며, 그 회화의 품격과 색채에는 고구려 민족의 고유한 특성이
잘 표현되어 있다. 무용총과 수렵총 등의 초기 벽화는 고졸하지만 감신총 등 중기의 그림은
섬세하며 사실적(寫實的)이고, 사신총 등 후기 벽화는 웅대하며 건실하다. 또한 고구려 예술
의 특색은 연가칠년명금동여래입상(延嘉七年銘金銅如來立像)을 비롯하여 불상들의 옷자락이
나 화염문 등에도 잘 나타나 있는데, 연가칠년명금동여래입상은 두꺼운 법의를 입어 몸이
전혀 나타나지 않으며, 신비하면서도 은은한 미소를 띠고 있다. 공예는 통구와 평양 지방에
서 나온 기와와 벽돌에 새겨진 장식무늬에서 힘찬 고구려인의 기상과 솜씨를 알 수 있다.

2. 고구려의 건축

　고구려는 건국 초부터 발달된 기법과 자재로 된 새로운 건축을 만들어갔다. 고구려의
건축에 대해서는 고분벽화에 그려진 성곽이나 전각, 주택의 부속건물의 그림, 석주와 두공
등을 모방한 것과 기둥 등 세부를 나타낸 그림, 사찰이나 궁궐 등의 건축유적, 약간의 문헌
자료 등이 있어 당시의 발달된 건축모습을 살펴볼 수 있다.

고대국가를 수립한 통치계급은 여러 종족들을 통치하기 위해 도성과 궁궐을 구축하였고, 사회경제의 발전과 민족 간의 교류가 강화되는 것에 맞추어 거주용 건축물과 사우, 사찰 등 여러 건축물에서 독특한 특성을 드러내는 건축양식을 창출함으로써 수준 높은 기술과 예술의 경지에 이를 수 있었다. 고구려의 건축은 그들의 민족성과 기술수준을 반영할 뿐만 아니라 고구려 문화의 발전수준을 나타내준다. 고주몽이 B.C. 37년 등극하기 이전에 동부여에서 살던 집은 주춧돌을 일곱 모로 다듬고 소나무기둥을 세운 구조였고, 뒤에 그의 아들이 이 주춧돌 밑에서 신표를 얻어 임금으로 등극하게 되었다는 『삼국사기』 기록에서부터 보면, 고구려의 수학적 응용 능력과 건축기술은 돌을 다듬어 일곱 모를 접을 수 있는 수준으로 뛰어났었다고 할 수 있다.

그림 2-21 평양 안학궁 복원 모형

현재까지 고구려의 건축은 궁전, 성곽, 사원, 분묘건축, 주택 등이 알려져 있다. 도성으로는 국내성과 환도성, 장안성 등이 있으며 산성으로는 집안의 산성자산성, 평양의 대성산성, 평남 순천군의 자모산성, 남포시 용강의 황룡산성, 평북 태천의 농오리산성 등이 알려져 있다. 궁궐건축은 평양 시내의 안학궁지의 발굴조사에 따르면 대지의 한 변의 길이가 1km가량 되는 마름모꼴이고 58채의 건물로 이루어졌다 (그림 2-21). 사찰건축은 불교가 도입된 소수림왕 2년(372) 이후 성문사 등 많은 사찰이 창건되었으며, 발굴 조사된 금강사지(평양 청암리 절터), 정릉사지 등에서 보아 전형적인 가람배치는 탑을 중심으로 3곳에 금당을 배치하는 일탑삼금당식으로 추정된다. 고구려 건축은 삼실총과 쌍영총 같이 성곽 그림이나 전각도가 있는 고분의 벽화를 통해 보면 당시의 목조건축이 근세의 건축과 기본적으로 비슷함을 알 수 있다. 문헌에 따르면 "고구려인의 거주는 산과 계곡에 의지하고 모두 띠풀로 지붕을 하며, 오로지 사원, 신묘 및 왕궁, 관청에만 기와를 사용한다. 그 사회에는 가난한 사람들이 많은데 겨울이 되면 모두 긴 구들을 놓고 아래에 불을 지펴 따스한 기운을 얻는다."라고 기록되어 있어, 고구려 통치계급과 백성들의 주택이 등급에 의해 크기나 형태가 규정되었음을 확인할 수 있다. 건축의 지붕 부재인 고구려의 와당은 대개 불교와 관계되는 연판(蓮瓣) 계통이 많으며, 붉은 기운을 띤 것이 대부분이고 무늬는 연화문과 인동문, 귀면문, 와문(渦紋) 등으로 선이 예리하고 음양이 명료하다.

2.3 백제의 문화와 건축

1. 백제의 역사와 문화

1) 백제의 역사

백제(百濟, B.C. 18~A.D. 660)는 고구려 주몽의 아들 온조를 시조로 하는 작은 부족국가를 기반으로 한강 유역에서 발전하여 이룩한 국가인데, 철기문화를 바탕으로 한 북방 이주민으로서 고구려와 같은 뿌리의 종족으로 인식되고 있다. 백제는 고구려 및 신라와 더불어 각국 사이에 정치와 경제, 지역적인 환경의 차이, 대외관계 등에 따라 견제하거나 영향을 주고받으며 독자적인 문화와 예술을 형성시켰다. 백제시대는 왕도의 천도에 따라 한성시대(B.C. 18~475), 웅진시대(475~538), 사비시대(538~663)로 구분된다.

한성시대는 초기의 약 500년간 한강 유역을 중심으로 발달하였던 시기로서, 고구려적인 성격을 지니며 불교가 전래되어 새로운 문화의 기틀이 형성되었다. 백제는 B.C. 18년에 부여족 계통인 온조에 의해 한강 유역의 하남 위례성에 도읍하여 건국되었으며, 온조왕 13년(B.C. 6)에 한산 밑으로 천도하였고, 3세기 고이왕 때 한강 유역을 통합하고 율령을 반포하며 고대국가의 체제를 갖추는 정치적 발전을 보였으며, 근초고왕 26년(371) 때 한산성으로 이도하여 충청도, 전라도 지역으로 세력을 확장해나갔다. 백제는 4세기 근초고왕 때 황해도 일부 지역에 진출하고 전라도 지역의 마한의 잔존 세력을 병합함으로써 전성기를 이루었는데, 중앙집권적인 귀족국가의 체제를 정비하고 밖으로 마한을 완전히 복속시키고 중국의 동진, 왜와 통하면서 국제적 지위를 확고히 하였다. 384년 침류왕 대에는 불교를 받아들여 새로운 관념체계와 불교문화를 새롭게 발전시켰다.

웅진시대(475~538)는 고구려의 남하정책으로 475년 한성이 함락되고 세력이 위축되면서 침체에 빠져 문주왕 1년(475) 웅진으로 천도했던 시기로, 초기에는 지방호족과의 다툼으로 혼란하였으나 곧 정권을 정비하고 불교를 발전시키는 한편 중국 양나라와의 문물을 교류하여 도약의 기반을 다졌고 무령왕 때부터 중흥되기 시작하였다. 사비시대는 백제가 웅비하려던 시기로서, 성왕은 나라를 중흥시키고자 성왕 16년(538)에 소부리, 즉 사비(현재의 부여)로 천도하며 불교를 장려하고 양나라와 교류를 통해 새로운 문물을 흡수하였으며 일본에까지 불경과 불상 등을 보내어 불교를 전하였다. 성왕은 신라와 동맹을 맺고 고구려를 협공하여 한강 유역을 되찾았으나 신라에게 땅을 다시 뺏기고 관산성에서 전사했다. 그 후 백제의 무왕과 의자왕은 부흥을 위해 노력했으나, 의자왕의 잦은 실정으로 국력이 소모되었고 결국 660년 나당연합군의 공격을 받고 멸망하였다.

2) 백제의 문화와 예술

원래 북방적인 성격을 지닌 백제는 좋은 기후와 넓은 평야에서 얻어지는 풍부한 곡식과 해안의 어패류 등으로 안정되고 발전된 사회를 형성하였으며, 또한 중국 남조의 부드럽고 유연한 예술과 교류하면서 뛰어난 문화를 탄생시켰다. 즉, 발달된 중국과의 해상교통으로 인한 중국의 영향을 많이 받으며 백제는 북방적 문화와 중국의 남조문화, 불교문화를 흡수하여 온화하고 우아하며 부드러운 아름다운 문화를 발전시켰으며, 나아가 일본에 백제문화를 전파하여 일본문화 형성의 기조를 이루게 하였다. 한성시대는 농경에 필요한 넓은 평야와 기후조건, 철제도구의 사용 등으로 본격적인 농경이 전개된 한강 유역에 온조 집단이 이주해 주변으로부터 문화를 수용하는 초기단계였을 것이지만, 남아 있는 자료가 빈약하다. 웅진시대는 왕권을 강화하며 여러 분야에서 새롭게 문화를 정착시켰던 단계였고, 사비시대는 앞 시대의 문화를 바탕으로 더욱 성숙시키며 주변의 나라들에 영향을 끼치는 발전된 문화를 지니게 되었다. 백제는 신분제 사회로서 가문에 따라 정치적 및 사회적 특권과 제약이 주어졌는데, 이 신분제는 백제국이 성장하면서 마한의 여러 나라들을 통합하여 중앙귀족으로 전환시키고 중앙과 지방의 귀족들을 편제하는 과정에서 성립되었으며, 크게 지배신분층, 평민층, 천인층으로 나누어 볼 수 있다.

유학은 비류왕 대에 와서 국가통치의 지배이념으로 받아들여졌고, 근초고왕 대에는 박사제도를 설치하여 유학을 교육하고 보급하였다. 웅진시대와 사비시대에 무령왕은 오경박사를 설치하였고 성왕 때는 양나라에서 모시박사, 강례박사를 초빙해옴으로써 유학에 대한 이해의 수준이 훨씬 높아지게 되었다. 백제의 불교는 침류왕 1년(384) 마라난타가 동진으로부터 들어와 전래되었으며 이후 사찰건축과 불상, 공예 등 백제문화의 중심이 되었다.

백제의 문화는 매우 온화하고 부드럽고 세련되며 인간미가 넘치는데, 5세기부터 7세기 중엽까지의 고분벽화, 불상, 와당을 비롯한 공예품, 탑 등에서 볼 수 있는 백제의 예술은 평화롭고 부드럽고 여성적이며 우아하다. 백제의 조각은 온화하고 인간적인 친밀감이 있는 불상이 많으며, 특히 서산에 있는 마애삼존불상(그림 2-22)은 백제 말기에 화강암벽에 새긴 마애석불로서 소박한 옷차림, 엷은 미소를 띤 온화한 아름다움의 '백제의 미소'를 잘 보여준다. 또한 충남 부여 출토의 금동관세음보살상, 금동미륵보살반가사유상(그림 2-23), 무령왕릉의 출토품인 금제관식, 석수, 동자상, 구리거울, 금은 장식품인 목걸이와 팔찌, 귀걸이 등이 유명하며 산수귀문전, 연화문전 등의 벽돌과 기와 등에도 백제예술의 우수성이 나타나 있다. 부여 능산리에서 출토된 백제 금동대향로(그림 2-24)는 도교와 불교의 색채가 강한 훌륭한 공예품이다. 백제의 회화는 송산리 고분 벽화, 능산리 고분의 비운문과 연화문 등에 보이듯이 부드럽고 완만한 움직임의 느낌을 자아내며, 6세기에는 일본으로 건너가 일본 회화에 영향을 미친다. 백제의 장인들은 신라의 황룡사 구층목탑과 일본의 법륭사, 사천왕사, 법륜사 등을 건축하였다고 하며, 석탑으로는 목조탑을 모방한 익산 미륵사지 석탑, 균형이 잘 잡힌 부여 정림사지 오층석탑 등이 있다.

그림 2-22 서산 마애삼존불상
그림 2-23 부여 출토 금동미륵보살반가사유상
그림 2-24 부여 출토 백제 금동대향로

백제는 세 차례 천도를 하면서 독특한 문화를 형성하였다. 한성시대에는 서울 석촌동의 대규모의 적석총에서 보이듯이 고구려적인 성격을 강하게 띠었지만, 웅진 및 사비시대에는 중국의 남조문화를 받아들여 세련되고 우아한 문화를 만들어냈다. 백제는 지정학적인 이점을 이용해 중국의 새로운 문물을 받아들여 백제화하고 다시 왜나 가야에 전수하는 문화전달자의 역할을 하였다.

2. 백제의 건축

백제의 건축은 신라와 일본에도 영향을 줄 정도로 발달되었지만 남아 있는 것이 거의 없어 단지 공주와 부여, 익산 등지에 현존하는 2기의 석탑과 여러 절터 및 산성들, 몇몇 문헌 등을 통해서 당시 건축을 짐작할 수 있을 뿐이며, 또한 백제의 장인들이 신라의 황룡사 구층목탑과 일본의 호류사(법륭사), 시텐노지(사천왕사) 등을 건축하였다고 하는 것에서부터 백제시대 건축의 뛰어난 수준을 엿볼 수 있다. 중국의 고문헌인『신당서』동이전 백제조에, "풍속은 고려와 같다(俗與高麗同)."라고 되어 있고, 또『삼국사기』백제본기 제3 개로왕 21년조에는 "궁실과 누각대사가 장려하지 않은 것이 없었다(宮室樓閣臺榭不無壯麗)."라고 되어 있듯이, 백제건축은 고구려의 건축과 비슷하게 발달된 새로운 기법과 자재를 사용하여 매우 화려하고 웅장했으며 또 중국 남조의 영향으로 부드럽고 우아한 느낌을 주었을 것으로 짐작된다.

백제의 도성은 건국 초기 한강 남안의 위례성을 비롯하여 한산성, 공산성, 사비성 등이 축조되었으며 도성의 외곽에는 부여의 청산성과 청마산성, 석성산성 등을 축조하였다. 가람배치는 후기 사비시대의 것만 알려져 있으며, 절터로는 정림사지, 군수리사지, 미륵사지 등이 발굴, 조사되었는데, 주로 일탑일금당식 가람배치로 되어 있으나 독특한 가람배치도 간혹 보인다(그림 2-25).

그림 2-25 **부여 정림사지의 복원 모형**
그림 2-26 **부여 정림사지 오층석탑**

석탑으로는 목조탑을 모방한 초기 양식의 익산 미륵사지 서탑, 균형미가 돋보이는 부여 정림사지 오층석탑이 있다. 미륵사지 서탑은 우리나라에서 가장 큰 석탑으로서 9층이며, 우리나라 탑건축의 원류를 연구하는 데 귀중한 자료이다. 정림사지 오층석탑(그림 2-26)은 목조건축 양식의 구조로 되어 있는 백제의 대표적인 건축물로서, 각층의 체감률이 심하여 안정감을 강조하면서도 단순하고 명쾌한 균형미를 잘 나타내며 굳센 힘이 전체에 흐르고 있다. 백제의 분묘는 당시 대륙과 활발한 문화교류를 말해주듯이 석실묘의 고구려 고분과 중국 남조의 전축분의 두 가지 형태를 갖고 있다. 백제의 주거건축은 관련 자료가 가장 빈약하나 고구려의 주거건축과 유사하였을 것으로 추측된다.

2.4 신라의 문화와 건축

1. 신라의 역사와 문화

1) 고신라의 역사

신라는 한반도의 동남쪽 경주평야에서 B.C. 57년 성읍국가로서 출발하였지만 국가의 틀을 세우는 데는 삼국 가운데 가장 늦었다. 신라시대는 전기와 후기, 또는 통일 이전의 고신라와 통일신라로 구분되며, 전기인 고신라는 왕통의 변화에 따라 세 시기로 나누어진다.

B.C 57년부터 355년(흘해이사금 46)까지의 제1기는 건국에서부터 연맹왕국을 완성하는 시기로서 지배자를 거서간, 차차웅, 이사금 등으로 불렀다. 거서간(居西干)은 정치적 지도자, 차차웅(次次雄)은 종교적 의미로서 제사장, 이사금(尼師今)은 앞의 두 의미를 합하여 연맹장이라는 뜻을 갖는다. 고문헌과 기록에 따르면 고신라는 박혁거세가 사로 6촌 촌장들의 추대에 의해 통치자로 되었다고 하며, 사로 6촌은 후대에 6부로 발전된다. 초기에는 박, 석, 김의 세 가문이 거서간, 차차웅, 이사금 등의 칭호로 교대로 왕위를 차지하였으나, 내물이사금(356~402) 때부터 왕권이 김씨에 의해 독점, 세습되기 시작하였다. 제1기의 기간 중에는 경주분지와 그 주변 지역에 지배자 집단의 목관묘(널무덤)군이 형성되며, 점차 분묘의 규모가 커진 목곽묘(덧널무덤)이 등장하면서 경주 일원에 대형 목곽묘가 집중된다.

4세기 내물이사금 때부터 정복활동을 활발히 펼쳐 주변 지역을 거의 차지하여 중앙집권국가로 발전하기 시작하고 김씨에 의한 왕위 계승권이 확립되며 고대국가의 형태를 확립하게 되었다. 내물이사금 1년(356)부터 지증마립간 14년(513)의 제2기는 마립간[7] 시대라고도 하는데, 연맹왕국의 발전기로서 다음에 이어질 중앙집권적 귀족국가를 준비하던 태동기였으며 고분문화가 가장 발달된 시기로서 황남대총과 금관총, 천마총 등 대규모의 고분(적석목곽분)에서 보이듯이 왕권이 강화되었다. 자비마립간 12년(469)에는 왕경의 방리 이름을 정했고, 소지마립간 9년(487)에는 사방에 우역(郵驛)을 설치하고 관도를 수리했으며, 소지마립간 12년(490)에는 수도에 시장을 열어 사방의 물자를 유통하게 하였다. 6세기 초 지증마립간 때에는 소를 이용한 농업의 발전과 수리사업을 통하여 생산력을 높여가며 경제적으로 발전하기 시작하였고 정치제도가 더욱 정비되어 지증마립간 4년(503)에 국호를 신라로, 군주의 칭호도 마립간에서 왕으로 고쳤으며 주군현제를 실시하였고, 영토 확장과 함께 지방에 대한 중앙집권력을 강화하기 위해 소경을 설치하기 시작하였다.

법흥왕 1년(514)부터 진덕여왕 8년(654)까지의 제3기는 귀족세력의 연합시기로서 제도를 완비하고 영토를 확대하며 중앙집권적인 귀족국가로서의 통치체제를 갖추며 대내외적으로 비약적인 발전을 해 삼국통일의 기반을 마련한 시기였다. 법흥왕(재위 514~539)은 건원이란 연호를 사용하며 병부 설치, 율령 반포, 공복 제정 등을 통하여 통치질서를 확립하였고, 또한 골품제도를 정비하고 불교를 공인(527)하여 새롭게 성장하는 세력들을 포섭하고자 하였으며 중앙집권국가체제를 갖추었다. 이러한 기반 위에서 6세기 진흥왕(재위 540~575)은 대외발전을 비약적으로 추진시켰으며, 내부결속을 다지고 화랑도를 국가적인 조직으로 개편하며, 불교 교단을 정비하여 사상적 통합을 도모하였다. 또한 대외적으로 활발한 정복 활동을 전개하면서 삼국 사이의 항쟁을 주도하기 시작하였는데, 가야를 완전히 복속시키고 고구려의 지배 아래에 있던 한강 유역을 빼앗고 함경도 지역으로까지 진출하고, 황해를 통하여 중국과 직접 교역할 수 있는 발판을 마련하였다. 이러한 영토 확장과 더불어 이 시기의 초기까지 발전하던 신라의 고분문화는 새로이 복속된 가야지역과 한강 유역, 함경도지역까지 확산되었지만, 6세기 후반경에 접어들면서 경주와 그 주변지역을 제외하고서는 점차 고분문화가 쇠퇴하게 된다. 신라는 7세기경 나당연합을 결성하여 660년 백제를, 668년 고구려를 멸망시켰고, 이어서 당나라군을 몰아냄으로써 대동강 이남에서 원산만에 이르는 삼국통일을 달성하게 되었다.

---

7 내물왕 때부터 사용되기 시작된 마립간이라는 칭호는 마루, 고처(高處)의 지배자(干), 최고의 지배자, 대군장(大君長)이라는 의미로서 종전에 비해 훨씬 강화된 권력자의 느낌을 준다.

2) 고신라의 문화와 예술

경주분지를 중심으로 원시부족국가의 사로(斯盧, 마을의 뜻)에서 발전된 신라의 국호는 사로(斯盧), 사라(斯羅), 서나(徐那), 서나벌(徐那伐), 서야(徐耶), 서야벌(徐耶伐), 서라(徐羅), 서라벌(徐羅伐), 서벌(徐伐)[8] 등으로 표기되어 있는데, 이는 새로운 나라, 동방의 나라, 혹은 성스러운 장소라는 의미를 가진 수풀의 뜻으로도 해석되며, 지증왕 4년(503)에 그중에서 아름답고 의미 있는 뜻을 가장 많이 가진 신라로 확정하였다고 한다.『삼국사기』에 의하면, 신라의 '신(新)'은 '덕업일신(德業日新)'에서, '라(羅)'는 '망라사방(網羅四方)'에서 각기 취했다고 하는데, 이는 '왕의 덕업이 날로 새로워져서 사방을 망라한다'는 뜻으로 후세에 유교적으로 해석한 것으로 짐작되고 있다.

한반도의 남동부에 위치한 고신라(B.C. 57~A.D. 668)는 비교적 평화롭고 안정된 지역적 여건으로 인하여 조화로우며 독자적인 문화를 만들어냈다. 사로국이 위치한 경주평야는 백운산(울산광역시 두서면 내와리) 북쪽 계곡에서 발원하여 경주시를 남북으로 관통한 뒤 영일만을 통해 동해로 흘러가는 형산강 지구대에 전개되는 곳으로, 동해안 지방에서 가장 넓은 농업지대이면서 교통로로 이용되어 왔다. 신라는 고유한 전통문화를 바탕으로 하여 고구려와 백제의 영향을 강하게 받았고 또 중국의 남조문화와 인도 등의 남방문화까지 받아들임으로써 섬세하고 화려한 문화와 예술을 이룩하였는데, 특히 5세기 후반에 전래된 불교의 영향으로 더욱 화려하고 독특한 종교문화를 이룩하였다.

고신라는 합좌제도인 화백과 청소년 조직인 화랑도 등 부족사회의 전통을 계승, 발전시켜 나갔는데, 화백은 만장일치에 의하여 의결하는 것을 원칙으로 하는 회의체로서 국가의 중대사를 결정하였다. 신라의 정치와 문화는 경주를 중심으로 개화되고 경제 분야도 역시 진골귀족들의 권익을 위해 수도에 편중되어 있었다. 신라에는 혈연에 따라 사회적 제약이 있는 골품제도[9]로 인해 개인의 사회와 정치활동의 범위가 제한되었고, 또한 가옥의 규모와 장식, 복식이나 수레 등 일상생활까지 규제되었으며, 귀족들은 금입택이라 불린 저택에서 많은 노비와 사병을 거느리고 살며 불교를 적극 후원하였다. 신라 청소년들은 화랑 활동을 통하여 국가가 필요로 하는 도의를 연마하며 전통적 사회규범을 배우고 여러 계층이 같은 조직 속에서 일체감을 갖도록 하여 계층 간의 대립과 갈등을 완화하는 구실을 하였다. 교육

....
8 이들은 모두 마을[邑町]을 뜻하는 사로(斯盧)로 해석된다.
9 골품제도는 왕경 6부민을 대상으로 개인의 혈통의 존비에 따라 성골과 진골, 6~1두품으로 나누어 정치적인 출세는 물론, 혼인, 가옥의 크기, 의복의 빛깔, 우마차의 장식 등 사회생활 전반에 걸쳐 여러 가지 특권과 제약을 가한 신분제도였다.

적 기능을 지닌 화랑도는 귀족사회의 질서를 유지하는 사회도덕으로 유교를 중요시한 고신라시대에 유교교육을 담당하는 학교가 정비되지 않았으므로 도덕적 교육에 큰 구실을 담당하였다. 화랑도가 가장 귀중하게 여겼던 유교덕목은 신(信)과 충(忠)으로서, 원광의 세속오계[10]나 임신서기석(壬申誓記石)[11]에서 확인된다.

고신라의 수도는 서라벌 혹은 금성이라 불렸으며 지금의 경주 남부 인왕동 일대에 도성이 있었다. 박혁거세(재위 B.C. 57~A.D. 4)가 처음 궁전을 조영했다고 하며 제17대의 내물왕(재위 356~402) 때 조방을 가진 도성이 만들어졌을 것으로 짐작되며, 주변의 산정에는 방비를 위해 산성이 구축되었다. 왕궁의 유적으로는 월성이 있다. 신라시대의 종교를 보면 재래의 샤머니즘 외에 불교, 도교 그리고 풍수지리설이 전래되어 크게 발달하였다. 도가사상은 장생불사의 신선사상의 형태를 띠고 일찍부터 발달했는데, 산악신앙은 이와 밀접한 관계를 맺고 있었으며, 문무왕 14년(674)에 만들어진 경주 안압지의 세 섬은 삼신산을 나타낸 것으로 짐작된다.

불교 전래가 가장 늦었지만 6세기 초에 이르러 공인되고 호국의 법으로 장려된 신라에서는 불교에 대한 이해가 깊어지면서 종파적인 사상의 이해에서 벗어나 불교사상 전반에 대한 종합적인 이론체계가 세워졌으며, 또한 대중불교의 성격이 나타나면서 기반이 확대되었다. 제19대 눌지마립간 시대에 묵호자라는 승려가 고구려로부터 일선군(경북 선산)으로 들어와 모레의 집에 머물렀다는 기록이 『삼국유사』에 있어 이 시기에 불교가 전래된 것으로 여겨지고, 제20대 자비마립간 시대에는 자비라는 왕의 호칭이 불교식이라는 점에서 이미 왕실에도 불교에 대한 이해가 많이 확대된 것으로 짐작된다. 신라의 삼국통일에는 이러한 대승불교의 보살도로 훈련된 청년과 국왕, 대신, 장군들이 큰 역할을 하였다. 신라의 정치이념도 화엄사상을 바탕으로 하였으며, 경제와 문화 등 여러 방면에서의 활동도 화엄을 비롯한 법화, 열반 등 대승경론(大乘經論)의 철학이 자장율사와 원효대사 등에 의해 보급됨으로써 찬란하게 형성되었다. 불교의 융성과 함께 황룡사, 분황사 등이 수도에 건설되었으며, 특히 황룡사는 12년에 걸려서 세운 대사찰로서 645년에는 구층목탑이 완성되었다.

....

10 신라 진평왕 때의 승려인 원광이 화랑에게 준 5가지 교훈으로 사군이충(事君以忠 : 임금에게 충성), 사친이효(事親以孝 : 어버이에게 효도), 교우이신(交友以信 : 친구를 믿음으로 사귐), 임전무퇴(臨戰無退 : 싸움에서 물러서지 않음), 살생유택(殺生有擇 : 함부로 살생하지 말 것)이다.

11 신라시대 때, 두 화랑도가 맹세한 내용으로 ① 임신년(壬申年) 6월 16일에 맹세하기를 3년 후에도 여전히 국가에 충성하는 마음이 변치 않을 것이며, ② 신미년(辛未年) 7월 22일에 맹세하기를 유교 경전인 『시경』·『서경』·『예기』·『춘추』를 3년 안에 차례로 습득한다는 내용을 담고 있는 비석이다.

불교예술은 삼국 중에서 신라가 가장 늦게 시작되었지만 6세기 후반에는 특유의 전통이 확립되었다. 7세기에 들어서면서 신라의 불상은 분황사탑에 조각된 인왕상, 금동미륵반가상, 삼화령 미륵삼존석불이나 황룡사지 출토의 금동보살두 등에서처럼 밝은 표정을 보이지만 몸의 비례나 옷의 처리 등에는 여전히 추상적인 성격을 나타내고 있다. 통일신라시대는 불교 조각의 전성기라 할 수 있는 것으로, 삼국시대 조각에 당나라 불교 조각을 결합하여 얼굴과 몸에 살이 붙고 섬세해졌으며, 이 시기의 세련되고 사실적인 조각은 8세기 중엽 경주 석굴사 조각에서 절정을 이룬다.

한국민족이 세계에 자랑하는 찬란하고 존귀한 문화유산은 대부분 신라의 사상과 신앙, 기술의 뒷받침 아래 이룩된 것들로서, 석굴암과 불국사, 상원사와 봉덕사의 종, 금관과 금동미륵반가사유상, 기타 국보들이 모두 신라 불교문화의 정수를 보여주고 있다. 신라시대에는 과학기술도 매우 발달하여서, 농업과 정치에 관련이 깊은 천문학이 발달했고 금속 야금 및 세공기술이 뛰어났으며, 건축에서는 역학과 수학의 원리가 응용되었다. 특히 천문학 지식은 농업 및 정치와 깊은 관계가 있으므로 일찍부터 큰 관심사가 되었고, 선덕여왕 때는 현존하는 세계 최고의 천문대로 알려진 첨성대가 세워졌다.

신라예술은 일반적으로 매우 정교하고 호화로우며 또 간혹 현대적인 감각을 풍겨주기도 한다. 신라의 회화는 경주의 천마총과 황남대총이 발굴되면서 알려지게 되었는데, 천마총에서 발견된 말다래에 그린 천마도와 모자의 둥근 챙에 그린 기마인물도 및 서조도, 금령총 출토품인 모자챙의 당초무늬, 황남대총 출토품인 칠기에 그려져 있는 우마도 등을 통해서 신라 회화의 뛰어남을 볼 수 있다. 경주 천마총 장니 천마도(그림 2-27)는 자작나무 껍질로 만든 말다래 위에 채색하여 그린 장식 그림으로, 중앙에 하늘을 빠른 속도로 달리는 백마, 사방 주변에 인동당초무늬띠를 돌렸다. 기마인물도는 8장의 부채꼴 자작나무 껍질에 질주하는 기마인물을 먹선으로 그리고 말은 흰색과 갈색을 교대로 사용하여 그렸다.

고신라시대에는 금과 동의 세공 및 도금과 같은 금속가공기술, 토기의 제작기술 등도 발달하여 마립간시대 경주의 왕릉에서 출토된 금관은 높은 수

그림 2-27 경주 천마총 장니 천마도

그림 2-28 **도기 기마인물형 명기**

준을 보여주며 왕릉에서 유리제품이 발견으로 유리를 만들어 썼을 것으로도 짐작된다. 연맹왕국시대의 왕릉에서 많은 공예품이 나왔는데, 이들 가운데 금관을 비롯한 각종 순금제품, 은제품, 구리제품 등은 탁월한 솜씨를 보여주며, 또한 도기와 토기제품도 종류와 형태 등이 모두 다양하며 우수한 편이다. 금속 공예나 유리 공예와는 대조적으로 토기는 다소 투박하고 거칠며 문양은 기하학적이거나 추상적이지만 도기기마인물형 명기(그림 2-28)에서 볼 수 있듯이 조형성이 뛰어난 특성도 보여준다. 이 밖에도 가야도 높은 수준의 문화를 발전시켰음이 금속공예나 이형토기 등을 통해 알 수 있는데, 고령 지산동에서 출토된 금관이나 기마인물형 토기 등이 그 좋은 실례이다.

2. 고신라의 건축

고신라의 건축에 대해서는 현존하는 사례가 드물어 가야 지방에서 출토된 가형토기와 첨성대 등 2기의 석조건물, 황룡사지와 분황사 등의 여러 사찰유적, 월성의 궁터, 고문헌과 기록 등을 통해 살펴볼 수 있다. 고신라는 고유한 문화를 바탕으로 하여 주변 건축문화를 받아들여서 적합하게 융합하여 소박하면서도 견실하고 단아한 건축을 만들어내어 이후 한국건축이 정착되는 기반을 이루었다. 신라는 소부족국가의 연합체로 시작되었고 중국으로부터 격리되어 있었기 때문에 건국 초기에는 건축이 그다지 발전되지 않았을 것으로 보인다. 그러나 왕권이 안정되고 고구려나 백제와의 교섭을 통하여 새로운 건축을 배워서 늦어도 5세기 초에는 상당히 발달된 건축을 만들었을 것으로 짐작된다. 이는 가형토기나 적석목곽분 속에서 출토되는 유물들, 목곽과 목관 등의 치목법이나 제작기법 등으로 미루어 알 수 있다.

고신라는 자연의 요새지로서 좋은 지리적 조건을 갖춘 서라벌에 도읍을 잡고 이를 둘러싼 여러 산들에 산성을 쌓았다. 경주는 형산강 지구대의 중심에 위치한 형산강평야의 핵심 부분이기도 하며, 특히 고신라의 모태인 사로국의 국읍에 해당하는 경주분지는 삼면을 에워싸고 있는 하천의 범람에 의해서 퇴적된 선상지라고 할 수 있다. 궁궐은 처음에 남산 서쪽 기슭 고허촌에 세웠다가 금성으로 옮겼고 파사이사금 22년(101)에 월성을 축조하여 옮겼다.

불교가 전래된 이후 왕경 안에 흥륜사·황룡사·분황사 등 많은 사찰이 건립되었으며,

대체로 중문과 탑, 금당, 강당이 일직선상에 배치되고 회랑이 탑과 금당을 쌓는 일탑식 가람이었다. 황룡사는 고구려의 일탑삼금당식 가람배치를 변형한 신라식 일탑삼금당식 가람배치로 탑 뒤에 세 금당을 나란히 배치하였는데, 궁궐을 짓기 위한 공사 중에 황룡이 나타나 사찰로 바꾸었기 때문에 가람배치가 매우 특이하게 된 듯하

그림 2-29 **경주 황룡사의 복원 모형**

다(그림 2-29). 이 시기의 목조건축은 여러 가형토기들과 황룡사지 등이 보이듯이, 고구려의 영향으로 고구려의 건축과 비슷한 것이었을 것으로 여겨진다. 고신라시대의 불탑은 처음 목탑이었으나 전탑으로 바뀌고 이어 백제의 영향으로 석탑이 출현했다. 선덕여왕 때 백제 사람 아비지가 건축했다고 하는 황룡사 구층목탑은 옛 기록에 의하면 전체 높이가 80m쯤 되는 것이었다. 통일 이전 탑파의 모습은 분황사 모전석탑(634)에서 찾을 수 있는데, 안산암을 벽돌처럼 잘라 목조건물의 양식을 번안해 쌓은 모전석탑이다. 석조건축으로는 첨성대와 분황사 모전석탑이 있는데, 천문과 기후를 관측하는 동양 최고의 천문대인 첨성대는 장대 석으로 된 정사각형 기대 위에 위쪽이 좁아진 원통형의 몸체를 올려서 부드러우면서도 단 아한 곡선미를 표현하였다. 여름에 사용할 얼음을 보관하는 석빙고는 화강석으로 쌓았으며 출입문은 내외 2중문이고 상부는 볼트 구조로 되어 있다.

고신라시대의 왕들은 생시의 지상의 생활을 그대로 지하로 옮긴다는 생각으로 무덤을 만들었는데, 전기에는 왕경 내의 평지에 수혈식 적석총을 만들었고 6세기 후반경에는 왕경 의 주변 지역에 횡혈식 석실분으로 바뀌었다. 고신라의 묘제는 목곽을 적석으로 쌓고 봉토 를 덮은 적석목곽분과 석실분(수혈식 또는 횡혈식) 등 2종으로 구분된다. 석실분은 경주 이외에도 널리 분포되지만 부장품은 적으며, 적석목곽분은 경주에 집중되어 있고 왕후귀족 의 능묘인 듯하며, 피장자의 장신구나 마구, 용기류 등 풍부한 부장품이 출토되었고, 금관 총, 서봉총, 금령총 등이 대표적 실례이다.

주거건축에 대해서는 확실하게 알 수 없지만, 『신당서』에 신라 사람들은 "화식을 하였 으며 겨울에는 당중(堂中)에 부뚜막을 만들고 여름에는 음식을 얼음 위에 올려놓는다."라는 기록이 있다. 그리고 기후적으로 따뜻한 지방이므로 상류주택은 고구려와 같이 평상 위에 기거했을 것이며 일반주택은 대개 흙바닥이었을 것으로 여겨진다. 『삼국사기』 권제3 탑상

제4 판방이라는 기록에 보면 신라의 주택은 고상식 마루구조가 있었다고 적혀 있는데, 이는 출토된 가형토기에서도 엿볼 수 있다. 또한 『후한서』 진한에 관한 기록에 '옥실', '초옥토실'이라는 용어에서부터 풀로 이은 지붕이나 움집과 함께 서민들의 집도 지상주거로 발전했음을 짐작할 수 있다.

가형토기들은 창고와 축사, 주택의 안채를 모방한 것과 같은 모습을 하고 있어 당시의 건축형태를 짐작케 해준다. 창고를 모방한 토기는 고상식의 창고와 내부가 이층으로 된 지상건물 형태 두 가지를 묘사하였고, 축사를 모방한 토기도 지상건물 창고와 비슷한 모습으로서 모두 초가지붕 모습을 나타내고 있다. 주택의 안채를 묘사한 것과 같은 가형토기는 기와맞배지붕으로 앞면 중앙에 문 두 짝의 출입구가 있고, 그 왼쪽에 방을 나타내는 창, 오른쪽에 부엌을 나타내는 작은 문 3개가 표시되었다.

2.5 통일신라시대의 문화와 건축

1. 통일신라의 역사와 문화

1) 통일신라의 역사

서로 경쟁하며 발달하던 삼국시대는 고신라가 676년 대동강 이남을 완전히 통일함으로써 마감되고 통일신라시대가 전개되었다. 통일신라는 역사상 첫 번째 통일국가를 이룸으로써 강력한 중앙집권제가 구축되고 문화적으로 불교를 중심으로 고대문화의 전성기를 이루며 한반도의 사회와 문화가 발전되는 기초를 쌓게 되었다. 통일신라는 막대한 영토와 인구에 힘입어 새로운 정치와 사회, 경제와 문화의 발전을 이루었다. 태종 무열왕 1년(654)부터 혜공왕 15년(779)까지의 시기는 삼국통일 전쟁을 수행하고 이루어낸 황금시대로서, 삼국을 통일한 신라왕실은 골품제를 확립하여 귀족세력을 억누르고 왕권을 강화하였으며, 9주 5소경을 설치하여 중앙집권 체제를 확립하고 넓어진 영토를 효과적으로 통치하고자 하였다. 신문왕은 행정·군사 조직을 완성하며 녹읍을 폐지하였고, 유학 교육을 위해 682년 국학을 설립하며 전제왕권을 구축하였으며, 성덕왕 때에는 전제왕권의 전성기를 누리게 되었으나, 혜공왕 때는 여섯 차례에 걸친 반란과 친위 쿠데타가 잇따르는 등 전제왕권이 몰락하게 되었다.

선덕왕 1년(780)부터 정강왕 1년(886)까지의 시기는 귀족이 연립 또는 분열되고 호족세력이 등장한 시기로서 신라의 쇠퇴가 빠르게 진행되었다. 통일신라는 9세기에 들어서 왕권이 약해지면서 왕위쟁탈전이 빈번히 발생하고 골품제의 폐단이 속출했으며, 중앙정부의 무능력으로 인해 각지에서는 조세 수취에 반발하여 농민 봉기가 발생함으로써 전국이 극도로 혼란스러워졌다. 진골귀족들이 정쟁에 휩쓸려 있는 동안 각 지방의 유력한 호족들은 각자 자신의 세력을 키워 실권을 장악하고, 스스로 장군이라 칭하며 조정으로부터 자립하면서 정치와 사회가 혼란스러워졌는데, 그 대표적인 사례로서는 청해진을 근거로 한 장보고와 같은 해상세력가를 들 수 있다.

진성여왕 1년(887)부터 경순왕 9년(935)까지는 내란기로 신라의 멸망시기이며, 전국 도처에 군웅들이 할거하여 지방의 통제가 불가능하였고 왕경의 수비도 무방비 상태가 되었다. 견훤이 백제를 계승한다는 의미로 후백제를 세웠고, 궁예는 고구려를 계승한다는 의미의 후고구려를 세웠다. 이처럼 견훤과 궁예 등이 신라에 대해 반란을 일으키고, 백제와 고구려를 부흥시키려는 세력들이 존속했던 892년부터 936년까지의 시기를 후삼국시대라 한다. 태봉으로 국호를 변경한 후고구려는 왕건이 세운 고려에 의해 918년 멸망하였고, 고려는 935년 신라를 먼저 흡수한 뒤 후백제까지 멸망시켜 후삼국을 통일하였다.

2) 통일신라의 문화와 예술

통일신라는 최초의 통일국가를 이루며 우리민족의 역사와 문화에 커다란 공적과 영향을 끼쳤다. 통일신라는 신라 고유의 전통문화에 당나라의 문화를 흡수하여 우리나라 예술사상 황금기를 이룩하여 섬세하고 화려하며, 독자적인 정교한 양식을 확립하였다. 당나라와의 교류가 활발해지면서 무역이 발달하였고 당나라에는 신라방이라는 신라인의 거주지까지 생겨났다. 통일신라는 삼국의 문화를 종합하면서 보다 넓은 기반 위에서 새로운 문화, 불교문화를 꽃피웠으며, 문학과 과학, 예술의 각 분야에서 민족 문화의 토대를 마련하게 되었다. 통일신라의 문화는 대체로 특정 신분에 의해 독점되었는데, 골품제라는 특유의 신분체계는 몇 차례의 개혁이 시도되었지만 통일신라 시기 전체를 통해 유지되었다. 거의 모든 분야의 문화는 찬란한 황금문화를 비롯한 거대한 고분문화와 찬란한 장식미술을 통해 잘 보이듯이 골품제의 최고자리를 차지한 성골과 진골 귀족에 의해 독점되었다.

한편 신라왕조의 지배층은 중앙집권적인 통치체제를 강화하기 위하여 불교를 장려하는 동시에 유교사상을 권장하였다. 즉, 불교가 호국불교로서 국민을 정신적으로 하나로 묶는 역할을 하는 한편 유교사상은 전제왕권의 이념적 뒷받침과 제도적 실행을 위해 필요하였다. 통일기에 들어오면 유교는 도덕정치의 이념으로서 중요한 구실을 담당하게 되었고, 그러한 이념을 교육하는 기관으로 국학이 설립되었다. 신문왕 2년(682)에 국학을 설립하고 원성왕 4년(788)에 독서삼품과 제도를 실시하는 등 유교 진흥책은 종래의 골품제를 지양하고 학벌 본위의 관료체제를 확립하려고 했으나 엄격한 골품제의 영향이 너무 강하여 커다란 성과를 거둘 수 없었다. 유학의 보급에 따라 도당유학생이 증가되었고, 강수와 설총 같은 유명한 학자들이 많은 저술을 남겼다.

불교는 통일왕국의 정신을 지배한 주된 사상으로서, 왕으로부터 일반대중에 이르기까지 신앙되는 종교로서 사회적·정신적·문화예술적으로 중대한 역할을 하였다. 특히 불교는 신라의 호국사상과 일치되어 불교 중심의 문화를 발달시키게 되었는데, 심오한 철학적 사유와 종교적 이상, 그리고 신라인들의 수수한 실천적 신앙심 등이 한데 어우러져 통일신라시대에는 역사상 가장 찬란한 불교 문화예술을 꽃피울 수 있었던 것이다. 불교가 가장 융성하였기에 정치이념이 화엄사상을 바탕으로 하였을 뿐만 아니라, 경제와 문화 등 여러 방면에서의 활동도 화엄사상을 비롯한 법화, 열반, 반야 등 대승경론의 철학이 원광대사나 자장율사, 원효대사 등에 의해 보급됨으로써 찬란하게 개화되었다.

한편 신라시대 말기에 지방세력의 등장과 동시에 유행되기 시작한 풍수지리설은 인문지리학의 지식에 예언적인 참위설이 가미된 것으로서, 9세기 후반에 활동한 승려 도선에 의해 크게 전개되었다. 도선은 지형이나 지세가 국가나 개인의 길흉과 밀접한 관계를 가지므로 이른바 명당을 골라서 근거지를 삼거나 혹은 주택과 무덤을 지어야 국가나 개인이 행복을 누릴 수 있다고 주장하였다. 풍수지리설은 불교에 비해 영향력을 크지 않았지만 지방호족들의 대두와 함께 널리 퍼져 큰 영향을 미쳤고, 특히 고려시대에 들어와 크게 유행하게 되었다.

통일신라는 불교왕국을 이룬 가운데 원효, 의상 등의 고승이 활약하였고, 불교사상과 신심의 뒷받침 아래 이룩된 불국사와 석굴암 석굴(석불사), 봉덕사종, 미륵반가사유상과 같은 뛰어난 문화재를 남겼다. 통일신라의 불교문화는 사회에 융성하였던 호국신앙 및 정토신앙으로 관련된 향가에 나타나는 독특한 불교 문학 및 음악, 건축 등 여러 분야에 걸쳐 영향을 미쳐서 사찰건축, 불상, 불화, 석탑, 범종 등 뛰어난 예술의 정수를 자랑하고 있다. 불교와 미술은 상호보완적인 역할을 하며 서로 수준을 향상시켜, 신라양식으로 불릴 수 있는 미술양식이 7~9세기에 형성되었다. 불교문화에 따라 화장이 시행되어서 부장품이 거의 남아 있지 않으나 범종, 사리 용기 등 공예품은 거의 불교유물이라 할 정도이며 금제 세공이 뛰어나다. 오대산 상원사 동종(그림 2-30, 31)과 성덕대왕신종 등 한국종이라 불리는 독자적인 형식의 범종은 정상에 용 모양의 축과 중공의 용(甬)이 붙고, 몸체 상부에는 4개의 유곽, 동좌에는 비천이 새겨져 있으며, 큰 규모에 기법이 너무도 완벽하여 한국종의 특색을 잘 발휘하고 있다. 벽돌이나 와당은 연화문, 당초문, 보상화문, 그 외 서수, 전각, 불상문 등으로 화려하게 장식되어 당시 목조건축에 장식이 많이 베풀어졌을 것으로 짐작된다. 화엄경의 내용을 묘사한 「대방광불화엄경변상도(大方廣佛華嚴經變相圖)」는 8세기 중엽의 불교 회화 화풍을 이해하는 데 많은 도움을 주는데, 불보살들은 자연스럽고 유연하며, 정확하고 정교한 곡선으로 호화롭고 미려한 분위기를 자아내고 있다.

그림 2-30 오대산 상원사 동종의 용뉴
그림 2-31 오대산 상원사 동종의 비천상무늬

2. 통일신라시대의 건축

통일신라는 삼국을 통일한 후 당나라 문화의 영향을 많이 받으며 귀족세력을 누르고 장악한 강력한 전제적인 왕권을 바탕으로 도성 경주를 장대하게 꾸미며 궁궐들을 새로 조성하고, 왕성한 호국불교의 성행으로 불사건축이

그림 2-32 서라벌 모습을 보여주는 3D재현

적극적으로 건립되며 건축문화의 큰 발전을 이루게 되었다(그림 2-32). 특히 풍수지리설과 밀교의 전래, 선종의 성행이 건축에 큰 영향을 끼쳤으며 산지가람의 불사건축이 많이 조영되었고 쌍탑식 가람배치를 이루었다.

통일신라시대의 목조건축은 남아 있는 것이 없어 확실히 알 수는 없지만,『삼국사기』옥사조의 내용과 당시의 기와나 벽돌의 무늬, 석조 건조물들에 표현된 목조건축의 요소 등을 통해서 짐작할 수 있는데, 고려시대 중기에 건립된 것으로 보이는 봉정사 극락전의 건축과 비슷했을 것으로 추측된다. 당시의 건축을 추측해보면, 건축의 구조는 비교적 단순하였으며 원형 주좌를 조각한 초석 위에 기단은 잘 다듬어진 석재로 이중, 삼중으로 만들어졌고 겹처마의 지붕에는 치미나 귀면와, 막새기와로 장식했고, 기둥 위에는 이출목 이상의 출목을 가지는 두공을 올리며, 오색단청과 각종 장식금구로 장식했을 것으로 짐작된다.

궁궐건축으로서는 발굴 조사된 안압지 주변에 나타난 건물유구가 유일한 구체적 자료이며, 안압지 서쪽은 임해전을 비롯한 궁궐의 중심부이고 남쪽은 궁궐의 부속시설이 있었던 것으로 추정된다. 통일기에 들어와서는 사찰은 주로 산지에 세워졌으며 가람배치의 양식이 무척 다양해져 금당 앞 양편에 두 개의 탑을 세워두는 이른바 쌍탑식 가람배치를 하여 질서정연하게 배열된 중앙지향적인 느낌을 준다. 신라가 삼국을 통일한 뒤 최초로 세운 사찰은 사천왕사이며, 이어서 감은사와 망덕사 등을 건립하였다. 가람배치가 밝혀진 감은사지, 망덕사지 등은 모두 쌍탑식 가람배치 사찰이었다. 석조건축으로는 석굴사원과 석탑, 부도 등이 있다. 석굴사원은 당대 제일의 경주 석불사와 군위 아미타여래삼존 석굴이 남아 있으며, 석조부도는 문성왕 4년(844)에 건립된 염거화상탑이 남아 있다. 통일기에 들어오면 대체로 기단부가 넓고 높아지며 각층의 탑신이 일정한 체감률을 가지고 조성된 균형 잡힌 3층탑이 만들어졌으며, 경덕왕 때에 건립된 불국사 석가탑을 비롯해 감은사지 동·서 삼층석탑, 고선사지 삼층석탑 등이 대표적이고, 이 외에 불국사 다보탑, 정혜사지 십삼층석탑 등 이형탑도 있다.

경덕왕(742~765) 시기에 세워진 조형상의 구성미가 뛰어난 불국사와 석불사는 당시의 불교사상과 그 문화 예술적 역량의 극치를 보여주는 대표적인 걸작으로 손꼽히고 있다. 석불사 중앙에 안치되어 있는 본존상은 높이가 3m이고, 우리나라 석조 불상 중 으뜸가는 것이다. 이 본존상을 중심으로 주위에는 석가모니의 10대 제자와 보살, 11관음 등을 부조로 조각하여 배열하였다. 전실에는 금강역사상과 사천왕이 부조로 표현되어 있는데, 극히 우아하고 날카로우며 알맞은 양감과 부드러운 질감이 조화된 신라 문화의 대표적인 미술품이다.

통일신라시대에는 횡혈식 석실분묘(굴식 돌방무덤)가 만들어져 연도를 설치하여 추가로 매장이 될 수 있게 하였고, 무덤의 봉토가 무너지는 것을 막기 위한 호석제도가 크게 발전하였으며, 무덤 둘레에 십이지신상을 비롯해 석사자, 석주, 난간을 배치하며 무덤 앞에 석상을 놓고 거기서 조금 떨어진 곳에 양쪽으로 문무석인과 석주를 배치하는 형식이 완성되었다. 고신라와 통일신라의 주거건축은 비슷하며 『삼국사기』와 『삼국유사』에 당시의 주거양식에 관한 기록이 있어 그 모습을 추정할 수 있다. 골품제도에 의해 주거양식이 규제되어서 신분계급에 따라 대지의 규모, 주택의 규모와 사용재료 등이 제한되었다. 기후조건으로 보아 마루구조를 사용했을 것으로 추측되며 온돌의 사용 여부는 불분명하다.

2.6 고려시대의 문화와 건축

1. 고려의 역사와 문화

1) 고려의 역사

고려(高麗)는 918년 태조 왕건이 후고구려를 무너뜨리고 신라와 후백제를 통합한 이후 1392년 조선왕조에게 멸망하기까지 34대에 걸쳐 474년간 한반도를 지배하였던 왕조이다. 정치나 사회경제 변화의 관점에서 고려시대는 12세기 말 무신의 난을 기점으로 전기와 후기로 구분되지만, 시간의 흐름에 따라 끊임없는 변화를 겪어 나갔다.

왕건은 신라 말기 고려[12]를 개국하여 송악을 개경(현재의 개성)이라 고치며 도읍하였고, 호족세력을 기반으로 후삼국의 사회혼란을 수습하여 936년 한반도를 재통일하였다. 고려는 건국 초기에 통일왕국을 성립하였지만 아직 실질적으로 왕권이 전 지역에 미치지 못했고 지방 각지의 호족들과의 연립적인 통치 단계에 있었다. 고려는 건국 초기에 능률적인 중국의 관제를 도입하고 과거제도를 시행하며 유교정치사상을 통하여 중앙집권 체제를 완성하였다. 고려가 왕권을 강화하고 지방세력을 흡수하여 집권체제를 마련한 것은 제4대 광종 이후로서, 광종은 노비안검법[13]과 과거제도를 시행하고 공신과 호족 세력을 제거하여

---

12 왕건은 고구려의 후계자임을 자처해 국호를 고려라 하고 북진정책을 추진하여 서경(평양)을 중시하였고 국경선을 청천강까지 확대하였다.

13 956년 실시된 노비안검법으로서 호족들의 많은 노비가 해방되어 호족의 경제적·군사적 기반이 약화되었고, 반면 양인을 확보하게 되어 국가의 수입이 증가하였다.

왕권을 강화하며 중앙집권 체제를 확립하였고, 경종 때는 전시과 제도를 실시하여 집권체제의 경제적 기반을 마련하였으며, 제7대 성종은 내외의 지배체제를 정비하여 중앙집권적인 국가기반을 확립시켰다.

한편 993년, 1010년, 1018년 세 차례에 걸친 거란족 요나라의 침략이 있었지만 고려는 사회적 및 문화적 혁신을 이루며 민족의식을 강화시켰으므로 모두 물리칠 수 있었다. 특히 1019년 강감찬이 지휘하는 고려군은 귀주에서 거란군을 크게 섬멸하였다(귀주대첩). 11세기에 이르러 고려는 점차 사회와 문화가 향상되어 갔는데, 10세기 말에 성종이 당나라를 모방하여 제도 정비를 시행하고 11세기 고려의 사정에 맞추어 부분적으로 개편함으로써 제도정비를 완성하게 되었으며, 현종을 거쳐 문종 때에는 일련의 시책이 시행되어 귀족정치의 최전성기를 이루었다. 문종 때는 고려의 귀족정치가 절정기에 이르러 귀족문화가 난숙해지고 경제적 및 정치적으로 국력의 신장을 이루었다. 문종의 아들인 대각국사 의천은 송나라에 가서 불교의 깊은 경지를 터득하고 돌아와 교장도감을 설치하여 불교문화를 집대성하는 등 커다란 문화적 업적을 남기기도 하였다.

하지만 12세기에 들어서 왕권과 문벌귀족, 신진 관료들 사이의 갈등이 심화되면서 고려 사회는 혼란과 불안정한 상태에 빠지게 되었다. 귀족문화가 절정기에 이르는 때부터 귀족사회 내부의 모순이 축적되어 동요하기 시작하였던 고려는 12세기 중반 내부 모순의 축적으로 지배층 내부에서 동요가 시작되며 문벌귀족과 측근 세력 간에 정치권력을 둘러싼 대립이 치열해진 것이다. 귀족사회의 모순은 인종 때인 1126년 이자겸의 난, 1135년 묘청의 난, 1170년(의종 24년) 정중부 등에 의한 '무신의 난'으로 나타나 마침내 귀족정치가 붕괴되고 최충헌, 최우로 이어지는 60여 년의 최씨 무신정권이 수립되었다. 무신정권의 수립 이후 무신들이 문신을 억압하고 왕권이 약화되었으며 사회질서의 문란으로 인하여 각지에서는 민란이 발생하였다. 무신정권은 교정도감을 중심으로 독자적인 지배기구를 설치하고, 막대한 사병을 양성해 무력의 기반으로 삼았으며, 광대한 토지를 소유해 경제적 기반을 이루었다. 뒤이어 고려 사회는 몽골의 침입, 원나라의 정치적 간섭이 행해지며 어려움을 겪게 되었다. 13세기 초 몽골족은 1231년부터 7차례에 걸쳐 고려로 침입해왔는데, 이 오랜 고려-몽고 전쟁으로 국토는 황폐해지고 수많은 문화재가 소실되었으나 집권자인 최씨 무신정권은 몽골의 조공 요구와 간섭에 반발하여 강화도로 도읍을 옮기고 방어를 강화하였다. 1270년 최씨 무신정권이 몰락한 이후 고려는 개경으로 환도하면서 몽골과 강화를 맺어 전쟁은 끝이 났다. 지배층들은 부처의 힘으로 외적을 방어하겠다는 마음으로 팔만대장경을 조판하였다.

고려 후기는 80여 년 동안 몽골(원)의 정치적 간섭을 받게 되었으며, 지배세력으로 새로 등장한 보수적인 권문세족은 불법 행위로 대토지를 사유화하며 사회 모순을 격화시켜 고려의 정치는 비정상적으로 이루어지게 되었다. 이때 점차 학자적인 관료인 사대부가 신흥세력으로 성장하여 기성세력인 권문세가와 대항하면서 정치의 표면에 나서게 되었다. 원나라가 쇠퇴할 즈음 즉위한 공민왕은 대외적으로는 반원정치(反元政治), 대내적으로는 권문세가의 억압과 신진사대부계층의 성장 기반 마련이라는 두 가지 정책을 채택하였다. 하지만 신돈이 제거되고 공민왕이 시해되는 등 정치기강이 문란해지고, 백성들의 생활은 더욱 어려워지며, 왜구와 홍건적 등으로 고려사회는 더욱 혼란스러워지게 되었다.

고려 후기에는 내외의 시련을 해결하고자 하는 움직임이 있었는데, 14세기에 충선왕과 공민왕을 도와 개혁을 시도한 사대부들은 국민의 생활을 안정시키고 사회의 융합을 꾀하는 한편, 부국강병을 추진하여 국가의 역량을 키우려 하였다. 신진사대부들은 기성세력인 권문세족을 없애버리기 위해서 유교적 예의 논리에 입각한 왕권을 강화시키고 권문세족의 사유물이 된 토지를 국가의 것으로 되돌려놓으려 하였다. 조준, 정도전 등 개혁의 주도세력인 사대부들은 정치 및 사회의 주도 계층으로 성장하면서 지배 신분을 확립하였다. 왜구와 홍건적을 진압하면서 성장한 신흥 무인 세력의 이성계는 신흥 사대부들과 결합하였고, 신흥 사대부들은 점차 개혁을 확대하여 정치적 및 경제적인 기반을 확보하며, 마침내 이성계를 왕으로 옹립함으로써 고려를 멸망시키고 조선왕조를 세우게 되었다. 고려는 북방에 대한 관심이 많았으므로 고구려의 실지 회복을 꾀하였으나 요(거란), 금(여진), 원(몽골), 왜구의 침략으로 국운이 평탄치 않았고, 말기에 국력의 피폐에 의해서 타락을 가져오며 멸망하게 되었다.

2) 고려의 문화

고대사회는 10세기 초에 이르러 중세사회로 전환되는데, 고려(918~1392)는 수도를 경주에서 개경으로 천도하며 북부 한국의 강건한 풍조와 청신한 기운을 더하여 새로운 문화를 형성하게 되었다. 고려는 송나라의 문화를 발전의 토대로 삼아 12세기 중엽에 문화적 전성기를 누렸다. 12세기 중엽부터 13세기에 걸친 고려사회의 평화와 안정은 상층계급의 세련된 미적 감각을 바탕으로 가장 고려적인 문화와 예술을 발달시켰다. 귀족 중심의 고려시대에는 신라시대보다도 문화의 폭이 크게 확대되어 지방호족이 문화의 주인공으로 등장하였고, 불교문화와 유교문화가 융합되었다. 불교와 유교는 고려사회에 큰 영향을 주었는데, 불교는 왕으로부터 귀족층, 서민층에까지 광범위하게 영향을 미쳤으나 유교는 왕을 중심으로 일부 관료층과 지식층의 관심의 대상이 되었다. 고려사회는 정치적 지도이념이면서 교육과 윤리를 담당하는 유교, 집터와 무덤이 되는 곳의 산과 물의 형세에 따라 길흉이 정해진다는 풍수지리설, 어떤 징조를 통해 미래의 일을 예견하는 도참사상, 중국에서 유입된 도교 등이 불교와 더불어 다양하게 공존하는 다종교의 사회였다.

고려시대에는 유교가 정치이념으로 채용되었는데, 유교 자체가 이미 하늘의 뜻에 따라 임금과 신하, 백성들이 일정한 질서를 이루도록 하는 정치적인 이념을 나타내기 때문에 통치권자나 지배층에게 유교는 중요한 이념이었다. 제4대 광종이 유학을 중심으로 한 과거제도를 실시하고 성종이 숭유정책을 펴는 등 유교는 정치의 사상체계로 성립되고 학문적으로도 크게 발달되었다. 성종 때에는 하늘의 명에 의해 임금이 정해졌음을 모든 신하들에게 상징적으로 드러내 보이는 제천의식을 치루기도 하였다. 유교적 질서에 따라서 왕이 거처하는 도성에는 일정한 법식의 종묘와 사직이 세워지고 지방에는 예제에 따른 일정한 시설들이 마련되었다.

숭문의 기운이 있었던 고려시대에는 한문학과 역사학도 발달하였는데, 최승로와 정지상 등의 학자가 유명하였다. 한문학에서도 이인로의『파한집』, 최자의『보한집』, 이제현의『역옹패설』등 일종의 수필형식인 패관문학[14]이 발달하였고, 또한 임춘의『국순전』, 이규보의『국선생전』, 이곡의『죽부인전』등 가전체문학이 등장하였다. 고려는 초엽부터 춘추관에서 역사편찬을 담당하였는데, 역사학은 편년체인 실록편찬에서 비롯되어 기전체인 정사체로 완결되었으며, 김부식이 인종 23년(1145) 삼국의 역사를 보수적 유교사관에 맞추어 쓴 기전체의 정사인『삼국사기』는 현존하는 가장 오랜 역사책이고, 제25대 충렬왕 때 일연이 지은『삼국유사』는 불교 입장에서 고대문화와 관계되는 주요한 사실들, 고대의 설화와 야사를 많이 수록한 자주의식이 간직되어 있는 역사서이다.

한편 중세사회에서는 토지제도와 조세제도가 경제생활의 기본구조를 이루었는데, 특히 지배세력의 성격과 긴밀한 관계를 가지고 성립되었다. 고려시대에는 귀족을 중심으로 전시과[15]가 시행되고, 조선시대에는 양반을 중심으로 과전법[16]이 실시되었는데, 이 제도들은 모

....

14 패관문학은 무신의 난 이후 대두되어 최씨 무신집권 하에서 황금기를 맞이하였는데, 주로 전설과 신화, 일화, 풍속을 주제로 서술되었다.
15 고려시대에 문무 관리에게 그 지위에 따라 토지와 함께 땔나무를 얻을 임야를 나누어주던 제도로서, 976년(경종 1년)에 처음 시행하여 1076년(문종 30년)에 완비되었다.
16 귀족들의 대토지 소유에 따른 국가 재정의 고갈 문제를 해결하기 위하여 실시한 토지 제도로서, 토지의 국유화를 원칙으로

두 지배층인 귀족이나 양반을 중심으로 토지가 분배되었다. 제도적으로 토지국유를 원칙으로 하여 지배층은 조세를 받을 수 있는 수조권을, 농민은 토지의 경작권을 가지게 하였다. 고려왕조가 동요하는 12세기 이래로 귀족들의 토지 사유화 경향이 나타나, 13세기에는 전국에 농장이라는 대토지 소유제가 형성되어 소수 권문귀족들이 사유하며 면세와 면역의 특권을 누리게 되었다. 농장의 소유주인 귀족들은 부재지주였으며, 농장의 경작은 땅을 빌려 농사를 짓고 땅값을 치르던 농민으로 농노와 마찬가지인 전호나 노비가 담당하였다. 농장이 증대되면서 국가의 공전이 줄어들고 국가재정이 궁핍하게 되었으므로, 왕조는 동요하게 되고 귀족정치의 혼란에 이어 나타난 무인집권, 그리고 밖으로 몽골과의 항쟁 등으로 고려왕조는 위기를 맞이하게 되었다.

3) 고려의 불교와 유교

고려는 불교국가라고 할 만큼 불교가 문화와 예술의 중심이었으나, 궁정을 중심으로 주자학이나 문학 등을 전문으로 한 신인 귀족 문인 정치집단이 새로운 후원자로 나타나기도 하였다. 고려는 지배층인 문벌귀족이 문반으로 구성되고 문치주의를 표방함에 따라 숭문의 풍조가 강하였다. 유학은 귀족정치의 전성기인 문종 때 융성했으며 최충이 최초의 사학인 구재학당[17]을 세운 이후 11개의 사숙이 성립되어 관학인 국자감과 함께 교육을 담당하였다. 송나라의 근대화된 문화사상과 생활방식을 받아 들여 호화스럽고 세련된 생활을 즐긴 문벌귀족들은 귀족승려들과 함께 고려의 문화를 선도하였으며, 귀족적 성격의 고려청자는 그 대표적 예술이라 할 수 있다. 고려 후기에는 신진사대부들에 의해 우주의 근본원리와 인간의 심성문제를 철학적으로 해명하는 새로운 유학인 성리학이 수용되었는데, 권문세족의 횡포와 불교의 폐해로 벗어나고자 한 신진사대부들에게 새로운 지도이념, 정신적 지주가 되었다.

국가의 보호 아래 번영을 누린 불교는 고려시대의 문화와 사상 가운데 가장 중요한 위치를 차지하였다. 불교는 고려인들의 정신세계를 지배하는 바탕으로서, 살아서 부처님께 공덕을 쌓고 죽어서 극락세계에 가는 것이 모든 사람들에게 공통된 삶의 이상이었다. 태조[18]가 많은 사찰을 세우고 연등회와 팔관회[19] 등을 개최한 이후 전국에 수많은 사찰들이

공전(公田)을 확대하고 사전(私田)의 분급은 일정한 제한을 두었으며, 조선 초기 양반 관료 사회의 경제 기반을 이루었다.
17 구재학당(九齋學堂)은 고려 때 최충이 벼슬에서 물러난 후 후진 양성을 위해 개설한 사학의 하나로서, 문헌공도(文憲公徒)라고 불리기도 한다.

세워지고 행사가 실시되었으며, 과거제도에 승과를 두고 급제자에게 법계를 주기도 하였다. 고려가 중앙집권제를 강화하면서 격식을 갖추고 장엄한 행사를 중시하는 교종이 지배층의 성향과 맞아서 성행하게 되었고, 왕실이 주관하여 국가적인 행사로서 연등회나 팔관회, 인왕백고좌회 등을 벌였다. 연등회는 부처의 공덕을 기려 선업을 쌓자는 것이고, 인왕백고좌회는 1백 명의 고승으로부터 설법을 듣는 행사이다. 개경 주위에는 호국사찰이나 왕실 원찰들이 화엄종, 천태종, 법상종 등 주로 교종사찰들로 세워졌다. 초기에는 5교 9산의 신라 불교가 계속되어 교종과 선종의 대립이 있었지만 집권적인 지배체제가 확립되면서 교종불교가 우위를 차지하게 된다.

고려 초기에 왕조를 세우는 데 지대한 공을 세운 불교는 국가의 지원 아래 12세기에 이르러 발전이 최고에 달하였으나 그 이후 정신적 지주로서의 가치를 잃고 정권과 결탁하며 재물에 탐익하는 등 쇠퇴의 길을 겪게 되었으며, 점차 도참사상이나 밀교적 주술만을 강조하는 의식주의로 일관하여 흐름으로써 바람직한 방향으로 나아가지 못하였다. 그러한 가운데 대각국사 의천(1055~1101)은 국가적 안정을 위해 교종과 선종의 대립을 벗어나기 위한 교선합일의 운동을 일으켜 천태종을 창시하였는데, 이는 교종인 화엄종에서 선종을 흡수하는 입장이며 잡념을 정지하고 지혜로서 사물을 관조하는 지관을 중히 여기며 이론과 실천 양면을 강조하는 교관겸수를 제창하였다. 위세를 날리던 천태종도 대각국사의 사망 이후 급격하게 위세가 꺾여 세력이 약화되었다가 요세(了世, 1163~1245)의 백련결사에 의해 다시 중흥기를 맞이하게 된다. 또 하나의 새로운 신앙결사운동인 백련결사는 천태종을 사상적 바탕으로 하면서도 보수성을 탈피하여 지방 세력들의 지지를 받으며 확산되었다.

한편 12세기 이후 문벌귀족과 연계된 교종이 점차 보수화되자 선사상이 점차 관심을 일으키게 되었는데, 권력층에 기생하여 안락을 누리는 기존 종파를 비판하고 새로운 종교 운동을 펼치고자 하는 신앙결사운동이 전개되었다. 무신의 난 이후 보조국사 지눌은 당시 불교의 타락을 비판하면서 자기의 자성을 깨닫는 한편 화엄교리를 수행해야 한다는 돈오점수의 이론을 바탕으로 정혜쌍수[20]의 실천운동을 전개하였다. 지눌은 선사상을 내세워 지방

----

18 고려의 숭불정책은 태조 때부터 실시되었는데, 태조는 「훈요십조」 제1조에서 "우리나라의 대업은 반드시 제불의 호위에 의지한 것이다. 그러므로 선·교의 사원을 세워 주지를 보내어 수호하게 하고 각기 그 업을 닦게 하라."라고 하여 불교국가의 방향을 제시하였다.

19 정월 보름날(뒤에는 2월 보름)의 연등회와 11월 15일의 팔관회는 가장 커다란 불교행사로서, 군신이 가무와 음주로 함께 즐기며, 제불과 천지신명에 제사해 국가와 왕실의 태평을 기원하였다.

20 마음을 한곳에 머물게 하는 선정(禪定)과 현상 및 본체를 관조하는 지혜를 함께 닦는 일

의 토호층이나 민중의 지지를 받았으며, 순천 송광사는 선종의 중심 세력이 되었다. 지눌의 선종 신풍운동은 조계종으로 성립되고 혜심에게 계승되어 교단으로서의 위치를 굳히게 되었고, 종래의 교종 중심의 불교를 선종 중심으로 옮기게 되었다.

그러나 원나라의 간섭기에 접어들면서 불교계의 혁신적인 신앙결사운동은 단절되었고, 당시 불교사찰이 권문세족의 후원 아래 막대한 토지와 노비를 소유하는 등 세속화됨에 따라서 불교는 성리학을 수용한 개혁적인 신진사대부들로부터 강한 비판을 받게 되었다. 이 시기에도 불교가 융성하였으므로 각 방면의 불교예술이 활발하게 전개되었으며, 호국불교의 발달로 3차례에 걸쳐 대대적으로 대장경이 만들어졌다. 외적의 침입을 부처님의 힘으로 물리치기 위한 국가호위에 목적을 둔 대장경 간행은 현종 때 시작해 문종 때 이르러 6천여 권의 대장경 초판이 완성되었고, 선종 때 4,700여 권의 속장경, 고종 때 강화도에서 몽고의 침입을 격퇴하기 위해 팔만대장경이 간행되었다.

고려시대에 불교는 다양한 교리와 종파로 갈라지고 시대와 정치세력의 변화에 따라 부침이 이어졌지만, 가장 근본적인 것은 정토신앙으로서 현세의 어려움을 겪는 서민층과 호사스러운 현세를 살던 귀족층 모두에게 부처에 귀의하여 극락정토세계에 가서 복락을 누리고자 한 소원이었다. 정토신앙은 아미타불을 통하여 극락정토세계로 인도되고자 하는 신앙으로 고려불화의 기본 주제이고 불상의 가장 보편적인 대상이었다.

고려 후기에는 지방의 농업생산력이 증가하고 이를 기반으로 하는 신흥세력이 점차 대두되었는데, 대부분 지방 중소지주 출신인 이들 신진세력들은 새로운 유학인 성리학을 수용하며 기존의 대토지 소유자들인 권문세족을 비판하고 현실의 모순을 극복하려고 하였다. 성리학은 고려시대 말 지식층을 대상으로 커다란 영향력을 행사하며 불교의 부패, 무속의 성행, 몽고의 침탈에 의한 민중의 피폐를 해결하는 수단으로 수용되었는데, 농업기술의 도입과 그로 인한 생산성의 증가로 중소 자영계층이 발달되고 그들 중에 새로운 사상을 추구하는 사대부계층이 발생했기 때문에 가능한 것이었다. 고려시대 말 새롭게 등장한 성리학과 사대부계층의 등장으로 유교적 이념을 구현하기 위한 유교건축이 탄생하게 되어 많은 객사와 향교가 지어지게 되었다. 성리학에 입각한 신진세력들은 원의 세력이 물러간 14세기를 이끌며 결국 고려를 무너뜨리고 조선왕조를 건국하기에 이르게 된다.

4) 고려의 예술

고려는 귀족사회의 발달과 불교의 융성, 송나라의 영향으로 섬세하고 정교한 귀족적이며 불교적 색채의 예술문화를 남겼다. 고려는 북방 민족들의 잇단 침략에도 불구하고 송나라, 원나라 등과 문화적 교류를 하면서 그들의 예술 양식을 수용하여 자체의 예술을 발전시켰는데, 고려 예술의 성격은 불교적이고 귀족적이라고 간주할 수 있다. 고려는 귀족들의 생활기구를 중심으로 자기와 나전칠기, 불구 등이 발달하였으며, 상감청자는 세계적으로 뛰어난 민족예술의 정수이다. 귀족들은 사치생활을 충족시키기 위해 여러 가지 예술작품을 만들어 즐겼으므로 고려시대에는 서화와 음악, 도자기와 칠기, 불구, 금속 등의 공예가 왕실과 귀족사회에 의해 촉진되어 발달하였고, 회화에서도 다양한 기법과 양식의 불화가 제작되었다.

고려는 치국의 정신적 배경을 불교에 두었던 만큼 예술 작품 역시 불교와 관련이 있을 뿐만 아니라, 일상용구에 이르기까지 불교적인 색채를 반영시켰다. 수많은 사원의 건립에 따라 세워진 건축물과 탑, 부수되는 각종 건조물과 불상, 불교 행사에 필요한 불구들 등 직접 불교와 관련된 작품들뿐만 아니라, 도자기와 기와, 벽돌에까지도 불교와 직결되는 문양이 채택되거나 불교적인 정신세계가 문양을 통하여 표현되었다.

불교를 배경으로 고려인들이 남긴 예술 작품은 무신정권의 성립을 기준으로 하여 크게 전기와 후기로 성격이 다르게 나타난다. 전기는 새로운 왕조 건설에 따라 기백과 의욕에 넘쳐 건실한 작품, 북방적 생기가 나타났는데, 석탑이나 석불에서 거대한 작품들이 나타나고 부도에서는 정교한 표면장식이, 공예에서는 청자와 각종 금속제품이 발달되었다. 또한 12세기 중반 무렵부터 13세기에 걸친 고려사회의 평화와 안정은 상층 귀족계급의 세련된 미적 감각을 바탕으로 하여 가장 고려적인 예술이 발달되었다. 고려 후기의 예술은 몽골의 침입, 문벌귀족의 몰락과 선종의 융성으로 퇴보의 길을 걷게 되었지만, 불교종풍의 변화 및 원나라 예술의 영향으로 조형미술의 형태와 양식에 변화가 일어났다. 후기가 되면 목조 건축의 가구형식이나 도자기 요법이 변화되고, 서화에서는 원나라의 서법이나 화법을 추종하고, 불상조각이 퇴보하며 새로운 양식이 도입되었다. 고려시대의 예술은 불화와 도자기, 건축물 등을 통해서 그 실체를 확인할 수 있다.

(1) 회화

고려시대 귀족문화의 발달은 서화와 음악에도 나타났다. 건국 초기 이래 화가 양성을 위하여 도화원을 설치하였던 만큼, 회화는 왕실과 귀족들의 취미생활로 상당히 발달했는데, 인물화와 불교 회화는 물론 문인화 계통의 그림 등이 귀족과 화원, 선승 등에 의해 제작되었다. 고려시대 전기에는 산천을 그리는 실경산수화가 발전하기 시작했는데, 이녕의 「예성강도」와 「천수사남문도」, 이제현의 「기마강상도」, 필자 미상의 「금강산도」, 「진양산수도」, 「송도팔경도」 등 문헌에 전해지고 있는 작품들이 이를 말해준다. 화가로서는 인종 때 「예성강도」를 그린 이녕과 그 아들로서 「소상팔경도」를 그린 이광필이 유명하였으며, 현재 전해지는 것으로서는 공민왕 무덤의 벽화와 수락암동 옛 무덤의 사신도, 부석사 조사당의 사천왕상과 보살상 벽화, 모란과 들국화를 그린 수덕사 대웅전 벽화의 수화도 등이 있다. 공민왕이 그렸다는 「천산대렵도」는 원나라 시대 북화의 영향을 받은 것으로, 말을 탄 인물과 마른 나무, 풀 등 극도의 세밀하고 뚜렷한 필치는 웅대하고 품위 있는 사실감을 느끼게 한다. 고려시대 후기에는 신흥사대부들의 시화일치론이 유행하면서 회화의 문학화가 이루어졌다. 서예 분야에서는 왕희지체와 구양순체가 문신귀족들에게 성행하였으며, 문종 때의 유신, 인종 때의 탄연, 고종 때의 최우가 명필로서 신라의 김생과 함께 신품사현이라 일컬어졌다. 후기인 충선왕 때부터는 원나라 조맹부의 송설체가 유행하였고 이암이 대표적인 서예가였다.

고려시대의 불화는 호화롭고 귀족적인 화풍을 보여주며, 현재 남아 있는 불교 회화들은 고려시대 회화의 높은 수준을 보여주는데, 금빛과 채색이 찬란하고 의습과 문양이 정교하며 자태가 단아하여 고려적인 특색을 강하게 풍긴다. 불교사찰의 장엄을 드러내기 위한 불화는 균형 잡힌 구도와 화려하고 고귀한 금빛 선과 밝고 찬란한 색채를 살리면서 귀족적인 예술성을 잘 드러낸다. 혜허가 그린 동경 천초사 소장의 「양류관음상」, 서구방이 1323년에 그린 「수월관음보살도」(그림 2-33) 등은 고려시대 불교회화의 높은 수준과 장엄하고 화려한 화풍, 귀족적 취향을 잘 나타내 보여준다. 고려의 후기에는 내세의 구원과 행복을 비는 구복신앙이 성행함에 따라서 아미타여래, 관세음보살, 지장보살 등이 불화에 많이 그려졌다. 특히 일본에 다수 남아 있는 13세기를 전후로 제작된 「관경변도」, 「나한상」, 「관음보살상」, 「지장보살상」, 「아미타여래상」 등의 고려불화는 우아하고 정교한 양식을 통해 정성을 들인 정밀한 표현 속에 깊은 종교적 분위기와 격조 높은 아름다움을 모습을 보여준다. 음악도 역시 왕실과 귀족들의 향락적 생활로 인하여 발달하였으며, 속악과 아악,

그림 2-33 「**수월관음보살도**」

당악이 있었다. 아악은 궁정과 종묘 등에서 연주하는 정악으로서 송나라로부터 수입된 대성악이 궁중음악으로 발달하였고, 속악 또는 향악은 신라시대 이래의 고유 음악이 당악의 영향을 받아 발달한 것으로 「동동」, 「한림별곡」, 「대동강」 등의 곡이 대표적이다. 이러한 음악은 가면극과도 연관되어 처용무 등 탈춤을 중심으로 한 산대극도 유행하였다.

(2) 도기와 공예, 조각

고려시대는 불교회화와 함께 고려청자로 널리 알려진 공예 부문이 발달하였는데, 순청자와 상감청자, 회청자 등의 자기가 특히 발달하였다. 대체로 고려 초기에는 비색이 가장 아름답고 조형감각이 특히 뛰어난 순청자가 발달하였고, 중기에는 고려 특유의 상감청자, 후기에는 철사 등으로 그림을 그려 장식하는 회청자가 유행하였다. 11세기 예종 및 인종

때에 이르러 송나라 자기의 영향을 벗어나 장식이 없는 푸른 하늘색과 선이 특징인 비색청자가 제작되었다. 그릇 표면에 음각을 하여 무늬를 넣는 순수청자에 이어, 12세기 중엽 의종 때에 이르러 고려에서 독특하게 발달한 상감청자는 비색청자의 표면에 양각이나 음각의 무늬를 넣고 백토나 흑토를 그릇 표면에 새겨 넣으며 청자유약을 발라 구워내어 병, 항아리 등의 우아한 형태를 만든 자기이다. 「청자 상감모란문 표주박모양 주전자」(국보 116호, 그림 2-34)는 표주박 모양 주전자로서 아랫단에 모란넝쿨무늬가 역상감기법으로 화려하게 장식되었다. 도자기 예술로서 절정에 이른 고려청자는 중국인들로부터 '고려청자의 비색이 천하제일'이라는 칭송을 받을 정도였으며, 12세기에 청자는 도자기뿐만 아니라 건물의 기와, 나한상, 베개에까지 응용되었다.

그림 2-34 **청자 상감모란문 표주박모양 주전자**

고려청자와 금속공예, 나전칠기 등이 호화롭고 정교하였던 것에 비하여, 건축과 석탑이나 석등, 불상 등의 조각은 이전 시대에 비해 다소 경직되다. 고려에 있어서 조소는 불교 조각으로 대표되지만, 선종불교에 의해 부처 모시기가 경시되거나 불상 수요가 감소되면서 불상 조각은 퇴조하였다. 불상 조각으로는 거대하나 균형이 잡히지 않은 관촉사 미륵불(일명 은진미륵, 967)과 양팔이 없어졌으나 아담하고 균형이 잘 잡힌 충주의 철불좌상, 유일한 소조 작품이며 신라 양식을 계승한 부석사 무량수전의 소조여래좌상(문화재청) 등이 있다. 고려시대 전기의 범종은 신라종의 양식을 계승하였지만 신라의

종보다 왜소하고 치졸하며, 고려시대 후기의 범종은 한 마리의 용과 음통이 있으며 좌불상이 있으나 문양이 도식화되었으며 연판에는 입상 화문대를 갖추고 상하대 유곽에는 뇌문이나 국화문, 모란문 등으로 장식했다. 전기의 범종으로는 덕수궁에 소장된 천안 성거산 천흥사명 동종(1010), 수원 용주사 동종, 청녕4년 명동종(1058) 등이 신라시대의 양식을 계승한 종이고, 후기의 범종으로는 내소사 동종(1222), 탑산사 계사명 동종, 경기도 연천 출토 범종, 연복사 범종, 조계사 범종 등이 있다. 고려 후기에 세워진 목조건축으로는 안동 봉정사 극락전, 영주 부석사 무량수전과 조사당, 예산 수덕사 대웅전, 안변 석왕사 응진전 등 몇 개가 남아 있다. 대표적인 부석사의 무량수전은 주심포양식으로 간결하고 조화된 모습을 나타내고 있으며, 석왕사 응진전은 원나라의 영향을 받은 다포양식의 중후하고 장엄한 건축으로 조선시대 다포 건축의 시초가 되었다.

2. 고려시대의 건축

1) 건축 개요

10세기 초에서 14세기 말까지 이어지는 고려시대의 건축은 한국건축의 흐름 가운데 중요한 중간 단계를 이룬다. 고려의 건축은 남아 있는 유지와 기록을 통해 보면 규모가 크고 웅장하며 화려했던 것으로 짐작되지만 목조건축물은 그 대부분이 소실되었고 오직 석조 건축물만이 남아 있을 뿐이다. 고려의 수도 개경에는 만월대 등의 궁터와 흥왕사, 불일사의 유적을 통해 알 수 있듯이 건국 초부터 왕궁과 대규모의 불교사찰 건립이 왕성하였다. 10세기 말에 중앙집권적 통치체계가 확립된 이후 11세기는 개경의 궁궐이나 사찰의 전성기로서, 안정된 왕권과 중앙의 관료귀족을 중심으로 개경은 통일 왕조의 수도답게 장려한 건축물들이 조성되었으며, 거란의 침입으로 소실되었던 궁궐도 새로 조성하고 시내와 외곽에 호국적 사찰이나 왕실의 원찰들이 속속 건립되었다. 고려 전기의 건축은 왕궁과 사찰, 귀족의 저택 등 귀족적이며 불교적인 건축에 치중하였으며, 건축은 층단식으로 외관이 높고 웅대하며, 기둥은 배흘림을 주며 안쪽을 약간 기울게 하여 안정감을 주었다.

고려의 태조는 송도(지금의 개성)에 도읍을 정하고, 문과 회랑, 건물들을 능선을 따라 아래에

그림 2-35 개경 만월대 복원 모형

서 위로 올라가며 겹겹이 배치시켜 화려한 궁궐 만월대(그림 2-35)를 지었으며 법왕사 등 10여 개의 큰 사찰을 세웠다. 고려는 불교국가였던 만큼 초기에 태조가 사찰을 건립한 이후 사원 건립이 왕성하여 개성을 중심으로 흥왕사 등 많은 사찰이 건립되었다. 고려시대의 사찰은 일탑식을 비롯하여 가람배치 형식이 매우 다양했던 것으로 생각된다. 하지만 고려 때 세워진 이 건축물들은 지금도 법천사, 거돈사 등의 터가 남아 있지만 조선시대에 와서 불교를 탄압하는 정책 때문에 없어지고 불과 몇채만이 남아 있는 실정으로, 목조건축은 13세기 이후에 건립된 몇몇 사찰건축이 남아 있을 뿐이고 석탑과 부도 등의 석조건축은 상당수가 남아 있다.

12세기 들어서 고려 사회가 혼란하고 불안정하게 되자 지력이 쇠한 개경을 버리고 수도를 다른 곳으로 옮기려는 시도도 있었고 궁궐을 여러 길지라는 곳에 세우기도 했으며 풍수 도참설이 성행하면서 그에 따라 건축물들이 여러 곳에 지어지기도 하였다. 1170년 무신의 난으로 무인들이 집권하면서 무인세력에 적대적이었던 개경 중심의 사찰들은 타격을 입는 반면 무인세력을 지지한 선종 계통 사찰들이 부상하게 되었고, 새로운 신앙결사운동이 전개되면서 하층민들의 지지를 받으며 지방의 소규모 사찰들이 활기를 띠게 되었다. 13세기 후반부터 원나라를 통해서 성리학, 다포양식, 라마교 등 새로운 문물이 도입되었다. 무신집권기 때부터 소수 가문이 대토지를 사유화하게 되어 국가 재정은 위축되었고, 국가에 의해 대규모의 건축조영이 이루어지지 못하는 한편 대토지를 소유한 왕족이나 권문세족에 의한 건축조영이 주류를 이루게 되었다.

건축구조적 측면에서 살펴보면 신라를 계승한 고려 초기의 건축은 중기에 중국 남송과의 교류가 활발해지면서 공포가 기둥 위에만 설치되고 천장가구가 없는 주심포양식이 정착되었고, 말기에는 원나라와의 교류로 다포양식이 발달되었는데, 이 두 양식은 가구수법 등 여러 가지로 구별된다. 주심포식은 공포가 기둥 위에만 있고 공포의 출목수가 2출목이고, 다포식은 공포가 기둥과 기둥 사이에도 있으며 3출목 이상이다. 주두와 소로의 굽의 단면이 주심포 형식에서는 곡선이고 굽 밑에 받침이 있으며 첨차 끝의 모양이 복잡하나, 다포 형식에서는 주두와 소로의 굽이 직선이고 받침이 없으며 첨차 끝의 모양이 간단한 곡선이다. 주심포식은 기둥 위의 가구를 노출시키는 연등 천장에 맞배지붕으로 외관이 간결, 명쾌하지만 다포식은 기둥 위의 가구를 볼 수 없게 만든 우물천장에 팔작지붕으로 외관이 장중, 화려하다. 주심포양식으로는 안동 봉정사 극락전, 영주 부석사 무량수전 및 조사당, 예산 수덕사 대웅전, 강릉 객사문 등이 남아 있으며, 다포양식은 안변 석왕사 응진전, 황주 심원사 보광전 등에서 볼 수 있다. 부석사 무량수전은 고려시대 목조건축의 일반적 양식인 주심포 양식으로 간결하고 조화된 모습을 나타내고, 봉정사 극락전은 현존하는 건물 중 가장 오래된 목조 건물이고, 석왕사 응진전은 원나라의 영향을 받은 다포양식의 중후하며 장엄한 건축이다.

석조건축으로서 탑파와 부도는 신라형식을 답습하고 있으나 부분적으로 변화가 있으며 예술성은 따라가지 못하여 대체로 미적 감각이 결여되며 형식에 흘렀다. 석탑은 형태가 정돈되지 않고 안정감이 무시되며 형식이 다양화하였는데, 현종 때 만든 신라 계통의 양식인 현화사 칠층석탑(1020), 광종 때 만든 송나라의 탑을 모방한 월정사 팔각 구층석탑, 충목왕 때 원나라의 영향을 받아서 만든 경천사지 십층석탑, 예천 개심사지 오층석탑(1009), 흥국사의 탑(102), 제천 사자빈신사지 사사자 구층석탑(1022) 등이 대표적이다. 또한 고려시대에는 재료에 있어서도 암청색의 점판암을 사용하여 백색의 화강석과 대조를 이루게 되었고, 또한 월정사 팔각 구층석탑과 같이 평면이 육각 또는 팔각인 다층석탑이 새롭게 등장하였다. 그 대표적인 개풍의 경천사지 십층석탑은 원나라 양식의 영향을 받은 이색적인 석탑으로, 조선시대 세조 때 세워진 원각사탑의 원형이 되었다.

부도는 팔각당형이 기본 형태이지만 이형부도도 나타났으며, 석탑형의 영전사 보제존자 사리탑, 보련형의 법천사지 지광국사탑, 정토사지 홍법국사탑 등이 전해지고 있으며, 여주의 신륵사 보제존자석종은 화려한 모양에서 벗어난 석종형 부도이다. 고려시대의 석비로 남아 있는 것은 해주의 광조사 진철대사보월승공탑비(937), 원주 흥법사 진공대사탑비(940), 여주 고달사지 원종대사탑비(975), 정토사지 홍법국사탑비(1017) 등이 있다. 개성 주변에 있는 왕후귀족의 묘능에는 신라의 묘제에 따라 봉토 주위에 12지신상을 부조한 호석을 배열하여 난간으로 두르고 또 앞쪽에 석인, 석수, 망주석이 세워진다. 횡혈식 석실로 주된 부장품은 고려청자를 비롯하여 고려경이나 귀금속 제품이 포함된다. 또한 공민왕릉, 수락암동 고분, 법당방 고분이나 경남의 거창개봉고분과 같이 벽화가 있는 예도 있다.

고려시대에 왕족과 상류계층은 중국식으로 의자와 탁자, 침상 등을 사용하며, 가구도 다양하고 고급품으로 호화로운 주거생활을 하였다. 민가에서는 주로 온돌이 설치된 흙바닥에 자리를 깔아 생활하는 정도였으며, 부유한 민가는 기와를 이었으나 대부분 풀이나 짚으로 지붕을 이었다. 온돌은 삼국시대와 같이 북부지역에만 한정되지 않고 전국적으로 서민 주택에 널리 이용되었다. 또한 전 국토의 2/3가 산지인 만큼 음양오행설과 풍수지리설이 건축에 깊은 영향을 미쳐 단층의 주택을 주로 건축하였고, 말기부터는 유교의 영향으로 주택 내에 가묘, 곧 사당을 설치하게 되었다.

2) 풍수지리설

음양오행사상에 의한 풍수지리사상은 통일신라 이래 고려시대에 매우 성행하여 건축과 무덤의 입지와 규모 등에 커다란 영향을 주었다. 풍수지리설은 산세를 살펴 도읍이나 집터, 무덤자리를 선정하는 것으로서, 산의 형세나 토질, 물의 흐름, 방위를 기준으로 하여 이론이 만들어졌다. 풍수설은 신라 말기부터 널리 퍼지고 10세기경에는 본격적으로 하나의 이론체계를 갖추어간 것으로 짐작된다. 나말여초에는 풍수지리설을 이론적으로 체계화한 대표적 인물인 도선국사의 영향으로 풍수지리가 퍼져나가며 자리를 잡게 되었으며, 국가의 흥망에 풍수지리와 도참사상이 영향을 미치는 것으로 이해되어 전 국토에 비보사찰이 세워지기도 하였다. 도선국사는 특히 지세가 약하고 쓸모없는 땅에 절이나 탑을 세워 땅을 사람들에게 이로운 곳으로 바꾸어준다는 비보사탑설을 주장하였다. 도선국사는 태백산과 금강산은 뱃머리로, 월출과 영주(제주)는 꼬리로, 부안 변산을 키, 지리산을 돛대, 능주의 운주를 복부로 삼는 등 한반도의 지형을 항해하는 배에 견주어 사찰을 지을 터를 지정했다고 한다.

풍수지리설은 이후 기복적인 도참사상과 결합하여 고려인의 삶과 건축에 지대한 영향을 미쳤으며, 특히 고려 왕실의 후원으로 더욱 확산되었다. 고려 태조 왕건은 선종과 도선의 풍수지리설에 힘입어 나라를 세운 만큼 그에 대해 깊은 관심을 두었고, 풍수지리설은 지속적인 영향력을 발휘하였다. 태조의 「훈요십조」는 사원의 개창에 관한 제1조로부터 모든 사찰입지를 도선이 정하여 준 곳이 아니면 쓰지 말라는 제2조, 서경을 귀하게 여기라는 제5조, 국토에 대하여 순역의 관점에서 파악하는 제8조 등 풍수지리를 중시하였다는 사실을 잘 나타낸다. 이후 고려시대의 모든 역사적 사건에는 거의 대부분 풍수지리설이 근저에 놓여 있었다고 할 정도로 풍수지리설이 강력하게 영향을 미쳐 왔다고 볼 수 있다. 고려시대의 풍수지리는 도참사상과 합일되고 불교와 결합되어 민간생활을 좌우하였고 국가정책에도 많은 영향을 미쳤다.

태조 왕건이 「훈요십조」 안에 풍수설에 입각한 훈계를 남긴 이래, 풍수지리설은 길흉화복을 예언하고 암시하는 도참사상이 더해서 정치적으로나 사회적으로 불안정한 시기에는 지배계층에게 더욱 영향을 주어 정권의 연장이나 새로운 돌파구를 찾는 하나의 구실로 이용되기도 했는데, 1056년 문종이 이궁 장원정을 지은 것이나 11세기 말 남경의 건설, 12세기 서경 천도 등이 그 실례이다.

풍수지리설은 도성이나 마을, 주택, 무덤을 건립하는데 입지와 배치, 높이와 형태 등에 커다란 영향을 미쳤으며, 우리나라의 전 국토가 산지지형이므로 음양의 조화를 위해 단층의 건축을 지어야 한다는 비보설이 강조되었다. 충렬왕 때의 『고려사』 기사에는 "산이 드문 곳에는 높은 누를 짓고 산이 많은 곳에는 낮은 집을 짓는데, 이는 산이 많음은 양이고 드물면 음이기 때문이다. 우리나라는 산이 많으므로 높은 집을 짓게 되면 반드시 땅이 쇠약하고 손상되는 일이 따르게 된다. 따라서 태조 이래로 비록 궁궐 내에도 높은 집을 짓지 않았고 서민의 집에까지 그러했다고 한다."라는 내용이 있다. 한편 풍수설은 지기가 쇠하거나 음한 곳에 건물을 지어 지기를 살린다는 음양비보 사상에 따라 새로운 사찰을 창건하는 역할을 하기도 하였다.

중국 송나라 사신으로 고려에 왔던 서긍의 『선화봉사고려도경』을 통해 보면, 고려의 궁궐은 풍수지리에 입각한 명당자리를 궁궐터로 선정하였기 때문에 경사가 가파른 언덕을 그대로 활용하였고, 높은 기단을 쌓아 높이의 차이를 극복하고 정전을 비롯한 주요 건물은 4면에 행각을 둘러 폐쇄적인 공간을 형성하였다고 한다.

2.7 조선시대의 문화와 건축

1. 조선의 역사와 문화

1) 조선의 역사

조선은 1392년 즉위한 태조 이성계에서 1910년 마지막 임금인 순종에 이르기까지 27명의 왕이 승계하면서 519년간 지속되었다. 조선왕조는 왕권의 강화, 제도의 정비, 사회구조, 대외관계의 변화에 따라 크게 6단계로 나누어볼 수 있다.

제1기인 15세기는 왕권이 강화되며 체제가 수립되어 간 확립기로서 태조~제9대 성종까지의 시기이다. 고려시대 말 친원정책을 주장하고 기성질서를 유지하려던 불교적 성향이 강한 권문세족과 친명정책을 주장하고 개혁정치를 요구한 유교적 신흥 사대부의 대립 속에서 이성계는 신흥 사대부 세력과 결탁하였다. 이성계는 고려 우왕 14년(1388) 요동정벌 중 위화도에서 회군하여 구세력인 최영 일파를 숙청하여 정권과 군권을 잡고, 혁명파 신진사대부의 경제적 기반이 되는 과전법[21]을 고려 공양왕 3년(1391) 단행하여 경제적인 기반을 마련한 이후 1392년 7월 개성 수창궁에서 공양왕의 왕위를 물려받아 왕조를 개국하여 태조가 되었다. 태조는 1393년에 국명을 조선(朝鮮)[22]으로 고치고 1394년에 한양으로 천도하여 여러 가지 개혁을 단행하였다. 이어 태종은 두 차례에 걸친 왕자의 난(1398, 1400)에서 승리하여 왕위에 올라 왕권을 강화해나가고 왕 중심의 통치체제를 정비하기 위해 관료제도를 정비하였고, 특히 사병을 없애며 억울하게 노비가 된 이들을 양민으로 복귀시키는 등 국가 재정을 안정시키려는 노력을 하였다.

그리하여 15세기에는 태종과 세종, 세조를 중심으로 권력구조가 개편되고 중앙집권체제가 강화되면서 국력이 크게 신장되었으며, 세종 때에는 국토가 압록강과 두만강까지 확장되었다. 세종은 정치를 안정시키며 학문과 군사, 과학, 문화 등에서 큰 업적을 이룩하였고, 또 국방을 안정시키기 위해 북방 지역인 4군과 6진을 개척하여 국경선을 확정시켰으며, 화포 제작 및 조선 기술 발전 등을 통해 왜구의 약탈을 방지하였다. 또한 세종은 궁중 안에 정책연구기관인 집현전을 설치하여 학문을 장려했으므로, 산업 및 실용적 학문이 발전하여 민족문화가 크게 피어났으며, 세종 28년(1446) 훈민정음을 창제하고 측우기와 금속활자를 개량하였으며 아악을 정리하였다.

세조는 신하의 권력을 제한하고 왕권을 강화하기 위해 호패법을 복원하고, 『동국통감』, 『국조보감』 등을 만들기도 하였다. 또한 세조는 온건파 신진사대부의 후예들인 영남의 사림파를 등용하여 공신 세력인 훈구파를 견제함으로써 조선왕조의 통치체제를 확립시켰다. 성종은 개국 이후의 문물제도를 정비하였고, 세종 때부터 이어온 법전 편찬 사업이었던 『경국대전』의 편찬을 완성하고 국가의 의례서인 『국조오례의』를 편찬하였다.

제2기인 16세기는 왕권의 약화와 더불어 사회체제가 변화되어 간 변질기로서 연산군~ 선조까지의 시기이다. 15세기 말부터 지방의 사림 세력이 정계에서 세력을 키우기 시작했는데, 연산군의 실정에 저항하여 사림파를 중심으로 일어난 중종반정[23]을 통해 중앙 정계에 대거 진출하였고 명종 때는 훈구파를 몰아내고 조정의 실권을 잡았다. 이때부터 사림은 동인과 서인으로 나뉘어 붕당정치가 시작되었는데, 이처럼 사림들 사이에 다시 대립이 생겨 자기 일파만이 정권을 장악하기 위하여 대대로 서로 싸우게 된 것을 당쟁이라 한다. 이 당쟁으로 정치와 사회, 경제적으로 동요되는 상황에서 조선왕조는 임진왜란과 병자호란

----

21 귀족들의 대토지 소유에 따른 국가 재정의 고갈 문제를 해결하기 위하여 이성계를 비롯한 신진사대부들이 주도하여 실시한 토지 제도로서, 토지의 국유화를 원칙으로 공전(公田)을 확대하여, 조선 초기의 경제 기반을 이루었다.
22 민심의 혁신을 위하여 태조는 고조선의 계승자임을 밝히려는 자부심과 사명감에서 국호를 조선으로 개정하였다.
23 1506년(연산군 12년)에 성희안(成希顔), 박원종(朴元宗) 등이 연산군을 폐하고 진성 대군(晉城大君)을 왕으로 추대한 사건이다.

등 커다란 외적 시련을 맞게 된다.

1592년 일본을 통일한 도요토미 히데요시는 20만 병력을 이끌고 조선을 침략해왔는데
(임진왜란), 전쟁 준비가 되어 있지 않았던 조선군은 조총 부대를 앞세운 왜군에 크게 고전
하여 선조가 의주까지 피난을 가야 했다. 그러나 일본 수군을 대파한 이순신 장군의 활약과
전국 각지에서 자발적으로 조직된 의병들의 활약, 명나라의 지원으로 조선은 7년 만에 왜군
을 몰아냈다.

제3기인 17세기는 왜란과 호란으로 동요되었던 사회구조를 복구하고 극복하는 정비기
로서 광해군~숙종까지의 시기이다. 선조 다음의 광해군(1609~1623)은 일본과 두 차례의
전쟁으로 황폐해진 국토를 정비하기 위해 사림 정치를 배제하고 왕권을 강화하기 위해 노
력하였으며, 또한 실리를 중시한 외교를 펼쳐서 새롭게 떠오르는 청나라와 망해가는 명나
라 사이에서 중립 외교를 표방하였다. 그러나 광해군과 그를 지지하는 북인에 의해 정계에
서 배제된 서인과 남인은 광해군을 몰아내어 인조를 옹립하였다(인조반정).

인조가 다시 명나라와의 친선 정책을 펼쳤으므로 청나라는 1627년(정묘호란)과 1636년
(병자호란) 두 번에 걸쳐 조선에 침입하였고, 조선은 청나라에 항복을 선언하는 굴욕을 당
하게 되었다. 이들 전란으로 인하여 국토는 황폐해지고 국가 재정은 고갈되었으며 백성들
의 생활은 비참하게 되었다. 특히 왜란으로 인한 농촌사회의 피해는 극도에 이르렀으며,
전란 이전에 이미 불붙은 당쟁은 더욱 격화되어 양반사회 전체를 분열과 침체에 빠뜨렸고
전통적 신분체제를 크게 무너트리게 되었다.

조선 후기에 있어서 정치는 붕당을 중심으로 이루어졌는데, 서인은 17세기 중반의 예송
논쟁에서 남인에게 권력을 넘겨주었으나 1680년의 경신환국[24]으로 서인이 다시 권력을 잡
은 뒤 남인을 철저히 탄압하였으며, 이어 서인에서는 노론과 소론이 분열되어 다시 대립하
였다.

제4기인 18세기는 영조~정조의 시기로서, 정치적 및 경제적 안정과 더불어 문물이 융
성하였던 안정기이다. 영조(1725~1776)는 당쟁을 타파하기 위해 노론과 소론의 온건파를
기용하는 한편, 강력한 탕평책을 펼침으로써 왕권이 강화되고 붕당정치의 힘은 약화되었
다. 정조(1777~1800)는 영조의 탕평정치 의지를 받들어 더욱 발전시켜 나갔으며, 붕당의
비대화를 막고 임금의 권력과 정책을 뒷받침할 수 있는 강력한 정치 기구로 규장각을 육성

----

24 1680년(숙종 6년)에 당시의 세력파이던 남인이 몰락하고 서인이 득세하게 된 사건이다.

하였으며, 신진 인물이나 중·하급 관리 가운데 능력 있는 자들을 재교육시키는 초계문신제(抄啓文臣制)[25]를 시행하였다. 18세기에는 영조와 정조에 의해 사회변화에 대처하고 민생안정을 위한 정치적 노력이 이루어져 중흥정치를 실현시켰고, 한편 서민들의 문화의식이 고양되어 민족문화의 저변이 확대되었다. 또한 이 시기를 전후하여 융성한 실학운동은 현실문제의 해결을 위한 사회개혁운동으로서 서서히 근대사회를 지향하도록 하였다.

제5기인 19세기 전반기에는 세도정치로 말미암아 정치질서가 붕괴되고 이에 따라 사회체제가 무너지며 농촌사회가 동요하게 된 침체기로서 순조~철종까지의 시기이다. 19세기에는 일부 지식인들에 의하여 실학사상이 제시되었으나, 세도정치로 말미암아 파국을 맞았다. 정치기강의 문란으로 국가재정이 어려워지고, 농촌경제는 파탄에 빠졌으며 동요의 징후를 보이기 시작한 신분제는 양반 중심의 지배체제에 커다란 위기를 초래하였다. 1800년 정조가 갑작스럽게 서거하고 그의 어린 아들 순조가 즉위하자, 순조의 장인 김조순이 정권을 장악하여 안동김씨 집안의 세도정치가 시작되었다. 이후 순조와 헌종, 철종 3대에 걸친 안동김씨와 풍양조씨 등 외척 세력의 세도정치가 60여 년 동안 계속되었고, 이 세도정치는 전정, 군정, 환곡 등 이른바 삼정의 문란을 비롯하여 온갖 부정부패를 야기했다.

세도정치로 인한 사회적 혼란이 계속되는 가운데 농민들의 의식이 점차 높아져 순조 때의 홍경래의 난, 철종 때의 진주민란 등과 같은 민란이라 불리는 민중운동이 곳곳에서 여러 차례 일어났다. 그럼에도 불구하고 세도 정권의 탐학과 횡포는 날로 심해져 갔고 재난과 질병이 거듭되었으며, 특히 19세기에 들어와서는 이런 현상이 더욱 심해져 백성들의 생활은 더 어려워져 갔다. 이와 전후하여 서양의 천주교가 전래되었고, 최제우가 창시한 동학이 창시되었으나 모두 박해를 당하였다.

제6기인 19세기 후반기에는 문호의 개방과 더불어 밀어닥친 세계 열강의 각축 속에서 내외의 정세가 크게 요동하였던 격동기로서 고종~순종까지의 시기이다. 철종의 뒤를 이어 흥선군의 어린 둘째 아들인 고종이 즉위하였고, 고종의 아버지인 흥선대원군은 양반 세도 정권을 무너뜨리고 민중들의 원망을 사고 있던 조세 제도를 개정하였으며, 서원을 철폐하고 의정부와 삼군부의 기능을 회복시켜 왕실과 왕권 강화를 꾀하였다. 흥선대원군은 왕실의 권위를 높이기 위해 경복궁을 중건하는 데 재정을 투입하였지만, 그것을 위해 수많은

....

25 초계문신제는 정조 6년(1781) 시작된 제도로서, 37세 이하의 신진 인물이나 중·하급(당하관 이하) 관리 가운데 능력 있는 자들을 재교육시키고 시험을 통해 승진시켜주는 제도였다.

백성들이 세금과 강제 노동, 당백전으로 인한 엄청난 인플레이션에 큰 고통을 겪어야만 했다. 흥선대원군은 프랑스와 미국의 통상강요를 거부하고 쇄국정책을 유지하였지만, 1873년 흥선대원군이 실각하고 여흥 민씨 정권이 들어서면서 대외정책이 개방되면서 1876년 음력 2월 3일 일본과 강화도 조약을 체결하여 문호를 개방하였고, 이후 미국 등 서구 열강들과도 외교 관계를 맺었다.

19세기 후반에 사회는 커다란 변혁기를 맞게 되어, 노비의 세습이 공식적으로 폐지되고 반상의 신분구분이 철폐되었다. 조선 말기 농민층의 불안과 불만이 팽배해졌고, 정치와 사회에 대한 의식이 급성장한 농촌 지식인과 농민들 사이에 사회 변혁의 욕구가 높아졌다. 이에 따라서 동학은 농민들의 변혁 요구에 맞도록 인간 평등과 사회 개혁을 주장하며 대규모의 세력을 모을 수 있었다. 전봉준을 중심으로 고부에서 일어난 동학농민군은 전라도 지역을 장악하고 집강소를 설치하며 개혁을 실천해나갔다. 그러나 조정의 개혁이 부진하고 일본의 침략과 내정 간섭이 강화되자 농민군은 외세를 몰아낼 목적으로 다시 봉기하여 서울로 북상하였으나 근대 무기로 무장한 관군과 일본군에게 패하고 지도부가 체포되면서 동학농민운동은 좌절되었다.

2) 조선의 문화

조선은 사대부의 도움으로 역성혁명을 성공하여 한양에 건국한 왕조국가로 500년 이상 존속하였다. 조선왕조는 기반을 확고히 하고자 외교정책으로서 사대교린주의를, 문화정책으로서 숭유억불주의를, 경제정책으로서 농본민생주의를 채택하였다. 조선은 정치적으로 성리학을 통치이념으로 삼으며 다른 이념과 사상은 억압하였고 불교와 무격신앙은 제약을 받았다. 정치, 사회, 문화의 전반에 걸쳐 유교가 지배하였던 조선시대의 문화는 크게 유교주의에 입각한 양반문화, 불교와 도교, 토속신앙이 융합된 서민문화로 나누어 볼 수 있다.

성리학은 고려시대의 불교에 대신하여 조선시대의 양반 사대부들이 통치이념으로 삼으며 새로운 사회질서를 위해 수용되어 16세기에 이르기까지 사회개혁과 사회체제의 정비를 위해 긍정적 역할을 하였다. 서원을 중심으로 융성하게 전개된 성리학은 형이상학적 국면으로 발전하여 이황, 이이와 같은 철학자를 배출하였고, 윤리적 측면이 강조되어 예학으로 역할을 하기도 하였다. 그러나 18세기 이후 사회질서가 변화되면서 성리학은 사회적인 기능을 상실하게 되었고 새로운 사상체계인 실학이 대두되었다. 즉, 16세기 말의 임진왜란과 17세기 초의 호란을 겪으면서 성리학은 변신하게 되었는데, 전란 후 국가를 재건하는 과정에서 지배층의 도덕성 회복과 부국강병, 민족에 대한 자아각성이 요구됨에 따라 성리학은 도교, 양명학, 불교, 서양의 천주교 등에서 도덕수양의 장점을 받아들이고, 각종 기술학에서 실용 지식을 흡수함으로써 실학이라는 새로운 학문이 이루어지게 된 것이다. 실학은 18세기 후반부터는 상공업의 육성과 기술 발전을 강조하는 북학으로 전환되었고, 19세기 이후에는 한양 양반의 북학이 고증학으로 발전하면서 학문의 전문성이 높아졌다.

사회적으로 조선시대는 권력적 지배의 우열 및 경제관계에서 유래되는 세습적인 상하관계, 지배와 피지배관계를 구성하는 신분제 사회로서, 크게 양반, 중인, 상민. 천민의 4계급으로 나누어진다. 양반은 조선시대에 와서는 사회의 지배층인 사대부계층을 뜻하게 되었으며, 사대부란 "독서인은 사(士)요, 종정(從政)은 대부(大夫)라."라고 한 것처럼 글을 읽고 과거에 급제, 정치에 참여하던 계층이었다. 양반은 가장 높은 신분으로 조상의 혈통을 기준으로 해서 사대부 출신을 일컫는데, 이들은 사회의 특권층으로서 나라로부터 토지나 기타 특전을 받았으며, 사회를 지배하였다. 중인은 양반 다음 가는 신분층으로, 이들의 전통이나 교양은 양반계급에 못지않았으나 관직은 의학, 역학, 산학, 관상, 혜민, 도화 등 기술사무직에 한정되고, 벼슬은 한품서용의 규정에 따라 제한되어 대개 하급관리에 임명되었지만, 수적으로도 적고 영향력도 거의 발휘하지 못하였다.

상민은 백성, 상사람, 또는 양인 등으로 불리었으며, 보통 농업과 공업, 상업에 종사하는 생산계급으로서, 납세와 공부, 군역 등을 담당하였다. 천민은 가장 낮은 신분으로서 칠반천인(七般賤人)이란 의미로 승려, 창우(재인), 무격(무당과 박수), 천역인, 피공(갓비치), 백정과 함께 노비가 포함된다. 노비는 관청에 딸린 공천, 매매나 양도로 개인에게 소속된 사천으로 구분되었으며, 백정은 천민 중에서도 가장 멸시받는 신분이었다. 조선은 경제정책 측면에서 농업만을 강조하였기 때문에 상공업 발전이 부진하였고, 후기에는 농장이 계속 확대되어 대부분의 농민들은 전호(田戶)의 위치에 얽매여 있었다. 그러나 농업 기술과 상업적 농업의 보급으로 재산을 얻을 수 있었던 일부의 농민들은 자작농과 소작농을 겸하거나 하면서 봉건적 지배를 점차 탈피해갔다.

양반 중심의 조선에서는 특히 양반들의 지위를 강화시키고자 유교적 예속과 가족제도가 형성되었다. 조선은 성리학 규범을 존중한 만큼 가족제도도 철저히 성리학에 따라 개편되었는데, 삼강오륜에 따라 남성의 권위가 높아지고, 부자·형제·이웃 사이의 위계질서가 강조되었다. 가족제도는 가장을 중심으로 한 대가족제도였으며, 유교적 효의 정신에 입각하여 가장의 권한은 절대적인 것으로서 가장은 가족을 대표하고 거느리며 조상에 제사 지내는 일을 주관하였다. 부유한 양반은 대가족을 이루고 살면서 족보를 만들어 친족 간의 결속을 강화했고, 일반 평민들은 소가족으로 살았다. 마을에서는 유교적 예속과 사회 운영을 위해 향약을 조직하고 마을 단위의 단결을 도모했다.

교육적 측면에서 조선시대에는 건국 초기부터 정교의 근본이념으로 채택된 유학이 입신양명의 유일한 도구였으며, 관료로서 출세할 수 있는 방법이 과거에 합격하는 데 있었으므로 교육도 과거를 준비하는 데에 중점을 두게 되었다. 과거제도가 인재발굴과 교육진흥을 꾀하고자 하였지만 결과적으로는 개인의 입신양명의 도구가 되기도 하였다. 교육제도는 서울에 성균관과 사학(四學)이 있었고, 지방에는 향교, 민간교육기관으로 서원과 서당이 있었다. 조선시대에는 교육을 강조하는 유교이념이 확산되면서 교육기회가 크게 늘어났으며, 16세기 이후 교육기관이 더욱 늘어나 전국 각지에 옛 현인들을 제사하고 추모하는 서원이 들어섰는데, 조선 후기에는 그 수가 1천 개를 넘어서게 되어 향교보다도 더 주요한 교육기관이 되었다. 교육은 대부분 양반의 자제에 한정되어 있었는데, 대개 어릴 때 서당에서 초보적인 유학 지식을 배우고 15~16세 이전에 서울은 학당, 곧 4학(四學)에, 지방은 향교에 들어가서 공부한 후 과거의 소과에 응시하고 합격하면 성균관에 입학하는 자격을 얻었다.

과학 분야에 있어서 농업, 교육과 질병에 대한 국가의 관심이 컸던 만큼 천문학, 인쇄술, 의학 분야에서도 독창성이 돋보인다. 세종 때에는 정확한 달력을 만들며 해시계, 물시계, 측우기를 비롯하여 각종 과학기구를 제작했고, 정조 때에는 각 도의 감영에서도 북극의 고도를 측량하는 등 천체에 대한 이해가 깊어졌다. 금속활자의 개량과 이를 이용한 인쇄술의 발전은 세계에서 가장 앞섰는데, 조선 초기에 국가가 교육진흥정책을 강화하면서 활자를 더욱 개량하고, 활판 인쇄술을 획기적으로 발전시켜 책을 대량으로 출판했다. 의학 분야에서는 조선 초기에『향약집성방』,『의방유취』등을 편찬해서 민족의학의 토대를 이미 마련했다. 16세기 말에는 허준이『동의보감』을 지어 민족의학을 한 단계 높은 수준으로 끌어올렸으며, 19세기에는 인체를 음양이론으로 분류하여 치료하는 사상의학이 발전하였다.

문학 분야에서, 한글창제는 시조와 가사와 같은 한글문학이라는 새로운 지평을 열었다. 시조는 조선 고유의 정형시로서 조선시대에 만개했다고 할 수 있으며, 가사는 자연의 풍경과 정서를 노래한 것이 많다. 후기에는 애정소설과 군담소설 등 소설이 크게 발달했는데, 중국소설의 영향을 받은 것도 많았지만『홍길동전』을 비롯해『춘향전』·『심청전』·『흥부전』등 한글소설의 걸작이 나왔다. 한문학은 양반 사대부의 기본교양으로 꾸준히 발전했으며, 서거정은 역대의 명문을 모아『동문선』을 편찬했다. 초기에는 설화문학이 발달하여『필원잡기』·『용재총화』·『패관잡기』 등이 편찬되었고, 후기에는 실학의 영향으로 새로운 문체와 내용의 작품이 나타났다.

3) 조선의 예술

문화와 예술의 측면에서 보면 유교를 기본 이념으로 삼은 조선시대는 문화와 예술에서 도 유교이념이 강하게 작용했다. 양반 사대부들은 예술에서도 유교적 이념과 생활의 구현을 최고의 가치로 삼았으며, 국가의 문화정책도 이를 기본적인 목적으로 삼았다. 따라서 조선시대는 검소한 것을 미덕으로 삼고 형식적인 예절을 숭상하는 유교사상이 예술작품에도 반영되어 소박하고 순진스러우며 자연미나 실용성을 지니고, 교훈적인 면을 우선하는 작품들을 만들어냈으며, 각 부문에서 조선적인 개성이 뚜렷하게 발휘되었다.

유교를 숭상한 조선은 그 이전의 문예와 현격한 차이를 나타내었는데, 이전의 사찰 중심의 미술은 궁궐 중심으로, 불교 중심의 회화는 남종화풍의 담담한 화풍, 문인화, 풍속화 등으로 다양하게 변모되었다. 즉, 억불숭유정책은 불교적이고 귀족적인 성격을 탈피하여 검소하고 실용적이며 소박한 성격을 갖게 했으며, 예술의 경우도 마찬가지로서 소박하고 순진스러운 성격을 지니며 친근감을 주는 회화와 도자 및 목칠 공예, 그리고 목조 건축 등이 발전하였다. 조선시대를 시종일관 지배하며 검소한 것을 미덕으로 삼고 예절을 숭상하는 유교사상은 인간의 감정과 패기를 억누르고 정서를 메마르게 하였으므로, 조선의 예술에서는 섬세하고 화려한 점이 부족하기도 하다. 또한 예술 분야에 종사하는 사람들이 사회적으로도 좋은 대우를 받지 못하여 예술이 크게 발달될 수는 없었다.

회화 분야에서 조선 전기에는 고려의 전통을 계승하고 중국의 회화를 받아들여서 새로운 화풍을 발전시켰다. 초기에 도화서 화원이었던 안견, 최경, 이상좌가 유명했는데, 산수화와 인물화가 많았다. 한편 강희안, 이암, 신사임당 등과 같이 양반 사대부들은 교양활동으로 작품활동을 하기도 했는데, 문인화인 수묵화가 유행했다. 후기에는 영조 때 활약한 정선에 의해 「진경산수화」라는 독특한 방식이 개발되어 금강산과 한양 주변의 경치를 담은 작품을 남겼으며, 김홍도와 신윤복은 사회의 실생활, 서민생활을 묘사한 풍속화와 민화를 많이 남겼다. 김홍도는 정조의 화성 건설 및 화성 행차와 관련된 그림과 일반 사대부들의 감상을 위한 풍속화, 인물화, 산수화 등을 많이 그렸는데, 정조시대의 활기차고 건강한 시대상이 잘 나타나 있다. 김홍도가 농촌 서민과 도시 사대부의 생활상을 즐겨 그렸다면, 신윤복은 대조적으로 도시 서민의 유락적인 생활상을 즐겨 그렸다. 18세기 이후 유교주의로부터 일탈하며, 민화와 상업적 작품이 성행되는 서민적이고 순박한 조선 미술의 특징은 도자공예, 목죽공예, 칠기공예 등의 생활용품의 발달에서도 찾아볼 수 있다. 그러나 19세기 세도정치 아래에서는 다시 복고풍의 문인화가 유행했다. 서예에는 안평대군의 송설체, 한호의 해서, 양사언의 초서가 유명했고, 후기에는 김정희가 추사체라는 독자적인 서체를 창안했다.

공예품으로는 일상생활의 필수품과 문방구가 발전했는데, 목공예 분야에서 우수한 작품이 많이 만들어지고 검소하고 간편한 재료를 사용한 것이 특징이다. 도자기는 15세기에는 백자와 분청사기가 많이 만들어졌는데, 백자는 안정감을 강조하며 깨끗하고 담백하여 사대부의 취향을 가장 잘 상징하는 것으로 알려져 있다. 후기에는 청색 안료의 국내개발에 따라 청화백자가 성행했는데, 고려의 청자에 비해 그릇이 크고 빛깔이 깨끗한 백색으로 변하여 실용성과 순박한 아름다움이 돋보였다.

음악은 의례의 하나로서 치국의 방편으로 중요하게 간주되었으며, 건국 초기부터 음악을 담당하는 아악서와 전악서를 설치하여 아악을 대성시켰으며 또한 궁정 중심의 아악과 함께 속악도 상당히 발달되었다. 조선은 국초부터 국가적인 사업으로 추진하여 악제와 악기, 악곡을 새롭게 정비하여 『악학궤범』에 집대성시켰다. 세종 때 박연은 궁중음악의 기초를 확립하며 아악을 정리하였고, 성종 때 성현, 유자광 등은 『악학궤범』을 편찬하여 동양음악 연구에 있어 귀중한 자료가 되고 있다. 연산군 때 성행하였던 기악(妓樂)은 기녀들을 통하여 민간에도 소개되어 속악에 영향을 미치게 되었다. 민간에서는 속악과 민속무용이 발달했는데, 속악으로는 당악, 향악, 가사, 가곡 외에 각 지방의 민요와 판소리 등이 널리 퍼져 있었고, 농악무와 승무 등의 민속무용이 유행하기도 하였다. 조선 후기에는 서민의 지위가 상승하고 상업이 발달함에 따라 유교적 제약에서 벗어난 서민 및 대중문화의 발전이 두드러졌으며, 대중예술인 창가, 산대놀이라는 가면극, 인형극인 꼭두각시놀음이 민간 사회에 유행되었다.

건축에서도 조선시대는 유교사상에 따라 화려한 장식을 삼가고 간소하며 주변 산수, 자연과의 조화를 의식하여 아담하면서도 품격을 보여주는 건물들을 즐겨 지었다. 인간적인 크기, 자연과 조화되는 형태와 공간을 지닌 특색은 궁궐뿐만 아니라 사찰, 사대부의 주거나 서원을 비롯한 건축물과 마을 등에 나타난다. 건축물뿐만 아니라 궁궐이나 사찰, 주택 등에서 정원도 인공미를 극히 자제하고 자연을 끌어들이며 자연의 모습을 그대로 살리고 조화롭게 하는 데 역점을 두었다.

(1) 조선시대 회화

조선시대의 회화는 우리나라 미술사상 가장 크게 발전하였는데, 건국 초 도화원을 중심으로 사대부와 화원들이 주도적인 역할을 하며 회화 미술을 꽃피웠다. 초기에는 왕실이나 선비들의 초상과 여러 가지 의식 행사를 그리는 기록화, 일상생활에서의 감상화의 두 측면에서 그림이 발달했다. 국가에서는 전문 화가를 관원(화원)으로 채용하여 도화서에 소속시켜 종6품까지의 벼슬을 주고 그림에 종사하게 했다. 회화 분야에서는 불화가 쇠퇴하는 대신 감상을 위한 다양한 소재들이 다루어졌는데, 그림의 소재는 대나무·산수·인물·새·짐승·화초가 중심을 이루었으며, 화초 중에서는 모란·난초·매화·소나무·국화와 같은 기절과 향기를 나타내는 초목이 주요 소재가 되었다. 초상화는 동양의 삼국 중에서 가장 높은 수준으로 발달하였고 인물의 정확한 묘사와 미묘한 정신세계의 표출이 매우 뛰어나다. 조선시대의 회화는 왕조통치를 효과적으로 수행하기 위한 시각매체로서 활용되었으며, 문인사대부들은 시와 함께 그림을 서로 감흥을 교환하고 심의를 표출하며 심성을 수양하는 매체로 삼으면서 회화를 발전시켰다.

조선시대의 회화는 화풍의 변천에 따라 초기(1392~약 1550), 중기(약 1550~1700), 후기(약 1700~1850), 말기(약 1850~1910)로 나누어진다. 초기에는 중국 역대의 화풍과 명나라로부터 수용한 화풍 등을 토대로 독특한 양식이 형성되었는데, 이상경을 소재로 하는 정형산수화가 유행하며 안견파 화풍이 만들어졌다. 초기에는 산수에 능하여 걸작「몽유도원도」(1447)를 남긴 안견, 인물화를 잘 그린 최경, 사대부 문인화가 강희안, 세종대왕의 셋째 아들로 당대 최고의 서예가이며 최대의 중국화 소장자이자 안견의 후원자였던 안평대군 등이 활동하며 서화의 발전에 크게 기여하였다. 안견과 최경은 화원으로서 가장 우대받은 인물들이었는데, 안견은 중국과 한국의 화법을 연구하고 장점을 절충하여 독자적 경지를 개척하였다. 「몽유도원도」는 안평대군이 꿈에서 본 도원을 그린 것으로 이상사회를 동경하는 꿈이 표현되었는데, 기암괴석을 담묵과 농묵[26]으로 변화를 주면서 표현하여 음악적 리듬감을 느끼게 해준다(그림 2-36). 신숙주가 쓴 화기(畵記)에 따르면, 안견의 화풍은 중국과 한국의 역대 화법을 깊이 연구하고 장점을 절충하여 독자적 경지를 개척했는데 산수를 특히 잘했다고 한다. 넓은 공간개념, 삼단구도법, 농담의 대비가 심한 필묵법을 특징으로 하는

....

26 담묵과 농묵은 한국화 또는 동양화에서 먹의 사용법으로서, 진한 먹색으로 나타낸 것이 농묵, 물을 조절하여 엷은 먹색으로 나타낸 것이 담묵이다.

안견의 화풍은 이후 큰 영향을 미쳐서 중종과 명종 때 「송하보월도」를 남긴 이상좌, 이암, 신사임당 등이 나와 명성을 얻었다.

그림 2-36 안견의 「몽유도원도」

　15세기에서 16세기에 걸쳐 활동한 이상좌는 공신의 지위에까지 오르며 명성을 떨친 화원이었으며, 달밤에 소나무 밑을 거니는 「송하보월도」를 비롯해 「어가한면도」, 「노엽달마도」 등을 남겼다. 전기에 있어서 양반 사대부들은 교양활동으로 작품활동을 하기도 하여 고상한 생활철학을 그림에 반영시켰는데, 그 화풍은 필치가 힘차고 구성이 간결하였으며 문인화인 수묵화가 유행되었다. 사군자(매화, 난초, 국화, 대나무)는 선비정신을 상징하는 것으로 사대부들이 그리는 문인화의 소재로 많이 쓰였다. 일반 선비 중에서도 뛰어난 솜씨를 가진 문인화가로서는 강희안, 강희맹 형제가 유명한데, 강희안은 맑은 물을 응시하면서 사색에 잠긴 선비의 모습을 그린 「산수인물도」(혹은 「고사관수도」)와 같은 걸작을 남겼다. 강희안의 「고사관수도」는 산의 절벽을 배경으로 엎드려 수면을 바라보는 선비를 중심으로 그린 산수인물화이다. 신숙주는 화기를 써서 안평대군이 소장한 송·원 시대 그림을 소개하면서 회화사를 정리할 정도로 그림에 대한 이해가 높았다.

　중기의 회화는 임진왜란, 병자호란 등의 전쟁과 격렬한 당쟁이 계속되던 정치적 불안에도 불구하고 복잡한 사상에 따른 독특한 화풍이 이루어졌는데, 안견파 화풍이 계속되는 한편 중국 절파풍이 가미된 짙고 강렬한 수묵법에 의한 소경인물화(小景人物畵)[27]가 유행하였다. 16세기의 그림은 초기 이래 안견파 화풍의 전통을 나름대로 계승한 이흥효, 이징,

··············

27 소경인물화는 사대부들의 처사적(處士的) 성향과 밀착되어 자연과의 친화관계를 보여주는데, 산수의 한 부분을 배경으로 구성된 고사산수인물화(故事山水人物畵)의 성격을 띠며 전개되었다.

이정, 그리고 명나라 절파(저장 지방) 화풍의 영향을 받은 김제, 이경윤 등, 또 간결하면서도 힘찬 필치로 영모나 화조화, 묵죽, 묵매 등에서 새로운 한국적 특징을 발전시킨 황집중, 이계우, 어몽룡 등 다양한 흐름이 있었다. 꽃과 새, 애완동물 등을 소재로 해서 그린 그림인 영모화와 화조화와 같은 그림은 반드시 바위나 곤충, 꽃과 풀, 새와 나무를 함께 그렸다. 대표적인 작품으로는 신사임당의 「초충도」와 이암의 「모견도」가 있으며, 신사임당은 여성적인 섬세함과 따뜻한 감각으로 자연의 형태를 꼼꼼하게 묘사했다. 김안로의 아들 김제의 「동자견려도」, 김명국의 「설중귀로도」, 대나무 그림에 탁월한 이정의 「묵죽도」, 매화를 잘 그린 어몽룡 등도 또한 이 시대 회화의 양상을 잘 보여준다.

후기에는 시대에 맞추어 예술 분야에 새로운 경향이 나타나며 한국적 화풍이 더욱 뚜렷한 양상을 보이게 되는데, 시·서·화를 겸비하고 이를 향유하는 풍조와 활동이 서얼 출신과 중인층에까지 확대되었다. 후기에는 개혁정신과 실학사상의 영향을 받으면서 형식화된 창작에서 벗어나 현실과 마주하면서 경험을 표현하는 진경산수화나 풍속화가 나타났으며, 서민들 사이에서는 민화가 그려졌다.

그림 2-37 정선의 「인왕제색도」

17세기에 활약한 이징은 자유분방하고 대담한 필치로 인물과 산수를 잘 그렸으며, 한국의 산수를 잘 그려 동방산수화의 조종이 된 정선에 의해 발전된 진경산수,[28] 김홍도와 신윤복을 중심으로 유행된 풍속화 등에서 특히 한국적인 특색을 잘 찾아볼 수 있다. 정선은 금강산을 비롯하여 한양 주변의 수려한 경관을 독특한 필치로 그려 이루어낸 진경산수화는 관찰을 통해 실제 경치를 표현하는 것으로, 그의 「인왕제색도」는 진경산수화의 백미로 꼽히는데, 인왕산의 바위와 중, 하단의 피어오르는 흰 구름, 바위의 소나무 숲들을 개성 있게 표현하였다(그림 2-37).

표현기법으로 보면 17세기 말 이후에는 남종 문인 화풍이 크게 유행하였고 또 청나라를 통해 서양화법이 전래되는 등 이전과는 다른 경향들이 자리를 잡게 되었다. 후기에 이르러

----

28 진경산수는 18세기 영·정조 시대에 들어서 남종 문인화를 한민족의 고유한 자연과 풍속에 맞추어 토착화하는 과정에서 생긴 하나의 화풍이다.

당시 유행했던 진경산수화와 풍속화가 쇠퇴하기 시작된 한편, 추사 김정희와 그를 따르던 화가들에 의해 남종 문인화가 확고히 뿌리를 내리게 되었다. 김정희는 제주도에서 귀양살이를 하는 동안 스승과 제자의 따뜻한 마음이 담긴 「세한도」를 그렸는데, 거칠고 메마른 붓질을 통해 추운 겨울의 분위기를 맑고 청절하게 표현하며, 또 배경을 생략하고 간단한 먹선으로 집과 각각의 나무를 두 그루씩 그려 화면을 구도적으로 짜임새 있게 묶어 주고 있다(그림 2-38). 그리고 18세기 영조와 정조 시대에 들어서 차츰 서민의식이 대두되고 화풍도 변하여서 초기의 귀족 중심에서 일반 민중의 일상생활을 소재로 한 풍속화가 단원 김홍도, 혜원 신윤복의 작품에서 보이듯이 많이 그려졌다. 풍속화는 일상의 생활 모습을 그린 것으로서, 김홍도의 「씨름도」와 「서당」, 신윤복의 「미인도」가 대표적이다. 김홍도는 정조의 화성행차와 관련된 병풍, 행렬도, 의궤 등 궁중 풍속, 그리고 사대부들의 감상을 위한 신선이나 산수와 같은 그림, 또 밭갈이, 추수, 집 짓기, 씨름 등 농촌 서민들의 생활상 등을 짜임새 있는 구도와 생명감 넘치는 모습으로 많이 그렸으며, 신윤복은 도시적인의 풍류생활과 부녀자의 풍속을 감각적이고 해학적인 필치로 부드럽고 세련되게 묘사하였다.

그림 2-38 추사 김정희의 「세한도」

이 밖에도 18세기에는 심사정, 변상벽, 윤덕희 등이, 19세기에는 김득신, 장승업 등의 화가가 활약하였으며, 장승업은 고종 때의 화가로서 안견, 김홍도와 함께 조선 3대가로 손꼽히고 있다. 이 시대에는 서민들 사이에서 민화가 크게 풍미하였는데, 민화는 서민들의 생활과 풍습 그리고 신앙과 관련된 내용이 담긴 그림으로서, 대부분 작가를 알 수 없었지만 정해진 틀을 벗어나 서민들의 기질과 소박한 정서를 바탕에 깔고 있는 예술이라고 할 수 있다. 서예 분야에서는 전기에 안평대군, 김구, 한호 등이 뛰어났으며, 후기에는 이광사, 김정희 등이 활약하였다. 김정희가 만든 추사체는 굵고 가늘기의 차이가 심한 필획과 각이 지고 비틀어진 듯하면서도 파격적인 조형미가 특징이다.

말기(1850～1910)에는 사대부 중심의 학계나 문단에서 배제되었던 중인층이 중심이 되어 독자적으로 시사(詩社)를 만들어 문학과 예술을 통해 신분상승을 꾀했던 여항문인화가(閭巷文人畵家)[29]들의 활약이 커지면서 시·서·화가 일치된 문인화가 확산되었으며, 이와 함께 사군자 등과 같은 문인적인 화목이 널리 성행되었다. 그리고 1890년대부터 1910년 사이에는 서양인과 일본인 화가들이 들어오면서 새롭게 근대로 전환되게 되었다.

한편 19세기에는 한양의 여러 궁궐과 도시의 번영을 그린 작품들이 제작되었는데, 이 그림들은 회화사적으로 가치가 클 뿐 아니라, 파괴된 옛 궁궐을 복원하는 데 참고가 되는 귀중한 자료이다. 「동궐도」(국보 제249호, 그림 2-39, 40)는 1820년대에 100여 명의 화가들이 창덕궁과 창경궁의 전모를 그려낸 우수한 작품으로, 가로 567cm, 세로 273cm의 초대형 그림을 16폭으로 나누어 그렸으며, 기록화로서의 정확성과 정밀성이 뛰어날 뿐 아니라 배경산수의 묘사가 극히 예술적이다. 이 작품은 전통적 기법과 서양화 기법이 합쳐진 새로운 민족화법에 따라 마치 비행기에서 비스듬히 내려다 보는 한 부감법과 평행사선 구도의 기법이 사용되었다. 「동궐도」와 비슷한 시기에 그려진 병풍그림 「경기감영도」도 규모와 수준이 뛰어나며, 거리의 행인들 모습까지 함께 묘사하여 기록화와 풍속화를 합한 성격을 지닌다(그림 2-41). 경희궁의 모습을 담아낸 「서궐도안」(보물 제1534호)는 묵화로서 역시 부감법과 평행 사선구도를 사용하였다.

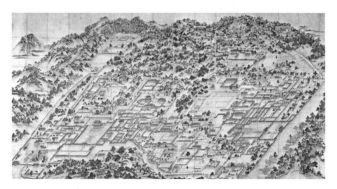

그림 2-39 「동궐도」
그림 2-40 「동궐도」 주요 부분

....

29 '여항(閭巷)'이라는 말은 본래 이항(里巷), 염정(閭井) 혹은 위항(委巷)과 함께 신분제 사회에서 공경대부가 아닌 신분의 사람들의 생활세계를 범칭하는 의미로 쓰였다. 여항인은 경제적·문화적 성장을 토대로 하여 조선시대 후기 사회에 등장한 사회세력으로서, 서울의 중간계급을 중심으로 한 이들은 주로 경아전과 기술직 중인들로 구성되어 있었다.

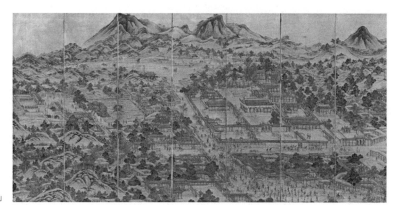

그림 2-41 「경기감영도」

(2) 조선시대 공예와 도기

조선시대에 공예는 간결, 소박하며 보다 대중화되는 경향을 보였는데, 석공, 와공, 목공, 죽공, 도자기, 나전(자개) 등이 있었으며 대개 양반층의 사치스러운 생활에 사용되었다. 공예 가운데 도자기가 주류를 이루었는데, 분청사기와 백자 등의 도자기는 상당한 질적인 향상을 보였으며, 특히 초기부터 광주에 사용원의 분원을 두고 우수한 제품을 많이 만들어서 분원자기라는 명칭까지 생겨나게 되었다. 도자기는 초기에 분청사기와 희고 고운 백자가 발전하였는데, 분청사기는 백토(흰 흙)로 분장한 위에 회청색 유약을 발라 구운 회청색의 사기로서 조선 초기에 성행하였다. 분청사기와 청자를 비교해서 보면, 고려청자는 주로 작은 그릇이었지만 분청사기는 큼직한 항아리가 많았고, 장식이나 무늬도 고려청자처럼 우아하거나 섬세하기보다는 자유롭고 간결했다. 고려청자가 깔끔하고 세련된 느낌이었다면, 분청사기는 장식적이지 않고 순박하고 투박하며 형태와 무늬가 자유로워서 활달하고 서민적인 소박함을 담고 있었다. 분청사기는 조선왕조적인 특성이 함축되어 있으며 15, 16세기에 성행했으나 임진왜란을 전후해서 자취를 감추게 되었다. 백자는 한결같이 균형이 잡히고 곱고 단아하며 초기에는 어기로만 사용되었으나, 시대의 흐름에 따라 차차 널리 사용하게 되며 17세기 이후 대종을 이루었다. 후기에는 서정적이고 은은한 백자의 아름다움이 활짝 꽃피었는데, 백자는 부드럽고 유연하면서도 단아한 선과 소박한 색에서 그 아름다움을 찾을 수 있다.

백자는 백토로 그릇의 모양을 만들고 표면에 여러 장식을 한 후 투명한 백색 유약을 입혀 구워낸 자기로서, 무늬를 표현하는 방법과 물감의 종류에 따라서 순백자, 청화백자, 철화백자, 진사백자로 나누어진다. 순백자는 백자를 만들 때 원료인 흙과 유약 이외에 아무

것도 바르지 않은 자기, 청화백자는 백토로 제작한 흰색 바탕에 코발트로 무늬를 그린 백자, 철화백자는 백토로 그릇을 만든 후 표면에 철사안료로 문양을 그린 자기, 진사백자는 진사(산화동)로 무늬를 그린 뒤 백자 유약을 입혀 구워낸 붉은색 백자를 말한다. 후기에는 분청사기가 자취를 감추고 다종다양한 형태의 청화백자가 널리 유행하여 흰 바탕에 푸른 유약을 발라 꽃과 새, 산수, 인물 등을 새겨 예술성이 높아졌다. 이 밖에도 조선시대의 공예는 나뭇결의 자연스러운 조화미와 비례미, 형태미 등을 특징으로 하는 목칠공예를 비롯하여 금속공예, 염직공예, 피혁공예, 초고(화문석)공예, 종이공예 등 다양한 종류가 제작되었다. 목공예는 나뭇결을 최대한 살리고 장식을 가능한 한 피하며 뛰어난 비례미를 보이고 실생활과 문방구로서 실제 기능을 하도록 발전되었다.

2. 조선시대의 건축

조선시대의 건축은 건국 초기부터 새로운 도읍지의 건설에 따라 활발하게 전개되었으며, 궁궐과 성곽, 관아 등 많은 건물이 세워졌지만 대부분이 임진왜란과 병자호란 등으로 소실되어 없어지고 지금 남아 있는 것은 대개 조선 후기의 건물이다.

조선 초기에 있어서 건축은 지도적 이념인 유교사상에 따라 새로운 특징이 나타났는데, 신분과 지위의 높고 낮음에 따라 집의 크기에 일정한 차등을 두어 건물에 위계질서를 부여하였고, 건물의 장식을 검소하게 꾸며 사치를 배격하여 아름답고 경쾌하면서도 실용성을 띠게 되었다. 초기 건물로서 지금 남아 있는 것으로는 창경궁 홍화문, 개성 남대문(1393)과 평양 보통문(1473)이 우수하다. 조선은 태조 3년(1394) 한양에 한성을 축조하였고, 도성 안에 경복궁과 창덕궁, 창경궁, 경운궁(덕수궁) 등을 건립하였으며, 전국 각지에는 읍성을 쌓아 그 안에 군·현의 관아를 두었다. 또한 유교 국가인 조선은 조상들에게 제사를 지내고 그들의 뜻을 받들기 위한 교육기관으로서 소박하면서도 절제 있는 형식의 향교를 많이 건축하였다.

조선 중기 이후에는 서원의 설립과 관련하여 특색 있는 서원건축 양식이 수립되었다. 대체로 서원은 향교와 마찬가지로 강당 남쪽 좌우에 동재와 서재를 배치하며, 강당 북쪽에 선현의 신위를 모시는 사당을 두고 사방을 담으로 둘러 쌓았다. 서원건물은 그다지 크지 않으며 단청을 쓰지 않아 간소하였으며, 경주의 옥산서원, 해주의 소현서원, 안동의 병산서원, 도산서원 등이 서원 건축의 대표로 꼽힌다. 후기에 이르러 건축물은 장식을 줄이고 자연 그대로의 모습을 살리려고 하였는데, 대표적인 건축물인 경복궁 근정전은 경복궁의 중심 건물인 '정전'으로, 내부의 장식과 함께 엄격한 기하학적 배치를 통해 왕실의 권위와 위엄을 보여 주는 건축물이라 할 수 있다. 조선 후기의 대표적 건축물인 수원 화성은 산에 의지해 지형과 지세를 살펴 성벽을 쌓는 전통을 따라 지어졌으며, 방어적 기능을 넘어 새롭게 만들어진 도시의 조형적 아름다움을 드러내는 가능성을 나타내 보였다.

조선시대의 목조건축은 주심포식과 다포식, 익공식이 주요 건축양식의 주류를 이루었다. 조선시대 건축은 고려시대 건축에 비하여 대개 장식이 번잡해지고 구조가 육중해지는 경향을 보이고 있으며, 지붕선의 아름다움, 창살에서 볼 수 있는 다양한 형태와 섬세함은 조선시대 건축의 독특한 아름다움을 나타내고 있다. 석조건축 가운데 석탑은 고려시대의 것을 계승하였으며 낙산사 칠층석탑, 원각사지 십층석탑, 신륵사 다층석탑 등이 전해진다. 부도는 석종형 부도가 유행하였으며, 석빙고는 안동과 창녕, 영산 등에 남아 있다.

조선시대에는 신분과 지위의 높낮이에 따라 집의 크기나 장식 등을 규제하여 건물에 위계질서를 부여하였으며, 주택건축은 신분계급에 따라 서민주택과 중류주택, 상류주택으로 구분할 수 있다. 상류주택에는 누마루가 있고 건축의 구조와 재료에도 상당한 차이가 있으나 서민주택과 중류주택은 주택의 규모나 사용되는 건축부재에 차이가 있을 뿐 크게 다르지 않다. 서민주택은 지역에 따라서 평면 형태에 차이가 있으며, 사용하는 재료도 다양하다. 조선시대의 건축과 정원은 자연과의 조화를 이루며 자연경관을 돋보이게 하고 인위적인 요소를 최소한으로 제한하였는데, 창덕궁 후원이나 담양 소쇄원과 같은 정원 등에서도 두드러지게 나타난다. 자연 경관을 배경으로 하여 예술적 가치가 뛰어난 창덕궁의 후원은 자연과 인공의 건축이 어우러지면서 4계절의 아름다움을 마음껏 누릴 수 있도록 만든 최고의 정원이라고 할 수 있다. 담양 소쇄원은 문인 양산보가 자연과 인공을 조화시켜 조성한 선비들의 정취를 담고 있는 대표적 정원이다.

도성과 궁궐건축

도성과 궁궐건축

선인들은 다양한 생활에 필요한 여러 기능과 용도에 맞는 건축물과 공간을 고유의 민족성과 관습, 사상, 자연환경에 가장 적합하도록 만들어 왔다. 주거건축은 원시시대 이래 생활이 복잡해지고 다양해짐에 따라 발전되며, 양반과 서민의 계급이나 신분에 따른 변화가 나타나는 등 특유의 한옥을 이루었다. 또한 사회의 발전에 따라 지배자와 지배받는 사람의 신분에 변화가 나타나며 성곽과 궁궐건축이 확립되고, 시대의 흐름에 따라 국가적 형태를 갖추게 되어 국가통치 업무를 수행하기 위한 관아건축이 나타나게 되었다. 또한 귀신이나 혼령, 신, 사직에 의지하며 제사하기 위한 종교건축과 분묘건축, 관리를 양성하고 지식과 예의를 가르치기 위한 향교와 서원의 교육시설건축이 나타났고, 사람들이나 물류의 교류와 유통을 위해 도로와 교량이 만들어졌다. 이러한 건축의 종류는 요구되는 기능과 목적에 따라 분류된 것이며, 궁궐과 사찰, 관아, 향교, 주택 등 각각의 건물은 용도와 기능에 따라 독립적으로 또는 상호 연계되면서 그 공간적 구성을 달리한다.

3.1 도성건축

1. 성곽건축

성곽은 국가 통치와 군사상의 방어를 위해 축조된 건조물로서 시대적 및 문화적 특징이 잘 나타난다. 성곽은 적의 침입으로부터 방어하며 나아가 적을 공격하는 것으로서, 처음에는 흙으로 쌓거나 도랑을 만들었으나 기술의 발달과 함께 나무와 돌, 벽돌을 이용하여 성을 쌓게 되었다. 동양 고대사회에서 나라를 상징하는 '國(국)'자는 곧 '왕성'을 뜻하였는데, 왕성은 하나의 도시이다. 국가는 왕성, 곧 도시에 기반을 두었으며, 왕성은 통치 및 방어에 필요한 성벽으로 둘러싸여야 했다. 초기철기시대 성읍국가에서는 평야를 끼고 있는 구릉지대에 목책이나 토성이 축조되었으며, 역사적으로는 B.C. 194년에 위만이 왕검성에 도읍을 정하였고 B.C. 18년에 백제 온조왕이 위례성에서 즉위하였다는 기록을 통해 성곽이 오래 전부터 있었던 것으로 추정된다. 삼국시대에는 각 나라마다 수도의 방어를 위해 쌓은 도성 등 많은 성을 축조하여 고구려의 국내성과 환도산성, 청암리토성과 대성산성, 신라의 삼년산성과 월성 등과 같이 지형적 이점을 이용하여 평지성과 산성이 구축되었다. 고려와 조선시대에는 개경과 한양 등 수도의 시가지를 둘러싼 주위의 산 능선을 따라 성벽을 구축하여 도성을 이루었고, 지방 도시를 방어하며 행정과 통치를 위해 자연 지세를 이용하여 대체로 평지의 시가지를 둘러싼 읍성이 축조되었다. 우리나라의 성곽은 자연 지형을 이용하여 여러 계곡을 둘러싸거나 산등성이를 이용하여 복잡한 평면을 이룬다. 고대 중국의 왕성과 궁궐제도에 관한 원칙은 유교 이념의 근간이 되는 예제에 의하여 규범화되었는데, 『주례』의 「동관」고공기에 기본 지침인 좌묘우사, 면조후시가 체계적으로 서술되어 있어, 임금이 궁궐을 중심으로 해서 남쪽으로 향하였을 때 왕성의 왼쪽인 동쪽에 종묘를, 오른쪽인 서쪽에 사직을 두어야 하고, 남쪽에는 조정이 있어야 한다는 것이다.

　외적의 침입이나 자연재해로부터 인명과 재산을 보호하기 위한 성곽은 사각형으로 쌓은 성과 그 바깥에 쌓은 곽으로 구성되어, 안쪽의 것을 내성, 바깥쪽의 것을 외성이라고도 한다. 성곽은 성을 쌓는 재료에 따라 목책, 토성, 토석혼축성, 석성, 전축성으로, 그리고 지형에 따라 크게 고로봉식, 산봉식, 사모봉식, 마안봉식으로, 또 산지를 성벽이 둘러싼 모양에 따라 테뫼식(머리띠식), 포곡식, 복합식으로 나뉜다. 고로봉식은 포곡식으로서 가장자리가 높고 중앙이 꺼진 지형의 산성으로, 고구려 환도산성, 신라의 이성산성, 백제 부소산성, 광주 남한산성 등이 그 예이다. 특히 고구려의 산성들은 모두 가운데 큰 골짜기를 끼고 3면이 높은 산으로 둘러 막혀 있으며 한쪽만 트여 있는 지형에 위치하여 고로봉식 산성을 잘 보여준다. 산봉식은 산정상은 평탄하고 넓으며 가장자리는 두절된 산봉우리에 위치한 산성으로 테뫼식이라고도 하며 백제토성에 보인다. 사모봉식은 사모처럼 앞이나 뒷부분에 장대를 설치할 만한 장소가 있고 한쪽 부분은 낮은 지형을 포함하도록 하여 사람을 수용할 수 있는 지형의 산성이고, 마안봉식은 산의 양쪽이 높고 가운데 허리부분이 말의 안장처럼 고개 형태를 갖는 산에 세워진 산성이다.

테뫼식은 정상부가 평활한 산봉우리를 중심으로 하여 그 주위에 성벽을 두른 것으로서 그 모습이 머리띠를 동여맨 것 같아 이름 붙여졌으며, 소규모 산성에 주로 사용되었다. 포곡식은 성 내부에 넓은 계곡을 포함한 산성으로 계곡을 둘러싼 주위의 산 능선을 따라 성벽을 구축한 것이다. 또한 성곽의 평면 모양에 따라 네모꼴, 둥근 꼴, 반달꼴, 기다란 꼴로, 위치에 따라 평지성, 낮은 산성, 높은 산성으로 구분된다. 우리나라는 산지가 많은 지형적 특성으로 특히 산성이 발달하였으며, 네모꼴보다는 자연적인 포곡선을 형성하여 부정원을 이루는 것이 많다.

성곽을 구성하는 시설로는 성문, 수원, 성벽 위에 숨어 적을 쏘도록 쌓은 작고 낮은 담인 여장, 배수시설, 창고시설, 안과 바깥이 S자 모양으로 굽어들며 들어가도록 된 곡행문, 구석지면서 출입이 편리한 곳에 뚫어놓은 비밀통로인 암문, 성문 밖에 붙여서 성문을 가리도록 쌓아놓은 담인 옹성, 성벽의 사각지대를 없애기 위하여 밖으로 돌출시켜 적을 공격하도록 쌓은 치성, 성벽의 모서리를 지키며 성안의 전투를 지휘하는 시설물인 각루, 성벽 주변의 땅을 파서 고랑을 내거나 자연하천 등의 장애물을 이용하여 성의 방어력을 증진시키는 시설인 해자 등이 있다.

2. 고구려의 도성

기원전 1세기 강력한 왕권과 국가 조직을 갖춘 고대국가로 발전한 고구려가 최대의 노력을 기울인 축조물은 성곽으로서, 적군을 막는 시설인 동시에 독립적인 행정구역이기도 한 성은 평지성과 산성, 평산성 등으로 나눠지는데, 고구려 성의 대부분은 산성이었다. 성곽으로는 거주 주체나 기능에 따라 왕이 평상시에 거주하는 궁성과 궁성을 포함한 수도에 위치한 도성, 그리고 주민들을 보호하고 통치하기 위한 군사 및 행정적 기능을 수행하는 읍성(또는 치소성), 일정한 방어선을 연결하여 길게 축조된 장성, 그리고 교통로상의 협곡을 가로지르며 구축된 관애(또는 차단성), 교통의 요충지에 방어를 위해 축조된 군사 요새인 보루 등으로 나누어볼 수 있다.

왕이 거처하는 도성은 정치뿐만 아니라 문화와 경제의 중심지였으며, 장대한 도시와 궁궐이 건설되어 고대 건축문화의 중심이 되었다. 고구려의 궁성과 도성은 졸본성, 국내성, 평양성 등에서 확인할 수 있는데, 고구려는 B.C. 37년 건국 이후 도성을 졸본성(흘승골성),

국내성, 환도성, 평양성, 장안성 등으로 천도하였다. 고구려가 최초로 도읍한 땅은 비류수(현재 혼강) 유역의 졸본 부여였으며(B.C. 37), 건국 4년 뒤인 B.C. 34년 성곽과 궁궐을 세웠고, 주몽은 B.C. 24년 어머니인 유화를 위하여 신묘를 세우고 B.C. 17년에는 이궁을 건립하였다고 한다. 유리왕 22년 때 동서북쪽이 산맥으로 둘러싸여 천연적인 요새인 국내성으로 천도(A.D. 3)하고 위나암성을 축조하여 평시에는 국내성에 거주하고 전시에는 산성에 들어가 방어하였다. 산상왕 13년(209) 때 환도성으로 잠시 수도를 옮겼으나, 고국원왕 때 중국 전연에게 침략을 받아서 도성이 모두 파괴됨으로 다시 국내성으로 천도하였다(342). 광개토왕은 적극적인 남하정책으로 한강 이북의 땅을 점령하였으며 장수왕 2년(427)에는 평양 대성산 밑으로 천도하고 평원왕 28년(586)에 대동강과 보통강 사이에 장안성을 만들었다. 고구려는 평양으로 천도함으로써 북방왕조의 위협에서 벗어나고 백제와 신라를 견제할 수 있었으며 평야가 확대되어 농업생산이 발전되어 광대한 영토와 많은 인구를 가진 강대국으로 발전하게 되었다.

삼국시대의 도성은 당시의 정치상황과 지리적 여건에 따라 독특하게 조성되었는데, 고구려의 도성체계는 평시의 거주용의 평지성과 비상시 방어용의 산성으로 이루어졌다. 평지성은 왕을 비롯한 지배계층의 평상시 거주성이고 산성은 전시 등 군사적 비상시에 지배계층뿐 아니라 국민들이 들어가 전투하는 장소로 사용되었다. 산성을 쌓는 이유는 지리를 이용하여 견고한 방위체제를 만들기 위한 것으로, 강이나 하천의 옆에 위치하고 경제적 조건이 좋은 곳에도 성을 쌓았다. 산성의 옆에는 강과 비옥한 평야를, 산성과 평지성 사이에는 마을을 두어 평상시와 유사시의 생활에서 최고의 여건이 되도록 구축했다. 산성은 대개 3면이 높은 산 혹은 절벽이고 남쪽은 완만하여 통로로 이용되는 형태를 하며, 산성 안에는 골짜기 등이 있어 방어 체제를 구축할 수 있도록 하였다. 고구려인들은 자연지형을 이용하거나 보강하여 성곽을 쌓는 데 노력을 기울였으며 산의 능선을 활용해 성벽을 쌓는 고로봉식 또는 포곡식이 대부분으로서, 뒤에 높은 주봉우리를 배경으로 해서 계곡을 끼고 좌우 능선을 따라 성벽을 축조하여 성 안쪽에 일정한 공간과 수원을 확보하는 형태를 취하였다. 산성으로는 집안의 산성자산성, 평양의 대성산성, 평남 순천군의 자모산성, 남포시 용강의 황룡산성 등이 있다. 이들 산성은 도성에 가까운 험하고 수원이 풍부한 산악에 위치되어 공격과 방어에 편리하였고, 내성과 외성으로 구성되며 거의 모두 삼면이 높은 산이나 절벽으로 막히고 남쪽이 경사지로 되고 계곡을 둘러싸는 형상이었다.

고구려는 성립 초기부터 높은 성이나 방책을 쌓아 방어시설을 축조하였기에 '높은 성'이란 뜻의 국명 고구려를 가지게 되었는데, 고구려(高句麗)라는 국명은 고대 고구려인들의 언어에 고을이나 성을 뜻하는 '구루(溝漊)' 혹은 '홀(忽)'이란 말을 한자로 표기한 '구려(句麗)'라는 말에서 유래하였다고 한다. 고구려는 전국을 중부, 북부, 남부, 동부, 서부의 5개 행정 구역으로 나누고 부는 다시 주, 군, 현으로 나누었는데 각각에는 읍성들이 있었다. 이러한 읍성(치소성)은 도성을 제외한 나머지의 많은 고구려 산성들이 해당되는데, 산성들은 주요 교통로에 위치하여 적을 막는 방어의 수단뿐만 아니라 그 일대를 통치하는 행정적인 역할을 담당하였기 때문이다. 산성은 둘레가 100~200m에 불과한 보루성에서부터 10km가 넘는 대형 산성에 이르기까지 여러 종류가 있으며, 대형 산성들은 적지 않은 경우 지방 행정단위의 치소성이였던 것 같다. 지방에 있었던 읍성의 대표적인 것으로는 요동성과 신성을 들 수 있는데, 요동성은 평지성으로서 요동성총 벽화에 전해지는 평면도를 통해 그 모습을 파악할 수 있다. 성은 성벽의 축조 재료에 따라 석성, 토성, 토석혼축성으로 나누어 볼 수 있으며, 고구려의 성은 석축성이 많지만 흙을 판축하여 성벽을 만들고 그 위에 목책을 세운 토축성도 있었다. 성벽의 아랫부분은 들여쌓기로 쌓았으며, 치(雉)와 옹성(甕城)이 있는 예도 있다. 고구려의 도성건축은 거의 모두 없어져서 유적지에서 옛 모습을 찾아볼 수밖에 없으며, 요동성총, 약수리 벽화분묘, 용강대묘 등 고구려 고분벽화에 있는 성곽도에서 다소나마 성곽건축에 대한 자료를 찾아볼 수 있다. 요동성총 성곽도(그림 3-01)에는 평지에 쌓은 겹성으로 중층 성문과 각루와 여장을 갖춘 성벽, 내성에 3층 건물들이 보인다. 약수리 고분 성곽도(그림 3-02)에는 사각형의 성곽으로 중층 누문과 성문 좌우의 협문, 포루 등이 보인다.

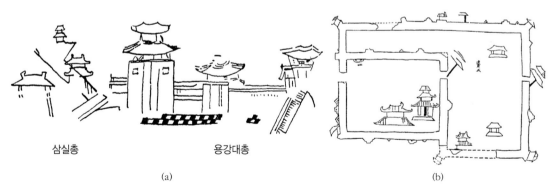

삼실총   용강대총
(a)   (b)

그림 3-01 (a) 길림성 집안 삼실총과 평남 용강대총의 성곽도
        (b) 요동성총의 성곽도

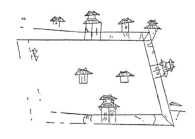

그림 3-02 평남 강서 약수리 고분의 성곽도

1) 국내성

졸본성에 이어 두 번째 수도였던 국내성은 압록강 북쪽에 있는 집안에 위치하였으며, 그 서북쪽으로 약 3km 떨어진 산속에 산성 위나암성이 있었다(그림 3-03). 국내성은 제2대 유리명왕 때인 서기 2년 국내성으로 천도한 뒤 장수왕이 427년 평양으로 천도하기까지 고구려의 수도였는데, 『삼국사기』의 고구려기 유리왕조에는, '민리에 좋고 병혁지환을 면할 수 있어 국내성을 수도로 정하였다'고 되어 있다. 현재 집안에 남아 있는 국내성 터는 당시의 왕궁지로 생각되며, 다소 변화가 있는 사각형 평면계획을 보여주며, 동북과 서남의 모서리가 접혀져 있는 형상으로서 동쪽 성벽의 길이 554.7m, 남쪽 751.5m, 서쪽 715.2m, 둘레는 2686m이다(그림 3-04).

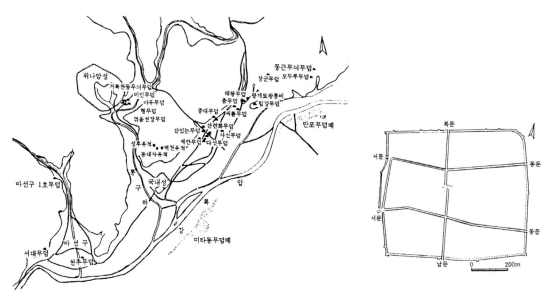

그림 3-03 집안 국내성과 환도성
그림 3-04 집안 국내성의 평면도

국내성은 위쪽으로부터 3구역으로 구분되었는데, 궁전지역은 방어를 위해 제일 안쪽, 북벽에 붙여 지어 위급할 때 우산으로 올라가거나 환도산성으로 대피할 수 있게 하였다. 가운데 부분이 공공건물과 관청구역이었고, 남벽에 가까운 곳에는 일반인들의 거주지역과 시장 등이 있었다고 한다. 성문은 남북에 각기 하나씩, 동서에 각기 둘씩 모두 여섯 곳이 있었고, 네 모서리에는 망루가 있었으며 성벽의 4면에는 돌출된 치성을 쌓아서 방어에 유리하게 하였고, 성벽 위에는 여담이 있었을 것으로 여겨진다. 성벽 바깥에 설치했던 해자 가운데는 북쪽 해자가 그 모습을 잘 남기고 있으며, 성벽은 밑의 두께가 약 9m, 높이 6m의 석축으로 쌓았으며, 성벽의 허리 밑 부분은 점차적으로 돌을 바깥으로 내쌓아서 견고하면서 안정감 있게 만들었다.

2) 위나암성

위나암산성(산성자산성)은 집안 서쪽을 흐르는 통구강 상류 약 3.3km 올라가 놓여 있는 현재의 산성자에 있다. 위나암성은 평지에 있는 국내성이 공격받을 경우에 이곳으로 피난하여 대적했던 것으로 보이는데, 일부에서는 산상왕 2년에 쌓았다는 환도성으로도 보고 있다. 이 산성은 험준한 산봉우리로 둘러싸인 분지라는 자연 지형을 이용하여 구축한 요새였을 것으로 짐작된다. 위나암성은 국내성과 압록강까지 내려 보이기 때문에 적의 움직임을 한눈에 관찰할 수 있고, 적의 공격을 받았을 때 남문 한 곳만 방어하면 되는 난공불락의 산성이었다. 이 산성은 가장 얕은 남쪽에 성문을 만들고, 주위에 석축으로 성벽을 만들었는데, 성벽의 규모는 동벽 1,716m, 서벽 2,440m, 남벽 1,786m, 북벽 1,009m, 총길이 6,951m에 이르고, 성벽의 두께는 약 5.4m이며, 높이 0.78~1.3m, 두께 0.78~1m의 여장이 있고, 여장 끝까지의 성벽 높이는 약 3.5m이며, 그 밑은 내쌓는 방법으로 안정하게 만들었다. 여장 아래쪽에는 사방 20cm 정도의 배수구를 만들어 놓았다. 성문의 터는 5개로서 동벽과 북벽에 2개, 남벽에 옹문 1개가 있으며, 성내에는 창고자리와 같은 곳과 연못, 많은 막새기와의 파편이 있으며, 성외에는 고분들이 산재하여 있었다.

3) 평양성

장수왕 15년(427)에 국내성에서 천도한 평양성은 586년까지 도성으로 이용되었다. 평양은 서해 바다로 이어지는 대동강 하류의 넓은 평야에 위치하여 상당한 수준의 경제, 문화 활동이 전개되고 있었다. 평양성은 대성산 밑을 중심으로 청암리를 포함한 평야에 안학궁의 토성을 만들었고, 험준한 대성산에 산성을 만들어 평지성과 산성이 한 쌍을 이루게 되었다. 일반적으로 안학궁과 대성산성을 평양성이라 부르는데(그림 3-05), 왕궁이었던 청암리 토성 안에서는 광개토왕 묘에서 출토된 모양을 가진 기와편이 나왔으며, 또 고구려시대의 초석들이 남아 있다. 안학궁은 국왕이 상주하는 궁성으로서 남북 및 동서 길이가 약 620m의 사각형 평면이며 발굴결과 52개소의 건물이 확인되었다.

안학궁 바로 뒤에 있는 대성산성은 6개의 봉우리를 연결하는 능선들과 산의 중허리를 돌아가면서 축조된 포곡식 산성이다. 높이 274m의 산 정상에서 이루어진 산성의 평면은 대체로 동서가 긴 타원형 또는 오각형으로, 동서 너비는 2.3km, 남북

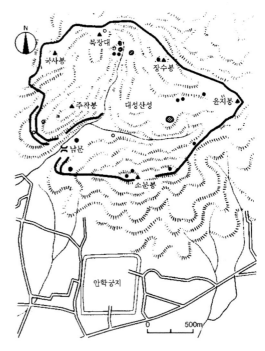

그림 3-05 **평양 대성산성과 안학궁**

너비는 1.7km이며 성의 둘레는 7,076m이고 성안에 2중, 3중으로 쌓은 성벽의 길이까지 합치면 총연장길이가 9,284m이며, 성벽의 두께는 5.3~8m이다. 성안에는 20여 개의 기와집터와 여러 개의 초가집터가 있고, 170개의 연못이 있다.

4) 장안성

고구려는 국력의 신장에 따라 더 넓은 수도와 안정된 방어체계가 필요하게 되어, 평원왕 28년(586)에 현재의 평양 시가를 둘러싸고 있는 곳에 중국의 도성 제도를 참고로 하여 대규모의 장안성을 건설하여 천도하였다. 안학궁과 대성산성을 전기 평양성, 장안성을 후기 평양성이라고도 한다. 장안성은 이전처럼 도성과 산성을 따로 분리하지 않고 평지에 세워진 외성과 산의 지세를 이용한 중성과 내성 등을 연결시켰다. 왕궁과 관청을 비롯하여 수많은 주거를 포함하며 평지성과 산성의 장점을 종합해 축성한 장안성은 평지와 산악을 둘러싼 삼각형 평면의 큰 성곽으로서, 높이 솟아 있는 모란봉과 을밀대, 만수대가 있는 북쪽으로는 절벽, 동·서·남의 삼면은 대동강과 보통강으로 구획된 천연의 요새지였다.

대동강을 옆에 낀 넓은 평지와 북쪽의 낮은 산들이 이어진 일대에 조성된 장안성은 3겹의 방어선으로 만들어졌는데, 바깥성벽은 북쪽 끝의 금수산 모란대에서 서남 방향으로

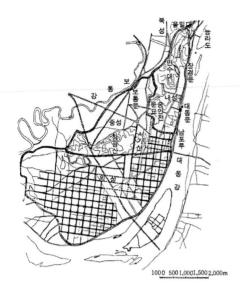

그림 3-06 **평양 장안성의 배치도**

을밀대까지 한 부문을 이루고, 만수대를 따라 뻗어가다 보통강과 대동강이 합치는 지점에서 동남으로 꺾여 대동강을 거슬러 대동문을 지나 다시 모란봉에 이른다. 평양 장안성은 성벽으로 막아서 북성, 내성, 중성, 외성으로 구획되었으며(그림 3-06), 성벽의 길이는 약 23km이고 총면적은 1,185만 m²로서, 내성은 궁성으로서 만수대 서남단에서 남쪽으로 가다 신암동에서 동쪽으로 돌고 다시 북쪽으로 돌아 을밀대에 이르는 지역, 중성은 중앙 관청들이 있던 곳으로 내성의 남쪽 안산에서 동쪽으로 대동강까지의 지역, 외성은 주민거주지역으로서 중성의 남쪽 대동강까지의 넓은 지역, 북성은 을밀대에서 북쪽 모란봉의 문봉, 무봉을 감싸고 돌아 동남으로 나가 부벽루를 거치고 전금문을 지나 청류벽 마루를 따라 동암문에 이르는 일대를 포괄한다. 성문은 내성과 중성, 외성에 각 4개의 문을 냈으며 북성에는 남문과 북문만 내었고, 문턱돌에는 수레바퀴가 지나갈 수 있도록 홈이 파여 있다.

장안성은 평지성과 산성을 조합하여 주민의 주거지를 둘러싼 나성을 축조하고, 내성은 왕궁으로, 중성은 행정성으로, 외성은 주민의 거주성으로 공간을 구분한 특징을 갖는다. 장안성은 왕궁과 산성, 서민들이 사는 곳이 모두 성안에 있는 최초의 성이었고, 이러한 모습은 고려와 조선시대까지 이어졌다. 현재 평양 남쪽의 외성 안쪽의 평지 일대에 기자정전이라 불리는 바둑판 모양의 유적이 남아 있는데, 주택지 구획이 가로세로 질서정연하게 배열된 이 전자(田字) 구획은 장안성을 만들었을 때 계획되었던 것으로 보인다. 1909년에 조사된 바에 의하면 옛날 석표의 간격이 좁은 것은 약 17척, 넓은 것은 46척 정도였다. 당시 고구려 척 1척이 1.176곡척이므로, 대략 가로의 크기는 고구려척으로 15척과 40척이었으며, 구획의 크기는 고구려척으로 500척으로서 정사각형으로 만들어졌으며, 중국 수나라 시대의 도시구획과 흡사하였음을 알 수 있다. 중국 장안성에서는 도시 전체를 네모 반듯하게 조성하고 동서에 18개 리, 남북에 15개 리를 설정하여 네 개의 가로로 둘러싸인 사각형 거주지역을 방(坊)이라고 불렀다. 일반 주민들이 주로 거주했던 이 지역의 가로에는 큰 냇돌로 포석된 흔적이 남아 있어서 그 당시의 것으로 추측되며, 도로지가 분명히 남아 있어 질서정연한 설계에 의해 도시건설이 이루어졌음을 말해준다.

3. 백제의 도성

백제는 시기에 따라 몇 차례 왕도가 옮겨져 한성시대, 웅진시대, 사비시대로 구분되는데, 건국 후 한강 부근의 하남 위례성에 잠시 도읍하였다가 온조왕 13년(B.C. 6)에 한산 밑으로 천도하였으며, 근초고왕 26년(371)에는 한산성, 문주왕 1년(475)에는 웅진(공주)로 이도하여 공산성을 구축하였고, 성왕 16년(538)에는 사비(부여)로 천도하였다. 백제는 지형상 산지와 구릉으로 이루어진 지역을 도읍으로 정했기 때문에 산성을 중심으로 도성을 구성하였고, 도성 주변에 여러 개의 산성을 배치하여 도성을 방위하도록 하였는데, 평지에는 토성, 산악에는 산 정상을 둘러싼 테뫼식 산성을 축조하였다.

한성시대는 한강 남쪽을 중심으로 풍납토성, 몽촌토성, 남한산성, 이성산성, 아차산성 등이 축성되었으며, 그 중심지인 한성 또는 위례성은 대체로 풍납동 토성이나 몽촌토성으로 추정하고 있다. 서울 풍납동 토성(사적 제11호)은 규모가 가장 크고 유물도 많이 발견되었으며, 위치로 보아 백제의 하남위례성으로 추정되고 있다. 풍납토성은 서쪽벽이 1925년 대홍수 때 유실되고 동벽 1,500m, 남벽 200m, 북벽 300m로 둘레 약 2.7km가량 남아 있지만(사적 지정면적 121,325m²), 원래 둘레가 약 3.5km, 밑변이 30~40m, 높이가 15m, 넓이 약 85만m²(26만 평)의 규모였을 것으로 추정된다. 몽촌토성은 3세기경에 만들어진 것으로 한강과 남한산성 사이에 자리 잡고 있으며, 마름모꼴 형태로 둘레 2,285m, 면적 21만 6,000m²(6만 7천 평), 성벽 높이 7~30m 정도이며, 자연지형을 잘 이용하여 성을 쌓았고 발굴 결과 기저부에 해자가 있었음이 밝혀졌다. 몽촌토성은 성곽에 진흙을 사용한 판축기법이 사용되었고, 일부에 목책이 사용되며 방어를 위해 해자를 두었다.

웅진시대의 도성은 백제가 고구려에 쫓겨서 문주왕 1년(475)에 공주로 이도하여 구축된 후 부여로 옮길 때(538)까지 왕도로 사용되었다. 왕성인 공산성을 중심으로 그 앞쪽의 평활지에 주거지를 배치하고 그 주변에 웅진동산성, 월성산성, 만수리산성, 중장리산성, 노성산성 등 19개 정도의 산성들을 두어 도성

그림 3-07 **공주의 공산성 배치도**

을 방위하였다. 공산성은 북쪽에 금강이 흐르고 중간에 약간의 평지를 둘러싸고 험준한 산이 있는 천연 요새의 지세를 이용하여 쌓았는데, 폭 430m, 길이 860m, 둘레 2,660m의 소규모 산성이다(그림 3-07). 공산성 성곽은 능선과 계곡을 따라 쌓은 포곡형으로 원래 토성인 성벽은 조선시대에 석성으로 개축되었고, 성내에는 임류각, 쌍수정, 공북루 등의 유적과 남북에 각각 진남문, 공북문이라 칭하는 문이 있지만, 현재의 성은 대부분 후세에 수축된 것이다. 『삼국사기』에 기록된 임류각터는 대체로 정사각형으로서 남측 5칸, 동측 6칸이고, 초석 밑의 받침적심은 2~3장의 부정형한 판석으로 맞추어 평평하게 놓여졌다.

사비시대의 도성도 산지와 평지를 혼용한 도성체제를 구성하여, 북편 뒤쪽에 산을 끼고 부소산성을 쌓고 그 앞에 왕궁을 배치하며, 그 전면에 도성의 시전과 주거를 배치하고 나성을 쌓았다. 사비도성에 대해서는 명확히 알려지지 않았으나, 동서, 남북으로 교차되는 도로 흔적과 하수구, 성토로 조성된 부지 등이 발굴조사 확인되었다. 도성 내에는 상부, 전부, 중부, 하부, 후부의 5부로 나누어졌고, 당시 15만 가구의 76만 명 정도였을 것으로 추정된다. 부소산성은 백제의 마지막 왕성으로 백제시대에는 사비성 또는 소부리성이라고 불렸으며, 둘레 약 2.2km, 면적 약 74만 km² 이고, 부소산 정상에 테뫼식 산성을 쌓은 후 주변을 포곡식으로 쌓은 복합산성이다(그림 3-08). 성왕 16년(538)에 축조된 부여 사비성은 중국의 시가지 포위식 축성법을 최초로 응용하여 지형에 맞추어 변화시켜 새로운

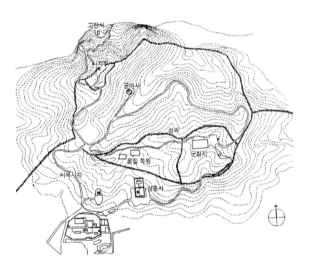

그림 3-08 **부여 부소산성의 배치도**

발전을 이루게 되었다. 사비성은 부소산을 뒤에 두고 부소산성의 남쪽 백마강 서쪽 강가 일대를 포함한 나성을 축조하고 그 내부를 오부오항(五部五巷)으로 구획하였다. 삼국시대의 종래의 도성은 남향을 하는 배산임수의 평지에 자리를 잡고 도성을 만들어서 평시에 생활하는 곳으로 삼고, 도성 주위의 준험한 산곡을 이용하여 산성을 따로 만들어 전란시의 피난처로 삼았던 방식이었다. 이처럼 종래에는 외침방비를 위한 산성과 도시가 분리되어 있어서 불합리한 점이 다소 있었는데, 사비성은 이와 같은 결점을 벗어나기 위해 도성 안에 부소산성을 만들고 시가지를 포함하여 축성함으로써 한국의 산성식과 중국의 시가지 포위

식 축성법이 절충되는 매우 특이한 도성을 만들어낸 것이다. 도성의 외곽에는 청산성, 청마산성, 석성산성, 노성산성 등의 성을 축조하여 방어하였다.

4. 신라의 도성

신라왕조는 건국 이래로 약 1,000년 가까이 경주를 수도로 삼아 한 번도 이도하지 않고 지속시켰다. 이것은 경주가 처음부터 나라가 세워진 곳이고 들과 물이 어우르는 명당으로서 주위의 산악들이 자연의 성곽을 형성하여 방어에 유리하였기 때문이다. 금성이 위치한 경주는 땅이 비옥하고 터가 광활하며 분지를 이루고 있어 입지적으로 생활과 방어에 유리한 지역이었다. 경주는 분지로 형성되어 남쪽에 남천(일명 문천), 서쪽에 서천, 북쪽에 북천(일명 알천)이 우회하여 흘러서 북쪽에 모여 영일만에 이르게 되고, 동쪽에 명활산, 동남쪽 평야의 중간에 낭산, 북쪽에 소금강산, 서쪽에 옥녀봉과 서악 선도산이, 남쪽에 남산이 둘러싸고 그 밖으로 반경 약 12km 이내에 남쪽 금오산, 동남쪽 토함산, 서남쪽 단석산, 서북쪽 구미산 등이 병풍을 두르듯 분지를 형성하고 있다. 경주를 둘러싸고 있는 높고 낮은 산들 사이의 계곡을 따라 흐르는 하천의 물줄기는 생활과 농업용수이자 자연적 상하수도체계였으며, 주변의 산들은 방어를 위한 것이었다. 왕경 주위의 이들 산악에는 남산성, 명활산성, 선도산성 등 여러 산성이 구축되어 왕성을 방어하였다. 중국의 도성들이 견고한 성벽으로 둘러싸여 있었던 것과 달리 신라 왕경은 왕궁과 관청을 보호하기 위한 왕성인 궁성을 기점으로 가로망이 형성되었고, 도시 전체 외곽을 둘러싸는 나성을 축성하지 않는 대신에 주위의 산성이 그 역할을 하도록 하였다. 명활성, 남산성 등 산성은 평시에는 사용하지 않고 전시에 들어가 적을 방어하기 위해 쌓은 것으로서 나성의 역할을 대신하였다. 산성은 모두 산정 부분에 있는 계곡을 활용하여 견고하고 높은 석축으로 수직에 가깝게 성벽을 둘러쌓았으며, 성안에는 평지와 몇 개의 계곡이 포함되어 있고 샘물이 있어 식수를 얻을 수 있도록 되어 있다.

고신라시대 왕경의 건설에 대해서는 『삼국사기』의 기록으로 어느 정도 파악할 수 있는데, 처음 혁거세거서간 21년(B.C. 37)에 경성을 쌓아 금성이라 하고 B.C. 32년에 궁전을 지었으며 다음 파사이사금 22년(101)에 월성이 축조되어 확장되었다는 기록에서부터, 경주가 처음에는 자연발생적인 취락에서부터 시작하여 점진적으로 도시가 건설되었던 것으로 추측된다. 초기에는 금성과 월성 사이가 되는 남천과 교리를 연결하는 부분이 중심지로서 이 부분의 가로는 자연발생적인 불규칙한 형상으로 만들어졌고, 그 다음에는 북쪽으로 발전되어 조선왕조시대의 경주 읍성이 있던 지역으로 시역이 확장되었다. 이후 신라 말기부터 통일신라 초기에 걸쳐서는 동쪽으로 시역이 확장되어 황룡사를 중심으로 발전되었을 것으로 생각되는데, 이 지역의 시가지는 정전법(井田法)에 의하여 가로세로가 반듯한 격자 형상을 보였다.

고신라시대 왕경은 자비마립간 12년(469) 경도에 방리 이름을 정하면서부터 도성의 모습을 제대로 갖추게 되었으며, 이 시기를 전후하여 행정구역이 6촌 중심에서 6부로 바뀌고 가로망이 정비되기 시작하였다. 소지마립간 12년(490)에는 장사꾼들이 모여 거래를 하는 시사를 베풀어 사방의 화물을 유통하게 하고 지증왕 10년(509)에는 동시를 설치하였으며, 진흥왕 대에서 선덕여왕 대에 걸쳐 월성 동쪽에 황룡사 등이 건립된 사실에서부터, 왕경이 월성 왕궁의 동쪽과 지금의 안압지 쪽으로 확장되어 갔음을 짐작할 수 있다. 이후 통일신라 초기에는 사천왕사의 조영(679), 효소왕 4년(695)에 서시와 남시를 설치한 사실로 미루어 월성 왕궁의 서쪽과 동남 방향으로 도성이 확장되었다고 추정된다.

통일신라시대에도 고신라시대 이래 경주 금성을 지속적으로 도성으로 삼았다. 천 년 가까이 수도로서 위치를 지켜온 금성은 통일신라시대에 국제적인 대도시의 면모를 갖추었으며 고대사회의 정치와 경제, 문화의 중심지를 이루었다. 통일신라의 도성 경주는 고신라의 도시가 더욱 확대, 발전되어 새로운 규모로 재정비되었다. 문헌에 따르면 혁거세 21년에 금성을 세우고 왕이 기거하였고 파사이사금 22년에 금성 동남쪽에 월성을 짓고 옮겼으며 그 북쪽에 만월성, 동쪽에 명활성, 남쪽에 남산성이 있었고, 자비왕 때 명활산성으로 옮겼다 다시 월성으로 옮긴 기록이 있다. 자비마립간 12년(469)에 중국식으로 방리로 구획하여 방리마다 이름을 붙였고 소지마립간 12년(490)에 시장을 개설하고 지증왕 10년(509)에 다시 동시를 개설하였다는 기록으로부터, 5세기 말에는 경주 도성의 도시적 윤곽이 잡혔을 것이고 통일 후에는 이것이 더욱 발전되었을 것으로 추정된다.

654년부터 780년까지 통일신라는 황금시대를 맞이하는데, 삼국통일을 이룩한 문무왕은 막대한 재물과 노동력을 활용하여 경주를 통일 왕조의 수도답게 변모시키려 하였으나 실현하지 못하였고, 재위 후반부인 14년 이후부터 21년 사망할 때까지 선대로부터 내려온 궁궐을 장려하게 확대하거나 수리하는 한편 새로운 궁궐로서 동궁을 창조하였다. 『삼국사기』에 따르면 문무왕 14년(674)에 "궁 안에 못을 파고 산을 만들고 화초를 심고 진기한 짐승을 길렀다.", 문무왕 19년(679)에 "궁궐을 중수하였는데 매우 장려하였다."라는 기록이 있는데 여기에서 못은 안압지인 것으로 짐작된다. 안압지 주변의 건물터 임해전지는 형식과 규모로 보아 대규모의 궁궐이 조성되어 있었음을 보여주며 특히 못 남쪽에도 많은 건물 터가 남아 있어서 가까운 월성과 연결되어 전체가 한 궁궐로 사용되었을 것으로 추측된다. 다음 왕인 신문왕은 금성의 확대나 개조가 어렵다고 판단하여 대구로 천도를 계획하였으나 실패하였다. 효소왕 4년(695) 황룡사를 중심으로 도시를 확장한 이후 여러 차례에 걸쳐 확장되었는데, 그 과정에서 수나라와 당나라에서 사용되던 방리제를 적용하였다. 하지만 경주는 자연 지형에 따라 가로망을 확장하였기 때문에 중국의 기하학적이고 정형적인 도시형태와는 달리 불규칙하게 형성되었다.

통일 후 영토가 확장되고 인구가 늘어나면서 도시 영역도 확대되어 동쪽으로는 명활산, 서쪽으로 선도산, 북쪽으로는 황성공원, 남쪽으로는 배리, 동남쪽으로는 사천왕사까지 뻗어나간 것으로 보인다. 월성을 중심으로 남북 4.3km, 동서 약 4km의 범위에 바둑판 모양의 직교하는 가로가 널리 시가지 전역으로 확대되었다(그림 3-09). 『삼국유사』에 따르면, 신라 전성기의 경주에는 총 17만 8,936호(戶)가 있었고, 행정구역은 1,360방(坊), 55리(里)로 나뉘었으며 35금입택이 있었다고 한다. 당시 경주의 집들은 모두 기와로 지붕을 이어 초가집이 없었고 밥을 짓는 데 나무를 사용하지 않고 숯을 썼으며, 처마와 담이 연이어 노랫소리가 길거리에 가득하고

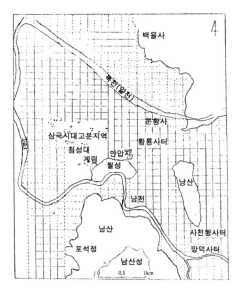

그림 3-09 **신라 전성기의 금성 배치**

밤낮으로 끊이지 않았을 정도였다고 한다. 금입택은 금을 입힌 저택이라는 뜻으로 지방에 광대한 영토를 소유한 귀족들은 많은 노비와 사병을 거느리고 이러한 대저택에서 호화로운 생활을 누리고 있었다고 한다.[1] 『신당서』 동이전 신라전에는 "재상의 집에는 녹이 끊어지지 않으며 노종이 삼천 명이고 소, 말, 돼지도 그만큼 된다. 바다에 있는 산에 놓아 길렀는데, 먹고자 하면 쏘아서 잡는다. 다른 사람에게 곡식을 빌려주어 제대로 갚지 못하면 노비로 삼았다."라는 기록이 있다. 『삼국사기』에는 왕도가 35리 6부였다고 기록되었으며, 왕경은 전체적으로 동서와 남북의 길이가 비슷한 사각형 모양이며 남향한 도시였고 동서와 남북을 가르는 도로로서 격자형 가로구조와 방을 갖고 있었다고 짐작된다(그림 3-10, 11).

....

1 금입택 중 대표적인 것으로는 김유신의 종가로 생각되는 재매정택(財買井宅), 불교사원에 시주한 사실이 확인되는 수망택(水望宅), 이남택(里南宅), 북택(北宅) 등이 있다.

그림 3-10 신라 왕경도 모형
그림 3-11 신라 왕경도 모형부분(국립민속박물관)

5. 고려의 도성

고려는 혼란스러웠던 후삼국시대를 마감한 후 유교사상과 관료제도, 궁궐 조성 등 여러 부분에서 중국의 제도를 수용하며 점차 중앙집권체제를 굳혀갔다. 고려시대에는 중앙집권체제의 통치이념을 제공하는 유교도 적극 받아들여졌으며 특히 왕실 중심의 정치적 질서를 중시하는 예제에 주목하여서, 하늘로부터 왕권을 부여받았다는 것을 과시하기 위해 천단과 종묘, 사직을 세워 하늘과 산천에 제사 지내었다.

10세기 말 제7대 성종은 당나라 제도를 채용해 3성 6부의 중앙관제를 제정하고 예제 중심의 유교를 정치이념으로 하며 처음으로 지방관을 파견하는 한편, 지방호족들의 지위를 격하하는 향직을 개혁해 중앙집권체제를 확립하였다. 국가에서 기본적으로 실시해야 할 것으로 규정한 다섯 예제는 천신과 지신, 인신에게 제사를 지내는 길례, 왕실이나 관료, 가정에서 각종 행사를 치르는 가례, 손님을 맞는 빈례, 군사의 출정 및 군대에 대한 예제 등을 다루는 군례, 장사 치르는 흉례로서 성종 때 수용되어 12세기 초 예종 때 정착되었다. 『고려사』에 의하면 성종 2년(983)에 송나라에서 태묘와 사직단, 문선왕묘의 건물 그림과 제사에 쓰는 기구 그림을 가져왔다고 한다. 다섯 예제 가운데 길례와 가례가 건축과 특히 관련이 있는데, 길례 중에는 원구, 방택, 사직, 태묘, 선잠, 문선왕묘, 풍사, 우사 등 국가적 제사를 치르는 시설들이 있다. 원구는 왕이 하늘에 제사 지내는 곳, 방택은 네모를 나타내어 땅을 상징하여 땅에 제사 지내는 곳이다. 종묘는 태묘라고도 하며 역대 왕의 신위를 모시고 제사를 지내는 사당이고, 사직은 토지와 곡식의 신에게 제사를 지내는 곳이다. 가례는 각종 절기와 특별한 시기에 왕실과 관료 사이, 중앙관료와 지방관료 사이에서 이루어지던 각종 행사, 연등회와 팔관회 등 불교의례가 포함되어 있다. 문무백관이 왕께 조하하는 의식이나 중국황제의 성수를 축하하는 의식, 왕비를 맞아들이거나 왕세자의 책봉 의식 등의 가례는 주로 궁궐에서 펼쳐졌으므로 그 내용은 궁궐 건축의 구성에 적지 않은 영향을 미쳤다.

고려는 초기부터 북방민족에 대한 대비책으로 장성을 구축하고 왜구를 대비해 읍성을 쌓았다. 그리고 고려왕조는 국가통치의 필요와 풍수지리사상의 영향으로 삼경을 설치하였는데, 개경(중원)을 수도로 하고 평양을 서경, 경주를 동경, 한양을 남경으로 정하며 각각 성곽과 이궁을 설치하였다. 개경 다음으로 중요시된 서경 평양은 고려 전기에 주로 이용되었고, 남경은 1068년 새로운 궁이 건설되는 등 고려 중기와 말기에 점차 중요하게 여겨졌다. 고구려 도성이었던 평양은 도시 규모도 잘 갖추어졌고 중국과 인접하며 해상교통도 편리하여 중요하게 여겨졌으며 외곽에 성곽을 새로 쌓고 장원정(1056), 대화궁 등을 지어 제2수도의 역할을 하도록 하였다.

1) 도성 개경의 형성

고려의 도성은 개경으로 태조 2년(919)에 풍수지리사상의 영향을 받으며 개성에 도읍하여 개주라 하였으며, 광종 11년에 황도라 하였다가 성종 14년 다시 개성부라고 하여 조선 태조가 국권을 차지할 때까지 약 450여 년간 이곳에 도읍하였다. 개경은 고려가 통일을 달성한 이후 약 50여 년이 지난 10세기 말경 왕조의 도성다운 면모를 갖추기 시작하여 제6대 왕인 성종 대에 실질적인 중앙집권을 위한 통치제도가 갖추어지면서 통일왕조의 도성다운 규모로 발전되었고, 이후 11세기에 도성 내 여러 가지 통치시설이나 가로가 정비되고 주민들의 거주구역이 확정되어 갔을 것으로 짐작된다.

풍수지리에 의해 입지가 선정된 개경은 산으로 둘러싸여 방어에 유리하였고, 편리한 해상 교통로를 가졌으며, 비교적 풍부한 평야지대를 끼고 있어서 수도로 정하기에 적합한 곳이었다. 개경은 북쪽의 송악산(488m)으로부터 남쪽의 용수산(177m)으로 연결되는 좌우의 산들로 에워싸인 분지 지형으로서 도성 안에는 크고 작은 언덕이 있고 그 사이를 개울물이 흘러내렸다. 이러한 지형조건은 도시구성에 커다란 영향을 주어서, 개경 도성은 중국의 도성제도를 규범으로 하면서도 독특한 자연조건에 적합하도록 토착적인 모습으로 전개되었다. 개경 도성은 북쪽에서 좌우의 지맥을 타고 내려와 펼쳐진 계곡과 평지를 에워싼 불규칙한 성벽과 도로망을 가지며, 자연지형과 기능에 따라 비교적 자유스러운 형상으로 발전되었다. 개경의 주산인 송악산은 병풍을 펼쳐놓은 것은 모습으로 기운이 뭉쳐 있으며, 성의 중심에서 약간 북서쪽으로 치우친 좌청룡 우백호로 둘러싸인 송악명당 혹은 부소명당에 궁궐 만월대가 터를 자리 잡았다.

개경 도성에는 궁성과 황성 외에는 성벽을 축조하지 않고 험준한 자연지형에 따라 방위하려고 하였는데, 황성은 사각형 모양이며 궁성 외곽의 방위성으로서 중앙관청들이 늘어서 있어 나성이 완성되기까지 외성의 역할을 하였다. 둘레 2km의 궁성 안에 궁궐 만월대가 자리 잡았으며 궁성 밖으로 황성이 약 4.7km 둘러싸여 있었으며, 궁성과 황성 사이에는 중앙 관청과 별궁들이 있었다. 황성의 정문은 광화문으로 황성의 동남쪽에 위치하여 궁성 쪽으로는 상서성, 추밀원, 중서성, 문하성, 어사대가 놓여졌고, 앞의 대로를 관도라 하여 호부 등 6부와 각종 중요 행정관청이 자리하고 있었다. 도성 안에는 방리를 정하고 관아와 사찰, 시장, 민가를 배치하였으며, 주변을 둘러싸고 있는 지형을 이용하여 토성을 쌓아 나성(길이 23km)으로 했다. 나성은 현종 때 거란의 침략(1010)으로 궁궐과 주택들이 모두 파괴됨에 따라 강감찬의 요청에 따라 축조되어 현종 20년(1029)에 완성하였다. 나성에는 12군데에 출입구 역할을 하는 성문을 두어 성안과 성 밖을 연결하는 기본적인 가로가 형성되었다. 성내에는 직선 도로는 없고 모든 도로들이 자연 지세를 따라 굴곡된 모습을 취하였다. 개경 도성은 현종 때 쌓은 시가지를 두른 나성이 말기에 이르러 허물어지자 본궐과 관청가를 중심으로 다시 내성을 쌓아 도성을 축소시켰다. 즉, 우왕 3년에 홍건적과 왜구의 침입 피해가 우려되므로, 최영의 제안에 따라 내성을 축조하여 방어를 강화하여 불의의 우환에 대비하고자 하였고, 내성이 생기면서 외곽의 나성은 그 역할을 잃게 되었다.

이리하여 개경은 자연 지형에 따라 축조되어 전통적인 산성의 형태를 띠게 되며, 궁성, 황성, 내성과 외곽을 갖춘 도성체계를 갖추게 되었다(그림 3-12). 이러한 도성제도는 자연지형에 따르는 전통적인 산성 위주의 우리나라 성곽 발달과정과 같은 범주에서 형성된 독특한 것이었다. 또한 개경은 중국의 역대 수도에서 보이는 전조후시, 좌묘우사의 개념에 어느 정도 일치하도록 구성되어, 궁궐 정문인 광화문이 동남쪽으로 향해 있어 행정관청이 이를 중심축으로 들어서 있고, 시전은 십자로를 중심으로 남쪽으로 배치되어 있다. 이처럼 개경 도성은 풍수지리에 입각한 입지를 선택하

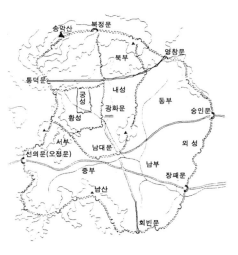

그림 3-12 **개경의 성곽과 도성**

고 자연지세에 따라 도시를 구성하는 자연발생적인 특성을 살리면서 중국의 도시규범을 수용하는 토착성을 보여준다고 할 수 있다. 따라서 고려의 궁궐은 송악산의 경사지를 따라 자연조건에 순응하듯이 도성의 중심에 위치하지 않고 서북쪽에 치우쳐 놓이고, 궁궐의 전각들 역시 중앙의 직선축을 따라 배치되지 않고 지형지세를 따라 배치되었다.

2) 도성 개경의 구성

　　개경은 크게 동부, 서부, 남부, 북부, 중부의 5부로 나뉘고, 각 부 안에 다시 여러 개의 방으로 나누어져 모두 35방이 있었으며, 방은 다시 여러 개의 리로 구분되어 모두 344리로 형성되었다. 방리제는 중국에서 도로를 바둑판 모양으로 격자형으로 설치하여 구역을 일정한 크기로 방과 리로 나누는 제도로서, 주민의 거주지를 일정한 틀로 통제하고 백성을 불러낼 때에도 일정한 인원 수로 관리할 수 있었다. 주민 거주의 기본 단위는 리로서, 각 리마다 울타리가 쳐지고 아침과 밤에 문을 열고 닫았을 것으로 여겨진다. 중앙집권체제를 정비한 성종 때에는 도성의 명칭을 개성부로 바꾸고 종묘와 사직을 갖추며 지역을 확장하여 왕도의 체제를 갖추었으며 5부의 방리제도도 이때부터 실질적으로 운용되었다. 대체로 나성의 남북문인 회빈문과 북성문을 잇는 선을 기준으로 하여 동부와 서부를 나누고, 동서의 숭인문과 선의문을 연결하는 선을 기준으로 하여 남부와 북부를 나누었고, 중부는 이 구획선들이 교차하는 십자가 주변 지역을 중심한 지역이었을 것으로 짐작된다. 이들 5부의 구성은 동부가 7방 70리, 남부가 5방 71리, 서부는 5방 81리, 북부는 10방 47리, 중부는 8방 75리로 편성되었으며, 그 방의 이름은 사원이나 성문 이름, 산천 내지는 다른 지형들과 관련되어 이름이 붙여졌다.

　　개경 도성의 성문으로는 궁성에 승평문, 동화문, 서화문, 현무문 등 4개소, 황성에 광화문 등 11개소, 내성에 남대문 등 8개소, 외성에 동대문(숭인문) 등 25개소가 설치되었다. 서쪽의 선의문은 중국의 사신이 출입하는 곳이기에 성문을 화려하게 꾸며 중요하게 여겼고, 동쪽 숭인문은 일반인들의 출입이 잦았던 곳으로서, 이 동서도로가 도성의 간선을 이루었다. 황성의 정문인 광화문에서 나와 동쪽으로 난 관청거리를 지나면 남쪽으로 남대가가 있어 남문인 회빈문으로 이어지고, 이 남북 주작대로가 나성의 서문인 선의문(오정문)과 동문인 숭인문으로 이어진 동서 간선도로와 만나는 곳이 개경의 중심가인 십자가이다. 도성 중심부의 가로변을 따라서 장랑이 설치되었는데, 장랑은 대개 상점이 들어선 곳으로 『고려도경』[2]에는 동시사에서 흥국사 다리까지 또 광화문에서 봉선고까지 장랑 수백 칸이 이어졌다고 한다. 남대가에는 시전의 긴 행랑이 좌우로 늘어서 십자가까지 이어졌고, 남대가 북쪽에는 흥국사가 있었다. 개경 내의 가장 중심부를 이루는 도로인 십자가의 동서 방향의 도로를 따라서는 베천이라는 개천이 나란히 흘렀으며, 그 옆의 길가에도 높은 누각과 여러 종류의 물건을 파는 가게가 자리하고 있었으며, 십자가 주변에 있는 민천사, 보제사, 봉은사 등 큰 사찰들이 있었다. 개경의 물길이 매우 거칠고 급격하여서 거친 물살을 진압하고자 하는 비보풍수로서 물길의 합류점인 장패문(보정문) 부근에 광명사, 일월사, 개국사 등을 사찰을 세우기도 하였다.

궁성의 외문에 관해서는 『고려도경』 권4, 외문을 통해 다음과 같이 엿볼 수 있다. "왕성의 여러 문은 대개 초창기에 만든 것인데, 선의문은 사자가 출입하는 곳이고, 북창문은 사자가 회정하거나 사묘하러 가는 길이므로 아주 엄숙하게 꾸몄으며 다른 문은 이에 미치지 못한다. 회빈문, 장패문 등부터는 그 제도가 대략 같은데, 오직 그 한가운데에 쌍문을 만들어 존비에 구애 없이 모두 출입할 수 있게 했다. 모두 협주 없이 날카로운 철통으로 보호하였으며 위에 작은 행랑집을 지었다. 산 지형의 높고 낮은 대로 쌓았다. 아래서 바라보면 숭산 등성이를 성벽이 둘러싸 마치 뱀이 꿈틀거리는 형상과 같다. 장패문은 안동부로 통하고, 광덕문은 정주로 통하고, 선인문은 양주·전주·나주 등 3주로 통하고. 숭인문은 일본으로 통하고, 안정문은 경주·광주·청주 등 3주로 통하고, 선기문은 대금국으로 통하고 북창문은 삼각산으로 통하는데, 신탄, 송자, 포백이 나는 지방이다(王城外門 大率草創 唯宣義門以使者出入之所 北昌門爲使者回程祠廟之路 故極加嚴飾 他不逮也 自會賓長霸等門 基制略同 惟當其中爲兩戶 無尊卑皆得入其城 皆無夾株 護利鐵㻌 上爲小廊 隨山形高下而築之 自下而望 崧山之脊 城垣繚繞 若蛇虺蜿蜒之形 長霸門通安東府 光德門通正州 宣仁門通楊全羅三州 崇仁門通日本 安定門通慶廣淸三州 宣祺門通大金國 北昌門 通三角山 薪炭松子布帛所出之道也)."

개경의 주요한 시설로는 여러 곳의 궁궐, 관청, 수많은 불교사찰들의 크고 높은 건물들을 들 수 있다. 건국을 하면서 송악산 아래에 본궐을 세웠고 역대 왕들이 여러 곳에 이궁이나 별궁을 세웠다. 본궐을 둘러싼 궁성의 동남쪽에 정문 광화문이 있고 그 앞 좌우로 6조의 관청이 배열되어 도성의 중심부를 이루었다. 원구와 종묘사직은 왕실의 중요한 제사시설인

2 『선화봉사고려도경』은 고려 인종 1년(1123) 때 사신으로 온 송나라 서긍(1091~1153)이 고려의 인문과 지리 등을 담아 저술한 것으로 총 40권이며, 300여 항목을 28개문으로 분류하고 문장으로 설명하고 형상을 그릴 수 있는 것은 그림을 덧붙였다. 1, 2권에서는 고려의 건국과 왕실의 계보에 대해 설명하고 3권부터 6권까지 개경의 형세와 성문, 궐문, 궁전 등을 상세하게 설명하고, 이후 관복과 인물, 병기, 관부, 사우, 백성, 풍속, 관사 등을 설명하고 있다.

데, 대체로 좌묘우사의 원칙에 따라서 종묘는 나성 바깥의 홍화사 아래에 있었고, 사직단은 성안 서쪽 선의문 나가기 바로 전에 있었던 것으로 짐작된다. 불교사찰들은 천도 직후부터 성안쪽에 흥국사, 민천사, 봉은사 등이, 성 밖 주변에 현화사, 귀법사, 불일사 등 수많이 세워졌는데, 어떤 사원들은 궁궐보다 더 화려하게 장식하고 높은 탑을 세웠다고 한다. 궁궐의 남쪽의 성내 한복판에 위치한 흥국사는 상점가인 장랑이 흥국사 다리에서 시작하여 동시사라는 시장으로 이어졌다고 하듯이 서북쪽에 치우쳐 있는 궁궐보다 오히려 성내에 사는 주민들에게 더 큰 영향력을 미쳤다고 한다.

개경 도성에 높고 큰 건물들이 많이 세워졌음은 다음 기록에서도 볼 수 있다.『고려도경』 권3, 누관에는 "누관이 당초에는 오직 왕성의 궁이나 절에만 있었는데, 지금은 관도 양쪽과 국상(國相), 부자들까지도 두게 되어 점점 사치해졌다. 선의문을 들어가면 수십 집가량에 누각 하나씩을 세워 굽어보고 있다. 흥국사 근처에 두 누각이 마주 보고 있는데, 왼쪽 것은 '박제'라 하고 오른쪽 것은 '익평'이라 한다. 왕부의 동쪽에도 누각 둘이 거리에 면해 있는데, 간판은 보이지 않으나 발과 장막이 화려하게 꾸며져 있었다(樓觀 … 初惟王城宮寺有之 今官道 兩房 與國相富人 稍稍僭侈 入宣義門 每數十家則建一樓俯 近興國寺 二樓相望 左曰博濟 右曰益平 王府之東 二樓臨衢 不見標牓 簾幙華煥)."라고 되어 있다.

또한 인종 24년(1170) 무신란 이후 13세기 전반기는 무인문화의 절정기로서, 절대적인 권력 속에서 화려하고 장대한 건축이 이루어졌다고 한다. 2대 장군 최우는 집 남쪽에 거대한 누각을, 서쪽에 십자각을 지었는데, 당시 재상 이규보는 이 누각을 대루라고 하며 2층에 1천 명이 앉을 수 있고 아래층에는 수레 1백 대를 놓을 만하며, 십자각은 평면이 열 십자를 이루는데 실내가 모두 거울로 되고 대들보는 구부러 휘어지고 휘황한 채색이 가미되어 깜짝 놀랄 만하다고 하였다. 이규보에 의한『동문선』권66, 우대루기에는 "이것이 이제 최승제 공이 거대한 누각을 거실의 남쪽에 짓게 한 까닭이다. 누 위에는 손님 천 명이 앉을 수 있고, 아래는 수레 수백 대를 나란히 놓을 만하다. … 이 누를 보게 되니 상상하건대 비록 하늘에 있는 옥루도 이보다 더 사치할 수는 없을 것이다. 그 동쪽에는 불상을 안치한 방이 있다. 부처에 공양하는 일을 할 때면 곧 중들을 맞아들이니 많기가 수백 명에 이르건만 넓고 넓어서 남는 데가 있다(是今承制崔公之所以作大樓於居室之南偏者也 上可以坐客千人 下可以 方車百乘…及觀是樓 雖天之玉樓 想不能侈玆也 其東偏安佛龕有營佛事 則邀桑門衲子 多至數百人 恢恢有餘地)."라는 기록이 있다.

개경은 한 왕조의 수도로서 궁궐과 황성을 포함한 도성, 성외 지역까지 포함하여 매우 번성한 도시였다. 개경의 규모에 대해서는 기록을 통해 인구를 추정해볼 수 있는데, 고종 19년(1232) 몽고침입에 즈음하여 강화로의 천도 여부를 논의하는 과정을 적은 『고려사절요』 권16과 『고려사』 권 102, 「유승단전」에 보이는 '10만 호'의 기록에서부터 전통적인 인구추산 방법인 '1호 5인' 기준으로 보면 대략 50여만 명에 이를 것으로 짐작된다. 또한 『고려사』의 기록을 근거로 한 리당 마을 평균 가호수가 300호 정도 된다고 하는데, 개경의 행정 편제가 35방 344리였다고 하니 개경에 적어도 10만 호 이상이 있었다는 것이 확인된다.

[표 3-01] 개성 성곽의 규모(전룡철, 「고려의 수도 개성성에 대한 연구」, 역사과학, 평양, 1980)

성 이름	둘레(m)	동서길이	남북길이	넓이	축성연대
황성	4,700	1,150	1,150	125만	919년
궁성	2,170	375	725	25만	919년
외성	23,000	5,200	6,000	2,470만	1009~1029년
내성	11,200	1,300	3,700	468만	1391~1393년

고려의 개경과 고대 신라 경주는 여러 면에서 대비되는데, 지형조건상 경주는 비교적 넓은 평지에 위치하여 나성이 없고 주위에 산성이 있으나, 개경은 사방이 산으로 둘러싸인 분지에 위치되어 외곽을 감싸는 나성과 궁궐 주변의 황성, 진산에 산성이 있다. 경주는 직선도로가 직교하고 궁궐 앞 남북도로가 중심인 방리제를 채택하며 도시 중심부에 궁궐 및 관아가 배치되었으나 개경은 지세를 따른 굴곡된 도로를 기본으로 동서 간선도로가 중심이었으며 궁궐이 서북쪽에 치우치고 그 앞으로 6조의 관청이 도열되었다.

3) 강화 도성

고려 중기 말엽에는 몽고로부터의 공격과 재난을 피하고 장기적으로 항전하기 위하여 강화도로 천도하였는데, 1232~1270년 39년 동안 고려의 수도였던 강화도의 도성은 일명 '강도'라고도 불리고 내성, 중성, 외성의 3중으로 축조되었다. 강도는 규모가 개경보다 컸다고 하는데, 외성의 둘레만 23km이고, 개경을 통째로 옮겼다고 할 정도로 궁궐과 관청, 사찰 등 많은 건물을 세웠으며 개경의 만월대와 방불한 지형을 택하여 궁궐을 건축하였다. 강화는 성내 북쪽과 서쪽에 높은 산이 있고 동쪽과 남쪽에도 산이 있으며 물이 서쪽에서 동쪽으로 흘러나가게 되어 지형조건이 개경과 거의 흡사하였으며, 궁궐은 성의 북쪽에 높이고 동문과 서문을 잇는 도로가 간선도로를 이루었다. 『고려사』와 『고려사절요』 등의 고려정사에 원나라 항쟁기에 개성궁궐에 버금가는 규모로 조성되었으며, 궁궐의 전각들은 명칭까지도 개성의 것을 따르는, 이른바 '작은 개성'을 방불케 하였다고 한다.

6. 조선의 도성

1) 도성

고려왕조에서 벗어나 신진사대부들에 의해 새 왕조를 건설한 조선은 우선적으로 유교에 입각한 예제의 회복이 시급하였다. 하늘의 뜻에 따라 임금과 신하, 백성들이 질서를 이루도록 하는 유교의 예제에 입각하여 임금이 사는 도성과 지방 각 읍성들을 정비하는 것이 필요하였다. 유교의 예제 가운데 길례의 개념에서 보면 도성에는 종묘, 사직단, 문묘, 선농신 등 나라를 지키는 각종 신령에게 제사 지내는 시설이 갖추어져야 한다.[3]

우리나라의 도성계획은 한나라 이래 당, 명, 청 등 중국의 도성계획으로부터 많은 영향을 받았다. 고대 도성에 관한 이상적 지침서로 여겨진 『주례고공기』에 따라서, 중국의 도성은 방리제와 좌묘우사, 면조후시의 원칙에 따라 궁궐을 중심으로 격자형의 가로망을 형성하고 도성을 기하학적이고 정형적인 형태로 계획되었다. 방리제(坊里制)는 가로망을 격자형으로 형성하여 도성 전체를 사각형의 가구로 구성하는 방식으로서, 궁궐은 물론 사찰과 일반주택 등 모든 건물들이 이 가구 내에 건설되며 관리되었다. 좌묘우사 면조후시(左廟右社 面朝後市)는 궁궐을 중심으로 좌측에 종묘, 우측에 사직단을 배치하고, 앞쪽에 조정, 뒤쪽에 시가지를 배치하는 방식이다. 한국의 도성은 한국의 지형조건을 기본으로 하여 중국식 도성계획 기법을 부분적으로 적용하였다. 중국의 도성은 평지에 정형적이고 기하학적인 형태를 하였지만, 조선의 도성은 산지가 많은 지형조건으로 불규칙적이고 비정형적인 형태를 띠게 되었으며 풍수지리사상의 영향을 강하게 받았다.

1392년 태조 이성계(재위 1392~1398)는 즉위 이후 고려시대의 이궁인 남경을 수리하여 도읍지를 한양으로 옮길 계획을 세우지만 신하들의 반발로 뜻을 이루지 못하였고, 그 후 계룡산을 새 도읍지로 정하고 궁궐을 건설하다가 중단하였다. 태조는 3년(1394) 8월 국토의 중앙에 있고 조운이 편리하며 주변 산세가 좋고 터가 넓은 명당인 한양으로 도읍하기로 결정하여 한성이라고 이름 붙이며, 같은 해 10월 25일 천도를 단행하며, 궁궐과 종묘, 관아

....

3 도성은 국가적 예제를 실천하는 가장 으뜸이 되고 모범이 되는 곳이어야 했으므로 수선(首善)이라고 불렸다.

를 건립하여 도성을 완비하였다. 한양의 풍수에 대해 이중환은 『택리지』에서 주변의 산세가 매우 맑고 수려하며 특별하게 이상한 기운이 있고 백악과 남산 그리고 인왕산이 훌륭한 형국을 이루고 있으며 형국을 이루는 도성 안이 넓고 명랑하며, 깨끗하며 굳고 희다는 점을 들었다.

한성은 풍수지리사상에 의해 명당에 정도한 이래 조선왕조 500여 년간 지속되었으며, 주변의 아름다운 자연환경을 배경으로 궁궐을 중심으로 계획되었다(그림 3-13, 14). 한성은 북쪽에 북악(백악)을 주산으로 하고 왼쪽에 청룡 낙산, 오른쪽에 백호 인왕산, 남쪽에 안산 남산(목멱산)이 놓이고 주산 뒤로 진산 삼각산(북한산), 남쪽 멀리에 조산 관악산을 두고, 한양의 명당수인 청계천이 북북서에서 시작하여 동쪽으로 흘러가며 한양의 객수인 한강이 동에서 서로 흘러 바다를 향해 가는 풍수지리상의 뛰어난 명당이다. 다만 좌청룡 낙산이 산세가 허약한 반면 우백 인왕산이 너무 강하여 좌우의 조화가 어긋나고 주산인 백악이 서쪽에 치우쳐 있는 단점이 있었다. 한성의 도성계획은 한성의 자연지형을 우선으로 하여 유교의 예제와 중국식 도성계획 기법을 부분적으로 적용함으로써, 기하학적이고 정형적인 중국의 도성계획과는 달리 자연지형에 따른 불규칙적 형태를 이룬다.

태조가 한성에 천도를 함에 있어서 정도전, 권근 등 신흥사대부 출신의 개국공신파는 유교 예제를 도성건설의 이념으로 삼았던 반면 왕의 신임을 받던 무학대사는 토착적인 풍

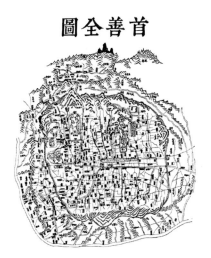

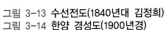

그림 3-13 수선전도(1840년대 김정희)
그림 3-14 한양 경성도(1900년경)

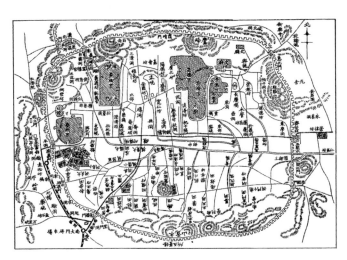

수지리설을 내세웠다. 유교 예제의 지침과 토착적인 가치관의 풍수설이라는 상충적인 개념은 한성 건설에 절충되어 해결되었다. 풍수설에 따라 도성 중앙이 아닌 북서쪽 백악 아래 궁궐을 남향하여 놓고 그 왼쪽에 종묘, 오른쪽에 사직단을 두고 지형이 허락하는 곳에 선농과 선잠 등 여러 제단들을 위치시켰다.

도성 건설은 종묘와 사직을 먼저 짓고 다음으로 궁궐을, 마지막에 성벽을 쌓는 순서로 진행되었는데, 이들은 모두 유교의 예제에 따라 국가의 기틀을 세우기 위하여 먼저 구축되어야 할 건축물과 시설물들이다. 즉, 종묘는 왕실의 조종이 되는 신위를 봉안하여 효성과 공경을 높이는 곳, 사직은 민생의 근본인 토지와 곡물의 신에게 제사를 지내는 곳, 궁궐은 국가와 왕실의 존엄을 백성들에게 보이고 정치를 펴는 곳, 성곽은 안팎을 구분하고 백성과 나라를 굳게 지키는 역할을 한다. 또한 이 외에 길례의 대상으로 농사를 주관하는 선농신, 양잠을 주관하는 선잠신, 명산대천의 신령과 번개나 우뢰 등 여러 신령을 모신 단과 묘, 제사 지낼 사람이 없는 영혼을 위로하는 여단 등이 갖추어져야 했다. 한성은 도성계획의 좌묘우사의 원리에 따라 궁궐인 경복궁과 창덕궁을 중심으로 좌측에 종묘, 우측에 사직단을 배치하였고, 면조후시의 원리에 따라 궁궐 앞쪽에 6조의 관아를 배치하고 방리제를 적용하였다. 도성의 동서로 관통하는 길이 중심대로가 되고 그 중간에 종루를 세우고 종루에서 남쪽으로 또 하나의 간선도로가 나고 궁성 정문 앞에서 육조거리가 나와 동서대로와 만나도록 하였다. 종루 좌우의 동서대로와 종루에서 남대문을 연결하는 대로 사이에는 장랑이 들어서 상업의 중심이 되었다. 초기에는 도성 내에 장대한 사찰이 있었는데, 태조가 죽은 왕비의 넋을 위로하기 위해 세운 흥천사는 매우 크고 화려한 사찰로서 도성 안쪽 어디서나 바라보이는 규모였고, 세조 때 종루 부근에 세운 원각사와 십층석탑이 세워진 것같이 한양 도성은 화려한 단청과 금빛 장식, 높은 석탑이 어우러진 모습을 이루었다. 하지만 유학자 사대부들의 세력이 커짐에 따라 16세기에 이러한 사찰건축의 모습이 사라지며 도성은 절제와 질서를 갖춘 차분한 모습을 이루게 되었다.

궁궐과 종묘사직이 모습을 갖추고 1395년 성곽건설이 시작되었는데, 지세에 따라 도성 경계에 계단형으로 길이 18km의 성곽이 축조되었다. 도성의 성곽에는 주요 지점에 출입구로서 동서남북 사대문과 사소문 등 모두 여덟 곳에 문을 설치하였다(그림 3-15, 16). 8방은 자연의 기본적인 방위 전체를 가리키는 것으로 왕의 통치가 전국 곳곳에 두루 미친다는 것을 상징하는데, 지형 조건상 각 방위에 정확히 맞추지 못하고 조건에 맞게 조정되었다. 성문 중에는 남대문인 숭례문이 정문에 해당되지만, 동서대로가 바로 이어지며 남쪽 특히 영남대로가 연결되는 동대문인 흥인지문이 더 중요한 역할을 하였다. 도성 중심부의 일부 가로망은 격자형을 기본으로 하였고, 전체적으로는 우회로와 불규칙한 곡선로의 가로망으로 구성되었다. 『경국대전』에 따르면 도성의 큰 도로는 너비 56자, 보통 도로는 16자, 작은 도로는 11자이며 도로 양쪽 도랑의 너비는 각각 2자라고 하였다.

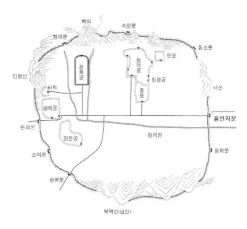
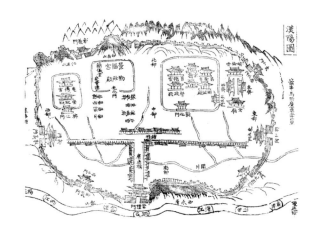

그림 3-15 **한양의 성곽과 도성**
그림 3-16 **한양도(1770년 위백규 편찬, 1822년 간행)**

한성 근교의 주요 산에는 북한산성, 남한산성 등의 산성을 쌓아 외침에 대비하였다. 도성 이외에 도성에 준하는 화성 성곽이 정조에 의해 건립되어 성문을 비롯한 성벽, 성내 여러 시설들이 가장 잘 남아 있다.

[표 3-02] **한양의 사대문과 사소문**

사대문	동쪽-흥인지문	서쪽-돈의문
	남쪽-숭례문	북쪽-숙청문
사소문	동북쪽-홍화문	동남쪽-광희문
	서북쪽-창의문	서남쪽-소덕문

(1) 서울 숭례문(남대문), 1448년 중건, 국보 제1호

숭례문은 도성을 둘러싸고 있던 성곽의 정문으로, 남쪽에 있다고 해서 남대문이라고도 불렸다. 숭례문은 태조 4년(1395)에 시작하여 태조 7년(1398)에 완성되었고, 세종 30년

(1448)에 중건되었으며 성종 10년(1479)에도 큰 공사가 있었으나, 2008년 2월 10일 방화로 인하여 소실되어 2013년 복원되었다(그림 3-17). 숭례문은 높이 쌓은 석축 가운데에 홍예문을 두고, 그 위에 정면 5칸, 측면 2칸 크기로 지은 누각형 2층 다포식의 우진각지붕 건물이다. 우진각지붕은 팔작지붕보다 경사진 지

그림 3-17 **서울 숭례문(남대문)**

붕면이 더 크게 강조되어 특별히 중요한 의미를 갖는 성문에서 많이 채택된다. 남대문은 다포양식으로 그 형태가 곡이 심하지 않고 짜임도 건실해 조선 전기의 특징을 잘 보여주고 있다. 내부의 아래층 바닥은 가운데만 우물마루이고 나머지는 흙바닥이며, 연등천장으로 되어 있고, 지붕은 위층과 아래층이 모두 겹처마로서 추녀마루에는 잡상과 용머리를 올렸다. 『지봉유설』의 기록에는 '숭례문'이라고 쓴 현판을 양녕대군이 썼다고 한다. 숭례문의 예(禮)는 5덕과 5행, 5방으로 보면 예의와 불, 남쪽을 가리키는 말인데, 현판이 세로로 쓰인 것은 '숭례'의 두 글자가 불꽃을 뜻하여 경복궁을 마주 보는 화산인 관악산에 상응하며 예를 숭상하는 것을 장려하기 위한 뜻을 갖는다.

(2) 서울 흥인지문(동대문), 1869년, 보물 제1호

흥인지문은 한성을 보호하기 위해 만든 도성 8개의 문 가운데 동쪽에 있는 문으로, 흔히 동대문이라고도 부른다. 조선 태조 7년(1398)에 건립되고 단종 원년(1453)에 고쳐 지었으며, 지금 있는 문은 고종 6년(1869)에 새로 지은 것이다. 석축을 쌓고 중앙의 홍예문을 출입구로 삼아 2층 누각형태로 되어 있는 흥인지문은 정면 5칸, 측면 2칸

그림 3-18 **서울 흥인지문(동대문)**

규모의 우진각 지붕의 다포식 건물로, 기둥 위뿐만 아니라 기둥 사이에도 있는 공포는 아래층이 내삼출목, 외이출목이고 위층은 내외 삼출목인데 쇠서의 형태는 매우 가늘고 섬약하고 번잡하게 장식되어 있어 조선 후기의 특징을 잘 나타내주고 있다(그림 3-18). 바닥은

하층에는 중앙에만 마루를 깔고 상층은 전부 우물마루를 깔았으며, 벽의 하층은 모두 개방하고 상층은 사방에 판문을 달았다. 천장은 연등천장이고 처마는 겹처마이며 지붕의 각 마루에 취두와 용두, 잡상을 배치하였다. 또한 바깥쪽으로는 성문을 보호하고 튼튼히 지키며 적을 공격하기에 유리하도록 반원 모양의 옹성[4]을 쌓았는데, 도성의 8개 성문 중 유일하다.

3.2 읍 성

1. 읍성의 구성

조선시대에는 도성 이외에 전국 각지의 군현의 주민을 보호하고 군사 및 행정 기능을 담당하기 위해 관아를 중심으로 읍성을 건립하였는데, 읍성은 부, 목, 군, 현 등 행정구역 단위의 등급에 따라 크기가 차이가 있었다. 읍성의 규모 차이는 주민의 수효와 관계되었으며, 큰 것은 3,000척(尺) 이상, 중간 규모는 1,500~3,000척, 작은 것은 1,000척에 못 미치는 경우도 있다. 중앙집권적인 통치체제를 구축하고자 유교를 정치이념으로 삼은 조선시대에는 지방의 각 읍성도 유교적 질서가 바로 서도록 예제에 입각하여 여러 신령에게 제사 지내는 시설이 세워졌고 대체로 좌묘우사의 원칙이 반영되었다. 군왕에 대한 충성과 유교적 교화를 위한 예제에 관련된 시설로는 사직단과 문묘 향교, 여단과 같은 단묘, 수령이 대궐을 향해 망궐례를 올리는 객사 등이 있었고, 고을 어귀 5리가 되는 곳에는 정자가 설치되었다.

15세기 중반에 지방 도시들은 예제에 바탕을 두고 일정한 원칙에 따라 조성되는 통치시설을 갖추게 되었고, 이러한 내용이 정리되어 성종 17년(1486)에는 『동국여지승람』이 간행되었다. 16세기경부터 지방에서도 시장이 활발한 움직임을 보이고 18세기 이후에는 전국적으로 활기를 띠게 되어 읍성의 객사 앞 넓은 터가 장터로 활용되며 성문밖 주변에도 시장이 형성되어 사람과 물자의 집결처가 되었다. 대구나 전주 약령시처럼 일부 도시는 특정 산물의 교역과 시장으로 유명해지듯이, 인구가 늘고 상업활동이 활발해져 경제적으로 중요성이 부각되면서 18세기에 들어서 지방 읍성에 대한 보수와 축조가 왕성하게 벌어졌다. 이러한 읍성의 개축은 황주읍성(1721), 전주읍성(1734), 대구읍성(1736), 동래읍성(1737), 해주읍성(1747), 청주읍성(1786)이 그 사례로서, 돌로 성벽을 쌓고 옹성이나 치성 등 방어시설도 추가

....

4 옹성(甕城) : 성문의 앞을 가리어 빙 둘러쳐서 적을 방어하는 작은 성

되었다. 이러한 읍성의 축조는 초기에 세워진 읍성을 개축하는 것으로서 성의 규모나 형태, 기본 구조 등은 크게 변화지 않았다.

조선시대에 읍성은 내륙지방에는 비교적 큰 고을에만 있었지만, 해안 근처의 고을에는 거의 모두 있었다. 특히 세종 때부터는 경상도와 전라도, 충청도의 바다가 가까운 지역의 읍성들이 새로 축조되거나 개축되었다. 이때에는 성의 방어력을 높이기 위하여 성벽의 높이를 높이면서 문의 양쪽에 쌓아서 문을 공격하는 적을 방비하는 옹성, 치성,[5] 해자를 시설하였다. 조선 초기 우리나라 전체 330개의 읍성 중 성곽을 가진 읍성은 160개소에 이르렀고, 성종 때의 『동국여지승람』에 의하면 당시 부, 목, 군, 현 등에 외성을 갖춘 읍성의 수는 179개로서 지방행정구역 중 반수가 넘게 성을 쌓았음을 알 수 있다. 『세종실록지리지』에는 현 남부 지역에 69개소, 『동국여지승람』에는 95개소, 『동국문헌비고』에는 104개소의 읍성이 기록되어 있다. 전국적으로 전략적으로 요충이 되는 해안지역과 가까운 경남, 전남, 전북, 충남 서해안 지역에 읍성이 많이 분포해 있다. 읍성은 1910년 일본의 읍성 철거령 때문에 대부분 철거되었고, 현재 수원읍성, 해미읍성, 낙안읍성, 동래읍성, 강화읍성, 고창읍성, 비인읍성, 남포읍성, 진도읍성 등이 비교적 잘 남아 있다(그림 3-19).

그림 3-19 **경주읍내전도**

행정상 중요한 지점에는 읍성을 설치하는 한편 국방상 중요한 지점에는 산성을 설치하였는데, 읍성의 형식은 전국적으로 일정한 기준에 따라 구성되었다. 읍성은 주로 행정과 군사적 기능이 복합되어 있어 독특한 구조를 이루었고 입지 또한 특정 장소를 선정하였다. 읍성은 군사적 기능을 발휘해야 하므로 산지로 둘러싸인 분지지형이 읍성취락의 입지로 적합하였다. 예부터 '산악전에서는 준령을 먼저 점령하는 자가 승리하고 수전에서는 상류를 먼저 점거하는 자가 승세를 굳힌다'고 하였고, 분지지형은 '강물이 거슬러 올라오는 조수가 있는 곳이 되므로 풍수지리의 관점에서도 양기에 합당하다. 읍성은 평지에만 쌓는 일은 드물고 대개 배후의 주산에 의지하여 산등성이를 포용하여 평지와 산기슭을 함께 감싸면서 돌아가

---

5 치성(雉城) : 성벽의 바깥에 네모꼴로 튀어나오게 벽을 쌓아 성벽에 바싹 다가선 적병을 비스듬한 각도에서 공격하게 하는 시설

도록 축조되었다. 읍성은 기존에 있던 산성과 비슷한 형태의 읍성을 활용한 동래읍성과 진주성, 공산성, 고창읍성 같은 사례들과, 낙안읍성, 해미읍성 등 전형적인 평지성의 모습을 보이는 사례가 있다. 읍성의 형태는 타원 또는 원형을 이루며 돌이나 흙으로 쌓았다. 전쟁 시에는 방어 기능의 성곽이 되어 성문을 굳게 닫고, 군관민이 한 덩어리가 되어 성을 지킨다.

읍성에는 통치와 군사, 교육, 종교의 목적에 필요한 관아와 예제에 입각한 시설이 집중된다. 읍성의 동문과 서문을 연결하는 길과 남문에서의 길이 교차되는 중심부에는 객사와 관아를 배치하고, 그 앞쪽으로는 백성들의 집이 들어서는 형식이 일반적이었다. 왕권을 상징하는 객사를 읍성의 가장 중심적 위치에 배정하고 객사의 전면에 광장을 형성하며, 서쪽에 문관이 사용하는 본부 향청을 배치하고 동쪽에 중영, 훈련원, 군기고 등을 배치한 것이다(그림 3-20). 읍성은 고을을 통치하기 위한 수령이 집무하는 관아와 향청, 각종 창고, 감옥 등의 행정용 시설, 예제 시설, 시장과 주민의 주택들로 이루어졌다. 대체로 행정시설지역과 주거지역 사이에는 읍성을 관통하는 동서방향의 큰 길이 경계를 이루며, 이 길의 중앙에서 남문으로 향하는 대로가 T자형으로 구성된 교차로는 보통 시장이 형성되었다. 객사에는 임금을 상징하는 전패나 궐패를 모시고 한 달에 두 번씩 수령이 절을 올렸고, 군수와 현령 등 수령의 집무소인 관아는 행정의 중심지가 되었다. 도성과 읍성의 구성원리인 좌묘우사에 따라서 제례시설로는 사직단이 읍성의 서쪽에, 문묘가 향교와 함께 동쪽에 배치되었으며, 여단은 서쪽이나 북쪽에 놓이고, 읍성의 수호신을 모시는 성황당은 인근의 산속에 세워졌다(그림 3-21, 22). 경기도 양주의 경우 동헌을 중심으로 객사, 향청, 옥사, 훈련원, 향교 등이 주변에 배치되고 관아의 서북방향으로 성황당, 사직단, 여단, 동북방향으로 떨어져 향교를 배치하여 좌묘우사, 전조후시의 전통적 형식을 보여준다.

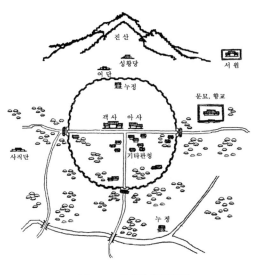

그림 3-20 **읍성의 공간구성**

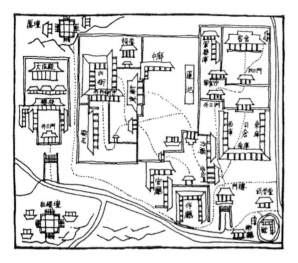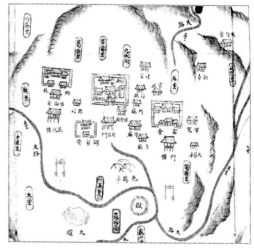

그림 3-21 전의현 관아도-한국근대도지 4(한국인문과학원, 1991)
그림 3-22 김제군 고지도(1872)

2. 읍성의 사례

1) 수원 화성, 1794~1796년(정조 18~20년), 경기도 수원시, 사적 제3호

수원 화성은 정조가 그의 아버지 장헌세자에 대한 효심에서 화성으로 수도를 옮길 계획으로 정조 18년(1794)에 성을 쌓기 시작하여 2년 뒤인 1796년에 완성되었는데, 성곽의 둘레가 약 5.7km, 성벽의 높이가 4~6m 정도이다. 화성은 서쪽에서 동쪽으로 흐르는 낮은 구릉의 평지를 따라 축성된 평산성으로, 사대문을 비롯하여 암문, 공심돈, 포루 등의 각종 방어시설을 갖추고 있다(그림 3-23). 이 성곽은 피난처로서의 산성은 설치하지 않고 보통 때 거주하는 읍성에 방어력을 강화하였으므로 많은 방어시설이 설치되었는데, 망루의 역할과 총안으로 적의 침입을 막게 되어 있는 공심돈[6]이 특이하다. 화성은 임진왜란과 병자호란을 겪은 뒤, 읍성의 열악한 군사적 방어성과 고립적 형상에 의한 상업경제의 미약함이 지적되면서 실학사상에 입각한 새로운 형식에 대한 논의가 일어난 결과로 만들어졌다.

화성은 임진왜란의 경험과 실학사상을 바탕으로 서구식 축성법을 참고하여 동양에서 가장 발달된 형식으로 축성한 것으로서, 실학사상에 따라 건축의 규격화, 계획적인 시공,

....

6 공심돈(空心墩) : 두꺼운 벽을 높이 쌓고 벽면에 총구를 낸 돈대

(a)   (b)

그림 3-23 (a) 수원 화성 팔달문
        (b) 수원 화성 방화수류정

근대적 공법 등을 시도하였다. 화성은 돌과 벽돌을 섞어 사용한 과감한 시도, 돌을 끌어올리는 녹로와 거중기 등의 과학기기를 활용하고 재료를 규격화한 점, 화포를 주무기로 삼는 공용화기 사용의 방어구조 등 근대적인 모습을 보여준다. 화성성곽의 축조는 새로운 성제를 연구하라는 정조의 지시에 따라서 당시 홍문관에 근무하고 있던 젊은 실학자 다산 정약용(1762~1836)에 의해 기본틀이 마련되었다. 정약용은 기존 성제의 장점과 단점을 검토하고 서양 과학기술 서적을 탐구하면서 화성 축성에 대한 기본 지침서로서「성설(城說)」을 정조에게 올렸고, 정조는 이를 그대로「어제성화주략(御製城華籌略)」으로 삼았는데, 『화성성역의궤』에 실려 있는 「어제성화주략」은 정약용의 「성설」과 완벽하게 일치한다. 정약용 등의 당시 실학자들이 축성 과정에 참여하였으며, 『화성성역의궤』(1796)를 통해 당시의 공사 상황을 자세히 기록하여 귀중한 자료를 전해주고 있다. 성안의 부속시설물로는 화성행궁, 중포사, 내포사, 사직단들이 있었으나, 현재에는 행궁의 일부인 낙남헌만 남아 있으며, 성벽 일부와 장안문, 팔달문, 화홍문, 화서문, 방화수류정 등의 건축물이 현존한다. 당파정치를 근절하고 왕도정치를 실현하며 국방의 요새로 활용하기 위해 쌓은 화성은 과학적 및 합리적이며 실용적인 구조를 갖고 있어 1997년 유네스코 세계문화유산으로 등재되었다.

2) 순천 낙안읍성, 전남 순천시, 사적 제302호

낙안읍성은 조선 초기 읍성으로서 둘레 1,384m, 높이 4m, 너비 3~4m로서 현재 성벽과 동·서·남문지, 옹성 등이 남아 있다. 고려 후기에 왜구가 자주 침입하자, 태조 6년(1397)

처음에는 흙으로 읍성을 쌓았고 세종 6년(1424)에 본래보다 넓혀서 석축으로 쌓았다고 기록되어 있다. 낮은 구릉을 포함한 평지에 동서 방향으로 긴 직사각형이며, 동문(악풍루)에서 남문(쌍청루였다가 진남루로 바뀜)으로 이어지는 성곽이 가장 잘 보존되어 있고, 옹성은 남문과 서문터에서만 흔적을 볼 수 있으며, 적대[7]는 동문터의 좌우에 하나씩,

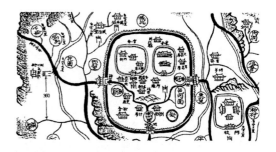

그림 3-24 순천 낙안읍성 낙안도(규장각 소장)

동북과 동남쪽의 모서리에 하나씩 있다(그림 3-24). 성벽은 동문터의 남쪽 부분에 높이 4.2m, 위쪽 너비 3~4m, 아래쪽 너비 7~8m에 달하는 것이 잘 남아 있으며, 아래쪽에서부터 커다란 깬돌을 이용하여 쌓아올리면서 틈마다 작은 돌을 쐐기박음하였다.

3) 서산 해미읍성, 충남 서산시, 사적 제116호

해미읍성(海美邑城)은 고려 말부터 해안지방에 침입하여 막대한 피해를 입히는 왜구를 효과적으로 제압하기 위하여 조선 태종 17년(1417)부터 세종 3년(1421) 사이에 축성되었다. 읍지에는 읍성의 둘레가 6,630척, 높이 13척, 치성이 380첩(堞), 옹성이 두 곳, 남문은 3칸 홍예문이고 2층의 다락을 지었으며, 동문과 서문도 3칸이나 북문은 없고, 우물이 여섯 군데이며 성 바깥에 호는 없다고 기록되어 있다. 해미읍성은 낮은 구릉에 넓은 평지를 포용하여 축조된 성으로서, 성벽의 아랫부분은 큰 석재를 사용하고 위로 오를수록 크기가 작은 석재를 사용하여 쌓았다. 성벽의 높이는 4.9m이고 상부 폭은 2.1m 정도이며, 성문은 동·서·남·북 4곳에 있고 주 출입구인 남문은 아치모양의 홍예문으로 이루어져 있다(그림 3-25, 26). 이 읍성에는 동헌을 비롯하여 아사 및 작청 등의 건물들이 빼곡히 있었으며, 성의 둘레에는 적이 쉽게 접근하지 못하도록 탱자나무를 심어서 탱자성이라는 별칭이 있었다. 현재 사적으로 지정된 구역의 둘레는 2,000m이고, 남문인 진남문과 동문, 서문이 있고, 성내에 동헌, 어사, 교련청, 작청, 사령청 등의 건물이 있다. 동문과 서문은 1974년에 복원되었고, 1981년 성내 일부를 발굴한 결과 동헌 서쪽에서 객사 위치와, 현재의 아문 서쪽 30m 지점에서 옛 아문지가 확인되고, 관아를 둘러쌌던 돌담의 흔적이 발견되었다.

---

7 적대(敵臺) : 성문 양옆에 돌출시켜 옹성과 성문을 지키는 방형의 대

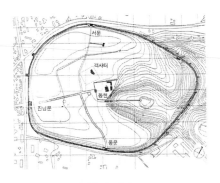

그림 3-25 서산 해미읍성 배치도
그림 3-26 서산 해미읍성 진남문

4) 고창읍성(高敞邑城), 전북 고창군, 사적 제145호

고창읍성은 조선 단종 원년(1453)에 왜침을 막기 위하여 축성한 자연석 성곽으로서, 백제 때 고창 지역을 모량부리로 불렀던 것에서 모양성이라고도 불린다. 동쪽으로 진산인 반등산을 둘러싸고 있으며, 나주진관의 입암산성과 연계되어 호남내륙을 방어하는 전초기지였던 이성은 둘레 1,684m, 높이 4~6m, 면적 165,858m²으로 동서북의 3문과 옹성 3개소, 치성 6개소, 성 밖의 해자 등 전략적 요충시설이 두루 갖추어져 있다(그림 3-27, 28). 성내에는 동헌, 객사 등 22동의 관아건물, 2지, 4천이 있었으나 임진왜란을 겪으면서 대부분의 건물이 손괴된 것을 1976년부터 복원해 지금까지 동헌, 객사, 풍화루, 공북루(북문), 진서루(서문), 등양루(동문), 성황사, 관청, 작청, 내아, 향청, 서청, 장청, 옥사 등이 복원되었다.

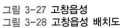
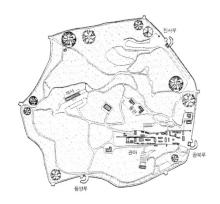

그림 3-27 고창읍성
그림 3-28 고창읍성 배치도

3.3 궁궐건축

궁궐은 고대시대로부터 국가통치의 최고 주권자인 임금과 그의 가족이 집무하고 생활하던 건물과 이에 부속되는 건물이다. 궁실, 궁전, 궁성, 대궐 등으로 불리기도 하는 궁궐은 궁(宮)과 궐(闕)의 합성어로서, 궁(宮)은 천자나 제왕, 왕족들이 사는 대규모의 건축을, 궐(闕)은 궁의 출입문 좌우에 세워져 주위를 감시하는 망루를 뜻하는 말이다. 궁궐건축은 고대국가의 성립과 함께 이루어졌다고 보는데, 왕권이 강화되면서 왕이 거주하는 처소 주위에 성을 둘러싸서 외부와 구별하며 건물을 크고 장엄하게 권위를 나타내려고 한 것이다. 궁궐건축은 지배자의 절대적인 위엄과 권위를 표상하고 규범과 격식을 갖추었으며 종교건축과 더불어 그 시대의 최고의 건축을 형성하여 왔다.

궁궐은 임금과 그의 가족, 이들을 보필하면서 통치를 수행하는 군신들을 위한 업무와 생활공간으로 이루어지는데, 기능별로는 정사를 위한 정무공간, 일상생활을 위한 생활공간, 그리고 휴식과 정서를 위한 정원공간으로 대별된다. 이들 세 공간구역은 일반적으로 한 궁성 안에서 유기적으로 배치되었으며, 시대와 지형에 따라 약간씩 차이가 있었다. 궁궐건축은 일반적으로 사각형의 성벽을 둘러싸고 사방에 궁문을 설치하며, 정전을 중심으로 회랑의 일곽을 정연하게 좌우대칭형의 배치를 이루도록 설치하였고 이 정무공간 뒤편에 침전과 내전을 두었다. 한국의 궁궐건축은 중국의 궁궐건축의 영향을 받았으며, 궁궐의 배치는 정무기능의 건물들을 앞에 배치하고 일상생활과 휴식을 위한 시설들을 뒤편에 배치하는 전조후침(前朝後寢) 형식이 사용되었다. 또한 일찍부터 중국에서 외조, 치조, 연조 공간으로 구분하여 계획하였던 삼문삼조의 원리도 적용되었다. 삼문삼조의 배치원칙은 궁궐이 외조와 치조, 연조로 이어지는 3개의 영역으로 구분되고 외문과 중문, 노문으로 연결되는 배치방식으로서 외조와 치조는 정무공간에, 연조는 생활공간에 해당된다.

정무공간은 왕과 신하들이 모여 국사와 정무의 중심적 기능을 수행하는 공간으로서 가장 앞쪽 중앙에 위치된다. 외조는 궁궐 안에 있던 관청이 자리하는 영역이고, 치조는 임금이 신하들의 조하를 받고 집무를 보던 영역으로 정전이 이곳에 자리한다. 정전은 궁궐의 중심건물로서 일반적으로 남향으로 놓이며, 정문과 정전을 연결하는 남북의 직선축을 대칭축으로 좌우대칭으로 건물들을 배치한다. 정전을 중심으로 회랑을 설치하고 네 면에 출입구를 두는데, 회랑으로 둘러싸인 정전의 전면 광장은 궁궐의 주요 행사가 거행되는 주광장이다. 연조 곧 생활공간은 왕과 왕족 등의 일상적인 생활을 위한 공간으로서, 정무공간과 긴밀한 연계성을 지니도록 바로 그 뒤쪽에 위치된다. 정전 뒤쪽으로 편전과 임금과 왕비의 침전, 내전의 순서로 자유스럽게 배치되고, 왕세자의 거처는 주로 동쪽에 자리하여 동궁이라 불린다. 정원공간은 교육과 휴식, 정서를 위한 공간으로서 흔히 후원이라 불리며, 생활공간과 밀접하게 궁궐 가장 뒤쪽에 놓여진다. 후원은 자연의 지세를 그대로 따라 구성되며 누각과 정자 등의 건물들과 연못, 수로, 석물, 조산, 수목 등으로 꾸며진다.

1. 고구려의 궁궐건축

고대의 왕조사회에서 한 국가의 중심 역할을 하고 권력이 집중되는 곳이 왕성과 궁궐로서, 궁궐은 왕이 국가를 통치하는 정치와 행정의 중심지이자 왕과 왕족, 그리고 이들의 생활을 돌보는 사람들이 거처하는 생활공간이다. 왕이 거처하며 '왕의 존엄을 드러내고 정령을 내리는 곳'인 궁궐은 '궁(宮)'과 '궐(闕)'의 합성어이다. 고구려는 고대국가를 형성, 발전시키면서 정치, 종교, 의식 및 거처의 중심지로서 왕성과 궁궐을 구축하였는데, 고구려의 궁궐건축은 중국의 궁궐건축 형식과 비슷하게 중국 사기인『천관서』에 있는 오성좌를 기본으로 하여 배치된 듯하다. 즉, 고구려의 궁궐건축은 사기『천관서』에 의한 오성좌의 명칭에서 비롯되어 중앙에 황도(皇道, 황제)를 세우고 그 둘레에 동궁과 서궁, 남궁, 북궁을 차례로 배치하고 북쪽에 중궁을 두는 중국의 궁궐건축에 영향을 받았다는 것이다.

고구려 궁궐에 대한 기록이 있는『삼국사기』동명성왕, 유리왕, 봉상왕, 광개토왕, 평원왕조에는 궁궐과 이궁을 건설하거나 증축, 수리하였다는 내용이 있다.『삼국사기』에 따르면 고구려는 건국 초기에 주몽이 모옥에 기거할 정도로 소박하였으나, 동명왕 4년(B.C. 34)에는 성곽과 궁실을 건축하였고 유리왕 3년(B.C. 17)에는 이궁을 지었으며, 3세기 말 봉상왕 때에는 극도로 사치한 궁궐을 조영하였고, 고국원왕 13년(343)에는 평양 동황성에 궁궐을 만들고 광개토왕 16년(406)에는 궁궐을 증축, 수리하였다고 한다. 특히 봉상왕조에는 "임금이란 백성이 우러러보는 바이니, 궁전이 장엄하고 화려하지 못하면 어떻게 위엄을 보일 수 있겠는가(君者百姓之所瞻望也, 宮室不壯麗無以示威重)."라는 구절이 있어 궁궐의 규모와 내용이 장엄하고 화려하였음을 말해준다. 장수왕 15년(427)에 평양에 건설된 궁전에서 일어난 불이 열흘이나 꺼지지 않을 정도였고,『남사』에는 '고구려 왕궁 안에 수정성이 있어 사방이 1리가량 되었고 새벽 하늘이 밝기 전에도 낮과 같이 밝았다'고 하여 고구려 궁궐이 매우 웅장하고 화려했음을 짐작할 수 있다.

고구려의 궁궐건축은 만주 통구의 국내성에 남아 있는 궁터의 초석들과, 평양 대성산성 부근의 안학궁지 및 청암리 유지, 모란봉과 을밀대에 있는 고궁터에서 발견된 초석, 그 부근에서 발견된 수키와 막새, 고분벽화에 나타난 전각도, 관련 문헌 등을 통해 그 모습을 다소 짐작할 수 있다. 국내성에 있어서는 일부 초석이나 기와조각뿐으로 궁터의 내용을 확실히 알 수 없지만 외성 없이 내성만으로 형성되었으며 내성 안에 궁궐이 조성되었음을 알 수 있다. 발굴 조사된 평양의 안학궁을 통해 고구려 궁궐의 배치형식을 확인할 수 있는데, 한 변의 길이가 약 600m의 매우 장대한 규모이고 남북직선축을 따라 중요한 전각들이 배치 되고 나머지 건물들도 대개 직선축에 좌우대칭으로 구성되어 매우 권위적이고 엄격한 질서 를 나타내었을 것으로 짐작된다.

1) 안학궁

고구려의 대표적인 궁궐 안학궁은 장수왕 15년(427) 집안의 국내성에서 수도를 평양에 옮긴 때로부터 평원왕 28년(586) 다시 수도를 옮길 때까지의 고구려 왕궁이었다. 고구려의 수도 방어체계에 따라 안학궁과 대성산성이 함께 축조되었는데, 안학궁은 평양 대성산 기 슭에 위치하며 발굴조사 결과 궁역 범위와 전당, 회랑, 문지 등의 배치가 밝혀져 고구려 왕궁의 웅장한 옛 모습을 짐작할 수 있게 해주고 있다. 안학궁의 터는 한 변의 길이가 622m, 전체 둘레 2,488m(넓이 38만 m²)인 사각형 궁성이지만 동서벽은 서쪽으로 10도, 남북벽은 북쪽으로 6도 치우쳐 있기 때문에 평면은 마름모꼴을 하고 있다. 궁성은 토성으로 아래 부분이 돌로 되고 그 위에 흙을 쌓아 올렸으며 성벽의 두께는 8~10m, 높이는 약 12m였다. 성 밖에는 해자가 발견되었고, 성벽에는 문이 모두 6개로서 남쪽에는 3개의 문터, 동쪽과 서 쪽, 북쪽에 각 1개의 문터가 나타났다. 안학궁 은 지형을 잘 이용하여 건물들이 질서정연하 게 배치되어 조화된 모습을 보여주었는데, 남 쪽으로 약간 경사지고 중앙과 서쪽이 높은 지 형의 궁성 안에는 3개의 남북축을 따라 건물들 이 배치되고 총건평 31,458m²에 달하는 52개의 건물터(21채의 전각, 31채의 회랑)가 발견되었 다. 안학궁은 오성좌에 의한 배치를 보여주는 데, 중심의 남북축을 기준으로 하여 남쪽으로

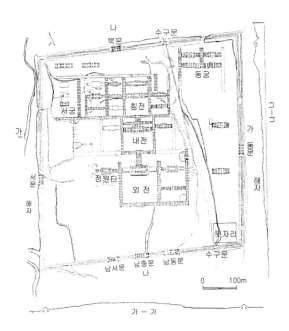

그림 3-29 안학궁지 배치도

부터 외전, 내전, 침전 등의 구역을 배치하고, 외전의 동쪽과 서쪽에는 각각 동전과 서전을 두었으며 모든 건물들은 문과 회랑, 건물들로 연결되었다(그림 3-29). 중앙의 주요한 영역은 대칭적이지만 전체적으로는 좌우 비대칭형으로 구성되었듯이, 안학궁에서는 건물 배치의 단조롭고 도식적인 느낌을 없애기 위해 비대칭법을 적용하였다. 또한 중심축 위의 건물들이 앞에서 뒤로 들어가면서 점차 높아지고 건물의 넓이도 뒤로 가면서 넓어지게 하며 회랑의 전면 폭은 남궁, 중궁, 북궁으로 들어가면서 차츰 좁아지게 함으로써 전각들이 웅장하며 입체적으로 보이도록 하였다.

남궁지의 동서길이는 280m이며, 남궁은 국가의 공식적 의례행사가 이루어졌다. 북문과 서문 가까운 곳에는 조산이 있었고 동남쪽 모서리에는 연못자리가 있다. 남궁의 중심 정전은 가장 큰 건물로서 11×4칸(49×16.3m)이며, 남궁과 중궁은 3칸의 넓은 회랑으로 연결되어 있고, 정전을 비롯하여 모든 궁전들은 평면이 특이하다. 중궁은 왕이 일상적인 정사를 보는 곳이며, 내전은 19×8칸(87×27m)의 대규모 전각이다. 북궁은 침전이고, 정면 13칸, 측면 4칸(62×10m)이며, 침전 뒤편 북쪽에는 인공의 조산을 만들어 후원을 이루었다. 궁궐의 동북쪽에 있는 동궁은 세자가 살던 곳으로 그 앞에 정원이 마련되었으며, 서궁은 궁전에서 시무하는 사람들이 일하던 곳이다. 안학궁에서는 높이가 2.1m 너비 1.8m의 치미, 무늬가 서로 다른 15종의 수키와 막새와 10종의 암키와 막새 등이 발견되었다.

2. 백제의 궁궐건축

백제의 궁궐건축에 대해서는 구체적인 발굴 자료가 없어 확실히 알 수 없으나 고구려와 마찬가지로 장대하고 화려했을 것으로 추정된다. 한성시대 백제의 궁궐에 관한 위치와 유구는 정확하게 파악되지 않지만, 풍납리토성, 몽촌토성, 아차산성 등에 도성과 궁궐에 관계되는 중요한 시설이 축조되었을 것으로 추측된다. 백제 궁궐의 창건과 수리에 관한 기록은 그리 많지 않지만 『삼국사기』에 몇몇 나타나 있다. 『삼국사기』에 따르면 온조왕 15년(B.C. 4) 한성에 조성하였던 궁궐인 신궁이 "매우 검소하면서도 누추하지 않았고, 화려하면서도 사치스럽지 않았다(儉而不陋 華而不侈)."라고 기록되어, 초기의 궁궐건축의 조영이 소박하였음을 알 수 있다. 또한 구수왕 7년(220) 궁성 서문에 불이 났고 고이왕 36년(269)에 혜성이 자궁에 나타났으며, 비류왕 17년(320)에는 궁 서쪽에 사대를 신축하여 매달 활쏘기를 하였다고 하며, 근초고왕이 한산성을 조영할 때부터 모든 왕의 궁궐 조영이 번다해졌고, 진사왕 7년(391)에는 궁실을 중수하여 연못을 파서 그 속에 조산을 만들어 갖가지 화초와 기이한 새들을 길렀다는 기록들에서부터, 당시 궁궐건축이 건물이 많고 화려하고 조원기술이 발달하였던 것을 짐작할 수 있게 해준다. 궁궐에는 여러 건물이 있었음은 아신왕(392~405)이 한성의 '별궁'에서 탄생했다고 하는 것에서도 알 수 있고, 개로왕(455~475) 때는 고구려 승려 도림의 계략에 넘어가 성을 쌓고 그 안에 궁실과 누각, 정자들을 웅장하고 화려하게 지어 국력을 소모함으로써 한성이 고구려에게 함락되게 되었다고 한다.

동성왕 22년(500)에는 수도를 웅진(공주)으로 옮기고 궁궐 동쪽에 높이 50여 척의 임류각을 조영하고 연못과 누대를 만들어 아름다운 꽃과 나무, 기이한 새와 짐승을 기르게 하여서 신하들이 상소로 항의하였으나 왕은 회답하지 않고 오히려 궁문을 닫기까지 하였다고 하니, 궁궐의 규모가 매우 크고 화려하며 사치스러웠음을 알 수 있다. 웅진시대 왕궁지로 짐작되는 공산성 안에는 건물터와 연못터가 남아 있으며, 금강변에는 취수와 연지를 겸한 다목적 용도의 사각형 계단식 연못이 있다. 성왕(재위 523~554)은 성왕 16년(538)에 사비로 수도를 옮기고 도성 사비성 안에 사비궁과 망해궁, 황화궁, 태자궁, 벽해궁, 그 밖의 훌륭한 궁들을 곳곳에 세웠다고 한다. 최근 조사된 부소산성 아래에서는 연못과 도로유적, 건물터 기단, 석축시설 등이 발견되어 궁궐터로서의 가능성을 말해준다. 이러한 내용들은 백제에도 고구려의 안악궁이나 신라의 월성과 같이 화려한 궁궐이 존재하였음을 나타내고 있다.

또한 『삼국사기』 무왕 35년(634) 조에 보면, 궁궐 남쪽에 연못을 파서 현재 동심리에 있는 청마산성 남쪽 계곡에서부터 물을 20여 리 끌어들여 왔고, 연못 주위에 버드나무를 심고 연못 중간에 섬을 만들어 방장선산을 모방하였다는 기록이 있어 지금의 궁남지로 여겨지며 조경이 매우 발달하고 화려하였음을 알 수 있다. 부여 궁남지는 도교에 보이는 삼신 사상이 표현되었으며, 우리나라의 궁원 연못으로 가장 큰 것으로, 현재 사적 지정면적 45,527m²이며, 옛 모습을 찾을 수 있는 못의 형태가 아직도 남아 있다(그림 3-30). 궁남지에 대한 조사 결과 사비시대에 조성된 인공수로, 목조저수조, 우물지와 도로유구, 수정 경작지,

토기 가마터, 굴립주건물지 등 다양한 유구가 확인되고, 많은 유물이 출토되었다. 궁남지의 방장선산은 고대 중국에 동해 한가운데에 신선이 사는 봉래·방장·영주의 삼신산이 있다고 생각하여 연못 속에 세 개의 섬을 꾸며 불로장수를 희원했다고

그림 3-30 **부여의 궁남지**

한 것을 본뜬 것으로서, 이러한 정원은 신선정원이라고 불린다. 궁남지의 동편은 낮은 산 서쪽 기슭에 우물과 초석, 기와 조각이 있어 백제의 사비정궁의 남쪽에 설치되었다고 하는 이궁터이고 궁남지는 이궁의 연못으로 추정된다. 『일본서기』에는 궁남지의 조경기술이 일본에 건너가 일본 조경의 시초가 되었다고 전하고 있으며, 노자공이란 백제사람은 612년 일본 황궁의 정원을 꾸며 일본 아스카 시대 정원사의 시조가 되기도 하였다.

『삼국사기』 무왕 37년조에는 "8월에 망해루(望海樓)에서 군신들에게 잔치를 베풀었다." 라는 기록이 있고, 39년조에는 "3월에 왕이 왕궁의 처첩과 함께 대지에서 배를 띄우고 놀았다."라는 기록이 있다. 그 뒤 의자왕 15년에 왕궁 남쪽에 망해정을 조영하였고, 태자궁을 지극히 화려하게 만들어서 민원을 샀다고 하며, 자온대에서 허랑방탕하여 국가가 멸망하게까지 되었다. 이런 기록을 미루어 백제도 위엄과 장엄함, 화려함을 갖춘 궁궐건축이 발달되었음을 알 수 있고, 이 뛰어난 궁궐건축과 조원 기술을 일본에 전해주었다고 한다.

3. 신라의 궁궐건축

고신라시대의 궁궐에 대해서는 기록이 여러 가지 있지만 궁궐건축의 유구가 없어 자세한 내용을 알 수 없다. 『삼국사기』 기록에 의하면 시조인 박혁거세가 왕위에 올라 남산 서쪽 기슭에 있는 고허촌에 궁궐을 만들었다고 하는데, 그 위치는 현재 경주시 배동의 창림 사지가 있는 곳으로 짐작된다. 건국 시조인 박혁거세 21년(B.C. 37)에는 "경성을 쌓고 이름을 금성이라 하였고(築京城 號曰金城)" 그곳에 궁실을 조영하였다고 하며, 제5대 파사이사금 22년(101)에는 월성을 만들어 그곳으로 거처를 옮겼다.

신라의 연맹왕국의 완성기인 4세기 중반까지 금성 안에는 거서간, 차차웅, 이사금 등으로 불린 지배자가 거처한 궁궐이 있었고 우물과 연못이 있었다고 한다. 건국 초기 궁실의 조영은 비교적 검소하였던 것으로 추측되며, 또한 '일성이사금 10년(143) 봄 2월, 궁궐 지붕 수리함', '벌휴이사금 3년(196) 봄 2월, 궁실 중수함', '미추이사금 5년(276) 봄 2월, 신하가 궁실 개작을 주청함' 등의 기록에서부터 궁궐이 여러 차례에 걸쳐 중수된 것을 알 수 있다. 첨해이사금 3년(249)에는 남당이라는 정청이 건축되었는데, 남당은 도당(都堂)이라고도 한 일종의 정청으로서 원시 집회소의 한 전형으로 해석되기도 한다.

또한 4세기 중반부터 6세기 초에 걸친 귀족국가 태동기로서 마립간이 지배한 시기에는 궁궐이 이전 시기에 비해 많이 발전되었을 것으로 짐작되는데, "소지마립간 9년(487)에 월성을 수리한 뒤 이듬해 금성에서 월성으로 거처를 옮겼다.", "소지마립간 18년(496)에 중수하였다."라는 기록도 남아 있다. 법흥왕 1년(514)부터 진덕여왕 8년(654)까지 귀족세력의 연합시기에 있어서 궁궐에 대한 기록을 살펴보면, "날이 가물자 왕이 정전을 피하여 남당에 나아가 정치를 하였다."라는 기록과 진평왕 7년(585)과 44년(622)에는 "대궁, 양궁, 사량궁을 만든 후 내성[8]을 두어 삼궁을 관할하였다."라는 기록이 있다. 대궁은 본궐 곧 금성이고, 양궁은 양부(梁部)에 있는 박씨 왕 발상의 본궁, 사량궁은 사량부에 있는 김씨 왕 발상의 본궁을 일컫는 것으로 해석된다. 또『삼국사기』의 기록에 진덕왕 5년(651) 정월 초하루에 조원전에서 왕이 백관의 하례를 받았다고 하는 사실에서부터 중요한 의식행사를 하던 궁궐 건축으로 짐작되지만 현존하는 유구는 밝혀지지 않았다.

삼국을 통일하며 도성의 확대와 함께 궁궐의 조성도 활발히 전개되었는데,『삼국사기』의 기록으로 보면 통일신라의 궁궐건축은 통일국가답게 이전보다 더욱 웅장하게 발전되었음을 알 수 있지만, 궁궐건축은 현존하지 않으며 유적으로는 월성, 별궁인 임해전지와 안압지, 포석정이 현존한다. 통일 이후 월성에서 북쪽으로 대로를 건설하고 북쪽 끝, 현재 성동리 유적이라고 불리는 대규모 건물터에 새로운 궁궐을 조성했다고 짐작되며, 문무왕은 674년 궁궐 내에 못(안압지)을 파고 궁궐을 장려하게 중수하고 동궁을 새로 만들었다고 한다. 기록에 남아 있는 궁궐건축의 이름을 보면 임해전(674), 강무전(677), 좌사록관(677), 우사록관(681), 숭례전(687), 영창궁(727), 서란전(800), 동궁만수방(804), 평의전(811), 월지궁(822), 월정궁, 내황전, 요석궁, 고나궁 등이 있고, 문루로는 임해문, 인화문, 귀정문, 현덕문, 무평문, 준례문, 월상루, 망은루, 명학루 등이 있었다.

통일신라의 중반인 780년부터 889년까지는 호족 세력이 등장하며 왕권이 쇠퇴하기 시작하였는데, 이 시기에는 궁궐을 새로 짓거나 도성을 보강하는 공사를 크게 벌이지 못하였다. 889년부터 935년까지의 말기는 군웅들이 할거하는 내란기로 신라가 멸망하게 되는데, 견훤과 궁예는 각기 후백제와 후고구려를 세우고 궁궐을 지었으며, 918년에 태조 왕건은 고려를 건축하고 송악에 정도하였다.

1) 월성

월성은 성안이 넓고 자연경관이 좋아 궁성으로서 좋은 입지조건을 갖추고 있으며, 모양이 반달 같다 하여 반월성, 신월성이라고도 하며 왕이 계신 곳이라 하여 재성(在城)이라고도

----

8 내성(內省) : 신라시대 때 궁을 쌓는 일을 맡은 관청

그림 3-31 **경주의 반월성**

한다. 둘레 2,400km의 월성은 남천 북안을 남쪽 끝으로 경계 삼으며 반월형으로 흙과 돌로 축조된 성으로 성 밖에 해자가 있었다(그림 3-31). 월성에 관한 첫 기록은『삼국사기』해탈이사금조에 "탈해가 학문에 힘쓰고 지리를 아는지라 양산 밑에 있는 호공의 집을 보고 그 터가 길지라고 하여 거짓꾀를 내어 빼앗아 살았으니, 후에 월성이 그곳이었다."라고 기록되어 있다. 월성은 처음 제5대 파사이사금 22년(101)에 만들어 그해 가을 금성에서 그 곳으로 거처를 옮겼다고 기록되었고, 이후 29차례의 중수를 하여 궁궐을 다듬었다. 이 성은 신라 역대 왕들의 궁성으로서 나라가 커짐에 따라 부근이 편입되기도 하였는데, 특히 문무왕 때 안압지와 임해전, 첨성대 일대가 편입, 확장되는 등 신라의 중심지였고, 동서길이 900m, 남북길이 260m, 성안의 면적 약 19만 3,845m²이다. 월성(반월성)을 중심으로 하여 궁궐건축들과 관청들이 모이고 그 주변에 민가가 있었을 것이나 지금은 그 건물들의 배치나 모습을 알 수 없다. 기록을 보면 월성에 있었던 전각의 명칭으로 왕이 정사를 돌보던 남당(도당), 삼궁(대궁·양궁·사량궁)을 관할하던 내성, 신하의 조하를 받고 사신을 접견하던 조원전, 숭례전, 임해전, 월성궁, 영창궁, 영명궁, 월지궁 등이 있고, 문루로서 임해문, 인화문, 귀정문, 현덕문, 무평문 등, 누각으로 월상루, 망덕루, 명학루, 고루 등이 있어 궁전의 규모를 짐작하게 한다.

2) 안압지와 임해전

통일신라시대의 궁궐건축에 관해서는 안압지 주변의 발굴, 조사에서 나타난 건물 유구를 통해 일부나마 그 모습을 살펴볼 수 있다. 월성의 동북쪽으로 안압지와 임해전지가 있는데,『삼국사기』에는 연못과 화초를 가꾸고 임해전에서 연회를 가졌으며 중수와 수리를 하였다는 기록이 여러 곳에 있다. 안압지는 남쪽으로 월성과 인접되고 동쪽으로 황룡사가 가까이 놓여 있는 도성의 거의 한복판에 위치된다. 안압지는 신라 문무왕 14년(674)에 축조된 태자가 거처하던 동궁 궁원의 연못이다. 안압지는 당나라 장안에 있는 대명궁의 태액지나 백제 궁남지의 조경술을 본받은 것으로, "문무왕 14년 2월 궁 안에 못을 파고 산을 만들어 화초를 심고 귀한 새와 기이한 짐승을 길렀다."라는『삼국사기』의 기록이 남아 있다. 여러 문헌자료에 의하면 안압지의 신라시대 이름은 월지였던 것으로 추정되며, 안압지라는 이름은 조선시대에 폐허가 된 이곳에 기러기와 오리들이 날아들자 묵객들이 안압지라고 이름을 붙인 것에서 유래한다. 『삼국사기』에 동궁을 임해전, 즉 바다에 면한 건물이라고 불렀다는 기록이 있어 신라인들이 안압지를 바다로 상징하였음을 알 수 있다.

안압지는 발굴 결과 연못 안의 뻘지대와 연못 주변의 건물 26개소, 입수와 배수를 위한 시설물들, 선착장, 그리고 담장시설 등이 확인되었고 유물 3만여 점이 출토되어 통일신라시대 문화를 이해하는 데 귀중한 자료가 되고 있다. 연못은 동서 200m, 남북 180m로 사각형에 가까운데 땅을 파서 물을 끌어들이고 남쪽 호안은 밋밋한 직선으로 하고 서쪽 호안은 건물에 따라 직선적인 굴곡을 주었는 데 반해 동쪽과 북쪽 호안은 자연스럽고 과감하게 40여 차례로 굽이치는 곡선형으로 축조되어 있어서, 연못과 임해전이 같이 계획되고 시공되었을 것으로 짐작된다. 서쪽으로는 건물을 연못 쪽으로 돌출시켜 변화 있는 조망과 경관을 제공하는 조경과 건축이 잘 어울리는 계획상의 기법과 개념을 잘 보여주고 있다(그림 3-32, 33, 34). 동남쪽 모서리에서는 수로와 입수구의 시설이, 북쪽 호안에서는 배수구의 시설이 확인되었다. 호안석축의 길이는 1,005m로 전체 면적은 1만 5,658m²이며, 연못 안에는 대형(1,094m²), 중형, 소형(62m²)의 둥근 섬을 배치하고 흙을 쌓아 가산을 만들어 둠으로써 입구로 들어온 물이 순환이 잘 되도록 하였다. 세 섬은 삼신산을 상징하는데, 삼신산은 신선이 살고 있다고 전하는 중국 바다의 봉래산, 방장산, 영주산의 3산이다. 『동국여지승람』에서도 안압지라는 이름을 기록하고, "문무왕이 궁궐 안에 못을 파고 돌을 쌓아 산을 만들었으니 무산십이봉을 본떴으며…."라고 하여 안압지의 조성이 신선사상과 연관되어 있음을 말해주고 있다.

장대한 규모에 인공미와 자연미가 어우러진 연못과 이를 감상할 수 있는 정자나 전각들이 있던 안압지 주변에서는 약 30여 개의 건물터가 발견되었는데, 그중 5개소의 건물터는 서쪽 호안에서 못 안쪽으로 돌출되도록 석축을 쌓아 그 위에 건물을 세웠고, 연못의 서쪽편 공간에서 발굴 조사된 독립건물 5개동과 이를 연결한 회랑 8개소는 임해전과 동궁터로 추정된다. 『동국여지승람』에 "안압지 서쪽에 임해전 자리가 있어 아직 초석과 기단이 논밭 사이에 있다."라는 기록으로 보아 연못 서쪽의 건물지가 임해전지임이 확인된다. 안압지 서쪽이 임해전을 비롯한 궁궐의 중심부이고 남쪽은 궁궐의 부속시설이 있었던 것으로 짐작되며, 건물의 배치는 남북 중심축을 기준으로 좌우 대칭 형식을 하고 있다. 발굴조사 결과와 초출된 초석 등으로 추측할 때 임해전은 그 배치계획이 거의 원형에 가깝게 복원될 수 있는데, 임해전은 남북축 약 280m, 동서축 200m에 독립건물 13동, 회랑이 150칸이나 되는 아주 큰

그림 3-32 경주 안압지와 임해전지

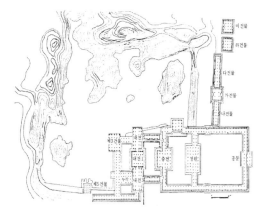

그림 3-33 경주 안압지와 임해전의 조감도(문화재청)
그림 3-34 경주 안압지와 임해전지의 배치도

규모였으며 신라 멸망 때까지 왕실 권위의 상징적 건물이었을 것으로 여겨진다.

임해전은 제일 남쪽의 3×2칸의 중문 안에 3개의 중심건물이 남북축상에 놓여 있어 삼조제도가 적용되었을 듯하다. 삼조제도는 남북축선상에 3개의 건물을 배치시키는 것으로서, 대조에 해당되는 전전은 가장 상징적이고 의례적인 공간이고, 중전은 매일의 정사가 이루어지는 곳이며 내전과 그 일곽은 일상생활을 하는 곳이다. 앞쪽에 정무를 보는 조정을 두고 뒤쪽에 일상생활을 하는 침전을 두는 형식을 전조후침이라고 한다. 임해전은 제일 남쪽의 건물이 7×4칸, 가운데 건물이 5×5칸, 그 뒤의 북쪽 건물이 5×5칸으로, 전전이 제일 크고 옆으로 길고 제일 큰 앞마당을 갖고 있으며 그 뒤 건물은 상대적으로 작고 정사각형에 가까운 형태를 하며 마당도 작고 건물의 앞뒤 간격도 좁혀지고 있다.

임해전은 백제의 무왕 때 세워진 망해정 혹은 망해루에서 착상을 얻어 건립되었다고 한다. 안압지를 끼고 있는 임해전은 경사스런 일이 있을 때 군신들이 연회를 베풀고 외국사신을 영접하는 영빈관인데, 임해전에 관한 가장 오래된 기록으로서 『삼국사기』 효소왕 6년(697)조는 "임해전에서 군신에게 연회를 베풀었다."고 하였다. 혜공왕 5년(769) 3월, 헌안왕 4년(860) 3월에는 이곳에서 연회를 베풀었고, 헌강왕 7년(881) 3월에는 왕이 여러 신하들을 모아 향연을 베풀고서 흥에 겨워 직접 거문고를 탔고, 신하들은 노래를 부르며 즐겁게 놀았다고 하는 기록이 있다. 발굴조사 중 연못에서 출토된 16면체의 작은 놀이기구는 당시 왕족과 귀족들이 한가롭고 여유 있는 생활을 즐겼음을 짐작하게 해준다. 견훤의 난을 겪은 뒤인 경순왕 5년(931) 2월에는 경주를 방문한 고려 태조 왕건을 이곳에 초대하여 위급한 정세를 호소한 연회를 베풀기도 하였다.

4. 고려의 궁궐건축

1) 시대적 변천

고려시대의 궁궐건축으로는 만월대와 장락궁, 수창궁 등이 건설되었으나 만월대만이 기단지와 초석들의 유구로서 확인되는데, 태조 이래 본궐로 사용된 개성의 북부 만월대에 남아 있는 초석과 석축의 유적들, 고려도경 등의 문헌 등을 통해 대략적인 형식을 파악할 수 있다.

만월대 궁궐은 고려가 919년 개성으로 수도를 옮기면서 건설되기 시작하였는데, 도선의 『유기』에 "흙을 허물지 말고 흙과 돌로 북돋워서 궁전을 지어야 한다."라는 것에 따라서 고려의 태조는 돌을 다듬어서 층계를 만들어 기슭을 보호하며 그 위에 궁궐을 세웠다. 궁궐은 현종 2년(1011) 거란의 침입으로 소실된 이후 현종 5년(1014) 새 궁궐이 준공되면서 기본

그림 3-35 고려궁궐 만월대의 복원모형

적인 고려의 궁궐이 정착되었다. 현종 이후 약 1백년은 왕권이 가장 안정된 시기였고 궁궐도 가장 왕궁다운 격식을 갖추고 있었는데, 이 정궁에 대하여는 따로 명칭을 붙이지 않고 단지 궁궐 또는 본궐이라고 하였다. 현종 때 조성된 궁궐은 궁궐로서의 면모와 위상을 잘 보여주었다는데(그림 3-35), 1124년에 고려에 왔던 송나라의 사신 서긍(1091~1153)이 쓴 『고려도경』에 비교적 그 모습이 자세하게 묘사되어 있다. 정궁 궁궐은 인종 4년(1126)에 일어난 이자

겸의 난 때 소실된 이후에도 여러 차례 재건과 소실이 반복되었는데, 1132년에서 1138년 사이에 걸쳐 궁전은 재건되었으나 명종 1년(1171) 다시 소실되었다. 이 시기에 재건된 궁궐 전각들은 문헌 기록을 통해 보면 극히 화려하고 장식이 많았으며, 전각들의 이름은 『고려도경』에 기록된 이름과 다르게 중국식으로 바뀌어 사용되었다는 것을 알 수 있다. 즉, 정궁이 1126년 소실되고 6년 뒤 복구된 후 전각의 명칭이 회경전은 선경전으로, 건덕전은 대관전으로, 선정전은 선인원으로, 문덕전은 수문전으로, 중광전은 강안전으로 대부분 변경되었는데, 전후의 전각 명칭들이 중국 궁궐에서 사용하던 명칭을 차용하고 있어 고려의 궁궐이 중국의 궁궐제도를 모범으로 하였음을 보여준다. 궁궐은 강화도에서 환도하고 원종 11년(1270)에 재건되지만 궁궐의 위용은 예전만 못하였고 왕들은 이궁에서 주로 거처하였으며, 공민왕 11년(1362) 홍건적의 침입으로 다시 소실되어서 재건되지 못하였다.

2) 배치와 구성

고려왕조의 정궁은 이름이 현재까지 알려져 있지 않으며 『고려사』에는 '본궐'이라고만 언급하고, 궁궐 내 중요 건물의 명칭과 용도를 알려주는 기사들이 남아 있다. 조선시대에 들어와서 만월대라고 불리기 시작한 고려 궁궐의 본궐은 북쪽의 송악을 주산으로 하여 그 남쪽 구릉지대에 여러 축대를 쌓고 남북으로 건물을 배치하였다. 풍수지리가들은 만월대가 위치한 터를 "청룡과 백호가 좌우를 겹겹이 감싸고, 앞산이 중첩되게 명당을 호위하며, 사방산신이 혈을 철저히 옹위하는 산속에 우묵하게 숨겨진 좋은 고을 터"라고 표현하였다.

『고려도경』에 따르면 고려 궁궐은 송악산에 의지하여 고목이 우거져 담담한 아름다움을 지니고 악묘(嶽廟)나 산사에 가까운 느낌을 주었다고 한다. 일반적으로 궁궐건축이 평지

에 건설되는 것에 반하며, 고려 궁궐인 만월대는 경사지형에 건설되었으며, 건물들과 문, 회랑 등이 능선을 따라 아래에서 위로 올라가면서 겹겹이 배치되었고, 궁궐의 중심이 되는 외전과 내전, 침전 등의 건물군이 남북의 동일 중심축에서 조금 벗어나 배치되었다. 즉, 회경전을 중심으로 하는 외전영역과 장화전을 중심으로 하는 내전영역, 그리고 뒤편의 침전영역이 지형에 맞추어 축을 달리하여 배치된 것이다. 고려의 궁궐은 전반적인 제도나 전각 명칭에서 중국의 제도를 모범으로 삼으면서도 산으로 둘러싸인 경사진 곳에 위치된 지형조건에 맞추어 순응하여 조성되었기 때문에 궁성 출입문인 광화문을 동향으로 하거나 가례의 여러 행사를 치를 수 있도록 공간을 마련하는 등 중국과 다른 공간구성을 갖추었다.

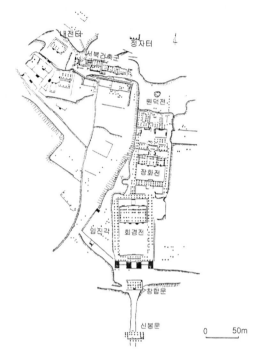

그림 3-36 **고려궁궐 만월대의 배치도**

만월대는 장풍형국의 명당터에 자좌오향으로 건물들을 배치하였는데, 경사지형에 형성된 여러 개의 단지에 분절된 남북축을 따라 건축물들을 배치하였다(그림 3-36). 『고려도경』에는 궁성 주위에 13개의 성문이 있어 광화문이 정동쪽의 문으로 긴 거리와 통하고, 전각의 궁문은 승평문과 창합문, 서화문, 동화문, 현무문 등 15개인데, 신봉문이 가장 화려하다고 하였다. 동서 445m, 남북 150m 정도의 궁성의 성벽은 기본적으로 토성이 많고 흙과 돌을 섞어 쌓은 곳도 있다.

만월대 궁궐이 위치한 궁성의 남동문인 광화문을 지나 서쪽으로 가서 정문인 승평문을 지나면 신봉문이 나오는데, 승평문과 신봉문 사이에는 광명천이라는 개천이 서에서 동으로 흐르며 경계를 이룬다. 3문 형식의 승평문과 신봉문 사이의 공간에서는 팔관회나 군대사열, 격구놀이 같은 행사가 벌어졌다. 신봉문을 들어서면 넓은 뜰이 있고 동쪽에는 세자궁으로 통하는 춘덕문이, 서쪽에는 왕의 거처로 통하는 태초문이 있다. 승평문을 지나서 광명천을 지나는 금천교인 만월교를 건넌 다음 궁궐의 문들 중에서 가장 화려하고 웅장한 신봉문을 지나 창합문을 들어서면 지세 때문에 뜰이 협소해지며 회경전, 장화전, 원덕전, 만령전 등이 놓인 정전 영역이 펼쳐진다. 만월대의 정전 영역은 두 구역으로 나누어져 각기 용도에 따라 구분해 사용되었는데, 제1정전에 속하는 회경전은 대규모 불교 행사를 하거나 왕이 송나라 사신을 맞는 의례용 공간이고, 회경전 서북쪽 밖에 위치한 제2정전에 속하는 건덕전은 왕이 일상 공식 업무나 문무백관의 하례를 받던 곳이다. 그리고 신하들이 정무를 고하고 왕이 정치를 의논하거나 죄인에게 벌을 내리는 편전인 선정전과 왕의 침전인 중광전은 건덕전 서쪽과 뒤에 각각 위치하였다.

신봉문은 남북너비 18.5m, 동서너비 약 32m의 축대 위에 전면 7칸, 측면 5칸으로 된 2층 누각형의 대문이며, 창합문은 전면 5칸, 측면 2칸의 문으로서 왕의 조서를 봉인하던 곳이라 한다. 창합문을 지나면 19m 높이의 언덕에 회경전 전문(회경문)이 있고, 마당 너머의 회경전은 전면 9칸, 측면 4칸이며 앞에 4개의 계단을 설치하고 좌우에는 동행각과 서행각이 있었다. 회경전은 축대의 한가운데가 한 단 높고 남쪽을 약간 내밀고 있으며, 그 앞쪽 4개의 33단 돌계단은 높이가 5장(약 15m)이 넘어 웅장한 느낌을 자아냈다고 한다. 회경전 뒤쪽의 높은 지대에는 장화전이 있어 궁궐 내의 진귀한 보물과 금, 옷감 등이 저장되어 있어 경비가 삼엄하였다고 한다. 장화전 뒤 더욱 높은 곳에 세워진 원덕전은 그리 크지 않으며, 왕이 유사시에 근신들과 의결하는 처소로 사용되었다고 한다. 회경전 서북쪽에는 천자의 조서를 받고 사신을 대접하는 건덕전이 있고 북쪽에는 침전인 만령전이 있으며, 이 밖에 사신 등이 바치는 물품을 받던 장령전과 연영전(뒤에 집현전으로 개칭됨)이 있었고, 회경전의 서쪽에는 왕의 침전이, 동쪽에는 세자가 거처하던 좌춘궁이 있었다.

만월대의 건물배치는 크게 보아 회경전 중심의 외전 일곽, 장화전 중심의 내전 일곽과 서북쪽의 침전 일곽으로 구분되어 있다. 만월대의 중심영역의 서쪽은 왕이 일상적으로 살았던 만령전과 중광전을 비롯한 여러 궁전들과 내전에 해당되는 궁전들과 편전들이 있었다. 회경전 동쪽에는 수만 권의 서적을 보관하는 임천각을 비롯하여 여러 가지 도서들이 있던 보문각, 청연각 등의 건물이 있었고, 동쪽에는 좌춘궁이, 동남쪽에는 동지가 있었는데, 둘레 약 1km이다. 중심영역군의 동쪽 북부는 왕세자의 궁전이 있었던 정양궁, 수춘궁(여정궁) 등이 있고, 그 남쪽에는 3성 6부들이 배치되었다.

『고려도경』에 '단청으로 칠하고 붉은 구리구슬로 장식해 화려하기 그지없다'고 기록되어 있듯이, 궁궐의 전각들은 건물에 단청이 되어 있고 구리로 꽃무늬를 만든 동화(銅花)로 꾸며져 매우 웅장하고 화려하였음을 알 수 있다. 당시 궁궐의 화려함은 의종이 왕궁 동쪽에 이궁을 만들고 청기와를 얹은 양이정, 대평정, 관란정, 양화정 등의 누정을 지었다는 『고려사』의 기록을 통해서도 잘 알 수 있다(그림 3-37). 만월대에는 각각의 주요한 건물들과 연결

시켜 조성된 정원, 계곡, 산봉우리를 이용해서 꾸민 휴식
공간들이 조성되었는데, 만월대 뒤의 자하동, 11세기 말에
세워진 청연각 주변의 정원, 12세기 중엽의 관복궁 정원,
중미정 남지, 판적요에 있는 만춘정 주변, 의종 시대에 민
가 50여 채를 헐어버리고 세운 대평정, 관란정, 양이정, 양
화정 등의 정원과 누정이 대표적이다.

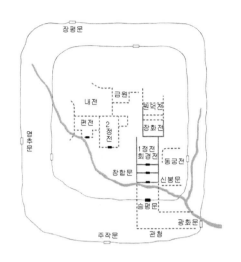

그림 3-37 **고려궁궐 만월대의 추정 배치도**

회경전 동쪽에 있는 청연각 주변의 석가산과 소(沼)에
관해서는 『고려사』권96, 열전9 김인존에 다음 기록이 있
다. 왕(예종)이 청연각에서 친왕들과 양부 대신들에게 연회
를 베풀고 김인존에게 그 일에 대한 기문을 지으라고 명령
하였다. 그 글은 다음과 같다. "… 주위의 경치를 둘러보니
난간 밖에는 돌을 쌓아 산을 만들었으며 정원 가장자리로 물을 끌어 소를 이루었다. 험하고
다양한 형상과 맑게 괸 물은 중국의 절경과 같아 그윽하고 뛰어난 아취가 일어 연회가 끝나
도록 더위를 느끼지 못하였다…(王宴親王兩府于淸讌閣 命仁存記其事其文曰 … 或縱目以觀覽 欄楯
之外 疊石成山 庭除之際 引水爲沼 嵁峯萬狀 淸渟四澈 洞庭吳會 幽勝之趣 生而終宴無憚暑之意)."

『고려사』권18, 세가18 의종 11년(1157) 4월 1일 병신에는 "민가 50여 채를 헐어내고
대평정을 짓고 태자에게 현판을 쓰게 하였다. … 정자 남쪽에 못을 파고 거리에 관란정을
세웠으며 북쪽에는 양이정을 청자로 지붕을 이었고, 남쪽에는 양화정을 지어 종려나무로
지붕을 이었다(毁民家五十餘區 作大平亭 命太子書額 … 亭南鑿池作觀瀾亭 其北構養怡亭 盖以靑瓷
南構養和亭 盖以靑瓷)."라고 기록되어 있다. 또한『고려사』권18, 세가18 의종 21년(1167) 3월
신유에는 "현화사로 돌아와 … 중미정 남지에 배를 띄우고 술 마시며 매우 유쾌하게 놀았다.
앞서 청령재 남쪽 산록에 정자각을 지어 '중미'라고 편액하였으며 정자 남쪽 냇물에 토석을
쌓고 언덕에 모정을 세웠는데, 오리와 기러기가 놀고 갈대가 우거진 모습이 강호와 흡사하
였다(還玄化寺 … 泛舟衆美衆美亭南池 酣飮極歡 先是淸寧齋南麓 構丁字閣 扁曰衆美亭 亭之南澗 築
土石貯水 岸上作茅亭 鳧鴈蘆葦 宛如江湖之狀)."라고 기록되어 있다.

궁성의 북쪽에 조성된 후원에는 괴석을 모으고 물을 끌어들여 샘과 연못, 선산을 만들었
으며 아름다운 꽃과 나무를 심어 매우 화려하고 아름다운 정원을 이루었다고 한다. '수창궁
북원의 석가산과 만수정'에 관해서는 『고려사』권99, 열전12 신숙에서 볼 수 있다. "내시
윤언문이 수창궁 북원에 괴석을 모아 가산을 쌓고 작은 정자를 짓고는 측면에 만수라고

이름하였다. 황색 능직(綾織)으로 벽을 발랐고 극히 사치스러워 사람의 눈을 황홀케 하였다. 하루는 왕(의종)이 정자에서 연회를 하다가 파할 무렵 석가산이 허물어졌고 또 암탉이 울었다(內侍尹彥文 聚怪石 築假山于壽昌宮北園 構小亭其側 號曰萬壽 以黃綾被壁 窮極奢侈 眩奪人目 一日 王宴于亭 將罷 假山頹 牝雞鳴)."

3) 이궁과 강화궁궐

한편 고려 시기에는 개경의 정궁인 만월대 이외에 왕실 가족의 휴식이나 일시적인 거처로 사용되는 별궁과 이궁을 개경과 서경, 남경에, 그리고 개경 주변의 길지 등 여러 곳에 세웠다. 이궁은 항상 유지되는 것이 몇 군데로 한정되었고 왕이 바뀌면 새로운 이궁이 한시적으로 만들어지거나, 또는 정치적으로 불안정하거나 사회가 혼란스러울 때 풍수설이나 연기설에 따라 세워지거나 경승지에 건립되기도 하였다. 고려 초기부터 이궁이 세워지기 시작하였는데, 명복궁은 경종의 조모를 위한 것으로 개경에서는 가장 먼저 생긴 별궁이고 이어서 대명궁, 연경궁, 수창궁 등이 건립되었다. 개성의 서수문 내 십자거리 부근에 건립된 별궁 수창궁은 중층의 건물들이 즐비했다고 하며 몽고의 침입으로 불타버려 13세기에 공민왕이 다시 재건하여 즉위식을 갖기도 했으며 조선 태조 이성계 역시 이 궁에서 즉위식을 갖고 조선을 열었다. 현종 때 왕실 인척들을 위한 많은 별궁이 성안에 세워졌는데, 그 가운데 연경궁은 원성왕후를 위해 세워진 것으로 도성 중심부에 가까운 서남부의 유암산 아래 평활한 곳에 위치하여 역대 왕들이 자주 사용하였다.

12세기에 들어서 문벌귀족의 세력이 커지고 정치적으로 불안정해지면서 풍수설이나 연기설에 따라 명당터에 이궁을 짓는 경향이 나타났다. 문종은 문종 10년(1056) 도성 서남쪽 바닷가 병악의 명당터에 장원정을 지어 이궁으로 삼았고,[9] 22년(1068) 남경에 신궁을 조성하였다. 서경에는 태조 이래 만수대 밑에 장락궁을 건설하였으며, 문종 35년(1081)에는 장락궁에서 동서 10여 리 되는 곳의 명당의 터에 좌궁과 우궁을 세우고 순시하였다. 예종은 개경이 지기가 쇠하였다는 말을 따라 서경천도를 계획하고 예종 11년(1081) 서경에 용언궁, 대명궁 등을 세웠고, 고려 중기에 들어서서 인종 6년(1115)에는 묘청의 서경천도운동에 따라 대화궁을 만들었다. 사치스러웠던 의종은 의종 11년(1157) 대궐 동쪽에 이궁 수덕궁을

....

9 이는 도선의 송악명당기라는 비기에 따라 태조가 통일한 해인 병신년(936)으로부터 이주갑, 즉 120년이 되는 해에 이궁을 서강, 즉 예성강에 지으면 국가의 터전이 굳어지리라는 연기설에 맞춘 것이다.

세우고 개경 내에 여러 대신들의 집을 취하여 여러 곳에 별궁을 세웠는데, 시중 왕충의 집을 안창궁으로, 참정 김정순의 집을 정화궁으로 하며, 200칸이 넘고 누각이 높으며 금빛 푸른빛이 서로 어울리는 환관 정함의 집을 취하여 경명궁으로 하였고 민가 50채를 헐어 대평정이라는 정자를 짓고 정자 남쪽에 못을 파서 관란정을 만들고 그 북쪽에 청자 기와의 양이정을, 남쪽에 양화정을 지었다. 또 의종은 개경 서쪽의 백주에 궁을 지으면 7년 이내에 북쪽 오랑캐들이 복속해온다는 술사들의 말을 듣고 의종 12년(1158) 중흥궐을 건립하였다.

『고려도경』권6, 별궁에는 궁에 대한 다음 기록이 있다. "왕의 별궁 및 그 자제들이 거처 하는 곳을 모두 궁이라 한다. … 계림궁은 왕부 서쪽에 있고 부여궁은 유암산 동쪽에 있으 며, 또한 진한·조선·장안·낙랑·변한·금관의 6궁이 성안에 나뉘어 배치되어 있는데, 모두 왕의 백숙부나 형제가 거처하는 궁이다. 왕의 계모가 거처하는 궁을 적경궁이라 한다(王之 別宮 與其子弟所居 皆謂之宮 … 桂林宮在王府之西 扶餘宮在由巖山之東 又有辰韓朝鮮長安樂浪卞韓 金冠六宮 分置城內 皆王伯叔昆弟之居也 王繼母之宮號積慶)."

강화도의 고려궁지는 고려가 몽고군의 침략에 대항하기 위하여 도읍을 옮긴 고종 19년 (1232)부터 다시 환도한 원종 11년(1270)까지 38년간 사용되던 고려 궁궐터이다. 『고려사』 와 『고려사절요』에 의하면, 강화궁궐은 비록 규모는 작았으나 개경의 궁궐 만월대와 버금 가는 규모로 비슷하게 만들고 뒷산 이름도 송악이라고 하였다 하며, 강화도에는 정궁 이외 에도 행궁과 이궁, 가궐 등 여러 궁궐이 있었으며 관아와 창고, 행각, 문들이 즐비했고 가옥 도 수천 호가 넘었다고 한다. 『고려사절요』고종편을 보면 고종 19년(1232) 강화로 옮긴 이후 최우가 이령군을 보내어 궁궐을 창건하였다는 기록이 있다. 정문의 이름은 승평문이 었고, 양측에 삼층루의 문이 두개가 있었으며 동쪽에 광화문이 있었는데, 원종 11년(1270) 개경으로 환도할 때에 모두 허물어졌다.

5. 조선의 궁궐건축

도성 안에는 가장 중심적인 궁궐들이 축조되었는데, 왕실의 존엄성과 권위를 상징하기 위해서 대규모로 화려하게 조성되어 건축 위용을 과시하였다. 조선시대의 궁궐은 유교의 예제에 따라 국가적인 가례의 행사가 이루어지고 왕실의 일상생활을 담아야 했으며 지나치 게 사치하지 않지만 위엄을 나타낼 수 있도록 건축되도록 하였다. 궁궐로서는 도읍지를 정한 후 처음으로 지은 경복궁 이외에 한양도성에 세워진 궁궐로는 창덕궁, 창경궁, 인경궁, 경덕궁(경희궁), 경운궁(덕수궁) 등이 있다.

조선의 궁궐은 기능에 따라 크게 정궁, 별궁, 행궁으로 나누어진다. 정궁 중에서도 법궁인 경복궁은 태조가 창건한 조선왕조의 중심 궁궐이었으나 선조 25년(1592) 일어난 임진왜란 때 불타 폐허가 된 것을 고종 2년(1865)에야 흥선대원군의 주도로 중건되기 시작하여 1868년 준공되면서 다시 조선왕조의 정궁 역할을 회복하였다. 경복궁은 도성의 북쪽에 위치하였다고 해서 '북궐'이라고도 불렸으며 예제에 충실하게 계획되었다. 창덕궁은 태종이 창건한 것이나 역시 임진왜란 때 불타 광해군이 중건하여 실제로 조선의 법궁으로서 경술국치까지 왕궁으로 사용되었다. 창덕궁은 태종 5년(1405) 경복궁 동쪽에 지은 아담한 이궁으로 인공과 자연이 조화되며 자연미를 비교적 잘 살렸으며, 임진왜란 이후에는 경복궁을 대신하여 오랫동안 정궁 역할을 하였으며, 경복궁의 동쪽에 있다고 해서 창경궁과 함께 '동궐'이라고도 불렸다. 창경궁은 성종 14년(1483)에 대왕대비 등 홀로 된 왕비들을 모시기 위해 세운 별궁이었으며, 동향을 하고 있는 정전인 명정전과 회랑 등은 건립 당시의 것으로 현존 궁전 건물 중 최고의 것이다.

경복궁과 창덕궁, 창경궁은 임진왜란 이전에 창건된 궁궐들이고 인경궁, 경덕궁, 경운궁은 임진왜란 이후에 조성되었다. 덕수궁의 본래 이름은 경운궁으로서 원래 월산대군의 집인데, 임진왜란 때 선조가 의주까지 피난갔다가 1593년 한양으로 돌아와서 거처할 왕궁이 없자 임시 궁궐로 삼아 행궁으로 사용하였고, 이후 광해군 때(1611)부터 이 '정릉동행궁'을 경운궁으로 불렀다. 경희궁(경덕궁)은 원래 인조의 아버지인 원종(정원군)의 사저가 있던 곳으로, 광해군(재위 1608~1623) 때 지어진 이궁으로서 경복궁 서쪽에 세워진 까닭으로 서궐이라 불렸다. 광해군은 풍수가들의 말을 따라 새로 2곳에 인경궁과 경덕궁을 창건하였는데, 인경궁은 광해군 때 인왕산 아래 사직단 동쪽에 세워졌으나 인조(재위 1623~1649) 때 헐려서 창경궁과 창덕궁의 건축에 그 목재들이 사용되었다. 이 외에 궁궐 밖에 살다가 왕이 되는 경우 그 거처인 잠저는 별궁이라 하였으며, 왕릉이나 온천 등을 행차할 때 머물던 곳은 행궁이라 하였다.

19세기 후반 고종이 왕이 되고 정권을 잡은 흥선대원군은 그 전까지 사회를 지배해온 양반 세도가 세력을 몰아내서 강력한 군주가 백성을 다스리는 왕권을 회복하고자 양반 세력의 본거지라고 여겨진 서원을 철폐시키고 경복궁 등 왕실 관련 건축물들을 조성하였다. 19세기 말 정세의 불안을 없애고 왕실의 안녕을 기원하기 위해 숙련된 건축기술과 국가적인 지원을 받으며 경복궁은 임진왜란 이후 250년 만에 복구되고 흥선대원군을 위한 운현궁과 역대 임금의 초상화를 모신 선원전, 관왕묘가 새로 만들어지며 지방 명산에 산신을 기리는 신단이 새로 조성되었다. 경복궁이 재건됨으로써 6조 관청이 좌우로 도열되어 조선의 통치 중심을 상징하는 광화문과 6조거리가 원래의 모습을 찾으며 도성다운 경관을 이루게 되었다.

1) 경복궁, 사적 제117호

(1) 경복궁의 연혁

경복궁은 태조 3년(1394) 창건되고 고종 2~7년(1863~1870) 재건된 한국의 궁궐 중 가장 대규모로서 한국의 궁궐건축을 대표한다. 이성계가 왕이 되어 도읍을 옮기기로 하고, 즉위 3년째인 1394년에 「신도궁궐조성도감」을 열어 궁궐의 창건을 시작하여 이듬해에 완성하였다. 경복궁은 궁궐 가운데 으뜸인 정궁에 해당되며 북쪽에 위치하여 북궐로도 불리는데, 궁의 명칭은 『시경』 주아에 나오는 "이미 술에 취하고 이미 덕에 배부르니 군자만년 그대의 큰 복을 도우리라(旣醉以酒 旣飽以德 君子萬年 介爾景福)."에서 두 자를 따서 왕조의 큰 복을 빈다는 뜻으로 경복궁이라고 지었다.

초창된 경복궁의 전각 배치는 다음 기록을 통해 알 수 있다. 『태조실록』 권8, 태조 4년 9월 29일(경신)에 "이달에 대묘와 새 궁궐이 준공되었다. … 새 궁궐은 연침이 7칸이다. 동·서 이방(東西耳房)이 각각 2칸씩이며, 북쪽으로 뚫린 행랑이 7칸, 북쪽 행랑이 25칸이다. 동쪽 구석에 연달아 있는 것이 3칸, 서쪽에 연달아 있는 누방이 5칸이고 … 동루 3칸은 상하층이 있다. … 서루 3칸은 상하층이 있다. … 동·서 각루는 각각 2칸 … 동·서 누고가 무릇 3백 90여 칸이다(是月 大廟及新宮告成…新宮燕寢七間 東西耳房各二間 北穿廊七間 北行廊二十五間 東隅有連排三間 西隅有連排樓五間…東樓三間 有上下層…西樓三間 有上下層…東西角樓各二間…東西樓庫之類總三百九十餘間也)."

태종은 궁내에 경회루를 지었는데, 연못을 파고 장대한 누각을 지어 잔치를 하거나 사신을 접대하도록 하였으며 파낸 흙으로는 침전 뒤편에 아미산 동산을 만들었다. 세종은 이곳에 집현전을 두어 학문하는 신하들을 가까이 두었으며, 경회루 남쪽에 시각을 알리는 보루각을 세우고 궁궐 서북 모퉁이에 천문관측시설인 간의대를 마련하였으며, 강녕전 서쪽에 흠경각을 지어 시각과 사계절을 나타내는 옥루기를 설치하였다.

경복궁은 1592년 임진왜란으로 인해 거의 모든 건물이 불타고 이후 270여 년 동안 폐허 상태로 있다 고종 때 대규모 재건되었다. 경복궁은 흥선대원군의 강력한 의지로 여느 궁궐의 규모나 격식을 훨씬 능가하는 대규모로 세워지게 되었는데, 1865년에 착공되어 1868년에는 왕이 새 궁궐에 들어가게 되었고, 그 규모는 7,225칸 반이며 후원에 지어진 전각은 융문당을 포함하여 256칸이고 궁성 담장의 길이는 1,765칸이었다. 경복궁의 재건은 초기 창건 때의 기본 골격을 그대로 재현하면서도 19세기 후반의 시대적 흐름에 따라 근대적 군주의 위상을 드러내고자 하였다. 초기 때의 외전과 내전을 기본으로 하는 구성에서부터 벗어나, 재건된 경복궁은 광화문에서부터 남북 중심축을 따라 근정전, 사정전, 강령전, 교태전 등 왕의 정치와 생활공간이 뒤편 흥복전으로 해서 후원까지 연결되고 그 동편에 왕세자 공간과 왕대비 및 부속공간이, 서편에 경회루, 태원전 및 문경전 등 왕실의 제사를 지내는 공간이 배치되었으며, 흥복전 위 넓은 후원에는 왕의 공간인 건청궁이 세워졌다. 이러한 경복궁의 재건은 왕이 양반 세도가 세력을 몰아내고 왕실의 결속을 다지며 백성을 다스리는 국민적 군주임을 나타내고자 한 것이었다. 흥선대원군은 원납전과 당백전이라는 화폐를 발행해 소요경비를 충당하며 대규모의 중건을 주도하였지만, 이로 인하여 국고가 탕진되며 경제적 혼란이 야기되었다.

1910년 국권을 잃게 되자 일본인들은 궁궐 안의 전, 당, 누각 등 4,000여 칸의 건물을 헐어서 민간에 매각하고, 1917년 창덕궁의 내전에 화재가 발생하자 경복궁의 교태전·강녕전·동행각·서행각·연길당·경성전·연생전·인지당·흠경각·함원전·만경전·흥복전 등을 철거하여 그 재목으로 창덕궁의 대조전과 희정당 등을 지었다. 궁전 안에는 겨우 근정전·사정전·수정전·천추전·집옥재·경회루 등과 근정문·홍례문·신무문·동십자각 등이 남게 되었으며 정문인 광화문도 건춘문 북쪽으로 이건하였다. 일제 강점기에 일본인은 1904년 통감부를 경복궁에 세웠고, 창덕궁을 복구한다는 명목 아래 경복궁의 많은 전각들을 옮기거나 헐어냄으로써 경복궁은 완전히 훼손되어 버린 것이다. 최근에는 정확한 발굴과 역사적 고증을 통하여 강녕전과 교태전을 포함한 침전과 동궁 지역, 홍례문 등을 복원하고 태원전과 건청궁 일대도 정비를 하고 있어 옛 모습을 찾고 있다.

(2) 경복궁의 배치

조선의 정궁인 경복궁은 풍수지리상 극히 길한 명당터인 한성의 혈에 놓여 있으며, 주산인 북악을 등지고 북북서에 앉아서 남남동을 바라보는 임좌병향(壬坐丙向)의 배치를 하고 있다. 궁궐이 위치한 곳은 도성의 서북쪽으로 약간 치우친 곳으로서, 전면으로 넓은 시가지가 전개되고 그 앞에 안산인 남산(목멱산), 좌청룡 낙산, 우백호 인왕산이 있으며 내수인 청계천과 외수인 한강이 흐르는 명당 터이다. 도성 건물배치의 기본형식인 좌묘우사를 따라서 궁의 왼쪽으로 종묘가 있고 궁의 오른쪽에 사직단이 자리 잡고 있다. 궁궐 내의 건물의 배치는 앞부분과 뒷부분으로 나눌 수 있는데, 앞부분에 정전과 편전들이 놓이고 뒷부분에 침전과 후원이 자리 잡는 전조후침의 격식을 갖추고 있다.

직사각형에 가까운 대지를 담장으로 둘러싸고 많은 건물들을 구축한 경복궁에서는 정문인 광화문과 정전인 근정전 등 주요한 건물과 회랑은 남북축을 중심으로 좌우대칭으로 배치되었고, 부속건물과 정원은 비대칭적으로 자유롭게 배치되었다(그림 3-38). 이러한 경복궁의 계획은 유교에 입각한 새로운 왕조를 건국하고자 한 유학자이며 개국공신인 정도전에 의해 주도되었고, 그 결과 직선축과 좌우대칭에 의한 규범적인 정궁이 만들어지게 되었다. 중앙의 정전 근정전을 중심으로 둘러싼 궁성에는 동문 건춘문, 서문 영추문, 남문 광화문, 북문 신무문의 4개의 문을 설치하였고, 남쪽의 양쪽 궁성이 끝나는 귀퉁이에는 높은 대를 쌓고 누각을 올린 십자각을 세웠다. 광화문 안에는 흥례문이 있고 그 안에 개천 어구가 있어 서쪽에서 동쪽으로 흘러나가며, 돌다리 금천교를 건너면 근정문이 있으며 문을 들어서면 정전 근정전이 이중으로 높이 쌓은 월대 위에 우뚝 솟아 있다. 정전은 왕이 문무백관으로부터 하례를 받고 외국사신을 접견하며 왕실의 경사 시 행사를 치르는 등 국가적인 공식행사가 이루어지는 장소이며 궁궐의 상징이기도 하므로 그 주변에는 왕을 상징하는 여러 요소로 위엄 있게 조성되었다.

궁성의 중심영역은 정문인 광화문으로부터 홍례문, 금천을 건너는 영제교, 근정문과 근정전, 사정전 뒤의 향오문이 일직선상에 차례로 배치되었다. 근정전 일곽을 2칸 보칸의 복랑 회랑이 사각형으로 둘러싸서 외전공간을 이루고 그 안마당 북쪽으로 치우쳐 왕이 공식적인 국가행사를 거행하는 정전인 근정전이 남향해서 놓여졌다. 근정전 뒤의 사정문을 들어서면 왕이 정사를 보는 곳인 편전 사정전이 있고 그 동쪽과 서쪽에 각각 온돌방과 마루를 갖춘 만춘전, 천추전이 남향으로 놓여 있다. 사정전 뒤 향오문을 들어서면 정면에 연침인 강녕전이 있고 그 앞 동서 양쪽에 연생전, 경성전이 있다. 강녕전 뒤에는 양의문이 있고 문 안에 왕비가 거처하는 교태전이 있으며 잇대어서 동쪽에 원길헌, 서쪽에 함광각, 동북쪽에 건순각이 있다. 그 뒤로는 향원정 등 후원이 전개되어 소나무가 우거지고 연못과 정자 등이 여기저기 자리 잡고 있다. 정원공간으로는 궁역 서쪽의 방지 및 경회루 지역, 궁역 북쪽의 향원지와 향원정 지역으로 크게 둘로 구성되며, 경회루 지역은 왕실의 권위를 과시한 대외적 성격이며 향원정 지역은 휴식과 안정을 위한 대내적 성격의 정원이다.

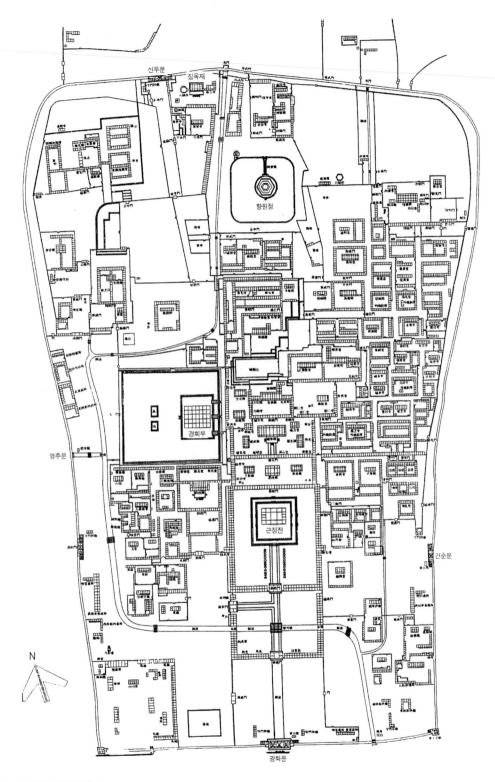

그림 3-38 **경복궁의 배치도**

치조공간은 두 단의 넓은 월대 위에 자리한 중층의 근정전과 이를 좌우대칭으로 둘러싼 회랑을 중심으로 하는 부분으로 주로 임금이 신하들의 조하를 받던 곳이다. 근정전 앞마당은 왕이 하례를 받는 가장 중요하고 상징적인 공간이며, 문무백관과 행사를 돕는 악공들과 무희들, 경비하는 군사들이 서 있을 수 있는 충분한 크기였으며, 바닥에는 넓고 얇게 뜬 박석이 깔려 있다. 행각 남쪽 중앙에 있는 근정문은 왕의 즉위식을 거행하는 곳으로서, 왕이 이 문에서 즉위식을 거치고 나서야 비로소 왕의 자격을 갖고 정전에 들어설 수 있었다. 편전인 사정전은 정전 바로 뒤에 놓여 왕이 일상적으로 신하들과 접견하며 집무를 하는 공간이고 그 뒤로 내전이 된다.

사정전 뒤 향오문을 들어서면 왕의 침전 강녕전과 왕후의 침전 교태전을 비롯하여 그 동쪽으로 왕대비가 살던 자경전 등 많은 침전들이 있었다. 강녕전은 건물 중앙에 의례를 위한 3칸 대청을 두고 좌우대칭으로 방을 두며 대청 앞에는 월대를 마련하여 예제를 위한 일정한 격식을 갖추었다. 여기의 많은 건물들은 1918~1920년 사이에 일제가 해체하여 창덕궁의 희정전과 대조전 등의 건축자재로 사용하고 일반인에게 일부를 판매하여 대부분 없어졌고, 자경전과 교태전 뒤뜰의 아미산과 벽돌로 쌓은 굴뚝만이 남아 있었다. 근정전 뒤 왕이 정사를 돌보던 사정전 북쪽에 있는 아미산은 여러 단의 화계와 나무, 괴석, 그리고 봉황과 귀면, 당초문 등을 새긴 육각의 굴뚝 등이 놓여 있으며 사철의 변화에 따른 조화를 보여 주는 한국식 정원을 이루고 있다.

『궁궐지』에는 경복궁이 160여 전각의 7,300여 칸의 규모였다고 하지만, 현재 남아 있는 주요 건물로는 근정전, 근정문 및 행각, 경회루, 향원정, 편전인 사정전과 천추전, 침전인 강녕전과 교태전, 내전인 자경전과 수정전, 집경당과 함화당, 제수각, 집옥재, 협길당 등이 있다. 근정전(국보 제223호)은 정궁의 정전답게 중층의 정면 5칸, 측면 5칸의 장대한 건물이며 조선 말기에 속하는 다포식의 세부의 장식적 처리가 두드러진다. 근정문(보물 제812호)은 정면 3칸의 중층지붕건물이다. 경회루(국보 제224호)는 정면 7칸, 측면 5칸의 장대한 누각 건물로 하층은 네모진 돌기둥을 세우고 상층에는 사방에 난간을 두르고 나무기둥을 세웠다. 주변에는 네모난 큰 연못을 파고 우측면에 세 개의 돌다리를 놓았다. 향원정은 육각형 평면을 한 정자로 연못의 한가운데에 있으며 목조구름다리가 연결되어 있다. 왕대비의 처소인 자경전(보물 제809호)은 침전건물의 하나이며, 후원의 담장과 굴뚝에 묘사된 십장생무늬와 기타 상서로운 동식물 무늬가 특히 주목된다. 사정전 북쪽에 있는 아미산은 여러 단의 화계와 그 사이의 나무, 괴석 등이 눈길을 끌며 사철의 변화에 따른 조화를 보여주는 한국식 정원 모습을 간직하고 있다.

(3) 주요 건축물

① 경복궁 근정전, 국보 제223호

경복궁의 중심건물로서 문무백관의 신하들이 임금에게 인사를 올리거나 조례를 하며 국가의식을 거행하고 외국사신을 맞이하였던 법전이었다. '근정'은 천하의 일은 부지런하면 잘 다스려진다는 뜻이며, 정도전이 지었다. 얇게 다듬은 박석이 정연하게 깔린 넓은 마당 중앙에 돌난간을 두른 이중기단(월대) 위에 세워져 있으며, 정면 5칸, 측면 5칸의 2층, 팔 작지붕 형식의 다포양식 건물로서 궁궐의 정 전 중 가장 대규모이고 장엄하고 화려한 모습 이며 지금 건물은 고종 4년(1867)에 다시 지은 조선 후기의 대표적 건물이다(그림 3-39). 건 물 외관은 중층이지만 내부는 위와 아래가 트 인 통층으로 천장을 최대한 높이고 필요한 구 조재 이외 치장을 줄여서 개방감을 높였으며, 뒤편 내진주 가운데에 모란용문 투조의 어좌

그림 3-39 **경복궁 근정전**

가 있고 그 뒤에 나무로 만든 가리개인 3곡병(삼절병)과 일월오악도 병풍이 놓여 있고 위쪽 천장은 보개를 마련하여 구름무늬를 그리고 발톱이 7개인 칠조룡 한 쌍을 만들어 달았으며 바닥에는 전돌을 깔았다. 본전에는 도합 10개의 기둥이 서 있고 천정에는 쌍룡과 보운이 부조와 금채식으로 나타내져 있다. 일월오악도는 일월도, 일월오봉도, 일월곤륜도라고도 하며, 다섯 개의 큰 봉우리와 그 아래 소나무, 폭포, 파도, 상단 좌우에 해와 달을 배치하여 좌우균형을 갖춘 매우 도식적인 그림으로 하늘의 보살핌으로 자손만대로 왕실과 나라의 무궁함을 기원하는 의미를 담고 있다.

② 경복궁 경회루, 국보 제224호

경회루는 근정전 서북쪽에 남북으로 113m, 동서로 128m 규모의 사각형 연못 안의 동쪽 으로 치우쳐 세워져 경사가 있거나 외국사신이 왔을 때 연회를 베풀던 건물이다. 원래 경회 루는 경복궁 창건 당시 서쪽 습지에 연못을 파고 세운 작은 누각이었는데, 태종 12년(1412)에

연못을 넓히고 건물도 다시 크게 완성하였다. 정면 7칸, 측면 5칸(34.4×28.5m)의 2층 팔작지붕 건물이며, 바깥쪽에는 사각기둥을, 안쪽에는 원형 기둥을 세운 2익공양식이다(그림 3-40). 경회루는 거대한 규모의 건물을 인공으로 조성한 섬에 세울 만한 견고한 기초와 간결한 구조법, 왕실의 연회 장소에 어울리는 치장, 인왕산과 북악산, 남산 등 주변 경관을 한눈에 바라볼 수 있는 2층에서의 조망 등이 두드러진다. 단일 평면으로는 규모가 가장 큰 누각인 경회루는 간결하면서도 화려하게 장식했으며, 평면 구조와 칸 수, 기둥 수, 부재 길이 등을 주역의 이론에 따라서 건축되었다.

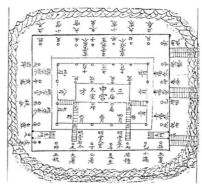

그림 3-40 **경복궁 경회루**
그림 3-41 **경회루전도**

고종 때 재건된 경회루는 당시 세계관을 반영하여 건설하였는데, 그 내용은 정학순이 경복궁 중건 후인 1865년에 쓴 『경회루전도』에 잘 나타나 있다(그림 3-41). 1층 내부기둥을 원기둥, 외부기둥을 사각기둥으로 한 것은 천원지방사상을 나타낸 것이다. 외진과 내진, 내내진 세 겹으로 구성된 2층 평면의 가장 안쪽에 자리한 내내진은 3칸으로 이루어져 천지인 삼재를 상징하고, 이 3칸을 둘러싼 여덟 기둥은 천지만물이 생성되는 기본인 『주역』의 팔괘를 상징한다. 제일 안쪽 3칸을 둘러싼 다음 겹인 내진 12칸은 12달을 상징하고, 매 칸마다 네 짝씩 16칸에 달린 64문짝은 64괘를 상징한다. 가장 바깥을 둘러싼 24칸은 24절기와 24방위를 상징한다.

③ 경복궁 교태전

교태전은 왕비의 침전인 중궁전으로, 본래의 교태전 건물은 일제 강점기인 1918년 창덕궁으로 옮겨져 창덕궁 대조전이 되었고 현재의 교태전은 최근에 재건하였다(그림 3-42).

그림 3-42 **경복궁 교태전**

고종 당시 경복궁 중건 때의 것인 교태전의 구들은 뒤뜰에 있는 아미산 굴뚝(보물 제811호)과 연결되어 있으며, 굴뚝은 고종 당시 경복궁 중건 때의 세워진 것이다. 아미산은 경회루의 연못을 판 흙을 쌓아 돋운 작은 가산이지만, 백두대간에서 흘러나온 맥이 북한산과 북악을 지나 경복궁에서 멈춘 장소이다. 아미산에는 괴석의 석분과 석지, 육각형 평면을 한 굴뚝들 등 여러 석조물이 배치되었다. 육각형 4기의 굴뚝들은 화강석 지대석 위에 벽돌로 30단 내지 31단으로 쌓고, 육각의 각 면에는 당초·학·박쥐·봉황·나티·소나무·매화·대나무·국화·불로초·바위·새·사슴·나비·해태·불가사리 등의 무늬를 조화롭게 배치하였다.

④ 경복궁 자경전, 보물 제809호

자경전은 고종의 어머니인 조대비(신정익왕후)를 위해 지은 침전으로서 총 44칸 규모이고, 왕비의 정침인 경복궁 교태전의 동쪽에 자리 잡고 있다. 왕이 세상을 떠나면 교태전에 있던 왕비는 대비로 높여져 정침인 교태전을 새로 중전이 된 왕비에게 물려주게 되는데, 이때 대비가 머물게 되던 곳이 자경전이다. 현존하는 침전 가운데 옛 모습을 간직한 유일한 건물로, 현재의 자경전은 조대비를 위해 경복궁을 중건하면서 고종 2년(1865) 지은 후 불에 탄 것을 고종 25년(1888)에 재건하였다. 자경전 전면 마당의 동·남·서쪽에는 각각 동행각, 남행각, 서행각이 일곽을 이루며 마당을 둘러싸고 있다. 자경전은 겨울에 따뜻하게 지낼 수 있도록 서북쪽에 복안당 침실을 두고 중앙에 중심 건물인 자경전을 두었으며, 여름을 시원하게 보낼 수 있도록 동남쪽에 청연루를 두었다. 주변에는 수십 개의 집과 담장, 문들이 있었으나 대부분 없어졌다.

자경전 후정 담의 중앙부에 놓여져 있는 십장생 굴뚝(보물 제810호)은 굴뚝의 실용성과 함께 독특한 형태와 뛰어난 조형미를 보여준다(그림 3-43). 십장생 굴뚝은 담보다 한 단 앞으로 나와 장대석 기단을 놓고 그 위에 전돌로 쌓아 담에 덧붙어 있으며, 벽면 상부에는 소로 및 창방, 서까래 모양을 전돌로 따로 만들어 쌓았고 그 위에 기와를 얹어 한옥 모양으로 만들었다. 십장생 굴뚝의 몸체는 복을 상징하는 박쥐, 쇠를 먹어버린다는 불가사리 등으로 장식하고 가운데는 해, 산, 구름, 학, 거북, 불로초 등 불로장생을 의미하는 십장생 문양으로 구성하였다. 십장생도를 보는 듯한 이 굴뚝에 장식된 해와 바위, 거북 등 십장생은 장수를, 포도는 자손의 번성을, 박쥐는 부귀를, 나티와 불가사리 등은 악귀를 막는 상서로운 짐승을 상징한다.

그림 3-43 **경복궁 자경전의 십장생 굴뚝**

⑤ 경복궁 향원정, 보물 제1761호

한국 건축물로서는 예외적으로 평면이 6각형인 정자 건물로서 북쪽 후원에 있는 향원지 내의 가운데에 있는 섬에 건립되었다(그림 3-44). 모서리를 둥글게 한 사각형의 향원지는 4,605㎡이며 취향교라는 다리로 연결된다. 향원정은 평면이 정육각형으로 아래층과 위층이 똑같은 크기이고 일층 평면은 주위로 평난간을 두른 툇마루를 두었고 이층 바닥 주위로는 계자난간을 두른 툇마루를 두었다. 겹처마의 육모지붕

그림 3-44 **경복궁 향원정**

중앙의 추녀마루들이 모이는 중심점에 절병통을 얹어 치장하였다. 향원정은 초석과 기둥, 평면, 지붕 등 육각형을 사용하여 섬세하고 절묘한 비례와 조화를 만들어낸 뛰어난 정자이다. 향원정은 왕과 그 가족들이 휴식을 취하고 소요하던 공간으로, 향원은 향기가 멀리 간다는 뜻으로 북송시대의 학자 주돈이(1017~1073)가 지은 「애련설」에서 따온 말이다.

2) 창덕궁, 사적 제122호

(1) 창덕궁의 연혁

창덕궁은 태종이 왕자들 사이에 왕위쟁탈전이 벌어졌던 정궁인 경복궁을 비워두고 경

복궁 동쪽 향교동에 궁궐을 하나 새로 지은 것으로서, 정궁인 경복궁의 동쪽에 위치하여서 동궐이라고도 불린다. 창덕궁은 태종 6년(1406)에 광연루, 태종 11년(1411)에 조성한 진선문과 금천교, 태종 12년에 건립한 궁궐의 정문인 돈화문에 이어 여러 전각들이 차례로 들어서고 좁았던 후원을 확장하고 창경궁의 부지까지 궁역으로 포함시켜 궁궐의 모습을 갖추어나갔다. 세조는 즉위하면서 인정전을 다시 짓고 궁궐의 각 전각 명칭을 새로 정하였다.

창덕궁은 태종 5년(1405) 10월 이직, 신극례, 박자청 등의 감역으로 창건된 이후 임진왜란(1592)으로 인해 모든 전각들이 소실되었다. 임진왜란 이후 광해군 원년(1609)에 주요 전각이 거의 재건되었으며, 이후 역대 왕들은 창덕궁에서 주로 정무를 보게 된다. 인조 원년(1623) 인조반정 때 인정전 이외의 모든 전각들이 다시 소실된 이후 창덕궁은 인조 25년(1647)에 복구되었는데, 이때 대조전과 선정전, 희정당, 정묵당, 집상전 등이 재건되었고, 효종 7년(1656)에는 만수전, 춘휘당, 천경전 등이 세워졌으며, 숙종 30년(1704) 12월에는 대보단이 조성되었고, 영조 52년(1776) 9월에는 후원에 규장각(주합루)이 건립되었으며, 정조 6년(1782)에는 중회당, 인정전 뜰에 품계석이 설치되었고, 정조 9년에 수강재가 건축되었다. 창덕궁은 여러 차례의 재앙을 겪었지만 조선시대 궁궐건축의 명맥을 이어왔으며, 특히 임진왜란 이후 300여 년에 걸쳐 경복궁 대신에 오랫동안 본궁으로 사용되어 법궁 역할을 하였다. 일제 강점기인 1917년 11월에는 큰 화재가 일어나 내전이 소실되자, 일제는 이를 복구한다는 명목 아래 경복궁의 교태전, 강녕전과 그 앞의 동행각과 서행각 등 많은 건물들을 1918년 창덕궁으로 이건하여 대조전, 희정당 등으로 복구하였다. 일제 강점기에는 건물들이 대다수 철거되고 몇몇의 주요 건물들만 남은 것을 현재 일부 재건 중에 있다.

(2) 창덕궁의 배치

태종이 이궁으로 조성한 창덕궁은 정궁인 경복궁과 건립목적이나 위치, 배치가 달랐다. 도성 내에서는 거의 정북 쪽에 위치한 응봉에서 뻗어 나온 산줄기 자락에 자리 잡은 창덕궁은 동쪽으로는 창경궁이, 동남쪽으로는 종묘가, 서쪽으로는 정궁인 경복궁이 위치해 있다. 원형이 가장 잘 보존되어 있는 창덕궁은 지형이 굴곡이 많고 불규칙하여 일반적으로 평지에 건설된 다른 궁궐과는 달리 경사지형에 건물들을 자유스럽게 비정형적으로 배치하였으며, 후원은 한국의 정원 중 가장 아름다운 정원이다. 창덕궁은 자연적인 지형과 산세에 따라 전각을 배치하고 자연과 인공을 뛰어나게 조화시켰는데, 전체적으로 보아 정문 돈화문의 북동쪽으로 정전인 인정전 일곽이 있고, 그 동서 양쪽에는 비대칭으로 선정전과 선원

전이 배치되고, 침전은 인정전 일곽의 중심축과 다른 보조축을 두어 선정전 동북쪽에 배치
되었다.

　　현재 창덕궁은 인정전과 선정전을 중심으로 한 치조영역, 희정당과 대조전을 중심으로
한 침전영역, 동쪽의 낙선재 영역, 그리고 북쪽 구릉 너머 후원영역 등 크게 4구역으로 구성
되어 있다. 일반적으로 궁궐의 중요 건물은 중심축을
형성하며 질서정연하게 배치되어야 하지만, 창덕궁
의 정문인 돈화문과 정전인 인정전, 편전인 선정전
등은 중심축 선상에서 벗어나서 배치되어 있다(그림
3-45). 평지에 세워진 경복궁과 달리, 창덕궁은 북쪽
응봉에서 흘러나온 자연 지형을 이용하여 자리를 잡
았고 지형에 따라 건물들을 자유롭게 배치하였지만,
주변 구릉의 높낮이뿐 아니라 그 곡선과도 잘 조화를
이루고 있다.

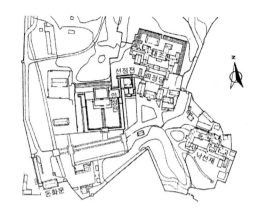

그림 3-45 **창덕궁 중심곽 배치도**

　　창덕궁의 정문인 돈화문은 지형적인 이유와 정궁
인 경복궁에서 출입이 편리하도록 궁궐의 서남쪽 모서리에 남향으로 자리 잡고 있는데,
이는 또한 대문에서 내당이 직접 보이지 않도록 배치하는 전통 기법과 일치하기도 한다.
돈화문은 태종 12년(1412)에 건립되었으며, 임진왜란 때 불탄 것을 선조 40년(1607)에 재건
하기 시작하여 광해군 원년(1609)에 완공하여 현재까지 남아 있다. 돈화문은 현존하는 궁궐
의 정문으로는 가장 오래된 문으로, 유일하게 정면이 5칸 규모로 되어 있으며, 넓은 돌계단
이 있는 장대석 기단 위에 세워졌다. 정문인 돈화문을 들어서면 외조의 삼정승을 상징하는
높은 괴목(회화나무)이 왼쪽에 서 있고, 이를 지나 궁궐 서북쪽에서 남으로 흐르는 명당수
를 건너는 금천교를 지나면 서향한 진선문이 있고 이 맞은편에 금호문이 있다. 진선문 좌우
에는 6칸 행랑이 있으며 행랑 남쪽에는 동서 방향의 회랑이 있고, 진선문에서 동쪽으로
나아가면 남향의 인정문과 그 북쪽으로 정전인 인정전이 회랑으로 둘러싸여 있다. 인정문
은 태종 5년(1405) 창덕궁의 창건 때 다른 전각들과 함께 지어졌는데, 지금의 건물은 순조
4년(1804)에 재건된 것으로 여겨진다. 선정전은 평소 임금이 신하와 국가의 일상업무를 논
하던 편전으로서, 지형조건상 인정전 뒤쪽이 아니라 동북쪽에 비스듬하게 남향하고 있다.
선정전은 인조반정 때 불에 탄 후 인경궁의 편전인 광정전을 이건하여 지은 건물이며 지붕
은 푸른색 유리기와를 덮었는데, 유일하게 궁궐에 현존하는 청기와 지붕이다.

선정전의 동쪽으로 내전 일곽이 전개되는데, 맨 앞에 희정당이 있고 그 뒤로 대조전이 있으며 그 뒤 북서쪽에는 경훈각이 자리하고 있다. 대조전은 왕과 왕비가 거주하던 곳으로, 궁 밖에서 대조전까지 가려면 돈화문과 진선문, 숙장문을 지나 적어도 5개 이상의 문을 더 통과해야만 한다. 또한 대조전 뒤쪽에는 장대석을 사용하여 경사지를 몇 개의 단으로 꾸민 화계가 있다. 선정전 일곽 동쪽, 희정당 동편에 인접하여 내반원과 그 곁에 대현문이 있다. 대현문을 들어서면 왼쪽으로 성정각, 그 앞에 영현문이 있고, 오른쪽에 동궁과 동궁비가 거처하던 영춘정과 집희정이 있었다. 동쪽의 흙담 건너에는 승화루가 있고 중양문을 나서면 낙선재에 이르게 된다.

창덕궁의 정전 동북쪽에 자리한 후원은 왕과 왕족들이 자연과 더불어 휴식하고 즐기던 곳으로 금원, 비원이라고도 불렸으며, 누각과 정사 등 자연과 인공을 뛰어나게 조화시킨 한국 전통조경의 정수라 할 수 있다. 창덕궁 후원은 궁궐이 조영된 태종 5년부터 부분적으로 만들어지기 시작하여 임진왜란 이후 본격적으로 조성되면서 다양한 형태의 정자들이 수려한 자연과 어울리며 들어서 선경에 가까운 비경을 이루었다. 인조 대에는 후원 깊숙한 곳 바위를 쪼아내서 옥류천을 끌어내고 그 주변에 소요정, 태극정, 청의정, 관람정, 존덕정, 희우정, 청연각, 낙민정, 관풍각 등을 건립하였다. 숙종 30년(1704)에는 대보단, 영조 53년(1777)에 주합루, 1921년에는 예원전이 세워지기도 하였다.

(3) 주요 건축물

① 창덕궁 인정전, 1804년, 국보 제225호

창덕궁의 정전으로서 정면 5칸, 측면 4칸의 중층 다포계의 겹처마 팔작지붕 건물이며 궁궐의 정전다운 격식과 의장이 잘 갖추어져 있다. 인정전은 태종 5년(1405) 창덕궁이 창건되면서 지어졌고 그 뒤 여러 차례의 중건을 거쳐 순조 4년(1804)에 현재의 건물이 재건되었으며, 조정의 각종 의식이나 외국 사신의 접견이 이루어졌다(그림 3-46).

인정전의 전정에 품계석이 마련되었으며, 기단 중앙의 계단 가운데 구름 사이로 두 마리의 봉황이 새겨져 있다. 내사출목, 외삼

그림 3-46 **창덕궁 인정전**

출목의 다포식 중층건물이지만 내부는 하나로 터져 있고 우물천장 중앙에는 한 단을 높여 구름 사이로 봉황 두 마리가 그려져 있다. 내부의 후면 고주 사이에 어좌가 놓이고, 그 뒤에 '일월오악도'의 병풍이 설치되며 어좌 위에는 정교하고 섬세한 보개천장이 만들어져 있다. 한말에 고종이 순종에게 양위한 후 내부의 일부가 서양식으로 바뀌었는데, 1908년 무렵에는 내부에 서양식 가구와 실내장식이 도입되어 전돌 바닥 대신 서양식 마루를 깔았고, 전등이 설치되었으며, 또한 각 창과 문에는 커튼이 달려 있다. 지붕 용마루 양성에는 당시 대한제국 국장이던 이화 문장 다섯 개가 새겨져 있다.

② 창덕궁 대조전, 보물 제816호

대조전은 왕비가 거처하는 내전 중 으뜸가는 침전으로서, 태종이 재위 5년(1405)에 이궁으로 창덕궁을 지으면서 처음 조영하였으나, 소실되었던 것을 인조 25년에 중건되었으며, 지금의 것은 1917년에 불에 탄 것을 경복궁에 있던 교태전의 목재를 헐어 가져와 1920년에 재건한 것이다(그림 3-47). 대조전은 인조 때 재건될 당시 45칸 규모의 건물이었으나, 현재 정면 9칸, 측면 4칸, 이익공식 팔작지붕 건물이다. 우물마루에 겹처마이고 용마루가 없이 합각마루와 추녀마루에 용두와 잡상을 올려놓았다. 건물 가운데 정면 3칸, 측면 2칸은 통칸으로 하여 거실로 삼았으며, 거실의 동쪽과 서쪽으로 각각 정면 2칸, 측면 2칸을 통칸으로 하여 왕과 왕비의 침실을 두었으며,

그림 3-47 **창덕궁 대조전**

각 침실의 측면과 배면에는 작은 방을 두어 시종들의 처소로 사용되었다. 현재 거실의 바닥은 마루를 깔고 큰 의자를 두었으며, 침실과 작은 방은 온돌로 꾸몄다.

③ 창덕궁 돈화문, 1609년, 보물 제383호

돈화문은 창덕궁의 남쪽 정문으로서 중층 우진각 지붕의 다포양식 건물이다. 태종 12년(1412)에 건립되었으나 임진왜란 때 소실된 것을 광해군 즉위년(1608) 창덕궁과 함께 복구하였으며, 현재 남아 있는 서울 시내 목조건축물 가운데 가장 오래된 것에 속하며, 조선

중기 건축양식의 특색을 잘 보여준다(그림 3-48). 돈화문은 궁궐의 지형상 서남쪽 모서리에 위치되었으며, 공포는 상하층 모두 내삼출목, 외삼출목이고, 정면 5칸, 측면 2칸의 누문으로서, 좌우 협칸을 벽체로 막은 3문형식이다. 돈화라는 말은 중용에서 인용한 것으로 '공자의 덕을 크게는 임금의 덕에 비유할 수 있다'는 표현으로 여기에서는 의미가 확장되어 '임금이 큰 덕을 베풀어 백성들을 돈독하게 교화한다'는 뜻으로 쓰였다.

④ 창덕궁 희정당, 보물 제815호

희정당은 원래 내전에 속한 건물이었으나 조선 후기에 들어와 편전으로 사용되었으며, 현재의 건물은 1917년에 내전이 소실되어 경복궁의 강녕전을 헐어 복구한 것이다(그림 3-49). 「동궐도」에 보이는 희정당은 정면 5칸 규모의 건물이 높은 돌기둥 위에 서 있고 기단 서쪽 한 곳에는 아궁이가 보이며 건물 동쪽에는 연못이 있다. 현재의 건물은 정면 11칸, 측면 5칸 규모인데, 정면 9칸, 측면 3칸 주위로 퇴칸을 설치하여 통로로 사용토록 하였다. 정면 가운데 3칸의 주칸은 좌우의 주칸보다 넓고 우물마루를 깔아 전체를 튼 통칸으로 서양식 접객실로 만들었고, 서쪽 3칸도 통칸으로 만들어 회의실로 꾸몄으며 동쪽은 여러 개의 방으로 나누어져 있다.

그림 3-48 **창덕궁 돈화문**
그림 3-49 **창덕궁 희정당**

⑤ 창덕궁 낙선재, 보물 제1764호

낙선재는 창덕궁의 동남쪽과 창경궁이 연결되는 부근에 자리 잡고 있는데, 『궁궐지』에는

창경궁에 속한 건물로 기록되어 있다. 『승정
원일기』와 낙선재 상량문에는 1847년(헌종
13)에 낙선당 옛터에 건립되었다는 기록이 남
아 있다. 헌종이 새로 맞은 왕비와 거처할 목
적으로 세운 낙선재는 1926년 마지막 임금인
순종이 승하하자 순정효황후 윤비가 이곳에
서 여생을 보냈고, 영친왕과 그의 왕비 이방
자 여사도 이곳에서 생활하다가 1989년에 타
계하였다.

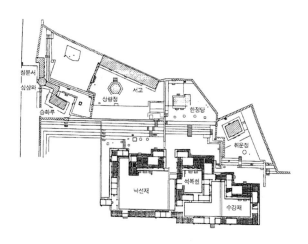

그림 3-50 **창덕궁 낙선대 일곽의 배치도**

    낙선재는 서쪽의 낙선재, 그 동쪽에 석복
헌(1848년 중수), 다시 그 동쪽으로 1820년대 이전에 건립된 것으로 추정되는 수강재(1848
년 중수) 등 세 영역으로 구성되는데, 이 건물들이 위치한 영역을 합하여 일반적으로 낙선재
라고 부른다(그림 3-50, 51, 52). 낙선재는 왕이, 석복헌은 왕비가, 수강재는 대비가 거처하던
곳으로서, 조선시대 궁궐의 침전건물에서 볼 수 있는 좌우대칭의 평면 형식에서 벗어나
온돌과 마루를 생활방식과 기능에 맞게 구성하는 당시 양반층 주택의 모습을 보인다. 낙선
재는 지세를 살려 건물들을 분산 배치시키고 건물과 정원의 조화가 매우 뛰어나며 세부장
식의 무늬들이 섬세한 19세기 상류주택의 전형적인 모습을 보여준다.

그림 3-51 **창덕궁 낙선재**
그림 3-52 **창덕궁 낙선재의 화계**

낙선재는 정문 장락문을 들어서면 마당 건너에 정면 6칸, 측면 2칸 규모로 세워져 있고 그 좌측에 서행각이 남행각과 연결되어 있다. 낙선재 맨 좌측에 1칸의 누마루가 기둥형 초석 위에 앞으로 돌출되어 있고, 누마루 뒤로 온돌방 1칸을 두고 그 우측으로 대청 2칸, 온돌방 2칸, 다락방 1칸을 배열하며, 다락방 배면에도 온돌방을 돌출되게 두었다. 2칸 대청과 온돌방 앞에는 툇마루를, 건물 뒤에 쪽마루를 깔아 이동이 편리하도록 하였다. 낙선재는 다양한 문양의 창호들이 설치되어 궁궐의 권위와 위엄을 잘 보여주는데, 특히 누마루와 뒤쪽 온돌방 사이의 만월문은 아름다움과 조형미가 매우 뛰어나다. 뒤쪽의 경사진 지형을 활용하여 아담한 여러 건물들을 배치한 낙선재는 다양한 외관과 창호 형식, 여러 장식 무늬들, 그리고 후원의 계단식 화단이 매우 뛰어났는데, 건물 세부에 장식된 박쥐나 포도송이 무늬, 길상문자는 다복과 다산, 부귀를 상징한다. 화계 위에는 세밀한 세부장식이 베풀어진 취운정, 한정당이 있으며, 그 외에 상량정, 칠분서, 삼삼와, 승화루와 그 일곽이 있다.

3) 창경궁, 사적 제123호

(1) 창경궁의 연혁

창경궁(昌慶宮)은 서쪽으로 창덕궁과 붙어 있고 남쪽으로 종묘와 통하는 곳에 위치하고 있다. 창경궁은 1418년 세종이 왕위에 오르면서 상왕인 태종을 모시기 위해 세운 수강궁[10]이 있었던 곳이다. 창경궁은 성종 13년(1482)에 수리도감을 설치하여 당시 생존해 있던 세조비 정희왕후 윤씨, 어머니인 덕종비 소혜왕후 한씨, 그리고 양모인 예종의 비 안순왕후 한씨 등 세 분을 모시기 위하여 수강궁을 확장하여 별궁으로 세운 것이다. 창경궁은 성종 15년(1484) 창건되어 명정전, 문정전, 환경전, 경춘전, 인양전, 통명전, 양화당, 여휘당, 사성각 등이 건축되었으며, 궁의 둘레는 4,325척이었다. 창경궁은 임진왜란으로 모두 불타버렸는데, 광해군 7년(1615) 4월에 명정전, 환경전 등 주요 건물들을 재건하기 시작하여 이듬해 11월에 마무리되었다. 임진왜란 이후 창덕궁이 먼저 재건되어 법궁이 됨에 따라 창덕궁과 인접되어 있는 창경궁은 조선왕조 역사의 중요한 무대로 여러 차례 등장한다.

창경궁은 화재가 잦아 여러 차례 건물이 소실, 재건되었으며 역사적 사건도 여러 가지 발생되었는데, 숙종 때 신사년의 변고와 경종 때 신임년(신축년과 임인년)의 사화, 영조 때 사도세자의 변고 등이 두드러지는 사건이다. 숙종은 총애하던 장희빈이 숙종의 계비

---

10 수강궁은 원래 고려 공민왕 5년(1356) 삼경의 하나인 남경의 궁실로 지어진 것이다.

민씨를 독살하는 등 많은 악행을 저지르자, 신사년(숙종 27년, 1701)에 장희빈을 처형하고 그의 일가를 숙청하였는데, 당시 장희빈은 주로 궁내의 취선당에 거처했었다. 경종 때 신축년(1721)과 임인년(1722)에는 동궁의 처소를 중심으로 하여 왕세자의 즉위를 둘러싼 노론과 소론의 대립으로 노론의 대신들이 죽임을 당한 사건이 발생되었다. 영조는 창경궁 선인문 안뜰에서 사도세자를 뒤주에 가두어 굶겨 죽게 하였다.

창경궁은 인조 2년 이괄의 난 등 여러 차례의 화재로 소실된 것을 순조 34년(1834)에 대대적으로 복원되었지만 일제 강점기에 결정적으로 훼손되었다. 1909년 일제는 전각들을 헐어내고 이 궁궐을 동물원과 식물원으로 만들면서, 권농장 자리에 춘당지라는 연못을 파고 연못가에 정자를 짓고 궁원을 일본식으로 변모시켰으며, 그 뒤쪽에는 식물관을 짓고 동쪽에 배양당을 세웠다. 일제는 1911년 자경전터에 2층 규모의 박물관을 건립하고 창경궁의 명칭을 '창경원'으로 격하시켰으며, 1912년 창경궁과 종묘로 이어지는 산줄기를 절단하고 도로를 설치하여 환경을 파괴하였고, 1915년 문정전 남서쪽 언덕 위에 장서각을 건립하고, 1922년 벚꽃을 수천 그루 심어 1924년부터 밤 벚꽃놀이를 시작하였다.

창경궁은 해방 후 1981년 창경궁 복원계획이 결정되면서 원형을 되찾기 시작하여 1983년 명칭도 창경원에서 창경궁으로 회복되었으며, 1984년 이래 비로소 궁궐복원을 위한 발굴 및 중창 공사가 연차적으로 이루어져 창경궁 본래의 모습을 찾기 시작하였다. 동물원과 식물원 관련 시설 및 일본식 건물을 철거하고 없어졌던 명정전에서 명정문 사이 좌우 회랑과 문정전을 옛 모습대로 회복하여 현재는 명정전, 통명전, 홍화문, 숭문당, 함인정, 환경전, 경춘전, 양화당, 집복헌, 영춘헌, 관덕정, 월관문, 선인문, 명정문과 명정전 회랑 등이 있고, 석조물로는 옥천교, 풍기대, 관천대, 창경궁 내 팔각 칠층석탑이 있다.

(2) 창경궁의 배치

성종은 할머니뻘 되는 세 분의 대비를 위한 처소를 조성하였는데, 왕대비는 왕의 침전 동쪽에 모셔야 된다는 예의에 따라 창덕궁과 담을 잇대어 동쪽에 자리 잡아 창경궁을 건립하였다. 창경궁은 현존하는 궁궐 중 가장 오래된 궁궐이며, 정전인 명정전을 비롯한 주요 건물들이 동향을 하며 중심축인 동서축보다 남북축이 더욱 길게 되어 있는 독특한 배치를 보여 준다. 정전이 동향을 한 것은 이 궁궐이 별궁으로 조성되었고, 지형상으로도 동향이 적합하였기 때문인 듯하다. 창경궁의 중심 건물인 홍화문-명정문-명정전은 중심축에 맞추어졌지만 지형을 살려 배치하였기 때문에 좌우대칭이 반듯하게 이루어지지는 않았고,

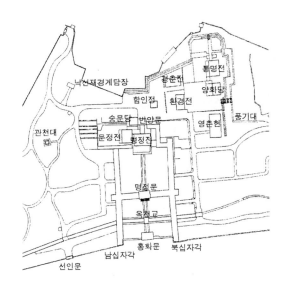

그림 3-53 **창경궁 중심곽의 배치도**

주변 행각도 이에 맞추어 약간 틀어져 있다. 전각 배치는 뚜렷하지는 않지만 대체적으로 앞쪽으로 외전이, 뒤쪽에 내전이 놓이는 배치를 보이고 있다(그림 3-53).

동쪽 궁성 중앙부에 중층 누문으로 좌우에 익각이 있는 정문 홍화문을 들어서 옥천교를 건너면 명정문에 이르게 되고, 명정문 좌우로는 장랑이 남북방향으로 길게 놓여 동서 방향의 회랑과 이어지고 있다. 명정문을 들어서면 동향한 명정전과 그 앞마당이 펼쳐지며 정무공간을 이루고 있다. 창경궁은 경복궁의 흥례문, 창덕궁의 진선문에 해당하는 문이 없이 홍화문에서 바로 명정문으로 들

어가도록 구성된 점에서 다른 궁궐에 비해 규모가 작고 격식도 떨어진다. 동궐도에서 보면 원래 홍화문 좌우에 행랑이 남북으로 있었고 이 행랑이 서쪽으로 꺾여 명정문의 좌우 회랑과 만나게 되어 있었다. 홍화문은 창경궁의 정문이며, 정면 3칸, 측면 2칸의 중층 우진각지붕으로 동쪽을 향해 있으며, 서북쪽 모서리에 계단이 있어서 오르내릴 수 있다.

왕의 집무처인 문정전은 명정전의 오른쪽으로 남향하여 명정전과 직교하며 서 있고, 그 뒤쪽에는 왕이 태학생들을 접견하여 주연을 베풀었던 숭문당이 있다. 숭문당 밖으로는 내전의 전각들이 전개되고, 숭문당의 서북쪽으로 함인정이 있고, 그 좌우의 담 뒤편으로 환경전, 경춘전 등의 침전이 있고, 그 북쪽으로 내전의 정전인 통명전이 있다. 정자인 함인정은 정면 3칸, 측면 3칸의 정사각형 평면 건물로 이익공의 간결한 구조가 돋보인다. 환경전에서 통명전에 이르는 일대는 왕과 왕비가 기거하던 공간으로, 다른 공간에 비해 상대적으로 격식이 높게 잘 다듬어져 있으며, 그 뒤편에는 밝고 높은 언덕에 후원이 조성되어 멀리 성 밖의 시가지와 남산 등을 바라볼 수 있다.

(3) 주요 건축물

① 창경궁 명정전, 1616년, 국보 제226호

명정전은 창경궁의 정전으로 성종 15년(1484)에 지어졌고 임진왜란 때 불에 탄 것을 광해군 8년(1616)에 다시 지었으며, 현존하는 궁궐의 정전 중 가장 오래된 목조 건물이다.

명정전은 정치를 밝히는 곳이란 뜻이며, 특이하게 동향을 하고 있다. 2단의 월대 위에 정면 5칸, 측면 3칸 규모의 다포식 팔작지붕의 단층 건물로, 기둥 위의 장식적인 짜임은 매우 견실하고 힘차며 균형이 잡혀 있어 조선 전기의 양식을 잘 보여주고 있다(그림 3-54). 명정전은 건물 뒤쪽에 퇴칸 형식의 월랑을 두었으며, 건물 내부의 앞쪽으로 고주를 세우고 뒷부분 기둥을 모두 생략하였으며, 정면 양 협칸의 벽면 하부를 전벽돌로 쌓

그림 3-54 **창경궁 명정전**

은 점 등이 특이하다. 장대석으로 쌓은 월대 중앙에 돌계단을 두었고 돌계단 가운데에 봉황을 새긴 답도를 배치하였으며, 계단 앞에는 24개의 품계석이 놓여 있다. 내부 바닥에는 벽돌을 깔았고 어좌 뒤로 해와 달, 5개의 봉우리가 그려진 일월오악도 병풍을 설치하였으며 우물천장 가운데 보개천장을 마련하였다.

명정전은 뒤쪽 터가 높게 경사져 있어서 뒤쪽을 제외한 세 면에 경사지에 맞추어 월대를 조성하였고 지세의 흐름에 맞추어 앉혀졌기 때문에 정문인 명정문의 중심과 축이 일치하지 않는다. 명정문은 홍화문과 같이 동향을 하였지만 명정전으로 이어지는 동서 중심축선상에 정확하게 놓이지 않고, 남쪽으로 약 1.2m 벗어나 있다. 문의 좌우에 연결된 동행각이 명정문에 맞추어 배치되어서 행각으로 둘러싸인 명정전 앞뜰은 약간 기울어진 사각형 모습을 하고 있다.

② 창경궁 통명전, 보물 제818호

통명전은 왕궁의 생활공간인 내전을 이루는 전각 중에서 가장 상징적이고 규모가 크며 왕비와 대비가 거주하며 연회를 베풀던 건물로서, 성종 15년(1484)에 지어졌고 전란 등으로 여러 차례 소실과 복구를 반복하여 현재 건물은 순조 34년(1834) 중건되었다(그림 3-55). 정면 마당에 박석을 깔았고 월대를 구성하고 전각을 남향으로 올렸는데, 정면 7칸, 측면 4칸, 단층 2익공계 팔작

그림 3-55 **창경궁 통명전**

지붕이고 처마는 겹처마이며 용마루가 없는 것이 특징이다. 정면 5칸, 측면 2칸을 감싸며 퇴칸이 설치되었고, 정면 중앙의 3칸은 개방되었으며 퇴칸에 마루를 깔고 기둥 사이에는 4분합의 광창과 문짝을 설치하였다. 통명전의 서쪽에는 돌난간을 둘러쌓은 연지가 조성되고 그 위에 돌다리가 놓여졌는데, 연못은 남북길이 12.8m, 동서 길이 5.2m의 직사각형이며, 연못 위에는 길이 5.94m, 폭 2.56m의 간결한 돌다리가 동서로 놓여 있다. 이 연못은 북쪽으로 약 4.6m 떨어진 샘에서 넘쳐나는 물이 직선으로 설치한 석구를 통해 폭포로 떨어지도록 고안된 매우 창의적이고 아름다운 곳이다. 통명전 북쪽으로 여러 단의 장대석 석축단이 화계를 만들고 그 밑에는 어천인 열천을 두며 아담하고 정감어린 정원을 꾸몄고 언덕 위에는 환취정이 있다.

4) 덕수궁, 사적 제124호

(1) 덕수궁의 연혁

이 궁궐은 본래 경운궁이었으나 고종이 순종에게 양위를 하고(1907) 이 궁에 거처하면서 덕수궁으로 개명되었다. 경운궁이 자리한 터는 원래 월산대군의 개인 저택이었는데, 월산대군은 세조의 장남으로 18세에 죽은 의경세자 도원군(시호는 덕종)의 큰아들, 곧 세조의 큰 손자이다. 이 자리는 의경세자가 죽은 뒤 그의 묘를 세우고 그 옆에 왕세자빈인 인수대비 한씨와 두 아들이 함께 살던 집이 있던 곳으로, 의경세자의 둘째 아들인 잘산군 혈이 성종으로 등극하였고 성종이 그의 형인 월산대군 정(1454~1488)에게 이 집을 하사하고 아버지 의경세자의 묘에 제사 지내게 하였다.

임진왜란 때 의주까지 피난하였다가 돌아온 후 선조가 궁궐이 모두 소실되어 왕실의 개인 저택 중에서 가장 규모가 컸던 이곳을 임시 거처로 삼았으므로 이 궁은 정릉동 행궁 또는 시어소라고도 불렸다. 이때 규모가 좁아서 인근에 있던 계림군의 집을 포함시키고 청양군 심의겸(1535~1587)의 저택을 동궁으로, 영상 심연원의 집을 종묘로 하여 궁내로 편입시키고 정릉동행궁이라 부른 것이 후일 경운궁이 조성되는 계기가 되었다. 선조는 이후 죽을 때까지 16년 동안 이곳에 거처하면서 정무를 총괄하였고 궁의 영역을 확장하였는데, 이때의 정전은 나중에 즉조당이라 하였고 정침은 석어당이라 하였다.

광해군은 정릉동행궁의 서청에서 즉위하였고 즉위 직후 잠시 창덕궁으로 거처를 옮긴 다음 즉위 3년인 1611년 행궁을 경운궁으로 고쳐 부르게 하고, 경운궁으로 돌아와 왕궁으로 사용하였다. 광해군은 1615년 다시 창덕궁으로 옮기면서 이곳에는 선조의 계비인 인목대비만 거처하게 하였고, 광해군 10년(1618)에는 광해군이 인목대비의 존호를 폐지하고 유폐시키면서 경운궁을 서궁이라 낮추어 부르기도 하였다. 광해군 15년(1623) 3월 서인 이귀, 최명길 등이 선조의 손자인 능양군을 왕으로 추대하는 인조반정이 일어나서 인목대비의 명으로 광해군이 폐위되고, 선조의 손자인 능양군이 경운궁의 즉조당에서 즉위(인조)하였는데, 인조는 즉위 원년인 1623년 선조가 거처하던 침전인 즉조당과 석어당만 제외하고 경운궁을 월산대군 집안에 돌려주어 이 궁궐은 다시 빈 궁궐로 남게 되었다.

경운궁이 왕궁으로 다시 사용된 것은 1895년 을미사변으로 명성황후 민씨가 왜인들에게 시해되자 고종이 이듬해 아관파천하여 황태후와 황태자비의 거처를 러시아 공사관 옆에 있던 경운궁으로 옮긴 후 1897년 고종도 러시아 공사관에서 경운궁으로 돌아오면서부터이다. 고종이 말년에 거처를 이곳으로 옮기면서 궁궐로서의 모습을 갖추기 시작하였는데, 궁궐을 다시 경운궁이라 하고 인화문, 중층의 정전인 중화전, 관명전 등을 건립하였다. 이때를 전후하여 궁내에는 많은 건물들이 지어졌고 일부는 서양식을 따르기도 하였다. 고종은 선원전, 함녕전, 보문각, 사성당 등을 조영하여 왕궁의 면모를 갖추고 궁궐의 영역도 넓혔으며, 1900년인 광무 4년 1월에는 궁담을 쌓았다. 그러나 1904년 4월에 큰 화재가 나서 함녕전·중화전·즉조당·석어당과 행각 건물들이 모두 불타버렸고, 이후 중화전, 함녕전, 즉조당, 석어당만 복구되고 인화문을 대한문으로 개명하였다. 이때 경운궁의 외곽에 있던 가정당·돈덕전·구성헌 등은 화재를 모면하였다. 돈덕전은 1901년 건립된 2층 양관 건물로, 1907년 8월 순종이 이곳에서 즉위하였는데 지금은 사라지고 없다. 현재 덕수궁 경내에는 정전이었던 중화전, 정전 정문인 중화문, 편전이었던 함녕전, 덕홍전, 침전이었던 즉조당, 석어당, 그리고 광명문, 준명당, 대한문 등이 있고, 구한말에 지어진 석조전, 정관헌 등 서양식 건물들도 있다. 1909년에는 근대건물인 석조전이 영국인 하딩(G. R. Harding)의 설계로 건립되었다. 경운궁이 덕수궁으로 불리게 된 것은 1907년 고종이 순종에게 양위한 뒤 이곳에 거처하면서부터로, 고종의 장수를 비는 뜻에서 덕수궁이라 불리게 되었다.[11]

....

11 덕수궁이란 이름의 궁은 조선 초에도 있었는데, 정종이 개성으로 옮겨가면서 아버지인 태조를 위해 개성에 세운 것이 덕수궁이었고, 태종이 다시 한양으로 돌아와 태조를 위해 창경궁 일대에 다시 덕수궁을 지었다. 조선 왕조에는 임금의 아버지, 곧 선왕이 살아 있는 동안에 왕위가 이양되면 태조의 궁인 덕수궁, 태종의 궁인 수강궁, 고종의 궁인 덕수궁처럼 선왕이 계시는 궁은 '수(壽)' 자를 붙였다.

(2) 덕수궁의 배치

경운궁은 남북 중심축상에 정전인 중화전과 중화문, 석어당, 즉조당 등이 있으나, 원래 왕족의 사저로 쓰이던 것을 궁으로 개조하였고 임진왜란 이후 임시궁궐로 사용되었기 때문에 배치가 산만한 느낌을 준다. 또한 덕수궁은 여러 차례 화재로 소실되고 재건되며 조선 말기에 많은 양식의 건축물이 세워져 본래의 상태를 추정하기가 곤란하다.

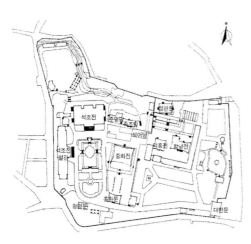

그림 3-56 덕수궁 배치도

덕수궁의 건물 배치는 궁궐의 중심인 정전과 침전이 있는 구역, 선원전이 있던 구역, 그리고 서양식 건물인 준명전이 있는 구역 등 크게 세 구역으로 나뉜다(그림 3-56). 궁의 중심이 되는 곳은 정전과 침전이 있는 곳으로, 정전인 중화전이 남향하여 있고 정남쪽에 중화문, 그 남쪽에 정문인 인화문, 동쪽에 대안문, 북쪽에 생양문, 서쪽에 평성문 등이 있었다. 원래 경운궁에의 정문은 덕수궁 남쪽 중화문 건너편에 남향하고 있던 인화문이었으나 1904년에 일어난 화재로 1906년 중화전 등을 재건하면서 동쪽의 대안문을 대한문으로 고치고 궁의 정문으로 삼았

다. 이에 따라 궁으로의 진입은 동쪽 모퉁이에서 시작되어 서쪽을 보고 들어가다가 다시 동쪽으로 꺾여 정전에 이르게 되었다. 동향하고 있는 현재의 대한문은 잦은 도로 확장 등으로 위치가 수차례 궁궐 안으로 옮겨졌으며, 정면 3칸, 측면 2칸 규모로 경희궁의 정문인 흥화문과 함께 단층이다.

정전인 중화전은 2단으로 조성된 월대 위에 세워진 정면 5칸, 측면 4칸 규모의 중층 건물로 광무 6년(1902)에 건립되었으나 1904년에 화재 이후 재건되면서 단층 건물이 되었다. 중화전과 함께 재건된 중화문은 덕수궁의 중문이자 중화전의 정문으로서, 당초에는 중층 건물이었으나 1906년 재건될 때 정면 3칸에 측면 2칸 규모인 단층 팔작지붕 건물로 지어졌다. 중화전 뒤편에는 석어당, 즉조당, 준명당이 동서로 서 있고, 동편 뒤에는 침전인 함녕전이 있고, 함녕전의 서쪽에 덕홍전, 북쪽에 서양식 건물인 정관헌, 동북쪽에는 수인당, 동쪽에 영복당이 있었으나 지금은 소실되고 없다. 중화전의 서북쪽에도 광명전, 보문각 등 중요한 건물들이 있었으나 지금은 석조전과 석조전 별관만이 남아 있다. 중화문 서남쪽에 위치한 광명문은 황제의 정침인 함녕전의 정문이었는데, 일제 강점기에 현재의 위치로 옮겨와 그 안에 보루각의 자격루와 흥천사의 종을 전시하고 있다.

즉조당은 원래 경운궁 정전이었는데, 창건 연대는 정확히 알 수 없으나 1608년에 광해군이 이곳에서 즉위하였다. 현재의 건물은 고종 광무 8년(1904)에 화재로 소실된 이후 같은 해에 중건한 것으로, 정면 7칸, 측면 4칸의 팔작지붕 건물이며, 고종은 1897년 경운궁으로 옮겨온 뒤 1902년 중화전이 건립될 때까지 즉조당을 정전으로 사용하였다. 즉조당은 고종이 덕수궁에 거처할 때 후비인 엄비(1854~1911)가 순종 융희 원년인 1907년부터 1911년 7월 승하할 때까지 거처하였다.

준명당은 1897년에 새로 지은 내전의 하나로 정면 6칸, 측면 4칸의 팔작지붕 건물이며, 한때 고종이 거처하며 외국 사신을 접견하던 곳으로, 현재의 건물은 1904년 불이 나 타버린 뒤에 즉조당과 함께 재건되었다. 덕홍전은 1911년에 건립된 덕수궁 내 현존 전각 중에 가장 나중에 세워진 전각으로, 함녕전 서쪽에 위치하고 있으며 정면 3칸, 측면 4칸의 팔작지붕 건물이다. 평성문 밖 지금 미국대사관 서쪽에는 2층 서양식 건물로 접견실 또는 연회장으로 사용하던 중명전이 있었고, 그 북쪽에 만희당, 흠문각, 서쪽에 양복당, 경효전 등이 있었다. 선원전이 있던 지금의 덕수초등학교와 옛 경기여자중고등학교 일대에는 선원전 외에 사성당, 흥덕전, 흥복전, 의효전이 있었다.

중화전 서북쪽에 위치한 석조전은 정면 54m, 너비 31m의 장대한 3층 높이의 서양식 석조건물이다. 이 건물과 서관이 들어서고 그 앞에 서양식 연못이 조성되면서부터 고유한 건축 구성에 많은 변화가 생겼다. 석조전은 영국인 하딩(G. R. Harding)이 설계하고 1900년에 착공하여 1910년에 완공되었으며, 1층이 신하들의 거실로, 2층이 왕의 접견실과 홀로, 3층이 황제와 황후의 침실과 응접실로 사용되었다. 정관헌은 서양식 정자로 1900년경에 건립되었으며 고종이 다과를 들고 음악을 감상하던 곳이며, 조적식 벽체에 석조 기둥을 세우고 건물 밖으로 가는 목조 기둥을 둘러 퇴를 두르듯이 처리하였다.

(3) 주요 건축물

① 덕수궁 중화전, 1906년, 보물 제819호

중화전은 덕수궁의 정전으로서 고종이 대한제국의 황제가 되면서 광무 6년(1902) 중층 건물로 지었던 것을 화재로 소실된 이후 1906년 단층으로 재건되었다. 중화전은 앞마당에 품계석이 어도 좌우로 배열되어 있고 2중의 넓은 월대 위에 정면 5칸, 측면 4칸의 규모로 된 내4출목, 외3출목의 다포계 팔작지붕의 건물이다(그림 3-57). 내부 중앙 뒤쪽에 어좌가

그림 3-57 덕수궁 중화전

놓여 있고 그 뒤에 일월오봉도 병풍이 있으며 그 위에 보개천장을 설치하였고 바닥은 전돌을 깔았다. 전면과 후면 어칸에는 사분합 꽃살문, 어칸 좌우 한칸과 양측면 남쪽 두 번째 칸에는 삼분합 꽃살문, 나머지 칸에는 삼분합 꽃살창을 설치하였으며, 상부에는 모두 빛살 광창을 설치하였다. 원래 중화전 영역 주위에는 직사각형으로 2칸 폭의 행랑이 둘러 있었으나 일제 강점기에 모두 철거되고, 현재는 동남부 모퉁이의 7칸만 남아 있다.

② 덕수궁 석어당, 1908년

석어당은 궁궐 내에서 유일한 2층 전각으로, 본래 이 건물은 한때 인목대비가 유폐되었던 곳이자 역대 국왕들이 임진왜란 때의 어려움을 회상하며 선조를 추모하였던 곳이다. 석어당은 선조 26년(1593)에 창건되었으나 현 건물은 1904년 화재로 소실된 것을 같은 해에 중건한 것이다(그림 3-58). 덕수궁의 유일한 목조 중층 건물로 선조가 임진왜란 중 피난하였다 환도한 후 이곳에서 거처하였던 건물로, 단청을 하지 않은 '백골집'이며 아래층은 정면 8칸, 측면 3칸이고, 내부 서쪽에 설치된 계단을 통해서 올라가는 상층은 정면 6칸, 측면 1칸으로 겹처마에 팔작지붕의 익공양식을 하고 있다. 정면의 가운데 2칸은 툇마루를 깔고 뒷면 역시 쪽마루를 두었으며 기둥은 사각기둥을 사용하고 우물마루를 깔았다. '옛날에 임금이 머물던 집'이란 뜻의 석어당은 궁궐 안의 건물임에도 불구하고 단청을 하지 않아 가식이 없으며 검소하고 소박하여 친근감을 준다.

그림 3-58 덕수궁 석어당

③ 덕수궁 함녕전, 보물 제820호

함녕전은 현재의 정문인 대한문을 들어서서 오른쪽으로 보이는 행각 안에 남향하여 앉은 건물로서, 함녕전과 덕홍전의 동·서·남 세 면에는 행각과 담장으로 영역을 구획하였고 뒤편 약간 높은 경사지에는 후원을 조성하였다. 건물 뒤편으로는 굴뚝이 경복궁 아미산처럼 조산의 가운데에 자리하고 있다. 함녕전은 고종의 침전이었고, 서쪽에 있는 덕홍전은 임금이 평상시에 사용하며 귀빈을 접견하던 편전이었다. 함녕전은 광무 8년(1904) 불에 타버린 후 같은 해 12월 재건되었다.

그림 3-59 **덕수궁 함녕전**

함녕전은 'ㄴ'자형 평면을 하였으며, 몸채는 정면 9칸, 측면 4칸의 규모이고, 서쪽 뒤편으로 4칸이 덧붙여 있다(그림 3-59). 몸채는 중앙에 대청을 두고, 이 좌우에 온돌방, 또 그 옆으로 누마루를 두었는데, 동쪽은 고종의 침실, 서쪽은 내전 침실이었다. 기단 위에 전돌을 깔고 사각 주춧돌을 놓은 다음 사각기둥을 세워 벽체를 구성했으며, 외벽은 띠살창호를 달았다. 함녕전은 기둥 윗몸으로부터 초각된 부재를 놓아 끝머리가 초각된 보머리를 받치게 한 몰익공 건물로서, 처마는 겹처마이고, 팔작지붕의 각 마루는 양성을 하고, 취두와 용두, 잡상으로 장식하였다.

5) 경희궁, 사적 제271호

(1) 경희궁의 연혁

경희궁은 광해군 9년(1617) 창건될 당시 경덕궁으로 불리던 이궁이었으나 영조 36년 (1760)에 경희궁으로 이름이 바뀌었고, 경복궁의 서쪽에 위치하여 서궐이라고 불렸으며 이 외에도 새문안대궐, 야주개대궐, 새문동대궐 등으로도 불렸다. 효종부터 철종에 이르기까지 10여 명의 임금이 이곳을 궁궐로 사용하였으며, 특히 현종과 숙종은 이 궁궐에서 한평생 정사를 다스렸다.

경덕궁이 세워진 터는 인조의 아버지인 원종(정원군)의 주택이 있던 곳이다. 광해군은 임진왜란 이후 재건된 창덕궁으로 들어가기를 꺼려 인왕산 아래에 새 궁궐인 인경궁을 짓다가, 광해군의 형이며 이조의 아버지인 정원군(원종)의 집 근처인 색문동에 왕기가 서려 있다는 말에 따라 이곳의 왕기를 제압하려고 광해군 9년(1617)에 이곳 일대에 있던 수백 호의 여염집을 강제로 이주시키고 인경궁, 인수궁, 경덕궁 등 세 곳의 궁궐을 새로 지어

1617~1620년 사이에 대부분 건립하였다. 하지만 광해군은 인조반정으로 1623년 폐위되어서 경덕궁을 사용하지 못하였고, 인조 즉위 후에 창덕궁이 소실되고 이괄의 난으로 창경궁도 불이 나서 이 궁궐로 이어하였다.

영조는 재위 기간의 후반기를 이 궁궐에서 보냈으며, 1760년에 경종의 무덤인 장릉의 시호인 경덕과 경덕궁의 음이 같다는 이유로 경덕궁을 경희궁으로 바꾸었다. 경희궁은 순조 29년(1829) 10월 화재로 인하여 전각 대부분이 소실된 것을 1831년에 중건하였으나, 일제 강점기에 많은 전각들이 헐리거나 옮겨져 원형을 잃어버리게 되었다. 일제 강점기인 1908년에 궁궐의 서쪽에 일본인 통감부 중학교가 세워지고, 1915년 경성중학교가 들어서며 1925년에는 전매국관사로 궁궐의 동쪽이 분할되었다. 1926년부터 이루어진 주요 건물의 이전으로 인해 건물들이 철거되거나 이전되며 궁터가 줄어들며 경희궁은 원래의 모습이 완전히 사라져 버렸다. 정전인 숭정전은 일본의 한 불교종파인 조동종의 조계사 본전으로 사용하기 위해 1926년 남산 기슭으로 이건되었다가 지금은 정각원이라는 이름으로 동국대학교의 법당으로 사용되고 있다. 흥정당은 1928년 광운사로 이건되었으며, 관사대는 사직단 뒤로 이건되어 현재 황학정으로 쓰이고 있다. 흥화문은 1932년에 박문사[12]의 문으로, 이후 신라호텔 정문으로 사용되다가 1988년 지금의 위치로 다시 옮겨졌다. 조선시대의 왕궁 가운데 가장 피해가 크고 완전히 훼손된 경희궁은 최근 부분적인 발굴조사와 복원사업이 시행되어 정문인 흥화문, 정전인 숭정전이 복원되었으며, 나머지 건물들도 복원을 추진하고 있다.

(2) 경희궁의 배치와 구성

경희궁의 규모와 배치는 궁궐의 원형이 많이 훼손되었지만 정조 때 편찬된『경희궁지』를 통해 대략 알 수 있다. 경희궁은 다른 궁궐에 비해 규모는 작지만 높은 지대에 전각을 세웠고 궁성의 둘레는 총 1,100보로 6,600자였으며 사방에 5개소에 문이 있었으며, 정문은 동북 모서리에 있다. 경희궁을 구성하는 전각들은『궁궐지』,「서궐도안」,『서궐영건도감의궤』 등의 자료와 유구를 통하여 알 수 있는데, 흥화문과 숭정문은 궁궐의 내외 출입문을 형성하였고, 정전인 숭정전을 비롯하여 융복전, 회상전, 흥정당, 자정전, 장락전, 집경전, 만학정 등 100여 동의 크고 작은 건물들이 있었다. 이러한 건물들은 복잡한 기능을 굴곡이 있는 지형에 맞추면서 지세를 따라 유연하게 어울리게 만들어졌다.

----

12 박문사는 안중근 의사에 의해 포살된 이토 히로부미를 위해 일제가 지은 사당이었으나 1945년 광복과 더불어 폐사되었다.

『궁궐지』에 따르면 건물의 배치는 외전과 내전이 좌우에 나란히 놓이고 전체적으로 동향을 하고 있으며, 궁의 정문인 흥화문은 오른쪽 모퉁이에 위치되어 있다. 외전에 있어서 정전인 숭정전은 궁의 서쪽에 동향하였고 주위는 행각으로 둘러싸고 사방에 문을 두었으며, 그 뒤에는 편전인 자정전이 회랑으로 둘러싸여 있고, 주변에 수어소인 태령전이 있다. 숭정전의 오른편, 즉 북쪽으로는 왕이 신료들을 접견하고 강연을 여는 곳인 흥정당이 있고, 주변에 왕이 독서하는 곳으로 존현각, 석음각이 있다. 내전은 외전을 구성하는 중심 전각들의 우편에 있는데, 그 정침이 왕후의 침전인 회상전이고, 그 서쪽에 융복전, 동서에 별실이 있고 주변에 연못과 죽정이 있다. 융복전의 동편에는 대비가 생활하는 장락전이 있고, 침전 뒤쪽에는 후원을 두고 용비, 봉상이라는 많은 누각과 연못이 있으며 동편에 연회장소인 광명전이 있다(그림 3-60).

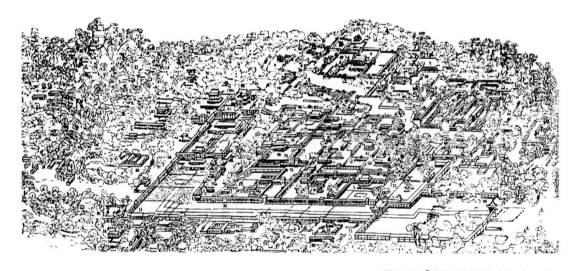

그림 3-60 「서궐도안」(19세기 초기) 모사도

　　이상과 같이 경희궁의 배치형태와 공간구성은 다른 궁궐과 다른데, 정전인 숭정전 영역이 서쪽에, 침전인 융복전과 회상전 영역이 동쪽에 나란히 놓여 있으며, 정문인 흥화문은 궁궐의 남쪽에 있지 않고 동남쪽 모퉁이에 위치하고 있으므로, 정문에서 내전으로 진입하는 길은 침전 앞을 지난 다음 북으로 꺾어 정전으로 들어가게 되어 있다. 경희궁에는 숭정전, 융복전, 집경당, 흥정당, 회상전, 흥화문 등 수많은 전각들이 들어서 있었으나, 대부분의 건물이 사라지고 일부는 다른 곳에 이건되어 지금까지 건물이 남아 있는 것도 있다. 현존하는 건물을 보면 정전인 숭정전의 정문인 흥화문, 후원의 정자였던 황학정 등이 있다.

숭정전(서울특별시 유형문화재 제20호)은 1926년 조계사에 매각되어 현재 동국대학교 구내에 정각원으로 있는데, 2중 월대 위에 정면 5칸, 측면 4칸의 단층 팔작지붕을 한 주심포 양식의 건물이다. 1618년에 창건된 이래 건물 자체가 재해를 입은 일은 없었으므로, 조선 중기 건축양식을 간직한 것으로 볼 수 있다. 공포는 외부 이출목이고, 내부는 양봉 형식으로 보를 받치고 있으며, 주칸에 화반이 있어 장여를 받쳤다. 현재 경희궁 터에는 1994년 숭정전이 주변 행각과 함께 새 건물로 지어져 복원되었다.

흥화문(서울특별시 유형문화재 제19호)은 역시 1618년에 세워진 건물로 창건 때의 건물이 그대로 보존되어 왔으나, 1932년에 이전되어 일본인 절인 박문사의 산문으로 쓰이다가 장충동 영빈관 정문으로 사용되었으나 1988년 장충동 신라호텔에서 본래 위치로 이건하였다. 흥화문은 정면 3칸, 측면 2칸의 단층 우진각지붕 건물로서, 원래 경희궁터의 동남쪽 금천교 밖, 지금의 구세군회관 자리에 동향하고 있던 경덕궁 정문이었는데, 처음과 다르게 지금 위치에 남향하여 세워졌다. 원래 경희궁에는 동문인 흥화문 외에 흥화문 왼쪽에 흥원문, 오른쪽에 개양문, 서쪽에 숭의문, 북쪽에 무덕문이 있었다. 황학정은 고종 27년(1890) 회상전의 북쪽에 지었던 정자로, 1923년 민간인에 매각되었다가 현재는 서울특별시 종로구 사직동의 사직공원 뒤편 등과정 터로 이건되었다. 경희궁의 정전인 숭정전 뒤에는 후전인 자정전이 있으며, 자정전의 서남쪽이자 숭정전의 서북쪽이 되는 곳에는 태녕전이 정면 5칸, 측면 2칸 규모의 건물로 2000년 재건되었다.

3.4 관아건축

관아는 국가의 통치를 수행하기 위하여 임명된 관원들이 모여 나라의 일을 돌보던 곳으로서 시대에 따라 여러 가지로 불렀다. 관아건축은 일반적으로는 공서(公署), 공아(公衙), 관서(官署), 관사(官司), 관청 등으로도 불리며, 넓은 의미로는 궁실을 제외한 국사를 수행하는 모든 곳, 좁은 의미로는 지방에 파견된 관리가 집무를 보던 곳을 가리키며, 순수한 우리말로 '마을'이라고도 불렸다. 조선시대에 관아는 지방행정기구의 청사가 위치한 마을로 읍치라고도 불렸는데, 수령의 정청인 동헌, 국왕의 위패를 모시는 객사, 좌수와 별감이 있는 향청, 아전들의 근무처인 질청, 기생과 노비들이 사용하는 관노청, 군사를 관장하는 군기청이 포함되었다.

관아건축은 지배계급과 피지배계급이 발생되어 통치가 이루어진 성읍국가 시기부터 시작되었다고 할 수 있지만, 당시의 건축물은 유구나 기록이 없어 그 내용을 알 수 없지만 원시적 단계의 건축이었을 것으로 추측된다. 관아건축에 대해 문헌으로 확실히 알 수 있는 것은 삼국시대부터로, 『삼국사기』 신라본기 권2 흘해이사금 41조의 "4월에 열흘 동안 폭우가 내려 평지에 괸 물이 서너 자나 되어 관가와 민가가 파괴되고 산이 열세 군데나 무너졌다 (夏四月 大雨浹旬 平地水三四尺 漂沒官私屋舍 山崩十三所)."라는 기록에서 관사옥사(官私屋舍), 곧 관아와 민가를 엿볼 수 있다. 삼국이 정립되면서 왕권과 지배계급의 변천에 따라 관아건축물은 점차 발전되어 입지와 배치에서부터 세부구성에 이르기까지 변화되었을 것으로 추정된다. 삼국의 관료직제가 이루어짐에 따라서 이에 해당되는 여러 관아들이 설립되었으며, 중국문헌인 『구당서』 권199 상열전 권149 고려조에 "… 사찰·신묘·왕궁·관부만이 기와를 사용하였다. … (… 唯佛寺神廟及王宮官府乃用瓦 …)."라는 기록에서 관아는 왕궁·신묘와 더불어 기와지붕을 덮고 있었음을 알 수 있다. 오늘날 현존하는 관아건축은 대부분 조선시대의 건물이며 그 이전의 관아건축은 자료나 사료가 빈약하여 정확한 내용을 파악하기 어렵다.

1. 고려의 관아조직과 건축

고려의 중앙정치제도는 성종 때 마련된 3성 6부의 중앙정부조직, 곧 중서성, 문하성, 상서성의 3성과 이부, 병부, 호부, 형부, 예부, 공부의 6부를 기간으로 하여 국사를 다스렸다. 이 외에도 추부라고 불리는 주요정치기구인 중추원, 국가 전곡의 출납과 회계를 관장하던 삼사, 어사대를 채용하고 독자적인 필요에 의해 도병마사와 식목도감 등의 합좌 기구를 마련해놓았다. 중서성과 문하성을 합하여 중서문하성이라는 단일 기구를 이루어 최고 정무기관으로 재부라 일컬어졌고 상서성은 중서문하성에서 결정된 정책을 실행하는 실무기관으로서 그 아래에 6부가 예속되었다.

지방제도는 군현제도를 기간으로 해서 중앙에서 외관을 파견하는 중앙집권적 체제를 이루고 있었다. 건국 초기에는 지방에 수령이 파견되지 못하였지만 성종 때 지방관을 설치하게 되는데, 983년 12목의 설치를 시초로 지방에 외관을 파견하였다. 중기부터는 현종 3년 (1012) 중앙정부와 군현 사이의 중간 기구로 5도, 양계를 설치하며 양계에는 병마사를, 5도에는 안찰사를 파견하였는데, 남부지방을 양광도, 경상도, 전라도, 교주도, 서해도의 5도로, 북부지방을 동계, 북계의 양계로 나누고, 그 아래에 개경, 서경, 남경의 3경과 4도호부, 8목을 비롯해 군, 현, 진을 설치하였다. 도호부는 군사적 방비의 중심지 역할을 하던 안북, 안변, 안남, 안서이고, 지방행정 중심의 8목은 나주목, 진주목, 전주목, 청주목, 충주목, 광주목, 황주목, 상주목 등이었으며, 군현에는 그곳 지방 출신이 호장, 부호장 등 향리에 임명되어 수령 밑에서 백성을 다스렸다. 지방행정 중심의 8목 도시들은 경제활동의 활발한 중심지라기보다는 중앙의 왕명을 수행하는 행정도시의 역할을 하였던 것으로 생각되어 인구면이나 문화중심지로서의 역할은 크지 않았다고 짐작된다.

고려시대의 관아건축은 도성과 각 지방에도 세워졌지만 현재 남아 있지 않아 잘 알 수 없으며, 송나라 사신인 서긍이 서술한 『선화봉사고려도경』을 통하여 그 모습을 엿볼 수 있다. 서긍의 기록에 따르면, '상서성은 승휴문 안쪽에 있고 그 앞에 대문이 있으며, 양쪽으로 10여 칸의 회랑이 나 있고 중앙에 건물 3칸을 만들어 관원들이 정사를 보게 하였다. 상서성의 서쪽, 춘궁의 남쪽에는 큰 문이 하나 있고 3채의 집이 나란히 있는데, 중앙이 중서성, 왼쪽이 문하성, 그리고 오른쪽이 추밀원이다. 이들은 모두 왕이 거처하는 궁성 안에 있으며, 궁성의 동쪽 편문이 광화문 밖에는 각부의 관아가 배치되어 있다. 또한 감옥은 담을 높고 둥글게 만들었고 중앙에 옥사가 있는데, 이는 옛날의 원형 감옥과 같은 형태를 하고 있다', '지방 관아는 수령, 감관을 두어 백성을 다스리는데 관아의 청사는 여러 칸이다'고 하여 그 규모가 상당했음을 짐작할 수 있다. 『고려고도징』 권3 공해조에는 『고려사』와 『고려도경』에 나타난 관아건축의 기록들을 발췌하여 수록하고 있다.

2. 조선의 관아건축

조선시대에는 효율적이며 일원화된 전국적 행정체계를 수립하며 체계적인 국방체제를 수행하기 위하여 전국을 8도로 나누고 평안도와 함경도의 국경지대에는 양계를 설치하였다. 관료체제는 처음에 고려의 제도를 답습하였지만 태종 5년(1405)에 새로운 관제를 완성하게 된다. 관료기구는 크게 동반(문관)과 서반(무관)으로 나누어지고, 동반과 서반의 품계는 정과 종을 각 9품으로 나누어 18품계를 이루었으며, 각각 중앙의 관직인 경관직과 지방의 관직인 외관직으로 나누어졌다. 정1품에서 종9품에 이르는 18품계의 관등은 정책결정관인 당상관과 행정집행관인 당하관으로 나뉘며, 당하관은 다시 참상관, 참하관으로 구분되는데, 참하관은 참외라 하여 직계가 낮은 실무자였다.

관아는 관원들이 나랏일을 보기 위해 지은 건축물로서 관서 또는 공해라고도 하며, 지방 관아로 대표적인 것은 관찰사가 집무하는 감영과 각 읍 수령들의 집무처인 동헌 등을 들 수 있다. 수령이 주재하는 읍치에서는 수령의 집무처인 동헌과 살림집인 내아, 관원들이 근무하는 향청, 작청 등 많은 관아시설이 읍의 중심을 이루었다. 관아는 관원이 나랏일을 보는 곳이므로 궁궐건축이나 사찰건축과 같이 화려하지는 않지만 관청으로서의 위엄을 나타내었으며 관아의 아문은 누문이나 삼문의 형식을 취하였다.

1) 중앙관아

조선시대 중앙의 관제는 의정부와 6조의 체제로 편제되었는데, 의정부는 법제상 최고의 통치기관으로서 그 감독 아래 이조, 호조, 예조, 병조, 형조, 공조의 6조가 있어 업무를 분장하였다. 그 밖에 국왕에 직속된 비서기관으로 승정원, 백관을 통솔하는 문하부, 왕궁의 군기 및 왕명의 출납을 담당하는 중추원, 사법기관으로는 사헌부, 사간원, 의금부가 있고 자문기관으로 홍문관, 예문관, 춘추관 등이 있었다. 도성에 있는 중앙의 관아들은 궁궐 안과 밖에 있는 것으로 구분되는데, 『동국여지승람』 경도편에 보면 경복궁 등 궁궐 내에는 문직공서로서 의정부, 승정원, 홍문관 등 다수의 관아와 무직공서로서 오위도총부가 있었다.

궁궐 밖의 중앙관아들은 『태조실록』 등의 기록을 통해 보면 광화문 앞의 대로변 좌우에 배치되었다. 광화문 앞의 대로는 육조거리라고도 불렸는데, 동쪽에 의정부와 이조, 호조가, 서쪽으로 예조와 중추원, 병조, 형조, 공조가 위치되었다. 의정부는 광화문 앞 동편 첫머리에 있었고, 중추원은 광화문 밖 서편 예조 다음에 있었다. 이 외에도 서울의 곳곳에 종친부를 비롯한 여러 관아가 자리하였으며, 궁궐 안에도 일부 관아가 자리하였다.

도성 안의 관아의 배치와 평면은 현존하는 유구가 거의 남아 있지 않아 본래 모습을 알 수 없다. 현존하는 종친부도 주사와 좌익사만 남아 있고, 삼군부도 청헌당과 총무당만이 다른 지역에 이건되어 있을 뿐이다. 도성에 있던 관아의 배치는 탁지부와 형조의 본아전도를 통해 알 수 있는데, 주사는 중앙에 위치해 대청을 중심으로 좌우에 온돌방을 두고 주위에 행각이 늘어서 있으며, 당상청 뒤로 연못을 파고 정자를 세웠다. 기록에 따르면, 탁지부 주사인 당상청은 12칸으로 사면에 퇴칸이 있고, 좌우에 아방을 4칸씩 두고 4칸의 낭관청과 입직방 3칸, 우방 2칸, 다주(茶廚) 1칸, 마구간 1칸, 고사 125칸(판적사고 52칸, 판별고 44칸, 세폐고 9칸, 잡물고 9칸, 별례방고 7칸, 은색고 4칸)이 사각형으로 둘러싸고 있었다.

도성에 조영된 중앙관아 건축은 주사와 좌우 익사로 구성되고 위엄 있게 꾸몄으며, 특히 기단은 장대석으로 높게 하여 민가보다는 격을 높이고 궁궐보다는 낮게 하였다. 구조양식은 주심포식도 있지만 대부분은 익공식으로서, 장대석의 높은 기단 위에 다듬은 초석을 놓고 두리기둥이나 사각기둥을 세워 익공으로 결구하였다. 전면과 측면에는 정자살 창호를 달고 들어열개로 들쇠에 매달게 되어 있고, 지붕은 겹처마로 팔작지붕을 이루며 가칠단청이나 긋기단청으로 하였다.

① 의정부(議政府)

의정부는 모든 관리들을 통솔하고 정사를 도맡아 하던 중앙관아의 최고기관으로서 황각이라고도 불리며, 영의정과 좌의정, 우의정을 포함하여 총 135명으로 구성된 정1품 관아이다. 6조거리에 면한 외삼문은 솟을삼문 형식이고 회랑으로 둘렀으며, 청사는 영의정과 좌우의정이 집무하던 중앙의 정청을 크고 높게 하고 팔작지붕으로 하여 전체적으로 위엄 있게 하였다. 좌우의 청사는 중앙의 정청보다는 격을 낮추어 낮고 작게 건축하여 전체적으로 균형 있는 좌우대칭형의 배치를 하고 있었다.

② 이조(吏曹)

이조는 문관의 선임과 훈봉, 관원의 성적 고시와 시비 선악을 다스리는 일을 맡은 기관으로서, 판서 1명을 포함하여 총 83명으로 구성된 정2품 관아이며 의정부의 남쪽에 위치한다. 이조에 대한 기록이 없어 자세한 건축형식을 알 수 없으며 단지 6조거리에 면한 솟을삼문과 회랑이 있고, 의정부와는 달리 주요 건물이 정청 1채뿐이었다고 한다.

③ 호조(戶曹)

호조는 인구의 이동과 세금, 재물과 양식 등 국가의 경제전반에 관한 일을 맡아보던 기관으로서, 판서 1명과 참판을 포함하여 총 223명으로 구성된 정2품 관아로서 한성부의 남쪽에 위치한다. 호조는 뒤쪽에 위치하는 당상관의 집무공간과 앞쪽의 부속업무를 처리하는 행정사무 공간으로 구성되며 각 공간이 회랑으로 둘러져 있다(그림 3-61). 주사는 대청을 중심으로 좌우에 온돌방을 두어 중앙에 위치하고 주위에 행각이 늘어서 있으며, 특히 집무공간인 당상청사 뒤로 연못을 파고, 정자를 세운 것을 볼 수 있다. 주공간과 부공간을 합한 규모는 총 127칸으로,

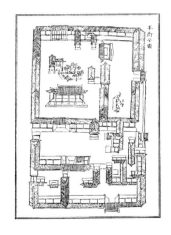

그림 3-61 **호조 「본아전도」**(탁지부)

전체의 배치는 조선시대 상류주택의 행랑채와 안채를 구성하는 형식과 비슷한 모습을 보인다.

④ 예조(禮曹)

예조는 예악, 제사, 향연, 조빙,[13] 학교, 과거 등에 관한 일을 맡아보던 기관으로서, 판서 1명을 포함하여 총 105명으로 구성된 정2품 관아이며 6조거리를 중심으로 의정부의 맞은편 서쪽에 위치한다. 예조는 솟을삼문에 회랑이 둘러져 있고 중앙의 청사인 총무당과 좌우 청사인 청헌당, 덕의당)으로 이루어져 있다. 현재 총무당은 돈암동 삼선공원 내에, 청헌당은 공릉동 육군사관학교 내에 이전 복원되어 있다.

⑤ 병조(兵曹)와 공조(工曹)

병조는 군인의 선발과 군사 활동 및 연락 등의 업무를 맡아보던 기관으로서, 판서 1명을 포함하여 총 315명으로 구성된 정2품 관아이며 사헌부의 남쪽에 위치한다. 병조의 건축적인 내용은 기록이 없어 알 수 없지만, 관원의 숫자로 보아 건물도 비교적 큰 규모였을 것으로 짐작된다. 공조는 산택, 공장, 영조 등에 관한 일을 맡아보던 관아로서, 판서 1명을 포함하여 총 119명으로 구성되는 정2품 관이이며 형조의 남쪽에 위치한다.

⑥ 형조(刑曹)

형조는 법률과 소송, 노예 등에 관한 일을 맡아보던 정2품 관아로서 판서 1명을 포함하여 총 208명으로 구성되며 병조의 남쪽, 공조의 북쪽에 위치하였다. 조선시대에는 조정에서 행하는 처벌이나 전국에서 올린 소송이나 모두 반드시 형조를 통하여 그 진술서를 받게 되어 있었다. 그 내용이 관원에 관한 것은 의금부로, 도둑에 관한 것은 포도청으로, 농민에 관한 것은 한성부로 넘기고, 나머지는 원고와 피고 양편의 정상과 증거를 엄격히 조사한 뒤 법에 따라 처단케 하였다.

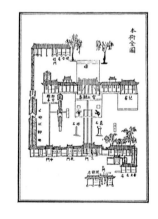

그림 3-62 **형조 「본아전도」**

「본아전도」를 통해 형조의 구성을 보면, 주사는 중앙에 위치해 대청을 중심으로 좌우에 온돌방을 두고 주위에 행각이 늘어서 있으며, 당상청 뒤로 연못을 파고 정자를 세웠다(그림 3-62). 관아의 정문에서 중문에 이르는 부공간이

----

13 신하가 임금을 뵙는 것과 나라와 나라 사이에 서로 사신을 보내는 일

정면에 위치하고 주공간인 당상청사, 낭관청사 그리고 정원이 뒤쪽에 위치하며, 이들 각 공간은 창고용 행랑에 의해 분리되어 있다. 당상청사의 앞마당 중앙에는 왼쪽에 가석(嘉石),[14] 오른쪽에 폐석(肺石)[15]의 조형물이 놓여 있어 법의 집행에 있어 공정성과 인간미를 상징적으로 보여준다.

2) 지방 관아

조선시대의 지방행정조직은 전국을 경기도, 충청도, 경상도, 전라도, 강원도, 황해도, 평안도, 함경도의 8도로 나누고, 그 아래에 부, 대도호부, 목, 도호부, 군, 현을 두었다. 지방관은 외관으로서 각 도에 종2품인 관찰사 또는 감사가 1명씩 있었고, 그 밑에 수령인 부윤, 대도호부사, 목사, 도호부사, 군수, 현령, 현감 등이 업무를 관장하였다.

지방의 관아는 여러 기록과 읍지도, 남아 있는 유구 등을 통하여 당시의 모습을 짐작할 수 있다. 상주의 고지도인 「상주성도」를 통해 관아들의 배치를 살펴보면, 읍성의 남문을 들어서면 관아의 정문인 태평루 누문과 다음의 삼문형식의 내삼문에 이르는데, 태평루의 동쪽에는 군녕청, 서쪽에는 사령청이 있다. 내삼문을 들어서면 정면으로 동헌인 청유당이, 그 앞 동쪽에 공고가, 서쪽에 살림집인 내아가 놓여 있고, 그외 여러 부속채들이 둘러서 있고, 객사인 상산관은 공고 동쪽 담장 속에 있다. 경주의 고지도인 「경주읍내전도」(1798)를 통해 관아들의 배치를 살펴보면, 읍성의 남문(징례문)을 들어서면 내부 동남쪽에 동헌과 내아를 비롯한 각종 관청건물, 동헌 동쪽에 객사 경관, 북문 옆에 무관들의 집무실인 양무당과 진고당, 동쪽에 태조의 어용을 봉안한 집경전, 지역 유림의 대표기관인 향청, 북서쪽에 감영 옥사 등이 밀집하였다.

지방 관아는 관찰사가 정무를 보는 청사인 감영, 국왕의 위패를 모시며 왕권을 상징하는 객사, 중앙에서 파견된 수령(현감)의 집무처인 동헌, 지방민을 대표하여 좌수와 별감이 수령을 보좌하여 집무하고 규찰하는 향청, 이·호·예·병·형·공부의 육방의 아전이 집무하던 작청(길청, 질청), 회계사무를 관장하던 공수청, 군장교의 장청, 죄를 다스리던 형방청, 기생과 노비들이 사용하는 관노청, 그리고 창고와 감옥인 옥사, 기타 지방 통치에 필요한 건물

---

14 가석은 무늬가 있는 아름다운 돌로서, 형벌로 다스리기 어려운 가벼운 범죄의 부랑자 따위를 이 돌에 앉혀서 그 훌륭한 무늬를 보여서 죄를 뉘우치게 하는 데 쓰였다.

15 폐석은 붉은 돌로서 노인이나 어린이 같이 의지할 데 없는 사람이 억울한 심정을 호소하려 할 때 이 돌 옆에 서 있으면 관원이 그 문제를 해결하여 준다고 한다.

들, 누문이나 삼문 형식의 아문 등으로 이루어진다. 감영에는 동헌 대신에 선화당이 있었다.

18세기 후반 이후 지방이 경제적으로 활기를 띠게 되면서 읍성의 보수와 개축이 이루어지고 객사나 관아, 향교, 객사 주변의 누정 등의 재건도 거의 전국적으로 활발히 전개되었다. 오늘날 남아 있는 객사나 누정, 관아, 향교 건물들은 대부분 18세기 후반 이후에 재건된 것이라 할 수 있다.

(1) 감영(監營)

감영은 각 지역의 감사가 정무를 보는 청사로서 전국 8도에 각 하나씩, 곧 함흥과 평양, 해주, 한양, 원주, 공주, 전주, 대구에 위치한다. 17세기 초에 이르러 감영의 장소가 고정되게 되는데, 충청도는 충주에서 선조 35년(1602) 공주로 옮겼고, 경상도는 상주에서 선조 34년(1601) 대구로 옮겼으며, 함경도는 함흥에서 선조 33년(1600) 영흥으로 이전하였다. 감영의 최고 통치자인 감사(관찰사)는 해당 읍의 수령을 겸직하였는데, 당시에는 감사가 문무의 실권을 쥐고 있었으므로, 감사가 있는 영문이라는 뜻에서 감영이라고 부르게 되었다.

일반적으로 감영은 관찰사의 영역이 중심을 차지하고 경력, 도사, 판관 등 부속 관원들의 실무처와 비관원 실무 행정관료들의 영역으로 구성된다. 관찰사가 정무를 집행하는 정청은 선화당으로서, 모든 행정업무와 송사, 형옥 업무가 처리되었고, 삼문으로 구성되어 권위를 상징하며 감영 전체 배치의 중심축을 형성한다. 현존하는 선화당으로는 현종 8년(1667) 완공된 강원감영에 있는 주심포식 팔작지붕의 선화당, 대구 경상감영에 있는 겹처마 팔작지붕의 선화당, 충남 국립공주박물관 경내에 있는 익공계 맞배지붕의 선화당, 함흥시에 있는 익공계 팔작지붕의 선화당 등이 있다.

일반적으로 읍성에 있어서 동서를 잇는 도로의 북쪽에 객사가 위치하고 감영은 그 남쪽에 위치하며, 관리들의 집무처가 앞에 놓이고 그 뒤쪽으로 살림채인 내아와 정원이 위치된다. 감영은 관아 출입문과 정청 그리고 부속건물들로 이루어지는데, 감영의 출입문은 포정문, 정청은 선화당[16]이라 불렸는데, 그 이름은 백성의 뜻을 중앙정부에 잘 알리고 중앙정부의 정책을 백성에게 잘 알려야 하는 관찰사의 임무를 잘 말해준다고 할 수 있다.

감영건축은 원주, 전주, 평양의 감영을 제외하면 한 곳에 있지 않고 소재지가 바뀌고 도시화가 이루어져 그 본래의 형태를 찾아보기 어렵다. 경상감영은 관찰사가 집무를 보던

....

16 "임금의 덕을 베풂으로써 백성을 교화한다(宣上德而化下民)"라는 뜻

선화당(대구광역시 유형문화재 제1호)과 경상감영 관찰사 처소로 쓰이던 징청각(대구광역시 유형문화재 제2호)이 남아 있다(그림 3-63). 선화당은 정면 6칸, 측면 4칸인 단층 팔작지붕 목조건물로, 공포는 주심포양식과 익공식을 절충한 2고주 7량가의 겹처마 건물이고, 징청각은 정면 8칸, 측면 4칸에 단층 팔작기와집으로 2고주 7량가의 익공계 건축이다. 전주감영은 터만 남아 감영의 초기 모습을 알 수 없으나, 조선 말에 작성된 『전주지도』, 『전주부지도』를 통해 전체적인 감영의 배치를 확인할 수 있는데, 성곽으로 둘러싸인 전주부 내에서 T자형으로 난 동서로와 남북로를 중심으로 하여 남서쪽에 있었고, 남북로를 경계로 하여 전주관아가 반대편에 있었다. 18세기에 이르러 정청인 선화당을 비롯하여 감사의 처소인 연신당, 감사 부친의 처소인 관풍각, 감사의 가족 처소인 내아, 예방비장의 집무소인 응청당, 6방 비장의 사무소인 비장청, 감사의 잔심부름을 맡아 하는 통인청, 하부 실무자들이 일하는 곳인 작청, 정문인 포정루 등 25개의 시설을 갖추었다고 한다.

그림 3-63 대구읍성과 경상감영(갑오
개혁 직전 대구부 고지도)

① 「경기감영도」, 1741~1895, 호암미술관

「경기감영도」는 12폭의 채색필사본 병풍(보물 제1394호)으로서 세로 136cm, 가로 444cm이고 현재 호암미술관에 소장되어 있으며, 그림의 회화적 기법 등으로 보아 18세기 후반의 작품으로 추정되며 인왕산 연봉 아래 서대문 밖의 지역 모습을 생생하게 그려내었다(그림 3-64). 경기감영은 태조 2년(1393)에 설치된 이후 고종 33년(1896) 수원으로 이전할 때까지 현재의 서울 적십자병원 자리에 있었다.

| 사정 | 활터 | 경기중영 | 서지, 반송 | 영은문,
모화관 | 기영포정사,
산당 신살약묵 | 선화당, 연지,
사우 | 관풍각 | 경기빈관,
경교 | 북곡성,
미전 | 고마청 | 수문장청,
이문 |

그림 3-64 「경기감영도」

이 그림은 경기감영과 주변 지역의 자연환경, 건물, 인물, 거리풍경 등을 회화식으로 아름답고 정교하게 그렸는데, 북쪽으로 북악과 인왕산을 배경으로 경기감영 본청이었던 선화당을 중심으로 오른쪽에는 서대문인 돈의문과 그 일대, 왼쪽으로는 서쪽 풍경을, 남쪽으로는 서소문으로 향하는 도로와 주변의 민가, 행인의 모습 등을 부감법으로 묘사하였다. 그림에는 웅장한 감영의 대문 바깥으로 많은 사람이 오가는 네거리가 있고 그 양쪽에 약방이 제각기 간판을 내걸며 서대문으로 향하는 도로 양쪽 주택들에는 임시 가설지붕을 달고 장사를 하며 큰 기와집과 작은 초가집들이 한데 뒤섞여 있는 모습이 보인다.

「경기감영도」에는 오른쪽부터 시작하여 제1폭에 서대문(돈의문)과 수문장청, 제2~3폭에 민가들의 풍경, 제4폭에 기영빈관이라는 솟을대문이 그려져 있다. 제5~7폭에 경기감영 건물이 보이는데, 제6폭 중앙에 관찰사가 근무하는 감영 본관인 선화당, 제8폭 위쪽에 태종이 명나라 사신을 영접하기 위해 세웠다는 영은문과 중국 사신을 맞이하던 영빈관인 모화관이 있고, 제8~9폭에 걸쳐 연꽃이 만발한 연못이 보인다. 제10폭에 활터 읍승정이, 제12폭에 정자와 과녁 등의 형식을 갖춘 활터 사정이 보인다.

② 원주 강원감영, 사적 제439호

강원도 원주에 있는 강원감영은 조선 초기에 설치된 강원감사의 집무처로 건물규모는 70여 칸이 되었으나 임진왜란 때 전소되고 그 뒤 다시 중건되었다. 강원감영지는 당시의

그림 3-65 **강원감영 선화당**

건물인 선화당, 포정루, 청운당 등이 원래 위치에 남아 있고 중삼문지, 내삼문지, 담장지 등의 유구가 보존되어 있다. 정청인 선화당은 임진왜란 이후 원주목사 이후산에 의해 현종 8년(1667)에 중건된 정면 7칸, 측면 4칸의 겹처마 단층팔작지붕 건물이다(그림 3-65). 내부는 네 방향에 내진주를 세워 모두 퇴칸으로 달았으며, 바닥은 우물마루를 깔았고 천장은 연등천장이다. 문루 포정루는 정면 3칸, 측면 2칸의 초익공식 겹처마 팔작지붕의 2층 누각건물로서, 1667년 선화당이 건립될 때 같이 세워진 것으로 추정되는데 6·25 전쟁으로 파손되어 보수하였다. 문루는 바깥쪽으로 장초석 위에 둥근 민흘림기둥을 세웠으며 안쪽의 초석은 높이를 낮추고 두 개의 기둥을 세워 판문을 달았고, 위층은 누마루를 깔아 넓은 다락을 만들고 계자난간을 돌렸다.

③ 대구 경상감영

경상감영은 경상도를 관할하던 감영으로서, 초기에 경주에 위치해 있던 것이 상주, 팔거현, 달성군, 안동부 등지를 옮겨다니다 선조 34년(1601), 대구로 이전되어 정착하였다. 경상감영은 대구부성, 즉 읍성 안에 설치되었는데, 성내에는 북동쪽에 관찰사가 경상도 전체의 행정과 사법, 군사 지휘권을 맡아보는 감영, 북서쪽에 관리들이 머물던 객사 달성관이 위치하였고, 감영을 중심으로 대구부 행정과 사법 업무를 보는 부아(府衙)와 관청들이 존재하였다. 읍성 주위에 관에서 근무하는 향리를 비롯해 상공인 및 관노비, 중인 계층과 평민, 천민들의 주거지가 주로 형성되어, 각종 상업활동에 종사하였다.

그림 3-66 **경상감영 선화당**

경상도 관찰사의 집무실인 선화당(대구광역시 유형문화재 제1호)과 처소로 사용한 징청각(대구광역시 유형문화재 제2호) 그리고 관찰사의 치적이 담긴 선정비(29기) 등이 존재한다. 선화당은 현재 남아 있는 관아건물이 별로 없기에 큰 가치를 지니는데, 정면 6칸, 측면 4칸의 단층 팔작기와집으로 주심포양식과 익공식의 절충형 공포를 이루고 있다. 감영의 외삼문 포정문으로 2층 누각을 관풍루라 하며, 징청각 서쪽에는 내아가 있었다(그림 3-66).

(2) 동헌(東軒)

동헌은 중앙에서 각 읍에 파견된 관찰사, 현감, 병마절도사, 수군절도사 등 수령의 집무처인 청사로서 각 지방관아의 대표적인 건물이며, 지방의 일반 행정 업무와 재판이 모두 이곳에서 행해졌다. 객사 동쪽에 있는 행정청이라는 의미에서 '동헌'이라고 하였으며 아헌, 아사, 군아, 현아, 시사청이라고도 하였다. 동헌은 읍성의 북쪽에 위치하여 객사 옆에 자리하고 이들의 동서쪽에는 향교와 사직단이 자리 잡아 좌묘우사의 배치를 보여준다. 넓은 뜻으로 동헌은 객사를 포함한 관아 전체를 의미하고, 좁은 의미로는 수령의 집무처인 정청 건물 및 각 관청만을 가리킨다.

동헌은 일반적으로 입구의 홍살문을 지나면 관아문인 아문이 누문형으로 세워지고 그 뒤 중문을 들어서면 집무를 보는 공간인 외아와 수령의 가족들이 생활하는 내아의 두 공간으로 구성되며, 동헌 안에 연못을 파고 정자를 세우는 경우도 있다. 동헌의 중요한 역할의 하나는 재판장으로서의 역할로서, 마루는 수령이 판결을 내리는 곳, 뜰은 다스림을 받는 사람들의 공간이었다. 관아의 아문은 누문으로서 일층은 대문을 설치하여 출입하게 하고, 이층에는 우물마루를 깔고 사방을 개방시켜 주위를 관망할 수 있도록 한다. 동헌과 내아는 담이나 행랑으로 격리되고 가운데 협문으로 통하였으며, 수령의 살림채인 내아는 '서헌'이라고 하였다.

정청으로서의 동헌 건물의 정면에는 '당'이나 '헌'등의 편액을 걸었는데, 감영의 경우 '교화를 베푼다'는 뜻의 '선화당'이 가장 많은 반면, 병영과 수영의 경우에는 '군막 속에서 전략을 세운다'는 뜻의 운주당이란 명칭을 많이 사용하였다. 또한 동헌의 당호는 일반적으로 고창 평근당, 광주 하모당, 남원 근민헌, 곡성 양민당, 부여 초연당, 옥과 목애당, 양주 매학당, 청풍 금병헌, 제주 일관헌 등과 같이 시정 지침을 나타내었다. 당호로서는 임금께 충성하고 백성을 사랑한다는 제금당이나 청녕헌, 근민헌이라는 이름이 많이 쓰였는데, 청녕헌은 '하늘의 뜻은 맑음으로 얻고 땅의 인심은 평안으로 얻는다'는 뜻이다. 또한 무주의 동헌 와선당, 양주의 매학당처럼 자연의 풍광과 관련하여 이름을 짓기도 했었다.

동헌은 관원이 행정 업무와 재판 등 나랏일을 보는 곳인 만큼 화려하지 않고 위엄 있으며 단아하게 지어졌다. 동헌은 정청으로서의 권위를 부여하기 위해 진입축을 강조하고 건물의 크기나 공간의 규모에 있어 향청이나 질청 등 다른 공간과 차별을 두었으며, 또한 높은 기단을 구성하거나 장초석을 사용하고 익공식 공포를 갖추며 겹처마 팔작지붕으로 지붕을 장중하게 꾸미는 등으로 권위성을 표현하였다. 조선 후기의 동헌들은 군현의 크기와 시대에 따라 조금씩 다르기는 하지만 어느 정도 지방의 특성이나 당시 건축의 경향이 반영되었으며, 대개 3~4단의 비교적 높은 기단 위에 정면 6~7칸, 측면 4칸의 사각형 평면을 이루고 두리기둥, 익공식 겹처마 팔작지붕의 형식을 갖추며 가칠단청을 하여 간소하며 장중한 분위기를 지녔다.

동헌의 평면을 살펴보면 중앙에 대청을 두고 양쪽에 온돌방을 만들었으며 앞에 툇마루를 꾸몄다. 동헌의 평면은 첫째 보은동헌처럼 서쪽에 온돌방을, 동쪽에 대청을 두고 대청 속에서 다시 높은 마루를 꾸미거나, 둘째 울산동헌에서 보이듯이 좌우에 온돌방을 두고 중앙을 대청으로 꾸미며 온돌방 앞에 누마루를 두거나, 셋째 김제동헌과 같이 전칸을 대청으로 꾸미고 대청 중앙에 작은 온돌방 한 칸을 두는 형식으로 나누어 볼 수 있다. 18세기 후반에는 실내공간구성의 변화가 보이는데, 정읍의 옛 태인 관아의 경우, 정면 6칸, 측면 4칸 주심포 팔작지붕 건물이며 넓은 대청을 한쪽에 두고 모퉁이에 바닥을 한 단 높인 누마루를 설치하고 그 주변에 머름을 댄 창을 내고 뒤편 퇴칸은 흙바닥으로 꾸미는 등 실내공간을 변화 있게 하였다.

이들의 평면은 모두 직사각형이지만 때로는 강릉 칠사당처럼 누마루가 부가되어 ㄱ자 평면을 이루기도 한다. 구조양식을 살펴보면, 지방관아의 동헌은 익공계가 주류를 이루며 때로 주심포양식으로 세워지기도 하며, 장대석의 높은 기단 위에 다듬은 초석을 놓고 방주와 두리기둥을 세운 뒤 익공 또는 주심포를 결구한다. 지붕은 겹처마로서 팔작지붕을 이루는데, 용마루와 합각마루, 추녀마루를 양성하지 않고 가칠단청을 한다.

지방관아에는 수령과 권솔들이 생활하는 내아가 상류주택의 모습을 따라 지어졌으며, 정무를 수행하는 공적 공간인 동헌에 비교해 사적인 생활공간이기 때문에 입구에서 멀리 떨어진 뒤쪽에 배치되었다. 중앙 도성의 관아건축에는 개인 생활공간이 필요 없지만 지방의 관아는 공적인 공간인 동헌과 사적인 생활공간인 내아가 공존하였다. 내아는 수령 가족의 생활공간으로 관아 내에서 가장 엄밀한 곳이며, 17세기 이후에는 양계를 제외한 6도에서도 수령이 솔관 부임함으로써 내아의 비중이 커졌다. 내아는 현감의 가족생활공간이므로 사대부가의 안채와 같은 모습을 하며, 안방·대청·건넌방·부엌·찬방 등으로 공간이 구성되고 주위에는 곳간 등의 부속채가 딸려 있다. 내아의 구조는 보통 사대부가의 안채처럼 민도리 양식을 이루고, 장대석 마무리의 낮은 기단 위에 막돌초석이나 다듬은 돌 초석을 놓고 방주를 세운다. 내아는 대체로 오량가구이며, 대청은 연등천장, 온돌방은 종이천장이고 겹처마 또는 홑처마의 팔작지붕이며 마루에는 양성을 하지 않고 단청도 하지 않는다.

관아의 아문은 누문으로서 일층에 대문을 달아 출입하고 이층에 우물마루를 깔며 사방을 관망할 수 있도록 하며, 때로 누문인 아문을 지나 다시 삼문형식의 내삼문에 들어서기도 하고, 또한 솟을대문을 중앙에 두고 좌우로 행랑채를 늘어놓기도 한다. 동헌과 내아, 아문이외의 부속채들은 대부분 민도리 양식을 이룬다.

동헌은 객사, 향교와 함께 지방 관아의 중요한 핵심 건물이었으나 일제강점기 이후 대부분 훼철되거나 소실되어 현존하는 것은 매우 드물다. 현재 남아 있는 동헌 건물로는 강원도 감영의 정청이었던 원주의 선화당과 김제 동헌인 사칠헌, 충주목의 아사인 청녕헌, 울산도호부 동헌이었던 일학헌 등이 대표적이며, 동래와 직산, 태인, 과천 등의 동헌 청사도 다소 개축되거나 변형되었다. 동헌의 평면은 모두 직사각형이지만 19세기 중반 이후에 조영된 강릉의 칠사당과 부여 홍주 동헌은 누마루를 별도로 설치한 특이한 모습을 보이며, 거제동헌은 ㄷ자형의 특이한 평면구조를 보인다. 또 내부의 위계를 표현하기 위해 대청보다 약간 높은 마루를 가설한 동헌으로는 보은동헌, 충주 청녕헌, 태인동헌 등이 있다. 현존하는 내아 건물로서는 통영 삼군수군 통제영 내아(ㄷ자형 평면), 낙안내아(ㄱ자형 평면), 울산내아(ㅡ자형 평면) 등이 있다.

① 보은동헌, 충청북도 유형문화재 제115호

충북 보은동헌은 건립연대가 정확히 알 수 없으나 17세기 말경에 지어진 것으로 추정되며 조선 후기인 순조 때 중수한 것으로 전해진다. 보은동헌은 정면 7칸, 측면 3칸의 2익공식 겹처마 단층 팔작지붕 건물로서, 장대석의 낮은 기단 위에 앞쪽과 왼쪽에는 네모로 다듬은 주춧돌을 놓고, 뒤쪽과 오른쪽에는 자연석 주춧돌을 놓았으며 그 위에 원기둥을 세웠다(그림 3-67). 건물 내부는 앞쪽 1칸은 마루, 뒤쪽의 오른쪽 4칸은 대

그림 3-67 **보은동헌**

청, 왼쪽 3칸은 온돌방을 두었으며, 대청마루 중 동쪽 1칸과 뒤쪽을 약 90cm 높여 누마루로 하며 내부공간을 다양하게 꾸미려고 하였다. 건물 앞면의 벽체는 개방되었고, 측면과 후면

은 판문을 여러 가지 크기로 달고 대청과 방 사이에는 불발기문을 다는 등 다양한 창호 구성을 하였다.

② 울산동헌, 울산광역시 유형문화재 제1호

울산동헌은 울산이 부·현·도호부 등으로 바뀔 때마다 옮기거나 폐쇄하거나 새로 지어졌다. 지금 있는 건물은 조선 선조 32년(1599)에 울산부로 승격된 후 숙종 7년(1681)에 지었으며 '일학헌'이라 이름지어졌다. 상량문에 의하면 이 동헌건물은 영조 39년(1763)에 다시 지어서 현판을 '반학헌'이라 고쳐 달았다고 하나,『증보문헌비고』권39 여지고 27 경상도 울산 반학정조에 의하면 영조 36년(1760)에 다시 지었다고 기록되어 있다. 동헌은 정면 6칸, 측면 2칸, 익공계 겹처마 팔작지붕 건물이며, 가운데 2칸의 대청을 좌우에 2칸씩의 방을 두었고, 왼쪽

그림 3-68 울산동헌

방의 툇마루 주위에는 계자난간을 돌렸다(그림 3-68). 동헌과 구분되는 담이 없이 놓여 있는 안채인 내아는 정면 6칸, 측면 1칸의 ㄱ자형 건물로 홑처마 맞배지붕이고, 온돌방 3칸, 대청 2칸, 부엌과 누마루 각 1칸씩을 두었으며 살림집인데도 마당을 갖추고 있지 않는다.

③ 김제동헌, 전라북도 유형문화재 제60호

김제동헌은 현종 8년(1667)에 처음 세워져 '근민헌'이라 칭하였으며, 숙종 25년(1699)에 중수하여 명칭을 '사칠헌'으로 고쳤고 숙종 38년(1712)에도 중수하였다. 김제동헌은 사용한 부재나 꾸밈 등이 간결하면서도 장중하고 장식적인 면모를 많이 갖추고 있으며, 정면 7칸, 측면 4칸 겹처마 팔작지붕에 연화봉을 장식한 익공계의 건물이다(그림 3-69). 이 동헌은 잘 다듬어진 화강암으로 쌓은 장대석 기단 위에 전면에 화강암을 원주형으로 잘 다듬은 주춧돌을, 후면에 거친 자연석을 적당히 발라낸 주춧돌을 놓고 원기둥을 세웠는데, 기둥마다 S자형으로 만곡된 쇠서받침을 장식하였다. 평면의 구성은 사방에 퇴칸이 둘러져 있고, 가운데 오른쪽 6칸이 대청, 왼쪽 4칸은 온돌방이다. 외벽은 정면과 측면 사방에 같은 형태의 세살문이 달려 있으며, 전면 가운데 한 칸과 뒷면 왼쪽에 출입문을 달았다.

김제동헌은 현존하는 동헌으로서 내아와 인접해 있는 유일한 것으로 알려져 있다. 내아는 동헌의 바로 위쪽에 동쪽이 트인 ㄷ자형의 홑처마 팔작지붕 건물로서, 한 단의 낮은 기단 위에 자연석 주초를 놓고 네모기둥과 원기둥을 섞어서 세웠으며, 거의 모든 주간에 두 짝의 세 살문을 달았다. 내아는 일반적인 중상류 주택과 거의 차이가 없지만 대청마루 등에 굵은 원기둥을 사용하여 격

그림 3-69 **김제동헌**

식을 차린 듯하며, 북쪽 동편에 부엌이, 왼편에 2칸짜리 방과 마루로 된 1칸짜리 골방이 있고, 남쪽에는 가운데 부엌이, 좌우에 2칸짜리 방이 하나씩 딸려 있고, 서쪽에 마루(3칸×2칸)가 놓여 있어 남쪽과 북쪽의 방을 연결하고 있다. 一자형 안채만 남아 있으나 원래는 안행랑채, 고방채, 안측간 등 여러 부속건물이 있었던 것으로 추정된다.

④ 충주 청녕헌(忠州 淸寧軒), 충청북도 유형문화재 제66호

청녕헌은 충주읍성 내에 있던 충주목 관아의 동헌으로서, 고종 7년(1870) 화재로 소실된 것을 같은 해 다시 세운 건물이다. 청녕헌은 2단의 기단 위에 2단으로 다듬은 사각형 주초를 놓고 지어졌으며, 정면 7칸, 측면 4칸, 익공계 팔작지붕 건물이다(그림 3-70). 중앙 3칸은 우물마루를 깔아 넓은 대청으로 꾸몄으며 오른쪽 끝 1칸에는 대청보다 조금 높여 앞뒤에 툇마루를 둔 마루방으로 꾸몄다. 대청 왼쪽 2칸에는 앞뒤에 툇마루를 둔 온돌방으로 만들고 왼쪽 끝 1칸에는 온돌방 아궁이를 만들기 위하여 아랫부분은 합실로, 윗부분은 누마루를 만들었다.

그림 3-70 **충주 청녕헌**

⑤ 강릉 칠사당, 강원도 유형문화재 제7호

강릉 칠사당은 조선시대 호적·농사·병무·교육·세금·재판·풍속의 7가지 정사에 관한

그림 3-71 **강릉 칠사당**

일을 베풀었던 관청 건물이다. 수령의 주요 업무인 칠사는 빈민과 노약자를 구호하는 존심인서, 비용 절약에 관한 행기염근, 명령의 준행과 전파 상황을 보는 봉행조령, 제언과 식목을 관리하고 농사를 장려하는 권과농상, 교육에 관계된 수명학교, 공부와 군역에 관한 부역균평, 노비 소송을 비롯한 잡송처리에 관한 결송명윤 등이다. 이 칠사당의 건립 연대는 확실하지 않으나 인조 10년(1632)과 영조 2년(1726)에 크게 중수하였고 고종 3년(1866)에 진위병의 영으로 쓰이다가 다음 해에 화재로 소실되어 중건하였다.

건물의 평면 형태는 ㄱ자형으로 정면 7칸, 측면 3칸이며, 정면 왼쪽에서 누마루가 연접하여 세워졌다(그림 3-71). 2익공 겹처마 팔작지붕인 이 건물은 누마루 부분의 네 기둥과 측면의 퇴주는 원기둥으로서 원주형 초석 위에 세워져 퇴칸을 두었다. 본체의 왼쪽 한 칸은 온돌방을 내었으며, 외부문은 기둥 사이마다 쌍분합 띠살문을 달았다. 가운데의 3칸은 모두 대청마루를, 오른쪽 2칸은 온돌방을 두고, 방 앞에 툇마루를 놓아 대청마루와 연결시켰다. 대청의 천장은 우물천장과 연등천장 모양을 하였고 벽체는 회벽 마감을 하였다. 누마루 부분은 본체 건물보다 높게 겹처마에 팔작지붕을 이루고 있고, 3면에는 4분합의 띠살문을 달고 있으며, 누마루의 연결 부분에는 다락방을 두었다.

(3) 향청(鄕廳)

향청은 지역 출신의 양반들이 수령의 업무를 감시 또는 보좌하며 지방민을 대표하는 기구로, 조선 초기에는 유향소라고 하였는데 임진왜란 이후부터 향청이라고 불렸으며, 향사당, 유향청, 회로당 등으로도 불렸다. 향청을 둔 이유는 고을의 수령이 외지 출신이고 고을 사정을 자세히 알기 어려웠기 때문에 한 곳에 오래 살면서 지역 사정에 밝고 학식과 경제력을 가진 유력 가문이나 양반들을 인정하여 수령을 돕고 아전들의 악폐를 막도록 한 것이다. 향청은 수령 다음가는 관아라 하여 이아라고도 하며, 향정 또는 좌수(1894년 이후 향장)와 별감이 업무를 수행하였다.

향청은 초기에는 관아에서 멀리 떨어진 경치 뛰어난 곳에 위치하였으나 후기에는 관아의 내부에 들어오게 된다. 이것은 향청이 초기에는 수령을 규제하던 견제기관의 성격이 강하였으나 후기에는 수령의 보좌기관으로 기능이 격하된 사실을 말해준다. 향청은 유구가 별로 없어 건축의 자세한 내용은 알기 어려우나 대략 대청을 중심으로 온돌방과 부엌이 있는 비교적 규모가 작고 소박한 형태였을 것으로 추정된다. 경북 상주향청은 상산지에 따르면 1500년대 말에 세워졌다가 임진왜란으로 소실되어 1610년에 중건되고 수차례 중수하였다. 향청은 정면 5칸, 측면 2칸 규모의 팔작기와 지붕 건물로 전체 면적은 99.17m²이다.

(4) 객사(客使)

객사는 사신을 접대하는 국가기관으로서 읍성 안에서 가장 중심이 되는 곳에 위치하는 최고 위계의 건축으로서 객관이라고도 하며, 왕을 상징하는 전패와 궁궐을 상징하는 궐패를 안치하는 주사(정청)와 그 옆에 연결된 좌우 익사로 구성된다. 객사는 관찰사가 일을 보는 동헌보다 격이 높았으며, 관리는 이곳에 머물면서 교지를 전하기도 하였다. 객사는 수령이 부임할 때나 이임을 할 때, 출타할 때에도 예를 올리는 곳이며, 또한 암행어사와 같은 중앙관리가 머물며 지방 수령을 감찰하는 곳이고, 나라에 경사나 국상이 있을 때 관민이 모여 의식을 거행하는 곳이었다. 객사는 지방관이 국왕에 대한 충성을 다짐하는 곳으로 궐패와 전패를 모셔놓고 초하루와 보름에 대궐을 향하여 망배(향망궐배)하던 삭망례가 열린 곳으로, 엄밀히 말하면 관아건축에 포함되지 않는다. 주사는 전패와 궐패를 안치하여 국왕에 대해 충성하며 지방에서도 왕의 시책을 충실히 시행하고 있다는 것을 상징적으로 나타낸 한편, 익사는 온돌방을 두어 외국의 사신이나 중앙의 관리들을 접대하고 수행하며 이들의 숙소로 사용되었다. 객사는 왕에 대한 의례가 주된 기능이었으므로 건축형태는 일정한 격식에 따라 유지되며 큰 변화가 없었다.

일반적으로 배후에 진산을 두고 앞에 하천이 흐르는 풍수지리상의 요지에 입지하는 읍성에 있어서 북문을 내지 않고 동서문과 남문만을 둠으로써 내부 가로구조가 T자형을 이루는 중심부에 객사와 관아가 자리하며 그중에서도 객사가 가장 중심적인 위치에 놓인다. 객사는 전망과 풍수가 좋은 곳에 위치되며, 관아 시설 중 규모가 제일 크고 위엄이 있으며 화려하였다. 객사는 관아 시설 중에서 건축의 구성이나 꾸밈에서 동헌이나 질청에 비해 훨씬 장중하고 위엄이 있으며, 대개 동헌에서 가까운 거리에 놓여졌다. 객사가 있는 곳에는 밀양객사의 영남루, 진주 촉석루, 제천의 한벽루, 정읍 피향정과 같이 객사 인접한 곳이나 강가 높은 언덕, 성문 위에 고을 전체를 내려 보거나 경치 좋은 곳을 감상하며 휴식하고, 사신과 중앙관리들을 접대하기 위해 대체로 누각이 세워졌는데, 당호는 고창의 모양지관, 무장의 송사지관처럼 보통 그 고장의 옛이름을 따서 지어지기도 하였다. 또한 객사는 각기 명칭이 있었는데, 강릉객사는 임영관, 거제객사는 기성관, 고령객사는 가야관, 경주객사는 동경관, 중화객사는 생양관, 순안객사는 안정관, 숙천객사는 숙녕관, 안주객사는 안흥관, 가산객사는 가평관 등으로 불렸다.

객사의 구성은 주사를 중심으로 좌우에 익사를 두고, 앞면에 내문·중문·외문 3문이 있으며, 옆에 아영청, 무신사 등 부속건물을 두었다. 객사건축은 그 기능을 반영하여 옆으로 긴 일자 모양으로 주사와 익사로 구성되며 두 가지 형식이 있는데, 하나는 가운데의 주사를 좌우의 익사보다 한 단 높은 맞배지붕으로 하고 익사는 우진각지붕으로 구성하여 외관을 구별하는 경우이고, 다른 하나는 건물 전체를 팔작지붕의 한 건물로 구성하여 내부에 두 가지 기능을 갖춘 경우이다. 일반적으로 주사는 기와와 돌을 깔고 좌우의 익실은 온돌을 깔았는데, 전주객사의 경우에 있어서 대청을 양청(涼廳), 방을 오실(澳室)이라 하였듯이 이 두 가지 구조가 공존하면 오량(澳涼) 구조라 하였다. 객사건물의 기단은 막돌허튼층쌓기로 하고, 기단 위에 막돌초석을 놓고 기둥을 세웠으며 공포는 주로 익공식 기둥을 사용하였지만, 일부 객사에서는 주심포식 공포를 사용하기도 하였다. 익사에는 대청마루와 온돌방을 배치하고 동익사에는 문관을, 서익사에는 무관을 머물게 하였다. 일반적으로 동익사가 서익사보다 격이 높은 것으로 여겨졌기 때문에 동익사에서 연회 등이 열리며 동익사 주변에 연못을 만들거나 수목을 조성해서 좋은 경관을 꾸미기도 하였다.

일제 때 조선시대의 관청들을 없애버린다는 정책에 따라 많은 객사가 불하되고 다른 목적으로 쓰이면서 구조상의 변형이 많이 있었다. 조선 초기에 지어진 객사나 누각이 남아 있는 것은 없으며, 조선 전기의 것으로는 강릉의 객사문(국보 제51호), 전주객사(1473년 이전, 보물 제583호), 안변객사의 가학루(1493), 고령의 가야관, 경주객사의 동경관 좌익실(16세기 말), 후기의 것으로는 성천객사 동명관의 강선루, 통영객사, 여수객사, 부산 다대포객사, 흥덕객사, 순창객사 등이 있고 객사에 부속된 누각으로 밀양객사의 영남루, 제천객사의 한벽루가 남아 있다. 조선 전기 문신 조위(1454~1503)가 고령객사 건립사실을 기록한 『고령객관기』에 따르면 고령객사는 1493년(성종 24) 고령현감 신담이 건립했는데, 정청인 9칸 규모의 가야관과 동대청인 15칸 규모의 인빈각, 서대청인 15칸 규모의 전일헌 등 대략 50여 칸 규모로 이루어져 있었다.

현재 남아 있는 객사 건물로는 경기도 과천객사와 평택객사, 충청도 문의객사와 부여객사, 전라도 전주객사, 순창객사, 무장객사와 낙안객사, 경상도 거제객사와 청도객사, 안동

선성현 등이 대표적이며, 최근 상주와 고창 등에서 객사를 복원하였다. 과천객사 온온사는 1986년 낙안객사를 본떠 정면 9칸, 측면 2칸 규모로 팔작지붕 중앙에 맞배지붕을 얹어 놓은 형태로 복원되었는데, 주사 3칸이 중앙에 있고 좌우로 동·서 익사가 각각 3칸으로 구성되고 주사 부분 지붕을 동·서 익사보다 약간 높게 하였다. 평남 성천의 객사 동명관은 17세기에 재건된 건물의 평면도와 사진이 있는데, 넓은 대동강가에 전체가 구(口)자형을 이루는 가운데 주사 동명관을 중심으로 좌우에 통선관과 유선관, 강선루, 봉래각이라는 장대한 누각이 배치되어 있었다. 동명관은 정면 3칸, 측면 5칸이며 맞배지붕에 주심포양식의 웅장하고 화려한 건물이었다. 우리나라 누정 건물을 대표할 만한 강선루는 정면 7칸, 서측면 5칸, 동측면 4칸의 아름다운 누정으로 섬세한 건축 장식과 화려한 단청, 구조부재와 지붕과 건축 공간의 능숙한 처리, 전체 건물과의 조화 등이 빼어나다.

① 낙안객사, 전남 순천시, 전라남도 유형문화재 제170호

낙안객사는 순천시 낙안읍성에 있는 객관으로서, 세종 32년(1450)에 군수 이인이 건립하였으며 인조 9년(1631) 수리하였고, 철종 8년(1857) 중수하였다. 『중간승평지』(1729)와 『낙안읍지』(1901)에는 낙안읍성과 함께 가장 중심적인 위치에 배치된 객사의 건물도가 보인다. 남향한 단층 일자형 평면으로서 앞뒤 마당을 둔 객사 본관은 삼문과 일직선축을 이루며 배치되고, 본관은 정면 7칸, 측면 3칸, 중앙에 주사와 좌우에 익사가 서로 연결된 대칭구성을 이룬다(그림 3-72, 73). 앞마당보다 1단 높게 바른 층으로 쌓아올린 기단 위에 큰 자

그림 3-72 **낙안읍성의 객사**
그림 3-73 **낙안읍성의 동헌**

연석의 덤벙주초를 놓고 원주를 세웠다. 가구구조는 원형 대들보 위에 동자주를 놓고 종량을 얹은 다음 파련대공으로 종도리를 받게 한 5량가구이다. 주사인 중앙 6칸은 궐패를 모시는 청마루를 형성하고, 양쪽 익사 4칸은 온돌방 및 마루를 형성하였으며, 주사의 궐패가 놓이는 내진과 외진 사이 가구에는 관아를 상징하는 홍살을 달고 있다. 주사의 맞배지붕은 익사의 팔작지붕보다 더 높게 하여 솟을지붕을 이루고, 문간채는 정면 3칸 대문과 좌우 측면 1칸씩의 방이 배치되고 솟을지붕을 형성한다.

② 안변객사 가학루

가학루(駕鶴樓)는 북한 안변시 안변객사 학성관에서 연회장으로 쓰던 부속건물로서 성종 17년(1486)에 건립되었다. 본관과 중문·외문·회랑과 기타 여러 부속건물들로 이루어진 조선시대 전형적인 객사건물이었던 학성관은 일제강점기인 1925년에 주요 건물들이 철거되고 본관 동남쪽에 있던 가학루만 남아 있다. 가학루는 낮은 기단 위에 정면 3칸, 측면 2칸으로 세운 겹처마 팔작지붕의 중층 누각건물이다. 이 누정은 누각건물로 보기 드물게 포식두공이면서 안팎의 포수가 같은데, 아래층과 위층 따로 세운 배흘림기둥에 단순하고 소박하게 내외 3포의 공포를 짜 올렸다. 위층 바닥에는 마루를 깔고 사방에 평난간을 둘렀으며, 천장은 반자를 따로 설치하지 않은 연등천장으로 마감했다. 가학루라는 이름은 학이 많은 벌판에 누각이 있어 마치 '학이 끄는 가마'와 같다는 뜻에서 지은 것이다.

③ 거제 장목진객사, 경상남도 유형문화재 제189호

거제 장목진객사(長木鎭客舍)는 경상남도 거제시 장목면에 있는 객사건축으로, 거제 7진(鎭)[17] 중의 하나였던 장목진 관아의 부속건물이며 정확한 건축연대는 알 수 없다. 이 객사는 진해와 마주 보는 거제도의 북쪽 끝, 한려해상의 입구에 자리 잡고 있어 진해만 일대를 방어하는 전략상의 요충이었다. 현재의 객사는 1785년에 중건한 후 순조 2년(1802)에 다시 중수한 건물로 조선 후기의 건축형식을 갖추고 있다. 장목진객사는 정청과 양 익사의 기능을 한 건물에서 처리하고 있는데, 정면 4칸, 측면 2칸의 건물로서 평면형식은 중앙에 2칸의 마루를 두고 좌우 양측에 온돌방을 두었다(그림 3-74). 높은 막돌허튼층쌓기의 기단 위에

---

17 1470년(성종 1년) 거제현에는 왜구를 방어하기 위해 옥포(玉浦)·조라(助羅)·가배·영등·장목(長木)·지세포(知世浦)·율포(栗浦) 등 7진을 두었다.

건축되었으며 바깥기둥은 배흘림 두리기둥, 내부는 네모기둥을 사용하였다. 구조는 높은 기둥을 사용하지 않은 5량가의 초익공 건물로서, 지붕은 팔작지붕으로 정면에만 부연을 시설하였다.

그림 3-74 **거제 장목진객사**
그림 3-75 **거제 기성관**

④ 거제 기성관

거제 기성관(巨濟岐城館)은 본래 세종 4년(1422) 기성(거제의 옛 지명) 7진의 군영 본부로 사용하기 위해 고현에 건립되었고, 현종 4년(1663) 지금의 위치로 옮겨졌으며, 현재의 기성 관은 고종 29년(1892)에 중건된 것이다. 이 건물은 창호나 벽체 없이 통간으로 된 마룻바닥 을 갖춘 큰 누각의 모습으로, 외관으로는 군영 청사보다는 객사로 건립된 건물로 보인다. 정면 9칸, 측면 3칸의 이 객사 건물은 주두 위에만 공포를 둔 주심포양식으로 배흘림 두리기 둥을 세워 주두를 받쳤다(그림 3-75). 기둥 바깥에 외목도리를 설치하고, 내부에 2개의 고주 와 7개의 도리를 갖는 2고주 7량의 구조이다. 건물의 중앙부 3칸은 솟을지붕이며, 좌우 지붕 은 이보다 낮추어 팔작지붕으로 처리했다. 이 건물은 단청이 화려할 뿐만 아니라 그 규모로 볼 때 통영의 세병관, 진주의 촉석루, 밀양의 영남루와 더불어 경남의 4대 전통건축물이라 할 수 있다.

⑤ 흥덕객사, 전북 고창군 흥덕면, 전라북도 유형문화재 제77호

흥덕객사는 장대석으로 마감한 기단 위에 서 있는 정면 5칸, 측면 3칸의 팔작지붕의

그림 3-76 흥덕객사

단정하면서도 품위 있는 건물이다. 흥덕 객사는 일반적인 객사건물과 다르게 정청과 양익사의 기능을 한 건물에서 처리하고 있으며, 평면 중앙에 3칸의 대청을 두고, 좌우 협칸에 온돌방을 만들었으며 전면에는 퇴를 두고 마루를 깔았다(그림 3-76). 이와 같은 평면은 객사라기보다 동헌 정청의 모습과 비슷하다. 방과 대청 사이는 4분합문을 설치하여 필요시 들어 열

수 있도록 하였으며 방 전면에도 두 짝 띠살문을 달았으며, 대청의 정면은 모두 개방하였고 배면에만 칸마다 두 짝의 판문을 시설하였다. 흥덕객사는 1고주 5량구조이며 기둥머리에는 공포를 짜지 않고 구조와 수법이 매우 단순한 굴도리집으로서 홑처마 건물이며, 정유재란 때 소실되었던 것을 중건하였다.

⑥ 순창객사, 전라북도 유형문화재 제48호

조선 후기 영조 35년(1759)에 건립된 객사로, 중앙 정당에는 '전하만만세'라 새긴 전패가 봉안되어 있다. 원래 중앙의 정당을 중심으로 좌측에 동재, 우측에 서재, 앞쪽에 중문, 외문, 측면에 낭무 등으로 구성되었으나 현재는 정당과 동재만 남아 있다. 정당은 앞면 3칸, 옆면 3칸의 다포계 팔작지붕 건물로 내부의 바닥은 벽돌을 깔고 궐패를 안치하고 있다. 동재는 앞면 5칸, 옆면 2칸 규모의 다포계 팔작지붕 건물이다(그림 3-77).

그림 3-77 순창객사의 정당과 동재

원래 정면 12칸, 측면 2칸의 팔작지붕으로 추정되는데, 서재가 붕괴되고 나머지 건물은 초등학교 교실로 사용하기 위해 정당과 동재 사이에 앞뒤 벽을 만들어 맞배지붕의 형태로 처리하였다. 기둥은 민흘림기둥이고, 주초석은 장대석 또는 다듬지 않은 자연석을 그대로 사용한 덤벙주초이다. 이 객사 건물은 특이하게도 익공집이면서도 외목도리를 하여 처마를 길게 밖으로 빼내었다.

⑦ 전주객사

전주객사는 성종 4년(1473)에 전주서고를 짓
고 남은 재료로 서익헌을 개축하였다는 기록이
있어 정확한 건립연대는 알 수 없지만 그 이전에
세워졌음을 알 수 있다. 원래 주사와 그 좌우에
동익헌·서익헌·맹청·무신사 등의 건물이 있었
으나, 현재는 주사와 서익헌, 동익헌, 수직사만
남아 있다. 전주객사는 정면 4칸, 측면 2칸의 맞
배지붕 건물의 주사와 정면 4칸, 측면 2칸의 팔

그림 3-78 **전주객사**

작지붕 건물인 익사가 붙어져 있다(그림 3-78). 주사건물은 장대석을 한벌쌓기한 낮은 기단
위에 막돌초석을 놓고 두리기둥을 세워 공포를 주상에만 올렸고 퇴칸에는 툇마루를 깔았으
며 칸마다 띠살문을 달았다. 주사의 천장은 연등천장이며, 지붕은 주사건물은 맞배지붕,
서익헌은 팔작지붕이다. 주사 정면에는 '풍패지관(豊沛之館)'이라는 현판이 걸려 있어 전주
가 조선왕조의 발원지라는 뜻을 담고 있는데, 풍패란 한나라 고조의 고향 지명으로 그 후
왕조의 본향을 일컫는 말이 되었다.

제4장

사찰건축

4.1 사찰건축의 형성

1. 사찰건축의 이해

불교는 B.C. 5세기경 석가모니(B.C. 565~486)에 의해 인도 북부에서 발생되어 기원후 1세기경에 중국 후한에서부터 우리나라에 전래되었다. 불교의 전래는 우리 민족문화의 여러 방면에 많은 발전을 가져 왔는데, 아직 문화가 확립되어 있지 못했던 삼국의 사회에 정신문화 이외에 불상과 사원건축, 불탑, 범종, 조각과 공예, 회화의 발달에 크게 기여하였다. 사찰건축은 불교가 도입된 이래 시대적 상황과 불교적 교리에 따라 그 배치와 공간구성이 변화되어 왔다. 고구려 소수림왕 2년(372)에 중국의 승려 순도에 의해 불교가 전해지고 375년 국내성에 이블란사와 초문사가 세워진 이래 6세기에는 한반도 전역에 불교가 전파되었고, 고구려와 백제를 통해 일본에까지 불교가 전해졌다.

불교는 부처와 보살을 모시며 여러 의식을 행하기 위하여 사찰, 가람을 형성하였는데, 그 건물들과 내외부 공간을 구성하는 데 있어서 점차 일정한 양식이 생기게 되었다. 즉, 사찰건축은 불교의 세계를 현세에 나타내며 부처의 가르침을 도상적으로 나타내고자 하는 종교적 사상, 불국토 건설이라는 최고의 건축으로서 엄격한 권위와 장엄을 표출하고자 한 사회적 배경, 자연지세에 어울리게 건물을 배치한 풍수설 등이 복합적으로 작용되어 독특한 배치와 공간이 조성되어 왔다. 불교건축은 불교용어로 불사(佛事)라고도 하며, 불교의 종교 행위가 이루어지는 모든 구조물과 건축 공간인 사원의 대지에 이르기까지 전부를 포함한다.

여러 승려들과 신자들이 모여 불도를 닦고 의식을 행하는 곳을 절[寺], 가람(伽藍)이라고 하는데, 가람은 인도어 Sangarama에서 유래된 말로 한자로 음역하여 승가람마(僧伽藍摩) 또는 승가라마(僧伽羅摩)로 음역된다. 승가는 중(衆), 람마는 동산園의 뜻이므로 승가람마는 여러 승려들이 모여 불도를 닦는 곳이라는 뜻에서 승원(僧園), 중원(衆園), 사원(寺園)로 의역되기도 한다. 석가모니가 살아 있을 때의 절은 대도시 주변의 숲이 있는 동산(園林)에 위치하였는데, 원림은 원래 '휴식처'나 '과일이 있는 동산'을 뜻한다. 중국 한나라 시대에 불교가 최초로 전해질 때 선교를 위해 파송된 인도 승려들이 홍려사(鴻臚寺)라고 하는 기존 관청에 거처한 것이 훗날 사찰건축의 기원이 되었다. 인도에서 수행자들의 거주지인 '상가라마', '비하라(vihara)'가 중국에서는 사(寺), 사원(寺院), 원(院), 사찰(寺刹) 등으로 번안되었는데, 원(院)은 주위에 회랑이나 담장을 두른 집을 의미하고, 당나라 시대에는 사(寺)와 원(院)을 같은 의미로 사용되었으며 그 이후에는 사(寺)는 사찰 전체를, 원(院)은 사찰 속에 특정한 기능을 가진 특별한 건물을 가리킬 때 많이 사용하였다.

가람은 석가모니의 사후 석가모니를 대신하기 위해 그 사리를 봉안한 사리탑(stupa), 곧 불탑을 곳곳에 건설하여 예불의 대상으로 삼는 것에서 시작되었다. 이것은 사리 중심의 가람으로서, 사리탑을 가람배치의 중심 요소로 하여 건설되었다. 석가모니의 입멸 후 불교가 종교로서 안정되면서 처음에는 크고 화려한 장식의 탑(스투파)을 중심으로 하는 가람이 지속되는 한편 B.C. 2세기경부터는 불교의식과 기도를 하기 위한 내부공간이 필요해짐에 따라 석굴사원이 성행하기도 하였다. 그후 석가모니의 상징으로서 아주 사실적이고 구체적인 인물 모양을 한 불상이 출현하여 사리탑과 불상이 동등하게 예불의 대상이 되는 사리와 불상의 동격가람을 이루게 되며 불상을 모실 공간이 필요하게 되었다. 사리와 불상 동격 가람 시대에는 석가모니를 대신하던 사리와 탑이 형식적인 의식으로 밀려나게 되고 사실적인 불상이 대두되며 가람의 구성에 커다란 변화가 있게 되었다. 이 시대에는 불상과 예불을 위한 내부공간이 필요하게 되어 금당이 발생되었으며, 사리탑과 금당을 연결하는 직선의 주축에 따르는 일탑식 가람배치가 이루어졌다. 사리탑의 종교적 상징성이 약화되고 불상이 예불의 주된 대상이 되는 불상 중심의 가람에서는 불상이 안치된 금당이 가람배치의 중심적인 역할을 하게 된다. 나아가서는 사리탑이 가람배치의 중심에서 벗어나 금당 앞면의 양쪽에 2개가 세워지는 이탑식 가람배치를 보이거나 아예 세워지지 않기도 하였다.

사찰에서 가장 중요한 구조물은 불상을 모신 당우, 사리를 모신 탑이다. 당우 가운데 금당은 사찰에서 가장 중심이 되는 법당으로, 고대에서 오늘날의 대웅전 등 주불전을 일컫던 총칭이다. 강당은 강의나 의식을 행하는 데 쓰는 큰 방이고, 요사는 승려들이 거처하는 건물이다. 우리나라의 가람배치 형식은 당우와 불탑의 관계, 지형에 따라 구분되는데, 불탑이 하나이며 불탑과 금당, 강당을 좌우대칭형으로 배치하는 일탑식 가람배치와 금당 앞면 양쪽에 두 개의 탑을 놓는 이탑식 가람배치, 불탑의 중요도가 거의 없어져 세워지지 않은 무탑식 가람배치 형식이 있다(그림 4-01, 02). 또한 평지에 대칭축을 따라 건물을 배치하고 회랑으로 공간을 구분하는 평지가람과 산지의 지형에 자유스럽게 축이 분절되며 유기적으로 배치되는 산지가람이 있다.

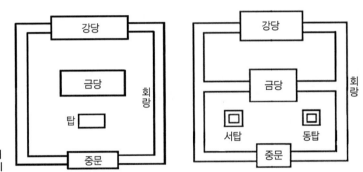

그림 4-01 **일탑식 가람배치**
그림 4-02 **이탑식 가람배치**

2. 불탑과 부도

불탑은 사찰에 건립된 탑으로 탑파(塔婆), 솔도파(率堵婆), 또는 두파(兜婆), 수두파(藪斗婆), 사륜파(私倫婆), 소륜파(蘇倫婆)라고도 음역된다. 솔도파는 산스크리트인 'stupa'를 한자로 음역한 말로서, 스투파는 원래 부처의 사리를 담고 흙과 돌을 쌓아올린, 진신사리를 봉안하는 묘라는 의미였고, 탑파는 팔리어(語) 'thapa'를 한자로 음역한 것으로서, 모두 방분(方墳), 원총(圓塚), 귀종(歸宗), 고현(高顯), 취상(聚相)이라 번역하기도 하고 혹은 고현처(高顯處)로 의역되기도 한다.

B.C. 5세기 초 불교의 창시자인 석가모니 붓다가 쿠시나가라의 보리수 밑에서 입멸한 후 그의 유해를 다비하여 나온 많은 사리를 똑같이 여덟 나라에 나누어 주고[1] 각기 탑을

세우게 되었다. 사리신앙은 이때부터 비롯되었다고 여겨지며, 붓다가 입멸한 지 100년이 지나 인도제국을 건설한 마우리아 왕조의 아소카왕은 불사리를 안치한 8탑을 발굴하여 불사리를 다시 84,000개로 나누어 전국에 널리 사리탑을 세웠다고 한다. 이때 탑의 형태는 반구형으로서 꼭대기에서 수직으로 구멍을 뚫어 지평면에 이르게 하였고, 밑바닥에는 사리 등의 유물을 장치하였으며 주위에 예배하는 길을 만들고 바깥에는 돌로 난간을 둘러 장엄하였다고 한다. 일반적으로 탑은 가장 아래쪽의 기단부와 탑의 몸체를 이루는 탑신부, 상륜부로 구성된다. 불교가 처음 전래된 중국 한나라에는 평원성을 보호하기 위한 3~5층의 전망용 망루들이 발달하였는데, 이 다층 목조건물을 개조하여 불탑으로 대체하였고 이 형식이 한반도에 이입되었다.

　부도(Buddha 浮屠, 浮圖)는 승려의 사리나 유골을 봉안한 묘탑으로 부두(浮頭) 또는 포도(蒲圖) 혹은 불도(佛圖) 등 여러 가지로 표기된다. 우리나라에서 부도라는 용어가 승려의 사리묘탑을 가리키는 의미로 사용되기 시작한 것은 신라 후반부터인 것 같다. 부도는 그 형태가 기단부 위에 단층의 탑신을 놓고 옥개와 상륜부를 차례로 쌓았으며 8각 평면을 이루고 있다. 특히 신라 말과 고려 초에 성행했던 전형적인 부도 형식으로 기단과 탑신, 옥개석이 8각형으로 된 팔각원당형은 우리나라 부도의 주류를 이루고 있다. 고려 말과 조선 초에는 형태가 아주 간략하게 되고 탑신부만 있는 석종형이 많이 세워졌다. 각 부도에는 불상이나 여러 문양들이 장식되어 있고 대개 탑비가 같이 세워져 있으므로, 목조건축과 석조미술, 승려 개개인의 행적, 다른 승려와의 관계와 사적(寺蹟), 당시의 사회상 및 문화적 상황까지도 알려준다.

4.2 고구려 불교건축

1. 불교건축의 개관

　고구려에는 소수림왕 2년(372)에 중국 전진의 왕 부견이 보낸 승려 순도가 불경과 불상을 가져왔고 374년 동진의 승려 아도가 들어와 불교를 전파하였으며, 소수림왕 5년(375)에 국내성에 초문사(肖門寺)와 이불란사(伊不蘭寺)가 최초로 창건되었다. 그 후에 고국양왕 말

1　이를 분사리(分舍利) 또는 사리팔분(舍利八分)이라고 한다.

년(391)에 불법을 숭신하여 복을 구하라는 영을 내렸다는 기록이 있고, 제9대 광개토대왕 2년(392)에 평양에 9개의 절을 지었고, 제21대 문자왕 7년(498)에는 대동강변에 금강사를 창건하여 많은 고승들을 배출하였다. 제25대 평원왕 18년(576)에는 대승상 왕고덕이 승려 의연을 북제(550~577)로 보내 고승인 법상(495~580)에게 불교의 교학에 관하여 배워서 돌아오게 하는 등 국가적 지원 속에 불교가 발달하였고, 영류왕(재위 618~642) 때는 중대사, 진구사, 대원사 등 전국적으로 많은 사찰을 건립하였고, 보장왕(재위 642~668) 때에는 반룡사, 연복사, 영탑사 등 많은 사찰이 세워졌다고 한다.

삼국시대에 각 나라에서는 왕실과 귀족계층이 불교를 적극적으로 수용해 종교를 통하여 왕의 권위를 확고히 하고 민심을 일체화하며 나라를 다스리고자 장대한 불교사원이 적극적으로 건립되었다. 고구려 불교는 왕실불교 내지 국가불교적인 면이 강하여 호법과 호국이 동일시되었으며, '왕이 곧 부처'임을 표방하는 북방불교가 전해졌고 왕실은 이의 홍포를 적극 지원하였으며, 승려들은 왕권의 존엄과 국가에 대한 충성심 함양에 적극적으로 참여하였다. 고구려의 불교는 도입 이후 영류왕 때 혜관(慧灌)이 625년 일본에 건너가 삼론종의 개조가 되었고, 평원왕 때 담징이 일본의 호류지[法隆寺] 금당의 벽화를 그렸으며, 지묵과 맷돌 등을 전하는 등 신라와 일본에 승려를 파견하는 등 활발하게 발전되었으나, 제27대 영류왕 7년(624)에 들어온 도교가 득세하면서 점차 빛을 잃게 되었다. 보장왕 2년(643)에 연개소문은 당나라로터 8명의 도사와 노자도덕경을 받아들여 도교를 숭상하면서 사찰을 몰수하여 도관으로 삼는 등 불교를 박대하였다.

고구려 사찰에 대해서는 문헌을 통하여 사찰의 이름을 알 수 있을 뿐 그 사지에 대해서는 정확하게 알지 못하지만, 평원군 덕산면 원오리사지, 평양 교외의 청암리사지, 대동군 임원면 상오리사지, 광법사지, 영명사지 등의 사지를 발굴한 결과를 통해 가람배치를 짐작할 수 있다. 불교의 도입과 함께 건립된 사찰건축으로 고구려의 건축은 중국의 건축술을 수용하여 한 단계 발전되었을 것으로 짐작된다. 대부분 궁궐건축과 비슷한 양식으로 지어진 고구려의 불교건축은 중국 역사서인 『천관서(天官書)』에 있는 오성좌에 의한 구성을 적용하여 지상에 재현한 중국의 궁궐건축의 영향을 받아서 그 배치형식을 가람배치의 기본형식으로 하였다(그림 4-03).

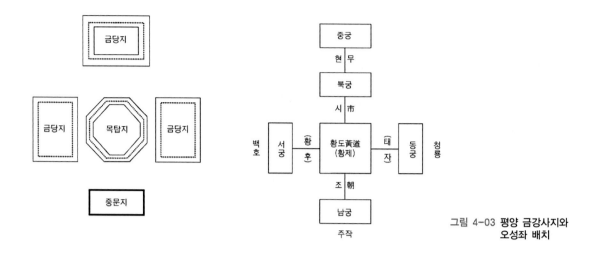

그림 4-03 **평양 금강사지와**
오성좌 배치

이제까지 발굴된 평양의 금강사지, 정릉사지, 대동군 상오리사지, 평원군 원오리사지 등에서 살펴보면, 고구려의 가람은 남북 자오선을 배치의 주축으로 하여 중문, 탑, 금당을 일렬로 두고 탑의 동서에 금당을 대칭으로 배치하는 일탑삼금당식 가람을 이룬다. 중앙에 팔각목탑을 세운 불탑 중심의 일탑삼금당식 배치는 신라 황룡사의 가람배치나 일본 최초의 사찰로 알려진 아스카데라[飛鳥寺]의 가람배치에 영향을 준 것으로 추정된다. 또한 가람을 조영함에 있어서 고려척을 사용하며 금강비례나 황금비례와 같은 비례체계를 많이 사용하였고, 정사각형이나 정팔각형과 같은 기하학적 도형을 많이 사용하였으며, 건축물의 구조적 특성에 따라 구조적 안전성이 보장되도록 단층건물에는 독립기초를, 탑과 같이 하중을 많이 받는 부분은 전면막돌다짐 기초를 사용하였다.[2]

금강사지로 알려진 청암리사지는 가장 전형적인 일탑삼금당식 가람배치로, 중심 팔각 목탑터 사방에 세 개의 금당과 남문터가 위치하고 있다. 상오리사지는 중심부에 8각형 탑이 있고 그 동서 좌우에 각기 약 4m 떨어져 같은 크기의 불전이 대칭으로 세워져 있는 모습이다. 정릉사지는 남북으로 긴 회랑들이 여러 개의 직사각형 영역들을 구획하고 있고, 동서의 길이가 223m에 달하는 대규모 가람으로, 중심영역에 팔각목탑터가 있고, 그 동서로 두 개의 금당이 마주 보고 있지만, 북쪽의 금당은 회랑으로 구획된 북쪽 영역에 독립적으로 배치되었다.

....

2 리용태, 『우리나라 중세과학기술사』, 과학백과사전, 종합출판사, 평양, 1990, p.17.

1) 평양 금강사지

현존하는 절터 중 가장 오래된 것의 하나로 추정되는 평양의 청암리 금강사지는 오성좌에 의한 정연한 가람배치를 잘 보여준다(그림 4-03).『삼국사기』기록에 따르면 문자왕 7년(498)에 세워진 금강사지는 남북의 일직선상에 중문과 탑, 금당, 동서 금당이 배치되었는데, 서남향한 가람의 가운데에 있는 팔각형 목탑지를 중심으로 동서남북에 각각 건물의 기단지가 발굴되었다. 동과 서, 북쪽은 금당의 기단지이고 남쪽은 중문의 기단지로 추측되어 일탑 삼금당식 배치로 짐작된다. 금강사지의 중심부는 동서 100m, 남북 150m이고 그 주변에도 많은 부속건물이 있었을 것으로 보여 사찰의 규모가 매우 컸음을 추정할 수 있다. 금강사지는 탑과 금당의 면적 비율이 0.7 : 1로써 탑의 비율이 후대에 비해 매우 높고 중심적인 위치에 있었다는 사실에서 석가모니의 사리나 그와 연관된 물건을 봉안하는 탑이 당시 주요한 신앙 대상인 탑 중심의 가람이었고, 석가모니의 설법과 해탈을 위한 자신의 수행보다 사리의 영험에 의지하려는 신비적이고 기복적인 면이 강했음을 말해준다. 목탑터는 한 변의 길이가 약 10.5m로, 지름 24.5m의 원에 외접하는 정8각형으로 정확히 작도되는데, 24.5m는 당시 쓰이던 고려척으로 70자에 해당되며, 모든 건축물들은 탑을 중심으로 비례에 맞추어 배치된다(그림 4-04). 고구려의 건축은 일본에도 영향을 미쳤는데, 일본의 초기 절터인 아스카사지에 청암리사지의 3당식 가람배치 모습이 보이고, 호류지의 현존하는 금당과 5층탑에는 고구려 고분벽화에 그려진 건물 세부와 일치하는 모습이 많이 남아 있다(그림 4-05).

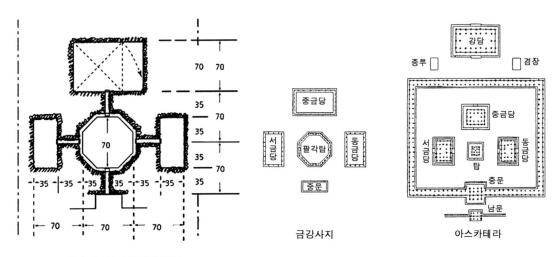

그림 4-04 평양 금강사지의 배치 비례
그림 4-05 평양 금강사지와 아스카테라[飛鳥寺]의 비교

2) 평양 정릉사지

평양의 정릉사는 동명왕릉을 수호하기 위한 왕실의 원찰로 5세기 초엽에 세워졌던 것으로 여겨지는데,[3] 장수왕이 평양으로 도성을 옮긴 직후 시조 동명왕의 무덤을 이곳으로 옮기면서 자신의 장수와 국가의 안녕을 기원하여 세운 것으로 짐작된다. 정릉사지는 중앙의 8각목탑지를 중심으로 동서에 금당이 마주하여 놓이는 일탑삼금당식 배치로서, 탑지의 북쪽으로는 회랑을 경계로 금당이 놓여 있고 이 전체를 회랑이 둘러싸고 있다(그림 4-06, 07, 08). 정릉사는 규모가 가장 크고 짜임새가 뛰어난 고구려의 대표적인 사찰로서, 중문 안쪽 남북 132.8m, 동서 223m, 면적 29,614.4m²에 18채의 건물터가 남아 있으며, 중앙의 8각탑지는 그 바닥 기단의 한 변의 길이가 20.4m, 8각형 한 변의 길이가 약 8.4m이다. 전체 절터는 회랑에 의해서 5개의 구역으로 나누어지는데, 1구역은 8각 건물지를 비롯한 10개 건물지와 회랑, 회랑안의 1개의 문이 있는 중심구역이다. 이 중심구역의 서쪽 2, 4구역과 동쪽의 5구역의 건물터에는 외고래의 구들과 기와조각들로 쌓아 만든 굴뚝개자리구들이 있어 온돌시설을 짐작하게 한다.

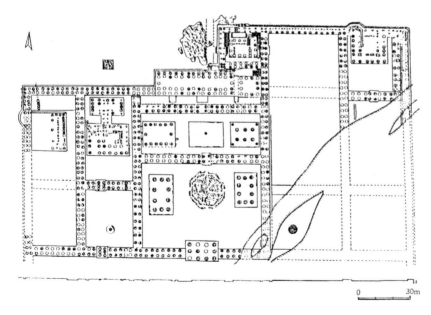

0   30m

그림 4-06 평양 정릉사지 배치도

---

3 정릉사는 1974년 발굴로 그 규모가 알려지게 되었고, 이 유적에서 정릉(定陵), 능사(陵寺)라는 토기편이 발견되면서 정릉사로 확인되었다.

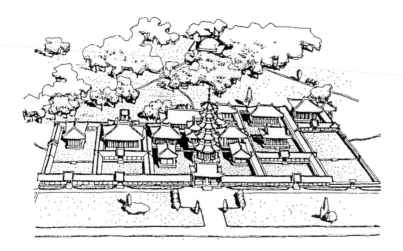
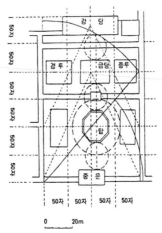

그림 4-07 **평양 정릉사지 복원도**
그림 4-08 **평양 정릉사지 배치 비례**

2. 불 탑

불교가 중국을 거쳐서 4세기 후반에 수용되면서 불탑도 역시 전해졌는데, 재료에 따라 목탑, 석탑, 토탑 등이 있다. 기록에서 볼 수 있는 탑으로는 『삼국유사』에 보이는 고구려 요동성의 육왕탑이 최초로서, 가장 초기에 속하는 이 탑은 삼중 토탑으로서 위에는 솥을 엎은 것(覆釜) 같았으며, 이 탑을 발견한 고구려 성왕은 신심을 내어 7층의 목탑을 세웠다고 한다. 고구려 불탑은 평면이 4각형과 8각형이고 층수는 보통 5층 또는 7층이었던 것 같다. 4각 목탑으로는 요동성 7층탑과 평양 상오리사지의 8각 기단에 4각 목탑을 들 수 있고, 8각 목탑으로는 정릉사지, 금강사지, 영묘사 등 평양 부근에서 많이 구축되었다.

정릉사지 목탑은 기단 한 변이 50고려척(17.5m)인 8각 5층탑으로 높이는 약 40m에 달하였고, 금강사지 목탑은 기단 한 변이 70고려척(24.5m)인 8각 7층탑이며 복원된 탑의 높이는 약 61.25m에 달하는 대규모였을 것으로 추정된다. 이러한 규모는 고구려가 당시 북중국 전진으로부터 불교를 수용하고 북위와 북제 등과 활발한 교류관계를 유지했으므로 새로운 건축인 불교건축과 불탑의 기술도 함께 수용하였으므로 가능했을 것으로 짐작된다. 당시 북위에서는 황제가 주도하여 466년에 영녕사에 300자 높이의 7층목탑을 세워서 천하제일의 탑으로 불렀다고 한다. 『삼국유사』에 의하면 고구려 말에 고승 보덕이 신인의 지시를 따라 평양 대보산 땅밑에서 발굴했다는 영탑사(靈塔寺)의 석탑은 8면 7급이었다고 하는데, 그

8각 석탑의 형태는 어떠한지 전혀 알 수 없다.

4.3 백제 불교건축

1. 불교건축의 개관

불교가 전래되면서 백제는 사상과 문화, 예술이 획기적으로 발전되었을 것으로 짐작되는데, 백제 불교는 성왕(523~553)부터 시작하여 위덕왕(554~597), 법왕(599~600)을 거쳐 무왕 대(600~640)에 이르는 시기에 크게 번성하였다. 백제는 한강 유역에서부터 시작된 한성시대(B.C. 18~A.D. 475), 웅진시대(475~538), 사비시대(538~660)로 나누어볼 수 있지만 백제에 불교가 전해진 시기가 4세기 후반이므로 사찰 건물지는 거의 대부분 웅진시대와 사비시대에 집중되어 지금의 공주, 부여지방에 남아 있다. 불교가 전래(384)된 다음 해에 한산에 불사를 세웠다고 기록되어 있듯이, 백제시대에도 불교의 영향으로 사찰의 건축과 불상, 불구의 제작은 한성시대부터 사비시대까지 이어져 문화의 중요한 요소가 되었을 것이다. 문헌기록과 조사를 통해 백제의 사찰로 알려진 것은 제법 있지만 부여지방과 공주, 익산 지역의 몇 곳만이 발굴조사를 통해 절터로 밝혀져 있다.

한성시대에 초기 불교건축이 시작되었다고 여겨지지만 당시 사찰의 이름이나 위치, 규모, 형태 등에 대해서는 알려진 것이 없다. 웅진시대는 웅진으로 천도 후 국내를 정비하고 신라와 동맹을 맺고 불교를 발전시키며 중국 양나라와의 문물을 교류하여 새로운 발전의 기틀을 마련한 시기로서, 새로운 전축분이 축조되고 대통사와 수원사, 서혈사의 창건 등이 보여 주는 바와 같이 불교 중흥의 바탕을 이룩하였다. 웅진시대에 있어서는 현재 공주시를 중심으로 성왕 5년(527)에 중국 양나라 무제를 위해 대통사를 창사한 기록이 있고, 공주시 반죽동과 중동 사이에 강당지로 추정되는 석조 기단과 그 남쪽에 금당지와 탑지가 있고, 당간지주가 있는 일탑일금당식 가람이 조사되었다. 공주 월성산 기슭에 탑 기단의 유구가 있는 수원사는 위덕왕(554~598) 때 미륵에 관한 설화가 전해지고, 이 밖에 흥륜사, 계룡산 갑사와 반용사, 마곡사, 석굴양식의 동혈사, 서혈사와 주미사 등 10여 개가 전해지고 있다. 특히 주미사지에는 석등과 탑, 금당이 정남향으로 놓여져 있어 일탑일금당 가람으로 여겨진다. 공주지역에는 석굴을 수반하는 산지가람들이 조영되었는데, 공주 망월산 중턱에 위치한 서혈사지 북쪽 약 100m 거리에 불상을 안치한 것으로 생각되는 석굴이 있으며, 서혈사지에서 동남향으로 약 2km 거리에 남혈사라는 석굴이 있는 절터가 있고, 그 외 동혈사지와 주미사지가 있다.

사비시대에 있어서는 부여를 중심으로 많은 사찰기록과 조사된 유적이 있다. 성왕(523~554)은 사비로 천도하면서 대대적인 개혁 작업에 들어가면서 지배질서를 확립하고 사상을 통일하며 국력을 집결하는 이념적 지표로서 불교를 강조하였다. 성왕은 백제 중흥의 왕으로 살생금지령을 내리고 불교를 장려하여 일본에 불교를 전파하기도 하며 중국 양나라와 교류를 통해 새로운 문물을 흡수하였다. 성왕과 무왕의 시대에 왕흥사와 미륵사가 세워졌고, 그 밖에 칠악사, 오함사, 천왕사, 도양사, 백석사 등의 이름이 역사서에 보이고 있다. 부여 규암리 소재의 왕흥사는 사지 주변에 방형초석과 심초석 등이 있으며, '왕흥'이라는 명문기와, 석조불 좌상, 사리함 등이 출토되었으며, 전형적인 일탑일금당식 배치의 가람이었다. 이 밖에 20여 개의 사지가 있으며, 명칭과 발굴조사에서 알려진 사지는 군수리 금강사, 정림사, 임강사, 동남리 천왕사, 백마강가의 고란사, 성주산성의 대오사 등이 있다. 부여 외곽지역에는 익산시에 있는 미륵사지와 제석사, 수덕사, 보령시 성주사 등이 10여 개의 사지가 있다. 사비시대의 사찰건축은 중심축을 따라 중앙에 중문과 탑을 하나 세우고 그 뒤로 금당, 강당을 놓고 주위를 회랑으로 둘러싸는 일탑일금당식 배치를 하였으며, 미륵사는 일탑일금당식 가람 3개가 병렬되는 형식을 취하였다.

백제사찰의 가람배치에 대하여 초기의 한성시대와 웅진시대의 것은 아직 자세히 밝혀지지 않았고, 후기인 사비시대의 것에 대해서만 알려져 있다. 백제시대의 불사건축은 고구려의 가람배치 형식을 발전시켜 일탑식 가람배치를 형성하였다. 군수리사지, 동남리사지, 금강사지 및 정림사지, 미륵사지가 발굴 조사되어 가람배치가 밝혀졌는데, 군수리사지와 금강사 및 정림사지는 중문, 탑, 금당, 강당이 남북중심축의 일직선상에 배치되고 중문에서 나온 회랑이 탑과 금당을 쌓아 강당 좌우, 혹은 강당 좌우에 있는 건물 양끝에 연결되는 형식, 즉 일탑일금당식 가람배치임을 알 수 있다. 군수리사지(그림 4-09)는 일탑식 배치이면서 강당 좌우에 종루와 경루로 추정되는 같은 크기의 건물이 각각 세워져 있다. 정림사지의 경우는 현재 석탑과 고려시대의 작품으로 추정되는 석불좌

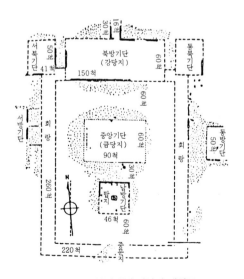

그림 4-09 **부여 군수리사지 배치도**

상이 있고 남북축상에 회랑을 돌려 그 안에 중심영역을 형성한 일탑일금당식이고, 동남리사지는 일탑식 가람배치에서 탑이 생략되고 중문밖 남문터가 발견되었다. 동남리사지는 탑이 없지만 중문·금당·강당이 남북으로 일직선상에 놓이고 회랑은 강당의 좌우에 놓여진 건물에서 남쪽으로 뻗어 중문에 연결되었으며, 강당의 좌우의 터는 종루와 경루의 터로 여겨지고 있다. 백제는 건축기술자들을 일본에 파견해서 사찰건립을 주도하는 등 후진 지역이었던 일본건축에 영향을 주었는데, 일본의 초기 사찰인 오사카의 시텐노지(사천왕사)는 전형적인 백제의 일탑식 가람배치 형식으로 지어졌다.

1) 부여 정림사지, 사적 제301호

정림사지는 백제사찰을 대표하는 중요한 유적의 하나로, 6세기 중엽 창건된 것으로 추정하나 창건 당시의 사찰 이름은 알 수 없으며, 정림사라는 명칭은 고려시대 때 재건 당시(현종 19년, 1028)에 제작된 기와에 '대평8년무진정림사대장당초(大平八年戊辰定林寺大藏唐草)'라는 명문에서 비롯되었다. 정림사의 가람배치는 전형적인 일탑식의 사찰로서 남에서부터 중문, 석탑, 금당, 강당의 순서로 일직선상에 세워졌으며 주위를 회랑으로 구획하였다(그림 4-10).

건물의 평면구성은 적심석의 배치에 따르면 중문은 정면 3칸(11.3m), 측면 1칸(5.3m)이며, 금당은 정면 7칸(18.75m), 측면 5칸(13.8m)이며, 강당은 정면 7칸(24.64m), 측면 3칸(10.7m)이다. 주요 건물 간의 거리를 보면 중문과 석탑 간의 중심거리가 19.98m, 석탑과 금당 간의 거리가 26.27m, 금당과 강당 간 중심거리가 31.70m였으며, 가람중심부를

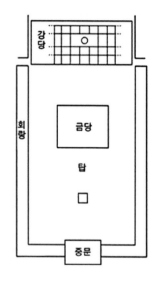

그림 4-10 **부여 정림사지의 배치도**

둘러싼 회랑이 정확한 사각형을 이루지 않고 남에서 북쪽으로 가면서 동서 양 회랑 사이의 간격이 벌어져 마름모꼴을 이루고 있다.

2) 익산 미륵사지, 사적 제150호

미륵사지는 『삼국사기』와 『삼국유사』에 기록이 있고 그 유적이 잘 남아 있어 1980년대 후반부터 본격적인 발굴조사가 행해져 배치상황을 잘 알 수 있다. 미륵사지는 강당을 뺀 일탑일금당식 가람 셋을 중앙과 동쪽, 서쪽에 나란히 두고 강당을 그 뒤에 놓은 독특한 배치를 보인다. 미륵사는 『삼국유사』에 따르면 무왕이 왕비와 함께 사자사에 가는 도중

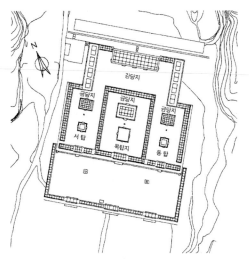

그림 4-11 익산 미륵사지 배치도

이곳의 연못에서 나타난 미륵삼존불을 예배하기 위해 창건되었다고 한다. 용화산 남쪽 기슭에 자리한 미륵사지는 일탑식 가람배치가 3개 복합된 대규모의 동원, 서원, 중원의 삼원병렬식 가람배치로 중원의 뒤쪽으로 거대한 강당을 두고 그 뒤로 승방을 두었던 동양 최대 규모의 사찰로 추측된다.

미륵사지 가람배치를 보면, 중원의 경우 자북에서 서쪽으로 약 25° 기울어진 축선상에 남에서부터 중문, 좌우로 회랑·목탑·금당이 배치되어 있고, 주위는 동회랑·서회랑·북회랑으로 둘러져 있다(그림 4-11, 12, 13, 14). 중원의 동서 양측에는 중원의 남북축을 중심으로 좌우대칭의 동원과 서원을 같은 방식으로 배치하고 있으며, 이들의 동회랑과 서회랑은 중원의 회랑과 겸하여 사용하도록 되었다. 중원은 중금당지, 동원 및 서원은 각 동금당지, 서금당지라는 명칭을 부여하였는데, 중금당지는 정면 5칸(26.2m), 측면 4칸(20.6m)이고, 동·서금당지는 대칭으로 놓여 있으며 규모나 구조가 동일한 형태를 갖추었고 정면 5칸(18.5m), 측면 4칸(15m) 크기이다. 강당지는 지금까지 발굴 조사된 사원 중 가장 큰 규모로서, 정면 13칸, 측면 4칸이며 내부는 통칸으로 큰 공간을 이루고 있고, 남쪽 기단에는 중앙과 동서 양측에 대칭으로 너비 5.1m의 5단 계단을 설치하였다. 승방지는 동서너비 14m, 남북길이 65.2m로 중심부 좌우측인 동서 회랑지 북편에 이어져 있다.

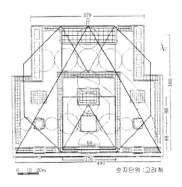

그림 4-12 익산 미륵사지의 복원 모형
그림 4-13 익산 미륵사지의 균제도

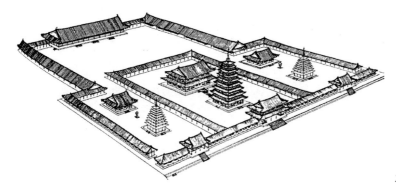

그림 4-14 익산 미륵사지 추정 복원도

동원과 서원에는 석탑을, 중원에는 목탑을 세웠는데, 현존하는 서탑은 백제 석탑 중 가장 크며 가구식 기법과 공포 기법 등에서 목조탑 양식을 모방한 석조탑이다. 현재 6층만 남아 있지만 본래 7층 혹은 9층의 탑신이었을 것으로 추정되는 미륵사지 서탑은 목탑으로부터 석탑으로의 변화과정을 나타내는 한국 초기 석탑의 양식을 살필 수 있는 귀중한 자료이며, 배흘림의 석주와 사방에 뚫린 문의 창방과 평방의 표현 등 목조건축의 양식을 재현한 형태를 보여준다.

3) 부여 금강사지, 사적 제435호

금강사는 부여 은산면에 위치하며 창건 연대는 미상이나, 출토된 암기와 조각에 '금강사'라는 명문이 새겨져 있었으므로 금강사지라고 불린다. 금강사지 가람의 배치는 다른 사지의 좌향이 모두 남향을 하고 있음에 비해 특이하게 동향하여 동서축선상에 건물이 배치된 일탑일금당식 가람이었으며(그림 4-15), 건물 기단은 목탑지를 제외하고는 전부가 단층 기단이었고, 금당지는 지대석·면석·갑석을 구비하고 네 귀에는 동자주를 세웠다. 금당은 남북의 길이 약 19.1m, 동서의 길이 약 13.9m에 달하고, 강당지는 남북의 길이 약 45.5m, 동서의 길이 약 19.1m이며, 강당 좌우 측면에는 회랑이 접속되어 있었다. 중문은 탑지 동쪽에 있었고, 중문의 좌우도 회랑으로 연결되어 있었다.

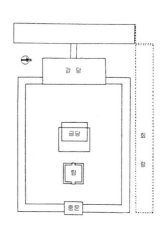

그림 4-15 부여 금강사지 배치도

2. 불 탑

백제에는 절과 탑이 매우 많았다는 것을 기록을 통해서도 알 수 있지만, 현존하는 석탑 중 가장 오래 되고 크다는 익산 미륵사지 석탑과 부여의 정림사지 오층석탑을 살펴봄으로써 백제시대 조탑술의 뛰어난 수법과 그 양식을 엿볼 수 있다. 특히 불탑을 축조하는 기술이 뛰어난 백제는 신라 황룡사 구층목탑을 건조할 때 백제 기술자 아비지가 참여하였듯이 신라와 일본 등 외국에까지 기술자를 파견하며 발달된 건축을 전하여 주었다.

익산 미륵사지 서원의 석탑(국보 제11호, 그림 4-16)은 목탑을 모방하여 돌로 세운 모목석탑으로서, 1층은 목조 구조물과 같이 각 면이 3칸으로 구성되고, 각 면 중앙에는 안으로 들어가는 출입구를 내었으며, 내부 중심에 정사각형의 큰 돌을 쌓아서 찰주(刹柱)를 만들었다. 또 각층의 탑신은 기둥과 벽면을 이루었는데, 이러한 기법은 목탑을 모방하여 석재로 번안하였음을 보여준다.

그림 4-16 **익산 미륵사지 석탑**
그림 4-17 **부여 정림사지 오층석탑**

부여 정림사지 오층석탑(국보 제9호, 그림 4-17)은 부드럽고 세련된 외관으로 백제의 석탑 양식을 대표하는데, 목탑을 그대로 석탑으로 번안한 단계를 벗어나 돌이 가지고 있는 특성을 살려 조형적으로 세련되고 아름다운 백제 계열의 석탑 양식을 구축하고 있다. 정림사지 석탑은 화강석으로 되었으며 높이는 8.33m이고, 2중으로 조성된 기단 위에 탑신과 옥개석이 얇고 간결하게 처리되었고, 처마 양끝은 곡선이 약간 가미되어 위로 쳐들었으며, 사각형 우주에는 배흘림 수법이 보이며 옥개석 아래는 목구조를 추상화시킨 형상으로 처리하여 돌이 지닌 특성을 잘 살린 석탑의 조형미를 창출하고 있다. 장중하고 명쾌하며 흔히 백제오층석탑이라고 불리는 정림사지 석탑을 모형으로 하는 이 계통의 탑은 후대에도 백제지역에 많이 건립되어 전통이 이어진다.

4.4 고신라 불교건축

1. 불교건축의 개관

불교는 5세기 초 소지마립간 때에 아도(일명 묵호자)가 일선(경북 선산)지방에서 전도에 힘썼으나 박해를 받아 별다른 성과를 거두지 못했지만, 법흥왕 14년(527) 이차돈의 순교로 인해 공인을 받게 되었다. 불교는 중앙집권적 지배체제를 유지하는 정신적인 지주로서 매우 적합하고 귀족들의 특권을 옹호해주는 이론적 근거도 갖추었기 때문에 공인 이후 국왕과 귀족세력의 지원 아래 국가불교로서 크게 발전하였다. 고신라시대에는 개인의 현세이익을 기원하는 경우도 많았으나 전반적으로 국가의 발전을 비는 호국신앙으로서의 성격이 매우 강하였으므로 호국경전인 『인왕경(仁王經)』과 『법화경(法華經)』이 중요시되었으며, 호국의 도량을 마련하기 위해 왕궁 가까운 곳에 황룡사, 사천왕사와 같은 큰 사찰을 짓기도 하였다.

불교는 공인 이후 급속히 발전하여 국가종교로 존숭되고 승려와 사원이 국가의 두터운 보호를 받게 되었으며, 황룡사 구층목탑과 사천왕사 건립, 세속오계 등은 모두 불교정신에 의해 민족을 단합하고 국가를 수호하기 위한 뜻을 담고 있는 대표적인 것이다. 불교는 국왕을 중심으로 백성을 하나로 묶는 데 기여했고, 나중에는 왕이 곧 부처라는 왕즉불 사상까지 확립되었으며, 왕의 이름을 보면 법흥왕부터 진흥왕, 진지왕, 진평왕, 선덕여왕, 진덕여왕까지 불교식 이름을 가지고 있다. 진흥왕은 37년간 나라를 다스리는 동안 인도신화에 나오는 이상적인 제왕 전륜성왕을 자처하며 일심으로 불법을 신봉하여 많은 업적을 남겼고, 진평왕은 더욱 불교적인 세계를 추구하여 자신을 석가모니의 아버지 이름과 같은 백정(白淨)으로, 왕비는 석가의 어머니 이름을 따서 마야부인이라고도 했다.

통일 이전의 불교는 자장을 중심으로 하는 계율종이 성행하여 국민사상의 통일에 큰 몫을 담당한 한편 의상의 화엄종은 원융사상을 바탕으로 전제왕권을 중심으로 한 중앙집권적 지배체제와 부합되었기 때문에 귀족사회에서 크게 번성하였다. 삼국통일을 전후한 시기에는 윤리적·실천적 의미의 현세구복적인 성격에서 점차 종교적·신앙적인 의미의 내세적인 불교로 바뀌어가면서 정토신앙이 등장하기 시작하였다. 정토신앙은 통일 직전 왕경의 하급귀족이나 평민들 중에서 사회적으로 몰락해 지방으로 낙향해간 사람들 사이에 싹트기 시작하였으며, 원효는 극락에 왕생하기 위해 '나무아미타불(南無阿彌陀佛)'의 여섯 자를 극진한 마음으로 부르면 충분하다고 가르쳤다.

신라는 제일 늦게 공인되었지만 불교가 매우 성행하였으며 그 영향으로 사상과 문화, 예술이 어느 나라보다도 발달하게 되었다. 신라는 이전까지 신성시 여기던 숲에 칠처가람[4]이라 하여 사찰을 건립하기 시작하였는데, 법흥왕 21년(534)에 흥륜사와 영흥사를 최초로 구축한 이후 수많은 사찰과 불탑을 건축하였다. 최초의 사찰인 흥륜사는 경주의 신성한 천경림을 베어낸 자리에 세웠는데, 귀족들의 반대로 이차돈의 순교 이후 진흥왕 때에 완성되었으며, 최대의 사찰인 황룡사는 선덕여왕 때 궁궐이 들어설 자리에 세워졌다고 한다. 사찰은 신라인이 전통신앙을 대신하여 부처를 숭배하고 의식을 행하는 장소였으므로 국가에서 주도하여 크고 화려하게 조성하였는데, 고신라시대에 창건된 사찰은 기록으로 보면 황룡사, 기원사, 실제사, 삼랑사, 분황사, 영묘사 등 모두 25개소가 되고 이들 중 19개 사찰이 경주에 있었던 도심의 평지가람이다.

신라시대에는 백제의 일탑일금당식 가람배치로부터 영향을 받았는데, 대체로 중문과 탑, 금당, 강당이 일직선상에 배치되고 중문에서 나온 회랑이 강당 좌우, 혹은 강당 좌우에 있는 건물 양끝에 연결되는 일탑식 가람배치였다. 기록상 최초의 가람이며 경주 도성 안에 있는 7개 큰 절의 하나로 진흥왕 5년(544)에 완공되었다고 하는 흥륜사는 『삼국유사』의 기록에 의하면 금당과 남문, 좌우회랑 그리고 남지 등이 있었다고 하며, 현재 남아 있는 금당터는 동서길이 50m, 남북길이 30m, 높이 2.4m의 토단을 이루고 있다. 흥륜사는 고구려에서 온 승장의 지도 아래 10년에 걸쳐 지어졌으며, 진흥왕이 직접 대흥륜사라는 현판을

----

4 7처가람은 이미 과거불 시기부터 불교 사원이 있었던 곳이라는 것으로, 흥륜사, 영흥사, 황룡사, 분황사, 영묘사, 사천왕사, 담엄사 등이다.

하사하고 나중에 이곳의 주지가 될 정도의 국찰이었다. 선덕여왕 3년(634) 창건된 분황사는 전불시대의 칠처가람의 하나로서 일탑식 가람배치로 추정되며 모전석탑이 남아 있으며, 황룡사와 같은 형식의 배치였으나 동·서 금당이 중금당보다 조금 남쪽으로 치우쳐 있었다.

◢ 황룡사, 사적 제6호

진흥왕 14년(553)에 착공하여 566년에 전각이 완성되고 569년에 담장이 완공되어 불사가 완료된 황룡사는 진골 이상이며 국통 중 불교 최고의 지도자만이 주지가 될 수 있을 정도로 고신라 불교의 중심이었다. 황룡사는 고려시대에 몽고 침입으로 1238년 전부 소실되었지만 현재 남아 있는 기단과 초석 등 건물의 터에서 가람의 규모와 배치를 파악할 수 있는데, 구층목탑을 중심으로 한 일탑삼금당식 가람배치로 신라 사찰 중 최대 규모로서, 사찰영역의 면적은 약 825,000m² 정도이다. 가람의 배치는 남북중심축을 따라 중문과 탑, 금당, 강당이 일직선으로 놓여 있고 중문에서 강당까지 회랑을 둘렀고, 금당 좌우 동쪽과 서쪽에는 약간 작은 규모의 금당터가 있다(그림 4-18). 호국탑이며 국방탑인 이 탑을 세우게 된 설화가 『삼국유사』에 전해지고 있는데, 황룡사는 진흥왕 시대에 월성 동쪽에 새로운 궁궐을 세우려 하다가 그곳에서 황룡이 나타나서 절을 짓고 황룡사라고 이름을 붙였다고 한다.

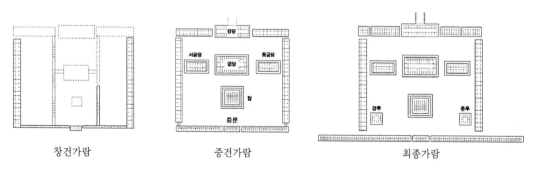

창건가람   중건가람   최종가람

그림 4-18 **경주 황룡사의 배치 변화**

신라의 가장 중요한 호국사찰인 황룡사는 세 차례에 걸쳐 중건되었는데(그림 4-19), 초창기에는 진흥왕 14년(553)에 착공되어 담장(569)과 장륙존상(574)이 완성되어 중문－탑－

그림 4-19 **경주 황룡사의 복원 모형**

금당−강당이 일직선으로 배치되는 일탑일
금당식 가람을 이루었다. 2차 중건으로는 금
당이 진평왕 6년(584)에, 목조 9층탑이 선덕
여왕 14년(645)에 완성되었으며, 금당 옆에
있던 회랑이 없어지고 남쪽의 회랑이 더 남
쪽으로 이건되고 중문의 규모가 4칸으로 커
지게 된다. 초기 574년에 장륙존상을 주조하
고, 이를 안치하기 위하여 584년에 금당을 중
건하여 645년에 오층목탑이 완공되면서 이
루어진 중건 때 황룡사는 본격적인 가람배치
를 갖춘 것으로 보인다. 구층목탑은 외적[5]으로부터의 방어와 호국을 목적으로 자장대사의
발원으로 조성되었는데, 백제의 기술자인 아비지에 의해 선덕여왕 14년(645) 완공되었다.
찰주본기에 따르면 탑은 총 높이가 225척(81m)으로 노반 밑까지가 183척, 상륜부가 42척이
었다. 3차 중건은 남쪽 모서리 부분에 경루와 종루를 짓고 중문을 5칸으로 다시 지으면서
회랑을 남쪽으로 더 밀어내어낸 것인데, 『삼국유사』에 황룡사의 종이 754년에 주조되었다
고 기록되어 있어 이와 비슷한 시기에 종루가 건립되었을 것으로 추정된다. 황룡사는 국가
적인 행사나 우환이 있을 때 고승을 청하여 백고좌를 설치하였고 왕이 친행예불을 할 정도
로 국가적 대찰로서 진평왕의 천사옥대(天賜玉帶)와 더불어 황룡사의 9층탑과 장육상은 신
라의 3보로 숭앙을 받아 왔다.

2. 불 탑

탑파는 불교건축에 있어 매우 중요한 위치를 차지하고 있다. 고신라시대에서는 수도 경
주에 황룡사 구층목탑(654)이나 사천왕사 쌍탑(679)과 같은 거대한 목탑도 있었으나, 벽돌탑
을 모방한 분황사의 석조 3층탑이나 사각층탑 등 석탑이 성행하였다. 선덕여왕 때 아비지가
건축했다고 하는 황룡사 구층목탑은 전체 높이가 81m쯤 되는 대규모였으나 고려 때 몽고의
병란에 불타 소실되었다. 신라에서 석탑이 나타나는 것은 백제보다 시기가 조금 늦으며,

---

5 안홍이 지은 동도성립기에 따르면 이웃나라로는 1층은 일본, 2층은 중화, 3층은 오월, 4층은 탁라, 5층은 응유, 6층은 말갈,
7층은 거란, 8층은 여적, 9층은 예맥이 해당된다.

또 석탑의 원형이 목탑이 아니라 전탑을 본떠서 만들어졌다. 경주 분황사의 석탑과 의성 탑리의 오층석탑은 모두 전탑을 모방하여 돌을 벽돌 형태로 만들어 건립한 모전석탑이다.

현재 통일 이전 탑파의 모습은 분황사 모전석탑에서 엿볼 수 있다. 신라 최고의 석탑으로서 흑갈색의 안산암을 벽돌모양으로 가공하여 축조한 분황사 모전석탑은 선덕여왕 3년 (634) 세워진 것으로 원래 7층이었던 것으로 추정되나 지금은 3층밖에 남아 있지 않다(그림 4-20). 이 탑은 장대석으로 구축한 단층의 기단을 갖추고 있으며, 그 중앙에는 탑신부를 받기 위한 넓은 1단의 화강암 판석이 마련되어 있다. 기단은 크고 높으며 네 귀에 사자가 배치되어 있고, 1층의 4면에 문을 달아 감실을

그림 4-20 **경주 분황사 모전석탑**

만들었다. 이 탑의 1층 탑신 감실의 문 양옆에 조각된 화강암의 인왕상은 연대가 분명하며 신체의 묘사가 매우 사실적으로 표현되어 있다. 이 탑은 신라석탑의 기원을 이루는 것으로, 이러한 모전석탑을 조형으로 하여 신라의 석탑은 삼국통일 시기를 전후하여 정형화한다.

4.5 통일신라 불교건축

1. 불교의 이해

지배체제를 유지하는 정신적인 지주로서 적합하여서 호국신앙으로 발달하였던 불교는 통일신라기에 지배층의 적극적 장려로 더욱 발전하였다. 삼국시대에 전래된 불교는 꾸준히 성장하여서 7세기를 전후해 한국불교가 오히려 중국에 영향을 줄 정도로 발전하였고 통일 후의 7~8세기는 신라문화가 불교문화로서 꽃피우게 되었다. 특히 통일신라시대에는 화엄학이 융성했지만 다른 교학도 백화난만하게 피어나 교학의 황금시대를 연출한다.

삼국을 통일한 후 신라는 새로운 문물과 교리를 습득하려는 입당 유학승들에 의하여 새로운 불교를 다양하게 수용하였는데, 정토사상이나 미륵신앙, 약사신앙과 관음신앙, 의상에 의해 정착된 화엄사상 등이다. 원효와 의상은 화엄사상을 크게 발전시키고 신라 불교의 사상적 폭을 넓히며 널리 민중에게까지도 전파하였다. 신라시대에 성행한 화엄사상은

화엄경을 근본으로 하여 정립된 사상으로서, 우주만물이 홀로 있는 것이 없으며 모든 사물은 대립을 초월하여 하나로 융합하게 된다는 연기설을 바탕에 둔 사상체계이고, 유식론은 삼라만상의 일체의 것이 마음에서 나오고 오직 마음에 의해 변화되며 마음을 떠나서는 존재할 수 없다는 사상이다. 또한 극락세계인 정토에 다시 태어날 것을 추구하는 정토사상, 미륵보살을 믿고 부지런히 덕을 쌓고 노력하면 미래에 희망을 실현할 수 있다는 미륵신앙, 병을 치료하거나 현세적 복락을 얻고 고난을 벗어나고자 하는 약사신앙과 관음신앙 등이 유행하기도 하였다.

아미타불을 신봉하는 정토신앙은 통일 직전 하급귀족이나 평민들 중에서 지방으로 낙향한 사람들 사이에 움트기 시작하였다. 복잡한 교리보다 단순한 이론과 누구나 행할 수 있는 의식, 사후의 서방정토에 왕생한다는 약속 등이 민중들에게 큰 인기를 끌게 되었다. 원효는 극락에 왕생하는 데는 '나무아미타불(南無阿彌陀佛)' 염불을 극진한 마음으로 부르면 충분하다고 설교하며 대중의 지지를 받는 정토교를 널리 보급시켰다. 아미타신앙은 계속되는 전쟁에 시달리던 신라인들에게 안락한 사후세계를 보장해주었으므로 급속히 정착될 수 있었으며, 이후 가장 성행하는 신앙이 되었다.

통일시기에는 불교의 교리에 대한 이해가 깊어갔고 불교에 대한 많은 저술이 나타났다. 그중에서도 원효의 『금강삼매경론(金剛三昧經論)』, 『대승기신론소(大乘起信論疏)』, 『십문화쟁론(十門和諍論)』, 『판비량론(判比量論)』 등이 유명하다. 그 밖에 원측, 의상, 도증, 승장, 경흥, 의적, 태현 등도 많은 저술을 남겼다.

이러한 교리 연구의 영향으로 7~8세기에는 특정의 종교적 성향과 중심되는 경전이 강조되는 경향이 짙어지면서 다양한 계파가 독립, 발전하게 되었지만, 한편으로 교리의 대립으로 여러 교파의 분립현상을 나타내기도 하였다. 이들 종파는 흔히 5교라 하여 보덕에 의한 열반종, 자장에 의한 계율종, 원효에 의한 법성종, 의상에 의한 화엄종, 진표에 의한 법상종이 해당되며, 교종은 불교 경전에 대한 이해와 그에 따른 깨달음을 중시하고 불경이나 불상과 같은 권위적인 교리나 의식을 강조하였다. 통일기 불교계에 큰 영향을 끼친 것은 의상의 화엄사상과 원효의 화쟁사상(和諍思想)[6]이었는데, 이 가운데 화엄사상의 성행은 종래 도시에 있던 사찰을 산간으로 확산케 하였고, 동시에 산지의 지형조건에 맞는 가람구성

....

6 화쟁사상은 모든 대립적인 이론들을 조화시키려는 불교사상으로서 우리나라 불교에서 가장 특징적인 사상이며, 신라의 원광이나 자장에서 비롯되었으며 통일신라시대 원효가 집대성했다.

을 하게 하였다. 이러한 화엄 계열의 사찰로서는 영주 부석사(676), 합천 해인사(803), 구례 화엄사, 범어사(834) 등이 대표적이다.

한편 통일신라 말기에는 복잡한 교리 대신 심성을 도야하는 데 치중하며 개인주의적 성격을 지닌 선종이 크게 성행하였다. 선종은 불립문자(不立文字)를 주장하고 심성을 도야하는 데 치중했던 만큼 복잡한 교리를 다루는 교종과는 대립적이었다. 선종은 처음 선덕여왕 때 들어와 헌덕왕 때 도의가 가지산파를 개창함에 따라 점차 퍼지기 시작하여, 이른바 9산 선문이 성립되고 지방 호족들의 후원을 받아 크게 발달하게 되었다. 선종은 중앙의 진골귀족의 지배체제에 반발하고 있던 지방호족들에게 자립의 사상적 근거를 제공하여 주었다. 구산선문의 개창 조사 및 중심 사원을 살펴보면, ① 실상산문은 홍척이 남원의 실상사에서, ② 가지산문은 도의가 장흥 보림사에서, ③ 사굴산문은 범일이 강릉 굴산사에서, ④ 동리산문은 혜철이 곡성 태안사에서, ⑤ 성주산문은 무염이 보령 성주사에서, ⑥ 사자산문은 철감이 영월 흥녕사에서, ⑦ 희양산문은 도헌이 문경 봉암사에서, ⑧ 봉림산문은 현욱이 창원 봉림사에서, ⑨ 수미산문은 이엄이 해주 광조사에서 각각 개창하였다. 통일신라 말기는 경주의 중앙 귀족들의 통치력이 약화되고 지방 각지의 토착 호족들의 정치적 및 사회적 세력이 강화되던 시기로서, 호족세력은 새로운 불교인 선불교를 사상적 배경으로 채택하고 각지에 선불교사찰의 건립을 후원하였으며, 이러한 호족들과 연합으로 건국한 고려 초기에도 이런 경향은 지속되었다.

이처럼 불교가 공인된 이래 신라에는 학덕과 이름이 높은 승려가 배출되고 5종파가 성립되었으며, 후기에는 선종이 성행하여 교종과 대립하면서 9산을 형성하였다. 학덕이 높은 승려로서는 자장, 의상, 원측, 혜초, 진표, 보덕, 대현 등이 대표적으로 이들은 당나라 또는 인도에 가서 역경과 저술에 종사했으며, 혜초는 인도에 가서 불적을 순례한 후 『왕오천축국전』을 지어 당시 인도와 서역 여러 나라의 상태를 알려주었다. 통일신라의 불교는 초기에 법상종과 화엄종 등의 종파를 중심으로 발전하다가 5교를 형성하였고, 후기에 들어서 선종 계통 중심으로 발전하였다. 9세기 이후부터의 불교는 선종과 정토교의 양대 흐름으로 압축된다.

불교의 교리가 확대되고 다변화됨에 따라서 사찰건축에도 큰 영향을 미치게 되었다. 불교는 삼국통일을 전후하여 윤리적 및 실천적 의미의 현세구복적인 성격에서 점차 종교적이고 신앙적인 의미의 내세적인 불교로 바뀌어갔고, 정토신앙이 등장하기 시작하여 국왕과 귀족에서부터 일반 민중에 이르기까지 급속히 퍼져가게 되었다. 초기에 신라에 전래된 불교는 정신적 지주 역할을 담당하며 왕실불교, 호국불교로 인식되고 대형 사찰이 건립되며 삼국통일의 중요한 배경이 되었으나, 통일 이후 개인신앙적 불교로 전환되어 사찰이 지방으로 확산되고 평지에 세워지던 사찰이 산지에도 세워지며 지형에 맞게 구축되었다. 이제 불교사찰은 왕권을 수호하고 부처의 힘으로 나라를 지키는 호국사찰에서 벗어나 왕실에서부터 서민에 이르기까지 다양한 계층의 신앙을 수용하는 곳이 되었으며 사찰건축의 구성방식도 복잡한 내용을 담게 되었다. 사찰을 건립하는 동기를 『삼국유사』 등 기록에서 살펴보면 숭덕사와 봉덕사, 단속사는 전왕 개인을 기념해서, 무장사와 봉성사, 석가사 등은 승려나 귀족 등의 개인을 기념하여, 불국사와 감산사는 가족관계로, 망해사나 호원사는 용이나 호랑이 등 동물을 기려서 세운 것이다. 그리고 사찰 건립의 위치는 통일 전에는 주로 도시 내 중요한 지점인 궁궐 근처였으나 통일 후에는 도시 외곽이나 교외, 주변의 산기슭에도 세워졌다.

[표 4-01] 5종의 개조와 중심 사찰

5종	개조	중심 사찰
열반종	보덕 화상(무열왕 때)	전주 경복사
계율종	자장 율사(선덕여왕 때)	양산 통도사
법성종	원효 대사(문무왕 때)	경주 분황사
화엄종	의상 대사(문무왕 때)	영주 부석사
법상종	진표 율사(경덕왕 때)	김제 금산사

[표 4-02] 9산의 개조와 중심 사찰

9산	개조	중심사찰	9산	개조	중심사찰
가지산(장흥)	도의	보림사	사자산(영월)	도윤	흥령사
실상산(남원)	홍척	실상사	희양산(문경)	지선	봉암사
동리산(곡성)	혜철	대안사	성주산(보령)	무염	성주사
도굴산(강원)	범일	굴산사	수미산(해주)	이엄	광조사
봉림산(창원)	현욱	봉림사			

2. 불교건축

1) 쌍탑일금당식 가람

신라가 삼국을 통일한 후에는 불교문화가 더욱 발전하여 통일 직후에 사천왕사가 건립되었으며 이어 감은사, 망덕사, 실상사, 고선사, 원원사, 부석사, 봉덕사 등이 건립되었다.

이 시기 수도 경주에는 "절들이 별처럼 펼쳐져 있었고 탑들은 기러기떼 날듯이 줄지어 늘어서 있었다."(『삼국사기』 권3, 흥법 제3)라고 한다. 『삼국사기』와 『삼국유사』 등의 역사서에 나오는 사찰은 160개 정도이고, 그 가운데 33개 정도가 사명, 위치, 연대, 유적 등으로 확인되며, 이 가운데 창건된 시기별로 보면 7세기에 12개, 8세기에 13개, 9세기에 8개이다. 7세기에 창건된 사찰 중에 3사찰, 8세기의 사찰 가운데 4사찰이 산지사찰이며, 9세기의 사찰들은 대부분 산지사찰로서 자유로운 배치를 보여준다.

통일신라시대에는 경주 이외의 여러 지방에도 많은 사찰이 건립되었는데, 감은사지와 망덕사지, 고선사지, 천군동사지 및 불국사 등은 발굴, 조사되어 가람배치가 밝혀졌다. 그 결과 이러한 사찰들과 사천왕사지, 실상사 등이 보여주는 이탑일금당식 배치형식이 신라의 전형적인 가람배치임을 알 수 있다. 사천왕사, 망덕사 등은 목탑을 중심으로 한 쌍탑가람이고, 감은사와 천군동사지, 원원사, 숭복사 등은 석탑 계열의 쌍탑가람이다. 즉, 통일신라시대에는 삼국시대의 일탑일금당식 가람배치에서부터 금당이 가람의 중심이 되며 그 앞에 2개의 탑이 세워지는 이탑일금당식 가람배치로 변화된 것이다. 삼국시대의 다양한 배치방법이 쌍탑 형식으로 고정되는 이러한 변화는 예배대상이 탑에서부터 금당의 불상으로 옮겨갔음을 나타내는 것으로서, 불상을 모신 금당이 사리를 모신 탑보다 더욱 중요한 예불의 대상이 되고 탑은 상징적 조형물이 되기 시작하였다. 또한 탑 중심의 가람에서 금당 중심의 가람으로 변화된 것은 탑이라는 추상화된 모습보다 형상을 인지할 수 있는 불상이라는 실제적인 모습을 원하는 일반 민중의 불교신자들의 욕구가 반영되었다고도 짐작된다. 원원사는 산속의 계곡에 넓은 평지를 열어 2기의 석탑이 대칭으로 세워지고 탑 중간에 석등이 있고 그 뒤에 금당지가 있는 밀교적 요소가 강한 사찰로 알려져 있다.

통일시기에 또 하나의 변화는 익랑이 출현하는 것으로서, 쌍탑일금당식 가람의 형식이 등장하면서 많은 신자들이 예불을 드리는 금당의 활용도를 높이며 신자들의 출입을 편리하게 하기 위해 금당의 익랑이 일반화되는데, 익랑이 보편화되는 것은 7세기 후반에 쌍탑의 등장과 어느 정도 때를 같이 한다고 여겨진다. 금당 중심의 가람에서 중요도가 높아진 금당에 많은 사람이 들어가기 위해 금당은 더 커져야 하며 앞뒤 폭이 좁고 긴 것보다 여유공간이 많은 사각형 평면을 선호하게 되며 출입의 편의와 풍부한 공간체험을 위해 익랑이 설치되게 된 것으로 짐작된다. 사천왕사지에서 발굴된 익랑은 금당 좌우에서 동회랑과 서회랑에 직각으로 이어지는 동서 방향으로 놓여 있는데, 서익랑지는 1×9칸, 주칸거리는 2.6~2.7m로 모두 같은 간격이며, 동서 길이는 21.0~22.4m이다. 서익랑은 서회랑과 직교하여 동쪽으로 연결되고 있으며, 동쪽 끝은 금당 서측면 중앙에 닿아 있다. 감은사지에서는 익랑을 두어 동서에 비해 남북이 짧은 편인 회랑 내부영역을 양분하였고, 고선사지와 불국사에서는 동서보다 남북이 길어서 익랑으로 양분한 뒤에도 나누어진 공간이 정사각형 모습의 공간을 만들어 공간체험을 더 풍부하게 하게 한다.

한편 통일신라시대의 절터는 대부분 금당 앞 좌우에 탑을 세우고 금당 좌우에서 동서 회랑 사이에도 회랑, 즉 익랑이 설치된 이탑일금당식 가람배치로 된 사찰이었지만, 고선사지 삼층석탑, 나원리 오층석탑, 효현리 삼층석탑, 구황리 삼층석탑, 창녕 술정리 삼층석탑 등에서 보이듯이 전형적인 이탑일금당식에서 벗어나 사찰들도 있다. 고선사지는 금당을 중심으로 중문에서 강당 좌우 건물에 달하는 회랑을 돌린 금당원과 회랑에 둘러싸인 탑원이 각각 독립되어 동서로 나란히 놓여 있는 독특한 배치 형식을 보여 준다. 한편 통일신라시대에는 석굴사원이 등장하는데, 자연동굴에 조성된 군위 아미타여래삼존 석굴과 인공적으로 석굴을 조성한 석불사가 대표적이다.

2) 다불전 가람

통일신라시대에는 불교 자체의 변화에 의해 다양한 교파와 숭배하는 불상들을 건축적으로 수용하면서 하나의 사찰에 여러 부처를 모시는 다불전 사찰이 등장하였다. 삼국시대 말부터 다양한 종파가 소개되었는데, 통일신라는 한 사찰에서 이러한 종파를 수용하여 여러 부처를 모심으로써 같은 사찰에서 서로 다른 부처를 모시지 않는 중국이나 일본과 차별화된다. 여러 부처를 모시는 개념은 불국사에서 잘 볼 수 있는데, 불국토를 현세에 실현시키려는 여망에서 불국사는 대웅전 영역, 극락전 영역, 관음전 영역 등에서 다양한 부처를 모심으로써 석가여래의 피안세계, 아미타불의 극락세계, 비로자나불의 연화장세계 등 여러 불국토를 표현하려 하였다. 이러한 다불전 다영역 개념의 사찰은 9세기 이후의 사찰건축들에서 이어지며, 고려시대에도 계속되고 조선시대에 들어오면 숭유억불정책과 맞물려서 통불교적 가람으로 정착되게 된다.

3) 산지가람

한편 당나라에 성행하던 선사상을 익히고 돌아온 승려들은 새로운 바람을 일으켰고, 불교사원에도 큰 변화를 가져오게 하였다. 8세기까지 주로 왕실이나 귀족의 지원 아래 도시 내 중요한 지점에 궁궐 근처를 위시해서 이루어지던 사찰건축은 도회지에 떨어진 산간에 지방 호족들의 뒷받침을 받으며 실질적인 종교의식에 필요한 사찰을 조영해 나갔다. 화엄사상의 성행은 사찰이 산간으로 확산된 가장 큰 계기가 되었고 지형조건에 맞추어 건물들을 배치하는 구성이 이루어졌다. 통일신라 후기에 밀교가 전래되고 선종이 성행되어 내적 성찰을 중요하게 여기게 됨에 따라서 사찰은 산중에 건축되어 소위 산지가람이라는 새로운 형식을 형성하게 된 것이다. 더욱이 크고 유명한 산악을 신령이 깃든 장소로 생각하는 토착적인 산악신앙에 불교신앙이 결합하면서 전국의 큰 산에 사찰을 짓는 것이 확산되었다. 선종은 구산선문이라는 명칭에서 보이듯이 산중불교를 표방하며 구산선문은 모두 산에 위치한 사찰을 중심사찰로 하고 있다. 선종은 명상을 통해 자신에게 내재되어 있는 불심을 발견하는 것이므로 조용한 수행처, 산중을 선호하였다.

이렇듯 삼국통일 후 산지불교로 발전하는 경향이 나타나 부석사, 지리산의 화엄사, 팔공산의 미리사, 계룡산의 갑사 등 오악 중심으로 발전한 화엄종 사찰이 유명하였고, 이 밖에 해인사, 범어사, 금산사, 법주사 등 법상종 계통의 크고 작은 사찰들이 전국 각지에 건립되었다. 통일 후 7세기에 창건된 12개 사찰 중 부석사, 통도사, 화엄사, 8세기에 건립된 13개 사찰 중 금산사, 갈항사, 법주사, 백율사가 산지사찰에 해당되고, 9세기의 해인사, 실상사, 보림사, 영암사, 거돈사 등 대부분 사찰은 산지의 비기하학적 배치를 보인다. 의상에 의해 676년 창건되었다고 하는 부석사는 소백산맥의 산줄기를 등지고 장쾌한 전망을 펼치는 위치에 여러 단의 석축을 쌓고 전각을 배치하였는데, 금당 앞에 작은 석등이 있고 탑을 옆한쪽 치우친 곳에 두어 자연의 지세에 따라 배치되었음을 보여준다. 9세기에 들어서면 여전히 쌍탑식 가람배치가 계속되었지만 이전과 다른 새로운 움직임이 있어 고대적 규범에서 벗어나려는 경향이 강하였다. 남원 실상사는 이탑식 가람이지만 금당의 기단 길이가 30m나 되는 초대형 규모로서 전체적인 구성이 과거와는 다른 모습을 보인다. 또 울산시 울주군 간월사는 이탑식 가람이지만 금당과 탑의 거리가 34m, 두 탑 사이의 거리가 50m나 되어 전형적인 쌍탑식 가람과는 다른 성격을 갖는다. 9세기 이후에는 일반적으로 금당 주변에 탑을 하나만 두게 되었는데, 탑을 세우는 것이 훨씬 다양해져 불전 측면이나 그 외 지형상 탑을 두기에 적당한 곳이면 형식에 구애되지 않고 탑을 세우기도 하여 양양의 선림원지나 진전사에서처럼 가람구성방식이 이전과는 다르게 되었다.

한편 산지가람은 선종의 발달 외에 교통과 군사적 목적에 의해 세워지기도 하였는데, 당시 주변의 불안정한 상황을 제어하기 위해 세워진 것으로 여겨지는 부석사, 또 군사적 목적과 교통의 요지에서 역원의 역할을 한 월악산의 미륵대원 등이 그 사례이다. 이러한 산지가람들은 제약된 공간에서 건축을 하기 때문에 정형화되거나 규격화될 수 없었으므로, 회랑으로 둘러싸인 좌우대칭의 엄격한 구성에서 벗어나 지형조건에 맞게 자유롭게 배치되는 비정형적인 가람을 구성하기 시작하였다. 이 시기에 세워진 사찰로는 원주 거돈사, 양양 진전사, 강릉 굴산사, 강릉 무진사, 여주 고달사 등이 있다.

4) 사찰의 사례

(1) 경주 사천왕사지(四天王寺址), 사적 제8호

경주 낭산의 동남쪽 기슭 신문왕릉 옆 선덕여왕릉 아래에 있던 절로서 당나라의 침략을 부처의 힘을 빌어 막으려고 세워진 사천왕사는 세계의 중심인 수미산 중턱에 위치하여 낭산을 수미산으로 생각했던 신라인들의 불국토사상을 보여준다.

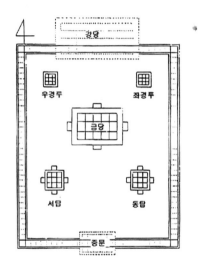

그림 4-21 경주 사천왕사지 배치도

사천왕사는 통일신라 초기의 전형적인 쌍탑일금당식 가람배치로 신라의 호국불교와 불교관, 우주관을 잘 보여준다. 사천왕사는 문무왕 19년(679) 통일 후 처음 세워졌으며, 금당 앞에 탑이 2개 세워지고 금당과 강당 사이 양쪽에 종루와 경장이 회랑 내에 위치하고 있는 쌍탑식 가람이다(그림 4-21). 회랑 안에 금당을 옹위하듯 동탑과 서탑, 종루, 경장의 네 건물이 놓여져 있어 사찰 이름이 나타내듯이 사천왕이 상징적으로 배치되었는 듯하다. 금당 좌우에서 동회랑과 서회랑에 직각으로 이어지는 동서 방향으로 놓여 있는 익랑이 발굴되었는데, 서익랑지는 1×9칸으로 구성되고 주칸거리는 2.6~2.7m로 모두 같은 간격이며, 서익랑은 서회랑과 직교하여 동쪽으로 연결되고 있다. 유지에는 머리가 잘린 귀부 2기와 당간지주 1기가 남아 있으며, 당간지주는 망덕사지의 것과 같은 모습으로 전체 높이 2.4m이다. 절 동쪽에 남아 있는 귀부는 사실적인 표현수법과 등에 새겨진 아름다운 조각이 뛰어난 작품이다.

(2) 경주 감은사지, 사적 제31호

감은사는 신문왕이 부왕인 문무왕(재위 661~680)의 유지를 이어받아 신문왕 2년(682)에 완공한 사찰로서 지금은 삼층석탑 2기와 금당 및 강당 등 건물터만 남아 있다. 『삼국유사』 만파식적조에 의하면 삼국통일의 위업을 달성한 문무왕이 자신을 화장하여 동해바다에 장사 지내면 용이 되어 왜구의 침입을 막겠다고 유언함에 따라서 아들 신문왕이 선왕을 대왕암에 장사 지내고 기리기 위해 감은사를 창건하였다고 한다. 문무왕의 화장 유골이 감은사지에서 보이는 바닷가의 대왕암에 안치되었다는 것이 현지조사결과 확인되었다고 한다. 금당터는 비교적 잘 보존되어 있으며, 지표에 원형 주좌가 새겨진 1개의 초석이 있고, 곳곳에 사각형 초석과 대석, 금당 마루를 이루었던 장대석 등이 있다.

창건 당시에는 높은 석축을 쌓아 평지를 만든 후 남에서부터 중문, 쌍탑, 금당, 강당 순으로 배열되며 중문과 강당을 잇는 사방에 회랑을 돌리고 금당과 양측 동서 회랑 사이로 익랑을 둔 전형적인 쌍탑일금당식 가람이었다(그림 4-22).
금당 양쪽에서 회랑과 연결되는 익랑이 있어 회랑 내부가 둘로 나누어져 있다. 회랑으로 쌓인 가람 중심부의 크기는 남북 길이, 동서너비가 74.0×76.0m로 거의 정사각형이다. 금당은 정연하게 쌓아올린 2중 기단 위에 정면 5칸, 측면 3칸의 규모로 세워졌다. 기단은 턱이 있는 지대석 위에 면석을 세우고 부연이 있는 갑석을 얹은 가구식이며, 사방 중앙에 돌계단이 각각 배치되었다. 금당의 기단 부분에 특별한 돌기단부가 확인되었는데, 금당의 바닥은 마치 마루를 깔듯이 사각형의 장대석을 이중으로 깔고 위쪽에 초석을 놓고 그 아래 사람의 가슴 높이 정도의 공간이 만들어져 있어, 문무왕의 유언에 따라 용의 출입이 가능

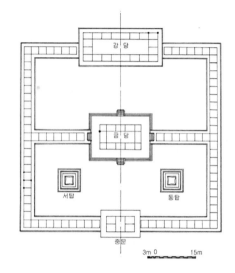

그림 4-22 경주 감은사 배치도

하도록 만들어진 것으로 추정되고 있다. 또한 금당의 서남쪽에서 동북쪽으로 지하 통로구조가 설치되어 동쪽에 외부로 통하는 출구를 내었다.

강당은 지대석, 면석, 갑석을 수직으로 쌓은 가구식의 기단 위에 정면 8칸, 측면 4칸으로 세워졌으나 후대에 서쪽 3칸이 축소되어 정면 5칸, 측면 4칸이 되었다. 중문 역시 지대석, 면석, 갑석을 갖춘 가구식의 기단 위에 정면 3칸, 측면 2칸으로 세워졌고, 정면 3칸에 각각 2짝씩의 출입문을 달았다. 감은사의 석탑은 한국에서 가장 크고 오래된 석탑으로서 통일 이후 전형적인 쌍탑으로 발전되는 시원적인 신라 석탑의 모습을 보여준다.

(3) 경주 불국사(佛國寺), 사적 제502호
법흥왕 27년(536)에 소규모로 창건된 불국사는 제35대 경덕왕 10년(751) 재상 김대성의

감독 아래 대규모로 중창되어 대웅전 영역이 조성되는 등 임진왜란 전까지 여러 차례의 중창 및 중수 과정을 거쳤다. 『삼국유사』권5 「대성효2세부모」조에는 경덕왕 10년 김대성이 전생의 부모를 위하여 석굴사를, 현생의 부모를 위하여 불국사를 창건하였다고 한다. 당시의 건물들은 대웅전 25칸, 다보탑·석가탑·청운교·백운교, 극락전 12칸, 무설전 32칸, 비로전 18칸 등을 비롯하여 무려 80여 종의 건물(약 2,000칸)이 있었다고 한다. 신라의 불교, 예술과 문화의 극치를 이루고 있는 불국사는 임진왜란 때 전소된 이후 선조 37년(1604)경부터 복구와 중건이 시작되어 순조 5년(1805)까지 40여 차례 중수를 거듭했고 1972년 대대적인 보수공사를 하여 없어졌던 무설전, 관음전, 비로전, 경루, 회랑 등이 복원되어 지금의 모습을 갖추게 되었다.

경주 교외 토함산 기슭에 경사진 지형을 이용하여 축대를 쌓은 후 구축된 불국사는 많은 구조물들을 통해 이상적 피안세계인 불국을 형상화하여 대웅전 영역, 극락전 영역, 비로전 및 관음전 영역의 세 영역으로 구성된다(그림 4-23, 24). 이러한 배치는 처음 나타나는 것이며 다양한 교파의 신봉 불상이 통합적으로 안치되는 특이한 구성을 보여준다. 신라의 불교문화를 보여주는 표본이라 할 수 있는 불국사는 법화사상과 정토사상, 화엄사상과

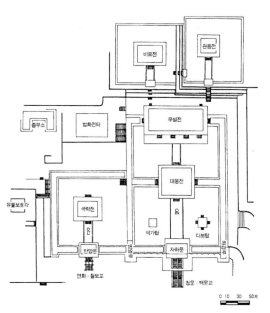

그림 4-23 **경주 불국사의 배치도**(문화재관리국 도면)
그림 4-24 **경주 불국사의 전경**

관음사상이 결합되어 다양하고 복잡한 교리와 사상을 반영하여 하나의 가람 안에 독립된 건축공간들이 집합체를 이루는 다불전 가람구성을 보여준다. 법화사상을 표현하는 대웅전 영역은 석가여래의 피안세계를, 정토사상을 반영하는 극락전 영역은 아미타불의 극락세계를 나타낸다. 대웅전 일곽 뒤쪽 화엄사상과 관음사상을 반영하는 비로전과 관음전 영역은 비로자나불의 연화장세계를 나타낸다고 한다.

불국사의 가장 중심이 되는 공간은 대웅전 영역으로, 청운교와 백운교를 올라가면 중문 자하문, 금당(대웅전), 강당 무설전이 일직선 축을 따라 배치되고 회랑이 둘러싸고 있다. 대웅전 앞마당에는 다보탑과 석가탑이 마주하고 있어 전형적인 산지 이탑식 가람배치를 보여준다. 대웅전 영역은 전체가 높은 2단의 석축 위에 조성되었고 전면 회랑 양끝에 서쪽 범영루, 동쪽 좌경루가 누각형태로 돌출되어 있다. 범영루는 수미범종각이라고 불렸으며, 범영루 기둥 아래 석주는 구름 위에 솟아 있는 수미산[7]을 상징하듯이 석재를 십자형으로 꾸미고 공포부재의 첨차가 구름이 중첩된 모습으로 조각하였다.

대웅전 일곽과 접하여 왼쪽에는 극락전 일곽이 한 단 낮게 위치하는데, 연화교와 칠보교를 올라가서 극락세계에 들어가는 입구를 상징하는 안양문을 지나면 아미타여래를 모신 극락전이 있다. 극락전 일곽과 대웅전 일곽 사이에 명확한 분기점을 이루며 외관에 활기와 변화를 주는 것은 범영루이다. 비로전 영역과 관음전 영역은 대웅전 일곽 뒤로 각기 한 단씩 높은 대지 위에 조성되어 전체적으로 하나로 조화되는 모습을 보여준다. 비로전은 화엄경에 나오는 비로자나불을, 관음전은 관세음보살을 모신 전각으로서, 화엄경에 바탕을 둔 화엄사상, 모든 악과 괴로움에서 중생을 구하고 안락과 이익을 준다는 관음신앙을 나타낸다.

또 하나의 특징적인 요소인 불국사의 석축은 장대한 석축면을 2단으로 나누고 돌출부를 여러 곳에 두면서 변화를 준 뛰어난 조형감각과 안정된 구조미를 보여주고 있다. 석축의 표면 형태는 목조 가구의 결구방식을 석재로 재현한 듯한 수법을 보여주는데, 대웅전 일곽의 전면 하단부 제일 아래쪽에 보이듯이 거칠게 다듬은 큰 석재를 쌓은 수법, 그 위쪽과 청운교, 백운교의 돌출된 부분에서처럼 기둥과 보와 같이 결구하고 그 사이에 넓은 면석으로 채우는 수법, 극락전 일곽의 하단과 대웅전 일곽의 상단 등 가장 기본적으로 쓰인 기둥과 보 모양의 결구 사이를 석재를 가지런히 하여 채워 넣는 수법, 연화칠보교의 돌출부분에서처럼 기둥과 보로 결구된 면을 판자모양으로 다듬어 채워넣는 수법 등이 주목된다.

<hr>

7 수미산은 불교의 세계관에 의하면 세계의 중심에 있는 거대한 산으로서 중턱에 사천왕, 꼭대기에 제석천이 사는 곳이다.

화엄사상의 성행으로 통일신라시대의 사찰은 산간으로 확산케 되면서 동시에 산지의 지형조건에 맞는 가람배치를 구성하게 되었듯이 불국사는 지형을 이용하며 하나의 불국을 이루는 뛰어난 배치를 보이며 또한 완전히 다른 모양의 쌍탑이 금당 앞에 놓여 있고 뛰어난 석축이 구성된 점 등이 특징이다. 대웅전 앞마당의 서쪽의 석가탑은 전형적인 신라석탑의 형식이지만 동쪽의 다보탑은 조형적 창의성이 빼어난 특이하고 아름다운 모습을 보여준다. 불국사에 있어서 청운교, 백운교 등 석조 구름다리의 가구 수법, 석탑미술의 최고로 평가되는 다보탑과 석가탑 등 그 아름다운 구조와 조영의 치밀함, 그리고 가람의 배치 등은 하나의 불국을 나타내고자 한 것이며, 이는 곧 신라인의 세계관과 이상을 나타내주고 있는 것이다. 그만큼 불국사에는 법화, 화엄, 정토, 밀교 등 중요한 불교의 교학 사상과 함께 신라 불교의 현실사상이 아울러 담겨 있으며, 그 조형미와 전체적인 조화는 이상적인 하나의 불교세계, 즉 불국정토를 이루고 있다고 할 만하다. 불국사는 종교적 완성체를 이루면서 뛰어난 조형미를 보여주는 8세기 조형예술의 결정체라고 할 수 있다.

(4) 경주 고선사지(高仙寺地)

경주시 암곡동에 있었던 사찰인 고선사는 건립연대가 확실하지 않은데, 원효스님이 거처했다는 삼국유사의 기록과 사지에서 발견된 서동화상비(誓幢和尚碑) 등으로 볼 때 7세기에 세워졌을 것으로 짐작되는데, 1970년대 덕동호 댐 건설로 수몰되고 삼층석탑은 국립경주박물관으로 이전되었다. 발굴보고서에 따라 복원해보면 고선사는 중문과 금당, 강당이 일직선 축을 따라 놓이고 회랑이 둘러싼 기하학적인 배치였다는 것을 알 수 있으며(그림 4-25), 남아 있던 삼층석탑은 금당영역 옆에 별도의 회랑으로 싸여진 영역 안에 세워져 있으며, 크기와 모양, 구조기법 등이 감은사탑과 아주 흡사하다. 고선사는 금당과 탑이 각기 독립된 사각형 영역을 이루고 있어 각기 독립된 예불공간을 형성한 것으로 짐작된다. 화강암 석재로 건조한 삼층석탑은 2단의 기단 위에 3층의 탑신을 쌓은 통일신라시대의 전형적인 석탑 양식으로 높이 9m이며, 기단 위에 3층의 탑신부를 건립하고 정상에 상륜부를 올려놓았고 상륜부는 층단이 없는 노반과 복발, 앙화석이 남아 있고 찰주는 없다.

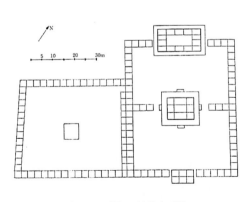

그림 4-25 **경주 고선사지 배치도**

(5) 경주 천군동 사지, 사적 제82호

경주시 천군동에 있는 통일신라시대의 천군동 사지에는 사찰 이름과 건립연대가 알려지지 않았고 현지에 두 개의 석탑(보물 제168호)이 남아 있다. 천군동 사지는 중문과 금당, 강당이 일직선 축에 놓이고 금당 앞에 쌍탑이 놓이며 회랑이 둘러싸는 이탑식 배치형식을 보여주지만, 금당 좌우에 회랑이 없다. 금당은 정사각형에 가까운 형태이고, 쌍석탑은 보편적인 신라 석탑의 후기 양식을 유지하고 있다. 천군동 사지의 발굴 결과 확인된 건물자리는 금당·강당·중문 등으로, 금당자리는 일부 지대석과 기초의 규모만이 확인되었고, 강당자리는 동·서·남면에서 적심석이 확인되어 기둥의 간격을 알 수 있었다(그림 4-26). 발굴조사 결과를 토대로 삼아 요네타(米田美代治)는 금당은 정면과 측면 모두 5칸, 강당

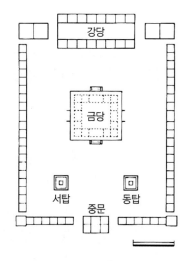

그림 4-26 경주 천군동 사지의 배치도

은 정면 8칸, 측면 3칸, 중문은 정면 3칸, 측면 2칸이었으며, 전체 절터의 규모는 중문에서 강당까지 남북 79m, 동서 61m라고 밝히고 있다. 이 사찰은 양식상 두 개의 석탑이 감은사지와 보문리사지의 석탑보다 늦은 시기로 보여서 8세기 후반 창건된 것으로 여겨진다.

3. 통일신라시대 석굴사원

통일신라의 석조건축으로는 석굴사원과 석탑, 부도 등이 있다. 인도에서 발생한 석굴건축은 자연 암반을 굴착하여 인공의 공간을 만든 건축물로서, 중앙아시아와 중국으로 유포되었고 삼국이나 통일신라에도 전해진 것으로 짐작된다. 석굴사원은 굴원, 석굴 등으로 불리며, 건축 자체가 암석으로 이루어지고 그 벽면이나 천정 등에 그림과 조각으로 장엄하고 정교하게 만들었다. 우리나라의 암반은 대부분 화강암으로 매우 단단해 굴착하기 어렵기 때문에 여러 가지 방법으로 석굴건축의 효과를 내었다. 석굴사원은 크게 차이티야 형식과 비하라 형식 두 가지로 나누어진다. 차이티야(Chaitya)는 하나의 실로 이루어져 예배나 예불하는 예배굴로서 전실과 주실로 이루어지고, 비하라(Viharas)는 복합굴, 승방굴, 수도원 등으로 불리며 사각형 실을 중심으로 여러 개의 작은 굴실로 이루어진다.

석굴사원은 만든 기법에 따라 자연석굴, 굴착석굴, 축조석굴로 분류된다. 자연석굴은 자연적으로 이루어진 동굴을 수도처로 삼은 굴이고, 굴착석굴은 바위를 뚫어 만든 석굴, 축조석굴은 돌을 쌓아 석굴형식으로 조성한 석굴이다. 신라시대의 석굴사원 건축으로는

작은 자연동굴이 주를 이루는 수행굴, 자연동굴을 그대로 또는 약간 가공한 예배굴, 암벽을 약간 깎아내 불상을 조각한 마애석불, 인공으로 석굴을 쌓아올린 축조굴 등이 있다.[8] 자연 지형을 이용하여 인공을 가한 사례로서는 3면으로 둘러싸인 절벽 위에 거대한 목조기와지 붕을 덮어 내부공간을 만든 경주 단석산의 신선사석굴이 대표적이다. 수행굴로서는 낙산사 석굴, 설악산 계조암, 양산 미타암 석굴 등 소규모의 자연동굴 수행굴이 현존한다.

인도와 중국에서 4, 5세기경 유행했던 자연석굴 사원을 모방한 석굴사원으로는 인공적 으로 축조된 경주 석굴암 석굴(석불사)과 암벽에 굴을 판 군위 아미타여래삼존 석굴이 있 다. 예배굴의 대표적인 군위 아미타여래삼존 석굴은 암벽에 굴을 파고 그 속에 석조 삼존불 을 안치한 것으로 석굴암에 앞서 건립되었다. 군위 아미타여래삼존 석굴은 지상 6m 높이의 절벽에 자연암굴을 인공적으로 확장하여 폭 3.8m, 깊이 4.3m, 높이 4.25m의 공간을 만들어 삼존 석불을 안치했다. 경주 토함산 골굴암은 자연암반을 굴착한 석굴로서, 바위산 정상부 에 거대한 마애불을 만들고 그 아래에 크고 작은 12개의 석굴을 조성하였다. 인공으로 석굴 을 쌓은 축조굴로서는 경주 남산의 칠불암(7세기 후반 추정), 경주 굴불사 사면불석주(8세 기 전반 추정), 토함산의 석불사 석굴(석굴암, 8세기 중엽), 흥녕사 석굴(9세기 중엽)을 들 수 있다.

8세기 중엽에 세워진 경주 석굴암 석굴은 인도나 중국의 암벽을 파고들어간 석굴사원을 따른 것이지만 굴착한 석굴이 아니라 큰 돌을 쌓아올린 인공석굴이다. 경주 석굴암 석굴의 구상적 표현과 함께 하나하나의 조각들은 신라불교의 이상과 화합적 정신을 보여주는 것으 로 한국 불교 예술품 가운데서도 최고의 정수로 평가받고 있다. 인도나 중국의 석굴을 본딴 듯한 석굴암은 이전에는 볼 수 없는 새로운 형식의 절로서, 통일신라가 중국뿐만 아니라 인도와 서역까지 광범위하게 교역을 하였다는 사실을 말해주기도 한다. 당나라의 현장(602 ~664)이 17년간 인도와 서역의 성지를 순례한 후 지은 『대당서역기』에 '석가모니가 정각을 이룬 바로 그 자리에 대각사가 세워져 있고, 거기에 정각을 이룬 모습의 불상이 발을 괴어 오른발 위에 얹고 왼손은 샅 위에 뉘었으며 오른손을 늘어뜨리고 동쪽을 향해 앉아 있었다. 대좌의 높이는 당척 4척 2촌이고 넓이는 1장 2척 5촌이며 불상의 높이는 1장 1척 5촌, 양 무릎폭이 8척 8촌, 어깨폭이 6척 2촌이다'라는 기록이 있는데, 경주 석굴암의 본존불 크기가 이 기록과 일치하고 있다.

---

8 문명대, 『한국 석굴사원의 연구』, 역사학보, 제38집, 1968, pp.96~97.

1) 군위 아미타여래삼존 석굴, 국보 제109호

군위 아미타여래삼존석굴은 경북 군위
부계면에 있는 통일신라시대의 석굴로서
700년 전후에 조영되었을 것으로 추정된다.
제2석굴암으로 알려진 이 석굴은 거대한 자
연 화강암 절벽을 뚫어 석굴을 만들었는데,
높이 약 10m 되는 곳에 있는 입구는 원형에
가깝고 독립된 삼존석상(아미타불, 관세음
보살, 대세지보살)이 있는 내부 평면은 사각
형이며 천장은 궁륭형이다(그림 4-27). 석굴

그림 4-27 **군위 아미타여래삼존 석굴**

높이는 4.25m, 본존불은 2.18m, 우협시보살상은 1.92m, 좌협시보살상은 1.8m이다. 가운데
본존불은 사각형 대좌 위에 양 발을 무릎 위에 올리고 발바닥이 위로 향한 자세로 앉아
있는 모습으로 오른손을 무릎 위에 올리고 손가락이 땅을 향한 항마촉지인을 하고 있다.
우리나라의 석굴사원 대부분은 암벽에 마애불을 새기고, 그 위에 목조 전실을 세운 소규모
의 석굴사원을 모방하지만 이 석굴은 자연 암벽을 뚫고 그 속에 불상을 안치한 본격적인
석굴사원이다.

2) 경주 석굴암 석굴, 국보 제24호

석굴암(석불사)은 신라 때 오악의 하나인 토함산 동쪽 높은 곳에 동해를 향해 위치해
있는 한국의 대표적인 석굴사찰로서, 건립 당시에는 석불사라고 불렸다. 『삼국유사』에 따
르면 대상 김대성이 현세의 부모를 위하여 불국사를 세우는 한편, 전세의 부모를 위해서는
석굴암을 세웠다고 한다. 김대성은 왕명을 받들어 토함산의 정상을 사이에 두고 동서로
전개하여 불국사와 석굴암이라는 김씨 왕족을 위한 2대 사찰을 건립한 것인데, 이는 거족적
인 일대 불사로서 이들이 신라인의 믿음과 호국정신의 요람으로서 국찰도 같았던 것을 말
해준다. 특히, 그것은 석굴암의 방위가 김씨 왕족의 공동묘역인 신라의 동해구[9]와 일치하고
있다는 사실에서도 확인된다.

석굴암 석굴은 751년 신라 경덕왕 때 재상이었던 김대성이 창건하기 시작하여 774년에

......
9 동해구란 삼국통일의 영주인 문무왕의 해중릉, 즉 대왕암이 자리 잡고 있는 곳이다.

완공하였다. 석굴암은 천연석굴과는 달리 백색의 화강암을 다듬어 축조한 것으로 당시 조영기술을 잘 보여주며 그 규모나 조각의 정교함, 공간배치 등 기법이 우수하고 아름다워 세계 최고의 걸작으로 평가받고 있다. 석굴암은 인위적으로 석굴을 만들고 내부공간에 본존불인 석가여래불상을 중심으로 그 주위 벽면에 보살상, 제자상, 역사상, 천왕상 등 40구의 불상을 조각했으나 지금은 38구만이 남아 있다.

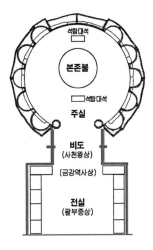

그림 4-28 **경주 석굴암의 평면**

석굴암은 조형미나 내포된 사상의 조화라는 측면에서 살펴보면 그 유래를 찾아볼 수 없을 만큼 건축 수법이 절묘하고 구성이 뛰어나다. 석굴암의 평면은 본존불의 처소인 원형의 주실과 사각형의 전실이 통로인 비도로 연결된 후원전방식(後圓前方式)이다(그림 4-28). 전실은 예배와 공양을 위한 장소로서 석굴 주실의 본존과 그 위로 광배의 후광이 잘 바라다보인다. 전실은 폭 6.5m, 길이 4.5m, 좌우 벽면에 석판을 끼워넣고 8부중과 인왕상을 부조하였고 중방 위쪽 좌우 8개의 벽감 속에는 문수, 유마 등의 좌상을 배치했다. 통로 비도는 폭 3.4m, 길이 2.8m이며 좌우 벽면에 사천왕상의 부조가 있고 주실 입구 좌우에는 8각주가 서 있다. 전실에서 비도로 들어가는 쪽 입구의 양편에는 움직일 듯한 표현의 금강역사(인왕상)가 강인한 근육에 권법의 자세로 눈을 부릅뜨고 서 있고, 비도 양쪽에는 위엄이 넘치는 사천왕상이 지켜서 있다. 주실은 직경 약 7.8m, 높이 약 8m이고, 본존불좌상을 가운데 두고 보살상, 제자상들의 돋을새김, 두리생김상이 벽면 또는 그 위의 감실에 배치되었으며, 본존 석가좌상은 결가부좌에 항마인이며, 높이는 3.26m(대좌 모두 4.84m)이다. 본존불 둘레의 벽면에는 본존불 바로 뒤쪽에 11면 관음보살상을 중심하여 그 좌우에 십대불자와 문수, 보현, 제석 등의 상이 새겨져 있다. 360여 개의 넓적한 돌로 이루어진 천장은 궁륭형의 둥근 형태이며 그 위에 연화문 원판으로 덮었는데, 지붕의 하중을 적절히 분배시키고 석재들을 단단히 고정시키기 위해 독특한 석재 가공기법을 사용하였다. 즉, 천장 중심부에 연꽃무늬의 천장돌이 놓이고 그 옆으로 여러 석재들이 동심원을 이루며 배열되며 폭이 좁은 석재들이 약간 돌출되어 변화를 주면서도 심주 역할을 하여 천장 전체를 견고하게 결합되게 하였다.

원형의 주실에 위치된 화강석으로 만들어진 9척 정도의 본존불상(그림 4-29)은 장엄한 연화대 위에 촉지항마인으로 장중히 결가부좌하여 있다. 석굴암 본존불은 결가부좌한 고요한 모습, 가늘게 뜬 눈, 온화한 눈썹, 미간에 서려 있는 슬기로움, 지금 당장 설법할 듯한

자비로운 입 등 부드러운 자태와 인자한 표정에서 깊
고 숭고한 내면의 아름다움을 느끼게 하는 불교의 구
원상을 형상화한 이상적인 완벽한 미를 나타낸다.

백색의 화강암재로 석감을 조립한 특이한 수법의
내부공간에는 전실부터 시작하여 팔부신중상 8구, 인
왕상 2구, 사천왕상 4구, 천부상 2구, 보살상 3구, 나
한상 10구, 감불 8구와 본존여래좌상 1구가 있다. 이
들 불상의 배치는 좌우대칭을 이루고 있어 시각적 안
정감과 균형감을 주면서 석굴의 안정감을 한층 강조
하기도 한다. 이 석굴은 조영계획에 있어서도 발달된

그림 4-29 **경주 석굴암의 본존불**

건축, 수리, 기하학, 물리학, 종교, 예술이 다 함께 녹아든 당대의 최고 기술과 예술성이
유기적으로 총합되어 이루어진 것이다. 석굴암은 신앙적인 측면은 물론, 조형적인 면까지
신라미술의 최고 절정을 이룬 민족 최대의 석조미술품으로서 1995년 유네스코에 의해 불국
사, 고려대장경(팔만대장경), 종묘와 함께 세계문화유산으로 지정되었다.

4. 통일신라시대 석탑

삼국통일 이후에는 석탑건축이 현저하게 발달하며 정형화되었는데, 백제와 고신라의
각기 다른 두 양식을 종합하여 새로운 양식을 갖추게 되었다. 고신라시대의 탑으로서는
중국의 전탑을 본떠서 만든 분황사 모전석탑(634)이 유일하게 남아 있으나, 통일기로 들어
서면 의성 탑리 오층석탑을 거쳐 백제 계열 석탑과 다른 조형을 갖는 신라탑이라는 독자적
인 양식이 완성되는데, 통일 초창기에 세워진 감은사지의 동·서 삼층석탑(682)을 거쳐 불국
사 석가탑에서 완전한 조형미로 완성된다. 이러한 신라 계열의 석탑은 옥개석 받침이 층단
을 이루는 반면 백제 계열의 석탑은 옥개석을 목탑과 같은 방식으로 낙수면을 경사지게
하고 옥개석 받침도 목조를 번안한 것과 같은 처리를 한다.

통일신라시대의 석탑은 감은사지 동·서 삼층석탑(682)에서부터 신라의 전형적인 석탑
형태가 확립되어 그 뒤 세부적인 변화를 나타내면서 성행하게 되었다. 감은사지의 석탑은
규모가 클 뿐만 아니라 쌍탑으로 이루어져 있어서 통일신라 이후에 정착하는 쌍탑식 가람
배치의 초기 석탑이라는 데도 의의가 있다(그림 4-30). 특히 감은사지 석탑은 기단부가 2층
으로 조금 과장되는 듯 높아지고 또 탑신도 규모가 커졌는데, 2단의 높은 기단 위에 세워진

3층으로서 위로 올라갈수록 층의 높이와 너비가 작아져 안정된 균형을 보여준다. 탑신에는 장식이 없고 양끝에 기둥 모양의 탱주가 있으며, 옥개석은 위로 올라갈수록 크게 줄어든다. 감은사지 석조 쌍탑은 동서 두 탑이 동일한 형태이면서 웅건하고 균형잡힌 아름다움을 나타내고 있어 통일신라 전성기의 석조 조형미를 대표한다고 할 수 있다.

전형적인 신라 석탑은 아래 기단 너비와 탑의 높이가 같고 윗 기단의 너비가 탑 높이와 황금비를 이루고, 각 층 지붕돌의 네 귀를 위에서 아래로 연결하는 사선을 상층 기단의 네 귀까지 내려오는 직선이 되는 등 매우 안정되고 짜임새 있는 인상을 준다. 감은사지 삼층석탑과 고선사지 삼층석탑을 모범으로 하여 이후의 통일신라의 석탑은 월성 나원리 오층석탑, 경주 구황리 삼층석탑에서 보이듯이 점점 규모가 작아지고 간략화되었고, 8세기 중엽에 이르러 갈항사 동삼층석탑과 불국사 삼층석탑에서 한국석탑의 전형적인 양식의 정형을 보게 된다. 고선사지 삼층석탑은 감은사지 삼층석탑보다 부재 전체가 약간 폭이 좁혀지고 탑신에 문 모양이 새겨지며 감은사지 삼층석탑의 당당함이 조금 줄어들었다. 불국사 석가탑은 경덕왕 10년(751)에 세워진 삼층석탑으로서 조형적으로 가장 세련된 모습이다(그림 4-31). 기단은 하단에 비해 상단 폭이 크게 줄어들어 그 비중이 감소되었고, 탑신은 각 층에서 폭보다 높이가 커지면서 경쾌한 상승감과 안정적 비례감이 뛰어나다.

그림 4-30 **경주 감은사지 석탑**
그림 4-31 **경주 불국사 석가탑**

삼국시대의 목탑과 전탑을 서로 융합시켜 이루어진 새로운 형식의 사각형 석탑은 2중 기단 위에 3층 또는 5층의 탑신과 상륜부가 놓여 있고 기단부에는 우주와 탱주가 표현되어 있으며 옥개석의 층급받침은 5단으로 되어 있다. 8세기 이후부터는 보림사 삼층석탑(경문왕 10년, 870)에서 보이듯이 탑의 규모가 더 작아지고 옥개석의 받침이 5단에서 3~4단으로 줄고 면석의 탱주가 2개에서 1개로 줄거나 하는 변화가 일어난다. 9세기의 석탑은 사회의 혼란과 함께 규모가 작아지고 부분도 약화, 생략된 변모를 보이며, 섬세하고 장식적이었는데, 탑의 기단이나 탑신부 표면에 안상이나 사천왕·인왕·팔부중·십이지상 등 불교수호의 신장상을 장식했고, 원원사지 동·서 삼층석탑, 월성 장항리서 오층석탑, 회엄사 서쪽 오층석탑, 진전사지 삼층석탑, 선림원지 삼층석탑 등이 대표적이다.

한편 전형적인 석탑 이외에 조각과 전체의 균형이 절묘한 불국사 다보탑이나 화엄사 사사자 삼층석탑, 월성의 정혜사지 십삼층석탑과 같은 매우 이형적인 형태의 탑도 나타났다. 불국사 다보탑은 목조건축의 세부를 재현한 듯 석재를 정교하게 가공하여 뛰어난 세련미를 보여주는, 다른 유례를 찾아볼 수 없는 특이한 형태를 취하고 있는 석탑이다(그림 4-32). 기단부와 탑신부, 상륜부의 처리가 매우 이질적으로서, 상하단 2중의 기단 가운데

그림 4-32 **경주 불국사 다보탑**
그림 4-33 **구례 화엄사 사사자 삼층석탑**

하단에 계단을 설치하고 상단에는 4개의 기둥이 세워지고 지붕돌을 올린 뒤에 탑신이 세워졌다. 탑신은 8각형을 기본으로 연꽃이 상부를 받치고 있는 형상이며 옥개석도 8각으로 되었고 그 위에 원형의 상륜이 올려져 있다. 의성 탑리 오층석탑은 초층 탑신이 목조건축형식이고 옥개석 부분은 전탑 형식으로 되어 목조건축의 세부 양식을 일부에 나타내었다. 또한 화엄사 사사자 삼층석탑(그림 4-33)은 2중 기단 가운데 상단 기단을 네 개의 사자상으로 만들어 그 위에 전형적 양식의 삼층석탑을 올려 놓았으며, 실상사 백장암의 삼층석탑은 탑신에 목조건축의 공포와 난간을 조각하였다. 또한 통일신라 말기에는 석탑의 2중 기단이 단층으로 변하기도 하는데, 경주 남산 용장사지 삼층석탑, 봉암사 삼층석탑, 화엄사 동쪽 오층석탑 등이 그 예이다.

또한 일반적인 석탑형식을 기본적으로 따르면서 표면을 전탑과 같이 가공하여 축조한 모전석탑이 많이 건립되어 현재 의성 탑리 오층석탑(그림 4-34), 선산 죽장사지 오층석탑, 경주 서악리 삼층석탑, 월남사지 삼층석탑 등이 남아 있다. 모전석탑은 지붕 옥개석이 위, 아래 모두 수평적 층단을 이루는데, 기단은 단순한 장대석 기단에서 2중 가구식 기단으로 변화되기도 한다. 경주 서악리 3층 모전석탑은 초기의 사례로 큰 장대석의 기단 위에 단순한 3층 탑신을 올렸다. 선산 죽장사지 오층석탑은 특별히 당당하게 강조된 가구식 2중 기단 위에 장대한 탑신이 올려져 있다. 통일신라의 목탑으로는 사천왕사의 목탑과 망덕사의 목

그림 4-34 의성 탑리 오층석탑
그림 4-35 칠곡 송림사 오층전탑

탑이 있었고, 전탑으로는 경북 칠곡 송림사 오층전탑(그림 4-35), 안동 신세동 칠층전탑, 안동 동부동 오층전탑 등이 있으며, 해인사 원당암 다층석탑은 푸른 빛깔의 돌로 만든 탑이다.

9세기 이후 석탑은 규모가 작아지는 대신 장식이 늘고 특이한 형태로 바뀌는 등 새로운 면모를 보인다. 정치적 혼란이 이어지면서 왕족이나 귀족, 지방의 호족들은 개인적으로 기복을 구하는 경향이 강해지면서 전국적으로 개인적 기원을 목적으로 석탑을 조성하기도 하였는데, 영일 법광사지 삼층석탑(828), 경주 창림사지 삼층석탑(855), 대구 동화사 비로암 삼층석탑(863) 등이 대표적이다. 이들 석탑은 규모가 축소되고 쌍탑보다 단탑이 주로 세워지며 불교의 장엄을 표현하는 장식이 증가되며 8각 기단이 나타나거나(철원 도피안사 삼층석탑, 경주 석굴암 삼층석탑) 단층 기단으로 간략화되는 특징을 갖는다.

5. 통일신라시대 부도와 석등

고승의 유골을 보존하기 위한 석조 부도는 확실하지는 않지만 신라시대부터 세워지기 시작되고 통일신라 하대에 선종이 유행하던 9세기부터 본격적으로 세워진 것으로 보인다. 승려의 묘탑인 부도는 주로 스승과 제자가 하나의 문파를 이루는 선승들 사이에서 시작하여 스승의 존재를 상징적으로 남기려는 의도로 세워진 것으로 여겨진다. 부도는 처음에는 석탑의 형태를 변형시켜 사용했으나 곧 팔각원당형으로 발전되고 9세기 중반 이후로는 형태가 세련되며 조각이 섬세하고 생동감 있게 되는 뛰어난 조형예술을 이루게 되었다.

문헌상으로는『삼국유사』권4 원광서학조와 권5 혜현구정조에, 7세기 전반 신라 진평왕 때 원광법사의 부도와 백제 혜현의 부도를 각각 세웠다고 기록되어 있어 늦어도 삼국시대 말에는 부도가 건립되었던 것으로 추정된다. 현존하는 부도 가운데 가장 오래된 것은 7세기 전반에 부도가 세워졌다는 기록이 있기도 하지만, 진전사를 창건한 도의선사의 묘탑으로 9세기 중엽 건립된 것으로 추정되는 진전사지 부도와 신라 문성왕 때인 844년 건립된 (전)원주 흥법사지 염거 화상탑이며, 쌍봉사 철감선사탑(868), 실상사 홍척선사부도(875~880), 보림사보조선사부도(880) 등이 건립되었다.

진전사지 부도(그림 4-36, 높이 약 3m)는 사각형의 2층 기단 위에 팔각형의 탑신과 지붕돌을 얹었으며 석탑을 많이 닮은 형태로, 우리나라 부도의 시원적인 양식이 된다고 할 수 있다. 문성왕 6년(844)에 세워진 도의선사의 제자 염거화상의 묘탑인 (전)원주 흥법사지 염거 화상탑은 상중하의 세 부분으로 구성된 8각 대석 위에 팔각원당형의 탑신을 올렸으며, 탑신 세부에 목조건축의 세부 양식이 비교적 자세히 모각되었고 대석 둘레에는 사자, 연화,

그림 4-36 **강원도 양양 진전사지 부도**
그림 4-37 **(전)원주 흥법사지 염거 화상탑**

구름무늬 등이 새겨져 있다(그림 4-37). 이 팔각원당식은 염거화상탑 이후 862년 조성된 태안사 적인선사 조륜청정탑 등 전국적으로 확산되었고, 우리나라 석조부도의 기본적인 형태 중의 하나로서 고려시대에 들면서 크게 성행하였다.

통일신라시대에 만들어진 부도는 대부분 팔각원당형으로서, 평면이 팔각이며 지대석 위에 기단부와 탑신부, 상륜부를 올린 형태이다. 통일신라시대에 고승의 묘탑인 부도는 기단·탑신·옥개석이 모두 팔각형으로 된 팔각원당형 부도가 주류를 이루었는데, 특히 옥개석에는 목조건축 양식을 따른 서까래와 기왓골이 표현되었고, 기단과 탑신부에는 불교의 여러 도상과 장식문양이 정교하게 조각되기도 하였다. 현존하는 통일신라시대 부도 18기 가운데 16기가 9세기에 건립되었고, 9세기에 건립된 16기의 부도 가운데 14기가 팔각원당형의 양식을 갖추고 있다. 팔각원당형 이외에 통일신라시대에 나온 다른 양식의 부도로는 범종을 닮은 '종형 부도'로 불리는 것이 있다.

그림 4-38 **전남 화순 쌍봉사 철감선사탑**

신라 고유의 형태인 팔각원당형 부도의 정형이 만들어진 이후에는 차츰 기단이나 탑신부에 화려한 조각과 장식이 베풀어지게 되었다. 쌍봉사 철감선사탑, 연곡사 동부도와 북부도, 보림사 보조선사탑 등 이 시기에는 조형성이 뛰어난 많은 부도가 세워졌다. 쌍봉사 철감선사탑(868)은 사자산파의 개산 조사인 철감선사의 묘탑으로 팔각원당형이며, 기단부 등에 새겨진 화려하고 생동감 있는 조각상과 탑신부에 정교한 목조건물의 세부 묘사 등이 빼어난 신라 부도의 최고봉에 도달한 가장 예술적인 작품으로 여겨진다(그림 4-38). 이 부도에는 하대석에 구름 속의 꿈틀거리는 용, 사자와 코끼리 등이, 상대석에 연꽃, 상상의 새인 가릉빈가 등이 생동감 있게 새겨져 있는데, 사자는 짐승의 왕으로 그 포효하는 소리에 모든 짐승이 떨듯이 불법이 모든 잡다한 것을 호령함을, 가릉빈가는 극락정토에 사는 사람' 얼굴에 새 모양을 한 짐승으로 극락세계를 상징한다.

석등은 당시 다른 나라에서는 볼 수 없는 우리나라만이 가진 작품으로서, 불상이나 탑처럼 공양과 예배와 신앙의 대상으로 축조되었다. 불교에서는 '빛'을 석가모니나 불법 또는 진리를 밝히는 지혜의 상징으로서 받아들이므로 등불이나 촛불을 켜는 행위는 어둠을 밝힌다는 실용 기능적 의미 외에도 불교의 궁극적 목표라 할 수 있는 깨달음에 한 발 다가선다는 상징적 의미를 갖게 된다. 진리에 어두운 중생에게 광명을 찾는 수행 실천을 격려하는 석등의 일반형으로는 부석사 석등, 법주사 사천왕석등, 불국사 석등 등이 있고, 특히 화엄사 각황전 앞의 석등(그림 4-39)은 매우 화려하며, 법주사의 쌍사자석등, 중흥산성 쌍사자석등 또한 유명하다. 또 법주사 석련지는 우리나라 유일의 것으로 돌 연꽃 위를 난간으로 높이 에워싼 기교를 보여주며 경주 보문동석조도 조각 수법이 뛰어나다.

그림 4-39 **구례 화엄사 각황전 앞의 석등**

4.6 고려 불교건축

1. 고려불교의 개관

고려왕조는 불교를 국가의 기본이념으로 설정하였는데, 태조[10] 왕건이 왕업의 존재근거를 불교에 두면서 불교는 고려를 지탱하는 정신적 지주였다. 불교국가라 할 만큼 국가의 보호 아래 불교는 정치와 사회, 정신계의 지도이념이며 현실생활에 큰 영향을 주었다. 고려

....

10 태조는 「훈요십조」 제1조에서 '우리나라의 대업은 반드시 제불의 호위에 의지한 것이다. 그러므로 선교 양종의 사원을 세워 주지를 보내어 수호하게 하고 각기 그 업을 닦게 하라'고 하여 불교국가의 방향을 제시하였다.

의 불교는 왕실과 귀족들이 불교가 국가나 개인에 행복과 이익을 준다고 믿고 숭상하였기 때문에 크게 발달할 수 있었으며, 현세구복적이고 호국적인 성격을 띠게 되었다. 이러한 성격은 태조에 의한 「훈요십조」에서도 잘 나타나 있다. 「훈요십조」의 첫 번째 항을 보면 "우리 국가의 왕업은 반드시 부처의 도움을 받아야 한다."고 되어 있고, 두 번째 항에서는 절의 건립이 지덕을 얻을 목적으로 창건하였음을 밝히고 있어 불교를 현세의 안녕을 위한 도구로 생각하였음을 보여 준다. 고려의 불교는 '기복양재 진호국가(祈福禳災 鎭護國家)',[11] 곧 복을 구하고 재앙을 막고 국가를 보호하는 극히 현실적인 신앙대상으로 인식되었다. 고승조차도 이러한 기복적 성향을 지녔는데, 수선사의 2대 법주가 된 진각국사 혜심(1178~1234)은 그의 저서 『선문점송집』 서문에서 '참선 공부는 나라의 복운을 오래 이어가게 하고, 지혜의 경론은 이웃나라의 침범을 막아준다'고 하였다.

이런 성향 때문에 불교가 극히 성행하게 되고 왕실에서도 많은 사찰을 짓게 되었으며 개경 시내와 교외에는 왕실의 기복을 위한 원찰들이 세워지고 사찰건축은 경쟁적으로 점점 화려해져 갔다. 이러한 사실은 문헌과 유구로도 확인되는데, 문종 32년(1078)에는 은 427근으로 안을 받치고 겉에는 금 144근을 들여 금을 입혀 탑을 세웠고,[12] 선종 때 태후가 국청사에 13층 황금탑을 세웠으며 유구의 초석이나 석물들이 화려한 장식이 베풀어져 있어 화려했음을 알 수 있다. 『고려사』와 『고려사절요』 등을 통해서 살펴보면, 고려시대의 개경에는 127여 사찰이 있었으며, 그 가운데 법왕사, 자운사, 왕륜사, 내제석원 등 35개의 사찰 위치가 파악되고 나머지는 위치가 파악되지 않고 있다. 고려시대 개경의 사찰들은 개경 중심부를 시작으로 사방으로 퍼져나가는 형태로 창건되었는데, 개경 중심부에 위치한 봉은사, 흥국사, 민천사 등은 국가 차원의 불교행사를 주관했을 뿐만 아니라 궁궐과 관청 기능을 대행하며 정치공간으로 이용되기도 하였다.

태조 왕건은 「훈요십조」에서 불법을 숭상하고 사찰을 보호하며 불교행사인 연등회와 팔관회를 준수할 것을 강조하였고, 또한 일찍부터 경유와 충담 등을 왕사로 삼고 현휘를 국사로 삼았으며, 이엄, 여엄, 윤다, 경보, 희랑 등 많은 고승들을 우대하였다. 또 태조는 신라가 9층탑을 세워 삼국을 통일한 것을 본받아서 개성에는 7층탑, 평양에 9층탑을 세워 통일의 대업을 이루고자 하였고, 무려 500개에 달하는 사찰과 총림, 선원, 불상, 탑 등을

....
11 김영태, 『한국불교사』, 경서원, 1997, p.160.
12 정인지 외, 고전연구실 역, 『신편 고려사』, 신서원, 2001, p.495.

3,500여 개나 세웠다. 태조의 숭불호법의 정신은 그 뒤를 이은 모든 왕들에게 면면히 계승되었다.

태조는 사찰을 세워 불교를 숭상하고 연등회와 팔관회 등을 개최하였으며, 사찰은 사원전 외에 왕실과 귀족들의 하사로 토지와 노비가 증가되어 대장원을 소유하게 되었다. 불교교단에 대한 정비작업을 본격적으로 추진한 광종 9년(958)에는 과거제도에 승과를 두고 선종법계와 교종법계를 마련하여 급제자에게 대선과 종선이라는 법계를 주어 그 권위를 높였으며 승려와 교단을 관리하는 승록사를 설치하였고, 또 광종 19년(968)에는 왕사와 국사의 이사 제도를 시작하며 승려들을 우대하였다. 고려의 불교는 호국적이고 현세구복적, 귀족적 성격을 띠며 보호 육성되었으므로, 역대 왕들은 국가의 대업이나 안위를 위하여 거대한 사찰의 건립, 부처에게 제사 지내는 연등회 및 토속신앙과 불교가 융합된 팔관회의 행사, 대장경 조판 등 국가적 불교사업을 시행하였다.

고려 초기에 불교의 종파는 5교와 9산이 양립하면서 침체된 상태에 있었다. 당시 균여대사, 제관, 의통 등 고승이 있었는데, 제관은 중국 오월에 건너가 천태종의 기본교리를 정리하였고, 의통은 오월에 건너가 중국 천태종의 13대 교조가 되었다. 문종의 아들인 대각국사 의천은 송나라에서 화엄교리와 천태교리를 배우고 돌아와 교종과 선종의 대립으로 침체된 불교를 발전시키기 위해 교선일치를 주장하며 천태종을 창설하여 교관겸수를 주장하였다. 천태종은 무신의 난 이전까지 왕실과 귀족의 보호로 육성되었으나, 대각국사의 사망 이후 급격하게 세력이 약화되었다가 요세(1163~1245)의 백련결사에 의해 부흥하게 된다. 그후 보조국사 지눌은 조계종을 개창하여 고려의 불교는 양종으로 분리되었다. 조계종은 인간의 마음이 곧 부처의 마음을 깨닫는 것이며, 좌선을 주로 하여 마음에 경전을 깨닫도록 하는 돈오점수의 수도방법으로 수행을 강조하였는데, 최씨 무신정권은 조계종을 후원하여 조계종을 무신정권의 사상적 근거로 삼았다. 그러나 고려 후기에 많은 불교행사와 사탑의 건립 등으로 재정의 낭비가 컸고, 또한 승려들의 토지겸병과 고리대금업, 상업행위, 군역도피의 소굴 등으로 그 부패와 폐해가 심해져 불교는 고려 말 신흥 사대부층의 성리학자들로부터 배척을 받게 되었다.

2. 고려 초기의 불교건축

1) 개경의 불교건축

고려 초기에 불교계에 대한 제도적인 개편과 틀을 정립하는 한편, 신앙의 성소로서 사찰은 시설물을 비롯한 물질적인 기반뿐만 아니라 수행승을 포함하여 관리하는 승려들, 사원의 불사와 시설물의 설치, 수리 그리고 신자들을 위한 상제례를 대행하는 전문승 등의 인적인 기반도 보유하며 많이 건립되었다. 고려의 사찰은 불교를 통한 정치적 지배이념의 기반 및 제공, 지방 지배의 군사와 교통, 이념적 지배의 근거지, 현실적·경제적, 일상생활 의례의 제공과 불교적 세계관의 유지 및 경제적 유대 등 고려인의 생활과 깊은 관계를 유지하였다.

태조 왕건은 지방 호족의 도움으로 건국하게 되었으므로 초기의 불교건축은 지역 단위 및 개경을 중심으로 이루어졌다. 태조는 개국 후 도성 개경을 중심으로 많은 사찰을 건립하였는데, 태조 2년(919)에 법왕사, 자운사, 왕륜사, 내제석원, 사나사, 보제사, 신흥사, 문수사, 원통사, 지장사 등 10개의 절을 비롯하여 태조 4년(921)에 대흥사, 태조 5년에 광명사, 일월사, 태조 4년에 대흥사, 태조 7년(924)에 외제석원, 구요당, 신중원, 흥국사, 태조 10년(927)에 묘지사, 태조 12년(929)에 귀산사, 태조 13년(930)에 안화사, 태조 18년(935)에 개국사, 태조 19년(936)에 광흥사, 내천왕사, 현성사, 미륵사 등의 사찰을 창건하였다. 태조 시기에 창건된 사찰의 위치를 살펴보면, 처음에는 개경의 중심부 곧 궁궐 주변에 설치하였으며, 점차 송악산 위쪽(귀산사, 안화사), 동남쪽(개국사), 동북쪽(현성사), 남쪽(미륵사)으로 옮겨졌다. 태조는 이들 절에서 팔관회(법왕사), 연등회(왕륜사), 제석신앙(내외제석원), 무차대회,[13] 미륵신앙(미륵사), 첨성의식(구요당) 등 주요 불교행사를 분담시키고 각 종파의 근거지로 삼았다. 말하자면 태조는 개경 중심부인 궁궐 주변에 절을 구축하고, 그곳에서 중요한 불교행사를 주관하게 한 것이다. 이후 여러 왕들이 개목사, 불일사 등을 창건하였으며, 지금도 법천사, 거돈사, 만복사 등의 터가 남아 있다.

이처럼 고려 초기의 사찰은 개경에 수도의 면모를 보이기 위해 건립된 것으로, 국가적 불교의식의 시행 장소로서, 그리고 각 종파의 고승을 초청하여 머물게 하고 설법과 불교의식을 행하는 장소였다. 이러한 개경 사찰은 역대 왕들에 의해 왕실원당이 건립됨으로써 증가되었고 귀족들의 원당들도 개경 주변에 건립되었다. 고려시대에 개설되었던 국가적 불교행사는 다양한데, 『고려사』세가편에 기록된 불교행사만도 그 종류가 80여 종류가 되며 개설된 횟수는 1,000회가 넘는다. 이들은 사회적·자연적으로 발생되는 여러 가지 재앙을 물리치거나 막고자 하는 것으로서, 대표적으로는 연등회, 팔관회, 1백 개의 불상을 모시

---

13 일반 대중을 대상으로 하여 승려, 속인, 남녀노소, 귀천의 차별 없이 평등하게 잔치를 베풀고 물품을 골고루 나누어주면서 집행하는 법회이다.

고 1백 명의 법사가 불법을 강론하는 인왕도량(인왕백고좌회), 반승,[14] 담선법회,[15] 나한재 등을 들 수 있으며 국가에서 주도한 행사는 연등회와 팔관회로 전 국민의 일체감을 조성하는 등 사회적 기능을 하였다고 여겨진다.

고려 초기에 호족의 연합체의 성격으로 출발하여 왕권의 안정이 부족했으나 광종 때에 들어 강력한 중앙집권적 체제로 전환되면서 도성 내에 왕실과 관련된 사찰이 대규모로 건립되기 시작하였다. 역대 국왕들이 자신들의 원찰로 창건한 것으로서는 광종 때 불일사와 귀법사, 현종 대의 현화사, 문종 대의 흥왕사, 선종 대의 홍원사, 숙종 대의 국청사와 천수사 등을 들 수 있다. 초기에는 선종의 사찰이 많았으나 광종 때 이르러 정권이 안정되면서 팔관회와 연등회 등 화려한 법회와 불교의식이 왕실과 귀족의 구미에 부합되어 교종 사찰이 개경 내의 중심 사찰로 자리 잡게 되었다. 광종~현종 시대에 창건된 절로는 광종2년 (951)의 태조 원당 봉은사, 태조 어머니 유씨의 원당 불일사(951), 광종 5년의 숭선사, 광종 14년의 홍화사, 유암사, 귀법사, 목종 2년의 진관사, 숭교사, 시왕사, 현종 때의 중광사, 현화사, 봉선홍경사 등이 있었다. 광종 대 창건된 봉은사는 황성의 남쪽, 불일사와 귀법사는 나성의 동북쪽에 위치하였다. 태조의 원당으로 창건되어 대대로 연등회를 열었던 봉은사와 유암사는 비교적 궁궐과 가까운 위치에 지어졌지만 황성 밖이었다. 봉은사는 951년에 광종이 창건한 사찰로서 태조 왕건의 영정이 안치되어 있던 곳으로 태조신앙의 근원지이며 언제나 연등회와 팔관회가 시작되었던 곳이다. 불일사와 교종의 본산이었던 귀법사는 궁궐의 동북쪽, 즉 나성의 탄현문 밖에 지어졌으며, 목종대의 진관사와 숭교사는 용수산 기슭에 창건되었다. 불일사는 다불전 형식의 사찰로서, 동서 직사각형의 대지에 중앙가람, 동가람, 서가람의 3구역으로 나누어졌으며, 가운데 중앙가람 구역

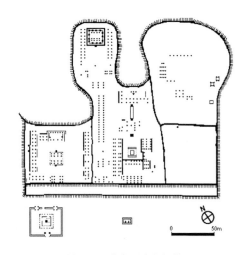

그림 4-40 개경 불일사의 배치도

은 회랑으로 둘러싸여 있으며 중문, 석탑, 금당, 강당이 일직선상에 있는 일탑일금당의 형식을 취하고 있다(그림 4-40). 고려의 대형 사찰들은 여러 개의 독립된 영역들이 합쳐진 복합

---

14 승려를 공경하고 받들어 모신다는 뜻에서 식사를 베푸는 종교행사로서, 특히 고려시대에 많이 이루어졌다.
15 선(禪)의 수행을 위한 법회의식의 하나로서, 선에 대한 이치를 서로 공부하고 참선도 함께 하면서 선풍을 크게 떨치려고 한 법회이다.

다원 가람이었는데, 기록에 따르면, 흥왕사는 3개 영역, 불일사는 3개 영역, 개성 안화사는 5개 영역, 김제 금산사는 3개의 독립 영역으로 이루어졌다고 한다.

2) 지방의 불교건축

통일신라 말 정치적 및 사회적 세력이 강화되던 각 지방의 호족세력이 기존의 규범을 비판하고 해체하려 했던 새로운 불교인 선불교를 사상적 배경으로 채택하고 선불교사찰의 건립을 후원한 흐름은 고려 초기에도 지속되었다. 산속 수행 생활을 중시했던 선불교사찰들은 승방과 수행용 공간을 위주로 한 수도원으로 건립되었기에 엄격한 형식에서 벗어나 각지에 다양한 형태의 지역적 불교건축들이 등장하였다. 이들 선불교사찰은 산속 경사지나 분지 등에 자리 잡았기 때문에 배치형식에 변화가 일어났는데, 풍수도참설이 지형을 분석하고 대응하는 유용한 방법을 제시하였고 도선의 비보사탑설은 각지에 세워지는 사찰들에 정당성을 부여하였다.

수도 개경에 많은 사찰들이 구축된 한편 지방에도 사찰들이 많이 세워졌는데, 지역에 따라 개경과의 협력관계에 따라 차이가 있었던 듯하다. 후백제 지역은 개경과 소원한 관계를 유지했지만, 충주와 여주, 원주 지역은 초기부터 개경과 친밀한 관계를 유지하며 고달사, 흥법사, 거돈사, 법천사 등 많은 사찰들이 세워지게 되었고 화려하고 정교한 조형물들이 남아 있다. 원주 일대에는 흥법사지 삼층석탑, 진공대사탑비, 거돈사의 삼층석탑과 원공국사승묘탑 등이 남아 있고 거돈사 금당동 건물지도 일부 남아 있다. 특히 이 지역의 사찰들은 한강의 수운을 관리, 운영하는 역할을 담당한 것으로 추정되는데, 강안을 따라 일정하게 배치된 여주 신륵사나 고달사, 원주 거돈사와 법천사, 흥법사, 충주 청룡사, 중원 내동사지, 원동사지, 탑평리사지, 금생사지, 정토사지, 억정사지 등이 그 예이다. 여주와 원주, 충주 지역의 사찰은 고려 초기부터 왕사와 국사들이 주석하는 등 개경으로부터 많은 지원을 받았다. 고달사는 희양원, 도봉원과 함께 주지는 항상 문하제자로 상속하라고 고종이 하교한 삼원(三院) 중의 하나이며, 고려 초의 원종대사가 입적하자 광종이 국가의 장인인 국공(國工)을 파견하여 탑과 탑비를 세우도록 할 만큼 중요한 사찰이었다.[16] 고달사지에 남아 있는 부도탑비와 석불대좌, 원종대사탑(보물 제7호)은 10세기 여주 지역의 수준 높은 조형예술을 말해준다(그림 4-41, 42). 흥법사의 진공대사는 고려를 창건할 때 왕건에게 계책을 주어

....
16 이지관 역, 『교감역주 역대고승비문 고려 2』, 가산불교문화연구원, 2000, pp.28~47.

전투에서 승리하게 할 정도로 밀접한 관계를 맺어 왕사로 추대되었고 입적하자 비문을 직접 쓸 정도로 존경을 받았던 고승이었다. 거돈사지의 금당은 정교하게 다듬은 면석과 갑석의 기단 위에 원형 주좌를 갖춘 초석과 고맥이돌들이 금당 내부공간을 2중으로 형성하고 있어 높은 수준의 사찰건축이었음을 짐작할 수 있다. 청주지역에서는 금속활자를 주조한 곳으로 알려진 흥덕사가 대표적인 사찰로서, 평탄한 지형에 조성된 전형적인 일탑식 가람배치를 보인다(그림 4-43). 한편 강원도 명주군 일대의 가람들은 강력한 사굴산문에 소속되었는데, 굴산사와 신복사, 진전사, 한계사 등에 특유의 투박하고 원초적인 조형물들이 남아 있다.

  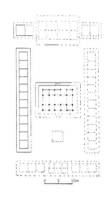

그림 4-41 **여주 고달사지 원종대사탑비의 귀부와 이수**
그림 4-42 **여주 고달사지 원종대사탑**
그림 4-43 **청주 흥덕사지 가람 배치도**

개경에서 벗어난 지방의 대규모 사찰들, 곧 전주 금산사와 원주 법천사, 남원 만복사지, 합천 영암사 등은 그 지방의 사회와 경제, 문화의 중심적인 역할을 하였다. 만복사지는 서쪽에 법당, 동쪽에 목탑이 배치되고, 그 동쪽에 석탑이 있는 매우 복잡한 배치를 보여주며 고구려의 일탑삼금당식 형식이었다고 한다(그림 4-44). 따라서 사찰은 다양한 독립된 생활공간을 가진 여러 개의 원으로 구성되었으며, 종교의식과 승려들의 수행 도량의 기능 외에도 각종 물품의 생산과 소비활동, 신자들의 거주 역할을 담당하였다. 합천의 영암사지는 10세기에 깊은 산속에 조성된 사찰로서, 남아 있는 금당지와 삼층석탑, 쌍사자 석등, 비석 받침석의 거북머리 조각 등을 통해 보면 상당한 수준의 사찰건축이었음을 추측하게 한다(그림 4-45). 호국불교로서 국가적 뒷받침은 사원에 대한 경제적 후원으로도 이어져, 국가는 막대한 비용을 들여 사찰을 건립했고 토지를 지급하였다. 사원전은 면세의 특권이 주어졌으며, 왕실과 귀족들이 토지를 희사하고 농민들이 희생함으로써 더욱 확대되어갔고, 문종 때에는 승려 개인에게도 별사전을 지급하였다.

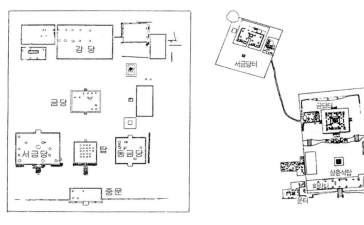

그림 4-44 남원 만복사지 가람배치도
그림 4-45 합천 영암사지 배치도

3. 고려 중기의 불교건축

고려 제5대 광종의 중앙집권체제에 대한 시도를 시작하여 제6대 성종(981~997)에 이르러 체제 정비가 완료되면서, 왕권이 안정되고 귀족사회가 정착되면서 불교건축은 중기인 11~12세기에 극성기를 맞이하게 된다. 「고승비문」에 광종이 원종대사와 법인국사의 부도를 만들 때 국공을 파견하였다고 기록되어 있듯이 광종 때 이미 국가에서 관리하는 장인들이 있었지만, 이 시기에는 장인들을 공부 아래 장작감이라는 부서를 두어 국가가 관리하기 시작하였다. 우수한 실력을 갖추고 관청에서 오랫동안 근무한 기술자에게는 최고 정3품 당하관까지라는 무관계의 높은 벼슬을 주며 신분안정과 사회적 대우를 보장하였다. 이러한 제도의 정비는 기술의 개발과 전수를 가능하게 하여 건축기술의 비약적인 발전을 가져오게 되었고,[17] 이러한 사회적 안정과 기술의 개발, 기술자의 확보는 대규모의 불사를 가능하게 하였다.

......

17 김동욱, 『한국건축공장사연구』, 기문당, 1993, pp.51~68.

11세기 전후에 있어서는 현화사를 중심으로 보수적인 귀족불교인 법상종과 흥왕사를 중심으로 하는 화엄종이 대립하였는데, 의천은 원효의 화쟁사상을 중시하며 화엄종을 중심으로 법상종을 비롯한 교종의 여러 종파를 융합하고 나아가 천태종을 일으킴으로써 선종까지 통합하려 하였고, 불교를 발전시키기 위해 교선일치, 그리고 이론의 연마와 실천을 함께 수련하되 교학의 수련을 강조하는 교관겸수를 주장하였다.

문종(1047~1082) 때에는 개경에만도 70개의 사찰이 즐비할 정도로 불교가 성행하였다고 하는데, 현종 때 나성 축조 이후에 창건된 주요 절로는 문종 시대의 흥왕사(문종 21년, 1067, 개경 동남쪽), 숙종 시대의 국청사(숙종 2년, 1097, 개경 서쪽 관문), 선종 시대의 홍호사(선종 10년, 1093), 예종 시대의 경천사(나성의 서남쪽 밖), 천수사(나성 동쪽 밖) 등을 들 수 있다. 이때 창건된 절은 모두 나성 밖에 위치하며, 일부는 개경에서 상당히 떨어진 곳에 창건된 것도 있다. 이 시대의 사찰은 다양한 계층의 사람들이 다양한 신앙의 대상과 의식을 거행했으므로 석가여래, 아미타불, 지장보살, 관음보살, 약사여래 등 여러 부처를 각각 모신 다불전 형식을 갖춘 것으로 여겨진다.

또한 불교의 발전이 전성기를 맞이하였듯이, 불교건축도 매우 규모가 크고 화려하였다. 국청사에는 선종 때 태후가 만든 13층 황금탑이 있었고, 흥왕사(문종 21년, 1067)는 고려 최대의 왕실 사찰로서 창건 시 건물 규모가 2,800여 칸의 대규모 사찰이었으며, 광통보제사의 금당인 나한보전은 왕이 거처하는 곳보다 좋을 정도로 웅장하였다고 한다. 금산사는 11세기 문종 때 크게 중창되었는데, 본원과 남쪽의 광교원, 동쪽의 봉천원의 세 구역으로 구성되며 각 원에는 3층 건물이 있어 독특한 경관을 이루었다. 중앙의 본원구역만 하여도 3층 건물인 장육전과 대웅대광명전을 비롯하여 영산전과 미륵전 등 60여 동의 건물이 있었고 광교원도 보광명전을 중심으로 고승을 추모하는 영당이 4동이 있었으며 기타 3층 건물이 종각과 기타 건물이 있었고 봉천원은 대광명전을 중심으로 10동의 전각과 3층의 종각이 있었다고 한다(그림 4-46).

이러한 사찰의 화려함은 또한 섬세한 장식과 세련된 조형미를 갖춘 원주 법천사지 지광국사탑(선종 2년, 1085년경)에서도 잘 엿볼 수 있다. 지광국사 해린(984~1067)을 기리기 위한 지광국사탑은 전체적으로 4각의 평면을 기본으로 하는 새로운 양식을 보여주며, 지대석 네 귀퉁이마다 용의 발톱 같은 조각을 두어 땅에 밀착된 듯한 안정감을 주고, 지붕돌은 네 모서리가 치켜올려져 있으며, 기단과 탑신에는 구름과 연꽃무늬, 불상과 보살, 봉황 등을 화려하며 정교하게 조각해놓았다.

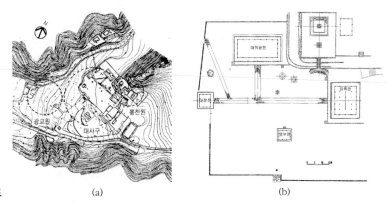

그림 4-46 (a) 김제 금산사의 배치
　　　　　 추정도
　　　　 (b) 김제 금산사의 배치도

(a)　　　　　　　　　　　　　　　　　　(b)

4. 고려 후기의 불교건축

　고려 후기에 접어들어 고려는 무신이 집권하게 되며 귀족사회가 해체되고, 또 오랜 기간 동안 원나라의 지배를 받게 된 사회격변기를 지나게 된다. 의종 24년(1170) 무신에 대한 홀대에서 발생된 무신의 정변은 고려에 엄청난 영향을 미쳤다. 100년 정도 동안 지속된 무신정권은 무신 사이의 하극상으로 인해 여러 민란을 자초하여 사회에 큰 혼란을 가져오고 토지의 겸병을 통해 경제구조를 왜곡시켜 국가의 재정이 악화되게 되었다. 또한 1231년에 시작되어 28년간 지속된 몽고의 침입은 전 국토를 전쟁의 회오리에 휩싸이게 만들어 사회를 혼란하게 하고 농토를 황무지로 만들며 경제구조를 취약하게 만들었다.

　무신집권에 의하여 불교계도 동요하게 되어 일부 교종 계열의 사찰들은 무신세력에 반발하기도 하였고, 또 지방 산간에서는 새로운 종교운동이 일어났다. 무신 집권 초기에 귀법사, 영통사, 흥왕사 등 개경의 대찰은 무신세력과 무력투쟁을 하고 운문사와 부석사, 부인사 등은 농민반란에 가담하여 저항하였지만 모두 좌절되었다. 그동안 교종은 왕족과 문신세력의 비호 아래 성장하였지만 무신정권에 항거하면서 많은 교종사찰이 몰락되고 교종 세력은 약화되게 된 반면, 그간 교종에 비하여 세력이 약하였던 선종이 무신의 지지를 받으며 새로운 세력으로 대두되었다. 정치와 종교의 분리를 주장함으로써 무신정권의 집권 강화에 도움을 준 지방의 선종 계통 사찰들이 흥성하여 불교계의 주도권을 잡게 된 것이다. 12세기 후반 불교계는 교종의 화엄종과 법상종, 선종의 천태종과 조계종으로 재편되게 되었다. 무신의 난 등으로 사회와 정치가 혼란한 가운데 특히 수도 개성에서 멀리 떨어진 호남지방에서 불교의 혁신을 통해 사회의 불안을 해결하려는 움직임이 나타났는데, 지눌에 의한 정혜결사, 요세가 주도한 백련결사가 대표적으로 결사운동은 승려 본연의 수행과 절제를 강조하는 일종의 수도원 운동이고 이들 사찰은 승방과 수행공간이 발달하게 되었다.

보조국사 지눌(1158~1210)은 승과에 급제한 후 선(禪)과 교(敎)가 다르지 않음을 깨우쳐 불교의 타락을 비판하면서 승려 본연의 자세로 독경과 수행, 노동에 고루 힘쓰자는 돈오점수를 바탕으로 정혜쌍수의 뜻 아래 명종 20년(1190) 거조사에서 정혜결사문을 반포함으로써 정혜결사를 맺고 새로운 신앙결사운동, 곧 수선사 결사운동을 펼쳐나갔다. 지눌에 의해 선교의 절충적 단계를 뛰어넘어 선교일치의 완성된 철학체계를 마련하게 된 것이다. 지눌은 조계산 수선사(지금의 송광사)에 주석하면서 선종의 종풍을 드높였고 이후 수선사에서는 고려가 멸망할 때까지 15명의 국사를 배출하였다. 무인세력은 교종세력에 대한 견제로 특히 지눌의 조계종을 지원하여 수선사 개창에 많은 협력을 하였고 무신정권의 비호 아래 기존의 선문을 통합하여 조계종으로 성립, 발전시키게 되었다. 또한 요세(1163~1245)도 지눌에 못지않게 새로운 불교의 중흥에 노력하였는데, 요세는 23세에 승과에 급제하고 지눌의 권유로 정혜결사에 참여하기도 했지만, 1232년 강진 백련사를 결성하여 천태종을 기본으로 하여 정토신앙을 수용함으로써 당시 참담한 현실 속에 피폐되어 있던 민중들의 광범위한 지지를 얻게 되었다. 수선사는 지방의 지식인층을 주된 대상으로 하였음에 비하여 백련사는 정토관에 보다 충실함으로써 기층사회의 교화에 전념하였다고 할 수 있다.

세속화된 불교계를 혁신하고자 하는 자각 반성운동이었던 신앙결사운동은 대개 지방의 독서층, 향리층 출신을 중심으로 형성되었는데, 그들 가운데 상당수는 유학자 출신들에 의해 이루어졌다. 13세기 고려 사회가 처해 있던 대내적 모순을 극복하려는 노력으로 나타나기도 한 이 신앙결사운동은 보조국사 지눌이 수선사를 중심으로 일으킨 정혜결사, 요세가 강진 백련사를 중심으로 일으킨 백련결사 등이 대표적이었다. 이러한 결사운동은 중·하류층의 신앙활동을 활발하게 촉진시켰는데, 새로운 농업기술 도입으로 경제력을 획득한 중소 지주들이 극락왕생의 정토신앙을 추구하며 지방의 중소 사찰을 후원하였다. 지방의 사찰들은 이러한 추세에 따라 안동 봉정사에서 잘 나타나듯이 석가모니불을 모신 대웅전과 아미타불을 모신 극락전을 중심으로 조성되어 갔다. 이러한 사찰들은 불교 행사와는 다른 분위기의 가람의 공간을 구성하여 사찰건축의 공간구성을 새로운 방향으로 전환케 하는 역할을 하였다. 이러한 사찰들은 불규칙한 자연지형을 활용하여 필요한 곳에 다리를 놓거나 계곡물을 사찰의 한 부분이 되게 하여 자연에 순응하는 공간구성을 이루었다.

5. 원 간섭기 이후의 불교건축

몽고와의 투쟁에서 실패한 고려는 원나라의 지배를 받게 되었지만, 한편 성리학이 도입되고 양자강 유역에서 이루어지던 강남농법의 새로운 농업기술이 전래되며 목화가 수입되고 다포건축이 발전되는 계기도 되었다. 그러나 원나라의 간섭기에 접어들면서 대대적인 변화가 이루어지게 되는데, 불교계의 혁신운동은 단절되고 사찰이 권문세족의 후원 아래 막대한 토지와 노비를 소유하는 등 세속화가 가속되었다. 원나라와 고려왕실, 당시 집권세력인 권문세족의 후원을 얻으면서 사찰은 막대한 농장과 노비를 소유하고 승병을 양성하며 막대한 경제적 부를 축적하였으며 승려는 세속화하여, 이제 불교는 당시 혼란한 고려사회를 이끌 수 있는 정신적 이념으로서의 기능을 하지 못하게 되었다. 이러한 상황은 나아가 성리학 수용에 따른 유교와 불교의 교체라는 요인으로 작용하게 되었다. 또한 권문세족이 불교 교단을 장악하여 신앙결사정신은 퇴색되며 점차 귀족적·보수적인 불교로 변질되었고, 수선결사는 몽고의 억압으로 위축되며 결사정신의 퇴색과 함께 명칭도 송광사로 바뀌었다. 백련결사도 고려왕실 및 원왕실의 원찰인 묘련사로 변질되었고 뒤에 권문세가에 의해 장악되었다. 보우는 교단을 통합 정리하는 것이 불교계의 폐단을 바로잡는 과제라고 생각하여 추진하였고, 9산 선문을 다시 통합하여 조선시대를 거쳐 오늘에 이르기까지 조계종의 종조로 받들어진다.

원나라의 간섭기에 성리학이 성행하는 반면 불교는 침체되었지만, 라마교의 영향, 선종의 퇴조와 교종의 재등장이라는 점이 주목된다. 13세기 몽골제국인 원나라에서 들어온 라마교는 매우 위세를 떨쳤던 것으로 짐작되는데, 라마교는 티베트에서 발생한 밀교 계통의 불교로 당시 원나라의 국교였으며, 경천사지 십층석탑과 월정사 팔각 구층석탑, 마곡사 오층석탑에서 그 흔적을 찾아볼 수 있다. 경천사지 십층석탑은 원나라의 장인이 와서 만들었다고 하며 국내에서 볼 수 없는 짝수의 층과 최상층의 지붕곡선, 라마교풍의 상륜부 등이 특이하고, 마곡사의 탑도 상륜부의 처리와 지붕의 곡선이 주목된다. 무신세력에 의해 비호를 받던 선종은 무신세력의 몰락과 함께 쇠약해지고 교종이 자연스럽게 재등장하며 왕실과 긴밀한 관계를 찾게 되었다.

원의 간섭기 이후에도 개성 주변과 각지의 넓은 지역에 많은 사찰이 새로 세워지거나 중창되었는데, 이 시기에 창건된 중요한 사찰은 대개 정치권과 연관이 있는 곳으로 연탄 심원사와 안변 석왕사, 양주 회암사 등을 들 수 있다. 양주의 회암사는 대규모의 사찰로서, 양 측면에 회랑 대신 건물을 세우고 정면 출입구쪽에만 긴 행랑이 배열되었으며, 여러 겹의 독립된 영역들이 앞뒤로 중첩되고 중심영역이 깊숙이 자리 잡은 구성을 하였다(그림 4-47). 회암사는 나중에 조선 태조 이성계의 원찰로서 중요한 역할을 하였으며, 회암사에 대해 이색은 "… 보광전이 5칸으로 남으로 향했고 뒤에는 설법전이 5칸이며, 그 뒤에 사리전이 1칸이고 … 여러 전이 우뚝하게 섰고 … 지붕이 연달아 뻗쳤고 골마루가 넝쿨처럼 돌아서 높고 낮고 아득한 것이 동서를 모르겠다. 무릇 전각이 262칸이었다."[18]라고 기록하였다. 이들 사찰들은 거의 모두가 중앙 정치세력과 연관이 큰 곳이었고, 이러한 고려 말의 불교는 성리학을 수용한 신진사대부들로부터 비판을 받게 되었다. 성리학은 고려 말 불교의 부패, 무속의 성행, 몽고의 침탈에 의한 민중의 피폐를 해결하는 수단으로 수용되었는데, 이러한 사상이 자랄 수 있었던 것은 농업기술의 도입과 그로 인한 생산성의 증가로 중소자영 계층이 발달되고 그들 중에 새로운 사상을 추구하는 사대부계층이 발생했기 때문이다.

그림 4-47 양주 회암사지의 복원 모형

6. 사찰건축의 사례

고려시대의 사찰은 개성을 중심으로 한 북한 지역에 주로 건립되었고, 현재 남한에는 중원 미륵사지와 남원의 만복사지, 청평사지 등 몇몇 절터만이 남아 있을 뿐 당시에 창건되어 현존하는 사찰은 거의 없다. 고려시대에 중건되거나 건립된 전각들로는 봉정사 극락전, 부석사 무량수전과 조사당, 수덕사 대웅전 등이 남아 있을 뿐이다.

고려시대는 불교 융성과 함께 민간신앙 요소가 통합되면서 금당이 대웅전, 능인보전,

----

18 김동욱, 『한국의 건축역사』, 기문당, 1998, p.137.

나한보전으로 이름이 바뀌는 등 가람에 다양한 변화를 가져오게 되었다. 고려시대에는 통일신라의 이탑식 가람배치를 계승하는 한편 일탑식 가람배치도 겸용하였으며, 풍수지리사상의 영향으로 산지가람이 성행하였듯이 가람배치 형식이 매우 다양했던 것으로 보인다. 도읍에서 멀리 떨어진 산속 경사지형에 건물들을 자연지세에 어울리게 자유스럽게 배치하는 산지가람은 이전 시대의 대칭적이고 정형적인 평지가람배치에서 벗어났으며, 지형적인 관계로 회랑이 없어지고 중문이 누각 형식의 건물로 바뀌게 되어 극적인 효과를 나타내었다. 일탑식 가람으로서는 불일사, 영주 부석사, 안동 봉정사, 예산 수덕사, 개성 개국사 등이 있고, 이탑식 가람배치로서는 흥왕사와 보림사 등이 있다. 고려 중기 이후에는 산신과 칠성신과 같은 민간신앙과 도교의 예배대상이 불교와 습합되어 토착화되면서, 삼성각과 칠성각과 같은 여러 부속 건물들이 부가되어 복잡한 배치 모습을 갖게 되었다.

1) 흥왕사

고려의 전성기였던 문종 12년(1056)에 시작하여 12년 만에 개경 남쪽 약 8km에 세워진 흥왕사는 2,800칸이 넘는 대규모 사찰로서 규모가 너무 커서 절이 있는 덕수현을 다른 곳으로 이전시킬 정도였다고 한다. 고려왕조 최고 최대의 왕실사찰인 흥왕사는 창건 2년 후 절 안에 왕의 모친을 위해 3층의 전각을 세우고 이듬해에는 절 주위에 성벽을 쌓았다. 1078년에는 금 144근, 은 400근을 들여 금탑을 세우고 2년 뒤에 금탑 외곽을 호위하는 석탑을 지었다.

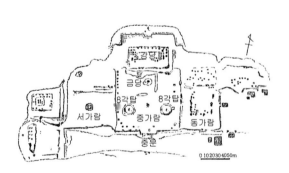

그림 4-48 **개경 흥왕사의 배치도**

넓고 평탄한 대지에 3구역으로 나누어진 흥왕사는 이탑이금당식의 대찰로서 중앙에 팔각의 목탑 2기를 배치한 중원, 그 좌우에 동원, 서원이 배치된 삼원형식이었다(그림 4-48). 중원에는 중문과 일직선상에 석등과 쌍탑이 위치하였고 뒤에 금당이 있고 그 뒤의 언덕에 강당이 있었으며, 동원과 서원에도 별도의 금당이 있어 여러 개의 예불공간이 있었던 것으로 짐작된다. 흥왕사의 가람배치는 3개의 구역이 회랑으로 둘러싸여 각각 예불공간을 이루고 각 구역에서는 비교적 대칭적으로 전각들이 놓였던 것으로 짐작된다. 개성고려박물관에 따르면 흥왕사는 터의 너비가 800m, 길이가 400m로 넓이가 32만 m²에 달하며, 대규모의 주춧돌과 석탑자리, 벽돌, 기와, 도자기 등이 출토되었다고 한다. 이 사찰이 만들어지고 이를 기념하기 위해

열렸던 국가행사인 고려 팔관회는 고려사상 최대의 규모였다고 전해지며, 대각국사 의천이 제1대 주지이며, 제2대 주지는 선종의 왕자로 일컬어지는 징엄이었다. 의천은 국가의 지원 아래 교장도감을 설치하고 요나라와 송나라, 일본, 삼국과 통일신라, 고려의 불서를 총정리 하여 4,000여 권의 속장경을 간행하였다.

2) 광통 보제사(조선시대의 연복사)

태조 10사찰 중 하나였고, 승과가 열리기도 했었던 광통 보제사는 정종 3년(1037)에 정종이 이 절에 거동하였다는 기록이 있어 그 이전에 창건되었을 것으로 짐작되며, 1313년 충숙왕이 즉위할 때쯤 연복사라는 명칭으로 쓰이게 되었고, 임진왜란과 병자호란으로 소실되었다. 광통 보제사는 대규모의 사찰로서 당사(唐寺) 혹은 대사로 불리었다고 하며, 건물이 1천여 채나 되었으며 절 안에는 세 개의 연못과 아홉 개의 우물이 있었다고 전한다. 광통 보제사는 정전인 금당과 탑이 직선 축 위에 건립되는 일반적인 가람배치 형식을 취하지 않고 동쪽에 금당(나한보전)을, 서쪽에 탑을 나란히 배치하는 동전서탑(東殿西塔)의 가람배치를 하였다. 오층목탑은 높이가 무려 60미터에 이르렀으며, 고려도경의 작자이며 송나라의 문신이었던 서긍은 보제사의 나한보전이 왕의 거처를 능가하며 승당과 법당은 100명의 인원을 수용할 만하다고 했다. 2층 누각건물인 장경전은 당대 1만 권의 장서가 보관되어 있어, 지식인들이 "지금까지의 모든 지혜가 보제사에 모여 있다."라고 할 정도였다.

3) 안화사

안화사(安和寺)는 고려의 태조 왕건이 견훤과의 싸움에서 목숨을 바친 친척과 부하의 명복을 빌기 위해 930년 8월에 세운 사찰로서, 창건 당시에는 안화선원이라는 이름이었으나, 1118년 예종 때 크게 중창하고 안화사로 개칭하여 국가적 대찰의 면모를 갖추었으며, 나라가 평온하기를 비는 절이라는 의미로 '정국안화사'라고 불리기도 한다. 안화사에는 안화사문을 지나면 서쪽에 냉천정, 그 북쪽으로 자취문과 신호문이 있었으며, 본전인 무량수전을 중심으로 좌우에 양화각, 승화각이 있었고, 그 뒤로 동문을 지나면 능인전, 중문 뒤로 선법당, 서문 뒤로 미륵전, 왕이 머물던 재궁 등이 있었다고 전해지며, 현재 대웅전, 오백전(나한전), 심검당, 칠층석탑이 남아 있는데, 대웅전은 다포식의 3출목 공포를 형성하였고 정면 3칸, 측면 3칸의 팔작지붕이다(그림 4-49). 산중의 절경과 어우러지는 아름다운 사찰이었던 안화사에 대해서 서긍이 『고려도경』에서 묘사한 내용은 다음과 같다. "샘이 산 중턱에서 나오는데 깨끗하고 달다. 그 위에 정자를 세웠고 방문이 있는데 안화천이라 이름 붙였다. 화훼, 죽목, 괴석을 심어 감상과 휴식을 즐길 수 있으며 토목과 분식은 중국(송나라)의 제도를 따라했을 뿐 아니라 경치가 맑고 아름다워서 병풍 속에 있는 듯하다. 안화사는 계곡을

그림 4-49 **개경 안화사의 대웅전과 칠층석탑**

한참 들어가 있으며 산문각 지나 몇 리를 가면 안화문이 나오고 그 다음에 안화사로 들어가며, 안화사 문 서쪽에 정자가 있고 그 북쪽으로 조금 가면 자하문, 다음으로 신호문으로 들어간다. 문의 동쪽과 서쪽에 곁채가 있고 가운데 무량수전이 있고 그 옆 동쪽에 양화, 서쪽에 중화라는 누각이 있다. 이곳 뒤로 3개의 문이 있는데, 동문을 신한문이라 하고 뒤에는 능인각이 있고 중문을 선법(善法)이라 하고 뒤에는 선법당이 있고, 서문 효사라고 불린다고 하였다. 정

원 뒤에도 미타당이라는 전각이 있고 전각 사이에 두 개의 높은 건물이 있는데 각각 관음보살과 약사여래를 봉안하였다. 동쪽 곁채에는 조사상이 서쪽 곁채에는 지장왕상이 그려져 있다." 고려시대 문신 이인로가 지은 시화집 「파한집」에는 안화사 건물의 웅장함과 단청의 화려함이 고려 말까지 전국에서 으뜸이었다고 기록되어 있다.

4) 영주 부석사

부석사는 신라 문무왕 16년(676)에 의상대사가 왕명을 받아 창건한 산지사찰로서 화엄종의 중심사찰이 되었다. 의상과 그 후예들은 신라 각지에 화엄도량을 건립하였는데, 후대 역사가들은 그들 가운데 여러 곳을 추려서 '화엄십찰'이라고 불렀고, 부석사는 화엄십찰 가운데 제1의 가람이다. 『삼국유사』에는 선묘낭자와 의상대사에 얽힌 창건설화가 수록되어 있다. 부석사는 고려 정종 때 결응에 의하여 크게 중창되었고 공민왕 21년(1372)에 원응국사가 퇴락한 전각들을 보수하고 많은 건물들을 재건하였다. 조선시대에는 선조 13년(1580)에 사명당대사가 중건을 하였다고 하며, 영조 22년(1746)에 화재로 인해 만세루와 범종각을 비롯한 전각들이 소실된 것을 후일 중창하여 현재에 이르고 있다. 부석사는 고려시대 건물인 무량수전과 조사당, 소조여래상, 조사당 벽화, 석등, 삼층석탑, 당간지주 등 수많은 문화재를 보유하고 있다.

부석사는 화엄종찰답게 급경사지에 여러 개의 대석단을 쌓아 계단
식으로 터를 마련하여, 좁으나 깊이감이 느껴지도록 가람을 구성하였
는데, 입구부터 가장 뒤쪽 무량수전에 이르는 진입축이 구성축이 되고,
진입축 선상에 천왕문과 범종각, 안양루가 위치하여 가람의 영역을 3단
계로 나누고 있다(그림 4-50). 여러 기록에 따르면, 천왕문과 범종각 사
이의 대석단 위에 회전문이 있었고, 범종각을 지나 안양루 아래에 또
하나의 법당이 있었다고 한다. 대석단들은 천왕문부터 무량수전까지
10단, 회전문부터 9단이 되는 특이한 구성을 보여주는데, 화엄경에서
말하는 초지(初地)부터 십지(十地)까지의 단계, 곧 보살의 10가지 수행
단계를 상징하는 '10지도론'을 표상하였다는 주장과 정토신앙에서 말하
는 극락의 '3품3생론' 또는 3배9품론[19]의 상징이라는 교리적 해석이 엇
갈린다. 조선시대까지 부석사는 화엄사상이나 정토사상을 교리적 바탕

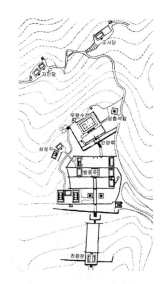

그림 4-50 영주 부석사의 배치도

에 깔고 자연 지형에 잘 맞추어 건설된 매우 입
체적인 가람이었다(그림 4-51).

부석사의 주불전인 무량수전(국보 제18호)
은 고려 현종(재위 1010~1031) 때 중창하였으
나 공민왕 7년(1358) 불에 탄 것을 우왕 2년
(1376)에 재건된 것으로 알려져 있다. 무량수전
은 정면 5칸, 측면 4칸의 구성이지만, 내부공간
은 정면과 직각 방향으로 구성되어, 아미타불
이 진입축 방향인 남쪽을 향하지 않고 서쪽 측
면에서 동쪽을 바라보고 앉아 있다. 이는 아미

그림 4-51 영주 부석사의 전경

타불의 극락세계는 서쪽에 있어 서방정토라고도 부르며, 무량수전은 극락세계를 재현하였
다고 해석할 수 있으며, "극락세계는 바닥이 빛나는 유리로 만들어졌다."라는 경전의 내용
에 상응하듯 바닥에는 유약을 바른 청유리 전돌이 깔려 있었다. 무량수전은 연등천장을
한 팔작지붕의 주심포 형식 단층 건물로 뚜렷한 기둥의 배흘림과 귀솟음, 안쏠림, 완벽한

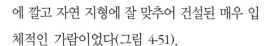

....

19 『무량수경(無量壽經)』에 나오는 말로, 현세에서의 근기에 따라 극락세계에 왕생하는 9단계의 방법인데, 중생은 행업의 정도
에 따라 상품·중품·하품의 3품으로 나뉘고, 다시 상생·중생·하생의 3생으로 세분된다.

비례를 가진 입면, 처마 곡선미와 같은 지붕의 조형 등 외관이 장중하고 안정감이 있어 현존하는 목조건축물 가운데 가장 대표적인 건물이라 할 수 있을 것이다. 범종루는 주불전 공간으로 향하는 방향으로는 맞배지붕을 한 특이한 모습을 하고 있다.

5) 안동 봉정사

봉정사는 6·25 전쟁 때 경전과 사지 등이 모두 불타서 자세한 역사를 알 수 없는데, 신문왕 2년(682) 의상대사의 제자인 능인대덕이 창건하였다고 전해지기도 하고, 한편 의상 대사가 화엄기도를 드리기 위해 산에 올랐을 때 선녀가 횃불을 밝히고 푸른 말이 길을 인도 하여 대웅전 자리에 앉았기 때문에 산 이름을 천등산으로, 청마가 앉은 것에서부터 절 이름 을 봉정사로 하였다는 일설도 있다. 현재 봉정사에는 현존 가장 오래된 목조건물인 극락전 을 비롯하여 대웅전과 화엄강당, 고금당, 승방인 무량해회, 만세루, 요사채 등의 건물과 부속암자인 영산암과 지조암이 있다.

가람이 자리 잡은 천등산 기슭이 급경사지여서 봉정사는 깊이보다는 폭이 넓도록 대지 를 조성하였고, 동쪽에 대웅전 일곽, 서쪽에 극락전 일곽을 병렬로 놓았으며, 누강당인 덕휘 루와 연결된 복도와 같이 긴 앞마당이 이 두 영역을 통합하고 있다. 1930년대에 후지시마藤 島亥治郞 교수가 작성한 배치 약도를 살펴보면, 두 영역은 현재보다 훨씬 독립적이고 폐쇄 적으로 조성되었음을 알 수 있다(그림 4-52, 53). 극락전 앞에는 우화루라는 7칸의 긴 행랑이 마당을 감싸고, 고금당과 화엄강당이 우화루로 연결되어 있었다. 대웅전 앞에도 3칸 진여문

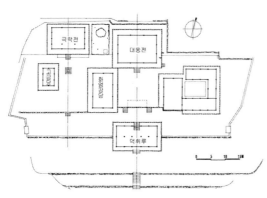
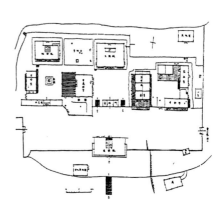

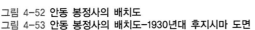
그림 4-52 안동 봉정사의 배치도
그림 4-53 안동 봉정사의 배치도-1930년대 후지시마 도면

이 놓여 마당을 폐쇄하였다. 극락전 앞면에도 대웅전과 같이 쪽마루가 부설되었고, 고금당의 앞뒤에도 쪽마루가 있어서 극락전 일곽은 승려들의 생활공간이었던 것으로 추정된다.

봉정사는 가운데의 중심축을 따르는 만세루와 대웅전, 화엄강당, 무량해회에 의해 이루어지는 대웅전 영역, 왼쪽의 극락전과 화엄강당, 고금당으로 만들어지는 극락전 영역, 무량해회와 요사채로 구성되는 승방 영역, 그리고 만세루에서 이 영역들로 도입되는 동서로 길게 열린 전이 영역 등 4개의 영역으로 이루어지는 독특한 공간구성을 보여준다. 이 가운데 사찰의 진입 축과 일치하는 대웅전 영역을 중심으로 좌우에 극락전 영역과 승방 영역이 배치되고 극락전 앞에는 자그마한 고려시대의 삼층석탑이 서 있다.

봉정사 극락전은 12세기 말 세워진 것으로서, 현존하는 한국 최고의 목조건축물이다. 봉정사 극락전은 주심포식, 단층 맞배지붕으로서 기둥의 배흘림이 뚜렷한데, 고려시대 주심포식 건물로서는 예외적으로 주두와 소로가 굽받침을 지니지 않는다. 극락전은 정면 3칸, 측면 4칸의 규모로서, 측면의 기둥 배열이 독특한데, 7m 정도 길이에 기둥을 5개나 세워 기둥 간격은 1.75m에 불과하다. 모든 기둥들이 초석부터 도리까지 이어졌고 가운데 고주는 용마루까지 닿아 있으며, 기둥들 사이를 두 겹의 수평 부재들이 마치 꿸대처럼 매우 촘촘히 결구되어 있다. 또한 이 극락전 건물에서 잘게 잘려진 직선의 합장재들, 산자 모양 혹은 낙타 혹 모양의 화반들도 유일한 사례이다.

6) 예산 수덕사

예산의 덕숭산에 자리 잡은 수덕사(修德寺)의 창건 기록은 불분명하지만, 사기에는 백제 말에 숭제법사에 의하여 창건되었고 고려 공민왕 때 나옹이 중수한 것으로 기록되어 있다. 현존하는 대웅전은 충렬왕 34년(1308)에 건립되었으며, 그 좌우에 명부전, 백련당, 청련당, 염화실 등의 당우들이 남아 있다. 대웅전 앞에 강당을, 좌우로 승방을 둔 전형적인 산지 중정형 배치를 하는데(그림 4-54), 근래에 중심곽 하단부에 대규모 강당을 신축하고 연못을 파는 등 1980년대의 지나친 확장과 증축으로 인하여 전통적 경관이 크게 훼손되었다.

대웅전은 정면 3칸, 측면 4칸, 주심포식 맞배지붕의 당

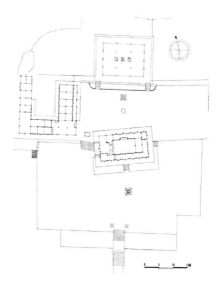

그림 4-54 예산 수덕사의 배치도

당한 건물이다. 정면 3칸에는 모두 세 짝 빗살문이 달렸지만, 조선시대에 개조된 것으로 추정되며, 뒷면에는 양쪽에 채광창을, 중앙에 널문을 두었다. 기둥 주두 아래에 헛첨차를 가지고 있으며, 내부는 연등천장을 하고 있고, 대들보는 항아리 모양으로 정교하게 다듬어져 첨차들과 결구되고, 도리들 사이에 활처럼 휘어진 모양의 우미량들이 결구되어 있다. 수덕사 대웅전은 단면 구조가 건물 양 측벽에 그대로 노출되어, 곧게 세운 기둥과 그 사이를 연결하는 도리들, 도리들을 잡아주는 우미량의 구성은 힘의 전달 과정을 보여주는 역동적 구조미를 갖는다.

7. 고려 석조건축

1) 고려석탑

고려는 불교사회였던 만큼 많은 사찰과 탑이 세워졌지만 현재 목조건축은 남아 있는 것이 거의 없고 석조건축이 비교적 많이 남아 있는데, 그 가운데 석탑과 부도가 질적·양적인 면에서 대표적이다. 고려시대에 목탑이 가장 규모가 크고 화려했다고 하지만 지금은 남아 있는 것이 없고 다만 고려 초기의 서경 구층탑, 규모가 200척이 넘었다는 광통보제사 오층탑, 개국사, 혜일중광사, 진관사, 홍왕사, 민천사, 연복사 등 개성 부근의 사찰에 세워진 목탑과 남원의 만복사탑 등에 대한 사실이 옛 기록들에 남아 있어 목탑이 꾸준히 세워졌던 것으로 추정된다.

고려시대 탑의 주류는 석탑으로서, 초기에는 기본적으로 앞 시대의 양식을 계승하였지만 중기 이후 부분적으로 변화되며 장식적인 조각이 많아지면서 전형적인 고려석탑형식을 이루게 되었고, 특히 원나라의 간섭기에는 원의 영향을 받은 건축형식이 불탑에도 나타났다. 고려시대의 석탑은 안정감이나 아름다움 면에서 신라시대의 것에 뒤졌지만 여러 가지 자유로운 형식의 탑들이 만들어졌으며, 대표적 석탑으로는 경북 예천의 개심사지 오층석탑 (1010, 그림 4-55), 공주의 마곡사 오층석탑(14세기경), 서산의 보원사 오층석탑, 황해 개성의 흥국사지 석탑 등이 있다. 한편으로 개성을 중심으로 새로운 석탑양식이 이루어져 전국으로 확산, 분포되는 반면 일부에서는 지방적인 색채를 드러내는 석탑이 나타나기도 하였는데, 옛 백제지역을 중심으로 백제식의 석탑이 부활되고, 영남지방을 중심으로 하는 지역에서는 통일신라 석탑의 전통이 강하게 계승되었다. 무량사 오층석탑(보물 제185호), 부여 장하리 삼층석탑(보물 제184호), 비인 오층석탑(보물 제224호) 등과 전라북도의 익산 왕궁리 오층석탑, 정읍 은선리 삼층석탑(보물 제167호), 귀신사 삼층석탑 등 백제계의 석탑은 특히 옥개석의 구성에서 미륵사지 석탑과 부여 정림사지 오층석탑의 각 부분을 모방하고 있어 '백제계의 고려석탑'이라고 불린다. 비인 오층석탑은 부여 정림사지 오층석탑을 모방해 만들어졌지만, 안정된 고대의 조형과 다른 불안정하면서 아름다운 새로운 형태를 보여준다(그림 4-56).

그림 4-55 **예천 개심사지 오층석탑**
그림 4-56 **비인 오층석탑**

고려석탑은 이전 시대의 사각형 석탑에서 벗어나 육각이나 팔각의 다각형이 등장하고, 암청색의 점판암이 사용되어 백색의 화강석과 대조를 이루게 다양한 모습을 보여준다. 고려시대 석탑은 대체로 안정감과 정돈미가 떨어지는데, 탑신부의 옥개석과 옥신석이 폭에 대한 높이의 비례가 커져 전체적으로 높고 웅대해지며, 옥신석 밑에 별석이 끼워지며 옥개석 받침의 층급 수가 적어져 안정감이 줄어들고, 옥개석 처마 밑이 위로 더욱 들리고, 옥신석 밑의 별석이나 기단 갑석에 연화무늬가 조각되기도 한다. 즉, 탑신부의 비례가 좁고 높아지면서 전체적으로 높고 웅대해지게 되고 옥개석 받침의 층수가 적어져 안정감이 줄어들며 옥개석의 네 귀퉁이가 위로 더욱 들려지게 된다. 그래서 신라 석탑에서 보여주는 당당한 느낌은 줄어들고 비록 유연한 느낌은 있으나 대부분 늘씬한 형태를 이루어 안정감이 적다. 이러한 변화는 11세기 초의 예천 개심사지 오층석탑, 의령 보천사지 삼층석탑, 청양의 정산서정리 구층석탑, 강릉의 신복사지 삼층석탑, 고려의 독특한 형태를 보여주는 개풍의 현화사 칠층석탑(1020) 등에서 볼 수 있다.

고려시대의 탑 가운데는 신라시대에 볼 수 없었던 여러 가지의 새로운 특수형식의 탑이 나타나기도 했는데, 이전 시대의 작품을 모방한 예로는 화엄사 사사자 삼층석탑을 모방한 제천의 사자빈신사 사사자 구층석탑(1022, 보물 제94호)과 홍천 괘석리 사사자 삼층석탑(보물 제540호), 정림사지 오층석탑을 모방한 부여 장하리 삼층석탑, 미륵사지 석탑을 모방한 무량사 오층석탑, 의성 탑리리 오층석탑을 모방한 빙산사지 오층석탑 등을 들 수 있다. 이러한 모방적인 탑들은 외형의 모방에 그쳤을 뿐 전체의 비례나 조각의 수법이 이전 시대의 작풍을 따르지 못하였다.

한편 고려시대에 나타난 육각이나 팔각의 다각형 다층탑으로는 김제 금산사 육각 다층석탑(11세기경, 그림 4-57), 월정사 팔각 구층석탑(1000년경), 영명사 팔각 오층석탑, 보현사 팔각 십삼층석탑, 경천사 십층석탑(1348) 등이 대표작이다. 광종 때 만든 오대산 월정사 팔각 구층석탑은 『삼국유사』 권4의 고구려 영탑사석탑조에 기록된 팔각 칠층석탑의 양식을 계승한 석탑으로 추측되기도 한다(그림 4-58). 또한 고려시대에는 점판암제 석탑이 크게 유행하여 금산사 육각 다층석탑을 비롯하여, 해인사 원당암 석탑, 영월 무릉리 석탑 등 각 지방에 상당수가 건립되어 있다. 또한 전탑과 모전석탑도 몇몇 건립되었는데, 여주 신륵사 다층전탑, 제천 장락리 칠층전탑 등이 전탑이고, 전남 강진의 월남사지 삼층석탑(12세기)은 모전석탑이다.

그림 4-57 **김제 금산사 육각 다층석탑**
그림 4-58 **오대산 월정사 팔각 구층석탑**

또한 고려 후기에는 원나라의 영향이 불탑에도 나타났다. 개성 부근에 있던 경천사지 십층석탑은 충목왕 때 원나라 기술자가 고려에 와서 조영하였고, 오대산 월정사 팔각 구층석탑과 마곡사 오층탑도 이전에 보이지 않던 외래적인 조형 요소가 가미되었다. 한국의 전형적인 석탑이나 다각탑과 다르게 형태와 층수가 독특한 경천사지 십층석탑(높이 13.5m)은 탑신의 옥개석 하부에 다포양식의 공포양식이 조각되어 있으며, 전체적으로 길고 가는 비례에 장엄한 조각과 세부장식이 어울려 섬세하고 우아한 아름다움을 지닌다(그림 4-59). 1층 탑신 이맛돌의 명문을 통해서 1348년 원나라 황제와 고려 왕실의 안녕을 기원하며 세워진 것임을 알 수 있는 경천사지 십층석탑은 기단부 3층, 탑신부 10층으로 이루어졌는데, 기단부와 탑신 3층까지는 '아(亞)'자형 평면이고 4층 이상은 사각형이다. 기단 부분에는 사자, 서유기 이야기의 여러 장면들, 나한상 등을 조각하였고, 탑신부의 4층부터는 난간을 돌렸으며 지붕돌은 팔작지붕 형태의 기와지붕 모양을 표현해놓는 등 마치 목조 건축을 그대로 옮겨놓은 듯하다(그림 4-60). 이 탑은 탑의 전체구성과 비례, 세부의 건축적 장식수법, 조각, 재료로서 대리석의 사용 등 독특한 면을 지니는데, 원래 개풍군 경천사지에 있던 것으로, 경복궁에 놓여 있다가 2005년 국립중앙박물관으로 옮겨졌다.

그림 4-59 **경천사지 십층석탑**
그림 4-60 **경천사지 십층석탑 부분**

2) 부도와 석등

고려시대의 부도는 석탑에 비하여 이전 시대의 작품을 능가하는 많은 작품들이 만들어지고 형식의 다양함이나 표면의 장엄함과 화려함에 있어 뛰어난 발전을 보여주는 고려시대의 대표적인 조형 예술의 하나이다. 부도의 형식은 기본적인 이전의 팔각원당형 이외에 4각당형, 석등형, 석종형, 불탑형 등 새로운 이형의 형식도 나타났으며, 팔각원당에 있어서도 장식이 많아지고 화려해지며 부분적으로 새로운 의장이 가미되었다. 팔각원당형은 기본적으로 이전 시대와 마찬가지로 기단, 탑신, 옥개 부분을 모두 팔각으로 구성하였다.

거돈사지 원공국사 승묘탑(그림 4-61)은 팔각원당형으로 상·중·하대석으로 이루어진 기단부 위에 탑신을 안치했는데, 탑신은 각 면에 양 우주가 있으며 앞뒷면에 문비형, 좌우면에 창호형, 그리고 다른 4면에 사천왕 입상을 조각하였다. 옥개석 아랫면에 서까래가 모각되었고 추녀가 얇으며 낙수면에는 기왓골을 표시하고 추녀에 이르러 암막새와 수막새의 막새를 모각하여 목조건축의 지붕을 잘 표현하고 있다.

고달사지 원종대사탑(그림 4-62)에서는 기단 중대석이 커지면서 표면에 운룡을 입체적으로 조각하였다. 이 부도는 고려 초기의 대표적인 팔각원당형부도로 높이 3.4m이고, 4장의 돌로 이루어진 사각형의 지대석 위에 하대석, 중대석, 상대석이 놓여 있으며, 하대석에는 연꽃무늬가, 중대석에는 머리를 오른쪽으로 돌린 거북을 중심으로 네 마리의 용이 새겨져 있다. 상대석은 아래쪽에 연꽃 무늬가 새겨져 있고 위쪽에 몸돌을 받치기 위한 1단의 받침이 조각되어 있다. 지붕돌의 끝에는 꽃무늬가 크게 조각되어 있고 상륜부에는 꽃무늬가 조각된 복발 위에 작은 보개와 보주가 놓여 있다.

그림 4-61 원주 거돈사지 원공국사 승묘탑
그림 4-62 여주 고달사지 원종대사탑

태조 때의 정토사지 홍법국사탑(그림 4-63)에서는 탑신이 공처럼 생긴 구형(球形)이 되고 옥개가 연엽형으로 만들어졌다. 정토사지 홍법국사탑은 팔각원당의 기본형을 잃지 않으면서 일부에 새로운 창안을 가미한 특수한 작품으로서, 표면에는 중앙에서 2조의 양각선을 돌리고 다시 상하를 십자로 연결하였는데, 그 교차점에는 화형을 두어 단조로운 표현을 장식하였으며, 옥개석은 아랫면에 비천상이 조각되고 낙수면에는 합각머리가 뚜렷이 표현되었다.

그림 4-63 충주 정토사지 홍법국사탑
그림 4-64 원주 법천사지 지광국사탑

사각당형으로서는 선종 때 만들어진 법천사지 지광국사탑(그림 4-64)이 있는데, 팔각원당형이라는 기본형에서 벗어나 사각형을 기본으로 하는 새로운 양식을 보이며 표면에 장식문양을 화려하게 조각한 보련형이다. 지대석이 매우 넓고 층마다의 높이와 너비에 변화를 주었으며 네 귀퉁이는 발톱과 같은 조각이 지면까지 완고하게 밀착된 듯 안정감을 한층 더해준다. 최상층의 갑석에는 화려한 장막형이 사면에 드리워져 장엄을 더하고 있으며, 각 면에는 안상, 운문, 연화, 화초문, 보탑, 신선 등이 화려하게 조각되어 있다. 탑신에는 앞뒤면에 문비형을, 좌우에 페르시아풍의 영창을 조각하고 영락으로 장식하였고, 옥개석은 천개형으로 장막이 늘어졌고, 처마에는 부처, 보살, 봉황 등을 조각하였다. 상륜부는 양화와 부재들의 모든 면에도 조각이 가득하여 건조물이라기보다는 조각품이라고 할 정도이다.

석등형은 불국사 부도(보물 제61호, 그림 4-65)에서 보이듯이, 기단 중대석이 높아지고 탑신에는 사방에 감형을 파고 불상을 조각하여 화사석의 화창과 같이 느껴진다. 불국사 부도는 석등형의 사리탑으로서, 방형의 지대석 위에 8각형 하대석, 그 위에 팔판간석 받침을 얹고 긴 운문간석을 세워서 앙련 상대석을 놓아 기단부를 구성했고, 그 위에 원통형의 탑신석, 팔각 옥개석을 얹었다. 간석을 길게 하고 탑신석 4면에 감실을 만든 것 등에서 석등형의 부도라는 것을 확인할 수 있다.

그림 4-65 경주 불국사 부도
그림 4-66 여주 신륵사 보제존자 부도

석종형은 양산 통도사 금강계단, 신륵사 보제존자 부도처럼 넓은 기단 중앙에 범종과 같은 형태의 탑신부를 안치한 형식이다. 신륵사 보제존자 부도는 고려 우왕 5년(1379)에 조성되었으며 고려 말 불교를 중흥한 나옹화상의 사리를 봉안한 것으로 통도사 금강계단처럼 꾸몄다(그림 4-66). 방형의 기단 위에 얇고 넓은 돌을 깔고 중앙에 2단의 받침대를 마련한 후 부도를 안치하였는데, 부도는 높이 1.6m, 지름 1.1이고, 완만한 타원형의 종 모양을 그리며 위로 갈수록 좁아지고 어깨부분은 잘라져 그 중앙에 4면에 불꽃모양을 모각한 보주를 두었다.

그림 4-67 원주 영전사지 보제존자 사리탑

불탑형은 전형적인 삼층석탑의 형태를 갖는 것으로 외형으로는 불탑과 비슷한데, 원주 영전사 보제존자 사리탑(그림 4-67)은 전체적으로 짜임새가 제대로 갖추어진 2개의 3층탑으로 이루어진 불탑형 사리탑으로서 우왕 14년(1388)에 세워졌으며, 사리장치와 명문이 발견되어 보제존자의 부도임이 밝혀졌다. 또한 양양의 진전사지 부도는 도의선사의 묘탑으로 여겨지며, 석탑에서와 같이 2단 기단 위에 8각형의 탑신을 올려놓았다. 2단 기단은 각 면마다 모서리와 중앙에 기둥모양을 세기고 그 위로 탑신을 고이기 위한 8각의 돌을 두어 옆면에 연꽃을 조각하였다. 탑신은 몸돌의 한쪽에만 문짝 모양의 조각을 하였고, 지붕돌은 밑면이 거의 수평을 이루고 낙수면은 서서히 내려오다 끝에서 부드러운 곡선을 그리며 위로 살짝 들려 있다.

부도와 함께 세워지는 석비 가운데 남아 있는 것은 937년에 세운 해주의 광조사 진철대사보월승공탑비, 940년의 원주 흥법사지 진공대사탑비와 강릉 보현사 낭원대사오진탑비, 943년의 충주 정토사지 법경대사 자등탑비, 975년의 여주 고달사지 원종대사탑비, 1017년의 충주 정토사지 홍법국사탑비 등이 있다.

해주시의 광조사 진철대사 보월승공탑비는 937년(고려 태조 20)에 세운 강건한 기백을 보여주는 대리석비로서, 높이 2m, 너비 1m, 받침돌 높이 1m이다. 귀부는 힘차고 비신은 넓으며, 낮은 구름과 용무늬를 새긴 이수는 신라 말의 양식을 닮은 뛰어난 작품이다. 원주 흥법사지 진공대사탑비는 진공대사(855~937)를 기리기 위해 세운 웅장하면서도 섬세하게 조각된 석비로서(그림 4-68), 상부 0.78×1.01m, 하부 0.81×0.92m, 귀부 2.52×1.95×0.75m, 이수 1.8×0.78×0.99m의 규모이다. 돌거북은 용에 가까운 머리를 하고 있으며, 입에는 여의주를 물고 네 발로 바닥을 힘차게 딛고 있으며, 목은 짧고 등껍질무늬는 만자무늬와 연꽃이 새겨지고 정육각형에 가깝고, 이수에는 구름 속을 요동치는 힘차고 생생한 용을 조각하였다.

그림 4-68 원주 흥법사지 진공대사탑비
그림 4-69 여주 고달사지 원종대사탑비

여주 고달사지 원종대사탑비(그림 4-69)는 현재 거북받침돌과 머릿돌만이 남아 있으며, 비신은 깨어진 채로 경복궁으로 옮겨져 진열되어 있다. 받침돌의 거북머리는 험상궂은 용의 모습으로 눈꼬리가 길게 치켜올라가 정면을 바라보고 있으며, 다리는 땅을 밀치고 나가려는 듯 격동적이고, 목은 짧아 머리가 등에 붙어 있는 듯하다. 머릿돌은 직사각형 모습이고, 입체감을 강조한 소용돌이치는 구름과 용무늬에서는 생동감이 넘치며 밑면에는 연꽃을 두르고 1단의 층급을 두었다.

충주 정토사지 홍법국사탑비(그림 4-70)는 고려 현종 9년(1018)에 건립된 것으로, 전체 높이 375cm, 너비 105cm, 두께 22.5cm 규모이고 거북받침돌 위로 비신을 세우고 머릿돌을 얹은 모습이다. 비좌에는 구름무늬가 조각되어 있고 각 면에 안상을 음각하였으며, 귀부형의 받침돌은 사실적으로 조각되었고 등에는 귀갑을 새겼으며 거북머리는 용의 머리로 바뀌어져 있어 통일신라 후기에서 고려 전기에 나타나는 양식적 특징을 나타낸다. 용의 표현은 다른 탑비의 받침돌에 비하여 구체적이며 힘차고, 머릿돌에도 용틀임을 투각하여 힘차게 조각을 하였다.

그림 4-70 **충주 정토사지 홍법국사탑비**
그림 4-71 **개경 현화사 석등**

한편 사원의 건립에 따라 탑과 함께 석등 또한 많이 건립되었는데, 초기에는 대체로 이전 시대의 8각형을 계승하며 전체 형태가 둔중해졌지만, 차차 사각형의 새로운 형식이 창안되었다. 이러한 사례로서 관촉사 석등과 현화사 석등(그림 4-71)을 들 수 있는데, 간주는 원형이고 그 위에 4각형의 앙련석을 얹었으며 화사석은 화창을 내는 대신 네 귀에 석주만을 세우고 방형의 옥개석을 덮었다. 군산시 옥구발산리 석등에서는 8각 간석 대신 휘감아 올라가는 듯한 운룡을 조각한 원주로 하였고 8각 화사석 네 곳에 화창이 나 있으며, 또 고달사 석등에 서는 전대의 형식을 모방한 쌍사자를 간석으로 대치하기도 하였고, 금강산의 정양사석등이 나 법천사지 지광국사탑 앞 석등에서는 6각형의 양식이 이루어지기도 하였다. 현재 남아 있는 석등으로는 은진의 관촉사 석등, 회양의 정양사 석등, 나주 서문 내 석등, 신륵사 보제석 종전 석등, 개풍의 공민왕현릉비 정릉 석등 등이 있다. 한편 고려시대에는 능묘 앞에 설치하 는 석등인 장명등이 나타나는데, 개성의 공민왕 현릉 앞 석등 등이 대표적인 사례이다.

4.7 조선 불교건축

1. 불교건축 개관

숭유억불주의를 내세운 조선은 고려시대에 폐단이 심하였던 불교를 교선 양종으로 통 합하고 사찰의 수를 대폭 줄이며 토지와 노비를 몰수하여 사원경제를 약화시키며 도첩제를 실시하여 승려의 수를 제한하였다. 신진사대부에 의해 건국된 조선은 정책적으로 숭유억불 을 강하게 채택하였으므로 국가의 지원을 받는 몇몇 사찰 이외에 사찰의 건립이 매우 제약 되었고, 기존의 도성에 있던 사찰들은 향교나 서원 등의 유교건축을 지을 때 사용되기도 하였다. 그러나 국가와 왕실의 안녕을 축원하는 종교행사는 존속시키면서 불교경전을 새로 이 간행하고 언해에 힘쓰기도 하였다. 세조가 간경도감을 설립하여 불경을 훈민정음으로 언해하도록 하였던 것처럼, 국왕 중에 태조와 세종, 세조는 개인적으로 불교를 신봉하였는 데, 제13대 명종 때에 문정왕후가 불교를 보호하며 중흥에 힘썼고 임진왜란 때 휴정대사와 유정대사 등이 교세를 확장하고 의병운동에 참여하여 호국불교로 인정받기도 하였으나 사 림들에 의한 배척이 강화되면서 점차 산간불교로 밀려났다.

조선이 초기부터 불교를 탄압하여 그 세력이 약화되었지만 삶이 힘들고 어려운 민초들 에게 기복과 사후에 대한 약속을 해주는 불교는 민중의 지지를 받으며 명맥을 유지해왔다. 극심한 탄압을 받았던 불교가 민중뿐만 아니라 왕실과 양반들 속에도 깊게 자리 잡고 있었 다는 사실은 여러 곳에서 확인할 수 있는데, 사찰을 건립할 때 왕실의 종친들이나 비빈들, 지방의 수령들이 시주를 하고 역병이 들었을 때 정부에서 수륙제를 베풀었으며, 중종 37년 (1542) 어득강은 지방 유생들을 위하여 큰 절 한 곳을 지정하여 유생을 모이게 하여 독서토 록 할 것을 청하였고, 성리학의 대학자였던 퇴계 이황 집안도 1550년 기제사를 용수사라는 절에서 지냈다는 사실, 중종 25년(1530) 간행된 『동국여지승람』에 기록된 절의 숫자가 1712개소이고 18세기에 제작된 읍지에 기록된 절의 숫자가 1942개소가 된다는 사실 등에서 불교가 면면히 유지되었음을 엿볼 수 있다.

조선시대에는 고려시대의 가람배치 형식을 더욱 자유롭게 발전시켜, 초기에는 평지가람도 조영되었으나 후기에는 숭유억불정책, 풍수지리사상의 영향으로 주로 산지가람을 조영하였는데, 형식에 구애됨이 없이 필요한 건물을 지형에 따라 적당한 곳에 자유롭게 배치하였다. 가람의 건물 배치는 일반적으로 진입 부분에 일주문, 천왕문, 불이문 등의 산문을 설치하여 사찰의 영역을 나타내며 가장 깊은 곳에 대웅전을 배치하고 그 앞에 마당을 두며 주변에 요사채를 두어 중심공간을 형성하였으며, 그 앞에 누를 만들어 영역을 구분하였다. 사찰의 건물들에는 다포계가 도입되면서 전각 자체도 웅장, 화려한 모습을 띠게 되고 팔작지붕이 주류를 이루었고, 이전과 달리 대규모 실외 예불의식이 사라지고 불전 내부를 주로 사용하게 되면서 전각의 중앙에 위치하던 불단이 뒤로 밀려나고 앞부분에 넓은 예불공간을 마련하게 되었다. 이처럼 불사건축은 고려시대를 거쳐 조선시대에 이르러 한국 고유의 가람배치 형식이 완성되었다.

2. 시기별 불교건축

1) 조선 전기의 불교건축

고려 말 성리학자들은 고려왕조의 사회경제적 기반을 무너뜨릴 만큼 팽창되었던 불교 사찰의 세속권을 비판하면서 서서히 불교사상 자체까지도 배격하게 되었다. 조선 초기부터 시행된 숭유억불의 정책은 이념의 문제뿐만 아니라 사찰 소속의 토지와 노비를 몰수하여 국가재정에 충당한다든지 승려 숫자를 억제함으로서 백성을 확보한다는 현실적인 이득도 함께 추구되었다. 하지만 조선이 내세운 유교적인 지도이념 아래에서도 불교를 완전히 배제할 수 없었으며 불교는 의연히 전승, 유포되어 나갔다. 이는 불교가 지니는 기복, 벽사, 명복기원, 내세에 대한 약속 등과 같은 종교적인 측면에 살펴볼 수 있는데, 당시로서는 어떻게 할 수 없었던 천재지변에 대한 구원의 손길과, 인간 사후 명복을 비는 행위 등은 유교적인 정치나 윤리로서는 이룰 수 없는 것이었기에 불교는 세속권을 억제 당하면서도 신앙과 의례만은 유지될 수 있었던 것이다.

조선 전기에 숭유억불의 정책으로 사대부들이 득세하는 동안 불교는 크게 억압받게 되었다. 태조는 국가 창업 초부터 불교를 배척할 수 없다 하여 유생들의 뜻에 따르지 않고 무학대사를 왕사로 삼았으며 흥천사를 세우는 등 각종 불사를 실행하였지만, 태종 대에 이르러 억불정책이 본격화되었다. 태종 대는 11종이었던 사찰을 7종으로 줄이고 사찰의 토지와 노비 등 재산을 몰수하며 국사와 왕사제도를 폐지하였고, 세종 때는 7종파가 선종과 교종의 양종으로 통합되고 승려의 사회적 신분이 악화되어 승려의 신분을 국가에서 관리하는 도첩제가 실시되었으며 사찰은 재정 기반을 거의 상실하였다. 16세기 중종(재위 1506~1544) 대 이후에는 불교계의 탄압이 최고도로 이르러 승과가 폐지되고 선종, 교종의 최소한의 구분도 사라졌으며 승려의 도성 출입이 제한되고 각종 노역에 시달리게 되었다. 16세기를 지나면서 대부분의 도시사찰들은 소멸되어 도시 전체의 경관이나 분위기도 침체되어 갔으며 지방 산간에서만 불교사찰이 명맥을 이어갔다. 하지만 불교는 국가의 지도적 이념으로서의 지위는 잃었지만 민간에서는 여전히 신봉되어 그 사회적 기반을 유지하였다. 이러한 상황 속에서도 불교사원은 왕실의 비호를 받았고 농촌 지주계층의 지원을 받아 사찰의 모습을 유지했다.

조선왕조는 비록 숭유억불정책을 시행했지만 초기에는 왕실의 비호와 탄압이 교차하였다. 개인적으로 태조는 도성에 흥덕사(폐사 이후에 세조 때 원각사가 됨)를 세우고 죽은 왕비 신덕왕후 강씨를 위해 서울 정동에 흥천사를 짓고 3층 사리전과 전당을 세웠는데, 이 건축물에 대해 『세종실록』의 기록에 '위에는 부도를 세우고 8면의 4층 전각을 지었는데 까마득히 높아 우리나라 고래에 일찍이 없던 것이다'고 할 정도로 화려하고 장대한 규모로서 도성 어디에서나 보였다고 한다. 세종도 초기에는 척불정책을 펼쳤지만 중기 이후에는 궁내에 내불당을 세우고 한글로 『석보상절』을 짓게 하며 스스로 『월인천강지곡』을 짓는 등 개인적으로 불교를 신봉하며 지원하였다. 세조는 적극적인 호불정책으로 한글 불서를 편찬하고 스님의 권익과 불교의 지위보장에 힘쓰며 한양에 원각사를 창건하고 강원도 양양에 낙산사, 유점사, 회암사, 신륵사 등을 중창, 보수하는 등 전국에 많은 불사를 일으켰다. 세조는 유교정치의 기틀을 재정비하며 여러 제도를 정립시켜 나가는 반면 스스로 '호불(好佛)의 군주'라고 할 정도로 불교를 크게 옹호하기도 하였으며, 간경도감을 설치하고 대장경, 법화경, 반야심경 등 불경 간행과 역경사업을 대대적으로 벌였다.

세조의 이와 같은 흥불정책이 있은 뒤 성종, 연산, 중종을 지나는 동안 불교는 다시 극심한 박해를 받았다. 성종시대(1470~1494)에는 불교에 대한 전면적인 개편이 없이 사원의 영건, 불사의 시행이 계속되었는데, 봉은사와 낙산사, 원각사 등 많은 사찰의 개창 및 중창, 내불당의 이건, 해인사 대장경판당의 중창 등이 이루어졌다. 성종은 도첩제를 중단하고 승과제도를 없앴으며 선종의 도회소인 흥천사와 교종의 도회소인 흥덕사를 폐하여 관청을 삼았으며, 중종 때에 승과는 완전히 폐지되며 선교 양종마저 없어지는 지경에 이르렀다. 세조의 호불정책은 1504년 연산군이 원각사의 승려를 몰아내고 연회의 장소로 사용한 후 관청으로 사용되고 1510년 유생에 의해 흥천사의 사리탑이 불에 탄 이후 사라지게 되었다. 1세기 이상 도성의 상징물처럼 도성 한가운데 우뚝 솟아 있던 흥천사 사리탑이 소실되고 16세기에는 대부분의 도시 사찰들이 소멸되어감에 따라 도시 전체의 경관이나 분위기도 침체되어 갔다. 명종이 즉위한 뒤 문정왕후가 섭정하고서부터 선교 양종을 부활시키며 승과를 다시 실시하는 등 일시적으로 불교 중흥을 꾀하였지만, 명종 21년(1566) 문정왕후가 세상을 떠나자 또다시 가혹한 척불정책이 계속되었다. 문정왕후의 비호 아래 승려 보우는 청평사를 비롯해 몇몇 사찰을 중창하기도 하였다. 16세기 이후에는 성리학적 체제가 완비되고 억불정책이 심해지면서 몇 안 되던 사찰들은 도성을 떠나 교외나 산중으로 들어가게 되었으며, 지방의 작은 사찰들은 중소지주 계층의 지원 하에 존속되며 생존에 급급하였다. 대부분의 사찰들은 재원과 승려가 점점 줄어 폐쇄되거나 축소되다가 임진왜란으로 결정적인 타격을 받게 되었다.

도시에서 쫓겨난 산지가람은 협소하며 경사진 땅, 넉넉지 못한 재정 등으로 여러 가지 제약에 직면하게 되어, 이전처럼 기하학적 질서에 따라 배치되지 못하고 폐쇄적이며 유기적으로 배치되었고, 불전의 내부를 신도들이 출입하여 법회를 열 수 있는 법당으로 개조되기 시작되었으며, 내부공간을 예불장소로 사용하는 등 실용성을 높이기 위한 여러 가지 기법도 채택되었다. 이 시기에는 예전처럼 법회를 크게 할 수 있는 상황이 되지 못하여 소규모 법회나 각종 기제가 주로 치러졌으므로 법당에서 간소한 의식과 예불이 치러지게 되었다. 따라서 법당의 구조에도 변화가 일어나게 되어서 법당은 예불을 위한 넓은 공간이 필요하게 되고 수미단의 위치가 점점 뒷벽 쪽으로 밀려나게 됨으로써, 불전은 단지 불상을 모신 빈 공간이 아니라 신도들의 소규모 예불과 법회를 위한 장소로 활용되기 시작된 것이다. 이 시기에 중창된 사례로서는 세조가 후원한 원주 상원사나 양평 용문사, 그리고 명종 때 문정왕후가 후원한 춘천 청평사 등이 있는데, 이들은 산중턱의 경사지에 축대를 쌓아 여러 개의 단을 나누어 계단식으로 대지를 조성하였고 축대 위에는 양옆으로 긴 행랑을

그림 4-72 춘천 청평사

설치하여 각 영역들을 구분하였다. 청평사는 몇 단의 석축 위에 구축되어 남쪽 회전문 좌우로 길게 행랑이 설치되고 폐쇄적인 중정을 갖추었다고 한다(그림 4-72).

조선시대 전기의 사찰에 있어서는 탑이 약화되거나 소멸되는 경향이 있었는데, 법당 앞 중정에서 회랑과 탑이 사라짐으로써 건물들이 감싸는 텅 빈 마당이 중심을 형성하게 되게 되어 공간의 실용성이 증대되었다. 탑은 매우 희소하며 수종사 팔각 오층석탑에서 보이듯이 규모가 축소되고 형식이 간략화되었는데, 남양주시 소재의 수종사 팔각 오층석탑(성종 24년, 1493)은 고려시대 팔각석탑의 전통을 이으면서 규모가 작아지고 장식적으로 변모한 조선 초기 석탑의 모습으로서, 팔각 지대석 각 면마다 안상이 조식되어 있고 기단의 하대석과 상대석에는 복련과 앙련, 안상이 조식되어 있다. 5층의 탑신은 위로 올라가면서 체감률이 심하며 낙수면과 전각이 반전되었고, 옥개 내부는 수평을 이루고 있다.

2) 조선 후기의 불교건축

(1) 불교건축의 재건과 중정형 가람

16세기 말에서 17세기 중엽은 조선으로서는 임진왜란, 정유재란과 병자호란 등 크나큰 외환을 겪게 되었고, 중국에서 명, 청이 교체되는 등 동아시아에 새로운 국제질서가 형성되어 가는 시기였다. 임진왜란은 수많은 사람이 죽고 경작지가 반으로 줄어들며 산림이 불타버리고 대부분의 사찰이 파괴되는 등 조선에 엄청난 타격을 가하였고 건축에 있어서도 최악의 재앙이었다. 임진왜란은 불교사찰에 막대한 피해를 주어 수많은 유서 깊은 사찰의 목조 건물들이 불에 타버렸지만, 한편 파괴와 약탈로 점철된 임진왜란으로 오히려 불교가 중흥하고 사찰건축들이 활발해지는 전기가 되었다. 임진왜란 이후 일반 서민층의 불교에 대한 신앙이 더 확산되고 왕실 주변에서도 불교에 의지하는 마음이 강화되었다. 임진왜란 당시 승병들의 활약에 힘입어 불교사원은 17세기를 거치면서 서서히 새로운 전기를 맞이하게 된다. 임진왜란으로 인하여 불에 타버린 대부분의 사찰들이 광해군에서부터 영조 및 정조 대에 계속적으로 중창 및 보수 공사가 이루어지게 되었다.

임진왜란이 끝나고 약 30년, 40년 동안 전국의 유명한 대규모 사찰에서는 건물 복구가 전개되며, 주요 사찰들이 재건되어 어느 정도 면모를 되찾게 되었다. 불교건축은 17세기를 맞으면서 서서히 회생조짐을 나타내기 시작하여, 불국사 대웅전과 극락전을 비롯하여 해인사, 통도사, 부석사, 송광사, 화엄사, 법주사, 동화사, 금산사, 직지사, 은해사 등 유명 사찰들의 중창과 재건이 이루어졌으며, 각지의 산속에는 소규모 사찰들이 재건되었다. 17세기 후반에 가면서 신라 이래의 유명 대찰들이 다시 회복되거나 산간의 소규모 사찰들이 활발히 재건되며, 또 영산강이나 금강, 낙동강 등 큰 강의 하류지역의 바다에 인접한 곳에서 여천 흥국사나 해남 대흥사, 영광 불갑사, 고창 선운사, 부안 내소사와 개암사, 논산 쌍계사, 양산 신흥사, 고성 옥천사, 사천 다솔사 등과 같은 사찰들이 신앙의 중심지로 부각되기 시작하는 등 사찰들은 부흥하기 시작하였다. 임진란 이후 계속된 사찰의 중창은 다양한 모습으로 18세기까지도 이어졌는데, 봉은사와 용주사, 신륵사 등과 같이 능의 원찰로 지정받아 왕실로부터 항구적인 위치를 부여받는 경우도 있고, 흥국사와 북한산성, 남한산성의 사찰 등과 같이 국가의 요충지를 관리하는 승병사찰로 세워지기도 하였다.

이러한 사찰의 부흥은 승려들 스스로의 노력, 그리고 농민과 상인들 중에서 재력가가 된 새로운 지지 세력의 등장이 있어서 가능하였다. 먼저 이런 전국적인 사찰 부흥은 국가적인 보호나 권력층의 지지보다는 승려들의 자구 노력으로 가능하였는데, 17세기에 들어 휴정대사나 유정대사와 같은 큰 스승 아래 많은 승려들이 배출되었고 승려들은 포교보다는 은둔적인 수행에 집착하며 스스로 사찰을 짓고 자급자족적인 생활을 이루어 나가고자 하였다. 휴정대사의 '선사상이 주가 되고 교학은 종이 되어야 한다'는 가르침은 17~18세기 불교계에 큰 지침이 되었다. 또한 17~18세기에는 수리사업과 농업생산력의 증대, 상업 및 금융업의 발달로 농민과 상인들 중에서 재력가가 된 새로운 지주세력으로 등장한 부유층들이 새롭게 사찰의 후원자로 등장하여 당시 상업활동의 주 통로인 해상항로를 중심으로 사찰들이 세워지게 되었다. 이때에는 종파의 구분이 거의 사라져서 선종을 중심으로 여러 신앙 대상이 불교 내에 수용되면서 신라시대 이래의 유명 산지 대찰이 회복되고, 강가나 해안가의 주요 교통지역에 사찰이 창건되었다. 즉, 불국사와 통도사, 해인사, 화엄사, 금산사, 은해사 등 이전의 유명한 사찰들이 왕실이나 사회 지배계층의 지원을 얻어 그 면모를 회복하기 시작하였고, 또 새로 대두된 농민이나 상인의 후원 아래 깊은 산간에 있던 소규모 사찰들이나 여천 흥국사나 논산 쌍계사와 같은 큰 강이나 해안에 인접한 사찰들이 활발히 재건된 것이다.

하지만 전쟁을 치르느라 경제력이 약화되고 부재가 부족하였으므로 사찰들이 복구, 재건되더라도 과거의 정형적 모습이나 규모를 찾을 수는 없었다. 금산사를 예로 들면, 임진왜란 이전까지 금산사는 대사구(63동), 광교원(13동), 봉천원(15동)의 삼원체제를 갖추고 수많은 건물이 있었던 대가람이었지만, 임란이 끝난 3년 뒤인 1601년 재건이 시작되어 35년이 지난 1635년이 되어서야 완성을 보게 된다. 이러한 중창도 삼원 전체를 복구한 것도 아니고,

여러 전각들에서 모시고 있던 불상들을 각각 모시기 힘들어
지자 대적광전을 종합법당으로 하여 비로자나불, 아미타불,
약사여래불, 관음보살을 모시게 되었다. 법주사 팔상전도
1602년에 착공하여 1605년에 사리장치를 구비하였으나 여
러 가지 사정으로 1626년에야 상량하게 되었다. 화엄사의
경우도 인조 8년(1630)에 복구가 시작되어 대웅전과 요사가
7년 만에 끝이 나고 각황전은 숙종 25년(1699) 중건을 시작
하여 원래 3층의 장육전이었던 것을 2층으로 중창하였다(그
림 4-73).

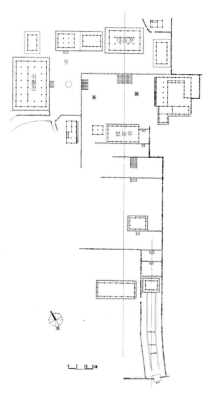

그림 4-73 **구례 화엄사 배치도**

이렇듯 사찰건축은 임진왜란 이후 다시 세워지게 되었
지만 모든 건물을 체계적으로 지을 수 없어 예전의 정형과
규모로 돌아갈 수 없었고 정제되고 엄격한 질서는 사라지게
되었으며, 처음에는 최소한의 법당과 요사가 만들어지고 그
후에 주된 시주층인 지역사회 농민들의 경제적인 여건에 따
라 자금이 준비되는 대로 건물들이 증축되게 되었다. 이들
사찰들은 대체로 소규모 법당을 중심으로 그 앞마당 좌우에
승방과 부속건물을 배열하고 그 앞에 누각을 두어 모두 4동의 전각들이 중심 마당을 감싸는
형식을 취하였다. 즉, 17세기 후반 소규모의 산간 사찰이나 해안가 사찰들은 대웅전과 같은
중심이 되는 예불 건물이 가람구성의 핵이 되며 그 앞마당이 전체 사찰공간의 중심을 이루
게 되는 중정형 가람을 형성한 것으로, 개방적이었던 가람의 배치가 임진왜란을 거치면서
폐쇄적인 ㅁ자 형태의 중정형 배치로 변화된 것이다.

17세기 이전의 가람의 중심은 탑과 마당으로서, 탑을 돌면서 기도하는 요잡 의례와 마당
에서 열리는 야단법석[20]이 불교행사의 중심이었다. 이 마당은 좌우의 요사채와 전면의 누각
으로 사방이 둘러싸이는 중정을 형성하였고, 중정 중심의 배치형식은 외부적으로는 매우
폐쇄적이고 내부적으로는 개방적인 성격을 지니며 18세기의 산간 소규모 사찰에 거의 대부
분 받아들여졌다. 사찰이 가져야 할 최소한의 건축이라고 할 수 있는 4동 중정형 가람에서

----

20 요잡은 부처를 중심으로 하고 그 주위를 돌아다니는 일이다. '야단(野壇)'이란 '야외에 세운 단', '법석(法席)'은 '불법을 펴는
자리'라는 뜻으로서, '야외에 자리를 마련하여 부처님의 말씀을 듣는 자리'라는 의미이다.

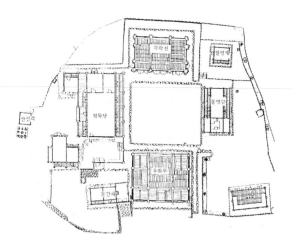

그림 4-74 **완주 화암사 배치도**

전면의 누각은 다락집 형태로서 법회 때 강당으로도 사용되지만 사찰 입구와의 경계가 되기도 하며, 불전사물의 봉안장소, 수장고로서의 역할을 하는데, 경사지의 경우 진입 시에는 2층, 안마당 쪽에서는 1층이라는 적합한 형식을 취하기도 하다. 누각은 대규모 법회가 있을 때 강당, 평상시 승려들의 휴식처, 외부 손님의 접객장소 등 여러 가지 목적으로 사용되었으며, 사찰공간에 진입할 때 우각진입이나 누하진입을 하는 출입통로로서의 절점 역할을 한다(그림 4-74). 승려들의 생활에 연관된 승방은 ㄱ, ㄷ, ㅁ자로 구성되고 심검당이나 적묵당 등 다양한 명칭이 붙으며, 마당 쪽으로 큰 방을 두어 접객이나 집회에 사용하고 반대쪽에는 승방이나 창고를 두어 생활공간으로 이용하였다.

(2) 통불교와 다불전 가람

17세기 후반을 거쳐 18세기 전반기에 들어서면서 임진왜란으로 불에 탄 전각을 복구하면서 불교사찰은 과거의 가람배치에서부터 건물의 구성과 규모, 세부양식에 이르기까지 부분적으로나 전면적으로 개조되어 새로운 가람이 구성되기도 하였다. 임진왜란 이후 새롭게 등장한 사찰들은 종파에 의한 특징이 약하지만 가람을 형성하는 공통적인 특징을 보여준다. 그리고 조선 후기에는 다양한 신앙 대상이 습합되면서 대웅전, 극락전 등의 불전으로 형성된 중심공간의 주변에 민간신앙이나 도교사상이 결합된 산신각이나 칠성각 등이 건립된다.

17세기에는 종파의 구분이 거의 사라지고 대체로 선사상이 주류를 이루면서 교학이 일부분을 유지하고 있는 형편이었으므로, 각 사찰은 예불 대상에 따라 각기 개별적인 불전을 갖던 과거 방식에서부터 벗어나 하나의 중심이 되는 불전으로 통합되기도 하였다. 즉, 조선 후기에는 모든 신앙 체계를 포용하는 이른바 통불교적 성격을 지니게 됨으로써 과거에 있어 여러 곳으로 분산되어 복합적인 예불 공간을 갖추었던 사찰건축들이 하나의 공간으로 축소되고 법당도 한 두 건물로 통합되는 통불교적 가람배치를 이루게 되었는데, 일반적으로 주법당인 대웅전 뒤쪽으로 팔상전, 관음전, 응진전 등 보살단에 속하는 전각들이, 그리고 더 뒤쪽으로 산신각이나 칠성각과 같이 신중단에 속하는 전각들이 배열되었다.

17세기를 기점으로 그 이전은 종파계 사찰 형식이 주류를 이루고 그 이후는 통불교계 구성이 주도적이었지만, 그 가운데에서도 이전의 종파적 성격이 잠재하고 있다. 통불교계 사찰의 신앙별 전각을 살펴보면 법화신앙의 전각으로 대웅전, 영산전, 팔상전, 나한전, 응진전, 관음전 등을, 화엄신앙의 전각으로는 대적광전, 화엄전, 비로전, 문수전 등을, 정토신앙의 전각으로는 극락전, 미타전, 명부전 등을 들 수 있다. 내세기복신앙의 전각으로 극락전, 명부전, 용화전 등을, 현실 구복 신앙의 전각으로 약사전과 관음전, 그리고 칠성각이나 삼성각, 산신각등을, 토속신앙의 형태의 산신각, 칠성각, 삼성각 등도 포함될 수 있다. 현존하는 사찰의 신앙체계를 살펴보면 전반적으로 통불교적 구성체계가 많고 미타신앙, 화엄신앙 등이 그 뒤를 잇는데, 각 신앙 체계마다 고유한 사상과 건축적 구성형식을 갖고 있다. 미타계 사찰에서 보이는 무탑형과 독립적인 영역성은 구원의 부처인 아미타불이 열반에 들지 않아 사리탑이 있을 수 없다는 교리적 배경과 미타신앙의 정토주의와 관계 있고, 석가모니를 상징하는 사리탑이 중요한 구성요소가 되는 미륵계 사찰에서 강조되는 축선은 유가학의 계율주의와, 화엄계 사찰의 단탑형 구성은 화엄사상의 핵심인 중심성과, 법화계 사찰의 쌍탑가람제는 법화신앙의 소의 경전인 법화경에서 석가여래의 존재를 증명하기 위해 출현한 다보여래가 상주하는 다보신앙과 각각 깊은 관계가 있다.

17세기 이후 통불교적 사찰은 무탑-일불전-1영역-중축형의 건축적 특성을 가지며, 현재 남아 있는 사찰들은 통불교적 성격을 수용해 다른 신앙체계를 습합하여서 대체로 다불전 형식 및 다영역형을 취하고 있다. 하나로 통합된 사찰공간의 중심은 불전 앞의 마당으로서, 그 뒤에는 대웅전과 같은 불전이 놓이고 맞은편 앞쪽에는 누각이, 마당 좌우에는 승방이나 강당과 같은 건물이 대칭으로 놓여 하나의 안마당이 형성된다. 이런 마당 중심의 중정형 배치형식은 바깥에서는 폐쇄적인 외관을 만들고 내부에서는 개방성을 나타내며, 18세기의 산간 소규모 사찰에서 거의 일반화되어 갔다.

작은 규모의 사찰들은 안마당을 중심으로 대웅전 등 주전 건물과 사찰의 출입 및 경관구성을 위한 누마루가 마주 보는 형식을 취하고, 마당의 좌우에는 요사채나 선방 등 다른 전각을 두어 그 자체로 독립적인 영역을 형성한다. 이들 사찰은 주불전 앞의 앞마당을 중심으로 문루와 승방, 요사채 등으로 이루어진 마당 중심의 중정형 산지가람이며, 이전에 중요한 예불의 대상이었던 탑은 규모가 축소되어 없어지기도 하였다. 규모가 큰 사찰에서는 이러한 공간이 몇 개의 중정에 의하여 중첩되어 공간이 형성되며, 또한 산세의 경사를 이용하여 작은 영역 안에서도 다양한 시각적 경험을 제공하기도 한다.

한편 조선 중기 이후에 중창 내지 재건한 사찰의 대부분에 있어서 전각들은 불단, 보살단, 신중단으로 위계에 따라 배치가 되어, 중심 불단을 보살단 영역과 신중단 영역이 겹으로 둘러싸는 동심원적인 구조를 이룬다(그림 4-75). 경남 고성 옥천사의 경우 30여 당우 가운데 대웅전(1745)을 비롯해 적묵당, 탐진당(1754) 및 자방루(1764)가 세워지고, 1890년 중창 때 팔상전과 명부전, 나한전을 지었으며 1897년에 칠성각 독성각을 창건했는데, 1백 50여 년간에 걸쳐 이어진 불사는 불교의 신앙적 위계질서를 잘 지켜 불, 보살, 신중에 해당되는 상단, 중단, 하단의 전각순서로 건립됐다. 전체적인 가람배치는 상단에 해당되는 중심영역을 조성한 뒤 뒤쪽의 경사지를 깎고 다듬어 중단을 건립하고, 그 뒤에 위치한 경사지에 하단을 조성해 3단 구성의 통불교적 특징을 잘 보여준다. 통불교계 사찰에 있어서 전각들은 불단-보살단-신중단의 삼단으로 위계화되며, 법화신앙에 기반을 둔 대웅전과 영산전, 민간신앙적인 명부전과 산신각이 선호되었다(그림 4-76). 중심 영역은 대웅전 앞 중정을 중심으로 좌측에 선방, 우측에 강당, 전면에 누각을 배치함으로써 불-법-승의 삼보가 하나로 통합되는 최고의 위계를 가진 공간으로 볼 수 있다.

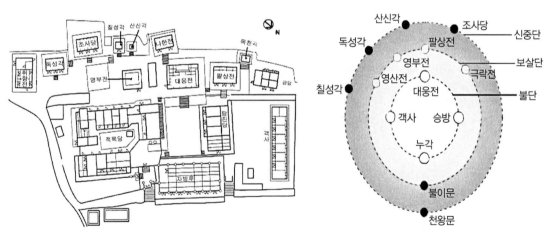

그림 4-75 고성 옥천사 배치도
그림 4-76 사찰 전각의 삼단 구성

(3) 토착신앙과의 습합

임진왜란 이후 조선의 사회는 많은 변화가 일어났는데, 사당의 건립이 늘어나고 재산분

배에 있어서도 그동안 남녀균분으로 이루어지던 것이 장자 위주로 바뀌고 신분질서가 혼란스럽게 되면서 사대부계층은 점점 보수화 경향을 띠게 되며 불교에 대해 예전보다 적대적인 태도를 지니게 되며, 사대부가 사찰을 출입하거나 원당으로 삼아 제사를 지내는 것이 점점 없어지게 되었다. 결국 사찰은 큰 지지층이었던 사대부의 지원이 끊어지게 되어 재정이 악화되었으므로 사대부계층이 아닌 양인의 신분과 같이 사찰을 지지하며 후원해줄 여러 방면의 신도계층을 확보하는 것이 필요하게 되었다. 사찰들은 사대부의 이탈과 재정 악화에 대한 자구책으로 민간에서 중요하게 생각하는 민간신앙과 도교의 대상이었던 칠성신과 삼성신, 산신 등을 수용함으로써 보다 다양한 신도계층을 확보하려 하였고 칠성각, 삼성각, 산신각, 산령각 등이 세워지게 되었다. 불교 본연의 불사를 드리는 본당 이외에 토착신을 모시는 이 전각들은 불교가 토착신앙과 융화된 모습을 보여주는 것이다.

그중에서도 특히 산신을 모신 산신각은 토착신앙과 불교가 융화된 모습을 나타내주는 좋은 사례로서, 산마다 존재하는 산신을 숭배하는 산신신앙은 오래 전부터 전래되어 오는 민간신앙으로서 불교 전래 이후 이들 산신을 호법선신으로 불교가 포용했던 것이다. 칠성신앙은 북극성과 북두칠성에 관한 관심이 자손번영과 수명장수였던 민중의 도교적 신앙이 그대로 불교에 반영된 것이다. 도교에서 출발한 칠성신앙이 불교사찰의 한 공간을 차지한 것은 전통적인 성신신앙과 함께 칠성이 인간수명을 좌우한다는 점에 근거하여 사찰이 영구적으로 지속되도록 하고자 칠성각을 조성한 것이다. 민간신앙은 현세의 복락과 구원을 바라는 민중들의 자연발생적인 열망을 담은 신앙체계이고 불교는 정제된 윤리이자 만물의 본질을 규명한 진리구조의 성격을 지니고 있다. 이 양자의 습합은 일차적으로 우위의 이념체계인 불교가 하위의 신앙체계인 민간신앙을 흡수하며 전개되었다. 임진왜란 때 소실되기 전의 금산사 전각의 명칭을 보면 칠성각, 산신각 등과 같은 민간신앙을 위한 전각의 모습이 보이지 않는다.

(4) 실내 예불공간과 장식화

17세기 이전의 가람은 탑과 마당이 중심으로서, 불교행사의 중심은 탑과 부처를 돌면서 기도하는 요잡의례와 마당에서 열리는 야단법석이었지만, 17세기경 이후 대규모 법회보다는 실내에서 치러지는 간략한 예불이 보편화되어 감에 따라서 불전의 내부가 일상적인 예불공간으로 적극 활용되기 시작하였다. 목조건축의 기둥배열이나 가구조직상에도 변화가 있어 기둥배열은 주칸이 커지고 어칸과 협칸의 크기가 동일해지며 내진주가 뒤로 후퇴하며 고주의 사용이 점차 사라져 갔다. 또한 법당 안에서의 예불을 위해 불단 앞의 공간을 확보하고 실내를 밝게 만들기 위해 창문을 크게 내는 경향이 보이기 시작하며 실내 바닥이 전돌에서 마룻바닥으로 변화되어 갔다. 이후 대규모 법회는 특별한 때를 제외하고 거의 치러지지 않게 되었으며 많은 불교 모임과 예불이 실내 공간에서 간략하게 이루어졌는데, 실내 바닥이 전돌에서 마룻바닥으로 바뀌어간 것에서도 그러한 현상을 짐작할 수 있다. 1624년에 재건된 흥국사 대웅전에서는 불단 앞의 공간을 확보하기 위해 불단을 뒷편으로 옮겨 옆으로 길게 하고 폭을 줄였으며 대들보나 종보의 위치를 조금 올려서 천장을 될수록 높게 설치하였고 정면의 창문에 교창을 달아 실내를 밝게 하고 불상 뒷벽에는 한 폭의 채색그림을 걸었다. 이전의 대웅전에서는 탑을 도는 배불의식과 함께 불상과 대웅전을 도는 요잡 의례가 발달되었지만, 17세기 중엽 이후에는 불상에 108례, 즉 절을 하는 의례로 변화되었기에 건물을 돌 필요 없이 신자들이 들어와 절을 하기 위한 불상 앞의 공간만이 필요로 하였기 때문이다.

이러한 변화는 주된 신도가 사대부에서 일반 민중으로 옮겨감에 따라서 새로운 시주층인 일반 평민들에게 시주에 대한 자부심을 주며 그들을 끌어들이기 위해 사찰을 이전보다도 화려하고 웅장하게 건설하게 된 것이다. 이렇게 건물이 화려해지고 웅장해지는 것은 조선 후기에 들어 민간인들의 시주가 주로 되고 이들에 부응하기 위한 표현방식이라고 할 수 있을 것이다. 즉, 임진왜란 이후에 풍부한 자본을 가진 상인들의 지지를 받으면서 사찰건축은 공포와 창호 등의 외관뿐만 아니라 불전 내의 불단, 불화, 천장 등의 장식이 사실적이고 다채로워졌기 때문이다. 18세기가 되면서 실내공간의 확장과 장식화는 직지사 대웅전, 기림사 대웅보전이나 법주사 대웅보전에서 보이듯이 더 일반화되고 강조되어 갔다. 1735년에 재건된 직지사 대웅전의 경우, 석가모니를 중심으로 한 3존불이 중앙에 모셔져 있고 그 뒤에 네 개의 고주 사이의 3개의 불벽 각각에 후불 탱화가 길게

그림 4-77 **김천 직지사 대웅전의 내부**

걸렸으며, 전면과 후면 5칸에 모두 창문이 설치되어 넓게 트여진 실내공간의 확장과 장식화를 잘 보여준다(그림 4-77). 또한 직지사 대웅전에서는 전면 창문이 꽃모양으로 장식된 꽃살무늬창살이 두드러지며 네 모서리의 기둥이 과장되게 굵게 표현되어 있다.

이렇듯이 사찰건축에서 장식의 증가는 비구조재뿐만 아니라 구조부재의 장식도 증가되었는데, 장식이 증가하는 부분은 외부의 공포부, 창호의 무늬, 지붕 등에서, 내부에서 대들보에 측면 방향에서 걸쳐지는 충량, 공포부분, 불단 상부의 천정부에서 찾아볼 수 있다. 장식의 기법은 일반적으로 공포부처럼 같은 장식이 가해진 부재를 반복적으로 중첩시키거나 귀공포나 안초공의 용두처럼 건물에서 시각적으로 인식이 강한 부분에 가해진다. 장식은 불전의 외부보다 내부에 더 집중되는 현상을 보이는데, 실내의 장식이 화려해지는 것은 예불공간이 실내로 한정됨에 따라 사람의 시선을 끌기 위한 것이었다. 조각장식에 의한 실내의 화려한 치장은 불단의 장엄과 불상의 위쪽 닫집이나 보개에 용이나 봉황의 장식에서 시작되어 실외로 확산되어서 꽃살문이 등장하고 공포에도 많은 장식이, 특히 민간에게 잘 알려진 연꽃, 봉황, 용, 거북이 등의 장식이 부가되었다. 이 장식들은 기복을 바라는 서민들의 일상생활과 매우 밀접하게 연결되는 무늬를 선호한 결과였다.

흥국사 대웅전은 정면 3칸, 측면 3칸의 다포계 단층 팔작지붕 건물이며, 어칸 좌우 기둥 위에 용두 조각을 돌출시켰다. 공포의 살미는 외부에서 섬약한 앙서를 보이고 내부에서는 제3살미 이상 연화당초를 초각하고 그 위에 용두나 극락조를 장엄하며 극도의 장식미를 추구하고 있다. 내부에는 고주 사이에만 후불벽을 1칸 설치하고 영산회상도를 걸었고 불단은 후불벽보다 훨씬 폭이 크게 3칸 규모로 설치하여 석가불좌상과 관음, 세지 두 보살입상을 봉안하였다(그림 4-78). 논산 쌍계사 대웅전은 3불상 위의 용과 봉황, 대들보와 충량의

그림 4-78 여수 흥국사 대웅전의 내부
그림 4-79 논산 쌍계사 대웅전 내부

봉황과 용, 공포의 살미 끝에 있는 연꽃봉오리, 꽃살무늬 등 현란한 조각장식에 의한 불전의 장식화, 그리고 자연 그대로의 움푹 패인 홈이 드러나는 유난히 굵은 네 모서리의 기둥의 과장된 표현을 잘 보여준다(그림 4-79). 법주사 대웅보전은 다포계의 2층 팔작지붕 건물로 정면 7칸, 측면 4칸이며, 내부는 고주로 둘러싸인 5×2칸 규모의 내진과 그 둘레의 외진으로 나누어지는데, 후면 고주 사이에 후불벽을 세워 탱화를 걸고 그 앞에 불단을 설치하여 5m가 넘는 거대한 비로자나삼신불좌상을 봉안하였다.

(5) 인법당과 주택풍 불당

19세기에 들어서면 세도정치의 시작으로 민중들의 생활이 매우 피폐해지고 17~18세기 불교를 지원했던 부유층도 점점 상류사회의 영향을 받아 양반의 생활을 답습하며 유교적인 삶으로 전환되었고, 더구나 조선 말기에 가면 신분제도가 와해되면서 중농층이 양반계층이 되었다. 불교를 지탱하여 주던 상공인층과 중농층이 상류사회로 편입되거나 양반화되면서 점점 불교와 거리를 두고 사찰의 후원을 그만두게 됨에 따라서 불교는 쇠락하게 되었고, 그에 따라 법당은 새로운 구조로 변화될 수밖에 없었다. 주요한 후원층이 없어져 경제력이 미비하게 되었으므로 요사와 법당을 같은 건물에 두는 형식의 인법당이 등장하게 되었다.

인법당 사찰은 단일 건물만으로 된 암자 규모의 사찰에서 이루어지며 승려가 거처하는 방에 불상을 봉안하여 주거와 종교 행위가 동시에 이루어져 대체로 주거와 비슷한 형식을 갖게 되는데, 유배지에서 단종이 꿈을 꾸고 창건한 영월의 금몽암에서 잘 볼 수 있다. 단종의 원찰이었던 보덕사의 부속 암자인 금몽암은 왼쪽 앞으로 누각(우화루)이 딸려 있는 ㄱ자형이면서 뒤편으로 양 날개처럼 뻗은 방이 ㄷ자를 이루고 있는 팔작지붕 집으로 총 16칸이며 안쪽에 석조여래입상을 모시고 있다. 안동 용담사 금정암 화엄강당은 정면 8칸, 측면 3칸의 팔작지붕 건물로 국내에 얼마 남지 않은 전통 인법당의 형태를 그대로 유지하고 있다. 대구시 달성군 남지장사 청련암은 법당과 요사, 후원의 기능을 겸하는 복합건물로서 평면이 아주 특이하며, 남향한 3칸 인법당을 중심으로 좌측에 1칸 온돌방을 두고 그 앞쪽으로 마루와 온돌방 1칸을 앞쪽으로 돌출시켰으며 우측에는 앞쪽에 방을 꾸미고 뒤쪽에 부엌을 두고 그 뒤로 1칸을 돌출시켜 온돌방을 두었다.

한편 19세기 후반 소위 주택풍 불당이라고 할 수 있는 새로운 유형이 소규모 암자나 도시 주변 소규모 사찰에 많이 세워졌다. 안동 봉정사의 동쪽에 있는 작은 암자인 영산암은 주택의 세부요소와 불교건축이 결합하여 이루어진 뛰어난 건축으로서, 누각 우화루 밑으로 누하진입을 하면 응진전이 보이고 왼쪽 마당 뒤에 산신각이 놓여졌는데, 대칭적인 중정이 없이 축을 비틀어 대칭을 깨뜨리면서 공간적 긴장감을 적절히 유지하고 있다(그림 4-80). 전면 5칸의 누각 좌우로 꺾이는 요사채와 응진전 등의 건물들에서 보이는 툇마루나 아자형 창살, 가느다란 기둥, 섬약해 보이는 각 부재들은 주택건축의 요소로 보인다.

한편 조선시대 말기에 실학사상의 발전 속에서 사유재산제 발달과 봉건적 신분제 와해 등 근대적 변혁이 이루어지고 있던 상황에서 정토신앙의 유행과 더불어 시대적 변화를 담은 새로운 형식의 건축물인 대방(염불당)이 나타났다. 정토신앙의 유행은 임진왜란 때 희생을 당한 사람들을 정토세계로 천도하기 위해 대규모 염불이 거행되면서 정토 염불신앙은 민중들 사이에서 크게 유행하였다. 따라서 정토계 불교사찰에서는 염불 수행을 하면서 염불을 할 수 있는 넓은 공간을 갖춘 건물이 필요하였는데, 강원도 고성 건봉사에서는 만일회라는 명칭의 대규모 염불 전용공간이 만들어졌으며, 해인사 홍제암에는 가장 오래된 대형 염불 전용공간인 염불당(1614년 건립)이 남아 있다. 홍제암 염불당은 염불을 하는 큰방과 그 양측 앞쪽으로 돌출된 익사, 염불승이 머무는 염불승방과 부엌, 부속공간 등을 갖춰서 공자 형태를 하고 있다(그림 4-81).

그림 4-80 **안동 봉정사 영산암**
그림 4-81 **합천 해인사 홍제암**

19세기 들어와 염불이 크게 유행하면서 정토교가 아닌 사찰에서도 통불교 체계 속에 정토종을 흡수하기 위해 기존 영역 내에 염불당을 마련하게 되었다. 당시 일반적으로 대법당 앞 중정을 중심으로 선방, 강당, 누각이 배치되던 형식에서 일반 신도들의 대규모 법회에 강당으로도 사용되었던 누각을 택하여 염불당으로 만들었다. 염불당(대방)은 대법당을 바라보도록 만들어졌으며, 염불을 하는 큰방, 그 책임자인 화주와 염불승을 위한 승방, 부엌, 창고 이외에 필요에 따라 몸채 앞으로 익사가 돌출되어 구성되어 정(丁)자형, 공(工)자형으로 평면이 이루어졌다. 대방은 사찰의 중심영역에서 주불전 앞에 위치하여 주불전을 극락 9품 중 가장 높은 서방정토(극락)를 의미하는 공간으로 설정하고, 그 실제적 상징적 예배 대상으로 삼아 바라보면서 서방정토 왕생을 위해 염불 수행을 하도록 구성된 것이다.

또한 18~19세기 한양 근교에는 왕족과 부유한 계층이 후원하는 원당사찰들이 융성하게 되었는데, 정릉 흥천사와 경국사, 우이동 화계사, 교외의 파주 보광사, 남양주 흥국사, 고양 흥국사, 과천 청계사 등이 대표적이다. 원당사찰은 조선불교의 특징 중 하나로서 내세신앙과 천도의례, 효사상, 기복신앙의 접점에 위치된다. 나라에서 임명한 관리들이 머물면서 왕실의 안녕을 빌고 관할 승려의 기강을 바로잡으며 사찰을 관리하던 곳으로 승풍규정소라는 것이 있었는데, 정조 12년(1788)에는 광주 봉은사, 양주 봉선사, 수원 용주사, 북한산 중흥사, 남한산 개운사 등이 오규정소 사찰로 선정되어 각기 관할구역을 정하여 전국 사찰을 관장하였으며, 이 외에 서울 수락산 흥국사, 서대문 밖 봉원사 두 사찰을 공무소라 하여 사찰을 관장하도록 하였다.

망자의 위패나 화상을 모시고 명복을 비는 원당사찰은 내원당이라고 궁중에 세우기도 하고 태조가 계비인 신덕왕후의 능에 세운 흥천사, 사도세자릉인 현륭원에 세운 용주사 등과 같이 왕릉을 수호하기 위해 왕릉 곁에 세우기도 한다. 특히 왕과 왕비, 추존된 왕의 무덤인 능침을 수호하고 그 명복을 비는 원당사찰은 능침사찰이라고도 한다. 또한 원당사찰은 태조 때의 진관사나 세조 때의 건봉사처럼 기존 사찰을 원당으로 삼기도 하고, 은해사처럼 왕족의 태를 모시는 경우도 있다. 원당사찰들은 소규모 법당과 그 앞에 배열된 대방채로 구성되었으며, 대방채는 주불전 마당 앞쪽에 놓여서 가람의 얼굴 역할을 하며 왕실의 중요한 시주를 접객하는 공간으로 쓰인 다목적의 건물이었다.

대방채는 접객과 집회를 위한 큰 방을 중심으로 주지실과 여러 개의 승방과 부엌 등이 한 건물 안에 밀집된 복합기능의 건물로서, 흔히 한쪽 또는 양쪽에 누마루가 돌출되어서 전체적으로 ㄱ자나 ㄷ자, 공(工)자 모양을 이루게 된다[그림 4-82 (a)]. 정릉 흥천사 대방[그림 4-82 (b)]은 정토 염불사상이 성행하던 조선 말기의 시대적 상황을 반영하여 염불 수행 공간과 누마루. 승방. 부엌 등의 부속공간을 함께 갖추고 대웅전을 실제적·상징적 불단으로 삼아 염불 수행을 하도록 구성되었다. 경기도 남양주시 흥국사 대방채는 기둥을 비롯한 모든 부재들이 정교하게 가공되고 기단과 초석도 말끔하게 다듬어져 세련된 모습을 보이는 대규모 건물로서, 중앙에 대방이 놓이고 그 양쪽으로 2층의 누마루가 돌출되어 있어 ㄷ자형을 이루며, 왕실의 귀한 손님들이 내방하며 여기서 맞이하고 불공을 드리도록 하였다. 서울 우이동 화계사의 경우 대웅전 아래 공(工)자형 대방채인 보화루가 있어 대방의 마루에서 대웅전을 향해 예불을 드릴 수 있도록 계획되었다.

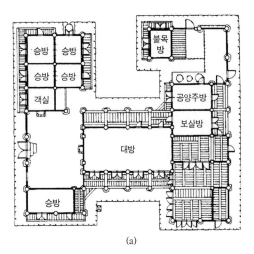
(a)

(b)

그림 4-82 (a) 완주 위봉사 요사의 공자형 평면(대원사 한국의 요사채, 1990)
(b) 정릉 흥천사의 대방

3. 불교건축의 사례

조선시대의 사찰 가운데 평지가람으로서는 승보사찰로서 대웅전, 국사전, 하사당 등의 건물로 구성되는 송광사, 불보사찰로서 대웅전 내부에 불상이 없고 대웅전 뒤쪽에 석가모니의 사리를 안치한 금강계단이 예불의 대상인 통도사, 전북 김제 금산사, 충북 보은 법주사, 충남 부여 무량사 등이 대표적이다. 산지가람으로서는 법보사찰로서 팔만대장경을 보관하는 해인사, 경남 하동 쌍계사, 충남 서산 개심사, 부산 범어사 등이 있다.

사찰건물들 가운데 주요한 건물들로서는 건립시기가 고려 말 또는 조선 초로 추정되는 주심포양식의 건축물인 영천 은해사 거조암 영산전(15세기경), 조선시대 초기 주심포양식의 전형적인 건물인 강진 무위사 극락보전(15세기 중기), 조선 초의 다포양식 건물로 팔작지붕 건물인 안동 봉정사 대웅전(조선 초), 다포양식의 건물로 정자형의 독특한 지붕을 지니는 양산 통도사 대웅전(1644) 등을 들 수 있다.

또한 중층 형식의 사찰 건물들도 있는데, 김제 금산사 마륵전(17세기경)은 다포양식의 3층 팔작지붕으로 현존하는 국내 유일의 3층 목조불전이고, 화순 쌍봉사 대웅전(1690)은 원래 목탑이었지만 후에 대웅전 건물로 전용되다가 현재는 화재로 소실되었으며, 구례 화엄사 각황전(1703)은 다포양식, 팔작지붕의 2층 건물로서 현존하는 불전 중 가장 대규모이다. 보은 법주사 대웅보전(조선 중기)은 다포양식, 팔작지붕의 2층 건물이고, 공주 마곡사 대웅보전(조선 중기)은 다포양식, 팔작지붕의 2층 건물이며, 부여 무량사 극락전(조선 중기)은 다포양식, 팔작지붕의 2층 건물이다.

1) 평지가람 사례

(1) 순천 송광사, 사적 제506호

송광사(松廣寺)는 조계산 북쪽 기슭에 자리 잡은 한국 선종의 대수도 도량 및 유서 깊은 승보사찰로서, 합천 해인사(법보사찰), 양산 통도사(불보사찰)와 더불어 한국 삼보사찰로 불리고 있다. 「송광사사적비」·「보조국사비명」·「승평속지」에 의하면 신라 말엽에 혜린대사가 작은 암자를 짓고 길상사라 부르던 것을 시작으로 보조국사 지눌이 정혜사를 이곳으로 옮겨와 수도, 참선 도량으로 삼은 뒤부터 승보사찰이 되었다. 고려시대 정혜사의 이전과 때를 같이하여 길상사를 수선사로 개명하였고, 이후 조선 초에 이르기까지 180여 년 동안 진각·각엄·태고·나옹·환암·찬영·각운·무학 등 16명의 국사를 배출하였으며, 현존 당우로는 대웅전·국사전·하사당·약사전·영산전·우화각·천왕문·해탈문 등 많은 건물들이 남아 있다.

송광사 가람은 의상이 고안한 「화엄일승법계도」의 모양을 따라 전각들을 배치하였다고 전한다. 의상의 법계도는 방대한 화엄경의 핵심적 가르침을 210자로 요약한 것으로, 거대하고 복합적인 卍자 모양으로 글자들을 배열한 정방형 도형이다. 조계산 서쪽 기슭

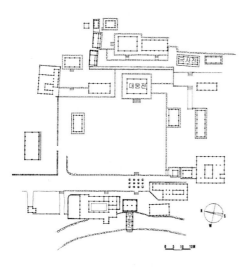

그림 4-83 **순천 송광사 배치도**

계곡가의 넓은 평지에 자리 잡은 송광사는 계곡을 가로질러 가는 진입로에 무지개 다리를 쌓고 다리 위에 누각인 청량각을 올렸고 진입로 끝에 이르러 다시 한 번 다리 누각인 우화각을 건너 천왕문을 지난다. 이러한 일주문을 경계로 펼쳐지는 진입부분은 다리 위의 누각 우화각과 임경당, 침계루의 승방 건물들이 흐르는 물과 함께 조화를 잘 이루고 있어 매우 아름다운 장면을 이룬다(그림 4-83).

송광사 일곽은 평면적으로 거의 정사각형을 이루며, 입체적으로 대웅전이 있는 아랫단과 설법전 등이 있는 높은 축대의 윗단으로 나누어지며, 윗단에는 설법전 외에 부처의 제자들을 모신 응진전과 조사당, 국사전 등이 놓인다. 대웅전을 중심으로 하는 주공간은 40×50m의 큰 규모이며 북동쪽으로 국사전 영역이 병치된다. 대웅전 뒤의 승방부분은 국사전과 하사당 등이 놓인 이 사찰의 승화공간에 해당되며 주공간의 대각선 방향에서 잘 인식되도록 되어 있다.

국사전은 큰 스님 16분의 영정을 모시고 그 덕을 기리기 위해 세운 건물로, 고려 공민왕 18년(1369)에 처음 지었고, 그 뒤 두 차례에 걸쳐 보수하였다. 정면 4칸, 측면 3칸 크기의 소박하고 아담한 주심포양식이며 지붕은 맞배지붕이고 우물천장이다. 스님들이 생활하던 하사당은 전라도 지방의 민가 평면과 유사하며 정면 3칸, 측면 2칸 규모의 주심포양식 맞배지붕 건물로, 왼쪽 2칸이 툇마루를 갖춘 온돌방이고 오른쪽 1칸은 부엌이다. 부엌 지붕 위로 네모 구멍을 내고 조그만 환기구를 만들었는데 다른 건물에서는 볼 수 없는 특이한 장치이다.

(2) 양산 통도사

통도사는 신라 선덕여왕 15년(646) 자장율사에 의해 창건되었으며 부처의 진신사리를 봉안한 불보사찰이다. 당나라에서 석가모니의 가사와 사리 등을 얻어 귀국한 자장율사는 대국통이 되었으며 통도사를 개창하면서 금강계단을 만들어 석가모니의 진신사리를 모시었다. 그 후 통도사는 조선시대에 이르기까지 여러 차례 중건되어 사찰의 영역이 동쪽으로 확대되며 독특하게 몇 개의 영역을 이루었으며, 현재 대부분의 건물들은 조선시대에 건립된 것들이다. 대웅전은 1961년 수리할 때 서까래에서 발견된 묵서명(順治二年甲申五月十一日立柱 同年八月初十日上樑 同年八月十八日椽)에 의하면 인조 23년(1645)에 중건했다고 한다.

현재 대규모의 가람인 통도사는 여러 차례 중건이 되었기 때문에 독특한 배치형식을 보여주는데, 서에서 동으로 흐르는 긴 계류를 따라 주축을 이루며 크게 3개의 건물군(상로전, 중로전, 하로전)으로 이루어지고 그 동서주축에 대해 3개의 건물군이 직교하는 축을 가짐으로써 연속적이면서도 통일적인 구성을 이루었다(그림 4-84). 진입부분은 일주문과 천왕문의 사이가 해당되며, 주 통로를 중심으로 좁고 깊게 배치되고 축을 약간씩 꺾여 단조로움을 피하고자 하였다. 통도사는 일주문과 천왕문의 진입공간을 지나면 하로전과 중로전, 상로전의 3영역으로 이루어진다. 하로전 영역은 영산전을 가운데 두고 좌우에 약사전과 극락전, 맞은편 만세루 건물 네 채가 마당을 에워싸고 있으며, 주된 공간으로의 도입적 성격이 짙어서 영산전과 약사전, 극락보전 등으로 이루어지는 중정 한쪽을 주통로가 지나가는 형상을 이루고 있다. 불이문을 지나면 전면으로 대웅전 건물이 강하게 보이면서 우측으로는 중로전 영역이 형성된다. 불이문 너머의 중로전 영역은 대광명전, 황화각, 관음전이 하나의 축선 위에 배열되며 통과교통에 숨겨지는 듯하면서 독자적 영역을 이룬다.

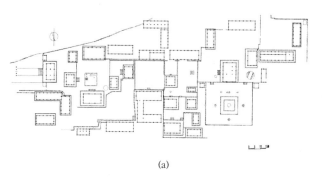

(a)

(b)

그림 4-84 (a) 양산 통도사 배치도
(b) 양산 통도사 대웅전(금강계단)

통도사의 가장 중심이 되는 상로전 영역은 대웅전과 금강계단을 중심으로 명부전, 응진전, 삼성각 등 부속 불전들이 감싸며 이루어진다. 대웅전은 진입하는 주축에 따른 정면과 금강계단을 향한 정면이 요구됨에 따라서 남쪽과 동쪽 두 면에 정면을 이루도록 하여 진입과 예불의 축을 직교시켰고 지붕은 정(丁)자형을 이루도록 하였다. 따라서 대웅전 앞면인 남쪽에는 금강계단, 동쪽에는 대웅전, 서쪽에는 대방광전, 북쪽에는 적멸보궁이라는 편액이 각각 걸려 있다. 대웅전은 남북 3칸, 동서 5칸의 규모이고, 동·서·남 3면의 지붕에 박공을 가지며 모두 정면이 되도록 하였으며, 내부공간도 두 개의 건물을 복합시킨 구조여서 특별한 기둥 배열을 볼 수 있다. 대웅전 내부의 불단에는 불상이 없고 긴 들창이 있고 화려한 문양을 조각했는데, 그 뒤에 있는 금강계단의 사리탑에 안치된 불사리가 바로 부처이므로 불상을 둘 필요가 없었기 때문이다.

(3) 김제 금산사, 사적 제496호

금산사는 백제 법왕 1년(599)에 세워진 것이라 하나 확실하지는 않고 진표가 신라 경덕왕 21년(762)부터 신라 혜공왕 2년(766)까지 중건하였으며, 고려 문종 23년(1069) 혜덕왕사가 대가람으로 재청하고, 그 남쪽에 광교원이라는 대사구를 증설하여 큰 규모의 대도량이 되었다. 금산사는 광활한 평지에 웅장한 건물들이 놓여 있어 백제계 평지사찰의 모습을 보여주는데, 넓은 터전 위에 대규모의 대적광전과 미륵전이 서로 직교해 있고 미륵전 맞은편에 대장전이 있으며 미륵전과 대적광전 사이 언덕 위에 오층석탑과 돌종이 있는 계단 영역이 놓이는 평지직교형 배치를 보인다(그림 4-85).

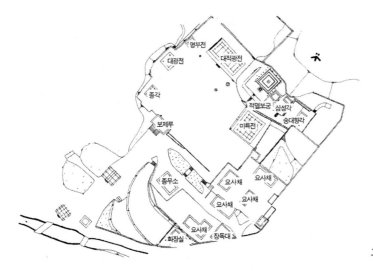

그림 4-85 김제 금산사 배치도

금산사는 수직적 및 수평적 요소의 대조라는 건축적 개념이 잘 드러나는데, 계단 영역에 넓은 2단의 계단 앞에 오층석탑을 세움으로써 넓게 퍼져 있는 수평적 대적광전과 3층의 수직적 미륵전을 연결시키며 수평성과 수직성을 대조시킨다. 금산사는 미륵전과 대적광전의 2개의 중심건물을 직교시켜 시각적으로 각각 독립되게 하면서 서로 멀리 배치하여 두 건물의 폐쇄 정도를 거의 일치시키도록 앙각을 조절하였다. 미륵전은 3층의 다포계 팔작지붕 불전으로서 내부에 거대한 삼존불입상을 봉안하였고, 1층과 2층은 정면 5칸, 측면 4칸, 3층은 정면 3칸, 측면 2칸이다. 굵고 높은 기둥은 1층의 고주가 3층까지 연결되며 위로 갈수록 기둥도 짧고 칸 수도 줄어든다. 대웅전에 해당하는 대적광전은 정면 7칸, 측면 4칸, 다포계 팔작지붕으로 미륵전과는 대조적이다. 내부가 28칸이나 되어 현존 불전건축 중 가장 평활한 대적광전은 길이에 비해 기둥이 낮아 평활한 느낌이 강하며 내부에서도 낮게 펼쳐지는 공간을 이룬다.

(4) 보은 법주사, 사적 제503호

법주사는 신라 진흥왕 14년(553)에 의신이 창건하였고 그 뒤 혜공왕 12년(776)에 진표가 중창하였으며, 임진왜란으로 전소된 것을 선조 38년(1605)부터 인조 4년(1626)에 걸쳐 유정이 팔상전을 중건하였고, 인조 2년(1624)에 벽암이 중창한 이후 여러 차례의 중건과 중수를 거쳤다.

법주사는 산지에 있으면서도 넓은 대지의 평지사찰을 구성하는데, 직선의 중심축을 따라 일주문–천왕문–팔상전–대웅보전이 배치된다(그림 4-86). 일주문–천왕문의 선문진입 방식을 따라 들어서면 국내 유일의 목탑인 팔상전이 웅장하게 서 있고 이어서 원통전과

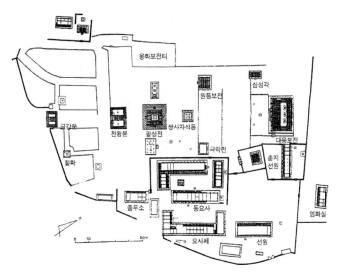

그림 4-86 보은 법주사 배치도
그림 4-87 보은 법주사 팔상전

지금은 사라진 관음전 등 부불전 영역과 대웅보전의 주불전 영역이 펼쳐진다. 팔상전은 신라 진흥왕 때 의신이 세웠고 776년에 병진이 중창하였으며 정유재란 때 소실된 것을 선조 38년 (1605)에 재건하였다. 팔상전은 1층과 2층 5칸, 3층과 4층 3칸, 5층 1칸의 다포계 5층목탑으로서, 각 층은 체계적인 체감비례를 구성하지만 체감율이 급격하여 둔중한 느낌을 준다(그림 4-87). 5×5칸의 1층 평면 가운데 중앙1칸에 찰주가 있어 상륜부까지 연결되며 내부의 사면에 불단을 두어 예불 건물과 상징적 탑이라는 이중적 기능을 갖는다. 대웅보전은 인조 2년 (1624)에 벽암이 중창할 때 건립한 것으로, 총 28칸에 높이가 19m에 달하는 대규모의 2층 건물이다. 잘 다듬은 화강석의 가구식 기단 위에 세워진 대웅보전은 1층 전면과 서측면은 정자살의 분합문을 달고 뒤쪽과 동쪽면에 분합문 외에 판벽을 달았으며, 2층에는 광창을 달았으나 보수 때 판벽으로 고쳤다고 한다. 대웅보전은 중층의 대규모 불전으로 시각적으로 잘 인지되며, 정면 7칸, 측면 4칸, 다포식 중층팔작지붕 건물로서 무량사 극락전, 화엄사 각황전, 마곡사 대웅보전 등과 함께 조선 후기를 대표하는 중층 불전의 하나이다.

(5) 부여 무량사

충남 부여의 무량사는 신라시대에 창건하여 인조 14년(1636)에 대대적인 중창이 있었고 여러 차례 중수하였으나 자세한 연대는 알 수 없다. 무량사는 산지에 위치하고 있지만 평지형 가람을 이루며, 계곡을 따라 유도되는 진입공간을 지나면 5층탑과 극락전의 중심공간에 이르게 되는데, 중심공간은 극락전을 중심으로 명부전, 요사채들로 마당이 감싸져 있지만 폐쇄도는 강하지 않다. 석등과 석탑, 극락전이 남북중심축에 따라 놓이며 수직적 상승감을 점층시켜준다. 현재 극락전과 산신각, 요사채 등이 있으며, 극락전은 다포계의 2층 팔작지붕 불전으로 내부는 상·하층의 구

그림 4-88 **부여 무량사**

분이 없는 조선 중기의 건물로서(그림 4-88), 1층의 고주가 그대로 2층의 변주가 되는 구조 방식을 하고 있는 등 당시의 목조 건축술을 볼 수 있는 중요한 자료가 되며 동양 최대의 불좌상이라 하는 아미타여래삼존상이 봉안되어 있다.

2) 산지가람의 사례

(1) 합천 해인사, 사적 제504호

해인사는 신라 애장왕 3년(802)에 창건되었다고 전해지며, 팔만대장경의 목판을 수장하고 있는 법보사찰이다. 애장왕은 당나라에서 수도하고 귀국한 순응, 이정 두 대사의 기도로 왕비의 병이 고치게 된 것을 기뻐하며 해인사를 세웠다고 한다. 해인사에서는 신라 말기에 승통 희랑이 불법을 크게 일으켰고, 고려 때는 의천 대각국사가 속장경의 간행을 시도하기

도 하였다. 1481년 이후 8년간 대규모로 사찰을 확장하였고 임진왜란 때 병화는 피하였으나, 숙종과 영조, 순조 시대에 여러 차례의 화재가 있어서 현재 건물들은 대장경판전을 제외하고 대부분 조선 말기에 중건된 것이다.

해인사의 건물들은 전체적으로 남향으로 배치되어 있고 4개의 영역으로 이루어진다. 일주문에서 해탈문까지의 진입 영역, 해탈문에서 구광루까지의 전개부 영역, 구광루에서 대적광전에 이르는 중심 영역, 대적광전 뒤에 있는 팔만대장경이 수장된 수다라장과 법보전의 승화 영역으로 구분된다(그림 4-89). 4개 영역의 배치를 보면 대적광전과 경판전의 축을 제외하고 각 단계의 축이 일치하지 않고 약간씩 어긋나 있으며, 대적광전 뒤의 경판전 건물은 높은 대지에 길게 놓여 있어 쉽게 인지되며 동선을 시각적으로 유도한다. 해인사에는 다양한 진입방식을 볼 수 있는데, 길 양옆에 큰

그림 4-89 합천 해인사 배치도

소나무들이 벽을 이루고 동선을 유도하는 진입 영역에서는 일주문, 봉황문, 해탈문의 선문 진입 방식이, 전개부 영역에서는 구광루 밑을 지나는 누하진입 방식이, 승화 영역에 이르기 위해서는 대웅전을 끼고 돌아 장경판전에 이르는 우각진입 방식이 사용된다.

대장경판전은 좁고 긴 마당을 두고 남북과 동서에 각각 동일한 형태의 두 건물들로 구성되며 팔만대장경을 보관하기 위해 적정한 온도와 습도 유지, 직사광선의 차단, 원활한 통풍과 환기 등이 이루어지도록 바닥과 살창의 형태가 합리적으로 계획되었다. 남쪽 수다라장과 북쪽 법보전은 1488년 창건된 건물로, 유일하게 현존하는 조선 초의 창고 건물이며,

정면 15칸, 측면 2칸의 각 165평 규모이며, 날카로운 초각을 가진 초익공계 우진각지붕 홑처마 건물이다. 경판전의 흙바닥은 흙과 소금, 숯, 석회가 겹겹이 층을 이루도록 다지고 황토로 마감하였고, 경판전의 광창은 남쪽과 북쪽 벽면에서 크기를 달리하여 자연환기와 습도조절을 고려하였다고 한다. 수다라장과 법보전 건물은 내부 환기를 위해 기둥 사이 각 칸 위아래에 살창을 설치하였는데, 이 살창은 위아래의 조합 배열과 크기가 두 건물의 앞뒷면 모두 다르게 짜여 있다. 즉, 경판전 건물 모두 남쪽벽의 창들은 아래쪽이 크고 위쪽이 작지만 북쪽벽의 창들은 그것과 반대로 되어 있어 배수와 환풍, 제습과 가습이 잘 되도록 하였다. 경판전 건물 사이 동서의 두 건물은 보통 사간판고라고 불리며 고려시대의 경판과 사찰에서 따로 만든 경판이 보관되는데, 낮은 기단 위에 정면 2칸, 측면 2칸의 주심포 맞배지붕으로 그 크기와 모양이 같다. 동서 사간판고는 자연석 주초 위에 배흘림이 뚜렷한 기둥이 세워져 있고, 기둥의 윗부분은 주두 위에 대들보 끝을 얹어 그것이 직접 주심도리를 받도록 했다.

(2) 부산 범어사

범어사는 신라 문무왕 18년(678)에 의상대사가 부처님의 힘으로 왜구의 침입을 막고자 창건하였다고 전한다. 『동국여지승람』에는 동국의 남단에 있는 명산 꼭대기의 큰 바위 한가운데에 샘이 있는데 물빛이 금색이고 물속에 범천의 고기가 놀았다 하여 산의 이름을 금정산, 절 이름을 범어사라 하였다고 기록되어 있다. 흥덕왕 때는 가람을 크게 개축하여 선종 대찰이 되었으며, 임진왜란 때에는 서산대사가 이곳에서 의병을 모아 투쟁하였다. 현재의 전각들은 임진왜란 때 모두 소실되어 광해군 5년(1613) 이후 중건된 것이다.

범어사는 전형적인 산지형 가람으로서, 일주문과 천왕문, 불이문, 보제루를 거쳐 대웅전에 이르게 되는 진입과정을 보여주는데(그림 4-90), 강당과 대웅전이 나란히 놓이고 중정 양 옆쪽을

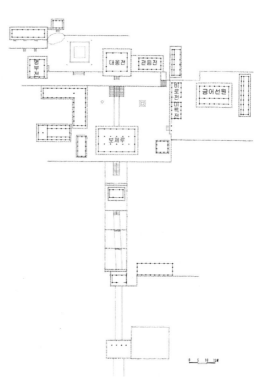

그림 4-90 부산 범어사 배치도

막아주는 건물들이 없어 폐쇄감이 낮아 구릉형에 가까운 느낌을 준다. 천왕문에서부터 불이문, 보제루까지 이르는 선문진입 형식의 진입 영역은 좌우의 낮은 담장으로 인해 통로라는 느낌을 강하게 주며 안쪽 방향으로 깊이 있는 공간을 만든다. 특히 일주문은 육중한 4개의 높은 돌기둥형 초석 위에 짧은 기둥을 놓고 지붕을 직접 얹은 매우 독특한 형태를 하고 있어 뛰어난 조형성과 구조적 합리성을 보여주는 것으로서, 우리나라의 일주문 건물 중 최대의 걸작이다. 진입동선은 일주문에서 보제루까지 부드럽게 꺾여 있지만, 보제루에서 대웅전까지는 좌우에 부속건물들이 놓이며 직선축을 이루고 있다. 보제루의 모서리를 돌아 우각진입을 하면 나타나는 마당은 대웅전이 위치한 윗단과 비로전. 미륵전이 위치한 아랫단으로 나누어진다. 중심축선상의 계단을 오르면 대웅전 영역이고 왼쪽으로 명부전, 팔상전, 산령각 등의 영역으로 연결된다. 보제루와 대웅전은 높은 석축으로 경계를 두어 구분되어 계단을 올라서면 그 아래를 내려다 볼 수 있게 되었다. 높은 층단 위에 위치해 수직적인 면으로 느껴지는 대웅전은 정면 3칸, 측면 3칸의 다포계 건물이면서도 맞배지붕을 하였으며, 전면 모서리 기둥은 돌기둥형의 높은 초석 위에 세워져 있다.

(3) 하동 쌍계사

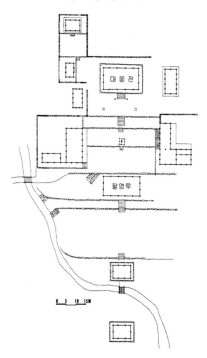

그림 4-91 하동 쌍계사 배치도

하동 쌍계사는 산지 중정형 가람의 대표적 사례로서, 서쪽으로 완만하게 경사진 좁은 터에 위치한 지리적 조건으로 인해 금당 영역과 대웅전 영역의 두 공간으로 구성되는데, 금당 영역은 남북의 축선을, 대웅전 영역은 동서의 축선을 따라 교차하며 배치되어 있다(그림 4-91). 지리산을 배경으로 대웅전 영역은 동에서 서로 완만한 경사를 이루어 일주문에서 시작되는 산지가람을 이루고 있다. 일주문-금강문-천왕문-팔영루-대웅전의 일직선 축을 따라 이어지는 4개의 공간은 산과 물 등 자연의 경관 요소들과 다리로 인해 자연스럽고 부드럽게 인식되며 공간에 깊이감이 더해진다. 쌍계사의 진입방식은 일주문과 금강문, 천왕문의 3문을 이용한 선문진입과 강당 밑을 지나는 누하진입 방식을 병용한다. 가람의 중심이 되는 대웅전은 정면 5칸, 측면 4칸의 단층 팔작지붕 다포계 건물이며, 중앙의 3칸에는 각각 사분

합의 빗살문이, 상부에는 광창이 달려 있고
좌우 협칸은 2짝 창호를 달았다. 대웅전은 기
둥높이가 높아 훤칠한 외관을 하며 내부공간
도 시원하고 웅장한 느낌을 주며, 공포의 구
성은 내외 모두 3출목으로 처마를 받치게 하
였고, 내부의 첨차는 교두식이고 바닥에는
마루가 깔려 있다(그림 4-92). 현존 당우로는
금당 영역에 육조 혜능을 모신 금당과 팔상

그림 4-92 **하동 쌍계사 대웅전**

전, 영모전, 청학루 등이, 대웅전 영역에는 일주문, 금강문, 천왕문, 팔영루, 대웅전, 명부전,
화엄전, 명부전 등이 있다. 개울에 의해 대웅전 영역과 구분되며 육조 혜능대사의 머리를
모신 금당 영역은 국사암의 남쪽에 위치하며, 경사가 급하기 때문에 건물을 일직선상에
두지 않고 금당과 팔상전, 청학루 등을 상단과 중단, 하단으로 서로 맞물리게 배치하여 상승
하는 연속성을 주도록 구성되었다.

(4) 구례 화엄사

화엄사는 사적기에 따르면 삼국시대인 544년에 인도에서
온 연기가 창건한 것으로 『화엄경(華嚴經)』의 두 글자를 따서
절이름을 지었다고 한다. 선덕여왕 12년(643) 자장이 증축하
고 문무왕 대인 677년 의상대사가 화엄십찰을 불법 전파의 도
량으로 삼으며 중수하였고, 헌강왕 1년(875)에 도선이 또 증축
하였다. 임진왜란 이후 인조 8년(1630)부터 14년(1636)에 걸쳐
재건하였고, 이어 대웅전·각황전·보제루 등이 복구되었다.

화엄사는 일주문을 지나 약간 꺾어서 북동쪽으로 들어가
면 금강문을 지나 금강역사, 문수, 보현의 상을 안치한 천왕문
에 다다르고, 천왕문을 지나 다시 올라가면 보제루 옆을 돌아
대웅전과 각황전이 구성하는 마당에 이르며 전체적으로 4개
의 공간으로 영역화되어 있다(그림 4-93).

일주문·금강문·천왕문·보제루까지 이어지는 직선형 진
입공간은 건물들이 조금씩 비껴선 병렬축의 형상을 띠고 있으

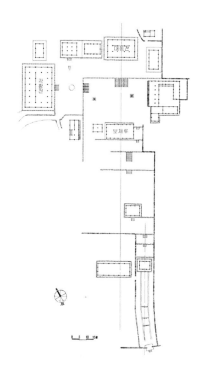

그림 4-93 **구례 화엄사 배치도**

며, 보제루 앞마당이 부공간을 이루어 동선을 배분한다. 보제루는 승려와 신도들의 집회를 목적으로 지은 것으로 정면 7칸, 측면 2칸의 맞배지붕 건물로서 천왕문 쪽에서 보면 2층 누각이나, 대웅전 쪽에서 보면 단층이다. 보제루 옆으로 우각진입하면, 큰 앞마당을 가운데 두고 정면에 대웅전, 왼쪽에 각황전이 높은 석축 위에 서 있는 중심 영역에 이르는데, 각황 전과 대웅전 두 중심 건물이 직교축상에 있다. 앞마당에는 동서 오층석탑이 대웅전을 중심 으로 대칭을 이루지 않고 한쪽으로 치우쳐 있다. 각황전 옆으로 계단을 오르면 사사자 석탑 이 있어 승화공간을 형성한다. 일반적으로 사찰에서는 대웅전이 가장 중요하지만 화엄사의 경우 건물의 규모나 성격으로 보아 각황전이 더 중요시되므로 대웅전과 직교되는 축을 설 정하고 마당에서의 거리를 두어 시각적 균형을 이루게 하였다. 대웅전은 정면 5칸, 측면 3칸의 내외 3출목 다포식, 단층 팔작지붕 건물로, 배열이 정연한 기둥 사이 간격이 모두 같으며 기둥 사이에는 각각 세 짝씩의 문을 달고 그 위에 교창을 두었고, 내부는 불단의 기둥을 조금 후퇴시켜 예불공간을 넓혔으며 우물천장 주위의 외둘레칸은 중앙 부분보다 한 층 낮게 만들었다. 현존하는 불전 중 가장 큰 규모인 각황전은 정면 7칸, 측면 5칸짜리 중층 팔작지붕 다포식 건물로 바깥에서 보기에는 중층이지만 내부는 통층으로 되었다. 정 면은 가운데 세 칸이 가장 넓고 가장자리로 갈수록 좁게 하였으며, 측면은 다섯 칸으로 다른 건물에 비해 깊이가 깊은 편이며, 천장은 우물천장이나 그 주변을 경사지게 하였고 2층 벽은 창호로 처리해 내부에 빛을 끌어들일 수 있도록 되어 있다.

(5) 서산 개심사

개심사는 백제 의자왕 14년(654) 혜감국사가 지었다고 전하며 조선 성종 15년(1484)에 고쳐 지어졌다. 개심사는 상당히 높은 산중턱에 위치하여 진입구에서 안양루까지 이르는데 100단의 긴 계단을 올라가야 한다(그림 4-94). 개심사는 조선 초기의 가람배치법을 잘 보여 주는데, 북쪽의 대웅전을 중심으로 좌우에 심검당과 무량수각을 놓고 그 앞쪽에 누각 안양 루를 배치시켰으나, 명부전과 팔상전 등은 대웅전과 안양루를 잇는 남북축에서 벗어나 있 다. 안양루는 전체 배치의 중심축상에 놓이나 건물방향은 동측으로 약간 틀어 전망이 좋도 록 하였으며, 정면 5칸, 측면 3칸의 팔작지붕 건물로서 내부 바닥은 우물마루이고 천장은 연등천장이다. 안양루 옆에 있는 작은 해탈문을 지나 대웅전 앞마당에 이르는 우각진입을 하면 중심 건물인 대웅전의 박공면이 보이는 가장 아름다운 시각을 얻을 수 있다. 대웅전 앞마당은 19×21m의 정사각형에 가깝지만 양쪽의 심검당과 무량수각이 길기 때문에 안쪽방향으로 훨씬 깊이감이 느껴진다. 개심사 대웅보전은 정면 3칸, 측면 3칸 규모이며 맞배지붕 다포계의 단아한 형태의 건물이다. 구조는 다포 계통과 주심포 계통의 기법이 혼합된 절충 식으로서, 전후면 처마 밑의 공포는 다포계로서 외부 2출목, 내부 3출목이고, 측면은 맞배지 붕 형식으로 중앙에 고주 2개를 세워 종량을 받치도록 하였다. 건물의 뼈대를 이루는 이런 기본적인 구성은 조선 전기의 대표적 주심포양식 건물인 강진 무위사 극락전과 비슷하다. 심검당(1477년경)은 대웅전 남쪽의 L자형 요사채로서 정면 3칸, 측면 3칸의 맞배지붕 주심 포계 건물이며 공포의 쇠서가 매우 날카롭고 강직하고, 입면상 옆으로 퍼진 평활한 느낌을 준다. 무량수각은 정면 6칸, 측면 3칸 익공계 겹처마 팔작지붕 건물로서 자연석 초석 위에 원기둥을 사용하였다.

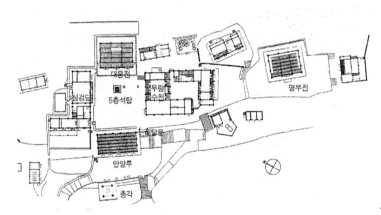

그림 4-94 서산 개심사 배치도

4. 조선의 석조건축

1) 조선의 석탑

조선시대의 석탑, 부도, 석빙고 등 석조건축은 강력한 억불정책 때문에 이전 시대의 것만 못하다. 석탑은 이전 시대의 것을 계승하여 세부에만 부분적으로 변화를 주었고 새로운 형식이 발전되지 못하였다. 조선 초기에는 고려적 색채를 띤 석탑이 다소 조영되었으나 후기에는 고려의 흔적을 전혀 찾아볼 수 없으며 석탑 조성의 기교가 떨어지고 정신적인 내용도 부족하게 되었다. 조선 초기 사각형 중층의 일반형 석탑으로는 낙산사 칠층석탑,

신륵사 다층석탑, 벽송사 삼층석탑 등, 특수형 석탑으로는 원각사지 십층석탑, 수종사 팔각 오층석탑, 묘적사 팔각다층석탑 등을 들 수 있다.

양양의 낙산사 칠층석탑(1468)은 각층마다 탑신 괴임대를 삽입하는 수법 등 고려시대의 석탑인 강릉 선복사지 삼층석탑을 모방하였으며, 함양의 벽송사 삼층석탑은 신라 양식의 석탑을 조금 변형시켰고, 서울 탑골공원에 있는 대리석조의 원각사지 십층석탑(1746)은 경천 사지 십층석탑을 그대로 모방하였으며, 여주의 신륵사 다층석탑(1472)은 기단부의 조형이 원각사지 십층석탑을 모방하고 탑신부는 고려석탑의 형식을 따랐으며, 경기도 남양주 소재 8각 평면의 수종사 팔각 오층석탑은 고려시대 다각 다층석탑을 모방하며 조선시대의 개성을 잘 나타낸 대표적인 석탑이다. 조선시대의 석탑은 고려시대 석탑의 모방에 머물렀지만 대체로 선이 두텁고 표현이 담백하며 정중한 느낌을 주어 유교적인 분위기를 드러내고 있다.

(1) 원각사지 십층석탑

그림 4-95 서울 원각사지 십층석탑

원각사는 지금의 탑골공원 자리에 있었던 절로 세조 11년(1465)에 세워졌으며, 십층석탑은 높이 약 12m의 대리석 탑으로 탑 구석 구석에 화려한 조각이 표현되어 있다(그림 4-95). 탑을 받쳐주는 기단은 3단으로 되어 있고, 위에서 보면 아(卍)자 모양인데, 각 층 옆면에는 용, 사자, 연꽃무늬 등 여러 가지 장식이 화사하게 조각되었다. 탑신부는 10층으로 이루어져 있으며, 3층까지는 기단과 같은 아(卍)자 모양을 하고 있고 4층부터는 정사각형의 평면을 이루고 있다. 이 석탑은 경천사지 십층석탑을 모방하였으며, 각 층마다 목조건축을 모방하여 지붕, 공포, 기둥, 난간 등 다포계 목조건물의 수법을 세부적으로 잘 표현하였다.

(2) 낙산사 칠층석탑

이 석탑은 창건 당시 3층이던 것을 세조 13년(1467)에 7층으로 조성한 탑으로서, 높이 6.2m이고 각층마다 탑신 괴임대를 삽입하는 등 고려시대의 선복사지 삼층석탑과 비슷한 모습을 보인다(그림 4-96). 탑의 기단부는 정사각형의 바닥돌 위로 밑돌을 놓았는데 윗면에 24잎의 연꽃무늬를 새겼다. 탑신부는 옥개석과 옥신석을 1층으로 하여 7층을 이루고 있는데, 각 층의 옥신석에는 모서리기둥이 없고 밑에 넓은 별석 괴임이 1단씩 있다. 옥개석은 경사면이 평탄하며 받침수는 3단이고 네 귀퉁이의 들림이 잘 어우러져 전체적인 모양이 경쾌하다. 탑의 머리장식부에는 별석 받침 위에 노반, 복발, 보륜, 보주 등이 청동제 찰주에 꽂혀 있으며 원나라의 라마탑을 닮은 여러 장식들이 원형대로 보존되고 있다. 이 탑은 탑신에 비해 기단의 폭이 좁고 옥개석의 체감비율도 낮아 전체적으로 고준한 느낌을 준다.

그림 4-96 양양 낙산사 칠층석탑

(3) 신륵사 다층석탑

신륵사 극락보전 앞에 있는 다층석탑은 높이 3m, 2단의 기단 여러 층의 대리석의 탑신을 세운 모습으로서, 통일신라와 고려시대의 일반적인 석탑양식을 따르면서도 세부적인 조형방법이 특징적인데, 기단에서부터 탑신부까지 전부 한 장씩의 돌로 이루어져 있다(그림 4-97).

바닥돌 윗면에는 연꽃을 새겼으며, 아래층 기단의 네 모서리에 새겨진 기둥조각 사이에 물결무늬를 돋을새김하였고 맨 윗돌을 두껍게 얹어놓아 탑의 안정감을 높였다. 탑신부는 체감율이 완만하며 옥신석은 옥개석의 두께와 비슷할 정도로 낮다. 옥신석의 각 면에 우주가 있고 옥개석은 수평에 가까워 낙수면도 완만하며 밑면의 받침이 얇은 한 단이며, 네 귀퉁이에서 가볍게 치켜올려져 있다. 각 부분 아래에 괴임을 둔 점으로 보아 고려석탑 양식을 일부분 남기고 있으며, 전체적으로 서울 원각사지 십층석탑과 돌의 재질, 조각양식이 비슷하다.

그림 4-97 여주 신륵사 다층석탑

(4) 함양 벽송사 삼층석탑

조선 중종 15년(1520)에 벽송이 창건한 사찰인 벽송사에 있는 조선 초기의 삼층석탑으로, 높이 350cm. 2중 기단 위에 3층 탑신을 올려 신라의 석탑 양식을 따르고 있다(그림 4-98). 바닥돌과 아래층 기단 사이에 높게 딴 돌을 끼워 놓았으며, 탑신부의 옥신석과 옥개석은 각각 1개의 돌로 되어 있고, 각 층 옥신에는 모서리마다 우주가 새겨져 있다. 옥개석은 추녀가 얇고 반듯하며 층급받침은 1·2층은 4단, 3층은 3단이며 합각부분에 반전이 심하고, 상륜부에는 노반과 복발만 남아 있다.

그림 4-98 함양 벽송사 삼층석탑

(5) 남양주 수종사 팔각 오층석탑

그림 4-99 **남양주 수종사 팔각 오층석탑**

경기도 남양주시에 소재하는 팔각형의 옥개석을 갖춘 8각의 오층석탑으로, 높이 3.3m이며 절의 중창 시기인 조선 전기의 석탑으로 추측되고 탑신은 월정사 다층석탑과 유사한 느낌을 준다(그림 4-99). 이 탑은 팔각 지대석 각 면마다 안상이 2구씩 조각되어 있고 불상의 대좌와 같은 형식의 기단부의 하대석과 상대석에는 엎어놓은 연꽃무늬와 솟은 연꽃무늬, 안상이 장식되어 있어 화려한 모습이다.

탑신은 위로 올라가면서 줄어들어 체감률이 심하지만 아담하면서 안정감이 있고, 옥개석은 낙수면과 전각이 부드럽고 경쾌하게 반전되고 있으며 옥개 안쪽은 수평을 이루고 있다. 옥석받침은 3단으로 되었으며, 옥개석의 전각 끝에는 풍경이 달려 있다. 상륜부에는 삼각형 무늬가 새겨진 복발과 보주가 올려져 장식을 하고 있다.

2) 조선의 부도

부도는 승려의 사리나 유골을 안치한 묘탑으로서, 신라 때부터 성행하던 팔각원당형 부도는 고려시대 말기에 이르러 석종형으로 바뀌어 변화되었다. 석종형 부도는 사각형 기대석 위에 종 모양의 탑신을 세우고 꼭대기에 보주를 새긴 형태이다. 이러한 석종형 부도는 처음 통일신라 때 등장하였지만 조선시대에 가장 성행하여 전 사찰에 유구가 분포되어 있다. 이것은 아마도 석종형이 규모가 작고, 또 그 조성에 있어서 종전의 팔각원당형보다는 손쉽고 빠르기 때문에 당시의 시대적 요청에 의하여 자연히 성행되었을 것으로 생각된다. 조선시대에 불교가 쇠약해지면서 부도 양식에도 변화가 일어나 단순한 형태의 석종형 부도가 등장하게 되는데, 초기에는 종 모양 그대로 만들었지만 차츰 모양만 따라했을 뿐 유곽이나 유두, 용뉴와 같은 동종 양식은 사라지게 되었다.

석종형 부도로서는 장성 백양사 소요대사부도, 해인사 사명당부도와 부휴당부도, 화엄사 벽암당 부도, 대구 용연사 송파당부도, 그리고 팔각원당형 부도로서는 보은 법주사 복천암 수암화상탑, 학조 등곡화상탑, 양주 회암사의 부도, 장안사 무경당영운탑 등이 대표적인 부도이다. 석탑 형태로 된 대표적 부도로서는 선암사 화산대사사리탑을 들 수 있다. 구례 화엄사 벽암당의 부도는 현종 1년(1660) 무렵에 조성된 것으로 추정되며, 지대석과 대좌, 탑신과 상륜을 갖춘 석종형 부도이며, 높이는 198cm에 이른다.

(1) 법주사 복천암 수암화상탑과 학조화상탑

법주사 복천암 수암화상탑은 복천암 동쪽 약 200m 지점에 복천암 학조화상탑과 나란히 건립되어 있는데, 세부 수법 등이 비슷하다(그림 4-100). 탑신에 '秀庵和尙塔(수암화상탑)', 중대석에 '成化十六年 八月日立(성화십육년팔월일립)'이라는 명문이 음각되어 있어 탑의 주인공과 조성년대(1480, 성종 11년)를 알 수 있다. 복천암 수암화상탑은 고려시대 팔각원당형탑의 양식을 계승한 조선 초기의 탑으로서 조형수법이 뛰어나다. 화강암으로 된 높이 3.02m의 이 수암화상탑은 기단 위에 탑신을 놓고 그 위에 옥개석을 덮었으며 정상에 보주로 상륜을 장식하였다. 기단부는 8각형의 상·중·하대로 형성되었고, 탑신은 공모양으로 아무런 조각이 없으나 곡

그림 4-100 **보은 법주사 복천암 수암화상탑과 학조화상탑**

선이 부드럽고 안정감이 있다. 옥개석은 8각형으로, 상단부는 낙수면이 급경사를 이루고 하단부는 다소 완만하다.

복천암 학조화상탑은 팔각원당형의 고려 탑을 계승하고 있으나 탑신이 구형(球形)이다. 팔각 중대석에 '正德九年 甲戌五月 日立(정덕구년 갑술오월 일립)'이란 명문이 있어 중종9년(1514)에 건립됨을 알 수 있다. 부도는 기단 위로 탑신과 상륜을 갖추었으며, 기단은 3개의 받침돌로 나뉘는데 별다른 조각이나 장식을 두지 않았다. 탑신의 몸돌은 동그란 모양의 위아래를 자르고 다듬은 모습이고, 옥개석은 여덟 귀퉁이마다 꽃장식이 돌출되어 있다.

(2) 양주 회암사지 무학대사탑

회암사는 고려 충숙왕(1328) 때 창건하여 조선 순조 때인 1800년대에 폐사된 사찰이며, 절터의 북쪽 능선 위에 지공, 나옹의 승탑과 함께 무학대사의 묘탑 홍륭탑이 있다. 규모가 웅대하고 모양도 가지런한 무학대사의 부도인 홍륭탑(그림 4-101)은 1407년에 건립되었고, 구름무늬를 조각한 8각의 바닥돌 위에 기단이 놓이고 탑신과 상륜부가 포개져 있는 모습이다. 기단의 아래돌과 윗돌은 연꽃모양의 돌이고 가운데돌은 배가 불룩한 8각의 북모양이며, 탑신은 몸돌이 둥근 모양으로 용과 구름이 가득 새겨져 있다. 용의 머리와 몸, 비늘 등이 사실적으로 표현되어 생동감 있게 보이고

그림 4-101 **양주 회암사지 무학대사탑**

구름무늬가 한층 운동감을 느끼게 한다. 지붕돌은 8각으로 처마부분에는 목조건축을 흉내낸 모양들이 새겨져 있고, 경사는 급하며 추녀끝은 가볍게 들려 있다.

지공선사 부도는 높이 3.65m로 바닥돌 위에 3단의 기단 가운데 받침돌만 둥근 북모양이고, 탑신은 별다른 장식을 하지 않은 원형의 형태이며 지붕돌은 8각으로 낙수면의 경사가 급하고 윗면의 모서리선이 두터우며 처마의 귀퉁이만 살짝 올려져 있다. 상륜부에는 하나의 돌로 이루어진 복발과 보륜, 보주의 머리장식돌이 온전한 모습으로 남아 있다.

나옹선사 부도는 높이 3.5m이고 8각을 기본형으로 기단 위에 탑신을 올리고 상륜부를 얹은 모습이다. 3단을 이루는 기단의 가운데 받침돌은 배가 불룩한 북모양을 하고 있다. 둥근 탑신의 몸돌은 아무런 조각이 없이 간결하다. 팔각형 지붕돌은 각 모서리에 도드라진 융기선이 있을 뿐 장식이 없으며 경사가 완만하고, 귀퉁이에서 살짝 치켜 올려갔다. 비교적 단순한 지붕돌 위로는 두터운 상륜 받침에 복발 없이 3개의 보륜과 보주를 함께 만들었다.

(3) 선암사 화산대사사리탑

그림 4-102 순천 선암사 화산대사사리탑

조계산 기슭 남쪽에 자리 잡은 선암사는 백제 성왕 7년(529)에 아도화상이 비로암을 짓고 많은 고승대덕을 배출한 태고종의 총림이다. 화산대사사리탑은 화산당 오선스님의 사리탑으로서 조선 후기의 특성을 간직하고 있으며, 네 마리의 사자가 머리에 탑을 이고 있어 통일신라시대의 석탑인 구례 화엄사 사사자 삼층석탑의 형태를 모방한 듯한 독특한 형태를 하고 있다(그림 4-102). 사자 상들은 정면을 바라보며 이빨을 드러내고 있는 모습과, 두 발과 발톱, 목 주변의 갈기와 꼬리 등의 표현이 사실적이다. 그러나 사자상 기단석 2점이 1986년 2월에 도난을 당하여 현재 그 자리는 다른 석물로 대체되었다. 1층 탑신의 정면에는 '화산대사사리탑'이라는 글씨가 새겨져 있는 탑형의 사리탑임을 확인할 수 있다.

(4) 장성 백양사 소요대사 부도

소요대사 부도는 높이 1.58m, 직경 1m, 둘레 2.85m 크기의 화강암으로 인조 27년(1649) 무렵에 조성되었으며, 전형적인 석종형 부도로서 범종의 세부양식이 표현된 드문 사례이다(그림 4-103). 이 부도는 기단부, 탑신부, 상륜부로 구성되는데, 지대석 위의 팔각 기단부에는 8엽 복련을 새겼고 탑신부는 종 모양으로서 하대, 유곽, 상대, 용뉴를 표현하고 있는데,

범종과 같이 아래와 위에 문양대를 둘렀으며 가운데에 문 모양을 조각하고 그 안에 '소요당'이라 음각하였으며, 그 옆으로는 9개의 유두가 도드라진 유곽이 네 면에 같은 모양으로 배치되었고 그 아래에는 하늘을 나는 두 마리 용의 옆 모습을 뚜렷하게 장식하여 한층 장엄하게 하였으며, 아래 문양대에는 뱀, 용, 거북, 원숭이, 개구리, 게 등이 사실적으로 묘사되어 있어 장엄미를 더하고 있다. 상륜부는 4마리의 용두가 석종을 움켜 문 상태로서, 그 사이에는 구름무늬를 새기고 정상에 보주를 올려놓았다.

(5) 천축산 불영사 혜능선사 부도

이 부도는 조선 후기의 양성 혜능(?~1738)선사의 사리를 모신 석종형 부도로 높이 185cm 크기이다(그림 4-104). 사각 바닥돌 위로 납작하고 둥근 기단을 두고 종 모양의 탑신을 올려 놓았으며, 기단의 옆면에는 연꽃무늬를 둘러 새겨놓았고 탑신의 어깨부분에도 연꽃무늬로 받침을 이루게 한 뒤 꽃봉오리 모양의 머리장식을 얹어 놓았다.

그림 4-103 **장성 백양사 소요대사 부도**
그림 4-104 **울진 불영사 혜능대사 부도**

제5장

유교건축

유교는 삼국시대에 이미 중국으로부터 전래되어 제한적으로 이용되었으며, 고려 말에 이르러 널리 퍼지게 되고 조선시대에 숭유억불 정책으로 절정기를 맞이하였다. 조선왕조는 유교를 기본적인 정치이념으로 삼았으므로 당시의 모든 제도를 유교 이념으로 규합하여 도성과 읍성에서 유교 특유의 건축을 만들어냈다. 이러한 유교건축 중 대표적인 건축형식으로는 제례를 위한 문묘와 성균관, 향교 및 서원의 교육기관, 종묘와 사직단, 주택의 사당과 같은 사묘건축 등을 들 수 있으며, 이들 건축은 합리성이나 질서를 존중하며 간소함을 추구하는 유교정신을 반영하여 단정하고 검약한 조형을 이루었다. 유교는 모든 것이 지나치지 않으며 일정한 질서가 유지되어야 한다는 합리성과 질서관을 갖는 종교 이상의 절대적인 가치관이었으므로, 유교의 예제에 따른 건축물들은 장식을 하지 않고 엄격하게 절제되고 균형 잡힌 조형을 추구하게 되었다.

5.1 교육제도와 시설

인류의 생활과 함께 교육은 시작되었을 것으로 짐작되는데,『삼국유사』에 나타난 단군신화의 조선건국설을 통해 보다 나은 생활을 갈구하던 고대인의 염원이자 생활철학이며 교육철학이었다고 할 수 있는 홍익인간의 이념을 볼 수 있다. 국가에 의한 체계적인 학교교육의 시작은 고구려가 소수림왕 2년(372)에 태학을 설치하여 교육을 실시하기 시작한 것이 최초로서, 유교사상을 바탕으로 하고 유교의 경전을 주된 내용으로 하는 교육으로 일관해 왔다. 삼국시대의 교육은 지배계급의 독점물로서 인재와 무인의 양성에 목적을 두었으며 계급적 지위와 학문적 교양을 위한 내용 위주의 교육이었다. 즉, 교육은 강력한 왕권 아래 중앙집권적 관료정치 체제의 확립 및 지배계급의 소양 습득, 국가와 사회에 필요한 용맹한 장군과 병사의 양성 등이 목적인 것이다.

고구려에서는 372년에 귀족 자제를 대상으로 관리를 양성하기 위한 최초의 관학인 태학이 만들어져 오경(『시경』, 『서경』, 『주역』, 『예기』, 『춘추』), 삼사(『사기』, 『한서』, 『후한서』), 『삼국지』, 『문선』 등을 가르치고 무예를 닦도록 하였고, 일반 평민층의 교육을 위해서는 최초의 사학인 경당을 설치하여 경전과 궁술을 가르쳤다. 『구당서』와 『신당서』에 나타난 기록을 보면 "풍속이 서적을 사랑하여 세력이 있고 없는 집이고 간에 모두 거리에 큰 집을 지어 경당이라 하고, 혼인 전의 자제들이 여기 모여 독서와 무술을 익혔다."라고 되어 있다.

백제는 『삼국사기』 등에 나타난 기록을 통해 오경박사, 의박사 등의 제도가 있어 고흥과 아직기, 왕인 등이 박사로 유명하며, 고이왕 25년(258)에 박사 왕인이 천자문과 『논어』를 일본에 전하고 근초고왕 29년(374)에 박사 고흥이 백제의 역사책인 『서기』를 편찬하였다고 하는 것에서부터 학교 설립에 대한 직접적인 기록이 전해지지 않지만 고구려의 태학과 같은 교육기관이 있었을 것으로 짐작된다.

신라시대에는 통일 이전에 왕족이나 14~16세의 귀족 자제를 대상으로 화랑도를 양성하는 교육이 이루어졌고 선덕여왕 9년(640) 당나라에 유학생을 파견했다는 기록이 있다. 화랑도는 무술을 연마하고 정서를 함양하며 호연지기를 기르도록 교육하여 문무를 겸비한 인물을 양성하고자 한 것으로서, 교육내용은 세속오계(군신이충, 사친이효, 교우이신, 임전무퇴, 살생유택)를 가르쳤으며, 시가와 음악, 가무, 군사적·신체적 연마, 명산과 고적지 답사 등과 같은 실생활을 통한 교육이 실시되었고 국가 유사시에는 용사로서 출전하였다.

통일신라에서는 신문왕 2년(682)에 최고의 교육기관인 국학을 설치하고 박사를 두어 인재 및 관리를 양성하였는데, 유학이념을 연구하는 기관인 국학에서 학생들은 9년 동안 『논어』와 『효경』을 필수과목으로 공부하고 『주역』과 『예기』, 『춘추좌전』, 『모시』, 『상서』·『문선』·산학을 각각 공부하는 3개의 과정을 이수하였다.

고려시대에 있어서 사상적 조류는 불교가 지배적이었으나 치국의 도로서 유학이 장려되며 관리양성을 위한 교육이 이루어졌는데, 교육내용은 유교의 경전이었으며 암기식과 주입식으로 행해졌다. 교육기관으로는 관학으로 성종 11년(922) 중앙 개경에 세운 수업연한 9년인 국자감과 정몽주의 건의에 의해 세워진 오부학당과 동서학당이 있었고, 지방에는 지방민에게 유교의 경서를 가르친 중등교육기관으로 향교가 있어서 문무관 8품 이상의 자제와 서인에게 입학이 허가되었다. 고려시대에는 향교의 기능을 갖추며 본격적인 교육시설이 창설되었다고 하지만 창설의 동기와 장소는 확실하지 않고, 중기 이후 무인통치기, 몽고 침입기 등을 거치면서 계속 침체되다가 조선시대에 들어와서 부흥되었다. 고려시대는 특권계급의 증대와 문벌 및 학벌이 중시되어 사학이 발달되고 과거제도가 확립되었는데, 사학으로는 중앙에는 십이도가 있고, 지방에 서관과 서당이 있었다.

조선시대는 성리학적 도학정신이 정신적 모범이자 교육이념의 핵심이었으므로, 교육은 일반 서민을 위한 교육이라기보다는 정치적 이상 실현을 위한 것이며 사대부층인 양반계급을 주 대상으로 관직진출이나 개인적 수양을 위한 교육에 치중되었다. 사대부의 자제들은 7~8세가 되면 서당에서 초보적인 학문과 습자를 배우고 15~16세가 되면 사학(四學)이나 향교에 들어가 공부하고 소과에 응시하여 생원이나 진사가 된 후 성균관에 입학하여 대과에 합격한 후 관직에 나아가게 된다. 조선시대의 교육기관으로서는 관학인 최고교육기관인 성균관, 중등교육기관으로 성균관의 하부교육기관인 사부학당, 지방의 중등교육기관인 향교, 사학으로서 중등교육기관인 서원과 범계급적인 초등교육기관인 서당이 있었다. 조선시대에는 중앙의 성균관과 사학, 그리고 지방의 향교 등 관학이 교육기관의 중심 역할을 하였으며, 조선 중기 이후에는 사학인 서원이 성립되어 교육기관이 확대되었다. 성균관은 인재양성을 위하여 설치한 국가 최고 교육기관으로, 국자감, 국학, 태학, 반궁으로도 불렸으며, 입학자격은 소과인 생진과에 합격한 것을 원칙으로 하였다. 성균관은 유교를 집대성한 공자와 그의 제자, 중국 및 우리나라 신라 이후의 대유학자들의 위패를 모시고 봉사하는 사당인 문묘와 유생들이 공부하는 강학공간을 갖춘 유교의 중심지이다.

향교와 서원은 유교의 교육과 제례의식의 거행을 주된 기능으로 하는 교육기관으로서, 향교는 국가에서 건립한 관학이며 서원은 유학자가 건립한 사학이다. 이들은 조선시대 전국 각지에 건립되었으며, 전반적인 건축형식은 유사하지만 배치와 구조 등 조금씩 차이점을 보이며 공포양식은 간단한 익공양식을 주로 사용하였다. 향교는 고려와 조선시대에 유학을 교육하기 위한 대표적인 유교건축으로서 공자와 그의 제자, 그리고 역대 성현들의 가르침을 기리고 학문을 닦기 위한 관학 교육기관이며, 일명 교궁, 재궁, 향학이라고도 한다. 성균관의 하급 관학으로서 향교는 각 지방에 위치하며 공자와 역대 성현들의 위패를 모시고 이들을 기리는 의식공간인 제향공간과 이들의 가르침을 학습하는 강학공간으로 구성된다. 향교는 공자와 중국 및 조선의 선철과 선현을 제사하는 제향공간인 문묘(대성전)와 동무, 서무, 유생들을 가르치는 교육공간인 명륜당, 동재와 서재, 그리고 부속 시설 등으로 이루어진다.

서원은 조선 중기 이후 명현을 제사하고 인재를 키우기 위해 전국 곳곳에 세운 사설 교육기관으로서, 중종 37년(1542) 풍기군수 주세붕이 최초로 백운동서원을 세워 안향에게 제사 지내며 유생들을 모아 가르친 것에서 비롯되었다. 이후 전국에 서원들이 설치되어 선조 때는 124개에 이르렀고, 숙종 때에는 300여 개소가 설치되었다. 서원은 초기에 인재를 키우고 선현을 제사 지내며 유교적 향촌 질서를 유지하는 긍정적인 기능을 발휘하였으나, 후대에는 혈연과 지연 관계나 학벌, 사제, 당파 관계 등과 연결되는 폐단을 낳게 되었다. 고종 1년(1864) 대원군은 서원에 대한 일체의 특권을 없애며 많은 서원을 정비하여 사표가 될 만한 47개소의 서원 외에 모두 철폐하였다. 사학교육기관인 서원은 향교와 마찬가지로 제향과 강학기능을 지녔지만, 유학의 이념에 철저하여 선현들의 제향기능을 더욱 강화하였고 자기수양과 은둔의 생활을 즐기도록 계획되었다. 서원건축은 선현에게 제사 지내는 사당과 교육을 베풀던 강당, 동재와 서재가 주된 구성요소이다. 초등교육에 해당하는 서당은 사학이나 향교에 입학하지 못한 선비나 평민의 자제를 대상으로 개인적으로 운영되었다.

5.2 서울 문묘와 성균관

성균관은 인재를 양성하기 위하여 설치한 국가 최고로서 유교를 집대성한 공자와 그의 제자, 대유학자들을 봉사하는 문묘가 설치되었다. 국가의 지도이념으로 유학을 천명하고 인재의 양성과 풍속의 교화를 본연의 임무로 삼았던 문묘는 태조 7년(1398)에 처음 건립되었으나 정종 2년(1400)에 불에 타 없어져 태종 7년(1407)에 다시 지은 것도 임진왜란 때 타버려 선조 34~39년(1601~1606)에 대부분 중건되었다. 문묘는 공자, 곧 문선왕의 묘당으로서 문선왕묘라고도 하며, 대성전은 공자를 주로 하여 증자·맹자·안자·자사 등 4성을 배향하고 10철과 송조 6현을 종향하였다. 대성전 앞의 동서 양무에는 10철을 제외한 공자의 72제자를 비롯하여 한·당·송·원대의 현인과 우리나라의 18명현 등의 위패를 종향하였다.

'성균관'이라는 명칭은 "대사악은 나라를 세우는 학문과 정치를 닦는 일을 하기 위한 성균의 법전을 관장하는 일을 한다(大司樂掌成均之法典 以治建國之學政)."라는 의미의 『주례』

에서 비롯되는데, '성균'은 음악을 조율한다는 말로, 어그러짐을 바로잡고 과불급을 고르게 한다는 뜻이다. 성균관은 국가의 통치이념인 성리학에 입각하여 통치체제에 필요한 고급 관리를 양성하는 기능, 성인이나 현인에 대한 제향을 하는 두 가지 기능을 담당하였다. 이러한 기능을 수행할 건물과 시설에 대해서는『태학지』에 묘우와 학사, 즉 문묘 시설과 교학 시설을 구분하여 설명하고 있다.

성균관은 일반적으로 제사를 위한 대성전 중심의 제향공간과 학문을 갈고 닦는 건물들이 있는 명륜당 중심의 강학공간으로 크게 나누어지는 전묘후학(前廟後學)의 배치를 보여준다(그림 5-01). 즉, 성균관·문묘 입구에는 원래 반수라는 시내가 흐르고 반교가 있었으며 반교를 지나 신문인 외삼문을 들어서면 대성전, 동무, 서무가 있고, 대성전 뒤에는 명륜당, 동재, 서재가 있다. 문묘의 정문은 정면 3칸, 측면 2칸의 삼문형식으로서 홑처마의 초익공식 맞배지붕 건물이며, 높은 장대석 기단 위에 세워지고 중앙칸 및 양 협칸에도 2쪽의 판문이 달려 있다.

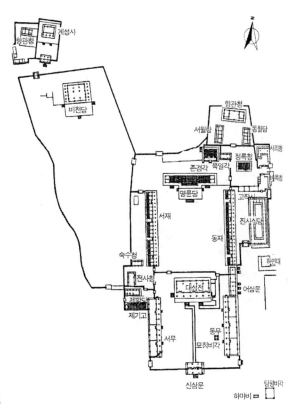

그림 5-01 **서울 문묘 배치도**

대성전이 있는 문묘 구역은 남향한 신문을 지나면 좌우에 동무와 서무가 남북방향으로 대칭을 이루면서 배치되고 그 북쪽 중앙에 정면 5칸, 측면 4칸의 대성전이 있으며, 서무 북쪽으로 제사 때 쓰는 도구를 보관하는 제기고와 잡사가, 동무 북쪽으로 동삼문이 있어 외부로 통하게 되어 있다.

대성전은 선조 34~35년(1601~1602)에 지은 건물로, 공자를 비롯해 4성인과 10철, 송조 6현, 우리나라 명현 18인의 위패를 모시고 있다. 대성전(그림 5-02)은 낮은 장대석 기단 위에 세워졌고 정면 5칸, 측면 4칸의 다포계 겹처마 팔작지붕 건물이며, 전면의 한 칸은 개방한 퇴칸이고 실은 15칸으로 되어 있으며 두 측면과 뒷면 벽 아랫부분에 돌아가며 낮게 벽담을 쌓았다. 대성전은 화려한 단청도 거의 되지 않고 특별히 장식도 없는 단정하고 소박한 조형미를 나타낸다. 조선시대에는 국조오례의가 정해지면서 제례를 위해 문묘에 공자의 모습을 새긴 인물상을 세우지 않고 작은 나무에 신위를 지칭하는 위패만을 모시도록 하였으므로, 사묘건물이 화려하게 치장되지 않고 간소하고 절제된 형태를 이루게 되었을 것으로 짐작된다. 대성전 앞의 동무와 서무는 공자의 제자와 중국 및 우리나라 선현들의 위패를 모신 곳으로 선조 36~37년(1603~1604)에 세워졌으며, 정면 11칸, 측면 2칸의 납도리로 결구된 초익공계 양식의 홑처마 맞배지붕 건물이다.

대성전과 명륜당은 담장을 사이에 두고 남북으로 분리되어 있다. 명륜당을 중심으로 하는 교학 구역에는 명륜당과 그 북쪽의 존경각과 향관청, 비천당, 계성사가 있으며, 명륜당 남쪽 좌우에 유생들이 생활하면서 글을 읽던 동재와 서재가 남북 방향으로 길게 배치되어 있는데, 동·서 양재를 일명 성균관이라고도 한다.

그림 5-02 서울 문묘와 성균관 대성전
그림 5-03 서울 문묘와 성균관 명륜당

명륜당(그림 5-03)은 대성전의 뒤편에 위치하며 대청마루의 중당과 온돌방의 좌우 익실로 구성되는데, 중당은 맞배지붕, 익실은 팔작지붕으로 구성되는 솟을지붕 형식으로서 중당이 익실보다 조금 높게 구성되어 있어 지붕과 처마의 높낮이로 위계를 잘 나타내고 있다. 명륜당은 중당이 정면 3칸, 측면 3칸, 좌우의 익실이 각각 정면 3칸, 측면 2칸으로 날개처럼 중당에 붙어 모두 21칸이 된다. 중당은 이익공양식이고 주간에 화반을 올려놓았고, 익실은 초익공양식이며 소로짜임만이 보인다. 명륜당은 임금이 문묘에 헌작한 후 유생들을 대상으로 시험을 보는 장소이자 문묘 배향 때 재실로 사용되었다.

　　동재와 서재의 건축 내용 및 공간 이용에 대해서는 정조 때 윤기가 성균관에 출입하면서 몸소 경험한 것과 들은 이야기들을 엮은 『반중잡영』을 통해 엿볼 수 있다. "성균관의 유생은 기숙사인 재에 들어갔다. 재는 동재와 서재가 있어 모두 28개의 방으로 되어 있었다. 동재의 첫째 방은 약방이고, 그 다음은 우제일방·장의방·진사칸·하일방·하종방의 순서로 되어 있고 마지막으로 끝방을 하재라 하였다. 그리고 서재의 첫째 방은 서일방이 되고 그 이하는 동재의 순서와 같았다. 재생 중에서 환자가 생기면 약방에서 투약하였으며, 혜민서와 활인원의 의원이 와서 진찰도 하였다."

　　이외에 강학공간에 속하는 건물로 존경각, 정록청, 진사식당, 육일각, 어서비각 등이 있다. 존경각은 경전들이 보관된 성균관의 도서관으로 명륜당의 동북쪽에 남향하고 있고 정록청은 관원의 사무실로 명륜당의 동북쪽 밖에 있고, 진사식당은 거재하는 유생들의 식당이다. 육일각은 군자가 갖추어야 할 육례(禮·樂·射·御·書·數) 중의 하나인 궁술을 익히기 위해 활과 화살을 보관하던 곳으로 유생들로 하여금 국방의 중요성을 알게 하고 또 몸과 마음을 함께 닦게 하기 위한 것으로서, 존경각의 동쪽, 향관청의 서쪽에 있다.

5.3 향교건축

　　공자와 그의 제자, 대유학자들을 봉사하는 문묘는 전국에 세워졌는데, 지방에서 문묘는 제사의 기능과 함께 유교의 교육기능을 복합시키면서 향교로 세워졌다. 즉, 향교는 왕조의 집권적 정치체제를 유지하기 위한 문묘의 기능과 아울러 유학을 교육하기 위하여 지방에 설립된 관학 교육기관이다. 향교는 지방관청 아래에 속하여 공자를 위시한 십철과 중국의 성현, 우리나라의 역대 성현들의 위패를 모시고 제향을 올리며, 그들의 가르침을 학습하고 지방의 민풍과 예속을 순화하며 인재를 양성하는 기관이다. 제향과 교육의 두 가지 기능을 갖는 향교는 지방사회에서 자기발전의 도구 및 관리를 양성하기 위한 기관으로서의 역할도 담당하였다.

조선시대에는 과거제도, 군현제의 재정비와 그 강력한 운영이 실시되며 유교교육의 적극적인 장려로 인해 향교가 발달되었다. 향교의 교사 등 시설물의 설치와 보수, 유지, 그리고 교수의 후생비, 교생들의 숙식비, 학업활동에 부수되는 제반비용, 그리고 향교를 중심으로 준행되는 석전례와 향음례 등에 이르는 비용이 엄청난 것이기 때문에 향교의 운영을 위해서는 국가의 재정적 지원이 요구되었다. 제도의 정비와 함께 크게 육성, 장려된 향교는 그 발전과 낙후에 따라 지방 수령의 인사에 영향을 줄 정도로 중요했으며, 수령은 매월 교육현황을 관찰사에 보고하도록 되어 있었다. 유교를 숭상하는 국가정책으로 인해 향교의 신설이 확산되어 전국 각지의 주, 부, 군, 현에 각 1교씩 향교가 세워지게 되었는데, 특히 태조 때부터 세종 때까지 약 100여 년 동안에 가장 많은 향교가 건립되었다. 전국의 행정단위인 주, 부, 군, 현에 설립하여 전국적으로 329개가 되었던 향교는 지방문화에 매우 큰 영향을 끼쳤다. 『경국대전』에 의하면 향교는 각 지방관청의 관할 아래에 두어 부·대도호부·목에는 각 90명, 도호부에는 70명, 군에는 50명, 현에는 30명의 학생을 수용하도록 하고, 교수와 훈도를 두도록 규정되었다. 교생은 신분에 따라 양반은 액내생(額內生, 정원 내 교생), 서얼과 평민은 액외생(額外生, 정원 외 교생)으로 구분되고 각각 공부하는 장소와 내용, 제례에서의 역할 등에서 차별이 있었다.

향교는 16세기경부터 수용인원이나 사생(師生)의 질적인 면에서 점차 부진해지다가 임진왜란, 병자호란의 전란을 겪은 뒤로는 건물과 인재의 손실, 재정의 궁핍 등으로 유명무실하게 되었다. 더구나 16, 17세기에 서원이 성행하면서 향교는 더욱 쇠퇴하다가 18세기경 지방도시가 점차 중시되고 경제활동이 활발해지면서 향교를 다시 조성하려는 움직임이 나타나 개축되거나 신축되었다. 오늘날 각 지방에 보이는 향교는 이때 다시 조성된 것들이 대부분으로, 2층 누각 형식의 출입문이 세워지는 것 외에 공간구성이나 형태는 제사를 지내는 건축이라는 속성 때문에 변화가 없고 단순하였다. 누각 형식의 출입문은 일반적으로 유교에 입각한 교육과 정치의 힘으로 풍습을 바로잡아 간다는 뜻의 풍화루라는 현판이 걸리게 된다. 고종 31년(1894) 과거제도가 폐지되면서 교육기관으로서의 기능을 거의 잃어버리게 되고 문묘의 향사기능만 유지되고 있으며, 현재 남한에는 230여 개소의 향교가 남아 있고 장대한 누각이 독특한 강릉향교, 엄격하고 질서 있는 외관의 전주향교, 경주향교, 나주향교, 장수향교 등이 대표적이다.

1. 향교의 구성과 배치

1) 향교의 구성

향교는 읍성 중심지나 외곽 동쪽과 서쪽에 관아에서 그리 멀지 않은 곳에 좋은 산세를 배경으로 하여 위치되었다. 동쪽에 위치한 경우에는 읍성 앞쪽에 있는 산이나 고개를 넘어 관아의 전면을 피하게 하였다. 향교건축은 고고하고 검소한 선비의 기품과 바르고 곧은 윤리와 법도, 질서 등을 중시하는 유교적인 영향을 받아서 대체로 단순 소박하며 남북축과 좌우대칭축이 잘 지켜지는 자좌오향(子坐午向)의 배치를 보여준다. 유학은 매우 규범적인 학문이므로 향교 등 유교건축에 있어서 축은 매우 중요하게 여겨졌는데, 축을 일치시킴으로써 강학공간과 제향공간의 위계를 결정하며 두 영역 간에 규범적이고 상징적인 관계를 부여하려고 하였다.

향교가 수행하는 교학과 존현의 2가지 기능을 충족하기 위해[1] 향교건축은 기능에 따라 크게 제향공간과 강학공간, 부속공간으로 구분된다. 제향공간은 유교의 제례의식을 행하는 공간으로서 대성전을 중심으로 전면 양쪽에 동무와 서무가 위치되며, 공자를 비롯한 중국의 성현과 우리나라의 성현의 위패를 안치한다. 강학공간은 유교를 가르치고 교육하는 공간으로서 교수와 훈도 등이 거처하며 강학을 하는 명륜당을 중심으로 전면 양쪽에 동재와 서재가 위치된다. 동재와 서재는 교생들이 기숙하며 공부하는 건물이다.[2] 부속공간은 향교의 주기능인 강학과 제향을 보조하기 위한 공간으로서, 지형과 대지상황에 따라 배치되었으며, 제기를 보관하는 제기고와 전사청, 선현들의 서적을 보관하고 출판하는 존경각, 향교를 관리하는 교직사, 교생들이 자연과 풍류를 즐기며 사색을 하는 누각 풍화루 등이 있다.

향교의 정문은 3칸이거나 누문인데 누문인 경우 정문의 역할도 하였으며, 대성전과 명륜당 사이에 담장을 쌓고 신문 또는 내삼문을 세웠다. 명륜당은 중앙의 대청 좌우로 온돌방을 두며, 동재와 서재는 온돌방과 대청을 두거나 또는 온돌방만 두는 것이 일반적이다. 대성전과 동무, 서무는 통칸의 직사각형 평면을 이루며 보통 벽돌바닥으로 마무리된다.

----

1 교육기관 안에 특정 선현을 모시는 이유는 선현의 학덕과 위대한 유훈을 하나의 모범으로 받들면 후학들을 계도하고 학문을 연마하는 데에 도움이 된다고 믿었기 때문이다.
2 동재와 서재는 학생들의 숙소 또는 학습장소로서, 학생들이 이 재에 들어와 공부하는 것을 거재(居齋)라 했으며, 이들 학생을 거재생, 거재유생, 재유 등으로 일컬었다.

교직사는 강학공간과 가까이 배치되며 일반 민가처럼 부엌과 방, 대청, 광 등의 공간으로 구성된다. 존경각은 사각형의 단일 평면을 이루는데, 간혹 동무나 서무의 한 곳을 존경각으로 쓸 경우에는 경판고라 부른다.

2) 향교의 배치

일반적으로 향교는 대성전과 명륜당을 남북축선상에 일직선으로 배치하였지만 주공간인 제향공간과 강학공간의 위치에 따라 배치가 전묘후학, 전학후묘 등으로 구분된다(그림 5-04, 05). 향교는 일반적으로 평지에서는 전면에 배향공간인 대성전과 동무, 서무가 배치되고, 그 뒤에 교학공간인 명륜당과 동재, 서재가 배치되는 전묘후학의 배치 수법을 택한다. 반대로 구릉지에서는 전면에 교학공간이 오고 후면 높은 터에 배향공간을 두는 전학후묘의 배치법을 택한다. 일반적으로 서울 문묘나 나주향교, 전주향교, 경주향교처럼 조선 초기에는 주로 전묘후학 배치가 쓰였고, 조선 중기 이후 강릉향교, 남원향교, 영천향교 등 대부분의 향교에서는 전학후묘의 배치를 채택하였다. 이러한 일반적인 배치 형식 이외에 밀양향교, 청도향교처럼 동쪽에 교학공간, 서쪽에 배향공간을 변형적으로 나란히 두는 병렬형 배치도 있다.

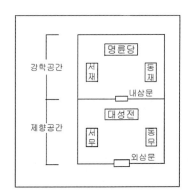
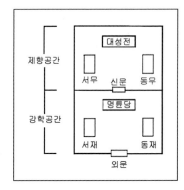

그림 5-04 향교의 **전묘후학배치**
그림 5-05 향교의 **전학후묘배치**

향교는 선현의 배향공간과 교육을 위한 강학공간이 핵심이 되는데, 이 두 공간 중에서도 선현의 배향공간을 우위에 둠으로써 대성전이 항상 명륜당보다 우위의 위치에 오게 된다. 평지에서는 대성전을 강학공간의 앞쪽에 두어 우위에 있게 하고, 구릉지에서는 반대로 강학공간보다 높은 터에 두어 고저 차이로 우위에 있게 하는 것이다. 배향공간을 우위에 두는 것은 배치에서뿐만 아니라 구조에서도 적용되는데, 대성전은 주심포건축이 주류를 이루고 명륜당은 익공건축이거나 민도리집 계통으로 이루어진다.

　전묘후학의 배치 사례로서 평지에 건축된 나주향교를 살펴보면, 남쪽 정문인 외삼문을 지나 내삼문을 들어서면 정면에 대성전이, 그 앞쪽의 동쪽과 서쪽 양쪽에 동무와 서무가 건축되지만 지금은 그 자리만 남아 있다. 대성전 뒤로 담장을 쌓아 구분된 강학공간은 명륜 당과 그 앞 동쪽과 서쪽에 동재와 서재를 두고 있으며, 동쪽 담장을 사이에 두고 교직사가 자리 잡고 있다.

　전학후묘의 배치 사례로서 강릉향교는 일각문 뒤에 길게 펼쳐진 명륜당 뒤에 동재와 서재가 놓이고 내삼문을 들어서면 대성전과 동무, 서무가 배치되어 있으며, 영천향교의 경 우에는 남쪽 누문인 유래루 아래층에 낸 대문을 들어서면 명륜당과 그 앞쪽 양쪽에 동재와 서재가 자리 잡고 있으며, 내삼문을 들어서면 대성전과 그 앞 동서 양쪽에 동무와 서무가 자리 잡고 있다.

　병렬형 배치 사례로서 밀양향교에서는 외삼문을 들어서서 풍화루 아래층에 있는 삼문 을 통하면 명륜당과 그 남쪽 동서 양쪽에 동재와 서재가 좌우대칭으로 배치되었고, 배향공 간은 명륜당 서쪽에 대성전과 그 앞쪽 동서로 동무와 서무가 놓여 있다.

　강학공간에 건물이 배치되는 형식은 크게 두 가지로 나누어지는데, 남향을 한 명륜당 앞에 동재와 서재가 배치되는 전재후당형과 명륜당이 강학공간을 이루는 영역의 앞에서 북향하고 동재와 서재가 명륜당 북쪽에 배치된 전당후재형으로서, 일반적으로 영남지방에 세워진 향교는 대체로 동서재가 앞쪽에 놓이는 전재후당형에 속하고 호남지방에 세워진 향교는 동서재가 뒤쪽에 놓이는 전당후재형에 속하는 것이 많다.

3) 건축구조

　향교건축물들은 대성전과 동무, 서무, 명륜당과 동재, 서재 등 개별 건물들이 일률적으 로 한 가지 건축구조 양식을 취하지 않고 주심포식과 익공식, 민도리집 양식으로 이루어졌 다. 대성전은 주심포식(강릉향교 대성전, 장수향교 대성전, 나주향교 대성전 등)과 익공식 (온양향교 대성전, 안성향교 대성전 등)으로, 동무와 서무는 대체로 익공식으로 지어졌다. 명륜당은 익공식이 주류를 이루고, 동재와 서재는 익공식과 민도리집 형식, 존경각은 익공 식으로 지어졌다.

2. 향교건축의 실례

1) 나주향교, 전남 나주, 17세기경, 전라남도 유형문화재 제128호

나주향교는 태종 7년(1407)에 성현들의 위패를 봉안, 배향하고 교육과 교화를 위해 창건되었다고 전하며 헌종과 숙종 때 중수, 중건이 있었고, 1959년 동재와 서재를 중건하고 1980년 명륜당과 동서익당 보수 등이 이루어졌다. 전국 12목의 하나로서 지방행정의 중요한 중심지였던 나주의 향교에는 공자 아버지의 위패를 봉안하는 계성사가 숙종 27년(1701)에 창건되어 있으므로 대성전이 밑에, 명륜당이 위에 놓이는 전묘후학의 배치형식을 취하고 있다(그림 5-06). 계성사는 공자의 아버지 숙양흘과 공자의 네 제자인 안자, 자사, 증자, 맹자의 아버지의 위패를 봉안한 곳으로서, 서울 문묘, 나주향교, 전주향교, 함평향교 등 몇몇 향교에만 세워졌다. 특이하게 3칸 규모의 우진각지붕 평삼문인 외삼문과 3칸의 맞배지붕 내삼문, 두 신문을 지나면 정면에 대성전이 있고 그 앞쪽에 동무와 서무가 마주 보며 서 있으며, 강학공간은 명륜당 앞 동쪽과 서쪽에 동재와 서재를 두고 있다.

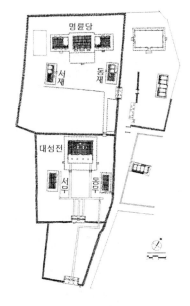

그림 5-06 **나주향교 배치도**

중국 5성현과 송조 4성현, 우리나라 18성현의 위패가 봉안되어 있는 대성전(보물 제394호)은 3단의 장대석으로 기단을 만들고 초석 위에 배흘림 원기둥을 세웠으며, 정면 5칸, 측면 4칸의 주심포계 단층 팔작지붕이고 앞쪽에 퇴칸을 두고 내부는 통칸으로 하여 의례 때 편리하도록 하였다. 대성전은 서울 문묘, 장수향교, 강릉향교와 더불어 대성전 중에서 가장 큰 규모에 속하며, 내부 바닥에는 장마루를 깔았고 연등천장을 하고 있다. 강학공간의 중심인 명륜당은 정면 3칸, 측면 3칸의 맞배지붕의 중심 건물인 중당을 두고 그 양쪽으로 정면 3칸, 측면 3칸 되는 익당을 약간 띄워 건축하였으며, 중당은 서울 문묘의 명륜당처럼 좌우에 연결된 익당보다 지붕이 높게 조영되었고, 내부는 우물마루를 깐 대청마루에 연등천장으로 되어 있다. 명륜당 앞뜰 좌우의 동재와 서재는 좌우대칭으로 정면 4칸, 측면 1칸 반 규모의 맞배지붕 건물로서, 각각 마루방 2칸, 온돌방 2칸으로 구성되며 전면 반 칸은 툇마루로 되어 있다.

2) 장수향교, 전남 장수, 1407년 창건

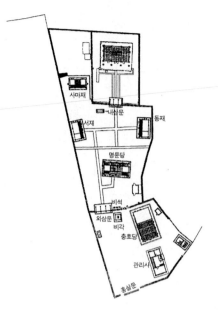

장수향교는 태종 7년(1407)에 지어져 세종 23년(1442) 지금의 자리로 옮겨져 창건 당시의 건물양식대로 보존된 오래된 향교이다. 장수향교는 전체적으로 전학후묘 배치로서 외삼문(부강문)을 들어서면 명륜당이 있고 그 뒤로 동재와 서재가 마주 보고 있으며, 강학공간 북쪽에 별도의 담으로 둘러싸인 제향공간이 있다(그림 5-07). 전학후묘의 배치이지만 향교의 입구를 알리는 홍살문을 지나 외삼문-명륜당-대성전의 축은 일치하지 않아 엄숙하고 권위적인 느낌이 적으며, 제향공간에는 동무와 서무가 없고 대성전 앞 동쪽으로 전사청이 있다. 강학공간은 명륜당이 앞에 있고 동재와 서재가 뒤에 있는 전당후재의 배치를 하고 있다.

대성전(보물 제272호)은 내삼문과 담으로 둘러싸인 영역 안에 위치하며 낮은 석축 기단 위에 정면 3칸, 측면 4칸

그림 5-07 장수향교 배치도

의 단층 맞배지붕 건물이며 주심포식 2출목에 쇠서가 연꽃 모양의 초각으로 되어 있다. 대성전은 정면 앞퇴 1칸은 퇴칸으로 개방하고 내부는 통칸으로 처리하였으며 정면 3칸의 어칸에 두 짝 밖여닫이 띠살창호, 양쪽 측칸에는 외짝 띠살창호와 정(井)자살창호를 달았고, 나머지 3면은 심벽으로 처리하였다. 공포는 기둥 위에만 짜올린 주심포이지만, 부재들은 모두 다포 계통의 모양을 하고 있으며, 내부 바닥은 우물마루이고, 5성, 송조 4현, 우리나라 18현의 위패를 봉안하고 있다. 명륜당은 정면 4칸, 측면 3칸의 팔작지붕 건물로서 앞뒤로 퇴칸을 두어 개방하였으며, 가운데 2칸은 마루이고 양쪽 한 칸씩은 온돌방으로 구성되어 있으며, 특이하게 기둥이 마루 머름 위에 올려져 있다. 서재 진덕제, 동재 경성제, 그리고 생원과 진사를 선발하는 과거시험인 사마시에 합격한 원생들이 공부하던 사마제는 정면 3칸, 측면 2칸의 맞배지붕 건물이다.

3) 전주향교, 전북 전주, 사적 제379호

전주향교는 고려 말 지방민의 교육과 교화를 위하여 현재 경기전 근처에 건립되었으나 경기전이 준공된 후 태종 10년(1410) 전주성의 서쪽 황화대 아래로 이전하였고 선조 36년(1603) 현재의 위치로 이전하였다. 조선 후기까지 전주향교는 대성전, 동무와 서무, 만화루,

명륜당, 동재와 서재, 계성사, 입덕문, 사마재, 양사재, 제기고 등 총 99칸인 대규모의 건물로 되어 있었다고 하며, 서울의 성균관을 모방하였다고 하여 수도향교라고도 칭하였다.

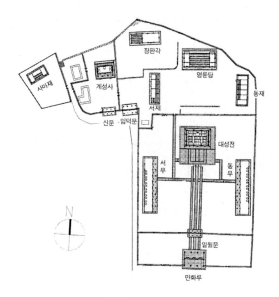

그림 5-08 **전주향교 배치도**

전주향교는 전묘후학의 배치를 하고 있으며 (그림 5-08), 만화루(정면 3칸, 측면 2칸 중층 팔작지붕)를 들어서서 솟을대문인 일월문(정면 3칸, 측면 1칸 맞배지붕)을 지나면 대성전과 동무, 서무의 제향공간이 조성되어 있고 서북쪽에 계성사가 위치하고 있다. 대성전 뒤쪽의 강학공간은 명륜당과 동재, 서재로 구성되어 있다.

이 향교의 대성전(전라북도 유형문화재 제7호)은 정면 3칸, 측면 3칸 규모의 맞배지붕 건물로서 5성·10철·송조 6현의 위패를 봉안하고 있으며, 정면 3칸에는 널문을 달았고 도리기둥에 맞배지붕이며, 합각에는 방풍판을 달았다. 동무와 서무는 각각 정면 9칸, 측면 1칸 반 규모의 건물로 전면에 퇴칸을 구성하여 뜰 쪽으로 트이도록 하였고 내부 바닥에는 전돌을 깔았으며, 동중서와 한유 등 중국의 성현과 우리나라 18현의 위패를 봉안하고 있다. 대성전 뒤의 명륜당은 정면 5칸, 측면 3칸의 규모로 가운데 3칸은 대청이고 좌우 1칸씩은 실을 구성되며 독특하게 눈썹지붕을 이어 달았으며, 전면에는 모두 널문을 달았다. 명륜당 앞뜰 좌우에 동재와 서재가 있는데, 동재는 정면 6칸, 측면 1칸에 반 칸의 퇴를 두었는데 정면의 가운데 4칸 앞에는 툇마루가 있으며 양측면에는 툇마루가 없이 6칸 모두 방으로 구성되어 있다. 서재의 평면은 동재와 같으나 5칸의 방과 1칸의 대청으로 이루어지며 방 앞에는 모두 툇마루를 시설하였고, 그 북쪽 뒤로 장판각이 있다.

4) 영천향교, 경북 영천, 1590년 창건

현유의 위패를 봉안, 배향하고 교육과 교화를 위한 영천향교의 대성전은 세종 17년 (1435)에 건립되고 명륜당은 명종 1년(1546)에 창건된 후 여러 차례 중건과 보수를 거쳐왔다. 영천향교는 경사지에 제일 안 영역에 제향공간이, 그 앞에 강학공간이 세워진 전형적인 전학후묘의 배치를 하였다(그림 5-09). 남쪽의 유래루(정면 3칸, 측면 2칸의 익공계 맞배지

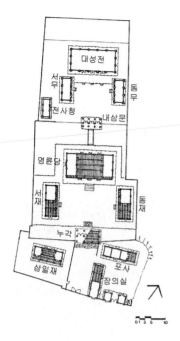

그림 5-09 영천향교 배치도

붕의 중층 누각)³를 지나면 명륜당이 있고 그 앞쪽에 동재와 서재가 위치하고, 내삼문을 들어서면 정면에 대성전이, 그 앞 양쪽에 동무와 서무가 있다. 서무 서쪽 뒤 남쪽으로 정면 3칸, 측면 1칸의 민도리계 맞배지붕 건물의 전사청이 위치한다. 강학공간 앞 동쪽에 전교실과 관리사가, 서쪽에 삼일재가 있다.

강학공간의 중심인 명륜당은 정면 5칸, 측면 3칸 규모의 익공계 팔작지붕 건물로서, 중앙 3칸은 대청, 좌우 각 1칸은 온실로 되어 있고, 앞쪽의 동재와 서재는 각각 정면 4칸, 측면 1칸의 민도리계 맞배지붕 건물이며 온돌방 하나에 마루 하나가 대응하고 있다. 사마소라고도 하는 삼일재는 이 지역 향사들이 후진을 양성하던 곳으로, 정면 4칸, 측면 1칸 반의 민도리계 맞배지붕 건물이다.

대성전(보물 제616호)은 정면 5칸, 측면 3칸의 초익공계 겹처마 맞배지붕 건물이며 1고주 5량 방식으로 내부공간이 넓으며 양측 박공에 풍판을 설치하였다. 일반적으로 대성전과 같은 사묘건축에서는 전면에 개방된 퇴칸을 두지만 이 건물은 앞퇴를 두지 않았으며, 내부는 중앙칸 뒷면에 1개, 양쪽에 2개씩의 제단을 두었고 천장은 연등천장이다. 장대석 바른층쌓기의 기단 위에 막돌초석을 놓고, 민흘림 원기둥을 세워 초익공으로 장식하였고 내부에는 간단한 보아지를 두었다. 대성전은 1435년 명나라 목수가 중국식 건축양식으로 준공하였다고 전하는데, 건물의 규모에 비해 비교적 높은 기둥을 사용하였고, 어칸에 비하여 좌·우측으로 갈수록 도리의 굵기가 굵어져 처마의 앙곡을 형성하였으며, 옆으로 길쭉한 직사각형의 부연이 사용된 점 등에서 그 특색이 보인다. 정면 양쪽 두 칸과 가운데 칸의 2분합 판문 윗부분에는 정자(井字) 모양의 창살을 달아 채광효과를 주었다. 동무와 서무는 정면 3칸, 측면 1칸의 민도리계 맞배지붕 건물로 대지의 경사에 따라 기단이 남쪽은 높고 북쪽은 낮게 되어 있다.

5) 강릉향교, 강원도 유형문화재 제99호

영동지방의 행정, 문화의 중심지라고 일컬어지는 강릉에 위치한 강릉향교는 고려 말 충선왕 5년(1313)에 선현의 향사와 지방민의 교화를 위하여 세운 것으로, 여러 차례 소실이

---

3 '鷗來(유래)'는 '공부하러 오는 이는 누구도 막지 않는다'라는 의미가 담겨 있다.

되어 1413년에 중건되었다. 1611~1613년 대성전과 동무, 서무를 중창하였고 명륜당은 1623년에 완공되었다. 현재 대성전과 동서무, 명륜당과 동재, 서재, 전사청과 기타 부속건물들이 있어 향교로서 거의 완벽한 규모와 기능을 갖추고 있다. 강릉향교는 경사지를 이용한 영역 형성이 뛰어난 향교로서, 비교적 급하게 경사진 대지에 2개의 단을 조성하여 아래쪽에 강학 공간, 위쪽에 제향공간을 둔 전학후묘의 배치형식을 갖는다(그림 5-10).

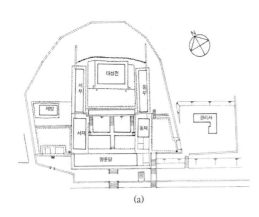

(a)   (b)

그림 5-10 (a) 강릉향교 배치도(문화부 89년도 문화재수리보고서, 1991)
(b) 강릉향교 전경

향교 정문 일각문을 들어서면 옆으로 길게 뻗은 누각형식의 명륜당이 있고 그 뒤쪽에 동재와 서재가 마주 보며 서 있는 전당후재형의 배치를 보이며, 그 뒤쪽 높은 곳에 대성전과 그 앞에 동무, 서무가 놓여 있다. 강학공간은 명륜당과 동재, 서재, 축대로 둘러싸여 외부와 단절되며 아늑하고 친밀한 공간을 만들어내지만, 대성전 마당은 간결한 의식적인 공간을 이루고 있다. 강학공간과 제향공간 사이에는 좌우로 길게 정면 9칸, 측면 1칸 규모의 전랑이 놓여 있으며, 전랑은 강학공간에 조성된 중앙과 좌우의 계단을 통하여 출입할 수 있다. 향교 일곽의 동쪽에는 교직사와 그 앞에 천운지 연못, 서쪽에는 재방과 제기고가 놓여 있다.

강릉문묘 대성전(보물 제214호)은 정면 5칸, 측면 3칸의 단층 주심포계 홑처마 맞배지붕 이며, 전면의 퇴칸을 개방하여 제향 시 배례공간으로 활용하도록 하였고, 내부는 바닥에 화강석 판석을 깔고 5성과 송조 4현을 비롯한 우리나라 18현의 위패를 봉안하고 있다. 대성 전은 엄숙함과 절제미, 단아하고 절제된 구성을 보여주며 앞뜰 좌우에 동무와 서무, 이를 연결하는 회랑이 있으며, 동무와 서무는 각각 정면 5칸, 측면 1칸 반 규모의 익공식 건물이다. 향교 중에서 가장 규모가 큰 강릉향교의 명륜당은 정면 11칸, 측면 2칸의 누각형식의 익공식 맞배지붕 건물로서, 지형을 이용하여 아래층은 기둥만 세우고 벽을 쌓지 않아 통로로 이용할 수 있도록 하였으며, 위층 누마루는 강당으로 사용되었다. 동재와 서재는 각각 정면 4칸, 측면 2칸 규모의 맞배지붕 건물이며 일반적인 재사의 건물 형식과 다르게 툇마루와 온돌 없이 내부가 전부 마루로 깔렸다.

6) 경주향교, 경북 경주, 경상북도 유형문화재 제191호

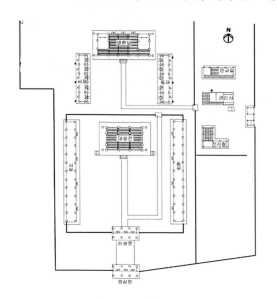

그림 5-11 **경주향교 배치도**

경주향교는 언제 창건되었는지 확실하지 않으나, 고려시대에 창건되었다고 하며 신라시대 신문왕이 682년에 국학을 설치하였던 곳이라고 한다. 임진왜란 때 대성전이 불에 타 선조 33년(1600)에 대성전, 전사청을 중건하고 1604년에 동·서무를, 광해군 6년(1614)에 명륜당과 동·서재를 중건한 이후 몇 차례 개수와 중수를 하였다. 경주향교는 평지에 외삼문, 신삼문, 대성전, 명륜당이 남향하여 중심축을 이루는 전형적인 전묘후학의 배치형식을 갖는다(그림 5-11).

향교의 가장 앞쪽에 위치한 외삼문은 정면 3칸, 측면 2칸의 단층 맞배지붕 건물이고 신삼문은 정면 3칸, 측면 2칸의 맞배지붕 건물이다. 제향공간의 중심인 대성전(보물 제1727호)은 정면 3칸, 측면 3칸 규모의 주심포계 맞배지붕 건물로서, 공자를 비롯한 5성과 성현들의 위패를 모셨다. 경주향교는 서울 문묘와 같은 규모의 신위를 모시는 대설위 향교이기 때문에 동무와 서무는 각각 전면 12칸, 측면 1칸의 맞배지붕 건물이며 경북 지방에서 규모가 가장 크다.

향교 영역의 가장 뒤쪽 강학공간의 명륜당은 정면 5칸, 측면 3칸 규모의 주심포식 맞배지붕 단층 건물이며, 중앙에 3칸 대청을 들이고, 그 좌우에 각각 협실 1칸을 들였으며, 전면 1칸은 모두 퇴칸으로 하였다. 동재와 서재는 각각 정면 5칸, 측면 2칸 규모의 맞배지붕 건물로서, 모두 전면 반 칸을 툇마루로 하고 내부는 전부 통칸으로 되었다. 강학공간 북서쪽 뒤에 있는 존경각은 정면 2칸, 측면 1칸의 맞배지붕 건물이다.

7) 청도향교, 경북 청도군 화양읍, 경상북도 유형문화재 제207호

청도향교는 선조 1년(1568)에 고평동에 세웠던 것을 영조 10년(1734)에 지금의 자리에 옮겨 세운 것으로 화양향교라고도 부른다. 현재 향교 내에는 사당 출입문인 내삼문(사락루), 사당인 대성전과 동·서무, 명륜당과 동·서재, 사주문 등이 있다. 향교건축의 일반적인 배치형식과 다르게 청도향교는 바라보아 제사기능을 담당하는 대성전이 왼쪽에, 강학기능의 명륜당이 오른쪽에 놓이는 우묘좌학의 병렬형 배치를 하고 있어 특이하다(그림 5-12). 사주문을 들어서면 정면으로 내삼문을 지나 대성전이 놓이고 오른쪽으로 사락루를 지나 명륜당에 이르게 된다.

그림 5-12 **청도향교 전경**(한국향토문화전자대전)

대성전은 정면 3칸, 측면 2칸의 맞배지붕 건물이며 기둥머리에 몰익공을 짜고 장식이 없는 소박한 사각형 화반을 설치하였으며, 동무와 서무는 각각 정면 3칸, 측면 1칸이다. 명륜당은 정면 5칸, 측면 2칸에 전퇴가 있는 이익공계 맞배지붕 건물이며, 어칸과 좌우 협칸의 3칸은 대청으로 우물마루이며, 좌우 퇴칸은 온돌방으로 되어 있으며, 동재와 서재는 각각 정면 4칸, 측면 1칸으로 가운데 2칸은 마루, 양쪽 각 1칸은 온돌방으로 되어 있다. 명륜당으로 들어가는 내삼문으로 '즐거움을 생각하는 곳'이라는 뜻을 지닌 사락루는 2층의 누각 건물로 아래층에 출입문이 나 있다.

8) 밀양향교, 경상남도 유형문화재 제214호

밀양향교(密陽鄕校)는 창건연대가 미상이나 1100년경에 창건되었다고 전해지며, 선조 25년(1602) 현재의 위치에 중건하였고, 대성전은 중건 당시의 건물로 순조 21년(1821) 중수하여 오늘에 이르고 있다. 건물의 구성은 대성전, 동무, 서무, 내삼문, 명륜당, 동재, 서재, 풍화루 등이 있고, 건물 배치형식은 경사지의 동쪽 앞쪽에 강학공간을 서쪽 뒤쪽에 제향공간을 두는 좌학우묘 병렬형 배치를 보여 준다(그림 5-13). 정문인 풍화루를 지나면 명륜당과 그 앞 양쪽에 동재와 서재가 대칭으로 배치되었으며, 제향공간 대성전은 명륜당 서쪽에 있어 병렬형 배치를 이루고 있다. 제향공간의 중심축과 강학공간의 중심축이 평행하지 않고 약 15도 정도 서로 어긋나 있는데, 서쪽에 대성전과 내삼문을 잇는 중심축에 동무와

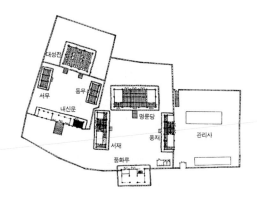

그림 5-13 **밀양향교 배치도**

서무가, 동쪽에 명륜당과 풍화루를 잇는 중심축에 동재와 서재가 대칭으로 배치되어 있다.

대성전은 장대석 기단 위에 정면 3칸, 측면 2칸의 맞배지붕이고 전퇴가 없고 정면 3칸 마다 좁은 문얼굴을 내고 쌍여닫이 판문을 달았다. 동무와 서무는 정면 3칸, 측면 1칸의 초익공식 맞배지붕이며, 가운데 칸에 쌍여닫이 판장문을 하였고 양쪽 협간의 전면에는 붙박이 살창을 달았다. 명륜당은 정면 5칸, 측면 2칸의 이익공 맞배지붕이고 장식 없이 길게 뻗은 쇠서가 시원하며 양쪽 협칸은 방으로 하고 가운데 3칸은 대청으로 하였으며 전면에 걸쳐 전퇴가 개방되었다. 동재와 서재는 각각 정면 5칸, 측면 한 칸 반의 민도리집 맞배지붕이고, 명륜당쪽에서부터 방 1칸, 대청 2칸, 방 2칸으로 되었으며 전퇴를 개방하였고, 남쪽 측면에 툇마루를 두고 별도 지붕을 설치하였다. 정문인 풍화루는 정면 3칸, 측면 2칸의 초익공계 팔작지붕 2층 누각이며, 아래층의 가운데 1칸에 출입문을 달아 누하진입을 만들었고 상부 누마루에는 계자각난간을 설치하였다.

5.4 서원건축

서원은 유학의 학문연구와 선현에 대한 제향을 위하여 지방의 유학자, 사림에 의해 설립된 사학기관으로서, 유생들이 모여 학문하는 강학공간과 사우에 선현의 위패를 모시고 제사를 지내는 제향공간이 반드시 갖추어져야 했다. 서원은 관학인 향교와 마찬가지로 교육과 제향의 기능을 갖지만, 제향의 대상이 문중과 지방의 선현으로서 설립의 주체와 동기, 배경이 관학과 상이하다. 즉, 서원은 사대부들이 신유학인 성리학을 자신의 것으로 정착시키며 만들어낸 조선 중기의 시대적 산물로서 교과내용은 관학과 비슷했으나, 국가적 통치와 과거 시험의 준비에 치중되기보다 학문을 위한 학문과 인격 도야에 역점을 두었다. 서원이 성립되기 이전에 있었던 정사, 서당 등의 강학기관과 사묘의 제향기관이 하나로 통합되는 데서 서원이 성립되었다.

서원은 서재, 서당, 정사, 선현사, 향현사 등으로 널리 불렸으며, 처음에는 책을 모아두는 장서의 목적으로 설립한 듯하지만 세종 때는 선비로서 서원을 설치하여 교육하는 사람을 포상하며 장려하였으므로 서원이 강학소 및 선현들을 추모하기 위한 사묘로서 많이 만들어지게 되었다. 서원건축은 유교의 가르침에 따라 엄격한 질서와 검소하고 질박한 조형을 원칙으로 대칭적 배치와 위계성을 나타내는 한편 성리학적 자연관과 향촌 지배층으로서의 위세를 표현하기도 하였다. 이들 서원은 일반적으로 유학을 진흥시킨 인물을 중심으로 건립된 도학서원, 국가에 충의를 바친 인물을 기리기 위한 충절서원, 친족결속을 강화시키고자 하는 문중 활동의 구심점으로 건립된 문중서원으로 구분되며, 일반적으로 도학서원과 문중서원의 경우는 서원, 충절서원의 경우는 사(祠)로 불린다. 2011년 소수서원, 도동서원, 옥산서원, 도산서원, 병산서원, 논산 돈암서원, 정읍 무성서원, 장성 필암서원, 함양 남계서원 등 9개의 서원이 유네스코 세계유산 잠정목록에 등재가 확정되었다.

1. 조선시대 서원의 성립과 변화

조선시대의 서원은 학문과 덕행이 뛰어나 본받을 만한 유학자와 충절을 지킨 선현에게 제사를 지내고 학문을 탐구하며 제자를 양성하고 향촌을 교화하기 위하여 사림이 설립한 교육기관이자 자치운영기구였다. 최초의 서원은 백운동서원으로 중종 37년(1542)에 풍기군수 주세붕(1495~1554)이 고려 말의 유학자인 회헌 안향(1243~1306)을 배향하고 유생을 가르치기 위하여 중국의 백록동 서원을 따라서 경북 순흥에 세운 것이다. 16세기에 들어서서 지방 출신 선비들은 중앙 정계에 진출하여 현실 사회에 자신들의 학문을 실현하고자 하였으나 훈구파의 기존 관료세력과 부딪치게 되어 몇 차례의 사화를 겪게 되었고, 뜻이 꺾인 선비들은 고향으로 내려가 은둔하며 학문과 후진 양성에 힘쓰는 사림을 형성하게 되었다. 이 사림들은 고향에 자신들의 세력을 모으고 학문의 정진과 후진 양성에 힘쓰기 위해 서원을 세우게 된 것이었다.

서원이 16세기 중엽인 중종 말기에 성립하게 된 직접적인 계기는 조광조로 대표되는 신진 사림의 정계 진출에 따라 도학정치의 실시를 위해 정책으로 제시되었던 문묘종사와 교학체제의 혁신에 있었는데, 신진 사림들은 사람마다 도학의 중요성을 깨우치게 하고 이를 숭상하도록 하기 위하여 도학에 뛰어난 학자를 문묘에 제향하여야 한다는 문묘종사운동을 펼치고, 도학정치를 담당할 인재의 양성과 사문의 진흥을 도모하기 위해 새로운 교학체제의 필요성을 주장하였다.

백운동서원은 풍기군수로 부임한 퇴계 이황의 노력으로 명종조에 소수서원이란 액서와 동시에 토지, 노비, 서적 등을 하사받음으로써 사액서원의 시초가 되었다. 사액서원이란 조정에서 특별히 서원의 명칭을 부여한 현판과 그에 따른 서적과 노비 등을 내린 특전을 부여받은 국가공인의 서원으로서 그렇지 않은 비사액서원과 구분되었다. 퇴계는 당시 어지러운 사회를 바로잡고 진리의 나라로 끌어올리려면 먼저 인심을 바로잡아야 하고, 그러기 위해서는 무엇보다 정학, 즉 참다운 성리학을 가르칠 교육기관으로 서원이 필요하다고 생각하여 서원창설운동을 주도하여 서원이 독자성을 가지고 정착, 보급되도록 노력하였다. 퇴계는 '교화의 실효성을 높이기 위해서 사림의 습속을 바로잡고 학문의 올바른 방향을 정하는 실천도장으로서 필요한 것'이라고 서원의 존재 이유를 밝혔다.

이후 서원은 향교에 대응하는 공인된 교육기관으로 여겨지며 16세기 중기 명종 대를 거쳐 선조 대에 이르러 사림 계열이 정치의 주도권을 잡게 되면서 본격적으로 설립되어 명종 대에 18개소이던 서원이 선조 대에 60여 개에 이르렀다. 사림들이 본격적으로 중앙 정계에 진출하여 사대부로써 지배세력을 확장하기 시작했으며, 서원은 선현에 대한 제사와 후진에 대한 교육을 통해서 향촌사회의 거점이 되며 조선사회를 이끌어가는 실질적인 역할을 하게 되었다. 16세기 말 선조대에 서원이 급속히 늘어났는데, 황해도 배천 문희서원, 영풍 이산서원, 경주 옥산서원, 안동 도산서원, 성주 천곡서원, 평북 희천 상현서원, 황주 백록동서원 등 전국적으로 확산되었다. 이후 전국에 서원이 600여 곳에 달하였으며 숙종 때에는 조정에서 공인한 사액서원만 131개소가 되었다.

명종 5년(1550)에는 해주의 문헌서원, 명종 9년(1554)에는 영천의 임고서원, 명종 21년 (1566)에는 함양의 남계서원이 각각 사액을 받아 사액서원이 되었다. 문헌서원은 주세붕이 1549년에 황해도 관찰사가 되어 최충(984~1068)을 모시기 위하여 세웠고, 임고서원은 정몽주(1337~1392)를 모시기 위하여 1554년에, 남계서원은 정여창(1450~1504)을 모시기 위하여 1552년에 세워졌다. 이 시기에 서원건축 형식이 정착되었는데, 최초의 백운동서원은 사당, 강당, 재사 사이의 관계가 뚜렷하지 않는 등 아직 서원건축 형식의 발생 단계를 보여주지만, 남계서원은 강당 앞마당을 사이에 두고 재사가 서로 마주 보고 있으며, 강당 뒤 동쪽에 사당이 별도의 영역에 들어서 있는 배치형식을 취하면서 조선시대 서원건축 형식이 정립되는 데 중요한 역할을 하였다.

이들 외에 당시 대표적인 서원을 들면, 김종직을 기리기 위한 밀양 덕성서원(1567, 명종 22년, 후에 예림서원이 됨), 김굉필을 모시기 위한 경북 현풍 쌍계서원(1568, 선조 1년, 후에 도동서원이 됨), 길재를 위한 선산 금오서원(1570, 선조 3년), 이언적을 모시기 위한 경주 옥산서원(1573, 선조 6년), 이황을 모시기 위한 예안 도산서원(1574), 조식을 기리기 위한 경남 산청 덕천서원(1576) 등이 있다. 이후 광해군, 인조, 효종 대까지 서원의 본격적 건설이 전국적으로 이어져 서원은 중앙 정치세력의 후원과 경제적 기반을 발판으로 조선 사회를 이끌어가는 주도적 역할을 하게 되었다. 자기성찰을 근본으로 하는 성리학이 정치투쟁의 도구로 이용되며 계파의 정권다툼이 심화되자 사대부들은 자신들의 선현을 높이 내세우려고 서원을 많이 건설하였는데, 이 당시의 서원은 사우(祠宇) 또는 영당(影堂)으로 불리는 것이 많을 정도로 서원은 점차 제사 지내는 행위에 치중하는 사당으로 바뀌어갔고 그 건축은 경직되고 엄격하며 활기를 잃은 모습을 띠게 되었다.

처음에 서원은 인재를 양성하고 선현을 향사하며 유교적 향촌의 질서 유지와 시정을 비판하는 등 긍정적인 역할을 하였지만, 조선 후기에 들어서면 서원은 붕당과 파당의 근거지로, 지방 양반층의 이익을 대변하여 양민에 대한 토색, 면역의 특전을 악용하는 피역자의 도피처로, 또는 가문 결속의 근거지로 작용하며 정치적으로나 사회적으로 폐단이 커지게 되었다. 마침내 효종 때는 사액을 통제하였고 고종 때 대원군은 지방 유림들의 완강한 반발을 물리치며 전국적으로 서원을 철폐하기 시작하여 1868년에는 사액을 받지 않은 서원 1천여 개소를 철폐하였으며 1871년에는 사액서원 중에서 봉향 인물 한 사람을 위한 서원은 하나만 남긴다는 '일인일원'의 원칙에 근거하여 문묘종향인을 중심한 47개의 서원만을 남기고 전국의 나머지 서원과 사우는 모두 훼철하였다. 성리학이 지향하는 자연관과 문화적 전통이 반영된 교육유산인 서원은 대원군이 권좌에서 물러난 이후 하나둘씩 복원되기 시작하여 오늘날 강학기능은 상실하였지만 향사기능이 이어지고 있다.

2. 서원의 구성과 배치

1) 서원의 입지와 배치

서원은 대체로 배향하고자 하는 선현의 연고지, 곧 선현의 출생지이거나 고향, 성장지, 유배지, 충절과 연관되거나 관리로 부임했던 곳, 은거하여 후학을 지도했던 곳, 묘소가 있는 곳 등에 세워졌다. 고향에 세워진 서원으로는 풍기 소수서원(안향), 영천 임고서원(정몽주), 함양 남계서원(정여창), 밀양 예림서원(김종직), 김포 우저서원(조헌), 안동 임천서원(김성일) 등이 있고, 성장지로서는 나주의 미천서원(허목, 1595~1682)을 들 수 있으며, 순천의 옥천서원은 김굉필이 1498년의 무오사화 때 사약을 받은 곳에 세워졌다. 은거하며 후학을 지도했던 곳에 설립된 서원으로는 이황의 예안 도산서원, 조식의 산청 덕천서원, 김장생의 논산 돈암서원, 윤황의 논산 노강서원, 김인후의 장성 필암서원, 정구의 성주 회연서원,

길재의 선산 금오서원, 성수침의 파주 파산서원, 이언적의 경주 옥산서원, 송시열의 청주 화양서원 등이 있다. 정읍 무성서원은 최치원이 태산 고을에서 선정을 베풀었던 곳에, 용인 충렬서원은 정몽주의 묘소, 용인 심곡서원은 조광조의 묘소, 파주 자운서원은 이이의 묘소가 있는 곳에 세워졌다.

서원이 설립된 장소는 선현의 연고지인 동시에 사림들이 은거하여 수양하며 독서하기에 좋은 곳으로 산수가 빼어난 곳이기도 하였다. 퇴계가 '서원은 성균관이나 향교와 달리 경개가 수려하고 한적한 곳에 있어 환경의 유혹에서 벗어날 수 있고 그만큼 교육적 성과가 크다'고 했던 것처럼, 서원은 대부분 산수가 뛰어나고 조용한 산기슭이나 계곡에 자리 잡았고, 각각 다양한 지형조건 속에서 자연 지세를 최대한 활용하였다. 주자의 무이구곡을 이상향으로 삼고 자연과 동화되는 삶을 구현하고자 한 선비들은 자연 속에 은둔하여 심신을 수양하며 자연과 인간이 하나가 되어 우주의 생명 전체가 융화하고 교섭할 수 있는 천인합일을 할 수 있는 곳을 찾아 서원을 건립하여 학문을 연마하고 후학을 양성하였고, 자연과 함께하기에 가장 적합한 누정 형식을 서원건축에 원용하여 주로 진입부에 배치하였다. 서원의 입지조건에서는 서원 안에서 바라볼 수 있는 시각적 대상, 곧 안대가 중요하게 여겨졌으며 서원의 명칭도 내다보이는 앞산의 이름을 따라 정해지기도 했는데, 예를 들어 도동서원에서는 북향을 하면서도 낙동강 건너 고령 땅의 산봉우리를 바라보도록 하였고 옥산서원은 앞산인 자옥산에서, 병산서원은 앞의 병산의 이름을 따랐다.

서원은 대부분 풍수지리와 유교적 은둔사상의 영향으로 읍성에서 멀리 떨어진 자연경관이 뛰어난 명승지에 위치되었다. 서원은 음양오행과 풍수지리사상의 배산임수를 따라 뒷산을 주산으로 하고 앞쪽에 개울이나 강이 있는 곳에 위치되었으며, 수세와 산세를 보아 합당한 위치를 택하여 남북의 축을 따라 동서에 대칭으로 건물을 배치하였다. 이들 건물은 남북 자오선을 주축으로 한 좌향을 원칙적으로 하고 있으나, 지형을 잘 이용하여 배치되는 등 변화 있고 다양한 배치형식을 갖는다.

16세기 말 서원이 본격적으로 세워지면서 서원건축 형식이 정착되게 된다. 최초의 서원인 백운동서원은 건물들의 배치 형식에서 서로의 관계가 뚜렷하지 않았지만, 약 10년 후에 세워진 남계서원은 1559년에 강당, 곳간, 부엌, 욕간을, 1561년에 강당의 동쪽 언덕에 사당을, 1564년에 동재와 서재를 완성하는 가운데 서원건축 형식이 정립되게 되었다. 즉, 남계서원은 유생들이 학문할 강당을 먼저 세운 다음에 강당 뒤 동쪽에 정여창의 위패를 모실 사당을 세웠으며, 강당 앞에 재사를 서로 마주 보고 위치시켰다.

일반적으로 서원은 앞이 낮고 뒤가 높은 경사면에 세워지며 향교와 비슷하게 제향공간과 강학공간을 중심으로 배치되었다. 서원은 남북의 축을 따라 동·서에 대칭으로 건물을 배치하는데, 남쪽에서부터 정문과 강당, 사당 등을 남북축선에 맞추어 세우고 사당은 별도의 담장 안에 삼문을 두어 출입을 제한하였다. 건물 배치는 사당이 서원 영역 가장 뒤쪽에, 강당이 중간에, 그리고 동·서재로 구성된 재사가 강당 앞쪽에 서로 마주 보며 위치하는 전학후묘 배치가 일반적이다. 일반적으로 누문을 지나면 강당과 그 앞쪽으로 동재와 서재가 자리 잡고 있고, 강당 뒤로 내삼문 안쪽에 사당이 있다. 사당 부근에 제사를 위한 제기고가 놓이고, 강당의 앞쪽 좌우에 동·서재를 두었으며 강당 근처에는 서고와 장판각 등을 배치하였다. 전학후묘의 배치형식에서도 대부분은 동·서재가 강당 앞쪽에 높이는 전재후당형 배치를 보이지만, 필암서원과 창절서원에서 보이듯이 동·서 양재가 강당 뒤에 놓이는 전당후재형의 유형도 있다.

서원은 우리나라 선현을 주향으로 하기 때문에 동무와 서무가 없어지고 사당을 강당보다 위쪽에 위치시킨다. 제향공간과 강학공간은 담으로 싸여 각각 독자적인 영역을 확보하며, 강학이 이루어지는 곳에는 활달하고 생동하는 공간이, 제향이 이루어지는 곳에는 존엄하고 정밀한 공간이 조성되었다. 서원은 오로지 학문과 수양만을 위한 공간으로 성리학적 질서가 담겨 있고 외부적 근엄함과 내부적으로 개방성이 공존한다. 서원건축은 외부에 대하여는 재사 건물들이 에워싸며 서 있어 폐쇄적인 듯하지만 내부 뜰에서는 항상 밖으로 시선이 열리도록 처리를 하여서, 강당에 앉으면 앞으로 멀리 안산이 보이도록 하며 자연과 계절의 변화를 알도록 하였다. 즉, 서원은 외부에서 서원건축의 형태를 감상하는 것보다 서원 안에서 보이는 외부의 경관이 더 중요한 것이다.

서원건축은 일반적으로 전학후묘 배치를 하며 장대하거나 화려하지 않고 소박하며 절제되고 단아한 모습으로 성리학적 세계관과 가치관, 자연관이 반영된 물리적 표상이자 지성계층이었던 사림이 성리학을 성숙, 실현시킨 공간이기도 하다. 그러나 서원은 17세기 후반 이래 인격수양을 위한 강학보다 선현에 대한 제향을 중시하게 되고 장판각이나 누각 등이 점차 사라져 갔다. 서원에서 교육기능이 위축되거나 없어지고 제사기능만 강조되면서 위패를 모신 사당이 더 강조되고 제사를 준비하는 건물이 증대되었으며, 북쪽 높은 곳의 사당을 중심으로 좌우 대칭을 이루는 경직되고 엄격한 형식화가 이루어졌다.

2) 서원의 구성

서원은 향교와 마찬가지로 강학과 배향을 통한 존현에 뜻을 두기 때문에 제향공간, 강학공간, 그리고 부속공간으로 구분된다. 선현의 뜻을 받들어 교육을 실시하는 강학공간은 중심을 이루는 강당, 유생들이 공부하는 동재와 서재로 구성되고, 제사를 지내는 제향공간은 사당으로 이루어지며, 부속공간은 이들을 뒷받침해주는 교직사, 제기고, 전사청, 문집을 보관하는 서고 등으로 구성되는데, 이들 건축은 대체적으로 소박하고 간결하다.

서원 입구에는 서원이 신성한 구역임을 나타내는 상징적인 홍살문이 세워진다. 서원의 정문은 일반적으로 3칸으로 구성되기에 외삼문이라고도 하며 솟을삼문 또는 평삼문으로 되었으며 남계서원의 풍영루, 도동서원의 수월루, 필암서원의 확연루, 무성서원의 현가루 등과 같이 누가 외문을 겸하기도 한다. 서원을 들어가는 입구의 누각은 원생들의 여가를 위한 건물로서 경관을 감상할 수도 있고 내왕하는 손님을 맞기도 하며 시회를 열어 풍류를 겨루기도 하는 공간이다. 누각은 옥산서원의 무변루, 병산서원의 만대루와 같이 외문을 들어서면 그 앞에 세워지기도 하며, 누를 세우지 않은 서원도 많다. 누각에는 고유의 현판이 걸리며 보통 3칸이지만 7칸까지 확장되기도 한다.

강당은 유학의 강학과 토론이 이루어지는 곳으로 서원에서 가장 중심이 되는 건물로서, 정면 5칸, 측면 2칸, 팔작지붕이 일반적이며 중앙에 대청을 두고 그 양측에 협실인 온돌방을 설치하는 형식이 보편적이다. 대청은 2~3칸의 크기가 되고, 좌우 1칸씩의 방은 원장실과 교무실로 이용되므로 보통 5칸 규모로 건축되며, 대청 앞에 그 서원의 현판이 걸리고 대청의 안쪽에 ○○당(도산서원−전교당, 소수서원−명륜당, 옥산서원−구인당), 좌우 온돌에 ○○재의 편액이 붙는다. 동재와 서재는 원생들이 기숙하며 공부하는 건물로서 정면 3칸, 측면 2칸이 일반적이며 대청을 사이에 두고 양쪽에 방이 있거나 모두 온돌을 들이기도 한다.

제향공간은 향교와 달리 사당만으로 구성되고 선현의 위패를 모시고 춘추로 제향을 베풀며, ○○묘(옥산서원−체인묘), ○○사(도산서원−상덕사)의 편액이 붙는다. 사당은 위계가 가장 높은 건물로 높은 위치에 고급기법으로 건축되며, 대개 정면 3칸, 측면 2~3칸의 규모를 갖는다. 사당은 정면에만 출입문을 달고 나머지 3면은 벽을 쌓아 감실형을 이루고, 구조는 절제의 가르침을 따라 대개 익공식 구조가 많고 지붕은 대체로 맞배지붕이며 좌우 측면에 풍판을 달아 위엄을 더하였다.

유생들이 선현들을 본받아 학문에 힘쓰며 수양을 하는 수행공간으로서 사당과 강당, 자연을 바라보며 편안히 쉬며 즐기면서도 학문에 마음을 두는 유식공간인 연못과 누로 이루어지는 서원건축은 대개 규모가 작고 간결하면서도 주위의 환경과 조화를 이루는 아름다움을 지니고 있었으며, 은거하여 학업을 익히며 검소하고 절제되는 선비정신에 따라 복잡한 공포나 화려한 장식을 피하고 익공이나 도리집 등의 간소한 양식으로 수수하게 꾸몄으며, 단청은 사당에만 애벌칠을 한 위에 검정이나 흰색 또는 색선으로 그린 긋기단청, 얼모로 단청 등을 화려하지 않고 단아하게 사용하였다.

3. 서원건축 사례

1) 영주 소수서원, 경북 영주, 1542년, 사적 제55호

소수서원은 최초의 서원이자 최초의 사액서원으로서, 중종 37년(1542)에 풍기군수였던 주세붕이 우리나라 성리학의 선구자인 문성공 안향의 영정을 모신 사묘를 세우고 양반자제들의 교육을 위한 백운동서원을 세우면서 시작되었다. 서원 설립 동기는 "교화는 시급한 것이고, 이는 어진 이를 존경하는 일로부터 시작되어야 하므로 안향의 심성론과 경(敬) 사상을 수용코자 그를 받들어 모시는 사당을 세웠고, 겸하여 유생들의 장수(藏修)를 위하여 서원을 세웠다."라는 주세붕이 편찬한『죽계지』서문에 잘 나타나 있다. 백운동이란 이름은 소수서원의 자리가 송나라 때 주희(1130~1200)가 재흥시킨 백록동서원이 있던 "여산에 못지않게 구름이며, 산이며, 언덕이며, 강물이며, 그리고 하얀 구름이 항상 서원을 세운 골짜기에 가득하였기" 때문에 취한 것이라고 하는데, 백운동서원이 들어선 곳은 숙수사 옛터이다.

1548년 10월 풍기군수로 부임한 퇴계 이황의 건의를 받아들여 명종이 "이미 무너진 유학을 다시 이어 닦게 했다(旣廢之學 紹而修之)."라는 뜻을 담은 '소수서원'이라는 친필 현판과 서적을 하사하고 토지와 노비를 주면서 면세와 면역의 특권을 내림으로써 소수서원은 사액서원의 시초가 되었다. 소수서원은 최초의 사액서원이 되면서, 서원이 갖는 중요한 기능인 선현의 제향과 교화 사업을 조정으로부터 인정받게 되며 지방 사림들의 정치적·사회적 중심역할을 하게 되었다.

초기의 서원이 제향보다 강학의 기능이 강하였듯이 소수서원은 일반적인 서원 배치방식과 다르게 재실을 중심으로 자유롭게 배치되었다(그림 5-14). 정문 사주문으로 통하는 길 왼쪽에 향사에 쓸 희생을 검사하는 성생단, 오른쪽에 시를 짓고 학문을 토론하던 정자 겸렴정이 있으며, 정문으로 들어서면 강당인 명륜당이 있고, 그 뒤로 학생들이 머물며 공부하는 일신재와 직방재가 연속으로 있다. 서원의 일반 배치가 강당 좌우에 대칭으로 동·서재를 두는 것인데 비해, 소수서원의 경우는 현판의 이름으로서 구분하였다. 명륜당은 장대석 바른층쌓기의 높은 기단 위에 정면 4칸, 측면 3칸의 초익공식 단층 팔작지붕으로 중앙의 대청과 온돌방, 마루방으로 되어 있다. 일신재와 직방재는 동재와 서재로서, 다듬은 장대석 기단 위에 정면 6칸, 측면 1칸 반 익공식 홑처마 팔작지붕의 하나의 연속된 건물이며 중앙의 마루와 양쪽 협실로 구성되며 편액을 달아 구분하고 있다. 사당인 문성공묘는 명륜당의 서북쪽에 따로 쌓은 담장 안에 남향으로 배치되었으며, 장대석 낮은 기단 위에 정면 3칸, 측면 3칸의 초익공식 단층 겹처마 맞배지붕 건물이고 양측 박공에는 풍판이 달려 있다.

(a)

(b)

(c)

그림 5-14 (a) 영주 소수서원 배치도
　　　　　(b) 영주 소수서원 강당
　　　　　(c) 영주 소수서원 서재

2) 경주 옥산서원(玉山書院), 1573년, 사적 제154호

옥산서원은 선조 6년(1573) 회재 이언적(1491~1553)의 덕행과 학문을 기리기 위해 설립한 사원으로서 선조 7년에 사액서원이 되었다. '동방오현'[4] 가운데 한 사람으로 회재는 만년에 관직을 그만두고 고향 양동마을에서 그리 멀지 않은 옥산의 한 시냇가에 자리를 잡고 거주처를 짓고 개울에 면하여 사랑채 독락당과 정자 계정을 경영하고 자연을 벗 삼으며 성리학 연구에만 전념하였으므로, 독락당 가까운 곳에 계곡을 사이에 두고 옥산서원이 세워졌다. 옥산서원은 회재가 독락당 주변의 깨끗한 냇물을 끼고 있는 바위 다섯 곳에 각각 관어·탁영대·세심대·징심대·영귀대라 이름 붙인 오대 중 세심대에 위치하고 있다.

....

4 조선조 도학의 우뚝 선 봉우리로 평가되는 김굉필, 정여창, 조광조, 이황, 이언적으로 문묘에 종사되었다.

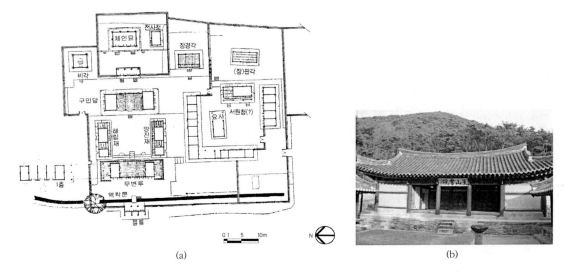

그림 5-15 (a) 경주 옥산서원 배치도
(b) 경주 옥산서원 구인당

　옥산서원은 외삼문, 누각, 강당 및 사당이 일직선 상에 놓인 전학후묘 배치의 조선 중기의 서원양식을 잘 갖추고 있다(그림 5-15). 트여 있는 남쪽에서 계곡을 따라 북쪽으로 진입하여 서향하는 정문인 외삼문 역락문을 들어서면 앞으로 작은 내, 명당수가 흐르고 2층 누각인 무변루가 있고 그 맞은편에 강당인 구인당이 놓여 있다.[5] 무변루는 정면 7칸 측면 2칸 건물로서 가운데 3칸은 대청이고 그 양측은 각각 정면 1칸, 측면 2칸의 온돌방이며, 그 밖으로 좌우의 각 1칸에는 퇴칸처럼 덧붙인 누마루가 조성되어 있다. 무변루는 외삼문에서 보면 2층이고 강당쪽에서 보면 위층만 보이며, 대청은 외부 쪽으로는 벽체를 설치하고 판문을 달았지만 강당 쪽으로는 트이게 하여 내부지향적 구성을 이루었다. 무변루를 지나면 강당 구인당과 그 앞 좌우의 동재와 서재가 강학공간을 이루고 있으며, 구인당은 정면 5칸, 측면 2칸으로 가운데 3칸이 대청마루이고 왼편과 오른편 협실은 온돌방으로 되어 있으며, 다듬은 돌 바른층쌓기의 기단 위에 원주를 세운 초익공식 홑처마 팔작지붕 건물이다. 동서 양재는 정면 5칸, 측면 1칸의 단층 맞배지붕 건물로, 민도리집 계통의 건축물이다.

....

5　역락문은 『논어』의 「학이」 편에 나오는 "벗이 멀리서 찾아오니, 이 또한 즐겁지 아니하냐(有朋 自遠方來 不亦樂乎)."에서 취한 것이다. '구인(求仁)'은 성현의 학문이 다만 '인'을 '구'하는 데 있다는 회재 성리학의 핵심을 나타내는 말로서, 구인당 현판문은 한석봉의 글씨이고 처마 밑의 액자는 추사(秋史)의 서체로 전해진다.

구인당 뒤편으로 내삼문인 체인문을 지나면 사당인 체인묘[6]가 담장으로 둘러싸여 있고, 그 왼쪽에는 전사청이, 오른쪽에는 비각이 있다. 체인묘는 정면 3칸, 측면 2칸, 초익공 겹처마 맞배지붕 건물로서 다듬은 돌 바른층쌓기 한 기단 위에 초석을 놓고 원기둥을 세웠다. 사당 밖 남쪽에는 장판각이 있고, 동재 밖에는 교직사가 있다.

3) 안동 도산서원(陶山書院), 경북 안동, 1557년, 사적 제170호

도산서원은 대유학자인 퇴계 이황(1501~1570)을 모시기 위한 한국 최대 규모의 서원으로서, 퇴계가 돌아가신 후 4년 만인 선조 7년(1574)에 제자들이 퇴계선생이 독서하던 도산서당 뒤에 서원을 짓기로 하여 이듬해 완공하고 선조로부터 1575년 도산서원이란 액서를 하사받았다. 도산서원은 퇴계가 생전에 성리학을 깊이 연구하며 제자들을 가르쳤던 도산서당 영역과 퇴계 사후에 선생의 학문과 덕행을 기리기 위해 지은 도산서원 영역으로 크게 나뉘어지는데, 앞쪽에 자리 잡은 건물들은 도산서당 영역에 속하고 그 뒤편에 들어선 건물들은 도산서원 영역에 속한다. 퇴계는 1546년 관직에서 물러나 낙향하여 양진암을 짓고 1550년에 한서암을, 1551년 계상서당을 조영하는 등 도산서당 훨씬 이전부터 학문을 하며 제자들을 가르치는 건물을 지었으며, 1560년에는 도산서당을 낙성하고 이듬해에 농운정사를 완성하였다.

도산서원은 동쪽의 동취병, 서쪽의 서취병이라는 산줄기로 둘러싸이고 앞쪽으로 낙천이 흐르는 명당터에 자리 잡고 있다. 퇴계는 제자를 가르치기 위해 1560년 도산서당을, 이듬해에 학생들의 숙소인 농운정사를 완성하였다. 도산서원은 퇴계가 생전에 제자들을 가르친 도산서당 일곽, 서실 영역, 강당인 전교당 일곽, 퇴계의 신위를 모신 상덕사 영역 등 전체적으로 4개의 영역으로 이루어진다. 정문에서 진도문을 통하여 전교당까지는 완만한 직선형을 이루고 있으나 완전한 대칭은 아니다(그림 5-16).

강학공간은 장대석 기단 위에 서 있는 전교당을 중심으로, 앞마당 좌우로 동재(박약재)와 서재(홍의재)가 좌우대칭의 배치를 하고 있다. 유생들이 자기수양과 생도들의 교육이 이루어지던 전교당은 정면 4칸, 측면 2칸 규모의 홑처마 팔작지붕 건물이며 좌측 2칸의 온돌방(한존재)과 나머지 6칸의 대청으로 이루어져 있다. 온돌방 전면에는 쌍여닫이 살창을 설치하였고 대청의 전면은 개방되어 있으나 우측면과 배면에는 쌍여닫이 판장문을 두었다. 동재와 서재는 유생들이 거처하던 곳으로, 각각 정면 3칸, 측면 2칸의 홑처마 맞배지붕

---

6 체인(體仁)은 어질고 착한 일을 실천에 옮긴다는 뜻으로, 성리학에서 제일 중요시하는 것이다.

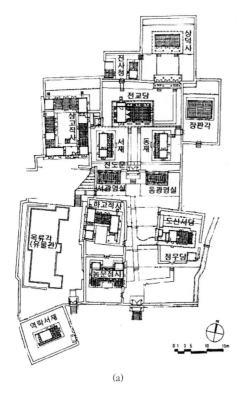

(a)

(b)

그림 5-16 (a) 안동 도산서원 배치도
(b) 안동 도산서원 전경

건물이다. 강당인 전교당이 단층 팔작지붕의 굴도리집이듯이 건축물들은 유교의 검소한 기풍에 따라 소박하되 엄숙한 절제가 있는 형식을 보여준다. 사당인 상덕사와 사당 일곽 출입문인 내삼문, 그리고 사당 주위를 두른 토담은 모두 '도산서원상덕사부정문및사주토병(陶山書院尚德司附正門及四周土屛)'으로 보물 제211호로 지정되었다. 상덕사는 정면 3칸, 측면 2칸의 단층 기와집으로 이황과 제자 조목의 위패가 봉안되어 있다.

도산서당은 3칸 규모의 남향한 작은 건물로서, 서쪽 1칸은 골방이 딸린 부엌이고 중앙의 온돌방 1칸은 퇴계가 거처하던 완락재이며, 동쪽의 대청 1칸은 마루로 된 암서헌이고, 뜰에는 나무와 꽃을 심어 그윽한 운치를 숭상할 수 있도록 하였다. 서당의 동쪽으로 치우친 곳에 작은 연못을 파고 연꽃을 심어 정우당이라 하고 그 동쪽에 몽천이란 샘을 만들었으며, 샘 위의 산기슭에 평평한 단을 쌓아 매화·대나무·소나무·국화를 심어 절우사라고 불렀다. 서당의 암서헌 대청에서 정우당, 절우사를 지나 낙동강으로 경관이 이어지게 한 것은 자연과 합일하려는 퇴계의 성리학적 자연관을 잘 나타낸다.

4) 달성 도동서원(道東書院), 대구 달성, 1604년, 사적 제488호

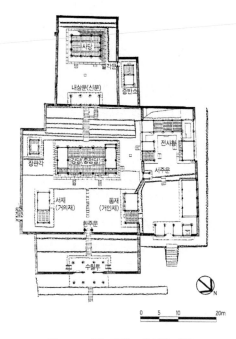

그림 5-17 **대구 달성 도동서원 배치도**

도동서원은 한훤당 김굉필(1454~1504)의 학문과 덕행을 추모하기 위하여 선조 38년(1605)에 창건되었고 1607년에 도동이라는 사액을 받아 사액서원으로 승격되었으며, 조선 말 흥선대원군에 의한 서원철폐령에도 존속한 47개 서원 가운데 하나이다. 도동서원은 전학후묘의 배치로서, 중심축을 따라 건축물과 통로와 계단까지 자리하고 있는 그 전체적인 건축구성과 배치형식이 매우 규범적이고 전형적이며 건축적 완성도도 매우 뛰어나다(그림 5-17). 엄격한 규범과 질서, 만물의 축과 중심성을 나타낸 성리학적 위계에 따라 건축된 도동서원은 성리학적 원칙을 가장 잘 구현한 건축이라 할 수 있다. 도동서원은 1600년대에 건립된 강당과 사당 등 건물들이 당시 서원과 사묘건축을 대표할 만큼 매우 훌륭한 짜임새와 수법을 보일 뿐 아니라 서원을 둘러싼 담장과 석물들도 우수하여 보물로 지정되었다.

도동서원은 경사지에 좁고 긴 석단을 놓아 좌우대칭으로 건물들을 배열했지만, 그 석단들의 간격과 넓이가 다양한 운율로 배열되어 있어 단조롭지 않고 다양함을 느끼게 되는데, 사당에 이르기까지 무려 18개의 석단이 폭과 높이를 바꿔가며 전개된다. 도동서원은 일직선 축을 중심으로 누문인 수월루가 있고 그 뒤로 좌우의 담장을 사이에 두고 서 있는 모임지붕의 환주문을 지나면 강당 중정당과 그 좌우에 동재 거인재, 서재 거의재가 위치되어 있고, 내삼문, 사당이 차례로 배열되어 있으며, 동재 뒤편으로 전사청과 곡간채가 놓여 있다. 축을 따라 선현-스승-제자-노비들의 공간이 그 인격을 따라 서열화되며 건물의 위계를 나타내는데, 강당은 제자들의 건물보다 크고 고급스러우며 단청을 하지 않았지만, 사당은 채색으로 장식되어 있다.

문루인 수월루는 '물 위에 비친 달빛으로 글을 읽는다'는 뜻을 지니며 고종 25년(1888) 화재로 소실된 이후 1973년 중건되었고, 정문인 환주문은 맞담에 세운 작은 규모의 사모지붕의 문으로 '내 심성의 주가 되는 근본을 찾아 부른다'는 뜻이다. 강당인 중정당은 덤벙주초에 굵직한 민흘림 두리기둥을 세운 정면 5칸, 측면 2칸의 주심포식 단층 맞배지붕으로 중앙의 3칸은 우물마루로 구성되었고 좌우의 각 1칸씩은 온돌방으로 되어 있다. '중정(中正)'은 음과 양이 조금도 지나치거나 모자람이 없이 조화를 이루고 있는 중용의 상태를 말한다. 기단은 크기와 색깔이 다른 돌들이 빈틈없이 서로 맞물려서 일체가 되어 조화를 이루고 있으며 좌우에 두 개의 돌계단을 두고 갑석의 중간 부분에 특이하게 용머리 형태의 조각을 꽂아 놓았다. 강당 앞마당 좌우에는 동재와 서재인 거인재와 거의재가 대칭으로 놓여 있으며, 구조와 크기가 같이 정면 3칸, 측면 1칸의 맞배지붕 건물로 한 칸은 마루이고 두 칸은 온돌이다. 강당 왼쪽 북쪽으로는 향사 전날 제관들이 제수로 쓸 희생을 올려놓고 품평을 하는 생단이 있다.

강학공간 뒤 가파른 계단을 오르면 내삼문과 담으로 두른 일곽에 사당의 제향공간이 펼쳐진다. 사당은 다듬은 면석을 세우고 판석으로 덮은 기단을 쌓고 정평주초 위에 두리기둥을 세운 정면 3칸, 측면 3칸의 주심포식 단층 겹처마 맞배지붕으로 김굉필을 주벽으로 하여 정구의 위패가 봉안되어 있다. 일반적으로 제향을 지낸 후에 축문을 태우고 묻는 망례위 또는 망료위[7]는 사당 오른쪽 옆에 석물로 지상에 만들어지는데, 도동서원의 경우는 사당 서편 담에 작은 구덩이처럼 생긴 감(坎)이 설치되어 있다.

5) 안동 병산서원(屛山書院), 경북 안동, 1572년, 사적 제260호

병산서원은 서애 류성룡(1542~1607)의 학문과 덕행을 추모하기 위해 광해군 5년(1613) 지방 유림들이 창건한 서원으로서 철종 14년(1863)에 병산이라는 사액을 받아 사액서원으로 승격되었다. 이것은 원래 고려 말 풍산현에 있는 풍산류씨의 교육기관이었던 풍악서당을 선조 5년(1572)에 류성룡이 이곳으로 옮긴 것이다. 병산서원은 하회마을과 화산을 사이에 두고 위치되며, 병산은 낙동강 물줄기가 항아리 모양으로 돌아나가는 강변에 병풍처럼 산이 펼쳐져 있다고 하여 붙여진 이름이다. 자연경관이 병풍을 둘러친 듯한 병산서원은 서원 앞 강변의 모래사장과 노송들, 그리고 병산의 절벽이 이루는 풍광을 서원 안으로 끌어들이는 건축적 장치들과, 건물과 건물, 건물과 마당의 자연스러운 조직과 집합적 효과가 뛰어난 한국 최고의 건축으로 꼽는 명작 중 하나이다.

....

7 망례위(望瘞位), 망료위(望燎位) : '례(瘞)'는 묻는 것이고, '료(燎)'는 태우는 것을 뜻한다.

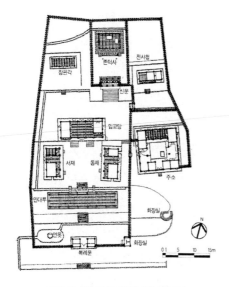

그림 5-18 안동 병산서원 배치도

병산서원은 전학후묘의 배치로서(그림 5-18, 19, 20), 남쪽의 외삼문 복례문을 시작으로 문루인 만대루를 지나면 중정 너머 강당인 입교당과 그 좌우에 동재, 서재가 위치하여 강학공간을 이룬다. '가르침을 바로 세운다'는 뜻의 입교당은 서원의 중심으로서 정면 5칸, 측면 2칸 팔작지붕 건물로서 중앙 3칸에 대청을 두었고 그 좌우측에 각 1칸씩의 온돌방을 두었다. 동재 명성재와 서재 경의재는 대칭적 구성의 건물로서 각기 정면 4칸, 측면 1칸 반 크기의 납도리 5량가 맞배지붕으로 이루어져 있으며, 서재는 동재와 달리 큰방 앞과 대청 뒤의 쌍창이 오래된 기법인 영쌍창으로 되어 있다. 인공적인 건축과 자연 사이의 매개체 역할이 뛰어난 만대루는 정면 7칸, 측면 2칸의 무익공 홑처마

팔작지붕 건물로서, 2층 누마루 주위에는 계자각 난간을 돌렸다. 만대루 밑은 휘어진 자연 상태 그대로의 꾸불꾸불한 기둥이 받치고 있고, 2층 누마루에는 벽이 없이 반듯한 기둥들이 사방을 둘러싸고 있다. 7칸의 만대루 안쪽에서 보면 한쪽으로는 병산과 낙동강이 펼쳐지는 주변 풍광을 즐길 수 있고, 다른 한쪽으로는 서원 일곽을 한눈에 살필 수 있다. 만대루의 '만대(晩對)'는 중국 당나라 때 시인 두보의 시 「백제성루」에 나오는 "푸른 절벽은 오후 늦게 대할 만하니(翠屏宜晩對)"에서 인용한 것이다. 중심 건물인 강당의 대청에 앉아서 만대루를

그림 5-19 안동 병산서원 전경
그림 5-20 안동 병산서원(입교당에서의 조망)

바라보면 만대루의 뼈대 사이로 앞의 낙동강이 흐르고, 건너편의 병산이 마치 7폭 병풍 그림과 같이 펼쳐짐으로써 자연 가운데에 묻혀 있는 느낌을 갖게 해주는 만대루는 투명한 공간, 구조물의 프레임화를 잘 보여 준다.

입교당 뒤편의 사당인 존덕사는 화강석 기단 위에 정평초석을 놓고 두리기둥을 세운 정면 3칸, 측면 2칸, 5량가 맞배지붕의 초익공계 건물로 내부를 통간 우물마루로 꾸몄으며 서애 류성룡의 위패가 배향되어 있다. 사당은 강당 마당의 한 귀퉁이로 가면 슬며시 다가오며 자연스럽게 유도되도록 강당의 동쪽 뒤에 치우쳐 비대칭으로 놓여 있다. 또한 사당은 맞은편 병산을 향하는데 산봉우리를 마주 대하지 않고 산 능선의 약 7부쯤 되는 곳을 향하게 하여 건물과 자연이 하나가 되도록 하였다. 존덕사의 기단 앞에는 8각 석주 위에 반원구의 돌을 얹어놓은 대석이 있어서 자정에 제사를 지낼 때 관솔불을 켜놓을 수 있도록 하였다. 이외에 병산서원에는 향사 때 제관의 출입문으로 사용되는 신문과 제수를 장만하여 두는 전사청, 그리고 책판 및 유물을 보관하여 두는 장판각 등이 있다. 내삼문·외삼문과 장판각, 그리고 전사청의 네 건물은 정면 3칸, 측면 1칸 크기의 3량가 맞배지붕이며, 내삼문은 무익공으로 꾸몄고, 나머지 세 건물은 납도리 장혀수장집으로 되었다. 만대루와 외삼문인 복례문 사이 왼쪽에는 물길을 끌어들여서 외곽은 둥글고 안쪽은 네모난 천원지방 형태의 연못을 조성하여 유교적 형식을 준수하면서도 내외부의 경관을 충분히 바라볼 수 있도록 하였다.

6) 장성 필암서원, 전남 장성, 1590년, 사적 제242호

필암서원은 하서 김인후(1510~1560)를 기리기 위해 선조 23년(1590) 김인후의 문인 변성온 등이 주도하여 세워졌으며, 정유재란 때 소실된 이후 인조 4년(1624) 복원되었고 현종 3년 (1662) '필암'으로 사액되었으며 1672년 지금의 위치로 이전했다. 대원군의 서원 철폐 때 남은 47개 서원 중 하나로서, 필암 서원은 남북으로 긴 대지에 강학공간을 앞에, 제향공간을 뒤에 두는 전학후묘의 배치를 하고 있으며(그림 5-21), 중심축을 따라 점점 더해지며 중첩되는 외부공간의 깊이감이 잘 나타나 있다. 즉, 필암서원은 평지에 조영되었기 때문에 지형의 고저 차이를 이용한 위계성은 크지 않지만 중심축을 따라 점점 더해 지며 중첩되는 외부공간의 깊이감이 잘 나타나 있다. 필암서

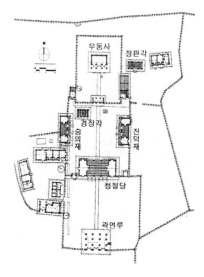

그림 5-21 **장성 필암서원 배치도**

원은 홍살문을 지나 남쪽부터 북쪽으로 들어가면서 남북 중심축을 따라 휴식처가 되는 문루 확연루를 시작으로 강당 청절당, 그 뒤에 학생들이 생활하는 공간인 동재와 서재가 자리 잡고 있고, 그 북쪽으로 문과 담으로 별도의 공간에 사당 우동사가 배치되었다.

필암서원은 문루와 강당이 모두 건물의 남쪽으로는 벽을 설치하고 창문을 내었으나 북쪽으로는 기둥 사이에 벽을 설치하지 않고 개방하여 사당을 향해 북향하게 하였다. 필암서원은 강당이 앞에 있고 동서 양재가 뒤에 놓이는 전당후재 형식이고 문루와 강당의 좌향이 북향으로 되어서 모든 건물들이 서원 영역 가운데에 마련된 마당을 향하게 되며, 사당 남쪽 마당과 강당 북쪽 마당이 서로 연결되어 외부공간을 보다 적극적으로 활용할 수 있게 되어 있다.

문루 확연루는 정면 3칸, 측면 3칸의 중층 겹처마 팔작기와집으로, 낮은 장대석 기단 위에 막돌초석을 놓고 두리기둥을 세운 이익공식을 이루고 있다. 강당 청절당은 장대석으로 마무리한 낮은 기단 위에 막돌초석을 놓고 민흘림 두리기둥을 세웠으며 정면 5칸, 측면 3칸 초익공식 홑처마 맞배지붕 건물로 중앙에 정면 3칸, 측면 3칸의 대청을 두고 그 좌우에 정면 1칸, 측면 3칸의 온돌방을 하나씩 두었다. 사당 우동사는 장대석 바른층쌓기 기단 위에 정면 3칸, 측면 1칸 반, 이익공식 겹처마 맞배지붕의 건물로, 전면 반 칸은 퇴칸으로 개방하였고 나머지는 통간으로 하였다.

7) 함양 남계서원, 경남 함양, 1512년, 사적 제499호

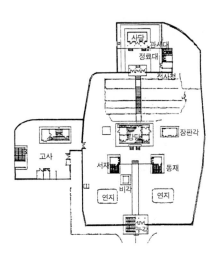

그림 5-22 **함양 남계서원 배치도**

경상남도 함양의 남계서원(灆溪書院)은 명종 7년(1552) 일두 정여창(1450~1504)의 학문과 덕행을 추모하기 위해 창건되었고, 명종 21년(1566)에 '남계'라는 이름으로 사액 되었다. 예로부터 '좌안동 우함양'이라 하듯이, 안동과 함양은 모두 훌륭한 인물을 배출해내어 학문과 문벌에서 손꼽히던 고을들로서 안동은 퇴계 이황, 함양은 일두 정여창으로 유명하다. 남계서원은 제향공간에 속하는 건물들은 서원 영역 뒤쪽에, 강학공간에 속하는 건물들은 서원 영역 앞쪽에 자리 잡은 서원건축의 초기 배치형식을 보여주는 대표적인 서원이다(그림 5-22). 남계서원은 경사지를 이용하여 건물들이 자연스럽게 배치되어 있으면서도 정형화를 추구한 형식으로 조영되었다.

서원 문루인 풍영루를 지나면 강당과 그 앞의 동서재가 놓여 있으며, 강학공간을 구성하는 중심 건물인 명성당은 1559년에 완성된 정면 4칸 규모의 건물로서 중앙의 2칸은 마루, 양쪽 각 1칸은 온돌방으로 된 협실이다. 강당 앞 좌우의 동재 양정재와 서재 보인재는 각각 2칸 규모의 건물로서 각 1칸은 온돌방이고, 문루인 풍영루 쪽의 나머지 1칸은 각각 애련헌, 영매헌이라고 이름 붙인 누마루로 되어 있다. 동재와 서재는 대지의 경사를 이용하여 누문보다 한 단 높게 조성하여 지면이 낮은 쪽에 누마루를 조성하여 조망이 좋도록 하여 공간이 외부 자연으로 연장되게 하였다. 누마루 아래 누문 쪽으로는 명종 19년(1564) 연못이 각각 하나씩 조영되었다. 1561년에 완성된 사당은 강당 뒤 경사지 위의 높은 곳에 위치시켜 엄숙한 공간을 형성하였으며, 정면 3칸 규모의 건물로, 전면에 퇴칸을 구성했다. 제기를 보관하고 제물을 데우는 전사청이 사당 앞 서남쪽에 북쪽을 향해 서 있다.

8) 논산 돈암서원, 충남 논산, 1634년, 사적 제383호

충남 논산시 연산 돈암서원(遯巖書院)은 인조 12년 (1634)에 예학의 대가인 사계 김장생(1548~1631)[8]의 학문과 덕행을 추모하기 위해 창건되었고, 현종 1년(1660)에 '돈암'이라는 이름으로 사액을 받았으며 고종 18년(1881) 사계천 범람으로 현재 위치로 이건되었다. 돈암서원은 김장생이 선조 35년(1602) 연산으로 내려와 학문 연구와 후진 양성에 힘을 기울이기 위해 세운 양성당을 모체로 하여 건립되었다. 돈암서원은 평지에 자리 잡은 대표적인 서원으로서 사당인 숭례사, 강당인 양성당, 동재와 서재, 응도당, 장판각, 정회당, 산앙루, 내삼문, 외삼문, 하마비, 홍살문 등이 있다.

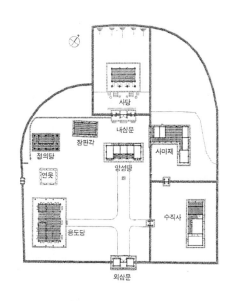

그림 5-23 **논산 돈암서원 배치도**

돈암서원은 정문인 입덕문을 지나면 강당과 그 앞의 동재와 서재가 강학공간을 이루고 강당 뒤 내삼문을 들어서면 사당의 제향공간이 형성되는 전학후묘의 배치를 보여준다(그림

---

8 김장생은 모든 인간이 어질고 바른 마음으로 서로를 도와가며 함께 살아갈 수 있도록 개개인의 행동 방식을 구체적으로 규정하는 질서가 예라고 여겼다.

5-23). 강당 양성당은 정면 5칸, 측면 2칸의 팔작지붕 건물로 중앙 3칸은 전후에 퇴를 둔 대청이며, 좌우에는 온돌방 각 1칸씩을 두어 우측방은 거경재, 좌측방은 정의재라는 현판이 걸려 있다. 강당은 일반적인 서원의 강당과 다르게 가운데 대청 뒤편으로 퇴칸의 일부에 폐쇄적인 온돌방을 들이고 좌우 온돌방도 각각 별도로 구분하는 독특한 구성을 보인다. 강당 앞에는 마당을 마주 보며 최근에 재건한 동재와 서재가 서 있다. 강당 앞 오른쪽인 동남쪽에는 정면 5칸, 측면 3칸 건물인 응도당이 자리하고 있다. 응도당은 옛터에 남아 있던 강당 건물이었는데 1971년 현재의 위치로 이건되었으며, 정면 5칸, 측면 3칸으로 내부에 마루를 깔았으며 뒷면 양 측면에는 문을 달아 마루방을 꾸몄고, 남측에 2칸, 북측에 1칸을 두었고, 2고주 5량가 구조에 겹처마 맞배지붕이다. 측면에는 풍판을 달았고, 풍판 아래에는 눈썹지붕을 퇴칸처럼 달았다. 서원 경내 가장 안쪽에 위치한 사당 유경사는 담으로 둘러져 있으며, 정면 3칸, 측면 3칸으로 앞쪽 열은 벽돌바닥 퇴칸으로 개방되었고 뒤쪽 2열은 내부공간을 꾸며 김장생, 김집, 송준길, 송시열의 위패를 봉안하였고, 내부에는 우물마루를 깔았다. 정회당은 장대석 외벌대 기단 위에 정면 4칸, 측면 2칸으로 뒷면 열 가운데 2칸은 마루방을 두었으며, 1고주 5량가 구조에 홑처마 팔작지붕이다. 장판각은 정면 3칸, 측면 2칸에, 내부에는 모두 마루를 놓았으며 무고주 5량가 구조이고, 홑처마 팔작지붕이다.

9) 정읍 무성서원, 전북 정읍, 1696년, 사적 제166호

전북 정읍에 있는 무성서원은 유학자의 효시로 꼽히는 최치원과 신잠의 학문과 덕행을 추모하기 위한 두 생사당(生祠堂 : 생존해 있는 사람을 모시는 사당)을 숙종 22년(1696) 병합한 뒤 '무성(武城)'이라고 사액서원으로 개편된 것으로, 고종 5년경(1868) 대원군의 서원 철폐 시 훼철되지 않고 존속한 47개 서원 중의 하나이다.

무성서원은 전학후묘의 배치이지만 건물들이 매우 독특하게 배열되어 있는데(그림 5-24), 서원의 중앙에 사당과 명륜당이 담으로 둘러싸여 있고 이들 왼편에 두 개의 비각이 있고 오른편에 유생들이 기거하는 강수재와 서원을 관리하는 고직사가 놓여 있다. 무성서원은 동재와 고직사, 비각 등이 사당과 명륜당 등 주요 부분으로부터 분리되어서 밖에 나와 있는 특이한 배치를 보이는

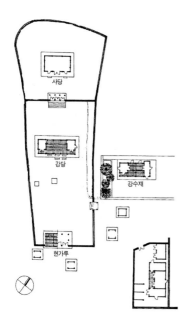

그림 5-24 정읍 무성서원 배치도
(황토 한국전통건축, 1977)

데, 이는 무성서원이 처음에 제사를 지내는 사당으로 출발하여 서원으로 변했다는 것과 연관되는 듯하다.

사우 태산사에는 최치원을 주벽으로 하여 신잠·정극인 등의 위패가 봉안되어 있으며, 정면 3칸과 측면 3칸에 홑처마 맞배지붕으로 되어 있다. 정면 3칸, 측면 2칸의 2층 누각인 현가루는 중층 팔작기와집으로 되어 있으며, 원기둥을 사용하고 1층 바닥은 흙으로, 2층은 우물마루로 되어 있다. 강당인 명륜당은 순조 28년(1828)에 중건되었고, 정면 5칸과 측면 3칸으로 중앙의 마루와 양쪽 협실로 되어 있으며, 처마는 홑처마이고 지붕은 팔작기와이다. 동재 강수재는 숙종 때 건립되었다가 그 뒤 중수한 것으로, 유생이 기거하면서 공부하는 장소로 사용되었다.

제6장
주거건축과 전통마을

인간의 삶에 절대적인 의식주의 한 부분으로 기본적인 생활의 터전이 되는 주택은 지역과 시대, 그리고 사상과 풍습, 기술과 재료 등에 따라 여러 가지 형식을 이루어 왔다. 한반도에서의 주거건축은 B.C. 3000년경 신석기시대의 수혈주거로부터 시작되었으며, 생활이 점차 다양화하면서 단순한 은신처로서의 기능에서부터 선인들의 사상과 문화, 기술 등을 반영하여 다양하고 복잡한 형태로 변화되어 왔다.

주택건축은 삼국시대에 상당한 발전을 이루었으며, 고려시대에는 삼국시대와 통일신라시대의 주택을 계승하여 귀족계급은 기와집이고 서민층은 초가로서 고구려의 온돌구조가 그대로 계승, 발전되었다. 또한 고려시대는 음양오행론과 풍수지리설의 영향으로 택지선정 등 건축에 커다란 영향을 미쳤다. 조선시대의 주택건축은 유교사상과 풍수지리의 영향을 많이 받았으며 대가족제도에 따라 주택의 규모가 컸고 별채들이 건축되었으며, 남녀구별의식으로 인해 여자의 공간인 안채·내측, 남자의 공간인 사랑채·외측이 따로 구분되어 건축되었다. 조선시대 주택의 배치와 평면은 정치와 경제, 신분, 민간신앙, 기후 등 다양한 환경의 영향을 받아 결정되었다.

전통주택은 시대와 지역, 신분계층과 용도, 사상과 기술, 재료에 따라 필요한 공간을 서로 유기적으로 결합시키면서 여러 가지로 변화되어 왔다. 전통주택은 상류주택과 민가로 구분되는데, 상류주택은 숭유정책에 따라 남녀유별과 신분의 구분에 따른 계획이 이루어져 사랑채와 안채, 행랑채와 이에 부속되는 마당으로 구성된다. 일반적으로 주택에는 남성과 여성의 공간, 주인과 하인의 공간, 산 자와 죽은 자의 공간, 작업과 휴식을 위한 공간, 의식을 위한 공간 등 각각의 기능을 지닌 공간들이 유기적으로 구성되어 왔다. 민가는 공간구성에 있어서 일반 서민의 생활, 기후와 재료와 같은 지역적인 자연조건이 더 큰 비중을 차지하여 각 지방별로 독특한 모습을 갖추었으며, 생활공간인 건물과 작업공간인 마당으로 구성된다.

6.1 고구려 주거건축

1. 주거건축의 개관

고대국가의 체계가 잡히기 시작된 삼국시대의 주거건축은 구체적인 구조와 장식을 파악하기 어렵지만, 당시의 문헌이나 고분벽화, 집모양(가형) 토기 등을 통해 그 모습을 추측할 수 있다. 삼국시대는 이미 왕권이 확립되고 현재 사용되는 대패 외의 모든 건축도구가 완성되었으므로,[1] 건축의 규모가 커지며 건축기술의 수준도 급속도로 발달하여 삼국시대 후기에는 황룡사 구층목탑을 세울 만큼 건축수준이 높았다. 따라서 주거건축도 제법 높은 수준을 보였을 것이지만, 초기와 후기 그리고 귀족과 평민의 주거에는 많은 차이가 있었다. 고구려시대 집안의 동대자유구는 귀족의 주거로 보이며 완벽한 지상주거 형식이고 고분벽화에 지상의 기와지붕 주택이 많이 표현되었으나, 몽촌토성에서 발견된 유구나 사비시대의 유구에서도 수혈식 주거를 볼 수 있어 삼국시대 후기까지도 일반인의 주거는 대부분 수혈식주거가 많았을 것으로 여겨진다.

고구려의 주거건축도 역시 문헌사료나 벽화 등을 통해 상당한 수준에 이른 것으로 짐작된다. 『삼국지』위지 동이전[2] 고구려조에 보면 고구려 사람은 대개 산과 계곡을 의지하여 집을 지었는데, 일반주택들은 초가였고 왕궁이나 관아, 사찰들만이 기와지붕이었으며, 가난한 사람들은 겨울에 장갱을 만들고 여기에 불을 지펴 그 열로 추운 겨울을 이겨냈다고 한다. 『북사』에는 "부자가 같은 방에서 잔다."라고 기록되어 있고, 『주서(周書)』[3] 열전 제41,

---

1   삼국시대에는 자루대패가 사용되었고, 현재와 같은 형식의 대패는 중국의 경우 금나라 때부터, 일본의 경우 무로마치시대 때부터 사용되었으며, 우리나라도 이때를 전후하여 사용되었을 것으로 추정된다.

2   『삼국지』위지 동이전(三國志魏志東夷傳)은 서진의 진수(陳壽 : 233~297)가 편찬한 『삼국지』의 위지에 부속된 고대 동방의 여러 종족과 국가에 관한 기록이다. 『삼국지』는 위지가 30권, 촉지가 15권, 오지가 20권으로 구성된다.

이역(異域) 상(上)에는 "토지는 매우 척박하여 백성들의 집은 절검하여 겨우 모습을 이루는 정도에 그치고 여럿이 한 방을 쓰고 함께 잔다."고 되어 있다. 『후한서』[4] 동이열전 제75에는 고구려 사람들은 "음식은 절검하되 집을 꾸미기 좋아한다(其俗節於飮食, 而好修宮宅)."이라는 글귀가 있어 궁실이 일반 주택의 명칭임을 짐작하게 한다. 『구당서』[5] 열전 제149에는 "살림집을 반드시 산곡에 짓는데 대부분 이엉을 이어 지붕을 만든다. 다만 부처님을 모신 절이나 신묘, 왕궁, 관부 건물에는 기와를 이었다. 가난한 백성들의 습속으로 겨울에는 모두 장갱[6]을 설치하고 여기에 불을 지펴 그 열로 따뜻하게 지낸다."고 기록되어 있다.

『삼국지』 위지 동이전 고구려조에 "무대창고 가가자유소창 … 여가작소옥어대옥후 명서옥(無大倉庫 家家自有小倉 … 女家作小屋於大屋後 名壻屋)"이라는 기록에서 보면, 궁실이라는 건물이 있고, 소옥이나 서옥이라 하여 옥(屋)이라는 건물, 부경(桴京)이라는 건물이 있었음을 알 수 있다. 이들 기록을 보면 대옥, 소옥, 서옥 등은 궁실의 크기나 용도에 따른 명칭이었을 것으로 생각되는데, 고구려의 신전이나 사당 용도의 건물인 대옥(大屋)이 있었고, 혼인하기로 한 여자의 집 뒤에 서옥(壻屋)이라는 작은 건물을 두어 신랑을 맞아 살림을 하게 하였다고 한다.

또한 『위서(魏書)』[7]에는 "큰 창고가 없고 집집에는 작은 창고를 두고 있는데 이를 부경이라 한다."라고 하였고, 다른 기록에는 "나무를 쌓아 루를 만들었다."라고 나타나 있는 것으로 보아 다락식의 주거구조도 추측할 수 있다. 부경은 통나무를 뉘여서 쌓고 판재를 바닥에 깐 고상식 귀틀집 구조였을 것으로 여겨지는 작은 창고로서 마선구 1호분의 벽화에서 그 모습을 볼 수 있다. 마선구 1호분의 귀틀집 그림은 현재 일본의 교창(校倉)이라는 건축물과 똑같은 모양으로, 6개의 기둥이 지면으로부터 세워지고 높은 기둥 위에 건물 바닥면이 설치되고 그 위에 귀틀을 짜 올려 벽체를 구성하였다. 또한 『삼국지』 위지(魏志) 동이전 변진조에 보면 "집은 나무를 뉘어 쌓아 만들어 마치 감옥과 흡사한 모습이다(作屋橫累木爲之有似牢獄也)."라고 귀틀집 가구를 설명하고 있다. 고상주거에 대해서는 『진서』[8] 「숙신씨조」에 "숙

....

3 주 대(周代 : B.C. 1111~256/255)의 역사를 기록한 책으로 당나라 시대의 영호덕분(令狐德棻)이 편찬했다.

4 유수가 황제에 오른 25년부터 후한이 망한 220년까지의 후한시대의 역사를 기록한 역사서

5 당의 건국(618)에서 멸망(907)에 이르는 역사를 기록한 역사서로서, 원래 이름은 『당서』였지만, 송 대 구양수 등이 편찬한 『신당서』와 구별하기 위해 『구당서』라고 했다.

6 장갱은 고구려의 가난한 사람들이 겨울을 따뜻하게 지내기 위해 온돌을 높게 만들어 불을 지필 수 있게 하여 사람이 그곳에 걸터앉게 만든 것으로 여겨진다.

7 후위(後魏) 1대의 역사를 기록한 것으로서, 『북위서(北魏書)』라고도 한다.

8 중국 남북조시대(439~589)의 남조 마지막 왕조인 진(陳)나라의 역사를 다룬 역사서이다.

신 사람들을 일명 읍루라고도 하며 … 깊은 산과 계곡에 살고 길이 험하여 거마가 통하지 못하고, 여름에는 소거(巢居)하고 겨울에는 혈거한다.”라는 기록으로 보아서 소거는 높은 곳에 생활면을 시설한 주거라고 보고 있어 고상주거의 뜻으로 추정되고 있다.

고구려시대에 왕궁과 관아, 사찰, 귀족주택은 기와지붕이고 일반주택은 초가지붕으로 이루어졌을 것으로 짐작된다. 상류층 주택은 주인의 살림집을 중심으로 시종들의 거실, 여러 부속건물들 등 여러 채의 건물들로 구성되고 건물들은 담장과 회랑으로 분리, 연결되었으며 안채는 2층 누각식으로 세워졌다. 왕족과 상류계층은 침대와 탁자, 의자 등을 사용하는 입식생활을 하였고, 일반 서민은 바닥에 장갱을 설치하고 겨울에는 불을 때서 열을 이용하여 난방을 하였던 구들의 모습을 갖는다. 장갱은 가난한 사람들이 겨울을 따뜻하게 지내기 위해 구들을 높게 만들어 불을 지필 수 있게 하여 사람이 그곳에 걸터앉게 만든 것으로 짐작된다. 구들은 집안의 동대자 주거지에서뿐만 아니라 정릉사지와 같은 사찰의 유구에서도 발견되는 것으로 보아 구들이 보편적으로 사용되었던 것 같다. 일반적으로 ㄱ자형으로 온돌을 놓았는데 외줄고래와 두줄고래의 두 가지 형식이 있었다. 외줄고래로서는 압록강 유역의 자강도 노남리 유적, 동대자 유적의 동쪽방이 있고, 두줄고래로서는 평남 북창 대평리 유적, 평양 정릉사지의 승방지, 동대자 유적의 서쪽방이 있다.

고구려시대의 건물지로는 중국 집안 통구의 동대자 건물지와 왕궁지로 추정되는 이수원자남 건물지, 압록강 유역의 시중 노남리 유적 등이 있다. 삼국시대 지배계층의 주거유적으로 거의 유일하게 당시 귀족의 주택을 잘 보여주는 집안 동대자 유적은 정면 35m, 측면 11m 규모로 중앙에 좁은 복도를 사이에 두고 동서에 각각 방을 두었다(그림 6-01). 이 유적에서는 복도로 연결된 4개의 건물지가 발굴되고, 동쪽방에는 외줄고래의 온돌을 놓았고 서쪽 건물은 ‘ㄱ’자 모양으로 굽은 두줄고래의 온돌구조를 가졌고 복도에는 잔돌을 깔았다. 동대자 유적에서 서측방의 두줄고래는 방 전체에 온돌을 설치하는 전 단계의 유구이다. 서민계층 주거유적으로서 평북 강계군(현 자강도 시중군) 노남리 제2호 집터는 움집의 형태를 취하고 있으며 4개의 기둥구멍이 동서방향으로 늘어서고, 2개의 온돌은 외고래의 ‘ㄱ’자 모양으로 꺾인 긴 고래온돌을 보여주는데, 아궁이는 남쪽에 있고 고래는 북쪽으로 뻗다가 서쪽으로 구부러졌으며 집터의 바닥은 진흙으로 발랐다. 평남 북창군 대평리에서 출토된 한 집터에서도 바닥 한쪽에 고래가 둘로 나누어진 ㄱ자형 구들이 발견되었다.

무용총

매산리 사신총

무용총

(a)

(b)

마선구 1호분

(c)

상류주택의 배치 모양

(d)

(e)

평남 북창군 태평리
주거지 발굴실측도

노남리 주거지 발굴실측도

(f)

그림 6-01 (a) 고분벽화의 입식생활 모습
　　　　　(b) 고분벽화의 입식생활 모습(쌍영총)
　　　　　(c) 길림성 집안 마선구 1호분
　　　　　(d) 상류주택의 배치 모양(안악 1호분)
　　　　　(e) 집안 동대자 유적
　　　　　(f) 평남 북창군 태평리와 노남리 주거지 발굴실측도

2. 고분벽화의 주거

고구려의 주거에 대해서는 안악 3호분, 무용총, 쌍영총, 각저총 등과 같은 고분벽화에서도 그 내용을 확인할 수 있다. 쌍영총·천왕지신총·대안리 1호분·안악 1호분·통거우 12호분 등에는 전각도가 있고, 안악 3호분·약수리 벽화고분·무용총·각저총·통거우 12호분·마선구 1호분 등에는 주택의 부속건물 그림이 있다. 벽화에 나타난 상류층의 주택은 기와를 이은 담장과 회랑으로 집 전체를 둘렀으며 담장이나 회랑 앞에 문루를 두었고 안뜰에는 우진각지붕의 살림채를 2중, 3중으로 놓았다. 주택의 지붕은 주로 우진각지붕과 맞배지붕으로 되었으나 팔작지붕도 있었을 것으로 짐작된다.

(a)

(b)

그림 6-02 (a) 길림성 집안의 무용총 벽화
(b) 평남 용강의 쌍영총 부부도

고구려인은 방에 온돌을 놓고 신을 벗어 평상, 좌상 생활을 하였는데, 평상과 좌상은 온돌을 놓지 않은 방바닥에서 사용하였으며 모두 온돌 높이로 되어 있고 양쪽과 뒷면에 난간이 설치되었다. 약수리 고분 벽화, 안악 2호분, 쌍영총, 수렵총 등에는 평상에서 생활하는 그림이, 안악 3호분, 대성리 1호분, 감신총에는 좌상에서 생활하는 그림이, 무용총과 각저총에서는 걸상 생활의 그림이 그려져 있다(그림 6-02).

황해도 안악 1호분의 벽화에는 주택에 넓은 마

그림 6-03 황해도 안악 1호분 벽화

당이 있고 주위에 높은 담장을 돌렸으며 골기와를 이은 주택이 세워져 있고(그림 6-03), 안악 3호분 동수묘의 동쪽 측간에 그려져 있는 그림에는 지금의 디딜방아와 비슷한 발방앗간, 용두레 우물, 부엌, 고깃간, 마차고, 외양간 등이 각각 독립되어 있어 당시 집들이 용도에 따라 여러 가지 채들로 분화가 이루어졌음을 짐작할 수 있다(그림 6-04). 부엌 벽화에서는 기단이 있고 사방에 기둥이 서고 맞배지붕이 덮인 건물이 그려졌고 실내에는 두 여자가 음식을 준비하는 모습이 그려져 있다. 안악 3호분은 대문채 앞에 넓은 안뜰이 있고 그 정면에 고대광실의 안채가 있으며 안채의 뒤에 창고가 연달아 있어 마치 지상의 커다란 주택을 땅속에 옮긴 것 같은 느낌이 든다. 쌍영총의 전각도를 보면, 용마루 끝에 망와가 달린 맞배지붕 건물로 기둥은 가늘고 기둥머리에 이중으로 보이는 두공이 달렸으며, 건물 측면은 기둥머리에 창방을 걸고, 창방 위에 첨차를 두 단 올리고 기둥 위 주간에는 측면에 하나, 정면에 5개의 '人'자형 대공이 있으며, 대공과 대공 사이에 동자주를 세웠고, 건물의 좌측에 문짝을 달았다.

육곳간   방앗간   빈빗간

(a)

(b)

그림 6-04 (a) 고구려 고분벽화의 부속건물들
          (b) 황해도 안악 3호분의 벽화

6.2 백제 주거건축

백제시대의 주거건축은 그 자료가 매우 빈약하여 파악하기 어렵지만, 발굴결과 확인된 몇 개의 주거지와 문헌기록을 통해 추정할 수 있다. 백제의 주택은 "음식과 의복은 고구려와 대략 비슷하고 부모나 지아비가 사망하면 3년상을 치렀다. 기후는 온난하고 주거지는 대개 산 중턱에 자리 잡고 살았다."라는 『북사』[9] 동이전 백제 지국조의 기록으로 미루어 고구려 주택과 큰 차이가 없었을 것으로 짐작된다. 또한 백제는 중국 남조에서도 불교와 각종 문화를 받아들였기 때문에 건축에서도 영향을 받았으리라 여겨져 상류주택이나 왕궁의 건축 또한 상당한 수준이었을 것으로 짐작된다. 백제 초기의 살림집으로 움집의 흔적들이 많이 발굴되었는데, 움집에서부터 점차 집 내부에 정식의 아궁이를 갖춘 부엌이 만들어지고 구들을 놓은 온돌이 일반화되었을 것으로 짐작된다.

수원 서둔동의 철기시대 수혈주거는 백제 건국의 전후 시대에 만들어진 주거지로 추측되는데, 한 변 4m 전후의 정사각형 평면이고 바닥에 벽체의 기둥구멍이, 중앙에 용마루를 받치는 기둥구멍이 조사되었으며, 벽돌로 ㄱ자형의 터널형 구들을 구축한 흔적이 있다(그림 6-05). 몽촌토성에서 발견된 주거지는 말각방형과 비슷한 불규칙한 평면(1, 2, 3, 5호 주거지)과 직사각형 평면(4호 주거지)의 2가지가 있다. 사비시대의 부소산성에서는 주거지 3곳이 발견되었는데, 모두 약 4m 정도의 정사각형 평면의 움집이고 바닥 깊이는 1호 40cm, 2호 50~60cm, 3호 70~90cm이며 모두 온돌시설이 있다(그림 6-06, 07).

『당서』 열전 제41 이역 상에는 '백성들은 성 내외에 집을 짓고 살았고 도성 내에서는 승니(僧尼)가 많고 사탑이 대단히 많다'고 기록되어 있다. 또 『삼국유사』 권2 남부여, 전백제, 북부여조에 "사비의 언덕에 10여 명이 앉을 수 있는 바위가 있었는데 백제왕이 왕흥사에 예불하려고 할 때 먼저 이 바위 위에서 부처님을 망배하였더니, 이 돌이 저절로 따뜻해지므로 이를 돌석(突石)이라고 하였다(又泗沘崖有一石可坐十餘人 百濟王欲王興寺禮佛 先於此石望拜佛 其石自暖因堗石)."라는 기록으로 보아 돌석이 온돌을 지칭하는 것으로 보아 백제 말기에는 온돌구조가 널리 퍼져 있었을 것으로 추측된다. 몽촌토성의 주거지와 부여 부소산성의 주거지에서도 쪽구들을 들였던 흔적이 발견되는 것으로 보아 온돌의 사용이 일반적이었을 것으로 짐작된다.

....

9 『북사(北史)』는 중국 이십사사 중의 하나로서, 남북조 시대(439~589)의 북조에 해당하는 왕조인 북위, 서위, 동위, 북제, 수나라의 역사를 담고 있는 역사서이다.

(a)

(b)

그림 6-05 (a) 선사시대 주거의 복원 모형(백제문화단지)
(b) 고상식 주거의 복원 모형(백제문화단지)

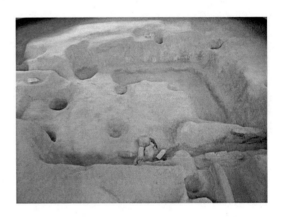

그림 6-06 백제의 수혈주거 복원 모형(백제문화단지)
그림 6-07 부여 부소산성의 수혈주거지

    한편 온돌과 함께 고상식 마루도 사용되었을 것으로 여겨지는데, 조선시대에 중국인 동월이 쓴 『조선부(朝鮮賦)』에는 "백제지방에는 땅으로부터 뚝 떨어진 높이에 마루를 설치한 집을 짓고 사다리에 의지하여 오르내린다."라는 기록이 있어 마루를 짐작케 한다. 고상주거에 관한 자료는 별로 없으나, 후위서에 "백제기민상저지하습(百濟其民上著地下濕)"이라는 기록, 그리고 진서 숙신씨조에 "숙신씨는 일명 읍루라고도 하며 … 깊은 산중에 살고 있어 길은 험하며 차마는 통할 수 없고 여름에는 소거하고 겨울에는 혈거한다."라는 기록에서 소거가 바로 고상식 주거라고 짐작된다. 이러한 고상식 주거의 형태는 가야지방에서 출토된 가형토기에서 미루어보면 대개 직사각형의 1칸 또는 2칸 규모의 작은 집으로 지붕은 맞배지붕으로 박공면에 사다리를 설치해 출입할 수 있도록 만들어졌을 것으로 추측된다(그림 6-08).

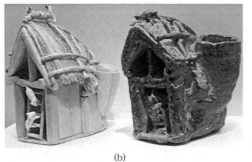

(a)   (b)

그림 6-08 가야시대 가형토기와
재현모형

6.3 신라의 주거건축

고신라와 통일신라시대의 주거건축은 유구도 없을 뿐만 아니라 시기가 분명한 관련
문헌도 부족하여 그 내용을 잘 알 수 없지만,『삼국사기』권 33조의 옥사조와『삼국유사』
권1, 진한조에 기록된 35금입택과 사절유택에 관련된 기록, 낙동강 유역에서 발굴된 가야토
기 또는 신라토기로 불리는 가형토기에서 조금이나마 파악할 수 있다.『신당서』에는 신라
사람들은 "화식(火食)을 하였으며 겨울에는 당중(堂中)에 부뚜막을 만들고 여름에는 음식을
얼음 위에 올려 놓는다."라는 기록이 있다.『삼국사기』권제3 탑상 제4 판방이라는 기록에
보면 신라의 주택은 고상식 마루구조가 있었다고 적혀 있다.『후한서』진한에 관한 기록
가운데 '옥실', '초옥토실'이라는 내용에서부터 서민들의 집도 풀로 이은 지붕과 움집도 상존
하면서 지상주거로 발전했음을 알 수 있다.

통일신라시대에는 불교의 융성과 더불어 목조건축과 주거건축기술이 발달되었고, 산업
과 도시의 발달로 귀족들이 호화로운 생활을 함에 따라서 상류주택은 그 구조와 장식이
상당한 수준이었으며 생활의 정도나 문화수준도 매우 높고 사치스러웠다고 짐작된다. 특히
삼국통일 이후에는 당나라와의 교역이 활발해져 중국의 높은 수준의 건축기술도 도입되어
상류계층의 주택에 반영되었을 것으로 여겨진다.『삼국유사』진한조에는 전성시대의 수도
서라벌이 17만 8,936호에 1,360방 55리이었으며 도성 안에는 초가집이 하나도 없이 모두
기와집이었고 취사와 난방재료로 장작을 쓰지 않고 숯을 사용해 연기도 나지 않았으며,
초호화저택들인 금입택이 각 지역의 중심에 자리 잡았고 주위에는 처마와 담장이 서로 연
이어 붙어 있는 형상이었다고 한다. 서라벌의 부잣집 35개를 선정하여 삼십오금입택(三十五
金入宅)으로 남택, 북택, 본피택, 양택, 지상택, 재매정택, 장사택, 교남택, 정하택 등이 기록

되어 있는데, 이는 부윤대택으로서 '쇠드리댁'이라고도 속칭되었으며『삼국유사』에는 실제로 39개의 집 이름이 거론되었다. 금입택은 당시 진골귀족들의 모습과 화려한 건축의 일면을 추측하게 해주는데, 이 중에 재매정택이 김유신공(595~673)의 조종가(祖宗家)로 명시되어 있는데, 월성 서쪽 남천가에 위치한 재매정택의 택호는 김유신 장군의 부인 재매부인에서 연유되었다. 재매정 지역의 19개소의 건물지가 발굴조사 되었는데 그중에 가장 큰 집이 동서 3칸, 남북 3칸의 건물지였다.『삼국사기』옥사조에 보면 진골의 집에 대하여 "장광(長廣)이 24척을 넘지 못하고 당와(唐瓦, 장식기와)를 덮지 않고 비첨(날아갈듯이 높이 들린 처마)을 하지 않으며 조각한 현어를 달지 않으며 금, 은, 유석과 오색으로 장식하지 않는다. 계석을 다듬어 만들지 않고 3중 돌층계를 하지 않으며 담장에는 보나 기둥을 설치하지 않고 석회를 바르지 않는다."라고 하였다. 김유신 장군은 부인이 태종 무열왕의 제3녀(지소부인)였고 자신은 가야 왕족이었음으로 신라 진골의 품계에 해당하였다. 또한『삼국유사』우사절유택조(又四節遊宅條)에는 4계절을 대표하는 저택으로 봄의 동야택, 여름의 곡량택, 가을의 구지택, 겨울의 가이택을 들고 있다. 네 곳의 뛰어난 서라벌의 큰집인 사절유택(四節遊宅)은 육촌으로 대표되는 신라를 이룩한 부족들이 소유하고 있는 본댁에 해당된다고 하며, 삼십오금입택 중에서도 뛰어난 네 집이었다.

그림 6-09 **가형토기(호암미술관)**

이 시대의 주거와 관련되어 살펴볼 수 있는 것으로서 가형토기는 대부분 장례의식에서 묘주와 함께 매장된 부장품으로서 의식이나 상징과 관련된 토기이므로 이를 통해 당시 지배계급의 주거문화를 추측할 수 있다. 가형토기는 대체로 한반도의 남부지역에서 주로 출토되었는데, 기둥이나 창호가 묘사되고 지붕을 갖춘 것도 있다. 가형토기는 바닥면이 지상과 떨어진 고상식의 창고와 일반 주거시설, 가축우리 등이 있다. 출토된 가형토기의 대부분은 다락집 형식의 고상식 주거이지만 도리칸 3칸, 보칸 1칸의 일자형 3량집 맞배지붕 주거도 있다. 국립중앙박물관 소장의 가형토기[그림 6-08 (b)]는 확실하지 않으나 가야지방의 유물로 전해지며, 사다리가 있어서 마룻바닥이 높은 건물임을 알 수 있다. 지붕은 맞배지붕인데 비교적 경사가 가파르나 소복한 느낌을 주며, 지붕 한쪽에는 굴뚝을 본뜬 둥근 기둥이 솟아 있다. 호암미술관 소장의 가형토기(그림 6-09)도 바닥이 높은 건물이며, 가파른 지붕이 길게 아래로 처지고 지붕에는 아래쪽으로 띠를 두르고 둥근 못 같은 것으로 꼭꼭 누른 모양을 나타내고 있으며 지붕 한쪽에 역시 굴뚝이 있고 사다리가 걸쳐져 있다. 구조적으로 살펴보면 대부분의 가형토기는 목조구조로서 기둥 위에서 도리와 보를 받고 보의 중간에 동자주를 세워 종도리를 받으며 서까래를 얹고 기와 또는 이엉을 얹은 맞배지붕인 듯하고 박공면의 지붕선을 넓게 처리하였다. 이 외에도 바닥은 둥글고 집채는 사각형의 맞배지붕으로 이루어진 가형토기도 있고, 드물게 큰 것으로 지붕의 기왓골은 굵게 음각하고 지붕 한가운데에는 굴뚝대신 구멍이 있으며 벽면에 출입문과 창살이 그려져 있는 토기도 있다.

신라시대의 상당한 수준의 주택건축에 관한 것은 『삼국유사』에 보이는 금입택이나 사절유택, 기타 여러 기록으로 추측할 수 있으며, 아울러 신라의 집모양(가형) 토기나 불국사와 석굴암, 안압지 등에 보이는 뛰어난 건축술과 출토 유구의 세부 건축기법을 통해서도 유추할 수 있다. 이들을 종합해보면, 경주 도성은 전체적으로 매우 조밀한 방리제의 주거지역을 형성하며 기와집들이 밀집되어 동네를 이루었고, 대부분의 주택에는 담장을 두르고 대문을 달았으며 그 안에 여러 채의 건물들이 있었을 것으로 짐작된다.

한편 신라의 주택은 『삼국사기』 권33 제2 옥사조에서 볼 수 있듯이 골품제도에 의해서 각 계급 사이에 엄격한 가사규제가 적용되었음을 알 수 있다. 『삼국사기』 옥사조에는 신분에 따른 주택의 규제뿐만 아니라 의복과 수레, 기물 등에 대해서도 제한하는 내용이 있다. 가사규제는 골품제도의 신분에 따라 건축을 제한하는 제도로서, 왕족인 성골은 별도의 규제가 없었으나 진골에서부터 6두품, 5두품, 4두품, 일반 백성에 이르기까지 주택의 규모, 방의 크기와 지붕의 구조 및 장식, 단청의 사용 여부, 가공석에 의한 계단의 설치 여부, 담장의 높이와 장식의 규제, 대문과 마구간에서부터 문의 구조와 실내 발의 장식 및 가구에 이르기까지 건축 규제가 상세하게 기록되어 있다. 골품제도에 따라 거처할 수 있는 가옥의 크기에까지 적용되었는데, 834년(흥덕왕 9년)의 규정에 따르면 진골의 경우라도 방의 길이와 너비가 24척(尺)을 넘지 못하며, 6두품·5두품·4두품은 각기 21척·18척·15척을 넘지 못하도록 하였다.

『삼국사기』 잡지 옥사조에 실린 가사규제에 대한 내용의 일부는 다음과 같다.

"진골 : 방 길이와 너비는 24척을 넘지 못한다. 지붕에는 막새를 이을 수 없고, 부연이 있는 겹처마 구조와 현어는 만들지 못한다. 금과 은, 유석, 다섯 색채로 장식하지 못한다. 층계석은 다듬지 못하며 3단을 넘게 설치하지 못한다. 담장에는 서까래를 만들 수 없으며 석회를 바를 수 없다. 돗자리와 발의 가장자리를 모직물이나 수놓은 야초라와 같은 비단을 쓸 수 없고 비단에 수놓은 병풍을 치지 못하며 의자와 탁자는 대모나 향목으로 장식할 수 없다(眞骨 室長廣 不得過二十四尺 不覆唐瓦 不施飛啄 不雕懸魚 不飾以金銀鍮石五彩 不磨階石 不置三重階 垣墻不施梁棟 不塗石灰 簾緣禁喬繡野草羅 屛風錦繡 床不飾玳瑁沈香)."

"육두품 : 방 길이와 너비는 21척을 넘지 못한다. 막새 사용 불가. 겹처마, 오량집, 공아를 구조하거나 현어를 장식하지 못한다. 금은, 유석, 백철과 다섯 채석으로 장식하지 못하며 소맷돌의 두벌층계는 만들지 못한다. 돌은 다듬지 못하며 담장 높이는 8척을 넘을 수 없고 도리 얹고 서까래 거는 것을 금하며 석회를 바를 수 없다. 발 가장자리에 모직물이나 비단으로 장식하지 못하며 병풍에는 수놓을 수 없다. 탁자와 의자에는 대모, 자단, 침향과 황양목을 쓸 수 없고 또 비단 이불을 덮지 못한다. 대문을 다락문으로 짓거나 사방문을 만들면 안 되며 마구간은 다섯 필 말을 키울 수 있는 정도여야 한다(六頭品 室長廣 不過二十一尺 不覆唐瓦 不施飛啄重栱牙懸魚 不飾以金銀鍮石白鐵五彩 不置巾階及二重階 階石不磨 垣墻不過八尺 又不施梁棟石灰 簾緣禁喬繡綾 屛風禁繡 床不得飾玳瑁紫檀沈香黃楊 又禁錦薦 不置重門及四方門 廐容五馬)."

"오두품 : 방의 길이와 너비는 18척을 넘지 못한다. 재목으로 산유목을 쓸 수 없고, 지붕에 막새와 짐승머리 장식기와를 이을 수 없다. 겹처마, 오량집, 화두아와 현어의 장식을 금한다. 금은과 유석, 동랍, 다섯 가지 채색으로 장식하지 못하며 다듬은 돌로 섬돌을 만들 수 없고 담장 높이는 7척을 넘을 수 없다. 담장에 서까래를 걸거나 석회를 칠할 수 없고 발 가장자리 장식에 무늬 있는 모직물, 능라나 명주를 사용하지 못하며 대문과 사방문을 낼 수 없다. 세 필의 말이 들어갈 마구간을 지어야 한다(五頭品 室長廣 不過十八尺 不用山楡木 不覆唐瓦 不置獸頭 不施飛簷重栱花斗牙懸魚 不以金銀鍮石銅鑞五彩爲飾 不磨階石 垣墻不過七尺 不架以梁 不塗石灰 簾緣禁錦喬綾絹絁 不作大門四方門 廐容三馬)."

"사두품에서 백성 : 방 길이와 너비는 15척을 넘지 못한다. 재목으로 산유목을 쓸 수 없고 우물반자를 구성해서도 안 되며 막새와 짐승머리 부속기와로 지붕을 장식할 수 없고 처마엔 부연을, 공포인 공아와 합각장식의 현어를 시공할 수 없다. 금은과 유석과 동랍으로 장식하지도 못한다. 섬돌에는 산 돌을 쓸 수 없고 담장 높이는 6척을 넘을 수 없고 또 서까래를 걸지도 못한다. 석회를 바를 수 없고 대문이나 사방문을 만들지 못하며 마구간은 두 필의 말을 넣을 수 있는 크기여야 한다(四頭品至百姓 室長廣不過十五尺 不用山楡木 不施藻井 不覆唐瓦 不置獸頭飛㠪 栱牙懸魚 不以金銀鍮石銅蠟爲 飾 階疲不用山石 垣墻不過六尺又不架梁 不塗石灰 不作大門四方門 廐容 二馬)."

"마을의 우두머리 촌주는 5두품과 같이 하고 다음 촌주는 사품과 같게 한다. 고구려와 백제 살림집에 대하여는 들은 바가 없다(外村主與五品同 次村主與四品同 高句麗 百濟屋舍未聞)."

6.4 고려의 주택건축

1. 주택의 양상

고려시대의 주택은 통일신라시대의 주택을 계승하면서 송나라와 원나라의 영향을 받아 보다 풍요로운 주택 양상을 보였을 것으로 추정되는데, 현존하는 건물이 거의 없어 정확히 알 수 없고 문헌이나 발굴된 유구 등을 통해 당시 주택의 내용을 추측할 뿐이다. 고려는 호족을 중심으로 한 귀족사회로서, 귀족은 매우 화려하고 사치스러운 생활을 했으나 일반 인은 생활하기 어려울 정도로 빈부의 격차가 매우 심하였으므로 주거환경도 그리하였을 것으로 짐작된다. 고려의 주택은 목조가구식을 기본으로 하여 귀족은 기와집, 서민은 초가 집에서 지냈을 것이고 온돌이 일반적으로 널리 보급되어 사용되었을 것으로 여겨진다. 상 류주택은 지붕을 기와로 얹고 벽에는 회칠을 하였으며 바닥은 주로 마루였고, 서민주택은 초가가 대부분으로 기둥은 적고 벽은 흙담으로 만들었으며 온돌이 설치된 흙바닥에 자리를 깔아 생활하였다고 한다.

문헌으로는 인종 1년(1123) 고려에 사신으로 온 송나라의 서긍이 쓴 『선화봉사고려도경』 과 후기의 유학자인 한재렴이 쓴 『고려고도징』, 『고려사』 등을 통해 고려의 주택을 엿볼 수 있다. 이들 기록에 따르면 고려시대의 주택은 풍수지리설과 음양사상, 도참사상의 영향 을 받았으며, 귀족계급과 서민의 주택 차이가 매우 컸던 것으로 짐작된다. 고려시대에 개경 의 민가는 산이나 언덕을 따라 세워지고 온돌을 사용하며 대부분 초가였지만, 귀족주택은 중국식의 요소와 토착적인 요소들이 혼용되어 송나라 귀족과 별 차이가 없이 유리 유약을 쓴 청기와와 화려한 장식담들이 사용되고 오색단청이 칠해진 호화로운 주거를 만들고 침대 와 의자를 사용하여 침상생활을 하였고 가구도 다양하고 고급품으로 호화로운 주거생활을 하였다.

귀족계급의 주택이 크고 화려했음은 다음 문헌들에서도 엿볼 수 있다. 『고려사』에도 당시 문벌귀족의 주택 규모에 대해 귀족계급의 집이 매우 크고 사치스러웠음을 말해주며 최승로는 가사규제의 필요성을 느껴 상소를 올리기도 하였다. 『고려사』에 의하면 의종 18년 "지금 환관들이 개인 집을 지으면서 저마다 더 사치스럽고 화려하게 꾸미려고 하니 해당 관리는 이와 같은 공사를 일체 금단하라."라는 기록이 있다. 또 『동서강목』 의종 11년 4월 기록에는 환관 정함의 권력이 대단해져 집을 지으면서 저택 200여 칸을 짓고 누각을 높게 지었으며 금벽단청이 화려하여 궁궐에 견줄 만하다고 기록되어 있고, 12월에는 의종이 이집을 빼앗아 경명궁으로 삼았다고 기록되어 있다. 이인로(1152~1220)의 『동문선』「공주동정기」는 공주 읍내 동편에 있던 영춘정 자리에 동정을 건축하는 과정을 기록한 글인데, 다음과 같은 내용이 있다. "지면의 형세가 동쪽으로 치우쳐 있는 것을 이용하여 거기에 빈루를 세우고 남형으로 몸체를 높이 지었다. 서편의 행랑과 남편의 행랑이 모두 14칸이요. 옷을 갈아입는 장소와 음식을 차리는 장소며, 겨울에 사용할 따뜻한 방과 여름에 사용할 시원한 대청까지 모두 마련하였다. 그리고 나서 곧 축대를 쌓고 매질을 하고 단청을 올렸다."

서긍이 쓴 『고려도경』 권3 민거조에 "송악의 지세는 평평하지 못하고 … 왕성은 컸으나 자갈과 산두둑이 많기 때문에 지세는 평평하지 못하여 집들이 높고 낮게 터를 잡아, 일반 백성들의 집은 마치 벌집이나 개미집같이 보였고 지붕은 띠풀로 이어 겨우 비바람을 피할 정도였으며 그 띠의 크기는 서까래 양쪽을 간신히 잇대어 놓은 정도였다. 부잣집은 기와를 지붕에 얹었는데, 그런 집은 다만 열 집에 한두 집 정도였다(王城雖大 磽确山壟 地不平曠 故其 民居 形勢高下 如蜂房蟻穴 誅茅爲蓋 僅庇風雨 其大不過兩椽 比富家稍置瓦屋 然十纔一二耳)."라는 기록에서부터 일반 백성들의 집은 대다수가 간소한 움집의 형태였음을 알 수 있다.

또 『고려도경』 권28 공장 1 와탑조에는 "침상 앞에는 다시 낮은 평상을 놓고 삼면에 난간을 세우고, 각기 비단 보료를 깔았으며, 또 큰 자리를 마련하였는데, 편안하여 조금도 오랑캐 풍속을 느낄 수 없었다. 그러나 이것은 왕이나 귀족들의 예이고, 이로써 중국의 사신을 영접하는 것뿐이다. 일반 상사람들은 대부분 흙침상으로 땅을 파 아궁이를 만들고 그 위에 눕는다. 그것은 겨울이 워낙 춥지만 솜과 같은 것이 적기 때문이다(臥榻之前 更施矮 榻 三面立欄楯 各施錦綺茵褥 復加大席 莞簞之安 殊不覺有夷風 然此國王貴臣之禮 兼以待使華也 若民 庶 則多爲土榻穴地爲火坑 臥之 蓋其國冬月極寒 復少纊絮之屬爾)."라고 기록하였으니 귀족계급이나 왕궁에는 침상과 화로를 사용했으나 온돌이 없었던 것으로 생각되며 일반 백성들은 고구려시대의 장갱과 비슷한 채난방식, 구들을 사용하였음을 알 수 있다.

또한 고려시대 개경을 설명하면서 서긍은 "백성들이 거주하는 집이 좁고 누추하며 질서가 없고 가지런하지 못한 것을 회랑으로 가리워 고을 사람들의 추함을 보이지 않게 하기 위한 것이다.", "관리들과 국상, 부자들이 늘어나면서 점점 사치스러워졌다. 선의문에 들어가면 수십 집 가운데 누각이 하나씩 세워져 있다."라고 하였다.

한편 고려시대는 불교적 세계관이 보편적이어서 사람이 죽으면 내세로 간다고 믿었으므로 사당을 짓지 않았고, 남녀가 유별하다는 유교의식도 미약했으므로 부부가 같은 공간에서 살았다. 따라서 고려의 상류주택은 조선시대처럼 안채와 사랑채가 분리되지 않고 몸채와 부속채로 구성되며 부부가 함께 사는 공간인 몸채가 중심이 되면서 그 크기나 형식면에서 강조되었고, 다른 건물들은 부속채의 기능을 하게 되었다. 서민의 주거에는 온돌이 보급되었으나 상류주택에는 온돌이 설치되지 않았거나 부분적으로 설치되었으므로 취사와 난방이 분리되었으며 습기를 제거하고 방한효과를 높이기 위해 기단을 높이 쌓고 집을 짓거나 누 또는 다락이라고 할 수 있는 중층공간도 많이 세워졌다. 고려 말기에는 유교의 영향으로 주택 안에 가묘, 곧 조상에 대한 제사를 지내는 사당을 짓기 시작하는 변화가 일어나는데, 정몽주는 향교를 진설하고 처음으로 주자의 『가례』에 따라 사서(士庶)로 하여금 가묘를 세우게 하였다.

2. 온돌과 마루구조

온돌이 언제 발생되어 어떻게 전파되었는지는 확실하지 않지만 일부 기록과 자료를 통해 살펴보면 13, 14세기 사이에 거주하는 공간 바닥 전체에 구들을 덮게 되고 널리 전파되었으며, 이러한 전면 온돌의 형성은 우리나라 주택의 발달과 특성에 커다란 영향을 미쳤을 것으로 짐작된다. 고려 중기 이후에는 방 전체에 구들이 놓이는 온돌방의 형식이 정착되어 본격적인 좌식생활이 시작된 것으로 판단된다. 동문선의 쌍청당기나 포천향교기 등 고려 말이나 조선 초기에 쓰인 몇몇 문헌에 돌(堗), 욱실(燠室), 아궁이를 갖추었다는 기사가 있어 고려 후기에는 전면 온돌이 널리 퍼지며 아궁이가 방 밖으로 나갔을 것으로 짐작된다.

11세기경 익산 미륵사지 10호 건물지에서는 ㄱ자형 구들이 보이며, 완도 법화사지에서는 고려시대 말기 방 밖에 아궁이를 하나 두고 방 전체에 4줄 고래구들을 시설한 전면구들 형식의 유구가 발견되었고(그림 6-10), 문경새재 제1관문 안쪽 원지에도 6줄의 고래 위에 방 전체 구들을 설치하고 세사와 집여물을 섞은 점토로 마감한 구들의 유구가 확인되었다. 경주시 감은사지 서회랑터(12세기 말~13세기 초)는 동서 직사각형으로 놓여 정면 5칸, 측면 3칸의 앞뒤로 퇴칸을 둔 건물터로서 서쪽 중앙부 2칸에만 방 전체 구들을 놓고 아궁이는

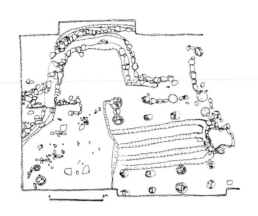

그림 6-10 완도 법화사지 발굴실측도

서쪽 집 밖에 한데부엌을 마련하고 아궁이에서 4갈래로 각 고래에 불길을 유도하였다. 북한에서는 신의주시 위화도 상단리에서 11, 12세기로 추정되는 집터에 6~7줄의 전면 온돌을 설치한 유적을, 평북 동창군 학성리의 11세기 산성에서 아궁이 3개의 전면 온돌을, 또 자강도 중강군 토성리에서는 동서 벽을 따라 있는 외줄고래를 발견했다고 한다. 집터 전면에 4고래, 7고래로 된 이 온돌은 외줄고래나 두줄고래 온돌보다 방안을 골고루 덥힐 수 있는 발전된 온돌난방 형식이었다. 신의주 상단리나 평북 동창군 학성리 집터에서는 11세기로 추정되는 전면 온돌의 유구가 발견되었듯이 서민주거에서는 북쪽으로부터 온돌이 전면적으로 사용되었을 것으로 짐작된다. 이처럼 소백산맥 아래 남해안 지역까지 온방(溫房), 난방(煖房)이라 하여 바닥 전체에 구들을 놓기 시작한 것을 확인할 수 있는 것에서부터 대략 11~13세기경 바닥 전체가 구들로 되었다고 판단된다. 또한 양주 회암사지 정청지 및 동서 방장지의 발굴 결과 온돌구조를 확인할 수 있는데, 고려 말~조선 초에 중창된 회암사지 정청지는 정면 3칸, 측면 2칸이며 좌우에 전면이 온돌시설로 이루어진 동서 방장지가 붙어 있고, 방장지의 온돌시설은 함실아궁이 및 구들과 연도, 굴뚝, 고래시설이 확인되어 온돌의 전통방식을 알 수 있게 해준다.

고려시대에 온돌은 전국적으로 널리 퍼졌다고 생각되는데, 최자의 『보한집』에는 "… 돌을 따뜻하게 하여 두자 … 문밖에 나가 자갈을 주어 아궁이를 막았다. …"고 되어 있고, 또 묵행자에 관한 기록 중 "빙돌에 앉았는데 조금도 추운 기색이 없다(坐氷堗上寒色不形)."고 하면서 빙돌에 대하여 하등의 주도 없고, 또 같은 글에서 '아궁이(堗口)'가 나타나는 것이나, 또한 이규보의 『동국이상국집』 후집 권7 난돌조에서도 "겨울에 빙돌에 누우면 추운 기운이 뼈속까지 스며들어 … (冬月氷堗寒威來刮骨 …)"라고 하면서도 아무런 주해가 없는 것을 보아 확인할 수 있다.

고구려의 ㄱ자형 구들이 계승되어 발전된 온돌에 관한 기록은 최자의 『보한집』과 이인로(1152~1220)의 『동문선』 「공주동정기」에도 보이는데, "겨울에 거처할 욱실과 여름에 쓸 양청을 마련했다(冬以燠室夏以凉廳)."[10]라는 「공주동정기」의 기록을 통해 온돌과 함께 바닥이 높은 마루구조도 널리 보급되었음을 알 수 있다. 『동문선』 권80, 금교역루기(권근)에도

"복판에는 당을 높다랗게 하였고, 좌우에는 방을 붙였고, 왼편 방 바로 앞에는 누각 세 칸이 솟았는데 크고, 넓고, 높고, 트여서 사치스럽지도 않고 더럽지도 않으며 그 밑에는 욱실(燠室)을 만들어 한서에 대비하였는 바 해를 넘겨 2월 초에 마쳤다(… 中高其堂. 翼以左右之室. 直左室之前. 起樓三楹 宏敞軒豁 不侈不陋 下爲燠室 以便寒暑 越明年二月之初而告訖 …)."라고 욱실의 기록이 있다. 또한 고종 28년에 간행된 이규보의 『동국이상국집』에 '노(爐)', '토실(土室)', '옹로(甕爐)', '빙돌(氷突)' 등의 귀절이 있어 '온돌'이 있었음을 뒷받침하고 있다. 『고려사』 권 106, 열전19 주열(朱悅)에는 "일찌기 한 고을에서 숙박하는데 한밤중에 돌(突) 틈으로 불이 나서 침석을 태웠다(嘗宿一州 夜半火發突隙 燃寢席)."라는 기록이 있다.

한편 이전 시대에서 사용되었던 마루구조도 고려시대의 주택에서 널리 축조된 것을 짐작할 수 있다. 이인로는 「공주동정기」에서, 수령은 백성을 다스리는 우두머리로서, 농사를 장려하고 이의 직책을 다할 장소가 중요한 바 이에 동정(東亭)이 가장 적절하다. 왜냐하면 동정은 손님을 맞고 손님을 배웅할 수 있고, 또 농사장려를 할 수 있는 곳이라는 것을 말하면서 "남면하여 몸채를 지었는데, 서청과 남무가 14칸이요, 옷을 갈아입고 음식을 차릴 장소와 겨울에 거처할 욱실과 여름에 거처할 양청을 마련하였다(南嚮而崇主宇 西廳南廡 共十四間 更衣之次 設食之所 冬以燠室 夏以涼廳)."고 하였다. 여기에서 겨울에 쓸 욱실(燠室)은 온돌방을 일컫는 것이며, 여름에 쓸 양청은 마룻바닥으로 된 대청을 말하는 것이라 볼 수 있으므로, 12~13세기에는 이미 온돌방과 마룻방이 널리 보급되어 일반적인 건축물이 된 것을 알 수 있다. 이와 같이 고려 중기 이래 난방과 취사를 결합시키는 독특한 전면온돌이 출현하며 온돌이 설치된 방의 옆에 마루가 깔린 방이나 바닥, 부엌시설이 연접되어 우리나라의 독특한 주거공간이 이루어지게 되었다고 생각된다. 즉, 추위를 피하기 위해 돌과 흙으로 따뜻하고 폐쇄적으로 만들어진 온돌방과 더위를 피하기 위해 나무로 시원하고 개방적으로 이루어진 마루의 두 가지 대조적인 요소가 만나는 특유의 한옥이 만들어지게 된 것이다.

서민들의 주택에는 온돌이 발달되었지만 상류주택에는 온돌이 시설되지 않았으므로, 취사공간은 주택 중앙에서 얼마간 떨어진 곳에 개방된 모습의 부엌을 마련하거나 숯을 사용하여 취사와 난방을 한 것으로 짐작된다. 또한 온돌이 시설되지 않았으므로 습기를 피하고자 실내의 대부분에 마루를 깔아 띄웠고 바닥에는 풀로 짠 두툼한 돗자리를 깔았으며, 겨울의 추위를 대비하기 위해 벽을 많이 쌓고 창과 문의 수와 크기를 줄였고 벽에는 휘장을

......

10 '욱실'이란 더운 방이란 뜻이며 '양청'이란 시원한 마루, 즉 대청마루를 뜻한다.

두껍게 치고 병풍을 두르고 화로를 사용하였다. 또 상류주택은 온돌을 시설하지 않았기 때문에 입식이나 반입식 생활을 위한 침상과 평상 등 편리한 기물들이 사용되었다.

화로에 의한 난방을 보여주는 기록으로는 『동문선』 권80, 영주남원루기(강호문)가 있다. "북풍이 울부짖으며 이르면, 찬 기운이 떨리도록 차가와 사람의 피부를 쑤시고 눈발이 하늘을 덮고 날은 저문데 길은 멀고, 아득한데 인가는 없다. 고드름이 수염에 달리고 혀가 움츠러들며 손가락이 빠지는 듯하고 마소가 얼어 넘어질 적에 이 원에 들어오면 꼴이 쌓여 있다. 탕으로 덥히고, 화톳불을 피워, 체기가 따뜻해지면 겹솜옷을 껴입은 것 같고 양지바른 골짜기에 있는 것 같다(… 至其北風怒號 寒氣凜冽 砭人肌膚 飛雪漫天 日暮路遠 杳無人煙 氷霜綴鬚 舌縮指落 牛馬僵仆 入斯院也 蒭薪以積 湯以熱 火以燎 體燠氣溫 如挾重纊 如在暘谷 …)." 또한 『동국이상국집』 권13, 숯을 보내준 문선사에 사례하여[주필사문선로혜탄(走筆謝文禪老惠炭)]에서도 화로에 의한 난방을 엿볼 수 있다. "추위를 막는 참숯이 천금값에 맞먹는데, 불 꺼진 화로에 불피우게 되었구려. 고맙구나 남은 온기 손 쪼이기 족하노니 훗날의 은혜갚음 의리를 지키리(禦寒珍炭千金直 渴火寒爐一夕溫 感借餘炎容炙手 報恩他日直須呑)." 하지만 1200년경 작성된 「공주동정기」에 나오는 욱실이란 표현, 1254년 간행된 최자의 보한집에도 온돌에 대한 기록이 있어 13세기에 들면 귀족에게도 온돌이 익숙해져 있었고 어느 정도 온돌을 사용하였을 것으로 짐작된다.

3. 고려시대 주택에 관한 기록

고려시대의 웅장하고 화려한 상류주택을 나타내는 기록으로는 다음과 같은 것들이 있다.

*** 신돈 저택의 2층 건물 : 『대동야승』 권5, 오산설림초고(五山說林草藁)**

"신돈의 집은 아직도 층루 한 구역이 남아 있다. 지난날 혜민국이 되어 심약이 여기서 살았다. 이창이 도사가 되었을 때 위층을 헐어 합쳐 한 채로 만들었는데, 지금은 상평창이 되었다(辛旽宅尙餘層樓一區 平昔爲惠民局 審藥居之 李敞爲都事時 刊其層合爲一屋 今爲常平倉)."

*** 저택의 화려한 장식 : 『동문선』 권2, 부 삼도부(三都賦)(최자)**

"공경의 저택이 10리에 뻗쳤는데, 엄청난 큰 누각은 봉황이 춤추는 듯 서늘한 마루, 따스한 방이 즐비하게 갖춰 있어 금벽이 휘황하고 단청이 늘어섰네. 비단으로 기둥 싸고 채전으로 땅을 깔고 온갖 진기한 나무와 이름난 화초들 … 뒷방의 미인들은 구름옷에 안개 배자, 갖은 자태와 요염으로 열 지어 둘러 모셨구나. 화문석 비단요에 생황과 노래가 요란한데 … 사족, 평민 심지어 절의 중도 개개 화려한 집 … (公卿列第 聯亘十里 豐樓傑閣 鳳舞螭起 涼軒燠室 鱗錯櫛比 煇映金碧 森列朱翠 緹繡被木 彩毯鋪地 珍木異卉 名花佳蘤……後房佳麗 雲衣霞帔 盡態極艶 列陪環侍 玳筵綺席 九醞波漫 笙歌鼓吹 …… 至於士庶 桑門釋子 居必華屋 …)."

* 사가의 누각과 그 치장 : 『고려사』권124, 열전37 폐행 신청(申靑)

 "신청의 죄를 열거한 글을 지어 행성에 고하였다. '… 집에 대루를, 벽에다 금화를 그리고 기둥에 붉은 옻칠을 했으니 사치와 참월함이 이와 같은 류이니 일곱째 죄이다 … (申靑罪告行省 曰…家起大樓 金畫其壁 朱髹其楹 奢僭類此罪七也).'"

* 화려한 장막 : 『고려도경』권28, 수막(繡幕)

 "수놓은 장막의 장식은 오색이 뒤섞여서 이루어진 것으로, 가로로 꿰매지 않고 한 폭씩을 위에서 아래로 드리웠다. 여기에도 원앙새, 나는 난새, 꽃떨기 등의 문양이 있는데 홍색과 황색이 강하고, 그 바탕은 본래 무늬 있는 붉은 비단이다(繡幕之飾 五釆閒錯而成 不爲橫縫 逐幅自上垂下 亦有鷄鶒, 翔鸞花圍等樣 而紅黃爲勝 其質 本文紅羅 …)."

* 병풍 : 『동국이상국집』권3, 고율시 초당삼영(草堂三詠) 병풍[소병(素屛)]

 "왕공귀족의 집에는, 황금이 쌓이고 쌓였다네. 벽에는 울긋불긋 단청을 하고, 흙과 나무에도 비단을 발랐네. 휘황찬란한 병풍을 둘러쳐, 신선과 귀신이 오가는 듯하여, 얼고 추운 날씨 걱정을 하랴, 제 잘사는 것만 자랑을 한다네(君看五侯家 黃金柱北斗 墻壁煥丹青 土木衣錦繡 坐張百寶屛 仙鬼互馳驟 那憂氷谷寒 只詑銅山富)."

4. 풍수지리의 영향

고려의 주택은 전 국토의 2/3가 산지인 만큼 음양오행론에 따라 조화를 이루도록 단층의 주택을 주로 건축하였으며 고려 초기부터 풍수지리설이 택지선정과 건축에 깊은 영향을 미쳤다. 『고려사』권28 충렬왕 3년(1277) 7월에 "관후서에서 말하기를 도선의 비기에 따르면 평지에는 고루를 지어야 하고 산지에는 평옥을 지어야 합니다. 산이 많은 산지는 양이고, 평지는 음이며, 고루는 양이고 평옥은 음이고, 우리나라는 산지로 되어 만약 고옥을 지으면 쇠퇴할 것입니다(觀候署言 謹按道詵密記 稀山爲高樓 多山爲平屋 多山爲陽 稀山爲陰 高樓爲陽 平屋爲陰 我國多山 若作高屋 必招衰損 故太祖以來 非惟闕內 不高其屋 至於民家)."라고 기록되어 있어 풍수지리설의 영향을 말해준다. 즉, 산과 골짜기가 많고 변화가 심한 지형상 좋은 위치에 집을 지으면 자연의 기를 집안으로 끌어들일 수 있고 궁극적으로 집주인들에게 기가 전해져 재복과 장수를 누릴 수 있다고 하며 발전된 풍수론은 자연과 조화를 추구했던 선인들의 주거문화에 커다란 영향을 미치게 되었다. 따라서 건물의 위치, 규모, 형태 등은 풍수지리설에 입각하여 결정되었고, 2층 이상의 높은 집을 짓지 않았다고 한다.

이상과 같이 고려시대의 주택은 풍수지리의 영향을 매우 강하게 받았으며, 주택의 규모나 세부장식은 신분에 따라 귀족주택과 서민주택이 많은 차이를 보였음을 알 수 있다. 권신이나 귀족계급의 주택은 주로 높은 곳에 세워지기에 집 뒤쪽 높은 곳에 후원을 설치하였는데, 정원은 석가산, 기화이목, 연못, 화분 등의 인위적인 시설을 꾸미기도 하였다. 상류주택의 정원에 관해서는 다음 기록 등을 통해 살펴볼 수 있다.

* 이규보의 『동문선』 권67, 손비서냉천정기

"운아대감 손군이 성북의 어느 마을에 신택을 지었다. … 내가 귀인의 사는 곳을 많이 보았는데 그들이 정원을 꾸미는 데는 반드시 굴곡이 많고 우묵하게 패이고 혹난 것처럼 울퉁불퉁하고 기괴하게 생긴 돌들을 가져다가 여러 개를 쌓아서 산을 만들고 형산과 남악의 기이한 모습을 본뜬 것이 진실로 기묘하다. 그러나 그것은 조물주가 일찍이 개벽하여 놓은 높고 깊숙하고 기이하게 빼어난 천연의 형상만은 못하다(芸臺亞監孫君 卜新宅于城北之某里 … 予觀貴人之居多矣 其飾林園 必以惟石之盤窪瘦瘤者 累之爲山 效衡霍之奇 信妙矣 然未若造物者之所曾開闢 嶙峋奇秀天然之狀也 …)."

* 『동문선』 권77, 기곡계당기(箕谷溪堂記)(이첨)

"군자의 인물인 이부감이 이곳에서 늙었다. 무자년에 사는 집 동쪽에 당을 짓고 못을 파서 고기를 구경하며 시냇물을 끌어들여 오리를 기르고, 대나무 1천 그루를 길러 생황을 대신하며, 소나무 백 그루를 심어 절조를 권장하니, 이것이 모두 시냇가 높은 집의 구경거리요, 군자의 즐거워하는 바였다(君子人李府監 於茲老焉 歲戊戌 作堂於居第 東鑿池觀魚 引溪養鴨 樹竹千挺 以代笙簧 植松百本 以勵節操 此皆溪堂之所玩 君子之所樂也 …)."

* 『동문선』 권66, 태재기(泰齋記)(이규보)

"지주사 우공이 부귀를 누리면서 산수의 아름다움을 얻으려 하는데, 제성이 멀다 하여 마침내 황제의 대궐 옆에 복축하였으니 이것은 옛날 정원외가 살던 곳이다. 당시에는 황무한 정원과 쇠잔한 별장이었는데 공이 얻은 뒤에는 샘줄기를 찾아 돌을 쌓고 우물을 만들어 마시며, 세수하며, 차 끓이며, 약 달이는 수용을 모두 이 우물물로 하였으며 샘이 넘쳐흐르는 것을 이용하여 저수하고 큰 못을 만들어 연꽃을 가득 심게 하고 원앙과 오리를 그 가운데 놓아 길렀다. 풍헌, 수사, 화오, 죽각에 이르러서도 그 제도를 사치하게 했으니 36동의 경치를 모조리 주문, 화옥 안으로 들어오게 하였다. … 내가 삼가 이름지어 원(園)은 방화, 우물은 분옥, 못은 함벽, 죽헌은 종옥이라 하였으니 모두 그 형상을 말한 것이다. … 이보다 먼저 공이 내한 이미수로 하여금 쾌심정을 짓게 하여 생견으로 만든 미달이문에 써서 정자의 바른쪽에 세우고, 또 나에게 이 기를 짓게 하여 그 왼쪽에다 마주 보게 세우려 하니 좋은 일이다(今知奏事于公 居富貴之中 致山水之美 以帝城猶謂之遠 遂卜於帝闕之傍 是昔鄭員外所居也 當時茂苑殘莊而已 公得之 尋泉脈之攸出 築石而甃之 凡飲吸?漱煎茶點藥之用 皆仰此井 因泉之汎濫者 潴作大池 被以菱茭 放鵝鴨其中 至於風軒水榭花塢竹閣 無不侈其制 使三十六洞之景 盡入於朱門華屋之內矣 … 予謹名其園曰芳華 井曰噴玉 池曰涵碧 竹軒曰種玉 皆言其狀也 … 先是公使內翰李眉 記快心亭 已書于生絹障子 立其亭之右 又使予作此記 欲對峙於其左 其好事如此 …)."

*『동문선』 권66, 통재기(通齋記)(이규보)

"여러 사람들이 통인이라고 하는 양생 응재란 사람이 성 북쪽에 집을 짓고 살고 있는데, 꽃과 나무를 잘 접목시켜 기르며, 그 원림이 좋기로 경도에서 소문이 났다. 내가 마침 가서 보니 둘레에 있는 담장이 쓸쓸하여 처음에는 기이한 구경거리와 좋은 경치가 없어서 조금도 듣던 바와 같지 않았다. 주인이 안내하여 그 동산에 이르러 두루 살피면서 좋은 경치가 있는 것과 소문이 난 것을 찾아보니 정원의 넓이가 평방 40보가량 되는데, 진귀한 나무와 유명한 과목이 죽 늘어서 있어 가까이 있으면서도 서로 침범하지 않고 떨어져 있어도 너무 멀지 않으니 이것은 모두 양생이 드물고 빽빽한 것을 고르게 하여 질서 있게 심은 것이다. 따로 화단을 만들어 여러 가지 꽃을 심었는데 꽃이 각각 수십 종이나 되며 모두 세상에서 드물게 보는 것이었다. … 꽃이 피어 있는 언덕으로부터 조금 북쪽으로 가니 곧 대가 있는데 편편하기가 바둑판 같고 또 깨끗하여 자리를 깔지 않아도 앉을 만하다. 포도가 나무에 감기어 아래로 늘어진 것이 영락 같아서 사랑스럽다. 아래는 돌샘이 있는데 맛이 지극히 맑고 달콤한데 새어 나와서는 작은 웅덩을 이루고 어린 갈대가 뾰족하게 나기 시작했다. 내가 말하기를 '다시 조금 그 둘레를 높여 더 물이 고이게 하면 못이 되어 오리를 기를 수도 있겠다' 하였다(衆允通人楊生應才者 卜築于城北 善接養花木 其園林之勝 頗有聞於京都 予遂往觀焉 環堵蕭然而已 初若無奇觀勝致 殊不類所聞者 及主人贊至其園 然後環視周矚 求勝之所從有而得有聞者 則園方可四十步許 有珍木名菓 植植爭立 昵不相侵 離不至迂 是皆生之均踈數而序植者也 別爲塢以居衆花 花各數十種 皆世所罕見 … 自花塢而少北 有石臺平如局 又口淨可不席而坐 蒲桃之緣樹下垂者 如纓珞然可愛 下有石井 味極淸甘 洩而爲小泓 有稚葦戢戢始生 予曰更少高其廉 益以渟滀 則可池而放鳧鴨也 …)."

5. 아산 맹씨 행단, 사적 제109호

고려시대의 주택으로는 충남 아산의 맹사성 고택(맹씨 행단)이 남아 있다. 우리나라 살림집 가운데 가장 오래 된 맹씨 행단[11]은 원래 고려 후기에 최영장군이 충숙왕 17년(1330)에 지었던 집으로, 최영장군의 손주사위이며 조선 전기 청백리로 유명한 맹사성(1360~1438)이 살던 집으로서, 일부가 임진왜란 때 소진되어 본채와 사당만 남아 있다. 맹씨 행단은 1482년 완전 해체하여 위치를 바꾼 중수가 있었고 그 후에도 1754년과 1759년에 수리가 있어서 고려시대의 당시의 원형을 갖추고 있다고 보기는 힘들다. 맹씨 행단 건축유적지 발굴조사보고서(1998)에 의하면 초기의 모습은 현재와 같이 공자(工字)형이 아니고 일자(一字)형이었을 가능성이 있다고 하며 목구조는 고식을 보여주고 있다고 한다.

현재 맹씨 행단은 서에서 동으로 뻗어 내려온 구릉 아래쪽에 배치되었으며, 대지를 3단으로 쌓아 하단은 과수원, 채원으로, 중간단은 본채 등의 건물이 배치되고 본채 뒤 상단을

....

11 행단은 선비가 학문을 닦는 곳이라는 뜻이다.

후정으로 삼았다. 정면 7칸의 문간채를 들어서면 정면 4칸, 측면 3칸의 본채가 자연석 기단 위에 서 있는데, 본채는 공자형 맞배지붕의 건축으로서 중앙 2칸은 대청이고 양측 칸이 온돌방이며, 큰방과 골방은 여닫이가 달려 있어 서로 통할 수 있도록 되어 있고 대청 앞쪽으로는 퇴칸을 두고 분합문이 있으며 뒤쪽으로는 두 쌍의 널문이 있어 앞뒤가 통하게 하였다(그림 6-11). 행단을 바라보면서 대청 좌측칸에 3폭 문을 달아 그 가운데로 출입할 수 있게 하였고 우측칸의 머름대 있는 3폭 문 사이에 2개의 문설주를 세웠다. 행단은 창방이 없이 익공을 설치하였고 솟을합장과 동자주를 사용했다. 이 주택은 건물과 정원의 배치 등이 조선시대의 양식과 유사하여 고려 말에 한국 주택양식의 근간이 이루어졌음을 짐작할 수 있다.

그림 6-11 아산 맹씨 행단

6.5 조선의 주거건축

조선시대의 주거건축은 사회제도와 신분계급, 유교사상과 풍수지리사상, 각 지역의 환경 및 기후특성 등에 영향을 받으면서 변화, 발전되어 왔다. 숭유억불 정책을 편 조선시대의 주택의 배치와 공간구성에는 근본적 사상으로 여겨졌던 유교의 덕목인 조상숭배와 남녀유별, 장유유서, 상하계층의식 등이 커다란 영향을 미쳤다. 조선시대의 주택은 이러한 유교덕목의 실천장소로 여겨진 것으로서 사당과 가묘의 설치, 사랑채와 안채, 행랑채 등 한 집안에서도 성별과 신분에 따라 생활하는 공간이 구분되었다.

조선의 주거는 유교사상의 전개에 따라 반친영 혼인방법과 내외법이 정착되는 조선 중기 이후와 그 이전이 많이 달랐는데, 전기에는 남녀의 차별이 극심하지 않고 과부의 재가가 인정되며, 제사도 윤회하고 남녀별 상속상의 차별이 없었으나, 중기 이후에는 남계 중심, 장자 우대, 출가외인 등 가부장적인 대가족 이념이 형성되면서 대가족이 동거할 수 있는 주택과 마을의 배치나 공간구성에 큰 영향을 미치게 되었다.

주택은 가족이 모여 세대를 이어가는 공간으로서, 구성원의 상호관계 속에서 집안살림과 공간구성이 다양하게 이루어진다. 주거건축에는 음과 양의 구분과 조화가 잘 표출되었는데, 안채와 사랑채의 구별이 분명한 남녀유별, 칸수의 차이에 따른 장유유서, 기단에도 층을 나눈 상하계층의 구별, 살림살이도 안과 바깥을 구분하여 공간을 나누었다. 상류주택의 배치는 여성공간인 안채와 남성공간인 사랑채가 분명히 나누어지며, 보통 남향인 집에서 사랑채는 동남쪽에, 안채는 서북쪽에, 그리고 사당은 동북쪽에 배치되는 것이 원칙이다.

또한 조선시대에서도 음양오행설에 의한 풍수지리가 큰 작용을 하였는데, 마을의 입지와 구성, 그리고 집 주변의 자연지세와 집주인의 사주팔자에 따라 대문과 안방, 부엌, 사랑방 등의 위치와 방향, 규모 등을 결정하며 주택의 배치와 공간구성에 지대한 영향을 미쳤다. 17~18세기 실학자 홍만선(1643~1715)의 『산림경제』에는 선인들이 생각한 이상형의 주택에 관한 내용이 잘 나타나 있다. 홍만선은 『산림경제』에서 집터를 정하는 복거 편부터 시작하여, 집터의 위치나 방향, 주변 산세, 시냇물의 흐름뿐만 아니라 집안의 배치 구조, 부엌이나 화장실, 우물 등의 위치에 이르기까지 세밀하게 풍수지리에 입각하여 이야기 하였다.

조선시대의 주택은 신분계층에 따라 상류주택과 민가로 구분되는데, 상류주택은 일반적으로 유교사상에 따라 남녀유별과 신분에 의한 건축계획이 이루어져 사랑채, 안채, 행랑채와 이에 부속되는 마당으로 공간이 구성되고, 민가는 생활공간인 건물과 작업공간인 마당으로 구성되는 것이 기본적이다. 전통주택은 건물의 구조를 지탱하는 기둥과 서까래, 창문 등이 그대로 노출되어 있으며, 장식적인 요소는 최대한 억제되어 있다. 공간의 구조나 사용되는 목재 등의 재료는 인위적 가공을 최소한으로 억제함으로써 자연의 이치와 형태가 드러날 수 있도록 배려되어 있는 것이다.

1. 가사규제

조선시대에는 도성 면적이 협소하였고 세력계층의 과점과 무분별한 건축을 막기 위해 신분과 품계에 따라 주택의 대지를 분급하여 택지 규모를 제한한 가대규제가 있었다. 또한 주택의 사치와 대규모화를 방지하기 위해 신분계급에 따라 주택의 규모, 장식 등을 통제하는 가사규제가 시행되어, 양반과 중인, 이교와 양민, 천민 등의 신분과 급수에 따라서 주택을 함부로 짓지 못하도록 하였다. 주택의 신분별 차별은 양반과 서민의 사이뿐만 아니라 양반 사이에서도 가문이나 출신, 벼슬의 높낮이 또는 나이에 따라 엄격히 구분되었다. 주거건축은 품격을 높이기 위해서 기단의 높이를 2m가 넘게 높게 한다든지 문턱도 여럿을 두어 체통과 위신을 세우는 등 유교의 신분별 급수적 인간관을 건물 배치에 그대로 나타내었다.

조선은 한양으로 천도하면서 한정된 도성 내에서 무분별한 건축행위를 규제하기 위하여 태조 4년(1395)에 신분별로 집터의 크기를 제한하는 가대제한을 마련하였다. 각 사람의 품계에 따라 주택의 규모를 단계적으로 축소하는 가대제한은 1품에서 9품, 서민을 포함하여 10등급으로 신분을 나누고, 1품 35부(負)로부터 서인은 2부까지 크기를 제한하였다. 부(負)는 면적의 단위로 1부는 지금의 미터법으로 환산하면 133m²(약 39평) 정도로 1품의 집터는 4,600m² 정도가 되고, 서민의 경우 266m² 정도의 크기이다. 가대제한은 이후 성종 9년(1478)에 축소 조정되고, 최종적으로 『경국대전』에는 대군과 공주 30부, 왕자와 군, 옹주는 25부, 1품과 2품은 15부, 서민은 2부로 확정되었다. 한편 신분에 따라 주택 자체의 규모를 규제하자는 것은 세종 12년(1430)에 처음 논의되었는데, 이때는 한양으로 천도한 지 30여 년이 지나 국가시설과 개인주택의 건설이 일단락되고 주택에서 사치스러운 경향이 나타남에 따라 대두된 것이다. 신분제도에 따른 가사규제는 세종 13년(1431) 정월에 처음 발표되어 대군 60칸부터 서민 10칸까지 차등을 두었다. 『경국대전』, 『조선왕조실록』, 『대전회통』 등의 문헌에는 당시의 건축규제 내용이 기록되어 있는데, 대군 60칸에서부터 서인 10칸에 이르기까지 주택의 주요한 부재 및 장식 부재의 크기와 장식 등을 제한하였음을 알 수 있다.

가사규제에 관한 내용의 일부는 다음 기록과 같다.

＊ 조선 세종 대 대군방의 규정 :『세종실록』권123, 세종 31년 1월 26일[정미(丁未)]
"대군은 60칸인데, 내루가 10칸이고, 정침·익랑·서청·내루·내고는 매칸의 길이가 11척, 너비가 전후퇴 아울러서 18척이며, 퇴 기둥이 11척이고, 차양과 사랑이 있으면 길이가 10척, 너비가 9척 5촌, 기둥이 9척이고, 행랑은 길이가 9척 5촌, 너비가 9척, 기둥이 9척이다. 공주는 친형제·친아들은 50칸인데, 내루가 8칸이고 … 종친 및 문·무관 2품 이상은 40칸인데, … 3품 이하는 30칸인데, 내루가 5칸이고, … 서인은 10칸인데, 내루가 3칸이다(大君 六十間 內樓十間 正寢 翼廊 西廳 內樓 內庫 每間長十一尺 廣前後退並十八尺 退柱十一尺 有遮陽斜廊長十尺 廣九尺五寸 柱九尺 行廊長九尺五寸 廣九尺 柱九尺 公主親兄弟親子 五十間 內樓八間 … 宗親及文武官二品以上 四十間 … 三品以下 三十間 內樓五間 … 庶人十間 內樓三間)."

16세기에 들어오면서 사회 전반에 사치풍조가 만연되고 도성 일대에서는 일부 특권층부터 일반 사대부 관료층 등 지배계층 사이에 가사규제를 어기고 단청과 장식을 한 대규모 주택이 지어지기도 하였다. 중종 10년(1515) 어전회의에서는 가사규제를 위반한 주택이 도성 안에만 280여 호를 넘도록 호화주택이 증가하는 것을 바로 잡아야 한다고 논의되었다. 가사규제를 초과한 큰 규모에 각종 단청과 치장을 한 주택들이 왕실의 인척이나 권신, 일부 사대부들 사이에서 널리 퍼진 경향은 임진왜란이 일어날 때까지 이어졌다(표 6-01).

[표 6-01] 조선 전기 가사규제의 변화

	신분계급		대군	완자, 군, 공주	옹주, 종친, 2품 이상	3품 이하	서인	기타 제한
세종 13년 (1431) 세종실록	주택 전체규모(칸)		60	50	40	30	10	초석 외에 다듬은 돌 금지. 포작, 진채단청 사용금지
세종 22년 (1140) 세종실록	주택 전체규모(칸)		60	50	40	30	10	단위 : 영조척
	누(칸)		10	8	6	5	3	
	정침 익랑	들보 길이	10	10	9	9	7	
		도리 길이	11	11	10	10	8	
		기둥 높이	13	13	12	12	7	
	기타 건축	들보 길이	9	9	8	8		
		도리 길이	10	10	9	9		
		기둥 높이	12	12	7.5	7.5	–	
	누	누 높이	18	18	13	13	12	
세종 31년 (1449) 세종실록	주택 전체규모(칸)		60	50	40	30	10	단위 : 영조척
	누(칸)		10	8	6	5	3	
	정침, 익랑, 서청, 내루, 내고	정면 주칸	11	10	9	9	8	
		측면 너비	18	17	16	16	7.5	
		뒷기둥 높이	11	10	9	9	기둥 10.5	

[표 6-01] 조선 전기 가사규제의 변화(계속)

신분계급			대군	완자, 군, 공주	옹주, 종친, 2품 이상	3품 이하	서인	기타 제한
세종 31년 (1449) 세종실록	차양 있는 사랑	정면 주칸	10	10	8.5	8.5	–	단위 : 영조척
		측면 주칸	9.5	17	8	8	–	
		기둥 높이	9	10	8	8	–	
	행랑	정면 주칸	9.5	9	8.5	8.5	–	
		측면 측칸	9	8.5	8	8	–	
		기둥 높이	9	8.5	8	8	–	
성종 9년 (1478) 성종실록	주택 전체 규모(칸)		60	50	40	30	10	1정방, 2익랑, 3서청, 4침루, 5별실
	각 공간과 전후퇴 합한 규모(칸)		20 (1+2+3+4)	9 (1+2+5)	6 (1+2)	6 (1+2)	–	
	정방, 익랑, 서청, 침루, 별실	고주 높이	13	12	11	11	–	단위 : 영조척
		측면 전체 너비	20	19	18	18	–	
		주칸 도리 길이	11	10	10	10	–	
		누주 높이	15	14	13	13	11	
	기타 건물	기둥 높이	9	9	8	8	8	
		들보 길이	10	9	8	8	(8)	
		주칸 도리 길이	10	10	9	9	9	
고종 2년 (1865) 대전회통	주택 전체 규모(칸)		60	20	40	30	10	

조선 전기부터 신분계급에 따라 주택 규모와 형식이 제한되는 가사규제가 계속되었으나, 임진왜란 이후 상공업이 발달되고 지배체제가 붕괴되며 중인계급이 경제력과 세력을 얻고 신분질서의 문란과 세도정치의 횡행으로 사회기강이 어지러워지면서 조선 후기에는 이러한 가사규제가 유명무실해졌고 상류계층에서는 궁전의 침전건축을, 서민들은 상류주택을 모방하였다.

2. 주거의 배치와 구성 수법

선인들은 삶의 공간을 마련함에 있어서 자연에 순응하고자 집터와 건물, 자연의 조화에 대해 많은 신경을 썼다. 집터를 고를 때부터 풍수지리설을 바탕으로 하여 기후에 따라서 지세와 물의 흐름, 바람의 방향과 역행되지 않는 범위 내에서 집을 지었다. 전통주택은 들어열개로 된 분합문을 들쇠에 매달면 대지와 분리되어 바닥으로 이루어진 내부공간이 외부 자연공간과 융합되며 상호 침투되며 창호지가 갖는 음의 투과로서 자연음을 내부공간에 투영시켜 한층 더 자연과의 융합성을 느끼게 해줄 정도로 자연과 융합하고자 하였다.

조선시대 주택의 외부공간은 대자연을 축소한 것 같은 중국의 정원이나 일본의 인공적인 정원과는 달리 지극히 자연과 조화되게 하였다. 이런 자연과의 융합성은 사용부재의 형태에서도 잘 나타나는데, 휘어진 부재는 휘어진 그대로 대들보나 문지방에 이용하고 막돌은 막돌대로 초석을 사용한다. 한국건축은 자연 속에서 순리대로 영위되고 순리대로 그 속에서 살아가는 공간적 특성을 지니는 것이다.

1) 주거의 배치

전통시대에 있어서 주택의 집터를 정하고 집을 어떻게 앉힐 것인가의 문제는 모두 풍수지리의 양택론에 속하는 문제였다. 주거지는 주산에서 내려오는 맥이 내려오는 곳으로서, 배후지와 경작지 사이의 식수 공급이 용이한 자리에 위치되며, 주택은 편안하고 안정된 곳에 배치되는데, 물과 바람의 영향, 주거지의 경사도를 고려한다. 즉, 배치는 배산임수로서 북쪽에 산을 등지고 남쪽이 넓게 터져 있으며 왼쪽으로부터 앞쪽을 강이 굽이치면서 흐르는 곳을 택하여 주거의 중요 부분을 남향과 동남향으로 배치하는 것을 가장 좋게 여겼다. 주거는 기본적으로 안채와 헛간채로 구성되고, 살림에 여유가 생기면 새로 집을 덧붙여 짓거나 한 채 더 지음으로써 일(一)자형에서부터 二자형, ㄱ자형, ㄷ자형, ㅁ자형, 튼 ㅁ자형, 일(日)자형, 용(用)자형 등 여러 가지 배치 형식의 집이 된다. 양택론은 조선시대 주택의 배치평면 결정에 깊은 영향을 주어 왔으며, 특히 좌향과 더불어 안방과 부엌, 대문, 측간을 집의 사주라고 하여 평면구성 결정에 기본적인 요소로 다루었고, 평면의 형태는 길상형으로 구(口)자형, 월(月)자형, 일(日)자형, 용(用)자형이 많이 사용되었고, 불길한 의미를 지닌 시(尸)자형과 공(工)자형은 피하였다.

2) 주거의 좌향

배산임수의 형국을 갖춘 마을에 집이 들어서게 되는데, 집터에 집을 어디에 기대어 놓고 어디를 바라보게 할 것인가 하는 것이 집의 좌향(坐向)이다. 좌는 집이 어디에 기대는가, 향은 집안의 주축이 무엇을 바라보고 있느냐 하는 것으로, 집이 앉음으로써 좌가 생기고, 그 집이 향하는 방위로써 향이 생긴다. 양택론에서는 집을 앉히는 좌향에 따라, 동사택(東四宅)과 서사택(西四宅)으로 크게 구분된다. 동사택은 그 좌향이 임좌병향(壬坐丙向)·자좌오향(子坐午向)·계좌정향(癸坐丁向)의 남향집과 갑좌경향(甲坐庚向)·묘좌유향(卯坐酉向)·을좌신향(乙坐辛向)의 서향집을 말한다. 서사택(西四宅)은 술좌진향(戌座辰向)·건좌손향(乾坐巽向)·

해좌사향(亥坐巳向)의 남동향집과, 축좌미향(丑坐未向)·간좌곤향(艮坐坤向)·인좌신향(寅坐辛向)의 남서향집을 말하는 것이다.

좌향은 주변 자연과의 관계, 다른 집과의 관계가 고려되어 결정되며, 일반적으로 바람직한 좌향은 북쪽으로 집이 앉고 남쪽으로 면하는 것이 가장 좋은 것으로 여겨졌다. 좌향은 집안사람들 마음의 중심상이며, 보는 이의 심상을 좌우하는 중요한 조형적 요소가 된다. 일반적으로 앞이 막히지 않고 트여 있어서 멀리 보이는 경관을 집안으로 끌어들여 자연과 함께하는 공간감을 형성하도록 한다.

3) 유교덕목의 실천

사대부 주택은 반듯한 선비의 기개를 닮은 듯이 보이는데, 집안의 가풍이나 선비의 인격이 밖으로 드러나듯 곧은 수평선이 여러 번 겹치면서 중심을 단단히 잡고 있어 안정되고 단정한 모습을 보인다. 선비의 크고 강한 기를 곧게 키워 손상시키지 않음으로써 하늘과 땅 사이에 가득 차게 된다는 호연지기처럼 사대부 주택은 반듯하고 안정되며 단정한 구성을 하게 되는 것이다. 유교의 덕목을 익히고 실천하고자 했던 조선시대는 주택을 유교적인 틀에 맞추어 만들고자 했으며, 주택을 한 가족의 주거공간인 동시에 유교적인 덕목을 가르치고 실행하는 도장으로 여겼다. 상류주택의 건물 배치나 평면구성은 가부장의 권위를 내세우고 조상숭배, 남녀유별, 장유유서, 상하계층 의식 등 유교적인 덕목을 실천하기에 맞도록 이루어졌다.

(1) 상하계층 의식의 반영

건축은 신분과 위계를 드러내는 것으로서, 조선시대 주택의 공간구성은 유교의 영향으로 대가족제도의 상하관계를 고려한 위계성이 표출되어 주택의 북동쪽으로는 조상의 위패를 모신 사당을 두며 동쪽과 서쪽으로 남녀영역을 구별하여 남자는 사랑채를, 여자는 안채를 중심으로 바깥살림과 안살림이 구별되었다. 상하 계층의식은 주인이 사용하는 사랑채와 안채, 노비들이 생활하는 행랑채의 관계에서 뚜렷이 나타난다. 양반과 하인계층으로 구분되는 신분제도의 영향으로 상하의 구별에 의한 공간분화가 이루어짐으로써 안채, 사랑채 등은 상의 공간, 행랑채는 하의 공간이 되며, 이들 상하의 공간을 연결하는 중문간 행랑채는 중의 공간이 된다. 상류주택에서 안채나 사랑채를 지나치게 높게 세웠던 것도 아랫사람들이 위압감을 느끼게 하는 상하 계층의식과 밀접한 관계가 있다고 볼 수 있다. 기단의 높이는 그 건축물에 사는 사람의 신분에 따라 높이가 달라졌는데 신분이 높은 사람의 집은 댓돌을 세 벌까지 하는 경우도 있었다. 구례 운조루에 있어서 대청마루가 있는 안채는 막돌로 세 층을 쌓은 세벌대 기단이고 건넌방과 부엌이 있는 곳은 한 층을 쌓은 외벌대 기단이다(그림 6-12). 경북 봉화군 송석헌의 사랑채는 축대가 세 벌에 높이가 3.6m에 달하고, 마루로 오르려면 댓돌 세 개를 거쳐야 한다. 양반인 주인과 양반의

그림 6-12 **구례 운조루의 안채**

소유물인 노비 간의 계층의식을 주거의 배치나 규모 그리고 높이 등 모든 측면에서 분명하게 표현되고 있다. 한편 상하 계층의식은 같은 사대부 사이에도 가문이나 출신, 벼슬의 높낮이, 나이에 따라 방의 사용이나 좌정 위치 등에 엄격하게 반영되었다.

(2) 남녀유별에 대한 실천

남녀구별의식, 내외법의 영향으로 주택의 배치상 여성의 공간인 안채와 남성의 공간인 사랑채가 엄격히 분리되어 있고, 사랑채와 안채를 연결하는 통로가 되는 중문 안쪽에 시선을 차단하기 위한 내외벽 또는 내외담이 설치되기도 한다. 음양오행사상에 따라서 일반적으로 남성의 공간은 동쪽, 앞쪽에, 여성의 공간은 서쪽, 뒤쪽에 배치된다. 심지어 여성공간에 내측, 남성공간에 외측이 따로 구분되어 건축되기도 했으며, 남자의 주 공간인 사랑채에는 침방을 따로 건축하고 평상시 주인은 이 방에서 잠을 잤다. 이는 『태종실록』권5 태종 3년 5월 계묘조에 "오부에 부부가 따로 잘 것을 명하니(下令五部 夫婦別寢禮曹以月令講之也)."라 한 것으로 볼 때 조선시대 초기부터 이루어진 것임을 알 수 있다.

『예기』의「내칙」에는 다음과 같이 남녀유별에 대해 적고 있다. "예는 부부의 구별을 삼가는 데서 시작된다. 궁실의 밖과 안을 구별하여 남자는 외실, 여자는 내실에 있어 서로 궁을 깊이 하고 문을 굳게 하는데, 남자는 필요할 때가 아니면 내실에 들어가지 않으며, 여자는 예의상 필요치 아니하면 문밖 출입을 삼간다(禮始於謹夫婦 爲宮室辨內外 男子居外女子居內 深宮固門 … 男不入女不出)." , "일곱 살이 되면 남녀가 같이 앉지 않으며, 같이 음식을 먹지 않는다(男女七歲不同席不同食)."

(3) 장유유서의 생활표현

나이 많은 사람과 어린 사람 사이에 차례가 있다는 장유유서의 개념도 주택의 공간구성에 적지 않은 영향을 끼쳤다. 사랑채 경우 아버지가 사용하는 큰 사랑채와 아들이 사용하는 작은 사랑채(작은 사랑방)로 나뉘며, 안채의 경우에는 시어머니가 사용하는 안방(큰방)과 며느리가 사용하는 건넌방(머리방)으로 나뉘는데, 방 이름을 통해서도 이들 공간의 성격이나 비중, 규모까지 짐작할 수 있듯이 각 방들은 그 규모와 위치, 치장 등 모든 면에서 차이가 있다. 대체로 큰사랑방은 2칸이고 작은 사랑방은 단칸이 대부분으로, 실상 사랑채 자체는 큰사랑방 주인의 독차지이고 젊은 주인은 사랑채에 딸린 한 칸 방을 쓸 뿐이다. 또한 안방은 건넌방의 2배가 되며 다락과 벽장, 찬방까지 딸려 있으며, 부엌과 마루에 이어져 시어머니의 전용공간이 된다. 또한 제사를 중시하여 맏아들에게 재산을 몰아주는 장자 우대 상속제도의 영향으로 형제 간에도 위계가 있었고, 사당에서도 중앙의 출입문은 장손만 드나들고 나머지 사람은 옆문을 썼다.

(4) 조상숭배 사상의 반영

효는 유교의 덕목 가운데 가장 으뜸이 되는 것으로, 부모가 살아계실 때뿐만 아니라 죽은 후에도 효도가 지속되어야 했다. 주거 내에서 조상에 대한 예를 다하기 위해 사당을 마련하였는데, 이는 이미 고려 말에 정몽주가 주자의 『가례』에 의하여 건축한 데서 비롯되어 태조 4년(1395) 12월 민유의가 가묘를 세웠고, 또 태조 6년 4월에는 사대부의 가묘제를 간관이 상서하였고, 태종 13년(1413) 5월에는 한성부가 가묘제를 권장한 것으로 보아 조선시대 초기부터 건축되어 온 것을 알 수 있다. 주거 내에 가묘를 설치하는 제도는 조선 초기에 가족이 죽은 후에 조상에 대한 명복을 빌고 후손에게 복을 비는 불교적 풍습이 여전히 생활 속에 퍼져 있었으므로 잘 지켜지지 않았는데, 사대부들조차도 유교적 제사보다 절에 가서 제를 지내는 것이 일반적이었다고 한다. 하지만 시간이 지나면서 유교적 의례들이 지배층의 생활에 점점 정착되면서 주거 내에 가묘를 모시고 제사를 지내며 유교에 연관되는 여러 행사들이 이루어지게 되었다.

조상숭배 관념은 조상의 위패를 모셔두는 사당에 구체적으로 표현되었는데, 집을 지을 때 무엇보다 먼저 사당터를 잡았으며 다른 건물보다 높은 위치나 높게 세웠고 한번 지은 사당은 헐지 않는 것이 원칙이었다. 중요한 조상의 혼백을 모신 가묘, 곧 사당에는 사대봉사라 하여 4대조까지 신주를 마련하고 제사를 지낸다. 사당에 모셔진 조상은 자손과 함께 집안에 거주하면서 자손의 일을 항시 돌보는 것으로 여겨졌다. 가묘제는 조상과 자손을 영원히 연결시켜 주는 고리 역할을 하는 것으로서, 가묘는 선현을 봉사하는 유교문화와 혈족주의적 토착문화가 함께 어우러진 조선시대 씨족촌락의 통일된 공동체 의식을 상징하는 곳이다. 서민계층에서는 사대부계층만큼 유교적 이념이 절실하지 않았고 경제력도 미치지 못하여서 사당을 세울 수 없었다. 서민계층에서는 집이 작을 때에 방 하나를 깨끗이 하고 여기에서 제사를 지내도 된다고 하였고, 실제적으로 서민들은 사당을 그린 「감모여재도(感慕如在圖)」 족자에 위패를 붙여 걸어놓고 제사를 지냈다. 감모여재도는 사당과 위패를 그린 민화

그림 6-13 「감모여재도」

의 일종으로, 집안에 사당이 없거나 제사를 지낼 형편이 못되거나 외지에 떨어져 있을 때 이동식 사당 역할을 하였다(그림 6-13). 또는 대청에 사당을 꾸미기도 하고 이것도 어려우면 마루 뒷벽 상부에 나무상자를 짜고 위패를 모시는 사당벽감을 만들기도 한다.

4) 구성 수법

전통주택은 마당을 중심으로 하여 여러 채가 모여서 하나의 주거가 이루어졌고, 각 채에는 기능과 용도에 맞게 칸이 분화되어 방들이 배치되었다. 안채와 사랑채 등 여러 채에 의하여 구성된 전통주택은 자연히 채와 채 사이에 외부공간인 마당이 형성되어 행랑채와 그 앞의 넓은 마당, 행랑채의 중간에 솟아 있는 솟을 대문사이로 행랑마당, 이와 연속된 사랑마당, 안마당 등 그 성격과 기능도 다르게 되었다. 이러한 마당들은 건물과 담에 의하여 구분되었으며, 각 영역에는 강한 연속성이 있으며 각각 출입하는 문이 달리기도 하였다. 전통주택에 있어서는 행랑마당에서 중문간 행랑채와 마당 그리고 사랑마당과 안마당의 공간에 들어섬으로 비로소 공간의 중심에 있음을 알게 된다. 이와 같이 전통주택의 공간은 채와 칸의 분화를 이루면서도 전체적으로 공간의 연속성을 이루고 있다.

전통주택은 자연 지세에 따라 사랑채, 안채 등의 주요 건물을 배치하여 전체적으로 비대칭적인 공간구성을 만들었다. 전통주택은 대지 주위를 담장이나 행랑으로 둘러싸고 그 안에 안채, 사랑채, 별당 등을 배치하여 외적으로 매우 폐쇄성이 강하며, 한 공간 한 공간 접근할 때마다 상이한 공간정서를 느끼게 된다. 이러한 공간정서의 변화는 마당들과 이를 둘러싼 행랑이나 담장들이 이루는 공간의 크기, 구조양식과 재료의 사용법의 반복에서 이

루어진다. 반면 담장 안의 각 채들은 대부분의 벽체가 창호로 구성되고 또 접어서 들쇠로 매달게 되어 있어 내부공간은 개방성이 강하다. 상류주택은 유교사상의 영향으로 주택의 전체공간이 성별과 신분별에 따라 구분되어 각각 위계성을 갖는다. 남녀유별사상에 따라 사랑채의 남성공간과 안채의 여성공간이, 장유유서에 따라 큰사랑과 작은 사랑, 사랑채의 상위 공간과 행랑채의 하위 공간이 엄격하게 구분된다.

3. 주택의 공간구성

조선시대 중기에 이르면 유교 윤리가 깊이 뿌리내려 반친영[12] 혼인방법과 내외법이 정착되면서 남계중심, 장자우대, 출가외인 등 가부장적인 대가족 이념이 형성됨에 따라서 주택건축이나 마을구성에 큰 영향을 미치게 되었다. 17세기 이후『주자가례』에 따라 유교의 예제가 중시되고 특히 제례가 사대부계층부터 서민층에까지 보급되며 가묘가 설치되었다. 가묘가 세워지고 제례가 중시되면서 제사를 담당하는 장자에게 재산상속이 우선적으로 배려되

그림 6-14 **주택 배치개념도**

며 위상이 월등하게 높아졌다. 대가족제도는 가계의 계승권이 장자에게 있어 장남을 위한 공간이 중요시되었으며, 남녀 간의 엄격한 구별로 장자가 거처하는 사랑채, 종부나 장자부가 거처하는 안채를 별동으로 두어 각기 남녀를 격리시켜 부부를 별침하게 했다. 조선 중기 이후 부계 중심의 친족존중과 남녀차별, 장자우대 등의 가부장제도 정착으로 상류주택은 하나의 채를 단위로 구성되어 여러 가지 채들이 평면을 구성하게 된다. 즉, 행랑채, 사랑채, 안채, 별당, 정자, 사당 등의 건축물과 이들을 둘러싸거나 채와 채 사이를 구분하는 담장, 마당 등으로 구성된다. 상류주택은 물리적인 기능보다는 유교적 이념, 가정생활의 전통적인 개념이나 신분과 계급에 따른 인문적 배경이 주거건축 구성에 영향을 미쳤는데, 상류주택을 중심으로 주택공간의 구성을 살펴보면 다음과 같다(그림 6-14).

대부분의 상류주택에서는 대문간(바깥 행랑채)이 있고 그 옆이 마구간이며 중문을 들어서면 사랑마당, 사랑채가 있다. 사랑채에는 큰 사랑방과 작은 사랑방이 있으며 안대문을 열면 안채가 있고 안채를 중심으로 아래채, 안사랑채, 곳간채 등으로 이루어진다. 이러한

---

12 반친영(半親迎)은 신랑이 신부집에서 혼례를 행하되 오래 머무르지 않고 사흘째 신랑집에서 폐백을 행하는 것으로 삼일우귀 (三日于歸)라고도 한다.

양반주택의 공간은 크게 안채와 사랑채 등으로 이루어진 주생활 공간과 사당의 의식 공간으로 이루어진다. 주생활 공간은 거주자의 신분과 성별에 따라 첫째 대문과 노비숙소, 창고인 행랑채와 행랑마당, 둘째 주로 남자 주인의 거처로 쓰이는 사랑채와 사랑마당, 셋째 여자들과 어린이들의 점유공간인 안채와 안마당 등 크게 세 가지 영역으로 구성되며, 이들은 서로 구획되지만 연관성을 지니며 점차 강하게 폐쇄적으로 배치되었다. 유교의 영향으로 주생활 공간은 여성공간과 남성공간으로 엄격히 남녀공간으로 구분되며 각 공간은 분명한 위계성을 갖고 있다. 이 위계는 건물의 규모나 높이, 제식정도와 건물입지의 위치로서 파악된다. 안채는 가정의 화목을 도모하는 곳으로 여성적 취향을 살려 화사하고 밝은 분위기로 꾸몄으며, 남성들의 사랑채는 선비들의 인격을 수행하고 학문을 닦는 정신적인 면을 강조하여 검소하면서도 안정된 가구 배치를 선호해왔다.

1) 주생활 공간

(1) 남성공간

사랑채를 중심으로 한 남성공간은 주인의 거실과 서재, 대인접객 등 주거의 외부적 기능이 이루어지는 공간으로서, 가부장을 중심으로 한 남성적·사회적 공간으로서 비교적 개방적 성격을 띤다. 사랑채는 바깥주인이 거처하는 공간으로 손님들에게 숙식을 대접하는 장소로 쓰이거나 이웃이나 친지들이 모여서 친목을 도모하고 학문과 교양을 교육하는 장소이기도 하였으며, 한 가문을 대표하는 권위와 상징을 내포하고 있다. 남자들의 생활공간인 사랑채는 대개 사랑방과 대청, 누마루, 침방, 서고 등으로 구성되며, 사랑방은 보통 2칸 크기로 내부공간은 한 공간으로 되어 있거나 문으로 구획되어 있으며, 안쪽은 종손이 거주하는 큰사랑이 되며, 대청쪽과 접한 공간은 결혼한 자식이 거주하거나 접객공간이 된다. 대청은 사랑방과 누마루에 출입하는 전실의 역할을 하며 무더운 여름의 거처실이 되는데, 바닥은 우물마루이고 천장은 연등천장이며, 사랑방과 누마루 쪽의 창호는 불발기 들어열개 창호로 구성된다. 대청은 보통 1칸 혹은 2칸 규모로 접객 및 문중의 회합공간으로 활용되거나 제례행사 공간으로 활용된다. 규모에 따라서 작은 사랑을 별채로 지어 평상시는 자손들혹은 연로한 노인이 거주하거나 접객공간으로 활용하며, 초상이 났을 때는 빈소 등 의식공간으로 쓰기도 한다. 사랑채의 침방은 주인이 잠을 자는 곳으로서, 내외법에 따르면 평상시 주인은 사랑채 침방에서 잠을 자도록 하였으며, 침방이 없는 서민주택에서는 사랑방을 침방으로 사용하였다.

(2) 여성공간

안채를 중심으로 한 여성공간은 주부의 거처로서 가사와 취사 등 주거의 내부적 기능이 이루어지는 공간으로서, 주부를 중심으로 한 여성적·가정적 공간으로서 비교적 폐쇄적인 성격을 갖는다. 몸채, 내당으로도 불리는 안채는 여성들의 공간으로 대문으로부터 가장 안쪽에 위치하였으며 보통 안방, 안대청, 건넌방, 부엌으로 구성된다. 안채는 외부에서 직접 들여다보이지 않도록 시선을 차단하는 내외벽 또는 내외담을 쌓거나 접근하는 축을 달리하거나 사랑채 전면부의 시각을 피해 행랑채(대문채)에서 안채로의 중문을 별도로 설치하여 남녀의 동선을 의도적으로 분리하는 등 외부적으로 매우 폐쇄된 공간을 형성하고 있다. 안채는 대청을 사이에 두고 안방과 건넌방을 기본형으로 고방 등의 부속공간과 한 채를 이루며 사랑채와 접하거나 떨어져서 ㅁ자형, ㄷ자, 十자, 一자형, 튼 ㅁ자형을 하고 있다. 중문 안쪽의 각 외부공간과는 대청을 중심으로 툇마루 등으로 연계되거나 문으로 접속되어 안채 주위의 외부공간으로 비교적 원활하게 연계된다. 안채는 외부에서 접근하기 어려운 폐쇄성과 내부에서는 서로 유기적으로 연계된 개방성을 동시에 포용하는 이중적 공간구조를 갖고 있다. 이중적 성격의 공간형성은 남녀칠세부동석, 남녀불공식, 부부별침 등 남녀유별에 대한 유교의 가치관이 구체적으로 건축공간에 미친 영향으로 이루어진 것이다.

안방은 가문의 대를 잇는 생산공간으로서의 기능을 포함한 모든 주생활의 중심공간이 된다. 안방은 안주인의 일상 거처실로서 식사도 하고 취침도 하며, 직계존속 이외의 남자출입은 금지된다. 바닥은 장판지로 마감한 온돌바닥이고, 아랫목은 안주인의 자리로 다락문을 등지고 보료를 깔아 놓는다. 온돌을 갖춘 방은 잠을 자고 휴식을 취하는 생활공간으로, 온돌은 고려 후기에 바닥 전체를 덮는 구조로 발전되어 조선 초기에는 지배층이나 서민계층을 막론하고 넓게 확산되어 사용되었다. 16세기 초에 김정이 쓴『제주풍토록』에 높은 벼슬하는 관리들의 집에 온돌이 보급되어 있었다는 내용에서도 16세기경에는 온돌이 남부지방을 거쳐 제주도에까지 보급되었음이 짐작된다.

예제에 입각한 유교적 의례들이 정착되면서 주택 내에서 유교와 관련되는 중요한 행사들이 행해지게 되었는데, 일정한 법식을 갖고 생활에 뿌리내린 관혼상제의 4의례와 국조오례의에 의해 구체적으로 의식이 명시된 성인의식 관례 등은 주로 대청에서 치렀다. 유교의 의식 절차를 치르는 장소로 중요하게 여겨진 대청은 우물마루로 된 바닥과 서까래가 노출되는 연등천장을 이루며 안방과 건넌방에 드나드는 전실 역할을 하며, 또한 무더운 여름의 거처실이 되기도 한다. 안방과 대청 사이, 또 건넌방 사이에는 모두 들어열개로 된 불발기 창호를 달아 여름에는 접어서 들쇠에 매단다. 건넌방은 며느리방으로 많이 사용되며, 부엌에는 안방 쪽으로 부뚜막을 만들고 부뚜막 위는 안방에서 다락으로 오르는 계단이 되고, 부엌 상부는 다락의 바닥이 된다.

(3) 행랑채와 행랑마당

행랑채는 하인들의 거처이자 생산 및 작업공간으로서 서민주택의 평면구성과 비슷하며, 보통 대문을 중심으로 방과 부엌, 창고, 마구간 등의 실들로 구성된다.[13] 대문채를 겸하여 출입을 통제하는 기능을 갖기도 하는 행랑채는 주택의 가장 앞쪽에 위치하며, 주택의 경계선에 따라 세워지기도 한다. 외부로부터 진입할 때 행랑채의 대문을 통과하여 행랑마당에 들어온 후 중문을 통해 사랑마당과 안마당으로 각각 진입한다. 행랑채의 규모는 그 집의 사회적 신분이나 경제력을 상징하기도 하며, 행랑마당은 하인들의 옥외작업공간으로서 이용된다.

행랑채는 3량집의 목조가구식으로 가장 간단한 구조를 하며, 한 방의 크기는 1칸 또는 2칸 정도가 보통이다. 바닥은 사람들이 기거하는 곳은 온돌구조로 되고, 광은 마루 또는 흙바닥으로 되어 있으며, 벽체는 길가나 외부에 면하는 곳은 흙벽을 쌓기도 하지만 상류주택에서는 돌로 벽체를 쌓고 상부에 작은 창을 내기도 한다. 창덕궁 후원 연경당의 행랑채는 바깥행랑채와 중문간행랑채를 합하여 전부 59칸 반이며, 그중 문이 4칸, 온돌방이 21칸, 마루방이 19칸 반, 흙바닥이 15칸이다. 지방의 상류주택 가운데 안동 하회마을의 충효당은 행랑채가 一자로 되었으며, 솟을대문의 양 옆으로 11칸의 행랑방 가운데 온돌방이 3칸, 나머지는 마구간과 외양간 및 광으로 되어 있으며, 구례의 운조루도 비교적 행랑채의 규모가 크며 현재 一자형의 줄행랑 17칸이 남아 있다.

2) 의식공간

유교를 지도이념으로 삼은 조선시대의 사대부계층은 예제를 중시하여 주자의 『가례서』를 생활의 규범으로 삼았다. 『주자가례』는 주자가 중국 고대의 유가 예제를 재해석해서 관혼상제의 새로운 윤리체계를 설정하고 선비들이 지켜야 할 예제를 규정한 책으로서 문공가례라고도 하며, 특히 제사 지내는 제례가 더욱 중시되었다. 17세기 중반에 들어서 가례는

----

13 행랑은 대문간에 붙어 있는 방을 뜻한다.

조익의 『가례향의』(1644), 김장생의 『가례집람』(1685), 유계의 『가례원류』(1711) 등 가례서의 해설서가 편찬되면서 널리 확산되었다. 17세기 후반 이후 『주자가례』에 입각하여 가묘를 설치하는 일은 사대부계층을 중심으로 서민들에게까지 전국적으로 확산되었는데, 집을 지을 때 정침의 동쪽에 가묘를 제일 먼저 세우도록 정하고 있다. 가묘가 놓이는 곳과 같은 위치에 제사와 기능상 관계가 높은 사랑채가 세워지게 된다.

의식공간인 가묘(사당)는 조상의 신주를 모시며 제례의식을 행하는 곳으로서, 조상과 후손의 매개체적인 공간이며 과거와 현재, 미래를 연결하는 시공을 초월하는 한 가문의 구심점이 된다. 동양에서는 예부터 생활에서 제사를 가장 중요시한 만큼 집을 지으려면 반드시 먼저 사당을 세워야 했으며, 사당에는 3년상을 마친 신주를 모시었다. 조선시대에는 조상숭배의식의 정착과 함께 중상류의 주택에는 대문으로부터 가장 안쪽, 안채의 안대청 뒤쪽이나 사랑채 뒤쪽 제일 높은 곳에 '사당'이라는 의례 공간을 마련하게 되었다.

모든 가정의례의 중심장소인 사당은 정침의 동쪽에 정면 3칸에 오량가, 홑처마 맞배지붕의 건물로 짓는 것이 원칙이지만 형편이 어렵거나 집터가 좁으면 1칸으로 사당을 세우기도 한다. 사당 앞에 문을 내고 문밖에 섬돌 둘을 만들어 동쪽을 조계, 서쪽을 서계라 하여 모두 3계단으로 하였다. 내부는 전돌이나 나무판이 깔리고 그 위에 자리를 펴며, 네 개의 감을 설치하여 4대조를 봉안하는데, 남향으로 하여 서편부터 고조부모, 증조부모, 조부모, 부모의 위패를 모신다. 편다. 가묘와 연관되어서는 신알례, 출입례, 참례, 천신례, 고유례 등 여러 의식이 이루어지는데, 이들은 제례의 일종이라고 할 수 있다. 신주는 가문에 따라서 4대 봉사, 3대 봉사, 2대 봉사를 한다.

3) 외부공간

전통주택의 외부공간은 안채, 사랑채, 별당 등의 채와 채 사이 또는 담장과의 사이 공간, 마당으로 이루어진다. 전통주택의 외부공간은 마당이라는 요소에서 비롯되는데, 이러한 마당에 의해서 외부공간은 일상 주거 생활공간과 엄격하게 분리되지 않거나 융합되어 있다. 외부공간은 규모도 작고 놓이는 경물도 많지 않지만 절제된 구성에 함축된 의미가 매우 강하여 보고 즐기며 느끼는 정원이 되기도 하였다.

보통 채를 둘러싼 땅을 마당이라 부르고, 채의 성격에 따라 안마당, 사랑마당, 행랑마당 등으로, 그리고 채와의 방향에 따라 앞마당, 뒷마당, 옆마당 등으로 불리며, 각 마당들은 완전하게 폐쇄되거나 분리되지 않고 닫힘과 열림이 매우 교묘하게 배합되었다. 대지 내에 여러 채의 건물이 들어서고 남은 공간으로서의 마당은 외부공간에서 내부공간으로 동선을 연결하는 통로, 건물의 환기와 채광을 돕는 기능 이외에 정서 조성 및 휴식처, 옥외작업장, 생산, 의식행사장 등으로 사용되면서, 건물의 기능을 원활하게 하며 생활의 편의를 도모하고 건물을 보호하는 역할을 한다. 마당은 농경생활이 위주인 주택에서 농작물을 갈무리하고 건조하는 데 필수적인 공간이기도 하다. 풍수지리사상에서도 마당은 '양택삼요'인 대문, 안방, 부엌을 결정할 때 패철을 두는 곳으로 한옥의 중심공간이라고 할 수 있다.

또한 공간과 공간을 연결시키는 매개공간으로서 마당은 인간의 삶과 건축물에 대한 상호교감을 불러일으키며, 보다 활기차고 풍요로운 생활을 가능하게 해준다. 이러한 매개 공간은 두 개 또는 여러 공간 사이에서 공간끼리 서로 연결시키는 통로로서의 역할, 또는 건축공간과 주변의 자유공간을 유기적으로 융합시키는 매체가 된다. 상이한 공간의 기능과 성격을 완화시켜, 공간의 상호침투와 연속성을 이끌어내주는 매개체적 역할을 수행하는 이와 같은 공간은 우리의 주거공간 속의 중간영역 공간에 수없이 존재한다.

중상류주택의 마당은 신분의 상징성과 장식성을 나타내며 남녀 생활공간을 구분하기도 한다. 마당의 각 부분별 성격을 살펴보면, 전통주택의 대문 밖에는 평범한 공간인 바깥마당이 자리 잡는데, 흔히 풍수설에서 말하는 주작에 해당되는 방지가 따른다. 솟을대문을 들어서면 행랑마당이 되고, 행랑마당을 통해 들어서는 사랑마당은 가장 및 남성손님의 공간인 사랑채와 인접한 마당으로서 가산을 만든다든지 담장 밑에 석함을 늘어놓고, 담 모퉁이에 몇 그루 나무를 심고, 또 석련지를 놓아 연꽃을 기르기도 한다. 사랑마당에는 방지원도의 연못을 파서 꾸미고 장대석을 이용한 정원이 만들어지기도 하였다. 정자는 연못과 함께 건축되는데, 연못은 네모난 방지가 일반형이며 방지 중앙에는 방장산, 봉래산, 영주산의 삼신선산을 모방하여 원형의 섬을 만들었다. 사랑마당은 혼인과 같은 경사 때에 내부공간이 다하지 못하는 기능을 담당하기도 한다. 사랑마당은 반듯하고 정연한 담장과 다듬어진 돌, 기단석과 적당히 배열된 초목 등이 담 너머의 자연경관과 함께 조화된 외부공간이다.

중문을 통하여 들어서는 안마당은 안채와 중문간 행랑채 그리고 담장으로 구성되며 담장 아래에 몇 그루 나무를 심고 대석을 놓는데 폐쇄적이고 실용적인 공간의 성격을 지닌다. 안채 옆, 특히 부엌 쪽의 옆마당에는 장독대가 설치되고, 안채 뒷마당에는 일반적으로 동산을 이루면서 후원을 형성하게 된다. 후원은 주위의 낮은 구릉지나 계류, 뒷산에 자연스레 영역이 설정되고 정자와 연못, 샘과 경물이 포치되어 풍류공간을 조성하며 정자를 건축하기도 하였다. 사랑마당은 개방적 공간이지만 안마당은 대문에서 중문, 담을 통과해야

도달할 수 있는 폐쇄적 공간이며 의례의 장소, 채광 및 통풍을 위한 공간이다. 한편 주택에는 주로 계절의 변화에 따라 변하는 활엽수들을 많이 심어 수목의 변화에서 계절의 변화를 느끼게 하였다.

한편 서민주택에서는 마당이 일반적으로 안마당과 뒷마당으로 구분된다. 안마당은 농작물의 타작, 건조, 가공 등의 작업을 위한 실용적 공간일 뿐 아니라 관혼상제와 같은 의례를 행해야 하는 다목적 장소로도 사용된다. 몸채 부엌을 중심으로 집 뒤쪽에 형성된 뒷마당은 장독대를 두고 나무를 심어 조경하며 주위에 담을 쌓아 폐쇄한 여성의 가사작업과 휴식을 위한 공간이다.

4. 주거의 유형

주택의 형성에는 지역과 시대에 따라서 지리와 지세, 기후와 같은 자연조건과 사회제도, 문화, 생활양식, 풍습 등 민족성의 인문조건이 영향을 미쳐왔다. 전통주택은 시대와 지역, 계층별, 구조적으로 규모나 형식에 많은 차이가 있는데, 대체로 외형적으로는 목조구조와 초가 및 기와지붕으로 이루어졌고 온돌과 마루, 생활양식은 대부분의 주택공간을 구성하는 기본적 요소가 되어 왔다. 조선시대의 주택은 지역별 특징에 따라 지리적, 사회신분의 계층적, 구조적 요인, 재료에 의하여 구분되어진다.

1) 계층적 유형

(1) 상류주택

조선시대의 주택은 사회신분에 따라 상류주택과 중류주택, 서민주택으로 구분되며, 이들은 생활이념이나 생활방식의 차이로 차별되면서도 부분적으로 서로 영향을 주고받으며 발전을 하였다. 일반적으로 양반들이 거주하는 상류주택을 반가(班家)라고 하고 일반 서민들이 살았던 집을 민가라 한다. 양반계층을 사대부라고도 하는데, 사대부는 공부하는 사(士)와 정치를 담당하는 대부(大夫)의 복합어로서 학문과 정치를 겸한 사람을 뜻한다. 이러한 사대부의 상류주택은 양반이나 이에 준하는 신분을 가진 지배계층의 주택으로서, 지배계층으로서의 권위와 유학자로서 성리학적 규범에 따른 생활방식을 나타내었으며, 물리적인 기능보다는 가정생활의 전통적인 개념이나 사회계급에 따른 인문적 배경이 주거건축 구성에 영향을 미쳐 유교사상과 풍수지리, 양택[14]의 개념이 매우 중요하게 취급되었다. 사대부의 주택에서는 관혼상제 사례를 수행하는 공간, 신분에 맞는 접객공간을 조성하는 것이 중요하였다. 중기 이후 부계 중심의 장자우대와 친족존중, 출가외인, 남녀유별 등의 가부장 제도가 정착되면서 상류주택은 여러 마당과 채들로 구성되게 되었는데, 가계계승의 방법이 지방별로 조금씩 다르기 때문에 주택의 구성도 차이가 있게 된다. 즉, 경상도 지방을 중심으로 한 동남형은 부모가 일정한 시기에 장자에게 가계계승을 하고 물러나므로 은거용 안사랑채(골방채)가 별동으로 있는 반면, 전라도 지방을 중심으로 한 서부형은 부모 사후에 가계계승이 이루어지는 종신형이므로 가부장과 장자, 종부와 장자부가 거처하는 사랑채가 안채를 중심으로 미묘한 주거평면을 이루게 된다.

16세기에 접어들면서 지방농촌에서도 재력을 늘려 나간 중소지주들이 향촌의 지배층이 되면서 그들의 거주지를 확장하고 규모 있는 주택을 본격적으로 조성하기 시작하였다. 15, 16세기에는 경북 하회마을이나 양동마을과 같이 경북과 충북, 전북 지역 곳곳에 유력한 가문의 대표적인 마을이 형성되었다. 선비를 자처한 향촌의 지배층 지주들은 그들의 신분에 알맞은 격식과 당당한 외관을 갖춘 주택을 지어 나갔는데, 중소지주의 생활에 필요한 기능적 요구와 선비로서의 정신적인 가치관을 반영하게 되어 주택에는 일반적으로 사당, 안채와 사랑채, 행랑채를 갖추게 되었다. 유교적인 이념과 생활을 실천할 수 있는 장소로 신분에 걸맞은 권위를 표현하고자 한 상류주택의 평면은 길상으로 여겨지는 문자 모습을 많이 띠었는데, 그 형상에 따라 일(日)자형, 월(月)자형, 구(口)자형, 용(用)자형으로 불리며 지역과 환경에 따라 약간씩 차이가 있다.

17세기에 들어서 사대부계층의 지배층 사이에는 주자의 가례서가 널리 보급되어 생활의 규범으로 여겨졌으며, 제사를 담당하는 남성이 여성보다 우월하며 종손이나 장자의 지위가 높아지게 되었다. 따라서 가부장적 제도가 강조되면서 주택 내에서 사랑채는 가장 돋보이며 으뜸이 되는 위치와 형태를 갖게 되었으며, 씨족 마을에서는 종가나 사당이 마을의 중심이 되는 위계질서를 이루었다. 경상도 북부에서는 구(口)자형 평면에서 한쪽에 길게 돌출해서 사랑채가 확대되고 사랑채와 같은 방향으로 뒤쪽 높은 곳에 사당이 위치되는 폐쇄적 형태가 일반적이었고, 호남지방에서는 평탄한 지세에 어울리게 행랑채, 안채, 사랑채가 모두 일정한 거리를 두고 넓은 마당 주위에 흩어져 배치되는 여유 있고 개방적인 모습을 갖는다.

---

14 양택(陽宅) : 산 사람이 거주하는 주택을 지을 때의 원칙들을 음양오행과 풍수지리에 의거하여 해석하는 개념이며, 이에 대응되는 음택은 묘소를 가리킨다.

19세기에 들어서 일부 양반층에서는 윤택한 경제력을 바탕으로 여유와 즐거움을 나타내는 세련된 주택을 세우기도 하였다. 이러한 주택은 집 안 또는 가까운 곳에 큰 연못과 정자를 만들며 집안에 따로 별당을 세우고 정원을 가꾸어 경치를 즐기고 휴식하기도 하였고, 실내에는 창문들이 많이 설치되고 사랑채의 대청마루에 섬세한 창살문과 교창을 달아 한결 아늑하고 편리하도록 하였으며 사랑채에 햇볕을 가리고 비를 막기 위해 차양을 덧달기도 하였다. 실내에는 정교하게 다듬어진 가구가 놓이고 벽에는 그림과 글씨의 액자나 족자로 장식하여 더 쾌적하고 밝게 꾸며졌으며 동선의 편리를 꾀하고 변화 있고 극적인 공간구성을 만들어내었다. 강릉 선교장은 집 밖에 넓은 연못을 만들고 활래정이라는 정자를 세우고 별당채에 차양을 덧달아낸 이 시대의 전형적인 양반계층의 주택이다. 논산 윤증 고택은 안채의 시원하게 개방된 구성과 통로에서 동선과 기능의 편의를 추구하며 바닥 높이를 조절하여 실내 크기에 변화를 주었다.

조선 중기 이후 유교에 입각한 양반문화의 절제되고 세련된 미의식을 기초로 하여 이루어진 주택은 19세기에 들어 경제적 여유와 다양한 삶의 기능을 받아들이면서 고유하면서도 뛰어난 구성의 주택이 형성되었으며, 19세기 후반에서 20세기 초를 지나며 주택공간은 더 다양해지고 형태가 세련되며 전국적으로 확산되어 보편화되었다. 19세기 후반에는 노비의 세습이 공식적으로 폐지되고 양반과 상민의 신분차별이 철폐되며 신분의 귀천에 상관없이 인재를 등용할 수 있는 제도가 마련되는 등 커다란 사회 변화를 맞이하게 된다. 양반들은 자기들의 결속을 강화하고 입지를 과시하고자 하는 반면, 새로 지주계층으로 등장한 농민들도 자신들의 경제력과 힘을 과시하고자 했는데, 이를 나타내는 것이 대규모의 주택을 건설하는 것이었다. 이러한 주택은 유교적 질서보다도 생활의 편의와 경제력을 나타내는 공간구성과 장식에 관심이 있어서 솟을대문과 넓고 개방된 큰 사랑채, 교창과 3중 창호, 대청의 분합문 등을 설치하여 실내를 밝게 하고 마루를 독립되게 하며 실용성을 보여주지만, 남녀에 대한 공간구분은 계속 지속되었다. 19세기 후반의 상류주택은 괴산 김기응가옥, 영동 송재문가옥, 송재휘가옥, 보은 최대하가옥, 온양 외암리 참판댁, 부안 김상만가옥, 보성 문형식가옥, 여주 김영구가옥 등 우수한 주택들이 전국적으로 분포되었다.

(2) 중류주택과 서민주택

중류주택은 중인계급과 군교, 서리 등의 주택으로서 상류주택보다는 격이 떨어지고 규모가 작지만 평면의 구성은 비슷하지만, 경제가 어려운 경우에는 서민주택과 별 차이가 없었다. 중류주택은 상류주택에 비해 지방별 평면의 차이가 별로 없으며 안채와 사랑채가 구별되어 있고 중문이 있어 남녀공간을 분리하였고, 가장의 사랑방과 장자의 작은 방, 종부의 안방과 장자부의 건넌방이 구분되었다.

서민주택은 농업과 공업, 상업에 종사하고 조세와 군역의 의무를 지며 경제적으로도 어려운 일반 평민들의 주택으로서 매우 빈약하였고 지역의 자연환경에 대응할 수 있도록 구성되었다. 서민주택은 생산공간과 주거공간이 일체화되며 생활공간도 크게 분화되지 않았고 단순한 규모와 구조체로 이루어졌다. 서민주택은 칸의 분화로 구성되며 대개 부엌, 방, 마루가 평면구성의 기본요소로 되어 있고 지방별로 특색이 뚜렷한데, 남부지방형, 서부지방형, 중부지방형, 북부지방형, 제주지방형으로 나눌 수 있고, 집의 형태는 一자형과 ㄱ자형, ㄷ자형, ㅁ자형으로 나누어진다. 일반적으로 3칸집에는 큰방이 부엌과 벽을 사이에 두고 있으며 그 다음 칸이 작은방이고, 마루에는 툇마루가 큰방과 작은방 앞을 가로질러 놓여 있으며, 4칸 이상의 경우 대청마루가 있고 사랑방, 건넌방이 추가된다. 한편 양반주택 부근에 집을 짓고 살던 노비계층의 가랍집도 서민주택과 비슷하였다. 조선시대에는 상전의 집 안에서 행랑채나 대문채에 기거하는 솔거노비와 상전의 집 밖에 거주하는 외거노비가 있었는데, 외거노비의 집은 가랍집 또는 호지집이라 하며 부엌과 방 하나의 최소한의 생활공간만으로 이루어졌다.

2) 구조와 평면상 유형

전통주택은 목조가구식으로 대체로 민도리집 양식과 익공식으로 건축되었다. 민도리집 양식은 농촌주택과 한양의 서민주택, 중인과 이교의 주택, 양반집 등에 널리 쓰였고, 익공식은 양반집, 특히 지방에 건축된 양반집에 쓰였다. 양반주택은 일반적으로 석축기단 위에 목구조의 팔작지붕으로 세워졌고 행랑채와 일부 부속건물은 맞배지붕 또는 우진각지붕으로 지어졌다. 전통주택은 구조적으로 볼 때 여러 가지로 분류되는데, 도리의 수에 따라 3량가, 5량가 등으로 구분되기도 하고, 도리의 형태에 따라 굴도리집, 납도리집, 민도리집, 장혀집, 소로수장집 등으로 불리기도 한다.

3량가는 도리가 3개인 제일 간결한 가구구조의 집이고, 5량가는 도리가 5개인 집으로 가장 일반적인 주택형태이다. 굴도리집은 서까래를 지지하는 도리의 단면이 원형으로 이루어진 집으로 주로 상류주택에서 쓰였고, 도리의 단면이 사각형인 납도리집은 중류주택과 서민주택, 묘사, 사찰의 부속건물들에 주로 쓰였다. 민도리집은 기둥 위에 바로 도리를 올려

놓고 서까래를 걸치는 가장 단순한 구조의 집이고, 장혀집은 도리 밑에 길다란 각재인 장혀를 놓아 지붕의 하중을 보다 많이 견딜 수 있도록 만들어진 집이다. 소로수장집은 도리나 장혀 밑에 됫박 모양의 소로(접시받침)를 받쳐서 장식한 집으로서, 주로 중부와 남부 지방의 상류주택에서 많이 쓰였으나 조선 말기에는 서울과 중부 지방의 상류주택에도 많이 사용되었다.

또한 전통주택은 평면의 형태에 따라서 홑집(외통집)과 겹집(양통집)으로 구분되기도 한다. 홑집은 대들보 아래에 방을 한 줄로만 배치하는 형식으로 일부 산간지대를 제외한 거의 전국에 분포되는데, 한 줄로 된 방의 앞 또는 앞뒤에 툇마루를 댄 경우도 있다. 지붕의 용마루나 평면이 일자형으로 된 '一'자집과 이를 기본으로 하는 '二'자형, 'ㄴ'자형, 'ㅁ'자형 등의 변형, 평면이 ㄱ자로 되어서 용마루가 ㄱ자를 이루고 있는 'ㄱ'자집 등이 있다. 겹집은 기둥이 주택 가운데에 배열되고 용마루 아래 방들이 앞뒤로 두 줄 또는 세 줄로 맞붙어 배치되는 형식이다. 겹집은 산간지역의 혹독한 자연조건 속에서 자연재료를 최대한 활용하며 춥고 더운 기후에 대처하고 작업공간을 확보하기 위한 형식으로서, 함경도나 강원도 태백산 줄기, 경상도 북부, 전라도 일부와 제주도에 분포된다. 겹집의 경우에는 집 가운데에 큰 정주간과 마당, 부엌이 가깝게 배치되어 하나의 공간을 이루고 좌우에 여러 개의 방이 전(田)자 또는 용(用)자형으로 배치된다.

3) 재료에 의한 분류

주택은 기와집, 초가집, 너와집, 굴피집, 청석집, 띠집, 토담집, 까치구멍집 등 지붕과 벽의 형태나 재료에 따라서도 분류한다. 기와집은 도시 및 그 인근 지역의 부유층과 지방의 토호, 문중의 종가 등 재력 있는 집에서 사용하였으며, 서민들은 그 지역에서 쉽게 구입할 수 있는 재료를 이용하였다. 즉, 평야지대에는 초가, 평평한 얇은 돌을 쉽게 구할 수 있는 곳에서는 청석, 산이 많고 목재가 많은 곳에서는 너와나 굴피, 벼농사가 제한된 제주도에서는 띠로 지붕을 이었다. 까치구멍집은 토담집이나 귀틀집의 용마루 좌우 끝쪽 작은 합각머리에 구멍을 내어 환기를 할 수 있도록 한 집이고, 토담집은 흙벽돌로 벽을 쌓거나 거푸집 속에 흙을 다져 넣어 말리고 그 위에 지붕을 덮은 집이다. 눈이 많은 울릉도의 주택에는 겨울의 폭설에 대비하여 가옥 주위에 우데기라는 방설용 벽이 설치되어 있는데, 가옥과 우데기 사이의 공간을 겨울철 작업 공간, 통로로 활용한다. 우데기는 울릉도 민가에 딸린 독특한 방설, 방우, 방풍을 대비한 설비이다.

(1) 초가

민가라고 하면 초가지붕을 상징할 정도로 초가는 가장 흔히 쓰인 서민주택으로서, 갈대나 새, 볏짚, 띠풀, 왕골 등을 엮어 지붕을 얹은 주택이다. 초가는 단열성과 보온성이 우수하여 여름에는 시원하고 겨울에는 따뜻하게 지낼 수 있으나 여름철에 벌레가 생기며 화재의 위험이 많은 단점이 있다. 초가는 지붕의 재료에 따라 순수 초가와 샛집으로 구분되는데, 순수 초가는 볏짚으로 이엉을 엮어 지붕을 한 것이고, 샛집은 새(억새, 새풀, 茅)로 이어 지붕을 만든 것이고 띠풀로 이는 것은 띠집이라고도 한다. 초가는 대체로 낮은 토단으로 된 기단 위에 호박 주춧돌을 놓아 둥근 나무기둥을 세우고 둥근 통나무로 도리와 보를 형성하며, 이것을 기본구조로 외를 엮어 벽체를 형성하였다. 초가의 지붕구조는 우진각지붕과 맞배지붕이 일반적으로 도리에서 치마 끝까지 서까래를 건너지르고 여기에 잡목이나 대나무발을 엮어서 새끼로 묶고 그 위에 흙을 얹고 고르고 짚을 덮는다. 서까래 위에 산자널을 깔며, 흙과 지푸라기를 물로 버무려 이긴 알매흙을 덮거나 또는 알매흙 없이 초가지붕을 잇는데, 알매흙을 사용한 집은 알매집, 사용하지 않은 집은 건새집이라고 한다.

초가는 평면에 따라 일자형, ㄱ자형, ㅁ자형, 까치구멍집 등으로 나눌 수 있다. 초가의 가장 기본적인 것은 초가삼간이라고 부르는 부엌 1칸, 방 2칸으로 구성된 일자형으로서, 일자집이라 하여 전국에 분포되어 있지만 지방에 따라 약간씩 차이가 있다(그림 6-15). 전형적인 남부지방의 3칸 초가는 대청이 없지만 4칸 이상이 되면 대체로 대청이 설치된다. ㅁ자형 초가는 지붕의 형태가 또아리처럼 둥근 모양을 이루어 똬리집(또아리집)이라고도 부르며 황해도와 경기도 서북지역에 많이 분포한다(그림 6-16). 똬리집의 평면은 ㅁ자형이고, 지붕이 원형에 가깝게 덮여 하늘에서 내려다 보이는 모양이 똬리 모양이라고 해서 이름이 붙여졌다.

그림 6-15 **순천 낙안읍성 초가**

까치구멍집의 지붕은 양쪽 옆면의 작은 박공부분에 구멍이 있는데 이 구멍으로 부엌의 연기가 빠져나가도록 되어 있다(그림 6-17).

(a)

(b)

그림 6-16 (a) 고양시 일산 밤가시 초가
(b) 고양시 일산 밤가시 초가의 내부

그림 6-17 까치구멍집(안동 민속촌-
구박분섭씨의 농가)

(2) 너와집

너와집은 붉은 소나무 조각인 너와라는 재료로 지붕을 덮은 집으로 너새집 또는 널기와
집이라고도 하며, 강원도에서는 느에집 또는 능애집이라고도 한다(그림 6-18, 19). 너와는
200년 이상 자란 붉은 소나무 토막을 길이로 세워 놓고 잘라낸 널쪽으로, 크기는 일정하지
않으나 가로 20~30cm, 세로 40~60cm이며 두께는 4~5cm이다. 너와를 지붕에 덮을 때는
아래쪽에서부터 지붕 위쪽으로 끝을 조금씩 겹쳐나가며, 너와를 덮은 다음에는 바람에 날리
지 않도록 군데군데 무거운 냇돌을 얹어놓거나 너시래라고 부르는 통나무를 처마와 평행되게
눌러놓기도 한다. 너와집은 개마고원을 중심으로 한 함경도지역, 낭림산맥·강남산맥 일대의
평안도 산간지역, 태백산맥 일대의 강원도 산간지역, 울릉도 등 삼림이 우거진 산간지대나
화전지역에 분포하며, 지역에 따라 형태나 구조 면에서 상당한 차이가 있다. 너와집은 환기와

배연이 잘 되고, 단열과 보온 효과가 뛰어나 한서의 차가 심한 산지기후에 적절한 가옥 형태이다. 평면상으로 흩집과 겹집, 지붕의 형태로는 우진각·합각·박공 지붕 등이 있다.

그림 6-18 **삼척 대이리 이종옥 너와집 평면**(국립민속박물관, 『**강원도 산간지역의 가옥과 생활**』, 1994)
그림 6-19 **삼척 대이리 너와집**

(3) 굴피집

굴피집은 굴피나무나 상수리나무, 삼나무 등의 두꺼운 나무껍질로 지붕을 덮은 집으로서, 산간지방에서는 흔히 너와로 지붕을 이지만 재료인 적송을 구하기 어려울 때에는 굴피를 이용한다. 태백산맥과 소백산맥 일대에서 주로 화전민들이 많이 이용하는 굴피집은 이십 년쯤 자란 참나무 밑둥에서 껍질을 넓게 떼어낸 굴피라는 특이한 지붕재료를 차곡차곡 쌓은 다음 무거운 돌로 눌러 평평하게 편 다음 지붕을 덮는다(그림 6-20, 21). 굴피는 보통 두 겹으로 끝을 겹쳐 가면서 고기비늘 모양으로 지붕 아래쪽부터 위쪽으로 깔아나가며, 굴피 위에 '너시래'라는 긴 나무막대기를 걸쳐서 바람에 날아가지 않도록 한다. 굴피를 덮으면 여름에 덜 덥고 겨울에 덜 추운 장점이 있으며 고무처럼 탄력이 있어 잘 썩지 않으며 물을 먹지 않고 가볍다. 굴피지붕은 습기에 민감하여 대기가 건조해지면 바짝 오므라들어서 군데군데 하늘이 보일 정도가 되지만 습기가 많아지면 이내 늘어나서 틈이 메워진다. 굴피집은 대체로 건물 옆면의 박공면에서 출입하는 측입 형태를 취하며, 수명이 길기 때문에 '기와 천 년, 굴피 만 년'이라는 속담이 전해지고 있다.

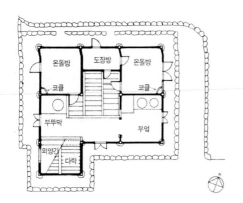

그림 6-20 삼척 대이리 이종순 굴피집 평면(국립민속박물관, 『강원도 산간지역의 가옥과 생활』, 1994)
그림 6-21 삼척 신기 굴피집

(4) 귀틀집

귀틀집은 통나무 또는 대나무를 가로로 포개어 우물 정(井)자 모양으로 쌓아올려서 벽을 만드는 집으로서 방틀집, 목채집, 틀목집, 투방집, 투막집 등으로도 불리며, 주로 산간지역의 화전경작지에서 이용되었다. 귀틀집은 지역적으로 개마고원과 낭림산맥의 삼림이 풍부한 북부지역, 태백산맥을 중심으로 한 강원도 산간지방, 지리산 주변 소백산맥 일부지방, 울릉도 등에서 발견되지만 대체로 중부 이북의 산간지대에 많이 분포된다(그림 6-22). 귀틀집에 대해서 3세기에 나온 중국의 『삼국지』 동이전 변진조에는 "나무를 옆으로 쌓아올려 집을 짓는데 모양은 감옥을 닮았다."라고 기록되어 있다.

나무와 나무 사이가 엇물리는 네 모서리의 교차부는 도끼로 위쪽과 아래쪽에 아귀를 따서 서로 잘 들어맞도록 하며, 나무 사이의 틈새는 진흙을 발라 메워 바람이 들지 않게 한다. 귀틀집은 벽이 통나무로 되어서 많은 적설량에도 견딜 수 있고 방안의 온기를 유지하는데 유리하며, 만드는 일도 간편하여 오래전부터 많이 이용되어 왔다. 귀틀집의 평면은 방 두 칸과 부엌 한 칸의 세 칸으로 이루어지거나, 또는 부엌의 끝쪽에 가축의 우리를 달아낸 형식이 가장 일반적이며, 분포지역이나 경제적인 여건에 따라 방 한 칸, 부엌 한 칸의 소규모에서부터 규모가 큰 것에 이르기까지 다양한 형태를 보이고 있다. 귀틀집은 평면이 일자형을 이루게 되며 2칸 이상의 집을 짓기가 어려워서 대체로 방만 귀틀구조로 하고 부엌과 외양간은 널벽이나 토벽으로 하였다. 천장에는 한쪽을 판판하게 다듬은 나무 서너 개를 나란히 걸고 널쪽이나 잔나뭇가지의 산자를 촘촘하게 깐 다음 역시 진흙으로 덮는다.

(a) (b)

그림 6-22 (a) 귀틀집(용인 한국민속촌)
(b) 귀틀집(정선 아라리촌)

4) 지역별 민가 양식

주택은 기본적으로 자연환경으로부터 인간을 보호하고자 위한 것이므로 지역의 기후 특성에 따라서 주거형식은 많은 차이를 보이게 된다. 춥고 긴 겨울에 거처할 온돌방, 특히 안방과 마루방, 대청 그리고 부엌이 어떠한 모습으로 결합되느냐에 따라 배치와 평면의 다양한 변화를 볼 수 있다. 특히 지역적으로 기후에 따라 주택 형식이 달라지는 것은 서민주 택에서 강하게 나타나는데, 상류주택은 지역이나 자연적 환경보다는 신분과 사상, 의식 등 에 따라 주택이 구성되는 경향이 강하기 때문이다. 민가라는 용어는 아직 학술적으로 명확 히 정의되지 않았지만, 일반적으로 지배계층인 사대부계급이나 양반계층에 속하지 않은 피지배층의 주택을 가리킨다.

자연과 풍토에의 대응이 보다 긴요하였던 민가는 간략한 목구조와 초가로 이루어지는 형식이며 지역별 지형조건과 자연환경 특성에 따라 각기 그 유형을 달리하는데, 산간지역 과 평야지역, 해안지역 등으로 구분되기도 하며, 함경도와 중부지방, 남부지방, 제주도 지역 등 지방별로 구분되기도 한다(그림 6-23). 지역적으로 볼 때 남쪽지방으로 내려갈수록 마루 나 대청과 같은 개방공간이 많이 보이고 북쪽으로는 벽이 두껍고 창이 작아지는데, 이는 무덥고 습기가 많은 남쪽과 매서운 겨울 추위의 북쪽 지방의 기후조건에 영향을 받은 것으 로 여겨진다. 함경도형(관북형)과 평안도형(관서형), 중부형 및 서울형, 그리고 남부형, 제 주도형으로 구분되는 민가 유형들 가운데, 주로 북부의 함경도형은 밭 전(田)자형의 평면으 로 정주간을 갖추고 있으며, 중부형 및 서울형은 ㄱ자형에 대청이 중심을 이루고, 남부형은 한 일(一)자형에 마루와 툇마루로서 중부와 북부보다 개방적이며, 대체로 3~5칸의 규모로서 더 큰 작업공간과 부속건물들을 갖추고 있었다. 이들 민가들은 대개 부엌, 방, 마루의 세 가지 공간 요소로 구성되어 있고 2칸 오두막집에서부터 도투마리집, 3~6칸 전툇집 등 종류가 다양하다.

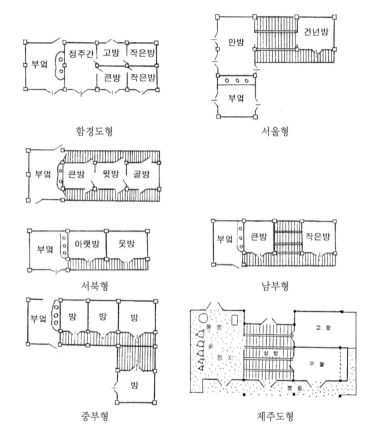

그림 6-23 **민가의 평면 유형**

함경도형

서울형

서북형

남부형

중부형

제주도형

(1) 서울형 및 중부형 주택

서울과 경기도, 황해도 남부와 충청도 일대의 중부지방에는 일자 2칸집, 툇마루를 붙인 3칸툇집 등이 있지만 대체로 'ㄱ'자형이 보편적이다. ㄱ자형은 일자형 평면이 변화된 것으로서, 부엌과 안방, 대청, 건넌방이 ㄱ자형으로 배치된다. ㄱ자형 주택은 서울에서 많이 볼 수 있는 서울형과 경기, 충청, 황해 남부, 강원 남부에 많은 중부지방형으로 구분된다. 서울형은 서울을 중심으로 분포되는데, 대청을 중심으로 좌우에 안방과 건넌방이 배치되고, 안방 앞에 부엌이 붙어 'ㄱ'자형이 된다. 서울형은 대부분 안방을 건넌방보다 넓게 만들고 부엌 끝에 온돌방이 더 붙여지기도 하는데, 직각으로 꺾이는 부분에 안방이 놓이고 남면하기 어려워 일조조건이 불리하나 안방으로서의 독립성 확보에는 유리하다. 서울형 주택은 도시형 주택이므로 일반적으로 대지 경계선에 잇대어 안채와 사랑채, 대문채 등을 연결하여 하나의 건물로 만드는 경우가 많으며, 규모에 따라 'ㄱ'자, 'ㄷ'자, 'ㅁ'자형이 되지만 안채만 볼 때는 'ㄱ'자형이 된다.

중부지방형은 중부지방에 널리 분포되는데, 부엌과 안방, 웃방의 순서로 일렬 배치하고 웃방에서 직각방향으로 대청을 두고 건넌방을 연결하는 방식이다. 각 방과 부엌이 비교적 남면을 할 수 있어 일조조건이 유리하나 안방의 독립성 확보에는 불리하다. 중부지방형은 '서울지방형'과 같은 'ㄱ자형'이나, 부엌과 안방의 방향이 중부형에서는 남향이고, 서울형에서는 동서향이다. 중부형 주택은 지방의 주택이므로 대문채와 행랑 및 담이 대지 경계선에 세워지고 안채나 사랑채 등은 대지 안의 적당한 위치에 세워진다. 중류 이상의 주택인의 경우에는 집 전체의 규모가 커지고 여러 종류의 방이나 광, 부속건물이 많아지므로, 안채와 서로 연결되어 중류주택에는 ㄷ자형이 제일 많으며 상류주택이 되면 튼ㅁ자집이나 ㅁ자집이 주류를 이룬다.

(2) 평안도 지방의 주택

평안도에는 북쪽 산악지대와 남쪽 평야지대에 따라 一자형, ㄱ자형, 二자형, 전(田)자형 등 여러 가지 주택이 나타난다. 서민주택은 일자형으로 구성되는 것이 일반적이나 중류주택의 대부분은 ㄱ자형을 이루며, 상류주택은 一자형을 앞뒤에 나란히 세우는 경우가 많고 전(田)자형이나 ㅁ자형도 있다. 평안도와 황해도 북부의 일부 지방에 분포된 관서형 서민주택은 부엌과 아랫방, 웃방이 일렬로 구성되는 '一자형'으로서, 평안도는 기후가 비교적 온화한 지역이므로 관북형에서 볼 수 없는 툇마루가 등장하기도 한다. 一자형은 부엌과 방 두개가 연속으로 구성되어 '삼간형'이라고도 하는데, 이러한 주택은 거의 전국적으로 서민주택들이 채택하는 일반적 형식이라 할 수 있다. 서민주택들은 일반적으로 몸채를 '一자형'으로 하고 여기에 따로 광, 오양간, 측간 등이 부속채를 이루게 된다. ㄱ자형은 서울형과 중부형과 비슷하게 부엌을 안채의 끝에 배치하고 안방과 웃방을 연결시키는 형식이지만 강한 북서풍을 막기 위해 부엌이 모서리에 배치되고 대청을 두지 않는다.

(3) 함경도 지방의 전자형 주택

함경도와 강원도 일대에 분포된 관북형은 부엌과 정주간, 방들의 일부가 '전(田)'자형으로 구성되므로 '전자형 주택'이라고도 한다. 전자형 주택은 집 중앙부에 정주간이라는 생활공간을 두었는데, 정주간은 부엌 내에 간막이 벽이 없이 부엌 바닥보다 약간 높게 설치된 온돌바닥으로서, 불을 다루는 부뚜막을 넓게 하여 그 온기를 이용하는 것이며, 취사와 거주의 기능을 동시에 지니며 식당의 역할도 한다. 이 유형의 특징은 부엌과 정주간 사이에 벽체가 없이 하나의 커다란 공간을 형성하고 그 옆으로 방들이 '전자형'을 이루면서 붙어 있고, 또 부엌의 부뚜막과 아궁이는 부엌과 정주간 사이에 자리하게 되어 자연히 부엌 바닥과 정주간 바닥 사이에는 상당한 높이차가 형성된다. 이 유형은 부엌 한쪽에 외양간과 디딜방앗간 등이 놓이고 방들이 두 줄로 배치되어 서로 벽을 공유하면서 서로 맞붙어 있어 열의 손실을 막아 추운 기후를 대비하도록 되었다. 전자형 주택은 한냉지방에서 추위를 극복하고 온돌의 기능을 극대화하기 위한 평면구성으로서, 추위를 극복하기 위해 정주간이라는 요소가 만들어졌다. 전자형 주택은 정주간에 인접하여 방들이 두 줄로 배치되므로 겹집, 두줄박이집, 양통형집이라고도 불리며 각 방의 독립성은 떨어진다.

(4) 남부지방의 일자형 주택

남부지방의 주택은 경남 지방과 경북, 전남 일부 지방이 속하며 기후적 여건상 더위에 대비하여 대청과 툇마루 등이 조성된다. 앞뒤로 벽체가 없는 넓은 대청마루는 가장 개방적인 구조로 영남과 호남지방을 중심으로 충남북의 대부분 지역이 이에 속한다. 남부지방의 주택은 一자형의 평면이 압도적으로 많이 나타나며, 3칸 또는 4칸 전퇴집이 일반적이고 간혹 산간지방에서는 2칸 오두막집도 있다. 부엌, 방, 대청마루, 방이 일렬로 구성되는 전형적인 홑집의 '一'자형 주거공간에서 부엌은 주로 왼쪽에 두고 큰방과 작은방 앞에 툇마루를 깔아 사용했으며, 초가지붕의 줄매기는 서까래의 끝을 일직선상으로 가지런히 자르는 일자매기를 많이 사용하였다. 대청이 있는 4칸 집일 경우에는 중앙의 대청을 남쪽 방향으로 두어 햇볕을 이용하여 따뜻한 방의 역할을 하게 하였다. 서민주택 중 비교적 여유가 있는 집에서는 일자형 몸체 이외에 광, 헛간, 외양간, 측간 등으로 구성된 부속채가 별도로 세워진다. 평안도 지방의 '一'자형과 비슷하지만 대청마루가 방과 방 사이에 있는 점이 다르다.

전라남북도와 충청도 일부의 서부지방 주택은 남부지방의 一자형 3칸 초가와 거의 비슷하나 서부 해안지방에는 네 칸 또는 다섯 칸 집이 많이 지어졌다. 네 칸 집의 평면은 집

중앙에 주로 마루방을 두고 양쪽에 건넌방과 큰방을 두는 형식이며, 툇마루로 된 다섯 칸 집에서는 주로 부엌을 가운데에 두고 양쪽에 큰방과 건넌방을 두었으며, 초가지붕의 줄매 기는 마름모매기와 일자매기를 주로 사용하였다.

(5) 제주도 지방의 주택

제주도 민가는 중앙에 대청마루인 상방을 두고 좌우에 부엌과 작은구들, 큰구들과 고팡 을 배치하였다. 큰구들은 부모님의 공간, 작은구들은 자녀들의 공간이고, 부엌의 부뚜막은 작은구들 쪽과 반대되는 위치에 두어 취사 때의 열이 방에 들어가지 않도록 한다. 아궁이는 난방보다 취사를 하고 재를 만드는 역할이 더 크기 때문에 굴뚝이 없고 불을 때는 입구 맞은편은 트여 있으며, 그 뒤에 재를 모아 둘 수 있는 공간이 비어 있다. 상방과 큰구들의 앞쪽에는 낭간이라는 툇마루를 설치한다. 또 큰구들과 작은구들의 구들고래들은 방 전체의 3분의2 정도만 깔리는 것이 특징이다. 큰구들 뒤쪽의 고팡은 온돌 시설이 되어 있지 않고 곡류, 두류, 유채 등 물건을 보관하는 저장 공간이다.

가장 남쪽의 섬 제주도에는 바다의 거센 바람, 눈과 비가 많은 자연 현상, 돌과 띠가 많은 조건 등이 결합되어 독특한 주택 형태를 이루었는데, 제주도 주택은 지붕을 낮게 하고 물매를 유선형으로 하며 3벽이 돌벽으로 쌓여졌으므로 유선형의 지붕과 무거운 돌로 쌓은 벽체가 대비를 이루어서 경쾌하면서 장중한 느낌을 준다(그림 6-24, 25). 지붕은 오래 견디 는 띠로 이으며 굵은 동아줄로 지붕을 총총히 얽어매어 바람에 날리지 않게 하고 바깥벽은 창문 등의 개구부를 제외하고 모두 짙은 회색의 다공질 현무암으로 쌓는 독특한 가옥형식

(a)

(b)

그림 6-24 제주도 민가(성읍 이영숙가옥)
그림 6-25 제주도 민가(성읍 민속마을)

이 생기게 되었다. 제주도는 기후가 매우 따뜻한 곳이므로 채난, 난방 시설에 주력하지 않아 부엌이라도 부뚜막을 두지 않고 솥을 따로 내걸어 취사하는 일이 보통이다. 따라서 주택의 구조는 온돌구조가 미발달되고 시원한 공간인 마루가 많은 편이며 개방적인 것이 특징이다. 제주도 주택은 육지에서 찾아볼 수 없는 올래를 통해 진입하며, 일자 모양의 집을 ㄱ자, 二자로 구성하기 시작해서 ㅁ자를 이루는 방식으로 배치되었다.

5. 주거건축 사례

조선시대의 주택은 크게 조선 전기와 후기로 나누어 검토할 수 있다. 조선 전기의 주택은 남아 있는 유구가 거의 없는데, 현재 남아 있는 임진왜란 이전의 건물은 강릉 오죽헌(15세기 초), 강릉 해운정(1530, 중종 25년), 양동마을의 서백당(15세기 말)과 향단, 독락당, 무첨당(그림 6-26), 관가정, 하회마을의 양진당과 충효당, 예안이씨 충효당(1551, 명종 6년) 정도이다. 그 외 조선 중기, 후기의 주택건축으로는 창덕궁 후원의 연경당(1828, 순조 28년), 강원도 명주 임경당, 강릉 선교장(1800년대), 대전 회덕 동춘선생고택과 동춘당, 예산 추사고택, 의성김씨 대종가와 소종가, 달성 묘동 박황씨가, 경주 최준씨가, 해남 윤고산 고택 녹우당, 구례 운조루 등이 있다.

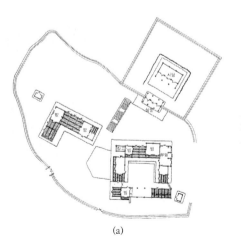

(a)

(b)

그림 6-26 (a) 경주 양동마을의 무첨당 평면도
　　　　　(b) 경주 양동마을의 무첨당 사랑채

① 안동 하회 양진당(제306호)과 안동 하회 충효당(보물 제414호), 경북 안동 하회마을

양진당은 서애 류성룡의 형인 겸암 류운룡(1539~1601)과 그 부친 류중영[15]의 집으로서, 구(ㅁ)자형의 안채와 약간 뒤쪽으로 일자형의 사랑채가 연결되어 날개집의 형태를 이루고 있다(그림 6-27). 풍산류씨 대종택인 양진당은 연화부수형 형국의 하회마을에서 꽃술에 해당하는 자리의 가장 명당에 자리 잡고 있다. 행랑채의 솟을대문을 지나면 사랑마당과 사랑채가 나타나며, 사랑채는 침방과 사랑방, 사랑대청이 일렬로 늘어서 안채와 연결된다. 비교적 높은 축대 위에 세워진 사랑채는 정면 4칸, 측면 2칸 규모의 겹처마 팔작지붕으로서, 원기둥 위에 공포를 받치고 건물 둘레에는 쪽마루와 난간을 설치하고 대청 정면에 4분합 여닫이문을 달았으며, 사랑채 뒤쪽으로 별도의 담장을 쌓고 사당을 배치하였다. 마치 누각과 같은 인상을 주는 양진당의 사랑대청은 정면 3칸, 측면 2칸으로 상당히 큰 규모이다. 안채는 서쪽에 별도로 난 중문을 통해 출입하게 되는데, 사랑마당에서도 출입할 수 있으나 내외벽을 설치해 내부가 보이지 않도록 하였다. 구(ㅁ)자형의 안채는 정면 3칸, 측면 1칸 반의 안방과 정면 2칸, 측면 1칸 반의 대청이 앞쪽에 반 칸의 퇴를 달고 있으며 건넌방은 작은 대청을 사이에 두고 아래와 위로 나누어져 있다.

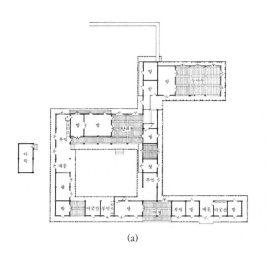

(a)

(b)

그림 6-27 (a) 안동 하회 양진당 평면도
(b) 안동 하회 양진당 사랑채

....

15 양진당은 류중영의 호를 따서 입암고택이라 부리기도 한다. 사랑대청 앞 처마 아래에 '입암고택' 현판이, 사랑대청 안 북쪽 벽에 '양진당'이라는 현판이 걸려 있다. '양진당' 당호는 이곳을 크게 중수한 류운룡의 6대손인 류영의 아호에서 비롯되었다.

(a)   (b)

그림 6-28 (a) 안동 하회 충효당 평면도
         (b) 안동 하회 충효당 사랑채

충효당은 서애 류성룡(1542~1607)의 생가로서, 서애의 장자가 임진왜란 이후 중수하고 증손이 다시 중수, 확장한 조선 중기의 단층 기와지붕 주택이다(그림 6-28). 충효당은 구자형의 안채와 일렬로 된 사랑채가 연결되어 날개집의 형태를 이루는데, 사랑채가 앞쪽으로 나와 있고 그 뒤에 후원을 이루고 있다. 사랑채는 정면 6칸, 측면 2칸으로서 사랑방과 침방, 사랑대청, 건넌방과 그 앞의 작은대청으로 이루어져 안채와 연결된다. 사랑채의 대청 정면과 측면에는 난간이 있는 툇마루가 있고 기둥은 원주를 세웠으나 내부와 방에는 방주를 사용하였다. 충효당의 안채는 사랑채와 행랑채 왼쪽을 연결한 담장 사이의 일각대문을 지나 다시 중문간 행랑채에 붙은 중문을 통과해서 출입되는 매우 차폐된 구조를 보인다. 안채는 부엌, 안방, 대청, 건넌방, 작은 대청, 여러 방들이 중문간 행랑채와 연속되어 구(口)자형 평면을 이루고 있다. 사당은 안채 옆에 따로 쌓은 담장 속에 세워져 있다.

② 경주 양동 향단(보물 제412호)과 서백당(중요민속문화재 제23호), 관가정(보물 제442
   호), 경북 경주 양동마을

향단은 조선 중기의 양반주택으로서 격식을 벗어나 주생활의 편리성, 합리성을 높이는 뛰어난 공간구성을 보여준다. 향단은 조선 5현 중 하나인 유학자 회재 이언적(1491~1553)이 경상감사로 부임하였던 1540년쯤 건립된 집으로서, 이언적이 나랏일도 하고 어머니도 돌볼 수 있도록 중종이 배려하여 지어주었다고 한다. 낮은 구릉에 자리 잡은 향단은 일반 상류주택과 다른 특이한 평면 구성을 하고 있는데, 몸체는 월(月)자형으로 하고, 여기에

일(一)자형 행랑채와 칸막이를 둠으로써 용(用)자형으로 만들어졌다. 안채와 사랑채, 행랑채를 붙여 전체가 한 몸체로 이루어지며, 마당은 안마당과 행랑마당으로 나뉘고, 안마당은 지극히 폐쇄적이다(그림 6-29). 행랑채는 정면 9칸, 측면 1칸으로 되어 있고 행랑채 뒤편에 있는 본채는 행랑채와 똑같은 규모를 앞뒤에 2채 배치해놓은 듯하며 그 중앙과 좌우 양쪽 끝을 각각 방으로 연결하였으므로, 마치 전체 건물이 일자형 또는 월자형의 한 건물같이 배치되었다. 안채 내부는 온돌방과 마루를 번갈아 배치하였으며 동쪽에 큰 대청을, 서쪽에는 곳간, 중앙에 제일 큰 온돌방을 두었다. 안채는 앞채의 동쪽에서 세 번째 칸에 있는 대문으로 들어가며, 중앙의 큰 온돌방 북쪽에 있는 좁은 통로를 거쳐 안쪽 마당에 들어간다. 사랑채는 가운데의 대청 좌우로 방을 두고 여기에 작은 대청을 사이에 두고 방과 대청들로 구성된 아래채와 연결된다.

　서백당은 양민공 손소가 성종 15년(1454) 건축한 집으로 월성손씨 종택이며, 손소의 아들인 우재 손중돈과 외손으로서 문묘에 배향된 회재 이언적이 태어난 곳이기도 하다. 서백당은 일자형 대문채 안에 구(口)자형의 안채가 있고, 사랑 뒷마당에 신문과 사당이 있다(그림 6-30). 문간채는 기단 위에 막돌초석을 놓고 네모기둥을 세운 납도리집으로서 정면 8칸, 측면 1칸의 홑처마 맞배지붕 건물이다. 안채는 정면 5칸, 측면 6칸의 口자집 평면의 팔작지붕 건물로서, 상당히 높게 쌓은 기단 위에 납돌초석을 놓고 네모기둥을 세웠는데, 대청 정면의 기둥만은 원기둥 4개로 처리하였다. 사랑채는 사랑방과 침방이 대청을 사이에 두고 ㄱ자형으로 놓여 있는데, 작은 사랑을 모서리 한쪽으로 두어 방과 방이 마주하지 않도록 하였다.

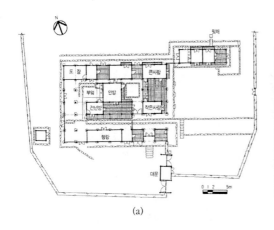

(a)

(b)

그림 6-29 (a) 경주 양동마을 향단 평면도
(b) 경주 양동마을 향단 전경

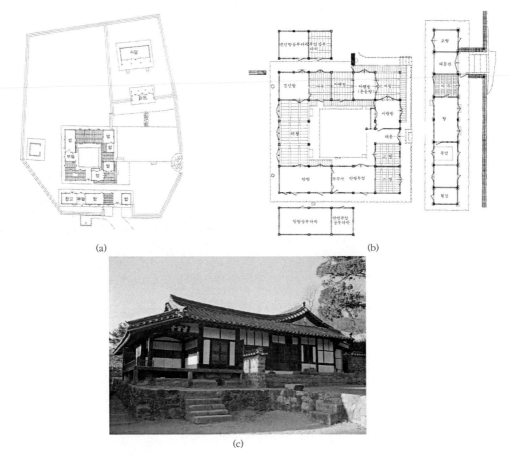

(a)

(b)

(c)

그림 6-30 (a) 경주 양동마을 서백당 배치도
(b) 경주 양동마을 서백당 평면도
(c) 경주 양동마을 서백당 사랑채

관가정은 중종 때 청백리로 알려진 우재 손중돈의 옛집으로 마당을 중심으로 남쪽의 사랑채와 안채가 구(口)자형을 이루고 있다. 관가정은 정면 2칸, 측면 1칸, 단층 기와지붕 양식이다. 관가정은 안채의 동북쪽에 사당을 배치하고 담으로 양쪽 옆면과 뒷면을 막아서 집의 앞쪽을 탁 트이게 하여 낮은 지대의 풍경을 바라볼 수 있게 하였다(그림 6-31). 관가정은 안채와 사랑채가 연결되어 있는데, 중앙에 중문을 두고 사랑채는 서쪽에, 동쪽과 북쪽에 안채로 구성되어 있다. 건물 전체의 평면이 정사각형을 이룬 남향이며, 마당을 중심으로 북쪽에는 안채로서 안방, 부엌, 넓은 대청, 좌우에 작은 방들이 있고 사랑채의 사랑방과 연결이 된다. 대문간에 붙은 서쪽 방이 남자공간인 사랑방이며 잇대어 누각마루가 있고 처마에 '관가정'이라고 쓴 현판이 걸려 있다. 누각마루의 규모는 2×1칸이며 측면에서 전면을 돌아 난간을 둘렀다. 기둥은 원주이며 그 위에 초익공 계통의 공포를 받쳤고 앞쪽은 트여 있고, 사랑대청의 가구는 4량으로, 평주 위에 대들보를 걸었다.

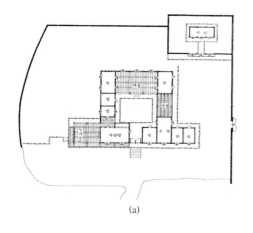
(a)

(b)

그림 6-31 (a) 경주 양동마을 관가정 평면도
(b) 경주 양동마을 관가정 사랑채

③ 강릉 오죽헌, 강원 강릉, 16세기 초, 보물 제165호

오죽헌은 율곡 이이가 출생(1536, 중종 31년)한 집의 별당건물로 조선 초기의 대표적인 익공양식 건축물이다. 이 주택은 원래 단종 때 병조참판과 대사헌을 지낸 수재 최응현의 고택으로 본채는 없어지고 별당인 오죽헌만 남아 있다. 오죽헌은 높은 장대석 한층 쌓기 기단 위에 막돌초석을 놓고 네모기둥을 세웠으며, 정면 3칸, 측면 2칸의 일자형 평면이며 왼쪽 2칸 대청과 오른쪽 1칸 방으

그림 6-32 강릉 오죽헌

로만 구성되는데, 대청은 4칸이며 온돌방은 한 칸 반으로 뒤쪽에 반 칸 폭의 툇마루가 설치되었고 이이가 태어난 방은 몽룡실이라고 한다(그림 6-32). 오죽헌은 기둥 위에 주두를 놓고 익공으로 처리한 이익공식 겹처마의 팔작지붕 건물로서, 익공 쇠서와 첨차의 형태는 주심포식과 비슷한 수법을 보여준다.

④ 해남윤씨 녹우당 일원, 전남 해남, 사적 제167호

녹우단은 15세기 중엽에 지어진 해남윤씨 종가이며 고산 윤선도가 살았던 60칸 규모의 주택으로서 현존 주택 중 호남지방에서 가장 오래되고 규모가 크고, 안채와 사랑채가 'ㅁ'자형을 이루고 행랑채가 갖추어져 조선시대 상류주택의 형식을 잘 나타내고 있다. 고산 윤선도의 4대 조부인 윤효정(1476~1543)이 연동에 처음 정착하여 지었으며, 녹우당이라 이름 붙여진 사랑채는 수원에 있던 집을 현종 9년(1668)에 그대로 옮겨와 세운 것이다.[16] 뒤쪽에 덕음산을 두고 앞에 안산으로 벼루봉과 필봉이 자리 잡고 있는 명당터에 세워진 녹우단은 서향을 한 동4택에 속하는 집이다.

녹우단은 대문을 들어서면 사랑마당을 지나 사랑채가 앞에 있고 그 뒤 동쪽 대문을 들어서면 ㄷ자형의 안채가 배치되어 ㅁ자형 구조를 이루고 있다. 사랑마당 서남쪽 담 모퉁이에는 조그만 연못이 있고, 안채 뒤 동쪽 담장 안에 사당이 있고, 담장 밖에는 고산서당과 어초은사당 등이 있다(그림 6-33). 사랑채는 침방과 사랑방, 대청이 一자로 늘어서고 전면에 차양을 달았으며, 침방 옆에 작은 마루를 두고 그 뒤쪽에 곳간을 두어 안채의 부엌과 연결시키고 있다. 사랑채 뒤 동쪽으로 난 중문을 들어서 만나는 ㄷ자형 평면의 안채는 서쪽으로

(a)   (b)

그림 6-33 (a) 해남 녹우당 배치도
           (b) 해남 녹우당 전경

....
16 효종(1619~1659)이 세자 시절 자신의 스승이었던 윤선도를 늘 곁에 두고 싶어 수원에 지어준 집이다.

부엌·안방·작은대청을 일렬로 늘어놓고, ㄱ자로 꺾이어 큰대청을 두고 다시 ㄱ자로 꺾이면서 방·함실아궁이부엌·방·곳간을 두어 중문까지 연결시켰다. 고산 윤선도가 기거하던 사랑채가 녹우당이고 녹우당을 포함한 해남윤씨 종택 일대를 녹우단이라 부르며, 현재 문화재 명칭은 2011년 7월 해남윤씨 녹우당 일원으로 변경되었다.

⑤ 안동 의성김씨 종택, 경북 안동 임하, 조선 중기, 보물 제450호

의성김씨 종택은 학봉 김성일(1538~1593) 선생이 임진왜란으로 소실되었던 집을 재건하였다는 조선 중기의 주택으로 짐작된다. 이 주택은 전체적으로 구(ㅁ)자형의 안채와 일자형의 사랑채가 행랑채와 기타 부속채로 연결되었으며, 남녀유별에 의한 동선분리와 위계를 조화롭게 처리한 내부공간의 구성이 뛰어나다(그림 6-34). 주택 전면에서 보아 왼쪽으로 사랑과 복도로 길게 연결된 마루 달린 방들과 오른쪽 행랑채 사이의 중문을 들어서면 안채와 사랑채 침방 앞의 중간마당에 이르게 된다. 사랑채는 정면 3칸, 측면 2칸의 대청과 사랑방, 침방이 일자형으로 배열되어 있고, 사랑대청과 바깥 행랑채 사이에는 좁고 긴 누다락으로 연결되어 그 아래는 헛간으로 사용된다. 이 종택은 사랑채가 집 전체의 안쪽에 있으며 여섯 칸의 넓은 대청 옆에 두 칸 반짜리 방이 부속공간처럼 달려 있어 대청 중심의 사랑채라는 특징이 있다. 안채는 안마당을 중심으로 대청과 방들이 둘러싸는 구자형 평면이며, 동향을 하고 있는 대청은 종가집의 제사의식을 행하기에 적합하도록 9칸의 매우 높고 넓은 공간을 이루고 있다. 사당은 사랑채 서북쪽의 경사진 터를 계단으로 하여 올라간 곳에 세워져 있다.

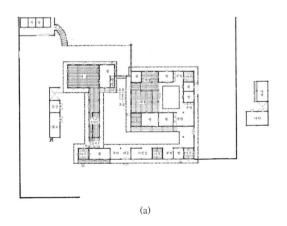

(a)

(b)

그림 6-34 (a) 안동 의성김씨 종택 평면도
(b) 안동 의성김씨 종택 전경

⑥ 창덕궁 연경당, 창덕궁 후원, 1828년, 보물 제1770호

　연경당은 창덕궁 후원의 주합루 서북쪽에 놓여 있는 왕가의 살림집으로서 통칭 99칸집이라 하며, 순조 28년(1828) 세자의 요청으로 사대부 생활을 알기 위해 사대부 주택을 모방해 지었다고 한다. 순조 때 대리청정을 맡았던 효명세자는 후원 내에 역대 임금의 글씨 등을 보관하던 건물을 개축하여 기존 왕실의 건축과 다른 상류층 분위기의 주택을 세우고자 하였다. 연경당은 순조를 대신해 섭정하던 조대비가 왕세자의 명에 의해 건립하도록 한 만큼, 당시 최고의 도목수와 동산바치가 건축을 하고 정원을 마련했다. 엄격한 규범에 따라 좌우대칭의 형태를 지닌 기존의 궁궐건축과 다르게 밝고 기능적이며 세련된 면모를 나타낸 경향은 연경당 이후 헌종 13년(1847) 낙선재의 조성에도 이어진다. 연경당은 원래 사랑채를 가리킨 것이었으나 지금은 이 주택 전체를 연경당이라 하는데, 연경이란 경사가 널리 퍼진다는 뜻이다.

　연경당은 당시 양반의 주거양식을 추측해볼 수 있는 주거건축의 대표적 실례로서, 안채와 사랑채, 행랑채, 별채, 서재인 선향재, 별당인 농수정 등의 건물로 구성되었으며, 각 건물과 마당은 서로 적절한 비례를 이루고 있다(그림 6-35). 연경당은 남향으로 배치되었으며, 연경당 서쪽에서 발원하여 앞으로 흐르는 작은 개울인 명당수를 건너 바깥행랑채의 솟을대문 장락문을 들어서면 행랑마당이 나오고, 거기에서 오른쪽으로 솟을대문 형식의 중문 장양문을 지나면 사랑채로 들어가게 되고 왼쪽으로 평대문인 중문 수인문을 들어서면 안채로

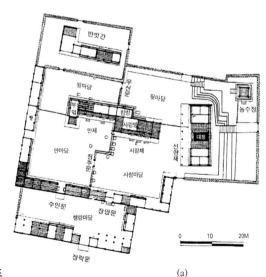

그림 6-35 (a) 창덕궁 후원 연경당의 배치도　　　　　　　　　　　　　(a)

(b)

(c)

그림 6-35 (b) 창덕궁 후원 연경당의 사랑채
(c) 창덕궁 후원 연경당의 안채

나아가게 된다. 안채는 뒤쪽으로 약간 물러나 있고 사랑채는 앞쪽으로 돌출되게 배치되었으며, 안채와 사랑채는 한 건물로 붙여 내부 동선을 연결하였으나 외부공간은 담장으로 막아 내외공간을 분리하면서 담장 가운데에 정추문을 두어 연결하였다. 사랑채의 동쪽으로는 서재인 선향재를 두었으며 선향재 동북쪽 높은 곳에 정자 농수정이 놓여 있다. 선향재는 책을 보관하고 독서하기 위한 서재로서 전면에 차양이 설치되고 양 측면에는 벽돌벽이 지붕높이까지 세워져 있다. 연경당은 안채는 납도리로 되어 있으나 사랑채는 굴도리로 되어 있고, 안채와 사랑채 모두 각기둥을 사용한 것처럼 남녀유별과 가옥규제를 충실히 따랐다.

사랑채 건물은 장대석 기단 위로 사다리꼴의 초석에 네모기둥을 세운 굴도리집으로서, 정면 6칸, 측면 2칸으로서 맨 우측에 누마루가 있고 가운데 4칸은 퇴칸을 개방하였는데, 4칸 중 우측 2칸이 대청이고 좌측 2칸이 방이다. 사랑채의 누마루와 대청의 창문은 창살무늬가 매우 섬세하며 실내기능에 맞게 적절한 크기로 되어 아름다운 조화를 보여주며, 사랑방 옆으로는 대청과 누마루를 두어 격식을 높였다. 안채에서 뻗어나온 온돌방 2칸은 마루 뒤로 해서 사랑방에 1칸이 연결되어 있다. 안방의 서쪽과 뒤편으로는 사랑채까지 쪽마루가 연결되어 있고, 경계부분에는 판문을 달았다. 안채 영역에는 서쪽으로도 행랑이 이어지고 안채의 북쪽에는 부엌과 반빗간을 별도로 분리시켜 설치하고 담장을 둘러쌓았다.

⑦ 강릉 선교장, 강원 강릉, 19세기 초, 중요민속문화재 제5호

선교장은 집 주위에 시루봉이 둘러싸고 있으며 앞으로는 얕은 시내가 흐른다. 효령대군의 제11대손인 이내번이 집터를 다듬은 후 사랑채인 열화당(1815)을 비롯해 활래정(1816), 서별당과 별채 등 많은 건물들이 후손들에 의해 지어졌다. 이 주택은 6·25 전쟁 이후 일부 건물들이 없어졌으나 안채와 사랑채, 동별당, 서별당, 가묘, 행랑채, 정자 등을 갖추고 있어 사대부의 생활상을 잘 보여준다.

선교장은 전체적으로 서남향으로 배치되었으며 전면에 긴 행랑채가 놓여 있어 가운데에 솟을대문이, 동쪽 끝에 평대문의 두 개의 문이 있다. 중앙의 솟을대문을 지나면 서별당과 사랑채(열화당)가 보이는데, 열화당은 정면 4칸, 측면 3칸으로 거의 일자형 평면을 이루며 오른쪽의 약간 돌출된 작은 대청은 누마루 형식을 취하고 있고, 앞면에 가설된 차양은 당시의 주택에서는 흔히 볼 수 없는 구조로 이루어져 있다(그림 6-36). 동쪽의 평대문을 들어서면 안채와 동별당으로 연결되며, 중문으로 서별당으로 통하게 된다. 안채는 1700년 이전 이내번이 창건한 것으로 선교장 건물 중 가장 서민적인 성격을 띠고 있으며 안방과 건넌방이 대청을 사이에 두고 있으며 부엌이 안방에 붙어 있다. 동별당은 안채와 연결된 주인 전용의 ㄱ자형 별당 건물로서, 동쪽에 2개, 서쪽에 1개의 온돌방을 만들고 앞면에 넓은 툇마루를, 뒷면과 동쪽에 좁은 툇마루를 돌렸다.

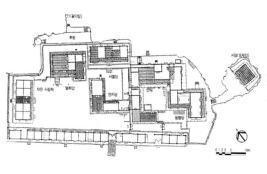

(a)

(b)

그림 6-36 (a) 강릉 선교장의 전체 평면도
(b) 강릉 선교장의 전경

선교장의 전면, 행랑채 바깥마당에 넓고 큰 사각형의 연못을 파고 가운데에 삼신선산을 모방한 산을 만들고 노송을 심었으며 연못가에는 활래정을 세웠다. 활래정은 연못 속에 돌기둥을 세우고 건물의 일부를 누마루로 만들어서 마치 물 위에 떠 있는 듯한 ㄱ자형 건물의 모습이 되어 주변의 풍경과 함께 어울리게 되는 뛰어난 조형미와 조원술을 보여준다. 활래정은 벽면 전부가 분합문의 띠살문으로 되어 있으며 방과 마루를 연결하는 복도 옆에 접객용 다실이 있다. 활래정은 순조 16년(1816) 열화당을 세운 다음 해에 세워졌는데, 정자 이름은 주자의 시「관서유감」 중 '위유원두활수래(爲有源頭活水來)'에서 비롯된 것으로, '맑은 물은 근원으로부터 끊임없이 흐르는 물이 있기 때문'이라는 의미이다.

⑧ 강릉 임경당, 강원 강릉, 19세기 초, 강원도 유형문화재 제46호

소나무 숲을 배경으로 세워진 임경당은 중종 때 강릉의 선비였던 김광헌과 임경당 김열 부자의 덕을 추모하기 위해 후손들이 세운 별당으로서, 중종 때인 1530년대에 건축된 것으로 추측되나 현재의 건물은 몇 차례의 증수를 거듭하고 1825년에 증수하였다. 임경당은 2단의 장대석 기단 위로 자연석 초석위에 지어진 정면 3칸, 측면 2칸 규모이며 초익공 단층 팔작지붕집이다(그림 6-37). 정면에 4개는 배흘림 원기둥을, 그 외는 사각기둥을 세우고 툇마루를 놓고 한 칸 뒤로 우측 한 칸은 온돌방, 좌측 2칸은 우물마루의 대청으로서 사분합 빗살문으로 바깥 창호를 하고 안쪽으로는 빗살창호를 두어 2중문으로 하였다. 온돌방 앞은 낮은 이분합의 빗살문을 달고 위에 아자문 교창을 설치하였다. 임경당의 동북쪽에 위치하여 조선 중기 사대부 주택의 모습을 잘 보여주는 본채는 구(口)자형으로, 안채

그림 6-37 **강릉 임경당**

와 사랑채가 한 동으로 연속되고 서남쪽에 침방과 사랑방이, 남동쪽에 중문과 외양간이 놓여 있고, 강릉 지방의 전형적인 평면 구조를 보이며 여러 차례의 수리를 거쳐 오늘날에 이르고 있다.

⑨ 구례 운조루, 전남 구례, 1776년, 중요민속문화재 제8호

운조루[17]는 경북 안동 태생으로 삼수부사를 비롯하여 주요 지방 수령과 국가 건축의 책임자를 지낸 삼수공 유이주(1726~1797)가 낙안군수로 있을 때 금환락지[18]의 명당에 영조 52년(1776)에 건축한 99칸의 집이다. 운조루는 연못이 있는 전정, 사랑채, 안채, 행랑채, 사당으로 구성되며 조선후기 건축양식을 충실하게 따른 주택이다. 주택배치를 살펴보면 일자형 행랑채와 T자형 사랑채, ㄷ자형의 안채가 있고 대문 안의 행랑채가 서로 연이어져 있고 안채의 뒷면에는 사당이 자리 잡고 있는데, 「전라구례오미동가도」를 통해 운조루의 옛 모습과 당시 식재 상황을 알 수 있다.

운조루에는 바깥사랑채, 안사랑채, 아랫사랑채 등으로 각각 누마루가 있었으나 지금은 안사랑채와 아랫사랑채의 누마루는 남아 있지 아니하다. 사랑채는 T자형으로 누마루 형식을 취하고 있으며, 일반적 사랑채와 달리 안채 통로까지 겸한 큰 부엌이 마련되어 있으며, 사랑채와 직각을 이룬 누마루에서는 전체 살림을 한눈에 관찰할 수 있도록 되어 있다(그림 6-38). 안채는 사랑채의 오른쪽에 있는 건물로 사랑채에 비해 규모가 매우 크며 평면이 트인

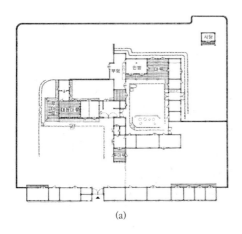

(a)

(b)

그림 6-38 (a) 구례 운조루 평면도
(b) 구례 운조루 사랑채

....

17 ‘운조루’란 일종의 택호에 해당하는데, 원래는 큰 사랑채 이름으로 ‘구름 속에 새처럼 숨어 사는 집’이란 뜻이 있으며, 도연명의 시 ‘귀거래사’라는 칠언율시에서 따온 것이다.

18 ‘금환락지는 선녀가 지상으로 내려와 목욕을 한 뒤 하늘로 오르다가 금가락지를 떨어뜨린 곳을 뜻한다. 풍수지리에서 금거북이가 진흙 속에 묻힌 터인 ‘금귀몰니’와 금, 은, 진주, 호박, 산호 등 다섯 가지 보물이 쌓인 터인 ‘오보교취’와 더불어 3대 명당으로 꼽힌다.

'구(口)'자형으로서, 중심부분은 대청이며, 좌우로는 큰방과 작은방이 자리 잡고 있다. 행랑채는 '一'자형으로 2칸이 앞쪽으로 튀어나와 누형식을 취하고 있다. 1칸은 방이고 다른 1칸은 다락으로 되어 있다. 누각 아래 기둥 서쪽에는 안채로 들어가는 경사진 길이 있다. 사당은 안채 동북쪽에 있는 건물로 따로 담장을 둘렀으며, 지붕은 맞배지붕이다. 대문과 행랑채 남쪽 마당 건너의 연당은 맞은편에 보이는 화산인 오봉산 삼태봉의 화기를 막기 위한 것으로 전한다. 운조루는 조선시대 양반집의 전형적인 건축양식을 보여주고 있는 건물로 호남지방에서는 보기 드문 예이다.

⑩ 회덕동춘선생고택(대전광역시 유형문화재 제3호) 및 대전 회덕 동춘당(보물 제209호), 17세기 말경

동춘선생고택은 조선 효종 때 대사헌, 이조판서, 병조판서 등을 지낸 동춘당 송준길(1606~1672)이 거처하던 주택으로서, 一자형의 사랑채와 ㄷ자형의 안채가 전체적으로 튼 口자형을 이루고 있고 그 동쪽편에 별당 동춘당과 가묘, 별묘가 배치되어 있는 이 지방의 대표적 상류주택이다.

안채는 중앙에 3칸 대청이 놓이고 그 좌측편에 1칸의 마루방과 반 칸의 툇마루가 달린 1칸 반의 안방과 1칸씩의 자녀방과 침모방, 부엌이 연결되며, 우측편에는 1칸씩의 건넌방과 웃방, 부엌과 찬방, 행랑방이 각각 붙어 있다(그림 6-39). 사랑채는 정면 6칸, 측면 2칸의 一자형 평면으로 중앙 1칸에 작은 사랑대청을 놓고, 좌측편에 1칸씩의 사랑방과 안채로 출입하는 중문을 냈고 우측편에는 툇마루가 달린 2칸의 큰사랑방, 부엌이 있다. 안채와 사랑채는 자연석 기단 위에 네모기둥을 세운 납도리집 계통의 5량가구, 홑처마 팔작지붕 건물이다. 안채의 동쪽편 소슬삼문을 들어서면 우측편에 가묘가 배치되었고 정면에 별묘가 있다. 가묘와 별묘는 장대석 기단 위에 네모기둥을 세운 3량가구, 홑처마 맞배지붕 건물이다.

그림 6-39 **대전 회덕동춘선생 고택의 사랑채**

동춘당 송준길의 별당인[19] 동춘당은 담으로 둘러쳐진 뒤쪽으로 물러나 있으며 구조가

....

19 늘 봄과 같다는 뜻의 동춘당(同春堂) 문묘에 배향된 해동 18현의 한 사람으로, 현재 걸려 있는 현판은 송준길 선생이 돌아가

그림 6-40 **대전 회덕 동춘당**

비교적 간소하고 규모도 크지 않은데, 정면 3칸, 측면 2칸이며, 오른쪽 4칸은 대청마루이고 왼쪽 2칸은 온돌방이다(그림 6-40). 대청의 정면과 측면, 배면에는 쪽마루를 내었고 들어 열개문을 모두 들어 열면 내부공간과 외부공간의 자연과 조화를 이룬다. 또한 대청과 온돌방 사이의 문도 들어 열 수 있게 하여 필요시에는 별당채 전체를 하나의 큰 공간으로 사용할 수 있다. 동춘당은 거친돌 바른층쌓기한 기단 위에 사각형 주초석을 놓고 네모기둥을 세운 무고주 5량집의 팔작지붕 건물이다.

6.6 전통마을의 구성과 체계

1. 전통마을의 개념

마을이란 상호부조의 공동생활을 목적으로 집단적으로 모여서 거주하는 곳으로서, 무리 또는 집회의 뜻인 '모을', '모들'에서 유래하였으며 모을, 말, 몰, 마실, 벌, 고을 등으로도 불리고 한자로는 촌락, 부락 또는 취락, 읍락이라고도 쓴다. 인간이 군집하여 집단생활을 영위하는 특정 장소로서의 생활무대인 한국의 마을은 고대사회부터 형성되기 시작하였는데, 대개 한 씨족이 마을을 이루고 여러 씨족과 마을이 결합하거나 연맹하여 촌락사회를 형성하였다. 한국의 마을은 신석기시대부터 형성되기 시작하여 삼국시대와 고려시대를 거쳐 조선시대에 이르러 각각의 지역과 기후, 사회적 조건에 맞추어 혈연성을 토대로 하는 공동체적 관계에서 발전하였다. 마을은 인간이 공동의 집단생활을 이루려는 사회적 속성에 맞추어 형성되며 주택을 기본단위로 하여 전개된다.

선조들의 삶과 문화, 자연이 어우러져 오랫동안 전통이 이어져 내려오고 있는 지역의 정주단위인 전통마을은 가부장제적인 혈연공동체로 시작되어 사회적 분업의 전개에 따라 지역공동체로서 발전되었다. 전통마을은 단순한 동족집단의 모임체일 뿐 아니라 자족적인 생활권을 지닌 마을로서 지역공동체의 개념으로 전래의 유교적 향약의 규례와 씨족적 결합

신 6년 후 숙종 4년(1678)에 우암 송시열이 쓴 것이다.

력이 강한 반촌마을을 형성하였다. 마을은 적게는 몇몇 주호로부터 수십, 수백 채가 한 마을이 되기도 하며 이웃과 동네, 마을, 고을로 규모가 커지는데, 큰 고을이 되면 수백 채, 도성에서는 수천 채의 집들이 어울려 취락을 구성하였다.

동족마을은 하나의 성씨 또는 이와 관련된 사람들이 상부상조하면서 생활을 영위해가는 단위공간으로서, 계급제도가 발달하여 양반과 유림이 세력을 떨친 조선시대에 본격적으로 발달되었다. 동족마을이 세워지게 되는 것은 여러 가지 이유가 있지만, 세력 있는 사람이 새로운 장소를 찾아 전거하거나 그 자손이 2차적으로 분가하며 또 관직에서 물러나 은퇴하여 정주하거나 낙향이나 은둔하며 정착하는 등 새로운 장소에 입향조가 들어가 처음 개척하거나 이미 조성된 마을에 새로운 일파가 들어와 자기들의 주거지로 바꿔버리는 경우도 있다. 17세기경 자신들의 입지를 굳히고자 한 양반계층은 같은 혈족 간의 결속을 다지기 위해 배타적인 집단의 씨족마을을 전개하였다. 유력한 씨족이 마을 전체의 지배력을 강화시키는 경향은 이미 16세기에 상당히 이루어지고 17세기에 들어서 전쟁의 혼란, 농민세력의 대두에 대응하여 혈연적으로 더 결집된 것이다. 씨족의 단결과 강화를 위해서는 문중을 대표하는 조상과 그 사당이 중요하였으며, 마을의 정신적인 구심점이 되는 사당에서의 제사 역시 가장 신성하고 중요한 의식이었고 제사를 주관하는 종손과 종가는 마을의 실제적인 중심이었다. 대부분의 씨족마을은 종가가 중심이 되는데, 종가는 마을에 처음 들어온 조상인 입향조가 들어와 살던 집으로 장손이 대를 이어 대대로 거주하면서 문중의 구심점이 된다. 종가는 전통사회에서 마을의 정신적 상징이자 중심이며 장자상속을 기본으로 하며, 차남 이하의 자식들은 분가하여 점차 종가의 아래쪽으로 집을 지어가면서 씨족마을이 확대된다.

2. 전통마을의 공간구성

1) 마을의 입지계획

전통마을들은 자연적 또는 사회경제적 조건을 고려하여 입지가 결정되는데, 일반적으로 뒤에 산을 등지고 남쪽 경사면의 양지바른 곳에 배산임수의 모습을 하고 있다. 이러한 마을의 위치는 주택을 조성하고 경작물의 재배에 유리한 지형조건이 되고 유사시에는 피난처가 가까운 곳에 있는 보호와 심적 안정을 주는 생활영역이었다. 마을 자리 잡기(입지계획)와 집터잡기(택지계획)는 이러한 공동의 생활을 위해 어떠한 곳을 터전으로 자리 잡고, 여러 가지 기능들을 어떻게 연결시킬 것인가, 또 마을 사람들이 많은 시간을 생활하게 되는 터를 어떤 곳에 위치시키고 어떠한 형태로 집을 만들 것인가 등의 방법에 대한 이해이다.

마을의 터를 자리 잡는 것은 땅의 기운과 물과 바람이 적당한 곳을 선택하여 외부로부터 보호되는 장소를 설정하게 되는데, 선인들이 예부터 땅을 살아 있는 생명체로 여기며 마을 자리를 잡고 주거를 세우는 기준은 홍만선의 『산림경제』, 이중환의 『택리지』, 서유구의 『임원십육지』, 『경국대전』, 『주자가례』 등에 잘 나타나 있다. 이중환의 『택리지』 복거총론에 따르면 "살 곳을 택할 때에는 처음 지리를 살펴보고, 다음에 생리, 인심, 산수를 돌아본다. 이 네 가지 요소 가운데 한 가지만 없어도 살기 좋은 곳이 못된다." 즉, 생활을 영위하기 위한 거주 조건으로서 물자는 하늘에서 떨어지거나 땅에서 솟아나지 않으며 반드시 토지에서 생산되므로 비옥한 토지가 중요하였고, 마을자리를 잡는 방법은 자연환경인 지리를 제일로 하고, 그 다음으로 인문환경인 생리와 인심을, 끝으로 경관인 산수를 살펴본다고 하는 것이다.

첫 번째 요소인 지리가 길한 곳이 되기 위해서는 수구가 너무 넓지 않으며 사람의 왕래가 잦은 관문이 있고, 안으로 평야가 전개된 곳으로 햇빛을 많이 받을 수 있는 넓은 들이 있는 곳이어야 했다. 주변 산세는 주위에 낮은 산들이 수려하게 둘러서 있고 해가 지고 뜨는 시간이 길어야 하며, 흙은 모래땅으로 굳고 촘촘하면서 맑고 찬 샘이 있는 곳이 길한 곳이다. 이중환은 집터는 묘지와 달리 물이 근접해야 하는 것으로서, '강물이 곡류형태로 거슬러 올라오는 호수가 있는 곳'이 합당하고 '굵고 단단한 모래로 덮인 곳에 맑은 물이 솟아난다'고 용수와 지질조건과의 관계를 밝히기도 하였다. 생리는 인적 및 물적 자원이 집중되어 교환이 용이한 장소를 꼽았으며, 토지의 생산성에 바탕을 둔 경지조건이라고도 해석된다. 인심은 자신과 자기 자녀의 교육을 위하여 지방의 풍습이 순후한 곳을 말하고, 산수는 정신을 즐겁게 하고 감정을 화창하게 하는 곳을 말하였다.

이러한 조건을 갖춘 전통마을은 산을 등지고 앞으로 들이 전개되고 마을 앞에 작은 동산이 있으며 맑은 개울이 흐르는 배산임수, 바람은 감추고 물을 얻는다는 장풍득수의 지형을 택하였다. 오랜 시간에 걸쳐 침식이 진행된 한국의 지형에는 뒤쪽에 험준한 산록을 끼고 있는 산록을 따라 경사가 매우 완만한 평탄면을 이루고 있기 때문이다. 배산임수의 지형은 풍수지리에 따라 사상을 고루 갖추고, 폐쇄적이면서 적당히 트이며 답답하지 않는 개방감을 가지는 아늑한 공간이 되어야만 한다. 배산임수의 입지는 풍수사상에 영향을 받았을 뿐만 아니라 과학적 측면에서도 가장 알맞은 적정입지라고 할 수 있다. 배산은 겨울철의 북서풍을 막고 일조량이 큰 양지의 경사면 지형을 이루는 한편, 연료와 음료수의 공급이 용이하며 경제적 기반을 이루는 농경지와 결절점을 이루고 있기 때문이다. 마을 공간은 산과 물이 만들어놓은 자연의 틀 속에서 내부와 외부로 구분되며, 토지이용의 측면에서는 뒤쪽 산과 인접하여 연료를 제공하고 방풍과 경관의 역할을 하는 배후지, 주거와 공공시설물이 놓이는 주거지, 마을 안들과 바깥들로 이루어지는 경작지로 구분될 수 있다.

2) 마을의 도로계획

마을의 각 공간은 인체에 있어서 혈맥과도 같은 역할을 하는 도로에 의해서 연결되는데, 마을에 관계되는 도로는 사람과 달구지 등이 오가는 통로인 동시에 물과 바람이 오가는 길목으로서 대체로 일정한 공간적인 틀에 짜여 있다. 도로의 종류는 장소와 성격에 따라 마을 외부를 통과하는 도로인 바깥길(외부도로), 마을 내부로 들어오는 진입하는 샛길(진입도로), 마을 주거지 내 위치하는 안길(내부도로)로 구분된다. 이러한 여러 가지 길들을 통해서 마을의 공간요소들은 하나의 선적인 관계를 이루며 마을공간에 깊이감을 제공하며 연속적인 연계성을 준다. 개별주택으로부터 마을 입구, 공동시설 또는 농경지로 이어지는 마을공간의 연계적 과정은 길의 체계와 밀접한 관련이 있는 것이다. 그 연결과정은 일반적으로 '주택입구-샛길-안길-공동시설(특히 정자)-마을 입구'의 순서로 구성되며, 이러한 길은 마을 밖에서 마을 안으로, 집으로 들어오면서 자연환경, 공간과 시간을 함께 고려하면서 만들어진다.

이렇게 마을로 진입하는 길을 중심으로 공간에 변화를 주는 것은 기·승·전·결(起承轉結)의 방법과도 같다고 할 수 있다. 마을이 시작되는 동구=기(起)에서는 마을 외부와 상징적 경계를 장승과 서낭당, 벅수 등의 시설물이나 지형의 고저차를 두어 마을 입구의 암시를 주며 마을 내부로 들어가면서〈승(承)〉그 길이 연장되면서 구부정한 오솔길을 따라 긴 길이 전개되다가 한번 S자형으로 굽어돌면서〈전(轉)〉갑자기 마을 전경이 보이게 되고, 비로소 주거지에 이르게 된다〈결(結)〉.

바깥길은 마을과 이웃마을을 연결하는 주도로(간선도로)로서 통과적 성격이 강하고, 진입하는 길(진입도로)은 마을로 진입이 시작되는 바깥길의 분기점으로부터 마을 안 주거지가 시작되는 지점까지의 길이다. 진입하는 길은 마을로 들어오는 외부 사람들에게 마을에 대한 강한 인상을 심어주는 가장 길고 중요한 의미를 갖게 되며, 주위의 자연지세를 이용하여 아름다운 환경을 조성하고 때로는 다리나 계단과 같은 인위적인 시설물들을 배치하여 다양한 공간의 변화를 주기도 한다. 진입하는 길은 그 진행방향이 마을 안에서 밖으로 흐르는 물과 역행하게 되는데, 물은 항상 가장 낮은 지대로 돌고 돌아서 흐르기 때문에 사람들이 길을 가장 손쉽고 멀리 걷도록 계획되기 때문이다. 안길(내부도로)은 주거지가 시작되는 지점에서 주거지 내부를 순환하는 도로로서, 진입하는 방향에 따라 집들의 배열 상태가 다르게 나타나며, 그중에 각각의 대지에 접근하고 진입하는 데 이용되는 샛길은 마을 공간을 변화가 풍부하고 흥미롭게 만들어준다. 샛길은 일반적으로 한 집의 대지에서 종결되는 막다른 골목이거나 고리 모양의 자유로운 형태를 취하며, 남부지방에서 고샅, 제주도에서는 올레라고도 불린다.

3) 축과 위계에 의한 마을의 구성체계

　　조선시대의 전통마을은 성리학을 배경에 두고 조성되었는데, 성리학의 원리는 질서이며 조선사회에 있어서 큰 틀의 질서는 양반, 중인, 상민, 천민으로 나누어지는 신분제도이다. 성리학적 유교문화의 자연관과 공간관, 가치관이 마을의 구성과 주택의 배치에 결정적인 영향을 미쳐서 대체로 위계가 높은 것일수록 마을의 후면에 위치한다. 전형적인 씨족마을의 공간은 전후의 위치에 따라 위계성이나 차별성이라는 서로 다른 성격을 갖는데, 전면은 위계가 낮고 속적(俗的)이며 사회적 영역에 속하며 주로 정자가 위치되는 반면, 후면은 위계가 높고 성적(聖的)이며 정신적인 영역에 속하고 주로 사당과 재실, 선산 등 의식공간이 위치하며, 전후면 사이에는 개인적 영역, 주택들이 위치한다. 이와 같은 전후의 위계는 일반적으로 지형의 높고 낮음과도 일치하여 지형이 높은 장소는 정신적·사회적 위계도 높다고 할 수 있다.

　　전통마을은 집촌형태의 동족부락이 전형적으로 대개 발생 초기에는 강한 동족성향을 유지하다가 점차로 종가, 작은 종가, 상민 등의 위계적 서열로 계층화되고 위계가 높을수록 시각적이나 심리적 또는 구조적으로 폐쇄적이며 접근이 어렵고, 위계가 낮을수록 그 반대 성향을 나타내게 된다. 이러한 성격은 물리적 지형의 요인과도 밀접하게 연결되어 풍수지리상의 여러 요소와 더불어 마을 전체를 꿰뚫는 일종의 축과 위계를 나타내게 된다.

　　쾌적한 거주환경을 만들기 위해서는 일상생활에서 기후의 영향을 무시할 수 없어 바람을 막아주는 장풍의 장소와 일조량이 많은 양지라는 배산임수가 추구되었다. 장풍의 효과를 갖는 배산, 득수의 원천으로서의 수세, 보온과 조망의 의미를 갖는 양지와 방위는 풍수지리설 또는 그 이전부터 입지의 선정기준이었다. 풍수지리설에서 지형에 따라 조산→안산→진산→조산의 축과 위계가 이루어지듯이 마을의 공간구성은 주거지가 자리 잡는 명당에서 종가가 자리 잡는 혈에 해당하는 자리를 중심으로 전면의 넓은 경작지와 배후의 배후지가 놓이는 축과 위계를 보여준다. 더구나 마을 입구의 서낭당, 돌문이, 벅수, 수살대, 솟대, 당나무 등과 산마루터기의 산신당은 성속(聖俗)을 가름하고 또한 마을 전체를 외부세계와 가름하는 상징적·종교적 위계를 지니게 된다. 마을의 통과 요소들에 의해 규정되는 축의 개념으로 살펴보면 동구의 서낭, 돌문이, 벅수, 장승→솟대, 당나무→종가→묘, 신도비→산신당→수호산의 흐름이 되며 종가가 중심이 되어 풍수지리상 혈의 위치에 놓이게 된다.

4) 마을의 공간 이용체계

전체적으로 마을의 공간은 토지 이용형태의 측면에서 생활의 기능에 따라 배후지, 주거지, 경작지, 휴식위락지, 교육시설지로 대별하여 볼 수 있다. 배후지는 지형상 높은 곳에 위치하여, 산과 인접해 나무숲에 둘러싸이고, 땔감을 얻을 수 있는 연료림, 북서계절풍의 찬 바람을 막을 수 있는 방풍림, 산수를 즐길 수 있는 풍치림의 역할을 하며, 주생활에 필요한 부식의 공급원, 땔감과 추수된 곡물들의 수장공간, 선조들의 영혼을 모시는 공간이 된다. 주거지는 배후지와 경작지 중간에 위치하며, 주생활 이용에 밀접한 주택 및 공공시설물이 자리하게 된다. 경작지는 마을 앞쪽 낮은 지형에 위치하며 마을 내부의 중명당에 해당되는 안들(문전답)과 마을 외부의 외명당에 해당되는 넓은 들(바깥들), 택지 안팎의 채마밭으로 구분된다. 마을의 휴식위락지는 반가와 민가의 성격에 따라 상이한데, 반가는 본래 가택이 자기완결적 특성을 지니고 있으므로 자체 내에 별당 내 시설로 인위적 수공간을 조성하여 개인 단위의 유희장을 조성한다거나 정자와 같은 공간을 꾸미기도 하며, 민가는 공동의 휴식위락지를 마을 단위로 갖추게 된다. 교육시설물로서는 향교, 서원, 서당(강당), 서재 등이 있는데, 이들은 유교적 질서체계의 상징이 되었던 것으로 볼 수 있다.

5) 공적 공간구성

마을은 일상생활을 영위하는 삶의 터일 뿐만 아니라 사회적 유대를 확인하고 자신을 수련하면서 의례를 행하는 장소이기도 하였다. 이러한 마을의 공간구성에 있어서 개인의 전유물이 아닌 공동으로 공유하고 이용되는 시설물들은 영조물이라고 하며 자연환경에 따른 장소성을 부여받게 되는데, 교육시설, 휴식시설, 그리고 신앙과 의례 관련 시설물, 기타 공동생활 시설물 등이 있다. 신앙과 의례에 관련된 시설물로서는 서낭당, 당나무, 정자목, 장승·벅수, 음택, 사당 등이 있고, 기타 공동생활 시설물로서는 상여집, 우물(두레우물, 박우물), 빨래터, 타작마당 등이 있다. 공적 공간인 영조물들은 마을 사람들의 정서를 풍요롭게 만들며 공동체의식을 심어주는 중요한 요소로서, 사람들을 모이게 하고 대화할 수 있는 조건이 부여되는 공간시설이다.

3. 전통마을 사례

1) 안동 하회마을, 중요민속문화재 제122호

경상북도 안동시 풍천면 하회리에 있는 민속마을로서 2010년 8월 유네스코 세계문화유산으로 등재되었다. 하회마을은 풍산류씨(豊山柳氏) 동족마을이다. 하회마을은 '허씨 터전에, 안씨 문전에, 류씨 배판'이라는 말대로 류씨가 집단마을을 형성하기 이전에는 허(許)씨와 안(安)씨가 유력한 씨족으로 살아왔으나 류운룡과 류성룡 형제 때부터 번창하게 된 마을이라고 한다. 하회마을은 낙동강 줄기가 S자 모양으로 동·남·서를 감싸 돌고 있고 독특한 지리적 형상과 빼어난 자연경관을 갖추고 있다. 멋스러운 경치에 민속과 유교 전통을 잘 유지하고 있는 중요한 위치를 차지하고 있는 하회마을은 낙동강이 마을 전체를 감싸고 도는 태극형(太極形) 또는 연화부수형(蓮花浮水形)의 명당 위에 위치해 있다. 낙동강 건너 남쪽에 남산이 있고, 마을 뒤편에 화산이 마을 중심부까지 완만하게 뻗어 충효당의 뒤뜰에서 멈추고 강 북쪽으로 부용대가 둘러앉아 태극형 연화부수형국을 이룬다(그림 6-41). 하회마을은 연꽃이 물 위에 뜬 형상처럼 아름답다고 하여 특별한 길지의 하나로 여겨진 연화부수형으로서, 이중환은 『택리지』에서 시냇가에 있고 큰 고개에서 멀지 않아 평시에나 난시에나 오래 살 수 있는 곳으로 도산과 함께 하회를 제일로 꼽기도 했다. 또한 하회마을은 땅 모양 자체가 배 모양, 즉 '행주형'이므로 마을에 돌을 쌓으면 배에 돌을 가득 싣는 것과 같다고 하여 이곳은 돌담을 쌓지 않으며, 마을에 우물을 파지 않는다.

그림 6-41 안동 하회마을 전경

하회마을은 큰 길을 중심으로 크게 남촌과 북촌으로 나눠지며, 마을의 중심부에는 류씨들이, 변두리에는 각 성들이 살면서 이들의 생활방식에 따라 2개의 문화가 병존한다. 북촌의 대종택이자 류중영과 류운룡을 불천위로 모시는 양진당과 북촌댁, 남촌의 서애 류성룡의 종택으로 소종택인 충효당과 남촌댁은 역사와 규모에서 서로 쌍벽을 이루는 전형적 양반가옥이다. 양진당과 충효당, 남촌댁, 북촌댁 등 큰 주택들은 사랑채나 별당채를 측면으로 연결하거나 뒤뜰에 따로 배치하는 등 발달된 모습을 보이고, 장대한 몸채와 사랑채, 많은 곳간, 행랑채가 공통적으로 갖추어져 있으며, 특히 사랑방과 서실, 대청, 별당과 같은 문화적 공간을 지니고 있어 사대부가의 주거공간을 특징을 잘 나타내며 일반 서민들의 주거와 구별된다.

고유의 '하회별신굿탈놀이'로 유명한 이 마을은 유서 깊고 제법 크기를 갖춘 많은 문화재를 잘 보존하고 있으며, 국보로 지정된 별신굿의 탈들은 그 제작 연대를 고려시대로 추정되고 있어 마을의 역사가 뿌리 깊음을 짐작할 수 있다. 또한 대표적 가옥이라 할 수 있는 양진당(보물 제306호), 충효당(보물 제414호), 북촌택(중요민속문화재 제84호), 남촌택(중요민속문화재 제90호), 옥연정사(중요민속문화재 제88호), 겸암정사 (중요민속문화재 제89호) 등 많은 건축들은 조선시대 사대부가의 생활상과 발달된 집 구조 등을 연구하는 데도 귀중한 자료이다.

2) 아산 외암마을, 중요민속문화재 제236호

설화산 기슭 경사지에 위치한 외암마을은 약 500년 전에 강씨와 목씨 등이 정착하여 마을을 이루었다고 전하는데, 조선 명종 때 이정 일가가 이주해오면서 예안이씨가 대대로 살기 시작한 이후 후손들이 번창하고 많은 인재를 배출하면서 점차 양반촌의 면모를 갖추게 되었다. 숙종 때 학자이며 이정의 6대손인 이간(1677~1727)이 호를 '외암'이라 지은 후 마을 이름도 '외암'이라 불렀다고 한다.

외암마을은 북쪽 설화산의 남쪽 경사면에 동서로 길게 뻗어 있으며 서쪽이 낮고 동쪽이 높은 지형 조건으로 인하여 주택은 대부분 서남향 또는 남향을 하고 있다. 현재 이 마을에는 외암종가댁, 영암댁, 참판댁, 송화댁 등의 양반주택과 그 주변의 50여 가구의 초가 등 크고 작은 옛집들이 상당부분 원래 모습을 유지한 채 남아 있다(그림 6-42). 양반집은 조선시

그림 6-42 **아산 외암마을 전경(문화재청)**

대 상류주택의 모습을 잘 갖추고 있으며, 넓은 마당과 특색 있는 정원이 당시 양반의 생활모습과 풍류를 느낄 수 있게 해준다. 설화산에서 시작된 냇물이 마을을 통과하며 이루어낸 정원은 매우 특색있고 운치를 띠고 있으며, 예스러운 모습을 잘 간직하고 있는 초가, 돌담으로 연결된 골목길과 주변의 울창한 수림은 마을의 경관을 더욱 고풍스럽게 하고 있다. 외암마을은 한 마을에 전통적인 수법의 상류와 중류, 서민가옥이 함께 남아 있어 마을의 형성이나 전통가옥의 연구에 매우 가치가 있는 마을이다.

3) 성주 한개마을, 중요민속문화재 제255호

성주 한개마을은 성산이씨의 집성촌이자 한옥보존마을이다. 조선 세종 때에 이우가 1450년경 처음 마을을 조성한 뒤로 월봉 이정현(1587~1612) 때 성산이씨의 씨족마을로 온전히 자리 잡았고, 월봉의 외아들 이수성(1610~1672)의 네 아들이 백파(伯派)·중파(仲派)·숙파(叔派)·계파(季派)의 파시조가 되면서 마을공간이 본격적으로 이루어졌다. 한개마을은 뒤쪽으로 영취산(331m)의 산줄기가 좌청룡 우백호로 뻗어 있고, 앞쪽에 백천의 물길이 구불구불 흘러가는, 풍수지리적으로 영남의 대표적인 길지 중 하나라고 한다. '한개'는 크다는 뜻의 '한'과, 나루라는 의미의 '개'가 합쳐진 것으로 '큰 나루'라는 뜻하는데. 예전 마을 앞에 있던 나루이름이 바로 한개였다.

한개마을은 대체로 안길을 기준으로 다섯 부분으로 나뉘어졌었는데, 주거지의 뒤쪽 중앙부를 한개 또는 윗마라고 부르고, 그 동쪽과 서쪽을 각각 동녘, 서녘, 진사댁 앞의 동서방향 길 주변은 도촌, 그 아래는 아랫막 또는 아랫마라고 불렀다(그림 6-43). 이 마을에는 영조 때 돈재 이석문이 세자를 사모하는 마음에 북으로 사립문을 내었다는 북비고택, 이진상이 학문의 칼을 벼리던 한주종택, 20세기 초 목조건축의 수법을 살필 수 있는 월곡댁(1911), 영조 36년(1760)에 세워져 마을에서 가장 오랜 내력을 지닌 교리댁, 하회댁 등 여러 주택이 있으며, 첨경재, 월봉정(한천서당), 서륜재, 일관정, 귀락정(여동서당) 등 다섯 동의 재실이 있는데, 19세기부터 마을의 좌우 외곽부에 지어진 이 재실들은 서당을 겸하기도 했다. 크게 두 갈래로 나뉘는 마을 길을 오르면 좌측과 우측의 막다른 길 최상단에는 각각 월곡댁과 한주종택이 자리하고 있다. 한주종택에서 직각으로 돌아 내려오는 동쪽 끝 지점은 첨경재와 만경재로 이어지게 되고, 계곡물이 흐르는 마을 앞길을 돌면 좌측으로 교리댁, 북비고택, 월곡댁으로 이어진다.

그림 6-43 성주 한개마을(문화재청)

이 마을의 집들에서는 거의 대부분 언제나 안길, 샛길, 사랑채, 안채의 배열순서가 지켜졌으며, 이 공간의 연계과정에서 안채가 가장 안쪽에 놓이듯이 여성공간은 마을공간에서 가장 멀리, 그리고 가장 깊숙이 배치되었다. 이것은 여성을 폐쇄적인 공간에 위치시키려는 유교 원리주의적·봉건적인 의도에서 비롯된 것으로 여겨진다. 한편 조선 후기에 사대부계층의 주택에서는 사당을 정침의 동쪽에 별동으로 두는 것이 관례였지만, 이 마을에서는 이러한 관례를 벗어나 사당을 남성영역인 사랑채와 근접시키는 곳에 위치시키는 변화를 보인다. 즉, 한개마을은 전통 원칙과 규범을 철저히 지키면서도 매우 다양한 변용의 모습을 보여주는 것이다. 또한 성산이씨의 지파들에 의한 다섯 개의 작은 마을들이 하나의 큰 마을을 이루는 한개마을은 마을이 성장, 쇠퇴하는 유기체적 성격을 잘 보여준다.

4) 경주 양동마을, 중요민속문화재 제189호

산계곡을 따라 펼쳐진 수려한 자연경관과 어우러져 오랜 전통을 간직하고 있는 양동마을은 신라의 고도 경주에서 형상강을 따라 동북쪽으로 16km에 위치하고 있으며 마을 전체가 중요민속문화재 제189호로 지정된 민속마을이다. 산계곡을 따라 펼쳐진 경관, 자연과 어울려 오랜 전통을 간직한 집들, 양반계층을 대표할 수 있는 자료들과 유교사상, 관습들 때문에 중요한 가치를 지닌 마을로 평가받기 때문에 2010년에 안동 하회마을과 함께 '한국의 역사마을 : 하회와 양동'으로 유네스코 세계문화유산으로 등재되었다.

이 마을은 조선시대 초기에 입향한 이래 지금까지 세거해온 월성손씨와 여강이씨가 양대 문벌을 이루고 있는 동족마을이다. 양동마을은 15세기 중반 문신 손소가 양동으로 이주하고, 이번이 손소의 딸에게 장가들어 이곳에 정착하면서 양성 씨족마을의 틀이 갖추어졌으므로 '외손마을'이라는 별칭이 있다. 양동마을에는 월성손씨의 종가인 서백당과 여강이씨의 종가인 무첨당을 비롯하여 관가정, 향단 등 조선시대 양반주택들과 하인들이 살았던 초가집들, 그리고 이향정, 수심정 등의 정자와 서당인 강학당 등 조선시대를 대표하는 옛 건물들이 조선시대부터 이어온 민속과 함께 잘 보존되고 있다(그림 6-44, 45, 46).

양동마을은 '말 물(勿)'자를 거꾸로 놓은 형상으로서, 마을 북쪽에 위치한 설창산의 산줄기가 물자 모양으로 내려와 이룬 능선 사이의 세 골짜기에 주거지가 형성되어 있다. 손씨와 이씨의 양 가문은 각각 서로 다른 골짜기에 자신들의 종가와 서당, 정자 건물을 두고 있다. 즉, 건물의 입지나 건립에서 두 문중은 경쟁을 하였는데, 안골의 높직한 언덕에 손씨들의 대종가 서백당이 자리 잡은 반면 물봉골의 밝은 산기슭에 이씨들의 대종가 무첨당이 위치하며, 마을 어귀에 이씨의 파종가 향단이 위치하고 거기서 한 모퉁이 돌아 손씨들의 파종가 관가정이 놓여 있으며, 안강평야를 조망할 수 있는 비슷한 입지에 골짜기를 달리 하여 이씨 가문의 설천정과 손씨 집안의 수운정이 각각 놓이고, 남촌에 있는 강학당과 안락정은 각 문중의 서당이다.

그림 6-44 경주 양동마을 배치도
　　　　(문화재대관, 중요민속자료 상권)

그림 6-45 **경주 양동마을의 전경**
그림 6-46 **경주 양동마을의 조감도(양동마을 홈페이지)**

마을은 안계라는 시내를 경계로 동서로 하촌과 상촌, 남북으로 남촌과 북촌의 4개 영역으로 나누어져 있다. 양동마을은 넓은 안강평야에 풍수지리상 재물복이 많은 지형구조를 지니고 있으며 제법 큰 양반 가옥들이 집단을 이루고 있다. 길가의 낮은 지대에는 일반 민가가 위치하며 높이 올라갈수록 양반의 상류주택이 자리라고 종가일수록 높고 넓은 산등성이 터에 위치하여 가옥의 입지에서 계급의 차별성이 잘 드러난다.

집들의 기본구조는 대체로 집의 배치나 구성 따위가 영남지방 가옥이 지니는 특색을 띠고 있으며, 대개 ㅁ자형(통말집)이거나 튼ㅁ자형(반말집)을 이루고 있고 혼합배치 양식으로 ㄱ자형이나 ㅡ자형도 있다. 중요민속문화재로 지정 당시에는 '월성 양동마을'이었으나, 지금은 '경주 양동마을'로 명칭이 변경(2009. 2. 16.)되었으며, 보물로서 무첨당, 향단, 관가정, 중요민속자료로서 서백당, 낙선당, 사호당, 상춘헌, 근암고택, 두곡고택, 수졸당, 이향정, 수운정, 심수정, 안락정), 강학당 등의 문화재가 있다.

5) 고성 왕곡마을, 중요민속문화재 제235호

강원도 고성군 죽왕면에 있는 전통마을로서 동해안의 수려한 자연환경 속에 자리하고 조선 후기(18~19세기)의 한옥 건축을 잘 보여주며, 자연경관과 전통주택, 농업 위주의 생활 등이 오랜 세월 동안 마을 전체에 잘 지켜져 오고 있다. 왕곡마을은 다섯 개의 산으로 둘러싸여 계곡을 이루고 있는 분지에 위치한 것에서 붙여진 이름이며, 풍수지리설에 따르면 이곳은 '바람을 가두고 물을 얻는다'는 풍수의 의미에 충실한 명당으로 알려져 있다.

그림 6-47 **고성 왕곡마을**

왕곡마을은 14세기경부터 강릉함씨와 강릉최씨, 용궁김씨 등이 모여 사는 집성촌으로서, 고려 말에 두문동 72현의 한 분인 양근(강릉)함씨 함부열이 조선의 건국에 반대하여 근처에 은거한 데서 비롯되며, 임진왜란으로 폐허화된 후 150여 년에 걸쳐 다시 형성된 마을이다.

왕곡마을은 산을 등지고 있으며 중앙의 개울을 따라 이어져 있는 마을 안길을 중심으로 주택들이 남향이나 남서향으로 자연스럽게 자리 잡고 있다. 19세기를 전후하여 지어진 왕곡마을의 주택은 대부분 담장과 대문이 없으며 안방, 도장방, 사랑방, 마루, 부엌이 한 건물 내에 수용되어 있으며, 부엌에 외양간이 붙어 있는 ㄱ자 형태의 평면의 양통집(겹집) 구조이다(그림 6-47, 48). 이는 긴 겨울의 추위를 견디기 위한 구조로, 특히 부엌 앞 처마에 외양간이 있는 것이 특징이다. 부엌에서 통하는 뒷마당은 여성들의 공간으로서 외부의 시선 차단과 겨울의 북서풍을 막기 위해 비교적 높은 담장을 만들어 폐쇄적인 반면, 마을 안길과 바로 연결되는 앞마당은 가족의 공동작업 공간 역할을 하며 개방적이다.

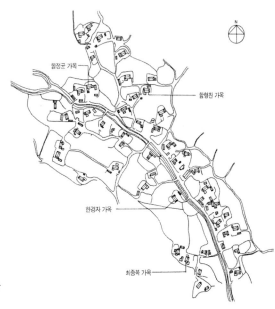

그림 6-48 **고성 왕곡마을 배치도**
(강원대 산업기술연구소, 「고성 왕곡마을 보존방안학술조사연구보고서」, 1989)

6) 영주 무섬마을, 중요민속문화재 제278호

경상북도 영주시 문수면 수도리에 있는 전통마을로서, 무섬은 물 위에 떠 있는 섬을 뜻하는 '수도리(水島里)'의 우리말 이름이다. 무섬마을은 낙동강의 지류인 내성천이 동쪽 일부를 제외한 3면을 휘돌아 흐르고 내 안쪽으로 넓게 펼쳐져 있는 모래톱 위에 마을이 앉아 있다. 무섬마을은 안동의 하회마을, 예천의 회룡포, 영월의 선암마을과 청령포와 같이 마을의 3면이 물로 둘러싸여 있는 대표적인 물돌이 마을이다(그림 6-49). 풍수지리학으로는 매화꽃이 피는 매화낙지, 또는 연꽃이 물 위에 떠 있는 연화부수 형국이라 하여 길지 중의 길지로 꼽힌다. 이 마을은 17세기 중반 반남박씨 입

그림 6-49 **영주 무섬마을의 전경**

향조인 박수가 처음으로 들어와 살기 시작해 형성된 뒤, 그의 증손녀 사위인 선성(예안)김씨 김대가 영조 때 무섬에 들어와 살면서부터 반남박씨와 선성김씨가 함께 세거하는 두 집안의 집성촌으로 남아 있다.

마을 전체가 고택과 정자로 이루어져 있으며 현재 마을의 주택 가운데 38동이 전통주택이고, 16동은 100년이 넘은 조선시대 후기의 전형적인 사대부 주택이다. 무섬마을은 19세기 말 의금부 도사를 지낸 김낙풍이 지은 해우당고택, 입향조인 박수가 헌종 7년(1666)에 지은 집으로 무섬마을에서 가장 오래된 한옥인 만죽재고택, 만운고택, 김규진가옥, 김정규가옥, 김위진가옥 등 규모가 크고 격식을 갖춘 ㅁ자형 가옥, 까치구멍집, 겹집, 남부지방 민가 등 다양한 형태의 구조와 양식을 갖춘 주택들이 있다.

7) 봉화 닭실마을

경상북도 봉화군 봉화읍 유곡리에 있는 전통마을로서, 조선 중기의 학자였던 충재 권벌(1478~1548)이 이곳에 정착한 후 마을이 번성하면서 안동권씨 후손들의 집성촌이 되었다. 영남 사림으로 중종대 개혁정치의 중심인물이었던 권벌은 기묘사화로 파직당하자 어머니의 산소자리에 종가를 짓고 이곳에 집을 지었다.

닭실마을은 이중환이 『택리지』에서 "깊은 두메로, 병란과 세상을 피해서 살 만한 곳"으로 묘사할 만큼 외부와 떨어져 있는 마을 뒤로는 문수산과 백설령이 있고 주거지 앞으로는

그림 6-50 **봉화 닭실마을 전경**

평탄한 들판이 펼쳐져 있어 북고남저의 지형을 취하고 있다. 또한 이 마을은 수탉과 암탉이 서로 마주 보고 사랑을 나누며 알을 품고 있다는 금계포란 형국의 명당터로서, 예로부터 경주의 양동마을, 풍산 하회마을, 안동 내앞마을과 함께 삼남(충남, 전남, 경남) 지방의 4대 길지로 손꼽히던 장소라 전해진다. 마을 이름인 달실은 '닭 모양의 마을'이라는 뜻의 유곡(酉谷)을 이르는 우리말로, 마을 뒷산의 형태가 닭이 날개를 치며 우는 모습과 같다고 하여 붙여진 이름이다(그림 6-50).

닭실마을의 진입로 옛길은 개울과 산을 건너가는 고즈넉하고 평화로운 모습이며, 계곡을 들어서 가면 왼편 산기슭 바위에 '신선이 사는 마을'이라는 뜻의 '청하동천(靑霞洞天)' 글씨가 새겨져 있고 조금 더 오르면 충재의 큰아들인 권동보가 1535년에 지은 석천정사가 나타난다. 석천정사 앞 계곡을 따라 오른쪽으로 돌아서면 전형적인 배산임수의 닭실마을이 나타난다.

마을의 가옥들은 대체로 남서쪽을 향하고 있으나, 조금씩 다른 방향을 취하여 집들이 서로 가리는 경우가 거의 없는 점이 독특하다. 대표적인 가옥은 충재고택으로 전형적인 영남 양반가옥의 모습을 보여주는 ㅁ자형의 건물이며 솟을대문의 위아래에 곡선으로 휘어진 대들보가 있고, 종가 오른편 약간 높은 곳에 사당이 있다. 마을 서쪽 끝 충재고택 우측편 계곡 내에 있는 추원재는 충재가 외조부모와 부모의 제사를 지내던 곳이며, 1526년에 권벌이 본가 옆에 주변으로 물길을 돌려 인공 연못을 만들고 그 위 거북바위에 지은 청암정은 정자가 세워진 곳의 바위 모양이 거북이와 비슷하여 구암정으로도 불렸다.

8) 안동 내앞마을

내앞마을은 안동시 임하면 천전리에 자리 잡고 있는 의성김씨 집성촌이며, 영남 4대 길지 중의 하나로 택리지에 기록되어 있으며, 내앞이란 지명은 천전(川前), 즉 반변천 앞에 있는 마을을 의미한다. 풍수상 내앞마을은 완사명월형, 즉 밝은 달빛 아래에 비단을 펼쳐 놓은 형국으로 부귀를 다하고 세상에 이름을 날리는 고관이 나온다고 땅으로 그 혈처에 의성김씨 종택이 있다(그림 6-51). 내앞은 불천위 제사가 네 곳이나 될 정도로 명문인데,

내앞의 중흥조인 청계 김진(1500~1580)과 그의 넷째 아들이며 퇴계의 수제자인 학봉 김성일(1538~1593), 청계의 손자이며 학봉의 조카인 운천 김용(1557~1620), 청계의 6대손 제산 김성탁(1684~1747)이 불천위이다. 불천위는 제사를 4대까지 모시도록 하는 유교 규율과 관계없이 영구히 제사를 모실 수 있도록 허락된 신위로 나라에 많은 공을 세운 이들에게만 주어진 제도이다.

그림 6-51 안동 내앞마을 전경

내앞마을의 고택 배치는 매우 특이한 구조를 하고 있다. 마을 제일 왼편에 자리 잡은 대종가를 시작으로 귀봉종택-추파고택-운곡서당-만송헌-서천-백하구려-제산종택-취헌-가산서당 등 고택들이 오른쪽으로 배치돼 있다. 이런 배치는 좌배향, 좌의정 등 왼편을 상석으로 생각하는 동양적 사고에서 비롯되며, 대종가 중심에서 동쪽으로 마을을 전개한 때문으로 짐작된다. 의성김씨 종택(보물 제450호)은 청계 김진(1500~1580)을 불천위로 모시는 종가로서, 'ㅁ'자형 안채와 'ㅡ'자형 사랑채가 행랑채와 기타 부속채로 연결되어 있다. 안채는 안방을 바깥쪽으로 높이고 동쪽을 향하고 있는 커다란 대청이 이중으로 되어 있고, 사랑채는 정면 4칸, 측면 2칸 규모의 팔작집으로 안채보다 깊숙이 외진 곳에 배치되었다. 현재의 의성김씨 대종가는 원래의 집이 화재로 소실되자 16세기 말 정치가이자 학자인 김성일이 재건한 것이다. 귀봉종택은 ㅁ자형의 정침과 사당으로 구성되어 있으며, 정침은 사랑채와 안채가 붙은 ㅁ자형의 건물이지만 정면의 사랑채 부분이 왼쪽으로 1칸, 오른쪽으로 3칸이 돌출되어 날개집의 모습을 하고 있고, 안채 대청은 앞쪽으로 정면 2칸, 측면 2칸 규모의 4칸의 대청을 돌출시켜 모두 6칸 대청을 이루고 있다. 현재 내앞마을은 임하댐이 건설되고 국도가 확장되는 등 변화의 바람에 휩쓸려 옛 모습이 많이 퇴색되었지만 의성김씨 종가를 비롯해 의성김씨 일가들의 고택이 멋과 품위, 기상을 드러내고 있다.

제7장

분묘건축

7.1 고구려 분묘건축

1. 분묘건축의 개관

고대시대에 있어서 분묘는 단순히 죽은 사람을 묻어 두는 장소가 아니라 죽은 사람의 영혼이 머물며 후손의 삶에도 영향을 미치는 곳으로 여겨져서 상징적 의미를 부여하며 건축기술을 발휘하여 크고 다양하게 만들어졌으며, 하나의 종합예술의 결정체라 할 수 있다. 삼국시대에 분묘는 나라와 지역, 시대에 따라 형식이나 구조가 매우 다양한 모습을 보이는데, 고구려의 분묘건축은 도읍의 변천에 따라 중심지였던 집안 통구를 중심으로 한 압록강과 평양을 중심으로 대동강 유역에 분포되어 있으며, 시간과 지역에 따라 석곽적석총(돌덧널돌무지무덤)과 석실적석총(돌방돌무지무덤), 석실봉토분(돌방봉토분), 석실봉토벽화고분(돌방봉토벽화고분) 등으로 나누어진다. 4세기 이전의 초기에는 주로 돌을 쌓아올려 피라미드와 유사한 계단식 적석총(돌무지무덤)이 만들어졌으나 점차 횡혈식 석실봉토분(굴식 돌방무덤)이 주류를 이루었는데, 특히 이 횡혈식 석실분에는 당시 생활모습을 묘사한 많은 벽화가 남아 있어 귀중한 자료가 되고 있다.

1) 적석총

고구려의 분묘는 만주의 집안지방을 중심으로 압록강 유역과 평양 대동강 유역에 많이 분포되어 있으며, 외형은 석총(돌무지무덤)과 토총(봉토분)으로 구분할 수가 있다. 집안지방에서는 석총이 절반을 차지하고 평양지방에서는 토총이 많은데, 석총의 외형이 거의 완전하게 보존되어 있는 것은 장군총뿐이다. 고구려의 고유한 묘제는 적석총(돌무지무덤)으로서 B.C. 3세기에서 기원후 5세기 전반에 이르기까지 여러 축조 양식을 보여 주며, 석총의 대표적인 것으로는 태왕릉과 장군총 등이 있다. 적석총은 초기의 무덤양식으로서 처음에는 강돌을 깔고 그 위에 시신을 안치한 후 돌로 전체를 무질서하게 덮었으나 차츰 기단과 계단을 갖추며 깬돌이나 절석을 사용하여 이집트의 계단형 피라미드와 유사한 형태를 하게 되었다. 3세기 말~4세기 초가 되면 중국계 석실분의 영향을 받아 적석총의 중심부에 연도가 달린 석실을 만들게 되어, 매장의 주체부는 시신을 위에서 집어넣는 수혈식 석곽(구덩식 돌덧널)에서 옆으로 넣는 횡혈식 석실(굴식 돌방)으로 바뀌었다.

화강암을 피라미드 모습으로 7단 쌓아올린 장군총은 적석총으로 맨 아래층은 약 30m 길이에 약 13m의 높이이며, 위로 올라가면서 각 층의 길이와 높이를 줄여 안정되게 만들었다(그림 7-01). 모두 1,100여 개에 달하는 석재는 화강암을 규격에 맞게 자르고 표면을 갈아서 만들었으며, 적석이 밖으로 밀려 나가지 않도록 높이 약 5m가량의 거대한 호석을 각 면에 3개씩 기대어 세웠다. 태왕릉은 기단의 한 변이 약 63m로서 장군총보다 규모가 큰데, 현재 분구의 대부분이 허물어지고 기단부와 위층의 일부만이 원래의 모습을 유지하고 있으며, 기단 주위에는 거대한 호석이 각 변마다 5개씩 배치되어 있다(그림 7-02). 분구 정상

그림 7-01 **길림성 집안 장군총**
그림 7-02 **길림성 집안 태왕릉**

부 가까이에 설치된 매장부는 횡혈식 석실의 형태를 취하고 있는데, 석실은 연도가 달린 정사각형에 가까운 평면의 단실로서 매끄럽게 다듬은 석재로 축조되고 천장은 맞배지붕식으로 마감하였다. 태왕릉은 무덤 주위에 자갈이 깔리고 그 바깥으로 무덤 구역을 알리는 흙담이 둘러져 있으며, 동북 500m 방향에 광개토왕릉비가 위치하여 있고 무덤에서 '願太王陵安如山固如岳(원태왕릉안여산고여악)'이란 글자가 새겨진 벽돌이 출토되어서 태왕(太王), 즉 광개토왕의 무덤으로 추정된다.

2) 봉토분

횡혈식 석실봉토분(굴식 돌방무덤)은 흙으로 덮은 봉토 내부의 횡혈식 석실에 시신을 안치하는 것으로, 봉토의 외형은 원형이 많지만 정사각형이나 사각뿔형도 사용되었다. 봉토분은 일반적으로 석실 위에 돌무지로 덮고 다시 점토를 바르고 그 위에 숯이나 재를 깔고 흙으로 덮어 봉토를 만든다. 기본적으로 연도가 있는 횡혈식 석실을 흙으로 덮는 굴식 돌방무덤은 4세기경부터 발생하여 사용되어 평양 천도 이후 주류를 이루게 되었고, 내부에 벽화가 있기도 하여 당시의 사회와 문화를 이해하는 데 중요한 자료가 되고 있으며, 삼실총, 동수묘, 쌍영총, 무용총, 강서고분 등이 유명하다. 집안에 있는 오괴분[1]은 석총과 같이 지면에 냇돌을 깔아서 묘역을 표시하고, 봉토 기단부에는 자연석을 세워 호석 역할을 하였다.

일반적으로 봉토분은 무덤으로 드나드는 연도와 시체를 안치하기 위한 묘실로 구성되고 묘실은 전실과 주실로 구성되지만, 경우에 따라 집안의 삼실총과 같이 묘실이 3개 있는 다실묘(복실묘)나 전실이 없는 단실묘로 된 것도 있다. 안악 3호분과 약수리 고분, 고산리 7호분 등은 전실에 측실이나 감실이 달려 있고, 대성리 1호분, 천왕지신총, 용강대총 등은 전실이 직사각형이며, 각저총, 무용총, 쌍영총 등은 전실이 직사각형 또는 정사각형이면서 폭이 묘실과 같다. 무덤의 벽화는 돌벽면에 직접 그린 경우도 있지만 보통 묘실 벽면에 두껍게 회칠을 하고 칠이 마르기 전에 프레스코(fresco)법으로 벽화를 그리기도 하였다. 쌍영총은 벽화장식을 통해서 당시의 호화스러웠던 건축의 면모를 보여주는데, 현실 입구의 팔각쌍기둥, 천장의 구조 및 그림으로 표현된 네 귀퉁이의 기둥, 기둥 위의 두공 동량 등 지배층의 건축을 드러낸다(그림 7-03). 벽화는 전기에는 무덤 주인공의 인물 풍속도 위주였

---

1 삼면이 산으로 둘러싸인 분지의 중앙에 위치한 대형 벽화 고분으로 근처에 비슷한 크기의 다섯 개 고분이 밀집해 있어 오괴분 또는 오회분으로 불리며, 4호분과 5호분에 벽화가 있다.

으나 중기 이후에는 사신도와 인동당초문을 비롯해
불교적인 장식무늬도 나타난다.

고구려의 봉토분은 평천장, 궁륭천장, 꺾임천장,
괴임천장, 혼합천장 등 여러 가지 천장구조가 사용
되었지만, 일반적인 천장형식은 묘실 상부로 올라갈
수록 천장을 좁히기 위해 모서리에 45도 방향으로
판석을 내밀어 모서리를 접으며 층층이 쌓아 올린
귀접이천장이다. 이 천장구조는 투팔천장, 말각조정

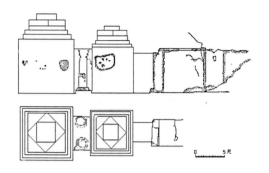

그림 7-03 **평남 용강 쌍영총의 평면과 단면**

천장, 귀접이천장, 모서리 삼각형 내쌓기(lantern deck)천장, 모줄임천장 등으로 불리며, 벽
상부를 쌓은 다음 모서리에 삼각형의 석재를 걸쳐서 여러 번에 걸쳐 내밀며 좁혀서 쌓아
올리고 정상부에 천장 석판을 놓는 방법이다(그림 7-04, 05, 06). 이러한 수법은 중국 하남성
기남의 3세기경의 석실묘, 운강석굴, 신강, 서북 인도의 카슈미르(Kashmir) 지방에 있는 불
교석굴 등에서 그 예를 볼 수 있으며, 또 페르시아 지방에 3세기 초부터 7세기에 걸쳐 페르
시아 사산왕조(Sassanian dynasty, 224~651) 시대에 주로 사용된 스퀸치(squinch) 구조법과
도 흡사한 점이 있다. 스퀸치는 정사각형 평면 모서리에 삼각형의 석재인 스퀸치를 내쌓기
를 여러 번 반복하여 원형에 가까운 평면을 만들어 지붕을 덮는 수법이다.

그림 7-04 **길림성 집안 오회분 4호분묘의 천장과 벽화**
그림 7-05 **고구려 귀접이천장**
그림 7-06 **평남 용강 쌍영총 귀접이천장**

2. 고분벽화의 변천과 건축전각도

고구려 벽화고분은 왕을 비롯한 지배층의 무덤으로 벽화가 그려진 것이다. 무덤의 내부에 그려진 고분벽화는 회를 바른 벽면 또는 돌벽에 그렸는데, 지금까지 발견된 벽화고분은 80여 기가량 되며, 그 내용은 인물화, 풍속화, 동식물화, 산수화, 신비화, 천체도, 건축 의장, 장식무늬 등 다양하다. 고분의 벽화는 주제에 따라 인물풍속도, 인물풍속도 및 사신도, 장식무늬, 장식무늬 및 사신도, 사신도의 5가지로 분류되며, 고분의 구조와 벽화의 내용에 따라 시기별로 4~5세기에는 묘주생활도, 5~6세기에는 묘주생활도와 사신도, 6~7세기에는 사신도가 주로 그려졌다. 묘주생활도에는 묘주를 중심으로 생전의 생활 모습, 무용, 사냥, 씨름 등 풍속을 그린 그림이 많고, 사신도에는 무덤의 수호신인 청룡, 백호, 주작, 현무를 힘차게 그렸고, 장식도는 초화와 연화, 당초문, 기하학무늬, 성좌와 신선, 비선 등을 표현하였다.

1) 제1기(4세기 말~5세기 전반)

이 시기는 중국의 것을 많이 따르고 있는 한편 쌍용총의 천장구조에서 귀접이천장이라는 고구려 독자적인 면도 볼 수 있다. 벽화고분은 전실과 주실로 구성되지만 전실의 양

옆에 측실(또는 감실)이 딸린 복잡한 구조를 갖춘 경우가 많다. 벽화의 내용은 묘주의 초상화를 중심으로 행렬도, 배례도 등 묘주 생시의 각종 생활 장면을 묘사한 인물과 생활풍속도가 대부분이다. 대표적인 것으로는 4세기 후반의 안악 3호분과 5세기 초의 덕흥리 고분(그림 7-07), 감신총, 용강대묘, 동수묘 등을 들 수 있는데, 사후에도 생전에서와 같은 부귀와 영화를 계속 누리기를 염원하는 계세사상이 반영되어 있다.

그림 7-07 평남 남포 덕흥리 고분의 묘주 벽화

2) 제2기(5세기 중엽~6세기 전반)

석실은 앞뒤 2개의 방으로 구성되며 벽화의 내용은 생활풍속도에 불교적 소재와 사신도가 추가되어 동적인 구성으로 변화하였다. 고구려 지배층에 불교가 파급됨에 따라서 불교적 내세관이 벽화에도 나타났는데, 극락왕생을 염원하는 연화화생도나 예불도가 인물풍속

도와 함께 그려지거나 인물풍속도 없이 연꽃무늬만
이 사방에 그려지기도 하였다. 약수리 고분과 무용
총(그림 7-08), 각저총, 5세기 중엽의 장천 1호분, 산
연화총 등에서 보이듯이 풍속도와 수렵도, 무용도,
사신도 등이 그려져 있어 고구려인의 강건하고 용맹
스런 기질의 생활상을 엿볼 수 있다. 특히 무용총의
수렵도는 말을 달리며 활을 겨누는 기마인물들과 달
아나는 짐승들이 모두 힘차게 표현되어 있다.

그림 7-08 **길림성 집안 무용총의 영상 복원**

3) 제3기(6세기 중엽~7세기 전반)

이 시기에는 석실구조가 더욱 단순화되어서 단실로 되어
있는 단실분 형식이 나타났고, 벽화의 내용은 도교사상의 확산
으로 청룡·백호·주작·현무가 그려진 사신도가 유행하기 시작
하였으며, 이러한 경향은 고구려가 멸망하는 7세기 후반까지
계속되었다. 진파리 7호분, 통구사신총, 강서대묘(그림 7-09) 등
에서 보이듯이 후기의 많은 봉토무덤에 사신도를 주제로 하는
도교적 성격이 돋보이게 되었다.

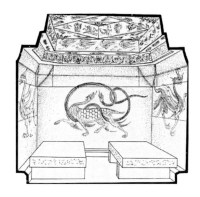

그림 7-09 **평남 강서대묘의 사신도
묘사도**

3. 건축전각도

고구려의 사회와 문화, 건축을 잘 보여주는 고분
벽화는 성곽건축이나 전각, 주택건축 등을 짐작할 수
있게 해주는데, 성곽그림이 그려져 있는 것으로는 용
강대총과 삼실총, 요동성총, 약수리벽화분 등이 있다.
용강대총과 삼실총은 성곽의 일부를 바라본 그림이
며, 요동성총과 약수리벽화분은 성곽의 부감도이다.
한편 쌍영총과 천왕지신총, 대안리 1호분, 팔청리벽
화분, 통구 12호분, 안악 1호분 등은 전각그림을 보여

그림 7-10 **황해도 안악 1호분의 전각도**

주는데, 통구 12호분은 중층의 전각그림, 안악 1호분은 큰 주택의 부감도, 각저총은 전각 내부
의 모습이 각각 그려져 있다(그림 7-10).

주택과 그 부속건물을 보여주는 것으로는 안악 3호분(그림 7-11, 12), 약수리 벽화고분(그림 7-13), 마선구 1호분, 대성리 1호분, 무용총, 각저총, 통구 12호분 등이 있다. 부속건물로서는 부엌이 가장 많이 그려져 있고, 그 밖에 마구간과 창고 등이 묘사되어 있다. 무용총, 쌍영총, 안악 1, 2호분은 두공이 이중으로 그려져 있으며(그림 7-14), 대성리 2호분은 기둥이 나무 모습으로 그려져 있다. 쌍영총, 안악 3호분, 대성리 1호분, 요동성총, 팔청리 벽화분, 마선구 1호분 등에는 고분 내부에 돌기둥이 세워져 있는데, 천왕지신총은 전실 지붕의 도리나 대공을 돌로 만들고 주실 벽면에 내부로 돌출한 첨차를 돌로 만들었다(그림 7-15, 16).

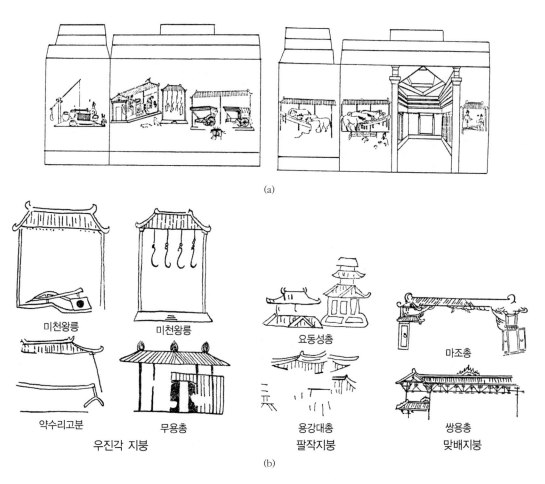

(a)

(b)

그림 7-11 (a) 황해도 안악 3호분의 부속전각도
(b) 고분벽화에 나타난 전각의 지붕

그림 7-12 황해도 안악 3호분의 부엌과 고깃간 벽화

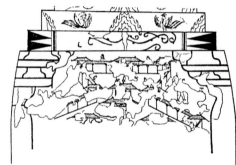
그림 7-13 평남 강서군 약수리 고분의 벽화(외양간과 마구간)
그림 7-14 황해도 안악 1호분의 전각도

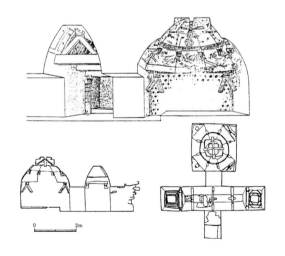

그림 7-15 평남 순천 천왕지신총의 평면과 단면
그림 7-16 평남 순천 천왕지신총의 주두

7.2 백제 분묘건축

백제의 분묘건축은 고구려에 비해 규모가 작지만 우아하고 부드러운 면이 있는데, 지역과 시대에 따라 분포와 특성을 다르게 한다. 백제분묘는 도읍의 천도에 따라 한성, 웅진, 사비시대로 나누어 살펴볼 수 있다. 한강 유역에는 고구려의 영향을 받은 돌무지무덤과 토광묘 등이 주류를 이루고, 웅진시대의 공주 지방에는 송산리 1~5호분에서 볼 수 있는 석실분(돌방무덤), 중국 남조의 영향을 받은 송산리 6호분, 무령왕릉과 같은 터널형 전축분(벽돌무덤)이 있다. 사비시대의 백제 고분들은 이전의 영향이 이어지지만, 특히 이 시대에는 부여의 능산리 고분군에서 볼 수 있듯이 직사각형의 현실을 화강암이나 대리석의 거대한 판석으로 조성하는 석실분이 성행하였다.

1. 한성시대 분묘

한강 유역의 풍납동 토성이나 몽촌토성을 중심으로 한 가락동, 방이동, 석촌동 일대에는 한성시대의 무덤이 집중되어 있다. 한성시대의 무덤으로는 적석총(돌무지무덤), 목관묘(널무덤), 석관묘(돌널무덤), 옹관묘(독널무덤), 석실분(돌방무덤) 등이 있다. 북한강과 남한강 유역에 분포하는 기단이 없는 적석총은 백제의 건국 집단이 고구려로부터 남하해오면서 가져온 묘제로 추정되고, 목관묘와 옹관묘들은 이 지역에서 그 전부터 거주해오던 선주민 집단들의 무덤으로 판단된다. 적석총과 석실분은 고구려 무덤양식과 비슷하기에 문헌의 온조설화에 나타나는 백제 건국과 부여 및 고구려의 관련설을 뒷받침해준다. 이 시기의 대표적인 무덤으로는 서울 송파구 석촌동 고분군과 가락동의 고분군을 들 수 있는데, 여기서는 기단식(계단식) 적석총과 토광묘(움무덤) 계통의 목관묘, 옹관묘, 거대한 봉토 위에 자갈을 덮어 만든 즙석봉토분(葺石封土墳), 토광적석묘(土壙積石墓) 등이 다양하게 발견되고 있다.

한성시대에 특징적으로 나타나는 형식은 계단식 적석총으로 '한국의 피라미드'라고도 불리는데, 납작하고 네모난 모양으로 다듬어진 할석을 계단 모양으로 3단을 쌓았으며, 내부에 돌과 진흙을 채웠다(그림 7-17). 4세기경의 백제왕족의 무덤으로 추측되는 석촌동 3호분은 석촌동 고분군의 무덤 중 규모가 가장 큰 것으로, 바닥의 길이가 동서 49.6m, 남북 43.7m, 높이 4.5m에 달하는 3단의 대형 계단식 적석총이다. 석촌동 4호분 적석총은 자갈을 깐 30m 크기의 사각형 묘역 위에 3단으로 이루어진 계단식 적석총으로, 1단의 크기가 24m이고, 전체 높이 2.24m이며, 돌무지 중심부에 묘실이 횡혈식 석실로 만들어졌다. 석실분은 막돌로 횡혈식 석실을 쌓은 궁륭식 천장인데, 연도가 남쪽 벽에 잇대어 시설되었으며, 방이동 제1호분과 제2호분은 원래 전방후원형이었으나 현재 원형 봉토분으로 각각 떼어놓았다(그림 7-18). 토광묘(움무덤)의 경우는 시신을 안치하는 매장시설과 그 위를 덮는 봉분으로 구성되어 있는데, 매장시설에 해당하는 움의 내부에는 목관(나무널)을 별도로 설치하였으며, 서울 석촌동, 천안 청당동, 청주 신봉동 등지에서 다수 발견되고 있다. 서울 석촌동 토광묘는 폭 2.6~3.2m, 깊이 0.8m, 길이 10m가 넘는 직사각형의 큰 구덩이를 파고, 내부에 8개의 나무널을 안치하기 위한 작은 구덩이를 큰 구덩이와 교차되게 파내어 조성하였다.

그림 7-17 서울 석촌동 고분군
그림 7-18 서울 방이동 고분군

2. 웅진시대 분묘

웅진으로 도읍을 옮긴 후에는 지배층의 무덤으로 적석총은 없어지고 대부분 석실분묘와 전축분묘가 축조되었다. 석실분묘는 크게 횡혈식과 수혈식으로 구분되는데, 대체로 횡혈식이 널리 보급되었다. 공주시 송산리 고분군에는 무령왕릉을 포함해 7기의 고분이 전해지는데, 1~5호분은 모두 횡혈식 석실분(굴식 돌방무덤)이며 6호분과 무령왕릉은 전축분(벽돌무덤)이다.

횡혈식 석실분묘는 기본적으로 무덤의 입구인 연도(널길), 시신을 모시는 나무널(목관)과 부장품이 함께 안치되는 사각형의 현실(널방)로 구성되었고, 바닥에는 돌이나 벽돌이 깔렸다. 연도의 벽과 현실의 4벽은 깬돌이나 판석으로 쌓았으며, 천정은 판석이나 장대석 등으로 덮은 위에 흙을 올려 봉토를 만들었다. 규모의 차이가 있으나 연도는 길이 2m 내외,

폭과 높이 각 1m 내외이고, 현실의 규모는 대체로 길이와 폭이 3m 내외이다. 횡혈식 석실분묘는 공주 송산리와 교촌리 고분군, 공주 금학동 고분군, 주미리, 신기동 고분군 등에서 볼 수 있다. 횡혈식 석실분묘는 축조방식과 형태에 따라 약간의 시기적 차이가 있으며, 측벽과 천정의 형태에 따라 궁륭형 석실분, 맞배식 석실분, 평석천정 석실분 등으로 분류된다.

궁륭형 석실분은 돌이나 벽돌을 깐 현실의 평면이 정사각형이고 입구가 벽면 좌우의 모서리에 설치되며 돌을 엇물리게 하여 네 모서리에서 안으로 조금씩 들여쌓으며 궁륭모양으로 천장 부분에서 하나의 판석으로 덮어 마감하는 형식이다. 연도와 현실의 바닥과 벽,

그림 7-19 **공주 송산리 5호분의 내부 모형**

그림 7-20 **공주 송산리 6호분의 내부 모형**

천장에는 회를 발랐고, 대표적인 실례로는 공주 송산리 1호분, 4호분, 5호분 등이 있다(그림 7-19). 맞배식 석실분은 직사각형 평면이고 연도와 현실, 천장 모두를 판석으로 축조한 형식으로서, 동서의 벽은 수직 판석 위에 또 하나의 판석을 맞배지붕을 덮듯이 양쪽을 막았고 남북의 벽은 위가 뾰족한 6각형 판석을 세워 마감했다. 대표적인 실례로는 공주시 장기면 시목동 1, 2호분과 공주시 교동 1호분이 있다.

수혈식 석실분묘는 일반적으로 횡혈식보다 작고 연도를 두지 않는데, 현실은 평면이 직사각형이고 바닥에 작은 돌을 깔았으며 깬돌이나 판석으로 벽을 쌓고 여러 개의 판석이나 장대석으로 천장을 덮었다.

백제의 전축분묘(벽돌무덤)은 송산리 6호분과 무령왕릉에서 보이듯이 공주지역에서만 발견되는 분묘로서, 전축분은 원래 중국 남조에서 유행하던 무덤양식으로 당시 백제가 중국의 남조와 활발한 교섭을 벌였음을 말해준다. 이 지역의 유일한 벽화고분인 공주 송산리 6호분은 조적식 구조로서 직사각형 평면의 묘실의 천정은 볼트 구조이고, 4벽면에는 점토를 발라 프레스코 기법의 사신도, 일월도 등의 벽화가 그려져 있다(그림 7-20). 송산리 6호분은 남북을 축으로 연도와 현실을 배치하였으며, 현실은 길이 3.7m, 폭 2.24m이고 바닥에 삿자리 모양으로 벽돌을 깔았고, 네 벽의 벽돌쌓기는 가로쌓기와 세로쌓기를 번갈아가며 쌓았

다. 남벽 중앙에 있는 연도는 길이 2.3m, 폭 0.8~1.1m, 높이 1.23m이다. 현실과 연도를 축조한 벽돌들은 각기 그 쓰인 위치에 알맞도록 크기나 모양이 다양하게 만들어졌으며, 안쪽으로 드러나는 면에는 오수전 모양, 마름모꼴 등 여러 가지 선무늬를 넣었고, 동벽과 서벽의 각각 세 곳과 북벽 한 곳에는 등잔을 놓았던 등감과 창이 설치되었다.

또 하나의 대표적 전축분묘인 무령왕릉은 도굴의 흔적이 없고 매장지와 연대가 확실히 밝혀져 백제문화를 연구하는 데 중요한 자료가 되고 있다. 무령왕릉은 발굴된 돌로 만든 매지권(買地券)에 새겨진 명문으로 이 무덤이 만들어진 시기가 525년임이 밝혀짐으로써 백제고분과 부장품의 편년에 명확한 기준을 제공했고 웅진시기 백제의 역사에 많은 자료를 제공하고 있다(그림 7-21, 22, 23). 무령왕릉은 연꽃무늬의 벽돌로 된 아치형의 무덤으로 여기에서는 금관과 석수, 동자상, 청동경, 자기, 지석 등이 출토되어 백제의 국가상, 사회생활, 양나라와의 문화교류, 매장법, 삼국 사이의 문화교류 등을 확인시켜준다.

그림 7-21 공주 무령왕릉의 현실
그림 7-22 공주 무령왕릉의 내부
그림 7-23 공주 무령왕릉의 연도와 현실

무령왕릉은 남북으로 장변을 놓고 남측에서부터 연도와 현실을 배치하였으며, 연도는 길이 2.9m, 폭 1.04m, 높이 1.45m이고, 현실은 길이 4.2m, 폭 2.72m, 높이 2.93m이다. 바닥은 송산리 6호분과 마찬가지로 삿자리 모양으로 벽돌을 깔았는데 현실 앞쪽은 약 21cm 정도 낮추어서, 낮춰진 부분을 제외하면 자연히 관을 놓는 관대가 형성되게 하였다. 무령왕릉의 4면 벽의 벽돌쌓기는 가로쌓기와 세로쌓기를 번갈아 하였는데, 동벽과 서벽은 가로쌓기 4단과 세로쌓기 1단을 상부까지 번갈아 되풀이하면서 천정 볼트까지 이어지게 하였고 천정 부분에서는 가로쌓기를 3단으로 마감하였다. 천정 부분까지 가로쌓기와 세로쌓기를 혼용하기 위해서는 사용되는 벽돌을 처음부터 계획해서 만들어야 하는 것으로서, 현실과 연도의 천정에 사용되는 벽돌은 가로벽돌, 세로벽돌 모두 폭과 두께가 아치구조에 적합하도록 특별히 제작되었다고 할 수 있다. 이러한 사실은 벽면에 축조된 벽돌이 세워 쌓는 벽돌 2매가 조합되어 하나의 연꽃 모양이 완성되도록 한 것에서도 알 수 있다. 벽에는 등잔을 놓기 위한 양파 모양의 감실이 있는데, 장례 때 등잔에 불을 켜 놓은 채 현실문을 닫으면 실내가 진공상태가 되었다고 한다.

무령왕릉에서 출토된 진묘수(鎭墓獸)와 묘지석(墓誌石)은 도가사상을 잘 보여주는데, 진묘수는 죽은 자를 보호하는 기능 이외에 사자의 영혼을 승선시키는 안내자의 역할을 맡기도 하였다. 묘지석에는 왕의 무덤이 위치한 곳을 지하세계의 신인 토왕, 토백(土伯), 토부모(土父母) 등으로부터 매입한다고 하는 내용이 들어 있다.

3. 사비시대 분묘

사비시대의 도성이 치밀한 계획 하에 조성된 도시로서 분업화된 사회구조를 이루었듯이 사비시대의 분묘도 매우 세련되게 조성되었다. 사비지역에서 발견되는 백제 고분군의 분포를 살펴보면, 왕실 무덤으로 추정되는 능산리 고분군은 도성과 비교적 인접한 나성의 바로 바깥쪽에 조성되었으며, 귀족 혹은 일반인들의 무덤은 부여 염창리, 저석리, 신리 등과 같이 비교적 도성에서 멀리 떨어진 곳에 조성되었다.

사비시대에도 대체로 웅진시대의 전통이 이어져 횡혈식 석실분묘가 주류를 이루었고, 이 밖에 수혈식 석곽분, 토관묘, 옹관묘, 화장묘 등도 나타나고 있다. 화장묘의 출현 및 유행은 불교의 성장, 불교식 장례법의 도입 등과 밀접한 관련이 있다고 여겨지며, 부여 중정리, 상금리 등지에서 발견된 화장묘가 대표적이다.

횡혈식 석실묘는 크게 볼트(터널)형 석실묘, 맞조임식 석실묘, 괴임식 석실묘(단면육각형), 4벽수직 석실묘로 대별된다. 볼트형 석실묘는 돌을 다듬은 장대석을 이용해 상부로 갈수록 작은 석재로 벽체를 쌓아 내부를 터널처럼 둥글게 만들고 대형 판석으로 정상부를 덮으며, 남벽과 북벽은 수직으로 하고 남북 중앙에 연도를 만들었다. 능산리 2호분(중하총), 능산리 체마소 대총, 정암리 20호분이 대표적 실례이며, 능산리 2호분의 경우 현실의 규모는 남북 3.21m, 동서 1.98m, 높이 2.15m이다.

맞조임식 석실묘는 하부벽에 대형 석재를 쌓고 위로 갈수록 작은 돌로 벽면을 구축한 뒤 대형 판석이나 몇 개의 작은 판석으로 상부를 덮어 마감하는 형식이다. 천장석을 지탱하기 위해 내벽을 약간 안으로 들여쌓는 수법을 사용했으며, 능산리 할석분, 정암리의 많은 고분들이 이 형식의 사례이다. 괴임식 석실묘는 벽과 벽의 상부 괴임석, 천정석 모두를 대형 판석으로 축조하는 것으로서, 벽을 수직으로 올린 다음 일정 높이에서 45도 정도 안으로 약간 기울어지는 괴임석을 받쳐 단면이 6각형이 되게 하였으며, 능산리 3호분(서하총), 5호분(중상총), 동(東)4호분 등의 대표적인 실례이다.

4벽수직 석실묘는 잘 가공한 대형의 판석을 이용하여 4벽과 천장을 수직, 수평으로 맞추는 형식의 분묘로서, 잘 다듬은 벽돌 모양의 돌을 깔기도 하고 벽화를 그린 것도 있으며, 능산리 1호분, 논산 육곡리 6호분 등이 이에 속한다. 능산리 1호분 내부의 연화문과 비운문, 사신도는 평양 진파리 1호분과 강서 우현리 대묘의 벽화에서 보이는 문양과 기법, 형태 등에서 매우 흡사하다. 부여 능산리 1호분(동하총, 그림 7-24)은 지하에 땅을 파 직사각형으로 조성된 무덤 내부의 벽과 뚜껑돌은 하나의 화강암을 다듬어 조립, 축조한 4벽 수직식으로, 바닥면은 일정한 크기의 돌을 벽돌처럼 다듬어 정연하게 깔았으며, 벽면에는 다양한 색채의 물감을 사용하여 사신도를 그려 넣어 장식하였다. 현실의 규모는 길이 3.27m, 너비 1.52m, 높이 1.95m이고, 연도는 길이 64㎝, 너비 1m, 높이 1.38m의 크기이다.

그림 7-24 부여 능산리 1호분의 내부 모형

부여 능산리 고분군은 왕실 무덤으로 알려져 있으며 발견된 17기의 고분 모두 횡혈식 석실분으로 송산리 고분보다 규모는 작으나 건축기술과 연화문, 구름문, 사신도의 벽화가 세련되었다. 능산리 1~3호 무덤은 합장묘 방식이고, 5호분은 홑무덤인 단장묘로 추정되고 있다. 능산리 고분군의 무덤은 모두 원형 봉토분으로 내부는 연도가 있는 횡혈식 석실분이며 뚜껑돌 아래는 모두 지하에 만들었다. 능산리 사지에서 발견된 백제 금동대향로는 창의성과 조형성이 뛰어나고 불교와 도교가 혼합된 종교와 사상적 복합성까지 보이는 뛰어난 작품이다.

백제 금동대향로는 높이 61.8cm, 무게 11.8kg이나 되는 대형 향로로, 몸체와 뚜껑, 봉황과 받침대 4부분으로 구성된다(그림 7-25). 뚜껑에는 23개의 산, 5인의 악사와 16인의 인물상, 상상의 동물과 현실 세계 동물들, 6개의 나무와 12개의 바위, 시냇물, 호수, 폭포 등이 화려하게 표현되어 있다. 뚜껑 쪽에 새겨진 문양은 신선이 살았다는 봉래산

그림 7-25 백제 금동대향로

을 중심으로 구성되어 도가사상을 보여준다. 연꽃을 연상시키는 몸체에는 불사조와 물고기 등 26마리의 동물이 있고, 받침대는 몸체 밑 부분을 문 채 고개를 쳐들어 떠받고 있는 한 마리의 용으로 되어 있다.

7.3 신라의 분묘건축

고신라시대의 왕들은 생시의 지상의 주거생활을 그대로 지하에 옮긴다는 생각으로 무덤을 만들었다. 신라고분은 시기에 따라 묘제와 고분 구조가 변화되고 그 분포범위도 달라졌다. 신라시대의 고분은 외형상 모두 커다란 봉토분이지만 내부구조에 따라 적석목곽분과 석곽분, 석실분으로 구분된다. 신라지역에서는 실질적인 왕국이 출현한 3세기 말에서 4세기 초경 지배계급의 권위를 과시하기 위한 비교적 규모가 큰 봉토분이 나타난 것으로 추측된다. 경주지역에서 신라와 관계있는 최초의 고분은 조양동분묘군인데, 원삼국시대(기원전후~300년경)의 목관묘 유적으로서 신라의 모체가 되는 사로국 단계의 무덤이다.

신라의 형성기인 초기(3세기 후반~4세기 전반)에는 경주와 인근 지역을 중심으로 신라식 목곽묘(덧널무덤)가 축조되었고, 전기(4세기 후반~6세기 전엽)에 경주에서는 적석목곽분(돌무지덧널무덤), 낙동강 동쪽의 영남지방에서는 수혈식 석곽분(구덩식 돌덧널무덤)과 횡구식석곽분(앞트기식 돌덧널무덤)이 축조되었다. 시신을 보호하는 도구로서 목관(나무널)은 일차적인 것이고 목곽(나무덧널)과 석곽(돌덧널), 석실분(돌방무덤)에서 돌벽과 벽돌무덤에서 벽돌벽은 이차적인 가구라고 할 수 있으며, 널과 덧널가구는 신분에 따라 규모와 장식을 더하여 차별화하였다. 석곽묘는 미추왕릉 지구에서 볼 수 있듯이 냇돌로 벽을 쌓고 천장을 몇 장의 판석으로 덮었으며 봉토 주위에 호석을 둘렀다. 후기(6세기 전반기부터)에는 석실봉토분(돌방흙무덤)이 중심 묘제가 되었으며 6세기 중엽부터는 중부지방에도, 그리고 삼국통일 이후에는 대동강과 원산만 이남의 한반도 전역에 신라고분이 축조되었다.

고신라의 고분은 수혈식의 거대한 적석목곽분이 대부분이지만, 옹관묘(독무덤)와 석실분(돌방무덤)도 남아 있다. 후기에 와서는 횡혈식 석실분으로 변하면서 불교의 영향으로 화장묘도 유행하였고, 봉분 주위에 호석(둘레돌)을 세우고 12지신상을 조각하기 시작하였다. 통일신라의 분묘는 당나라 제도를 모방하여 웅장하게 구축되었으나, 불교에서 화장이 유행하면서 유골을 단지에 넣어 매장하는 골호기(뼈단지무덤)가 만들어지고 재래의 분구방식은 차츰 줄어들었는데, 뼈항아리는 그대로 땅속에 묻기도 하나 지하에 돌로 덧널을 짜고 그 안에 뼈항아리를 넣기도 하고 뼈항아리가 들어 있는 다듬은 돌상자(석함)를 지하에 묻는 방법도 있다.

통일신라시대에는 고신라의 적석목곽분이 점점 사라지고 횡혈식 석실분묘(굴식 돌방무덤)가 만들어져 연도를 설치하여 추가로 매장이 될 수 있게 하였고, 무덤의 봉토가 무너지는 것을 막기 위한 호석제도가 발전하였다. 횡혈식 석실분묘는 대충 다듬은 돌로 사각형의 현실(널방)을 만들고 한쪽 벽에는 현실과 통하는 연도(널길)를 두며 그 위에 원형으로 봉토를 쌓은 구조로서, 고구려와 백제에서 발달된 것이 6세기 후엽 무렵 전파되어 통일신라시대에는 주된 묘제가 되었다. 통일 이전의 석실분은 현실의 한 모서리에 긴 연도가 붙은 횡혈식 ㄱ자 석실분이었지만, 통일시기의 것은 사각형의 현실에 사각형의 전실이 연결된 형식이 주류를 이룬다. 횡혈식 석실분묘는 대체로 노서동 고분군 내 일부 고분과 경주 북천 이북의 용강동, 황성동 일대의 고분군 등에서 보이듯이 도심지 평지에서부터 경주 분지 외곽의 평지와 경주 외곽의 산록과 구릉지대로 이전되었다. 발굴된 통일기 석실분은 쌍상총, 노서리 133호분, 충효동 고분군, 서악리 석실고분, 정래동 방형분 등이 대표적인 사례이다. 연도는 보통 현실의 남쪽 벽에 달려 있는데, 남벽 가운데에 있는 것, 동벽 쪽에 치우친 것, 서벽 쪽에 치우친 것 등이 있으며, 특히 서벽 쪽에 치우친 것이 많이 나타나는 것이 특징적이다. 이때부터는 다량의 부장품을 함께 넣는 후장의 풍습이 사라지고 소박하게 장례를 지내게 된다. 통일기에 재위한 왕은 모두 27명으로 그 가운데 19기의 왕릉이 알려져 있으며, 그 입지도 경주 시내를 떠나서 주변의 산지로 올라가게 되어 보문동, 동천동, 충효동, 서악동 등지에 주로 분포하고 있다.

통일신라 왕릉의 외형은 태종 무열왕릉까지는 자연석으로 호석(무덤둘레돌)을 쌓았으나, 다음 8세기 이후에는 다듬은 돌을 사용하여 1m 정도 높이로 호석을 쌓았다. 특히 성덕왕릉 이후의 왕릉은 호석이 판석으로 바뀌고 판석 사이에는 12지신상[2]을 두거나 새겨놓았으며 주위에도 중국의 능묘와 같이 난간석과 문인상, 무인상, 사자상, 신도비 등 여러 가지 석물을 일정하게 배치하여 왕릉으로서의 외모를 갖추고 있다. 이 석물들의 형식에 따라서 통일신라의 왕릉은 무열왕릉식, 신문왕릉식, 경덕왕릉식, 성덕왕릉식으로 나누어진다.[3] 초기의 태종 무열왕릉은 봉토 주변에 간단한 호석을 돌리고 전면에 석상을 두며 당제를 따라

....

2   십이지는 방위와 시간 등 우주의 공간과 시간의 한계를 상징하는 것으로, 봉토 아랫부분에 두른 십이지상은 신라의 창안이며 현재까지 발견된 것 중 가장 오래된 것은 김유신묘이다.
3   진홍섭, 『경주의 고적』, 열화당, 1975.

비석과 비각을 세웠다. 신문왕릉은 봉토의 호석을 2~3단의 석축으로 조성하고 무너지지 않도록 삼각형의 지탱석을 세운 경우도 있다. 경덕왕릉은 판석을 세워 돌려 호석을 쌓았으며 판석면 또는 판석 사이의 기둥석에 십이지신상을 돋을 새김하였다. 성덕왕릉은 12지 호석 외에 당나라의 제도를 받아들여서 돌사자, 문신상과 무신상, 능비 등 여러 가지 석물을 갖추었다.

왕릉 앞부분으로 혼유석, 돌사자와 문인석, 무인석, 귀부 위에 비석을 배치하여 능역을 조성하여 가장 잘 정비된 신라의 능묘제도를 보여주는 것은 제38대 원성왕릉으로 추정되는 괘릉이다. 괘릉은 무덤 주위를 호석과 석난간으로 둘러싸고, 앞에는 석상, 또 그 앞 좌우에

그림 7-26 **경주 김유신장군묘**

돌사자 2개, 문석 1개, 석주 1개를 세웠으며 호석에는 십이지신상을 양각하였다. 호석과 석난간, 석상이 갖추어진 것으로는 김유신장군묘(그림 7-26), 신문왕릉, 성덕왕릉, 경덕왕릉, 헌덕왕릉, 흥덕왕릉, 진성왕릉 등인데, 특히 흥덕왕릉은 그 형식은 완비되어 이후 고려시대 왕릉제의 기초가 되었다. 신라 하대의 왕릉들은 왕위쟁탈전으로 왕위가 불안정하고 재위기간이 짧았으므로 규모가 극히 축소되고 주위의 석물도 없는 단출한 형태를 이루게 되었다. 신라고분은 신라의 성쇠와 관련된 당시의 정보를 담고 있어 신라사는 물론 한국고대사 연구의 기본적인 자료가 되며, 건축뿐만 아니라 공예, 회화를 살피는 데 큰 도움을 주고, 금관을 비롯하여 출토되는 화려한 유물은 한국 고대문화의 위상을 잘 드러내주고 있다.

1. 토광목곽분

토광목곽분(움덧널무덤)은 신라 초기인 서기 3세기 후반부터 4세기 전반기까지 축조된 형식으로서 나무널(목관)을 넣기 위해 무덤 중심부에 따로 맞춘 덧널(목곽)을 갖춘 무덤이다. 토광목곽분은 주검과 중요한 껴묻거리를 넣은 주곽과 부장품을 넣은 부곽을 지하에 판 하나의 긴 토광 안에 설치한 것으로 구정동, 죽동리 등에서 발견되며 경주 조양동 고분군, 황성동 고분군, 사라리 고분군 등이 유명하다. 신라식 토광목곽분은 지상에는 흔적이 없고 지하유구만 발견되지만 원래는 덧널 위로 지상에 낮은 봉토를 쌓았던 것으로 짐작된다.

토광목곽분은 1982년 경주 구정동에서 처음 발견된 뒤 경주 죽동리와 황성동에서도 조사되어 구정동형 목곽분, 경주식 목곽분이라 부르기도 한다. 토광목곽분은 고신라의 주된 묘제인 적석목곽분(돌무지나무곽무덤)과 구조가 다르고 출토유물도 신라고분의 전형물과 같은 경질토기가 전혀 없고, 전대에 성행한 와질토기가 고대의 철제품과 부장되어 있어서 초기 고분으로 추측되고 있다. 구정동고분은 언덕 정상부에 토광을 파고 나무곽을 놓고 그 안쪽 중심부에 나무관을 안치하고 그 양단에 부장품을 넣었으며, 부부의 묘로 추정되는 2기의 묘곽이 약 1m 간격을 두고 합장되어 있다. 또한 경주지역에서 처음으로 출토된 상반신 보호 철 갑옷인 판갑옷, 와질토기와 경질토기가 동시에 출토된 점과 입지조건으로 보아 지배계급의 무덤인 것으로 추정된다.

2. 적석목곽분

신라의 고분문화 전기를 대표하는 것은 경주의 적석목곽분(돌무지덧널무덤)으로서, 반월성 북쪽과 서쪽, 교동, 황남동, 황오동, 노서동, 노동동, 인왕동에 집중 분포되어 있는 고분들은 몇 기를 제외하면 대부분이 이 형식에 속한다(그림 7-27). 4세기 말 내지 5세기 초에 등장하는 적석목곽분은 지하에 토광을 파거나 혹은 지상에 나무곽을 짜놓고 그 속에 나무관과 부장품을 안치하고, 덧널의 주위와 위에 냇돌을 쌓아 적석부를 만들고 그 위로 다시 봉토를 쌓고 봉토 주위로는 냇돌로 호석을 쌓아올린 고분이다. 황남대총, 금관총, 천마총, 금령총 등 대형 고분들은 일체의 구조가 지상에 축조되지만, 호우총과 은령총 등 중·소형 고분들은 지하에 토광을 파고 덧널을 설치하였다(그림 7-28).

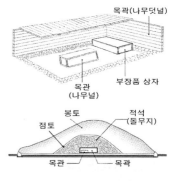

그림 7-27 **경주 황남동 고분군**
그림 7-28 **적석목곽분의 구조**

적석목곽분은 외관이나 내부 매장시설 등의 차이로 단장묘, 다곽묘, 표형분으로 분류되며, 지면을 기준으로 한 덧널의 위치에 따라 지상식, 반지하식, 지하식으로 구분된다. 적석목곽분의 기본형은 한 봉토 안에 덧널이 하나인 원형의 단장묘이지만 덧널을 여러 개 넣은 다곽묘도 있으며, 황남대총(남북 길이 120m, 높이 22m)처럼 원형분 2기를 남북으로 잇대어 외형상 표주박 모양의 쌍을 이루는 표형분의 부부합장묘도 있고(그림 7-29), 중·소형 고분의 경우 호석을 잇대어 달아내가며 고분을 추가적으로 설치해 나가거나 한 줄의 호석 안에 여러 개의 무덤 목곽을 설치한 예들도 있다. 단장묘는 1봉토 1묘곽을 가진 것으로서 금관총, 금령총, 천마총 등이 대표적인 것이며, 모두 대형 고분들로서 직경 80m, 높이 20m에 이르기도 한다. 1973년에 발굴되어 귀중한 유물들이 출토된 경주 천마총은 비천마를 그린 말다래(장니: 말 탄 사람의 옷에 흙이 튀지 않도록 안장 양쪽에 늘어뜨린 도구), 금관 등 왕이 쓰던 유물이 출토됨으로써 왕릉이라는 것이 판명되었다. 천마총은 봉분의 지름이 47m, 높이 12.7m의 적석목곽분으로, 지표에 약 30cm 두께로 점토를 깔고 그 위에 냇돌을 얇게 깐 뒤 시상대를 만들어 목관과 부장품 궤를 안치한 뒤에 주위를 냇돌로 반듯하게 쌓았다. 그 위로 목곽(4.2×6.6×2.1m)을 앉히고 목곽 위로는 지표에서 높이 7.5m 되는 규모가 되도록 냇돌 무더기를 덮고 다시 봉토를 올렸다.

그림 7-29 **경주 황남대총**

다곽묘는 한 봉토 안에 여러 개의 매장시설이 있는 것으로 보통 2~6개의 매장시설이 들어 있으며, 황남동 109호분, 황오동 14호분 등이 대표적이다. 표형분은 두 분묘의 봉토가 겹쳐서 낙타등이나 표주박을 잘라놓은 것 같은 형태를 하는 고분으로 고신라에만 있는 독특한 양식이며, 적석목곽분이 그 구조의 특이성 때문에 추가매장이 불가능하여 시차를 두고 죽은 피장자를 인접시켜 매장하기 위하여 조성되었다. 황남대총은 주인묘인 남분이 먼저 축조된 후에 부인묘인 북분이 만들어져 표형분으로 된 것으로서, 직경 80m, 높이 23m의 거대한 규모이다.

적석목곽분은 거대한 봉토로 덮여 있고 연도(무덤길) 등이 없기 때문에 거의 대부분 도굴을 당하지 않아 부장품이 잘 남아 있다. 적석목곽분에서는 구정동의 토광목곽분에서는 볼 수 없었던 금관과 금제허리띠, 금귀걸이 등 화려한 순금제 공예품과 장신구류, 철제무기류, 유리제 용기, 토기류 등 부장품이 많이 출토되어 있어서, 이것들이 고신라 전성기의 왕과 왕족들의 무덤이라는 것을 알 수 있다. 특히 화려한 금관이 출토된 금관총, 서봉총, 황남대총, 천마총, 금령총 등이 유명하다.

3. 석실봉토분

6세기 전반기 중에는 고구려와 백제의 영향으로 석실봉토분(돌방흙무덤)으로 중심 묘제가 교체되었는데, 석실봉토분은 추가로 매장이 가능하도록 내부로 드나들 수 있는 연도가 달린 횡혈식(굴식) 현실을 돌로 설치하고 그 위에 원형으로 봉토를 쌓은 것이다. 적석목곽분에서부터 석실분으로의 교체는 석실분인 황남동 151호분의 경우 6세기 초반경에 이루어졌지만, 보문리 부부총(합장분)이나 통천리 와총 및 서박리 석침총 등의 사례에서는 7세기 대에 이르러서야 완전한 교체가 이루어졌다. 석실봉토분은 대부분 경주 분지를 둘러싸고 있는 산지에 고분군을 형성하여 분포하고 있는데, 동천동 고분군, 서악동 고분군(그림 7-30), 충효동 고분군, 방내리 고분군, 양산 부부총, 경주 쌍상총 등이 대표적이다. 석실(돌

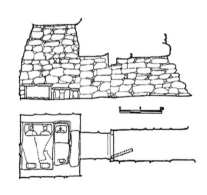

그림 7-30 **횡혈식 석실분**
(경주 서악동 장산토우총)

방)은 대체로 지상에 설치되었으며 깬돌로 직사각형 또는 정사각형으로 벽을 쌓았고 직사각형은 넓은 판석 1~2매를 덮어 평천정으로, 정사각형은 벽의 상부를 안으로 좁혀가며 쌓아 궁륭상 천정으로 만들었다. 연도는 보통 돌방의 남쪽 벽에 달려 있는데, 남벽 가운데와 동쪽, 서쪽에 치우친 것 등이 있으며, 특히 서쪽에 치우친 것이 많이 나타난다. 석실봉토분은 출입구가 한쪽 벽에 설치되어 있어 개폐할 수 있고 내부 매장시설의 방이 넓으며, 횡구식

(앞트기식)과 횡혈식(굴식)의 두 종류가 있다. 횡혈식은 묘실 혹은 현실로 들어가는 통로를 석축으로 쌓아 복도처럼 만든 연도(널길)이 있는 형식이고, 횡구식(앞트기식)은 묘도가 있으되 석축으로 쌓은 널길이 없이 무덤방의 한쪽 벽을 뜯고 출입할 수 있도록 한 형식이다. 석실봉토분은 보통 횡혈식이 보편적이고, 횡구식은 낙동강 중하류역의 신라·가야영역에서 전통적인 수혈식석곽이 주변 수혈식석실분의 영향으로 변형되어 출현한 석실분으로 여겨진다. 석실봉토분이 축조되면서 신라고분은 낮아지게 되어 고분 규모도 축소되고 부장품도 극히 간소화되어 대체로 제사에 사용된 토기들만 출토된다. 경주에서 왕릉과 귀족들의 수혈식 석실봉토분은 통일신라 말까지 계속 축조되었는데, 8세기 이후 왕릉들 중에는 판석으로 호석을 둘러 방위에 맞추어 12지상을 새기고, 그 밖으로 돌난간을 세워 회랑을 돌려 화려하게 장식한 것들이 생겨났다.

4. 통일신라 분묘의 사례

1) 쌍상총(雙床塚)

경주 노서동 고분군(사적 제39호)에 있는 제137호분인 쌍상총은 평지에 터를 닦고 현실과 연도의 네 벽을 쌓아올린 뒤 뚜껑돌을 덮고 봉토를 씌운 석실분이며, 지름 17m, 높이 5m이다(그림 7-31). 무덤 구조는 봉토의 중심부에 위치한 현실 정남에 4m 정도의 연도가 있으며, 현실의 바닥은 동서 3.30m, 남북 3m의 사각형 지면에서 2m 정도 석축을 쌓고 위로 올라갈수록 좁아지게 한 뒤 뚜껑돌을 올려놓았다. 현실의 높이는 약 4m이고 현실의 정남면에 2개의 널문이 있으며, 연도는 길이 3m, 너비 1.35m, 높이 1.50m이다. 현실 중앙부에

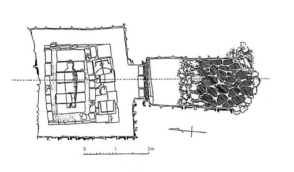

그림 7-31 **경주 쌍상총 평면도**

는 동서 2.30m, 남북 2m, 높이 3m 정도의 자연석과 벽돌을 이용해 2인의 시신을 안치할 수 있는 널받침을 만들었다. 널받침 2개가 발견되어 쌍상총이라 불리는 이 무덤에는 널은 사용하지 않고 시신에 의복을 입힌 채로 널받침 위에 안치한 듯하다.

2) 경주 무열왕릉(太宗 武烈王陵), 사적 제20호

통일의 기반을 닦은 김춘추 신라 제29대(재위 654~661) 태종 무열왕의 왕릉으로 횡혈식 석실분으로 추정되며, 봉분 직경 35.51m, 밑둘레 114m, 높이 8.7m로 비교적 큰 편이고, 능 아래쪽은 자연석으로 호석을 쌓고 드문드문 큰 돌로 받침석을 돌렸다(그림 7-32). 동쪽에 비석을 세웠던 돌거북과 머릿돌에 전서체의 '태종무열대왕지비(太宗武烈王陵之碑)'란 명문이 남아 있다. 거북의 모습을 사실적으로 표현하여 생동감이 넘쳐 신라조각의 정수라 할 수 있는 받침돌인 귀부는 그 위 아래에 보상화 무늬를, 등에는 6각의 거북 등껍질(귀갑) 무늬를, 테두리에는 구름무늬(비운문)를 조각하였고, 머릿돌(이수)에는 좌우에 각 2마리씩 모두 6마리의 용이 뒤엉켜 여의주를 받들고 있다.

그림 7-32 **경주 무열왕릉**

3) 경주 신문왕릉(神文王陵), 사적 제181호

신라 제31대 신문왕릉은 봉토분으로 지름 29.3m, 높이 7.6m, 밑둘레 92m이고, 밑둘레에는 벽돌 모양의 잘 다듬은 돌을 5단으로 쌓고 그 위에 갑석을 덮어 무덤 호석으로 하였다(그림 7-33). 이 호석에 다듬은 돌을 대각선으로 잘라내어 만든 삼각형 받침돌 44개를 일정한 간격으로 받쳐 무덤 외부를 튼튼하게 하였다. 이러한 호석구조는 무열왕릉 형식에서 성덕왕릉 형식으로 발전하여 가는 중간 형식으로 보인다.

그림 7-33 **경주 신문왕릉**

4) 경주 경덕왕릉(景德王陵), 사적 제23호

신라 제35대 경덕왕(재위 742~765)의 봉토분으로 높이 6m, 지름 22m이며, 봉분 주위에 바닥돌 지대석을 깔고 그 위에 판석으로 호석을 쌓았고 호석의 판석 사이마다 기둥 역할을 하는 별도의 석재인 탱석을 끼워 넣고 무인 복장을 하고 무기를 든 십이지신상을 조각하였

그림 7-34 경주 경덕왕릉

으며 판석과 탱석 위에는 덮개돌인 갑석이 놓여졌고, 호석에서 1.3m 떨어진 자리에 높이 175cm의 돌기둥 40개를 세워 난간을 설치하였다(그림 7-34). 십이지신상의 조각은 각 동물의 특징을 잘 표현하였고, 무덤 앞에는 안상문을 새긴 높은 석상이 놓여 있지만, 돌사자와 문인석, 무인석과 같은 석조물은 배열되지 않았다.

그림 7-35 경주 성덕왕릉

5) 경주 성덕왕릉(聖德王陵), 사적 제28호

신라 제33대 성덕왕의 능으로서 높이 5m, 지름 14.5m이고 봉토 아래 부분에 호석을 배치하였는데, 높이 90cm 정도의 면석을 두르고 그 위에 덮개돌인 갑석을 올렸다(그림 7-35). 면석 사이에는 기둥 역할을 하는 탱석을 끼워 고정시켰고 그 바깥쪽에 삼각형의 돌을 세워 받치고 있다. 삼각형의 받침돌 사이에 배치된 갑옷을

입고 무기를 들고 서 있는 모습의 12지신상은 심하게 파손되어 있다. 짐승 머리에 사람의 몸을 한 모습의 이 십이지신상은 호석에 새긴 것이 아닌 별도의 조각상을 세운 것으로 신라 왕릉 중 유일한 것이다. 가장 바깥쪽에는 석주를 둘렀는데, 석주의 상하 2개소에는 출입을 방지하는 관석을 끼우기 위한 홈이 패어 있지만 관석들은 현재 남아 있지 않다. 무덤 앞쪽에는 석상이 놓여 있고, 무덤 주위의 4모서리에는 돌사자를 배치하였으며, 석상 앞쪽 양 옆으로 문인석과 무인석 각 1쌍을 세웠던 것으로 보이고, 앞쪽 왼편에 능비를 세워놓아 신라 최초의 완비된 형식을 갖춘 것으로 여겨진다.

6) 경주 괘릉(掛陵), 사적 제26호

통일신라시대의 왕릉으로 가장 잘 갖추어진 형식으로 평가되는 괘릉은 제38대 원성왕(재위 785~798)의 무덤으로 추정되는 봉토분으로 앞에 석상을 놓았고, 아랫부분의 주위에 다듬은 돌로 호석을 두르고 12지신상을 새겨 장식했다(그림 7-36, 37). 봉분의 지름은 약 23m이며 높이는 약 6m이다. 그리고 호석은 지대석 위에 판석을 올리고 그 위에 갑석을 엇었고, 각 판석 사이에는 호석이 무너지지 않도록 지탱시키는 탱석을 끼워넣었으며 12지신상을 2개의 판석마다 하나씩 배치했고, 호석 밖으로는 부채꼴 판석을 깔아 회랑으로 조성하였고 그 둘레에 석주를 세우고 돌난간을 끼웠다. 봉분 주위에 12지신상을 배치한 것은 신라의 특유한 양식이며, 특히 괘릉의 12지신상은 통일신라시대의 것으로는 가장 우수하다고 평가된다. 능 입구에 세워진 석상들은 조각수법이 극히 우수한데, 봉분에서 남쪽으로 약 80m 정도 떨어져서 길 양쪽에 북쪽으로부터 돌사자 2쌍, 문인석과 무인석 각 1쌍, 그리고 화표석 1쌍을 차례로 배치했다. 특히 강한 인상의 무인상은 얼굴생김이나 표정, 수염 등으로 보아 서역인 또는 서역풍의 모습을 한 것으로 판단되어 당시 신라인들의 국제적인 교역 관계를 짐작하게 해준다. 괘릉이라는 이름은 이곳에 원래 있던 작은 연못의 원형을 변경하지 않고 왕의 유해를 수면 위에 걸어 안장하였다는 속설에 따라 붙여진 이름이다.

그림 7-36 경주 괘릉
그림 7-37 경주 괘릉의 무인상

7) 경주 흥덕왕릉(興德王陵), 사적 제30호

신라 제42대 흥덕왕의 무덤은 무덤제도가 잘 갖추어진 봉토분의 왕릉으로서, 지름 20.8m, 높이 6m이고, 무덤 밑에는 면석과 탱석 위에 갑석을 올려 보호석을 마무리하였다. 면석 사이에는 기둥 역할을 하는 탱석을 끼워넣었는데, 각 탱석에는 방향에 따라 12지신상을 조각하였다(그림 7-38). 무덤의 주위 4모서리에는 각각 돌사자를 한 마리씩 배치하였고,

앞쪽의 왼쪽과 오른쪽에 문인석, 무인석을 각 1쌍씩 배치하였다. 호석 밑둘레를 따라 일정한 간격을 띄워 방사형으로 돌을 깔았고 주변을 따라 돌난간을 세웠으나 난간기둥은 많이 없어졌다. 난간기둥에는 위아래에 둥글게 구멍을 뚫어 기둥돌을 끼웠으나 지금은 하나도 남아 있지 않다.

그림 7-38 **경주 흥덕왕릉**

7.4 조선의 왕릉

예부터 선조들은 사람의 근본은 조상이라 생각하였으므로 유교주의를 택한 조선시대는 조상을 신격화하며 모시는 조상숭배의 전통이 더욱 공고해졌다. 『사자소학』에는 '추원보본 제사필성(追遠報本 祭祀必誠)', 즉 '먼 조상을 추모하고 근본에 보답하여, 제사를 반드시 정성스럽게 지내라'고 되어 있다. 그래서 조상의 묘를 명당에 쓰면 조상이 왕성한 지기를 받고 그 영향으로 자손들이 복록을 받는다는 음택풍수가 성행하였고, 조상의 무덤을 정성껏 조성하고 관리하는 것은 인간으로서 도리로 여겨졌다. 조선왕실은 최고 통치자인 왕과 왕실 가족의 무덤에 지극한 의미를 부여했는데, 죽은 왕의 무덤을 신성하고 엄숙한 성역으로 장엄하고 참배, 제사 지냄으로써 백성에 모범을 보이고 왕실과 통치의 정당성과 정통성을 확고히 하고자 하였다.

조선왕조는 개국 이래 27대에 걸쳐 배출한 왕과 왕비의 무덤 42기가 조선왕릉으로서, 현재 북한 개성에 자리한 태조왕비 신의왕후 제릉과 정종 후릉 2기를 제외한 40기의 왕릉이 서울 시내와 근교에 자리 잡고 있다. 조선왕릉은 풍수적·유교적 전통을 근간으로 한 독특한 건축과 조경 양식을 보여주고 제례의식을 통해 지금도 역사적인 전통을 이어오고 있다. 왕릉에서의 제례의식인 산릉제례는 600년 넘게 이어져 내려오고 있는데, 무덤에서 치르는 제례는 사람이 조상으로부터 물려받은 삶을 사는 존재라는 것을 일깨워주는 신성한 의식이었다. 오늘날까지 이어지는 능기신제(陵忌辰祭, 기일에 올리는 제사)의 전통으로 인하여 조선왕릉은 단순히 기념비적인 건축물이 아니라 21세기에도 살아 있는 전통 문화유산이 되고 있다. 조선왕릉은 무덤이라는 건축과 조경, 그리고 무덤을 조성한 지역과 인물들, 주변의 석물들의 양식적 변화, 제례의식 등을 통해 당시 정치적 상황과 예술의 흐름까지 읽을 수 있게 해준다.

1. 위치와 형태

죽은 사람들에게도 거주공간이 필요하다는 생각에 따른 왕릉은 국왕이 사후에 거처하는 곳으로서 궁궐과 마찬가지로 역시 풍수지리에 따라 좋은 자리를 찾는 것이 중요하였다. 일반적으로 왕실에서 국상을 당하면 장례를 총괄 지휘하는 도감을 설치하여 장례를 준비하고, 풍수지리를 살펴 3~5개월에 걸쳐 땅을 정하고 왕릉 만들기를 시작한다. 풍수지리상으로 길지를 찾는 것이 묘자리를 잡는 중요한 부분으로, 풍수지관들이 도성 주변 100리 내의 지역을 돌아다니며 길지를 찾았다.⁴ 조선왕릉은 주변 산세와 도성 한양으로부터의 거리 등에 따라 입지되었는데, 기본적으로 배산임수의 지형을 갖춘 땅이 우선적으로 고려되었으며, 주변 산이나 지형지물 등을 이용하여 주변의 다른 시설물과 격리되고 도성에서 가까운 장소라야 했다. 왕릉은 왕마다 각각의 길지를 찾아 조성되는 것이 보통이지만, 동구릉, 서오릉, 서삼릉의 경우에는 여러 세대에 걸쳐 많은 왕릉이 모여져 일종의 가족릉으로 구성되기도 하였다.

조선시대의 묘제에 있어서 왕실의 묘는 신분에 따라서 왕과 왕비, 추존 왕과 왕비가 매장된 릉(陵), 왕의 친척, 왕세자와 왕세자비가 매장된 원(園) 13기, 그리고 대군과 공주, 옹주, 후궁, 귀인이 매장된 묘 64기로 구분된다.⁵ 또한 조선왕릉은 단종의 장릉과 단종 왕비 정순왕후 사릉처럼 단일의 왕릉이 개별능역을 이루기도 하고, 태종과 태종왕비 원경황후 헌릉이나 세종과 세종왕비 소헌왕후 영릉처럼 왕과 왕비가 쌍릉으로 한 능역을 이루기도 하지만, 여러 왕릉이 한 지역에 모여 왕릉군을 형성하기도 한다. 즉, 왕릉은 봉분의 개수와 위치에 따라 분류되는데, 왕이나 왕비 중 한 분만 매장한 단릉(태조 이성계의 건원릉, 단종의 장릉), 왕과 왕비를 하나의 곡장 안에 별도의 봉분에 나란히 매장한 쌍릉(태종과 원경왕후가 묻힌 헌릉, 인종과 인성왕후가 잠든 효릉), 왕과 왕후가 하나의 무덤에 함께 묻힌 합장릉(세종과 소헌왕후가 묻힌 여주 영릉, 고종과 명성왕후의 묘인 홍릉, 순조와 순원왕후의 묘인 인릉, 순종과 순명효황후, 순정효황후가 묻힌 유릉, 추존왕 장조와 헌경의황후의 묘인 융릉), 왕과 왕비뿐만 아니라 계비의 봉분도 같이 조성한 삼연릉(헌종과 효현왕후, 계비인

---

4 왕릉은 도읍지의 4대문 10리 밖 80리(오늘날의 100리로, 당시의 10리는 4km가 아니고 5.2km임) 안에 위치해야 했으며, 궁궐에서 출발한 왕의 참배 행렬이 하루에 도착할 수 있는 거리가 기준이었다.
5 종묘에 신주를 모시지 않은 왕과 왕비는 왕릉에 들어갈 수 없으므로, 제10대 왕 연산군과 제15대 왕 광해군은 종묘에 신주가 없고, 왕릉이 아닌 묘에 잠들어 있다.

효정왕후가 잠든 경릉), 왕과 왕비의 능을 정자각 뒤편 계곡이나 언덕을 사이에 두고 각기 조성한 동원이강릉(세조와 정희왕후의 묘인 광릉, 선조와 의인왕후, 계비인 인목왕후의 묘인 목릉) 등으로 나뉘는데, 모두 우상좌하(右上左下, 우측에 왕, 좌측에 왕비)의 제도를 따르고 있다. 동구릉은 '도성의 동쪽에 있는 아홉 기의 왕릉'이라 하여 붙여진 왕릉군이고, 서오릉은 '도성의 서쪽에 있는 다섯 기의 왕릉'이며, 홍유릉은 '고종황제 홍릉과 순종황제 유릉'이 있는 왕릉군이다.

2. 왕릉의 구조와 구성

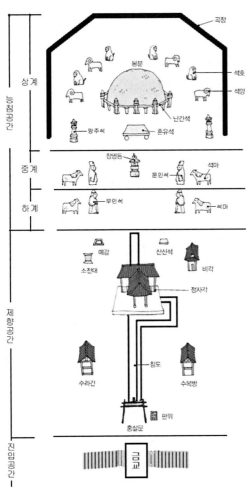

그림 7-39 조선 왕릉의 구조

조선의 능묘제도는 표본적인 태조의 건원릉을 통해서 살펴볼 수 있다. 조선시대의 왕릉은 강(岡)이라는 언덕에 올라 앉아 뒤쪽의 배산에서 산줄기를 따라 흘러내려오는 생기를 봉분에까지 끌어들이고, 좌청룡 우백호의 보호를 받는 곳에 터를 잡았다. 왕릉의 입지가 결정되면, 성속(聖俗)을 구분하는 유교적 예법에 따라 왕릉의 공간능역을 구성하였다. 일반적으로 능역은 크게 진입공간－성역과 속세가 만나는 공간인 제향공간－성역의 능침공간의 세 부분으로 나누어지며, 배치는 기본적으로 조선왕릉의 능역에 설치하는 모든 시설물과 석물을 일컫는 상설제도를 따랐으나, 능역의 크기나 봉분의 조영방식, 기타 시설물의 배치 등은 왕릉에 따라 약간의 변화가 적용되었다.

진입공간은 왕릉의 관리와 제례준비를 위한 공간으로서, 왕릉 관리인이 머무는 재실, 제례에 필요한 향 또는 기물을 보관하는 향대청, 전사청 등이 있다. 제사를 지내기 위해 준비하는 재실을 지나면 연못과 금천교가 놓여진다. 금천은 속세의 공간인 성역의 경계가 되는 작은 시내이며, 금천교는 왕의 혼령이 머무는 신성한 공간과 속세의 공간을 구분해주는 시설이다. 금천교를 지나면 제향공간이 시작되는 홍살문으로 이어진다 (그림 7-39).

제향공간은 제사를 지내는 곳으로서, 홍살문을 들어서 참도(신도와 어도)를 따라가면 왕 또는 제관이 사배하는 것으로 제례가 시작되며, 참도를 따라 제수가 놓인 정자각으로 이동한다. 정자각 주위에는 축문을 태워 묻는 장소인 예감, 능을 지키고 제수를 준비하는 수복방과 수라간, 비각 등이 있다.

정자각 뒤편은 본격적인 능침공간이 시작되는데, 왕릉의 묘비를 안치하는 비각과 축문을 태우는 예감이 있으며, 그 뒤로는 능원 또는 능침이 있다. 능원은 장대석을 이용하여 3단으로 구성되는데, 무인의 공간인 가장 낮은 단(하계)에는 무인석과 석마가, 문인의 공간인 그 윗단(중계)에는 문인석과 석양, 장명등이 놓인다. 장명등은 묘역에 불을 밝혀 사악한 기운을 몰아내기 위한 것으로 두 문인석 사이에 놓여진다. 죽은 왕의 영혼이 깃드는 가장 높은 단(상계)에는 앞쪽 면만 트인 곡장 안에 능침이 석호, 석양의 네 쌍의 호위를 받고 있으며, 봉분 아래에는 혼령이 앉는 의자인 혼유석이 있다. 혼유석은 음식을 올려놓는 곳이 아니라 영혼이 능침에서 나와 휴식을 취하거나 놀 수 있도록 시설해놓은 것이다. 봉분은 난간석과 병풍석을 두르게 되는데, 병풍석은 세조 때부터 풍수상의 이유로 생략하여 조선 왕릉의 양식을 이룬다. 능침공간의 핵심이 되는 봉분은 주변 산세와 지형에 따라 단릉·쌍릉·합장릉·삼연릉·동원이강릉·동원상하릉 등 다양한 방식으로 조형되었으나, 기본적으로 원형의 봉분 둘레에 병풍석과 난간석을 두르고 봉분을 수호하는 석호, 석양을 세우며 곡장을 두르고 둘레에 소나무를 심는다. 왕릉의 능역에 설치하는 모든 시설물과 석물을 상설이라 일컫는데, 특히 병풍석, 난간석, 혼유석, 문인석과 무인석 등은 크기나 조각수법이 시대에 따라 달라, 그 시대의 정서나 예술성을 엿볼 수 있다.

또 왕릉의 밖에는 왕릉을 관리하는 재실을 설치하고 종9품 참봉 등의 관리를 두었으며, 일부 왕릉은 사도세자의 융릉의 용주사에서 볼 수 있듯이 근처의 사찰을 원찰로 지정하여 왕릉을 관리하게 했다. 조선시대에는 숭유억불정책을 펼쳤지만, 왕을 비롯한 왕실 가족들에게는 호불경향이 유지되었기 때문에 왕릉을 지키는 능찰이 지속적으로 건립된 것으로, 서울 강남 선릉과 정릉 인근의 봉은사, 경기도 남양주의 세조의 능인 광릉 주변의 봉선사 등도 그 사례이다.

3. 조선왕릉의 사례

1) 구리 동구릉, 사적 제193호

경기도 구리시의 동구릉(東九陵)은 조선왕조를 세운 태조 이성계의 무덤인 건원릉을 비롯한 왕릉 9기가 모여 있는 가장 규모가 큰 왕릉군이다(그림 7-40, 41). 태조가 묻힐 당시에는 건원릉으로 불렸으나, 이후 문종과 선조, 장영왕후, 현종이 묻히면서 동오릉으로 불렸고, 단의왕후와 영조의 능이 만들어지면서 동칠릉으로 불렸으며, 아홉 번째로 추존 문조(헌종 부친) 수릉이 조성된 철종 6년(1855) 이후 동구릉으로 불리게 되었다. 개울물과 숲 등 자연 경관이 빼어난 동구릉은 조선 건국 초기부터 말기에 이르기까지 조선왕조 500년의 부침과 제도의 변화를 잘 보여주는 문화유산이다. 동구릉에는 건원릉(태조), 현릉(문종과 현덕왕후), 목릉(선조와 의인왕후), 휘릉(장영왕후), 숭릉(현종과 명성왕후), 혜릉(단의왕후), 원릉(영조와 정순왕후), 수릉(문조와 신정익황후), 경릉(헌종과 효현성황후, 현정성황후)의 총 9개의 왕릉이 조성되어 17위의 시신이 묻혀 있다.

그림 7-40 경기 구리시 동구릉의 건원릉
그림 7-41 경기 구리시 동구릉의 홍살문과 정자각

태조의 무덤인 건원릉은 가장 깊숙한 곳에 자리 잡았는데, 1408년 태조가 승하하자 태종이 물색하여 신중하게 정한 풍수적으로 뛰어난 길지이다. 건원릉은 주변이 내려다 보이는 높은 지역인데도 아늑함을 느낄 수 있으며, 다른 왕릉과 달리 봉분에 잔디가 아닌 억새를 심었다. 경릉은 조선왕릉 가운데 유일하게 3기의 능묘로 구성된 삼연릉으로서, 정면에서 바라보면 왼쪽에 7세에 왕위에 오른 제24대 헌종이, 가운데에 왕비 효현왕후가, 오른쪽에 계비 효정왕후가 잠들어 있다.

2) 고양 서오릉, 사적 제198호

경기도 고양시의 서오릉에는 왕릉 5기 말고도 원 2기, 묘 1기가 모여 있어서 동구릉 다음으로 큰 왕릉군이다. 서오릉에는 경릉(덕종과 부인 소혜왕후), 창릉(제8대 예종과 안순왕후), 명릉(제19대 숙종과 인현왕후, 인원왕후), 익릉(숙종의 첫 번째 부인 인경왕후), 홍릉(영조의 부인 정성왕후), 명종의 아들 순회 세자와 세자빈이 묻혀 있는 순창원, 숙종의 후궁 희빈 장씨가 묻힌 대빈묘 등이 있다.

서오릉에는 경릉이 가장 먼저 조성되었는데, 덕종은 세조의 원자(의경 세자)로 태어났으나 세조 3년(1457) 20세에 요절하였고 이후 아들 성종이 즉위하면서 덕종으로 추존되었다. 경릉(그림 7-42)은 조선왕릉 가운데 왕과 왕비의 위치가 바뀐 유일한 왕릉으로서, 원래 산에서 내려다 볼 때 임금은 오른쪽에, 왕비는 왼쪽에 묻히는 것이 일반적인데 경릉은 덕종이 왼쪽에, 소혜왕후가 오른쪽에 놓여 있다. 또한 경릉은 왕비의 능이 왕보다 더 높은 곳에 세워진 유일한 것이기도 하다. 덕종은 세상을 떠날 때 왕세자였는데 소혜왕후는 대왕대비였기 때문에 죽을 때의 지위가 높은 소혜왕후가 더 높은 곳에 배치된 것이다.

경릉의 동쪽에는 제19대 숙종과 첫 번째 계비 인현왕후와 두 번째 계비 인원왕후가 묻힌 명릉이 있는데(그림 7-43), 명릉은 숙종과 인현왕후가 쌍릉으로 묻히고 다른 쪽 언덕에 따로 인원왕후가 묻힌 독특한 형태를 띠고 있다. 명릉에 인현왕후가 가장 먼저 묻히고 그 후 숙종이 세상을 떠나자 인현왕후의 옆에 묻혔으며, 훗날 생을 마감한 인원왕후는 따로 안장되게 되었다. 그 옆으로는 숙종왕비 인경왕후가 묻힌 익릉, 숙종의 후궁이자 경종의 어머니인 희빈 장씨의 무덤인 대빈묘가 놓여 있다. 그래서 서오릉에는 숙종과 숙종이 사랑했던 왕비 네 명(왕비 인경왕후, 제1계비 인현왕후, 제2계비 인원왕후, 장희빈)이 모두 모여 있다. 영조의 정비 정성왕후가 묻혀 있는 홍릉은 원래 영조가 왕비의 무덤을 만들면서 자신이 묻힐 공간까지 쌍릉 형식으로 마련해놓았으나 영조가 정순왕후와 함께 동구릉에 묻히는 바람에 영조의 자리는 아직까지 빈 공간으로 남아 있다. 서오릉 근처에는 제12대 인종과 인성왕후가 잠들어 있는 효릉, 중종의 계비 장경왕후의 희릉, 철종과 철인왕후의 예릉이 있는 서삼릉이 있다.

그림 7-42 경기 고양시 서오릉의 경릉
그림 7-43 경기 고양시 서오릉의 명릉

3) 남양주 홍릉과 유릉, 사적 제207호

동구릉 동쪽에 있는 제26대 고종과 명성황후가 함께 잠들어 있는 홍릉, 마지막 왕인 제27대 순종과 순명효황후, 계비 순정효황후가 묻힌 유릉을 함께 홍유릉이라고 부른다. 홍유릉은 조선왕릉 가운데 가장 마지막으로 조성된 왕릉으로서, 다른 조선왕릉들과 달리

그림 7-44 경기 남양주시 홍릉

대한제국 황제릉의 형식으로 조성되었다. 조선 말 개항기인 1897년 대한제국을 선포하고 황제가 된 고종황제의 홍릉은 기존 왕릉의 정자각을 일자형의 침전으로 바꾸고, 봉분 주변의 석물을 없애는 대신 정자각 앞 참도 좌우에 문인석과 무인석을 비롯하여 양이나 호랑이가 아닌 기린, 코끼리, 사자, 해태, 낙타, 말 등의 석물을 사열하듯 세웠다 (그림 7-44). 홍릉 옆에는 조선의 마지막 왕인 순종과 원비 순명효황후, 계비 순정효황후가 함께 묻

힌 유릉이 있는데, 조선왕릉 42기 가운데 처음이자 마지막으로 한 무덤에 임금과 왕비, 계비가 함께 묻힌 3인 합장릉의 형식으로 조성되었다.

4) 기타

조선왕도였던 서울 곳곳에 여러 왕릉이 있는데, 태조 이성계의 계비 신덕왕후가 묻힌 정릉(貞陵), 제3대 태종과 원경왕후가 잠들어 있는 헌릉, 제9대 성종과 계비 정현왕후가 잠든 선릉, 제13대 명종과 인순왕후가 묻힌 강릉, 제23대 순조와 순원왕후가 잠든 인릉 등 8곳의 왕릉이 사방으로 흩어져 있다. 서울 강남의 선정릉은 아버지와 아들 사이인 제9대 성종과 제11대 중종이 묻혀 있는 선릉과 정릉이 함께 있어 선정릉이라고 한다. 선릉은 성종과 계비 정현왕후가 묻힌 곳이고 그 동쪽에는 중종이 잠들어 있는 정릉(靖陵)이 있다.

한편 수원 남쪽 화성에 위치한 건릉은 건원릉, 영릉과 더불어 3대 명당으로 꼽히는 곳으로서, 제22대 정조와 효의왕후가 합장되었다. 건릉에는 4각형과 8각형으로 이루어진 석등이 있고 무덤 앞을 지키고 있는 문석인과 무인석 등이 사실적으로 조각되어 있어 안정감이 돋보인다(그림 7-45). 강원도 영월에 있는 장릉은 비운의 왕 단종이 묻혀 있는데, 240년이 지난 숙종 24년에 단종이란 묘호와 장릉이란 능호를 얻게 되었다.

그림 7-45 **수원 화성의 건릉**

8.1 개 관

　조선시대에는 성리학이 굳게 뿌리를 내리면서 유교가 지향하는 예제를 실천하기 위한 수단으로 각종 사묘가 각지에 세워진다. 사묘(祠廟)건축은 선조 혹은 선현의 신주나 영정을 모셔 두고 제사 지내는 시설로서 유교의 조상숭배 사상과 밀접하게 관계되며, 사우, 향사, 영당, 별묘 등으로도 불렸다. 유교사상에 따르면 사람이 죽으면 마음인 혼(魂)과 형체인 백(魄)으로 분리되어 하늘과 땅으로 돌아가므로, 죽은 조상의 혼을 모시고 제사를 지내는 사당인 묘(廟), 백을 모시는 무덤(墓)을 만들게 되었다.

　토속신앙과 유교사상에 따라 형성된 제사시설인 묘(廟), 단(壇), 사(祠)는 몇 가지 유형으로 나뉜다. 첫째는 원시시대부터 천신과 지신 또는 산천, 자연물을 대상으로 재앙을 물리치고 복을 기원하기 위한 풍운뇌우단, 악해독단, 우사단, 영성단, 사한단, 여단[1] 등이고, 둘째는 국가와 왕실의 안위를 위한 사직단, 선농단, 선잠단 등, 셋째는 유교 예제에 의하여 죽은 조상신을 숭배하기 위한 가묘, 종묘 등, 넷째는 유교가 생겨나오게 된 근본을 잊지 않고

---

[1] 풍운뇌우단은 바람과 구름, 우레, 비를 맡아서 천신에게 치제를 하는 곳, 악해독단은 국태민안을 위해 명산과 대천, 대해에 단을 쌓고 치제를 하던 곳으로 일명 산천단이고, 우사단은 기우를 비는 곳, 사한단은 얼음을 잘 얼게 하기 위해서 빌며, 영성단은 성단 또는 용단으로 불리며 천신에게 제사를 지내는 곳, 여단은 자손이 없어 제사를 받지 못하는 귀신을 제사 지내는 곳이다.

숭배하기 위한 문묘(공묘) 등이 있으며, 이에서 확장된 사우와 관왕묘가 있다.

가묘는 한 집안의 조상을 모시기 위하여 세운 사당, 공묘는 유교를 처음으로 일으키고 집대성한 공자와 그의 제자들, 학덕이 높은 유학자들의 신주를 모신 사당이다. 일반적으로 문묘라고 불린 공묘는 종묘 및 사직단과 함께 도시의 중심 기능을 담당하는 곳으로서, 공자에게 예를 갖춤으로써 유교의 근본원리에 정진하기 위한 것이었다. 토착적 가치관 및 신앙을 유지하는 한편 유교적 가치 규범을 실천하기 위한 사묘건축은 전통신앙 및 예제의 규정에 의하여 위치, 규모, 형식 등이 제한되었다. 사묘에 대한 제향은 규모에 따라 대사, 중사, 소사, 기고, 속제 등으로 나누어졌고, 모두 길례의 대상이었다.

유교적 가치규범을 실천하기 위한 사묘건축은 도성을 상징하는 건축물이며 정신적인 지주이기도 하였으며, 왕권과 지배이념의 상징인 종묘와 사직단, 그리고 문묘 등이 대표적인 제사공간이었다. 종묘와 사직에 지내는 제사는 유교에서 중시하는 오례의[2]의 길례 중에서 가장 으뜸이 되는 대사에 속하기 때문에 종묘와 사직은 보통 국가나 조정 그 자체를 의미할 정도로 중요하게 여겨졌다.

종묘는 국가의 가장 으뜸가는 왕실의 사당으로 도성에 세워졌고, 사직단은 토지와 곡물의 신인 국사신(國社神)과 국직신(國稷神)에게 제사 드리는 곳으로 지방 현에도 세워졌다. 종묘와 사직단은 궁궐의 '왼쪽에 종묘, 오른쪽에 사직'을 둔다는『주례』의 좌묘우사에 따라서 배치되었다. 고종은 1897년 대한제국으로 국호를 바꾸어 황제로 칭하며 하늘에 제사를 지내는 원구단을 세웠다. 국가 통치권력이 하늘에서 비롯된 것을 나타내기 위해 원구단은 3단의 원형 제단으로 이루어지고 황제를 상징하는 황색의 지붕을 덮었으며, 그 옆에 8각형의 황궁우를 세워 태조의 위패를 보관하였다.

8.2 사묘건축의 사례

1. 종묘, 서울, 1608년 중건, 사적 제125호

종묘(宗廟)는 조선시대의 왕과 왕비, 그리고 죽고 나서 왕의 칭호를 올려받은 왕과 그 비의 신주를 모시고 제사를 행하던 왕실의 사당으로서, 궁묘, 대묘, 태묘, 종조, 침묘라고도

---

2 나라에서 지내는 다섯 의례는 ① 천지신명에게 지내는 모든 대사·중사·소사 관련의 제사에 관한 길례, ② 국상이나 국장에 관한 흉례, ③ 군사의식에 관한 군례, ④ 외국사신을 접대하는 의식에 관한 빈례, ⑤ 혼례, 궁중의식절차 등에 관한 가례이다.

하였다.[3] 종묘는 조선왕조의 역대 34분의 왕과 47분의 왕비, 1분의 황태자와 황태자비의 신위를 모시고 제사를 지내는 국가 최고의 사당이다. 태조는 태조 4년(1395) 종묘를 경복궁보다 먼저 완공하였는데, 좌묘우사의 유교이념에 따라 경복궁을 중심으로 동쪽에 종묘를, 서쪽에 사직을 그 다음 해에 세웠다. 조선시대의 종묘 정전은 태종, 세종대에 이르러 건축형식이 정착되었는데, 태종은 종묘 앞에 가산을 조성하여 언덕에 파묻혀 아늑한 기운이 깃들도록 한 다음 몸채 건물과 그 양끝에서 직각으로 앞으로 꺾여 나온 동·서 월랑으로 구성된 형식으로 변경하였다. 현재 종묘를 구성하고 있는 중심 건물은 정전과 영녕전으로, 종묘를 창건할 당시는 정전뿐이었으나, 정전에 모시지 않은 왕과 왕비의 신위를 모신 별묘인 영녕전은 세종 때 처음 건립되었다. 종묘는 정전과 영녕전을 비롯하여 여러 부속건물이 있는데(그림 8-01, 02), 정전은 익공양식으로 한국 건축물 가운데 단일 건축물로는 가장 길고(101m), 영녕전은 익공양식으로 형태와 기능이 정전과 유사하다. 세종 때 정종이 신실이 부족하여 영녕전을 세워 4대 추존왕의 신위를 옮겨 모셨는데, 영녕전은 종묘에서 옮겨온 신위를 모셨다고 해서 조묘라고도 한다.

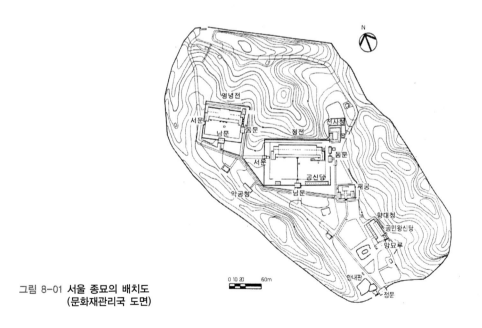

그림 8-01 서울 종묘의 배치도
(문화재관리국 도면)

....

3 종(宗)은 마루, 으뜸, 근본을 뜻하고 묘(廟)는 위패를 모신 사당을 의미한다.

종묘건축은 정전 일곽, 영녕전 일곽, 어숙실
일곽, 향대청 일곽 등 네 개의 건물군이 비대칭
으로 배치되어 있으면서 각 영역 내의 건물은 전
체적으로 대칭에 바탕을 두지만 조금씩 변화를
주고 있다. 종묘 일곽은 삼문 형식의 외대문(정
면 3칸, 측면 2칸 맞배지붕)을 들어서면 참도가
길게 어숙실, 정전, 영녕전으로 이어진다. 참도
는 가운데가 양옆보다 약간 높은 凸자형으로 가
운데의 약간 높은 길은 제향 때 향로를 받들고
다니는 신향로, 동쪽의 길은 임금이 다니는 어

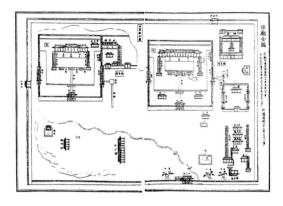

그림 8-02 **종묘의궤도(오른쪽 정전, 왼쪽 영녕전-17세기, 규장각 소장)**

로, 서쪽은 세자가 다니는 세자로이다. 향대청은 향과 축문, 제사 예물을 보관하고 제관들이
대기하던 곳이고, 어숙실은 재궁 또는 어재실이라고도 하는데, 왕이 목욕재계하고 의복을
정재하여 세자와 함께 제사 올릴 준비를 하던 곳이다. 정전 일곽은 사각형 중정을 중심으로
남쪽 담 중앙에 신문이, 동서쪽에 제관이 출입하는 동문, 악공과 종사원이 출입하는 서문이
각각 있다. 남쪽 신문을 들어서면 동서 109m, 남북 69m의 월대가 펼쳐지며 중앙에 남북을
잇는 신로가 있다. 하월대는 제관들이 대기하는 공간으로 헌가⁴가 자리 잡고 일무를 추며,
상월대는 등가가 위치하는 공간이다. 정전 앞의 월대는 거칠게 다듬은 얇은 박석들이 햇빛
을 산란시키며 부드러운 질감을 나타내게 하였다. 월대 남쪽 아래 동서쪽에는 공신당과
칠사당, 서북쪽 뒤에 제향 후 축문과 비단을 불사르는 예감(망료위라고도 함), 동문 북으로
수복방, 둘레담 밖 서북쪽으로 전사청과 우물, 정전 서남쪽으로 악공청, 정전 서북쪽으로
영녕전 일곽이 있다.

종묘 정전(국보 제227호)은 1608년 다시 지었고, 영조 2년(1726)에 4칸, 헌종 2년(1836)에
4칸을 증축하며 몇 차례의 보수를 통해 현재 19칸의 건물이 되었다. 정전은 정중실, 익실,
월랑의 세 부분으로 나누어지며, 감실 19칸, 익실 각 2칸, 동·서 월랑 5칸이 자리하고 있어
ㄷ자형을 한다(그림 8-03). 정전의 전퇴칸은 제향 때 이동을 위한 공간이면서 제사상을 놓기
도 하는 의례 공간이며, 초석 위에 둥근기둥을 세우고 이익공 우물천장을 하고 있다. 정전은

....

4 헌가는 월대 아래서 연주되는 음악으로 타악기로 구성되며, 등가는 월대 위에서 연주하는 음악으로 관악기와 현악기로
　 구성된다. 일무는 문묘나 종묘제례 때 여러 줄로 벌여 서서 추는 춤으로 제례의 대상에 따라 팔일무, 육일무, 사일무 등이
　 있다.

그림 8-03 **서울 종묘의 정전**

하나의 건물 안에 신실을 각각 별도로 만들어서 여러 신위를 동시에 두는 동당이실(同堂異室) 제도라고 하며 서쪽을 제일 윗자리로 하여 태조 이성계의 위패를 모셨으며 옮기지 않는다.[5]

정전은 동시대 단일 목조건축물 중 연건평 규모가 세계에서 가장 크지만, 장식을 하지 않고 유교의 검소함과 절제미가 뛰어난 건축물로서, 태묘라 부르기도 한다. 정전은 몸체부와 지붕을 거의 같은 비례를 가지도록 높여 경사가 급해 보이며, 건물 전면의 굵은 기둥은 압도적이고 엄숙한 힘을 느끼게 해준다. 정전은 배흘림 둥근기둥을 사용하고 홑처마 맞배지붕의 건물로서 유교의 가르침에 따라 최고의 격식과 검소함이 건축공간으로 구현된 뛰어난 걸작이다.

종묘 영녕전(보물 제821호)은 담으로 쌓아 의례공간을 형성하고, 남쪽 담에 신문을, 동문과 서문을 두었다(그림 8-04). 영녕전은 1608년 종묘 중건 공사와 함께 광해군이 즉위하고 나서 완공되는데, 건립 당시 태실 4칸, 익실 각 1칸을 합하여 6칸 규모이었으나, 중건 때

그림 8-04 **서울 종묘의 영녕전**

정전 4칸, 협실 각 3칸의 10칸 규모로 확장되었으며, 현종 8년(1667) 좌우 협실 각 1칸을 증축하고, 헌종 2년(1836) 좌우 협실 각 2칸을 더 증축하였다. 현재 영녕전은 중앙에 정전 4칸, 좌우에 각각 협실 6칸씩 모두 16칸(61m)으로 구성되어 있고, 협실 양끝에 직각으로 동월랑과 서월랑 5칸이 있어 ㄷ자형을 하고 있다. 영녕전 중앙의 사친묘는 정전과 동일하게 이익공 포작을 두어 상부가구를 받치고 있지만, 좌우의 익실은 출목이 없는 초익공 포작을 두고 있다. 영녕전은 17세기 중기 건축양식을 잘 보여주며 구조와 장식, 색상 등이 간결하고 장중한 느낌을 주도록 만들었다.

종묘는 제례를 위한 공간이기에 건축이 화려하지 않게 단순하고 절제되어 있어 신성함이 더욱 강조된다. 신로, 월대, 기단, 담 등 필요한 요소들로만 이루어진 단순한 구성과

---

5 신위를 옮기지 않는 불천위로는 태조, 태종, 세종, 세조, 성종이 있다.

구조, 간결한 장식과 색채 등으로 종묘건축은 종교적·상징적 차원으로 승화된다. 정전은 수평선을 강조함으로써 안정감과 성스러움을 표현하는데, 땅 끝까지 수평으로 펼쳐지는 듯한 월대는 안정감을, 중력을 거부하며 수평으로 하늘 끝까지 펼쳐지는 듯한 지붕은 무한함을 연상케 한다. 정전 건축은 수없이 반복되는 것 같은 기둥의 배열, 감실로 들어가는 판문의 반복, 여러 세부요소들의 반복 등으로 대대로 무한히 이어질 왕조의 영속성을 표상하고 있다.

2. 사직단, 서울, 사적 제121호

사직단은 토지의 신인 사(社)와 오곡의 신인 직(稷)에게 제사를 지내던 곳으로서, 태조 4년(1395)에 건립되어 나라의 정신적인 지주로 여겨졌다(그림 8-05). 고대 농경사회에서 국토와 오곡은 국가와 민생의 근본이고 '사직'은 풍흉과 나라의 운명을 좌우한다고 믿었기 때문에, 사직단은 삶을 유지할 수 있는 땅과 곡식에 연관되어 국가 경제의 근간과 연관된 중요한 건축물로서 여겨졌다. 『삼국사기』와 『문헌비고』에 고구려는 고국양왕 9년(391)에 국사(國社)를 세웠고, 신라는 선덕왕 4년(783)에 사직단을 세웠다고 기록되어 있어 이미 삼국시대부터 사직단을 세웠음을 알 수 있다. 『고려사』를 통하여 보면 고려시대에도 성

그림 8-05 사직단

종 10년(991) 개경 서쪽에 사직단을 만들었고, 그 후 수축하거나 제례를 정비한 사실 등을 알 수 있다.

서울 사직단은 한양도성 우백호에 해당하는 인왕산의 줄기가 내려온 지형과 조화되도록 조성되었기 때문에 약간 동남쪽으로 틀어져 놓여 정북에서 약 28도 동쪽으로 향하고 있는 미좌축향(未坐丑向)으로 경복궁을 바라보고 있다. 태종 14년(1414) 4월에 단 주위에 담을 둘렀으며, 담 안에는 신실과 신문을 세웠고 사직단을 관장하는 사직서는 세종 8년(1426) 6월에 담장 밖 북쪽에 설치하였다.

사직단의 배치는 『국조오례의』의 「사직단도」를 통해 살펴볼 수 있는데, 중심에 사단과 직단이 있고 이 단을 둘러싸고 '유(壝)'라는 담이 있으며, 그 밖으로 다시 둘레담이 있다.

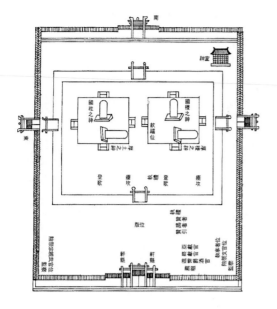

그림 8-06 『국조오례의』의 사직단 배치도

유와 둘레담에는 각각 사방의 중앙에 홍살문이 있고 둘레담의 북문만 삼문으로 되어 있다(그림 8-06). 유에 설치한 문은 유문이라고 하는데, 기와를 얹은 맞담인 유는 한 변의 길이가 25보, 곧 150척이나 된다. 북유문과 북신문 사이에는 판위가 있고, 판위에서 서쪽 홍살문을 거쳐 북신문 사이에는 넓은 터와 길이 나 있다. 또한 『세종실록』의 「오례조」에는 "사직단은 남쪽에 위치하여 북쪽을 향하니, 너비가 2장 5척이요, 높이가 3척이며, 사방으로 섬돌이 나와 있는데 각각 3단이다. 방위에 따른 색깔의 흙으로 꾸미고, 황토로 덮었다. 석주의 길이는 2척 5촌이요, 너비는 1장인데, 그 위쪽을 뾰족하게 하고, 아래쪽의 반을 흙으로 북돋웠으며, 단 위의 남쪽 섬돌 위에 당하게 한다."고 기록되어 있다.

사직단은 이중 담장에 홍살문이 세워지며 사단과 직단이 대칭으로 모셔진 단순한 건축물로서, 절제되고 대칭적인 질서의 유교적 가치관이 잘 표현되어 있다(그림 8-07). 국사단은

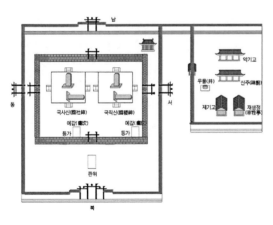

그림 8-07 서울 사직단 배치도

동쪽, 국직단은 서쪽에 배치하였으며 단의 형태는 천원지방에 의해 사각형으로 만들어졌다. 단의 둘레에는 천지인 사상에 기초하여 3층의 돌계단을 둘렀으며, 각단 위에는 각 방위에 따라 황색, 청색, 적색, 백색, 흑색 등 다섯 가지 빛깔의 흙을 덮어 오행의 질서를 표현하도록 하였다. 사직단의 부속 건물 중에서 건립 당시 건물로서 현재 안향청과 정문이 남아 있다. 안향청은 재궁으로 쓰인 사직서의 중심 건물로 숙종 때부터 안향청이라 불렸다.

제9장
석조건축

9.1 경주 포석정지

포석정(鮑石亭)은 자연지형을 잘 활용하고 주위의 아름다운 경관에 인공적인 기술을 통합시킨 궁원 속에 있는 석구로서, 물길의 폭이 약 35cm, 깊이가 평균 26cm, 높낮이의 차이는 5.9cm, 타원형 물길의 전체 길이는 약 22m, 면적은 7,432m²이다(그림 9-01, 02). 『삼국유사』 권2 처용랑망해사조에 헌강왕(875~885)이 포석정에 행차했을 때 남산신[1]이 나타났다는 기록이 있으므로 포석정은 통일신라시대에 건립된 것으로 추정된다. 경주 남산 서쪽 기슭의 이궁원 내에 연회를 위한 자리로 만든 이 석구는 유상곡수연(流觴曲水宴)[2]이라는 시회를 벌일 수 있도록 특이한 구조로 만들어졌다. 포석정에서는 시냇물을 끌어들여 전복 모양을 따라 만든 수구에 흐르게 하고 물 위에 술잔을 띄워 시를 읊고 노래를 부르며 술을 마시며 즐겼다고 한다. 석구의 물길에 떠 있는 술잔의 크기에 따라 흐르는 속도가 다르고, 술잔 속에 술을 담은 양에 따라 잔이 흐르는 시간이 일정하지 않다고 한다.

....

1 남산신이 임금 앞에 나와 춤을 추었는데 신하들 눈에는 보이지 않았으므로, 임금은 손수 일어서서 남산신이 춤추던 모습을 흉내내어 보였다. 그 후부터 그 춤이 널리 행하여졌는데 '어무산신(御舞山神)' 또는 '어무상심(御舞祥審)', '상심무(祥審舞)'라 불렸으며 고려시대까지 유행하였다고 한다.

2 유상곡수연은 중국 동진(東晉)시대부터 유행했던 것으로, 삼짇날에 술잔을 물에 띄워 두고 왕과 귀빈을 비롯한 참석자가 물길을 따라 앉아서 술잔이 돌아오기 전에 시를 짓던 놀이이다. 중국의 경우 대개 산수를 배경으로 이루어졌으나, 경주의 포석정은 완전히 인공적인 특색을 갖는다.

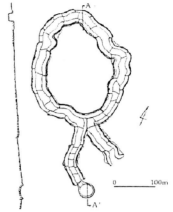

그림 9-01 경주 포석정
그림 9-02 경주 포석정의 배치도

한편 『화랑세기』 필사본에 포석정을 포석사(鮑石社)라고 표현되고 있으며, 1998년 남쪽으로 50m 떨어진 곳에서 많은 유물이 발굴되면서 규모가 큰 건물이 있었던 것으로 보이고 제사에 사용된 듯한 제기류도 출토됨에 따라 포석정이 왕실의 별궁으로서 연회를 즐기던 곳이 아니라 나라의 안녕을 기원하는 제사 의식을 거행하던 신성한 장소였다는 견해도 제기되고 있다.

9.2 경주 첨성대

첨성대(瞻星臺)는 신라시대에 건립된 천문대로서 동양에서 현존하는 가장 오래된 천문대이다. 『삼국유사』 기이 권2의 별기에 "이 왕의 시대에 돌을 다듬어서 첨성대를 쌓았다."라고 기록되어 있어 첨성대는 신라 선덕여왕(재위 632~647) 때 건립된 것으로 여겨진다. 첨성대는 하늘의 별이나 일월오성[3]의 운행을 관측함으로써 국가의 길흉을 점치며 농사시기에 중요한 역법을 만들거나 그 오차를 줄이기 위해 구축한 것이다. 신라의 발전된 건축예술을 보여주는 건조물인 첨성대는 화강석을 다듬어 기단과 몸체, 그리고 4각 돌귀틀을 축조한 상방하원(上方下圓 : 위는 네모지고 아래는 둥근 모양)의 형태의 건축물이다. 기단은 사각형

<hr>

3 　일월오성(日月五星) : 해와 달, 그리고 지구에서 가까운 금성, 목성, 수성, 화성, 토성의 다섯 행성

그림 9-03 **경주 첨성대**

이고 한 변의 길이 6m이며 그 각 면은 동·서·남·북의 방위를 정확히 가리키고 있다. 몸통은 둥근 병을 세워놓은 것 같은 원통형인데, 화강암을 다듬어 361개 반으로 27단을 쌓아올렸으며 각 단의 높이 약 30cm이고 총 높이 9.4m가 된다(그림 9-03). 높이에 따라 지름을 달리하는 배흘림의 곡선을 지닌 몸통은 밑지름 4.93m, 윗지름 2.85m이고, 밑에서부터 4.16m 되는 곳의 남쪽 허리에 한 변이 1m인 정사각형 문이 달려 있다. 내부는 제12단까지 흙이 차 있고, 제19단에서 제20단까지와 제25단에서 제26단까지의 두 곳에 정(井)자형 장대석 돌귀틀이 걸쳐 있는데 그 양끝이 밖으로 돌출되어 있다.

그리고 27단의 몸통 위에는 4각의 돌귀틀이 우물 정자 모양으로 2단으로 짜여 있고, 그 위에 혼천의와 같은 관측기구를 정상에 설치하여 춘분·추분·동지·하지 등의 24절기를 별을 통하여 측정하고 정자석을 동서남북의 방위를 가리키는 기준으로 삼았던 것으로 짐작된다. 첨성대는 동양천문사상을 표현하였다고도 하는데, 상단의 정자석 부분을 빼면 몸체가 27단으로서 선덕여왕이 제27대 임금임을 나타내며, 문의 아래와 위가 각각 12단인 것은 1년 12개월을 나타내며 합계 24단은 24절기를, 사용된 돌의 수가 366개인 것은 1년의 날수를 상징하는 것이라고도 있다. 또한 원통형 몸체의 1단에서 6단까지 각 단의 돌의 수는 16-15-15-16-16-15개로서 동지-소한-대한-입춘-우수-경칩-춘분의 계절 사이의 일수와 동일하다. 또 첨성대의 기단이 사각형이고 몸체가 원으로 되어 있는 것은 하늘은 둥글고 땅은 네모지다라는 천원지방(天圓地方) 사상의 표현이라고도 한다.

9.3 석빙고

석빙고는 얼음을 저장하기 위해 만든 창고로서, 기록에 의하면 신라시대부터 만들어졌다고 하지만, 현존하는 것은 모두 조선시대에 축조된 것이며 그 구조가 거의 비슷하며 대개 성 밖의, 강가에서 그리 멀지 않은 곳에 위치하고 있다. 조선시대에는 건국 초기부터 장빙제도가 있어 말기까지 계속되었으며, 빙고라는 직제를 두어 많은 관원을 두어 관리하였다. 1396년 조선의 수도 한양에 서빙고와 동빙고가 건설되었는데, 서빙고가 동빙고보다 컸으며 동빙고의 창고는 1동, 서빙고는 8동이었다. 동빙고는 음력 3월 1일부터 가을 상강까지 왕실의 제사에 필요한 얼음을 공급했으며, 서빙고의 얼음은 왕실과 고급 관리들에게 나누어주었다.

석빙고는 홍예구조를 사용하여 석실을 반지하식으로 만들고 출입구와 지붕에 바람구멍을 내어 흙으로 덮은 얼음창고이다. 석빙고는 대체로 내부 길이 12m, 폭 5m, 높이 5m 내외의 규모이며, 빙실 공간의 절반은 지하에, 절반은 지상에 있어 밖에서 보면 무덤처럼 보이지만 내부는 땅을 깊게 판 다음 안쪽 벽은 석재로 쌓고, 바닥은 경사지게 만들어 물이 빠지도록 되어 있으며, 천장은 석재로 무지개 모양으로 쌓아올려 궁륭형으로 되어 있고 환기구멍이 있다.

석빙고는 화강암을 재료로 하여 아치형의 천장구조와 환기구, 경사진 바닥과 배수로 등과 같은 원리로 인해 이루어졌다. 화강암의 천장은 4~5개의 아치형 모양으로 만들어져 그 사이에는 움푹 들어간 빈 공간이 있는데, 차가운 공기는 내려가고, 더운 공기는 위로 뜨기 때문에 이곳이 바로 내부의 더운 공기를 빼낼 수 있게 하는 역할을 하며, 위쪽에 설치된 환기구는 이곳에 모인 더운 공기를 밖으로 빼내게 된다. 바닥에는 얼음에 치명적인 물과 습기를 빠르게 밖으로 빼내기 위해 배수로를 설치하고, 또한 빗물을 막기 위하여 석빙고 외부에는 석회와 진흙으로 방수층을 만들었다. 그리고 얼음과 벽 및 천장 틈 사이에는 밀집, 왕겨, 톱밥 등을 단열재로 채워 넣어 외부열기를 차단하여 한여름에도 얼음이 거의 녹지 않고 견딜 수 있었다. 현재 경주 석빙고(1738, 보물 제66호), 안동 석빙고(1737, 보물 제305호), 창녕 석빙고(1742, 보물 제310호), 청도 석빙고(1713, 보물 제323호), 현풍 석빙고(1730, 보물 제673호), 창녕 영산 석빙고(18세기 후반, 보물 제1739호), 해주 석빙고(1735년 개축) 등이 남아 있다.

1. 경주 석빙고, 보물 제66호

조선시대에 화강석으로 조성된 길이 18.8m, 홍예 높이 4.97m, 너비 5.94m의 규모이며, 석비와 입구 이맛돌에 의하면 조선 영조 14년(1738) 당시 조명겸이 나무로 된 빙고를 돌로 축조하였다는 사실과 4년 뒤에 서쪽에서 지금의 위치로 옮겼다는 내용이 기록되어 있다. 남북으로 긴 직사각형으로, 남쪽에 있는 너비 2.01m, 높이 1.78m의 출입구에서 계단을 따라 실내로 들어가게 되는데, 빙실은 입구에서 안으로 들어갈수록 밑바닥이 경사져 있으며, 바닥 중앙에 배수구가 있어 내부의 물이 외부로 배출된다(그림 9-04). 내부는 5개의 홍예를 올리고 더운 공기를 빼내는 홍예와 홍예 사이에 길쭉한 네모 돌을 얹어 천장을 삼았다. 벽은 직사각형의 작은 석재로 정연하게 쌓아올렸고, 밑부분은 장대석을 연결하여 지대석을 삼아 견실하게 축조하였다. 천장에는 3곳에 환기 구멍을 마련하여 외기와 통하게 하였는데, 조각한 돌로 구멍을 덮어 비와 이슬을 막고 있다.

(a)　　　　　　　　　　　　　　　　　　(b)

그림 9-04 (a) 경주 석빙고
　　　　　(b) 경주 석빙고 내부

2. 안동 석빙고, 보물 제305호

그림 9-05 안동 석빙고

안동 석빙고는 길이 12.5m, 너비 6.1m, 높이 5.4m 이며, 영조 13년(1737)에 축조되었다고 전해지며, 산 기슭에 남북으로 길게 축조되고 입구가 북쪽 옆으로 가설되었으며 봉토도 완전하다(그림 9-05). 빙실 안으로 계단이 있고 밑바닥은 경사져 있으며 중앙에 물이 흐르도록 만든 배수로가 있고, 안쪽 벽에 길고 크게 다듬은 돌들로 4개의 홍예를 세워 천장을 지탱해주고 있으며 각 홍예 사이에는 긴 돌들로 채워 마무리하고 천장 곳곳에는 환기 구멍이 있다.

3. 창녕 석빙고, 보물 제301호

창녕 석빙고는 영조 18년(1742) 화강석으로 만들어진 빙고로서, 내·외 각부의 구조가 경주나 안동의 석빙고와 동일한데 그 규모는 약간 작다. 빙실의 크기는 길이 11m, 폭 3.6m, 높이 3.7m이고, 봉토 표면의 높이는 5.4m, 전체 길이는 13m이다(그림 9-06). 남쪽에 설치된 입구는 좌우에 장대석을 3단씩 쌓아서 벽을 축조하고 그 위에 하나의 장대석을 놓아 사각형을 이루고 있다. 빙실은 바닥이 평평한 사각형이고 북쪽 구석에 배수공이 있으며, 벽체는 잘 다듬어진 돌을 쌓아 4개의 홍예를 올리고 홍예 사이에는 장대석을 옆으로 쌓아올려서 천장을 구성하였으며, 그 사이의 천장에는 외부로 통하는 환기공이 설치되어 봉토를 관통하고 있다.

(a)

(b)

그림 9-06 (a) 창녕 석빙고
(b) 창녕 석빙고 내부

4. 창녕 영산 석빙고, 보물 제1739호

창녕 영산 석빙고는 18세기 후반에 화강석으로 만들어진 빙실 길이 10m, 높이 3.35m, 면적 3,769m²의 규모이다(그림 9-07). 이 석빙고는 봉토 주변에 자연석 호석을 돌렸고, 봉토 위에 배기공인 듯한 구멍 2곳이 돌로 덮여 있다. 석빙고 안쪽은 거칠게 다듬은 큰 돌 세 벌을 쌓아올렸고, 홍예와 홍예 사이에는 장대석을 걸쳐 천장을 만들었다.

(a)

(b)

그림 9-07 (a) 창녕 영산 석빙고
(b) 창녕 영산 석빙고 내부

소수서원, 경북 안동의 도산서원, 그리고 담양의 소쇄원, 완도군 보길도의 부용동이 서원과 별서의 대표적인 것이다. 사원의 조성은 정토사상에 의한 극락세계의 세계관을 조영으로써 나타내고자 하는 것이다.

정자는 개인적인 기능, 누각은 공적인 기능의 장소로서, 영남루나 촉석루, 죽서루, 경포대, 영호루, 부벽루 등은 강가나 호수가의 경승지에 건립되어 자연을 조망하고 관조할 수 있고, 경회루와 광한루, 주합루 등은 인공적인 정원 속에서 공적인 역할을 할 수 있도록 한 누각이다. 주거건축에서는 터 잡기와 건축에서 자연과 인간과의 조화를 근본으로 삼았으며 배산지형을 이용하여 남향배치를 택하고 후원을 조성하여 자연재해로부터의 예방과 토지이용의 효율성을 높이고 일조와 통풍의 합리성을 꾀하였다.

10.6 정원의 종류

한국의 정원은 신림(神林), 궁궐정원, 사찰정원, 서원 및 별서의 정원, 누정의 정원, 주택정원, 묘림(墓林) 등으로 나누어볼 수 있다. 궁원과 마을, 민가의 정원을 조성함에 있어서는 음양오행사상과 풍수지리사상의 영향이 컸고, 사찰의 정원에서는 정토사상이, 서원이나 별서에서의 정원은 주자(1130~1200)의 은둔사상, 그리고 선경을 동경하여 자아의 구제를 위한 신선사상 등이 큰 영향을 미쳤다. 시대적으로 볼 때 삼국시대나 통일신라시대에는 상징주의적 정원이 만들어진 반면 조선시대에는 자연주의적 정원이 많이 만들어졌다고 할 수 있지만, 자연의 조화와 순리에 대한 정신은 일관되었다.

국사당이나 성황당 주위에는 신림이 조성되어 있고, 이러한 신림 가운데는 경주의 계림, 서울 사직단을 비롯하여 여러 곳이 지금까지 남아 있다. 궁궐정원은 궁궐 내의 왕, 왕족을 위한 정원으로서, 창덕궁의 후원(비원), 경복궁의 경회루와 향원정 등이 대표적 사례이다. 왕이나 왕비 등 왕족이 휴식하고 유희하는 후원공간으로서는 창덕궁의 궁원인 금원과 더불어 경복궁의 경회루가 가장 대표적이다. 창덕궁의 금원은 경주 안압지처럼 앉아서 그림을 보듯 관상하는 원림이 아니라 사람이 자연 속에 파묻혀 동화되게 만들어진 원림이었다. 사찰정원은 불교의 정토사상에 근거하여 극락 세계의 세계관을 조영으로 나타내고자 조원되는 것으로서, 불국사의 구품연지, 통도사의 구룡지, 법주사의 석련지 등이 대표적 사례이다.

서원과 별서의 유적은 15세기 이후의 것들로서, 주자의 무이정사를 최고의 이상향으로 삼은 조선의 유학자들이 그를 흠모하여 조경 속에 이를 상징화하고자 한 것이었다. 자연주

의의 바탕 위에 이루어졌으며, 현실의 명리를 떠나 선현의 학문을 수학하고 사색하는 공간을 조성하고자 한 서원 및 별서의 정원은 선비나 유학자들이 자연과 접하여 사색과 학문수양을 꾀하기 위한 정원으로서, 별서는 선비나 유학자들의 별장을 일컫는다. 서원과 별서의 정원은 동양적인 자연관과 성리학의 우주관을 정원에 표현하려 했으며, 담양의 소쇄원, 영주의 소수서원, 경북 안동의 도산서원, 경주 옥산서원의 독락당, 해남의 부용동 등이 대표적 실례이다.

정자가 개인적인 기능의 건물이라면 누가 있는 공간은 공적인 기능의 장소로서, 누정의 정원은 경치가 좋은 곳에 공공적인 성격의 누정을 세우고 조원한 것으로서, 남원의 광한루, 밀양의 영남루, 삼척의 죽서루, 촉석루, 경포대, 영호루, 부벽루 등이 누정건축의 대표적 실례이다. 영남루나 촉석루, 죽서루, 경포대, 영호루, 부벽루 등은 강가나 호수가의 경승지에 세워져 자연을 조망하고 관조하는 기능을 하고 있는 반면 경회루, 광한루, 주합루 등은 인공적인 조원의 공간 속에 놓여서 공적 기능을 담당하고 있다. 수원 화성의 방화수류정 북쪽의 용연(龍淵)도 하나의 누원처럼 조용한 경관을 조성하고 있어 성의 원림으로 중요한 역할을 하는 곳이다. 주택의 정원은 양반 주택의 정원으로서 대부분 건물의 뒤쪽에 후원으로 조원되며, 구례 운조루, 강릉 오죽헌, 강릉 해운정 등의 정원이 대표적 실례이다. 민가의 정원은 홍만선(1643~1715)이 쓴 『산림경제』 제1권 복거의 '문로조'와 '방앗간조'에 보면 민가조원의 관습 같은 것을 알 수 있다.

한국 전통정원의 미와 풍취는 창덕궁의 후원인 금원, 서울 종로의 석파정, 강원도 강릉의 선교장, 전남 해남 보길도 부용동 정원, 담양의 소쇄원, 경북 영양의 서석지, 봉화의 청암정 등에서 찾아볼 수 있다. 창덕궁의 후원은 금원으로 불리며 한국의 정원 중 가장 아름다운 정원으로서, 부용정과 주합루, 애련정, 존덕정 등의 건물들이 자연환경과 조화되게 배치되었다. 전남 담양의 소쇄원(1530)은 사대부들의 별장과 같은 별서정원 중 가장 뛰어나며, 전남 해남 보길도 부용동 정원(17세기 말)은 고산 윤선도의 은거지 별서정원으로서 자연과 융합되는 특징을 갖는다.

1) 창덕궁 후원

조선시대 궁궐인 창덕궁 내전의 뒤쪽으로 펼쳐지는 후원은 흔히 '비원(秘苑)'으로 알려져 있으나, 궁궐 북쪽에 있다 해서 '북원' 또는 '후원', 일반인이 접근할 수 없다 해서 '금원'이라 불렀다. 『동국여지비고』에 상림(上林)이라 표현되어 있는 이곳은 왕이 수학하고 수신하

며 소요하던 곳으로서, 때로는 사냥도 하고 무술도 연마하였으며, 제단도 설치해 제사도 올리고 종종 연회도 베풀며 정사의 속박에서 벗어나 무욕허심의 경지에서 자족하고 사색하도록 건물과 정원을 조영한 곳이다.

한국 최대의 궁중 정원인 금원이 처음 생긴 것은 태종 6년(1406) 4월로서, 창덕궁에 많은 전각을 창건한 후에 대궐 후원에 화려한 선온정을 세우고 그 앞에 연못을 파서 향연과 관등놀이 등의 유연을 베풀었으며, 이후 1592년(선조 24년)에 임진왜란 때에 불타 없어지고, 광해군 1년(1609)에 중수했다. 창덕궁 후원에는 왕실 도서관이었던 규장각, 영화당, 주합루와 어수문, 서향각, 영춘루, 소요정, 태극정, 연경당 등 여러 정자와 연못들, 물이 흐르는 옥류천이 있고, 잔디와 나무, 꽃들이 심어져 있다(그림 10-07). 창경궁을 합한 창덕궁의 총면적은 약 0.674km²(20만 3,769평)이고, 창경궁은 약 0.177km²(5만 3,600여 평), 후원은 약 0.205km²(6만 1,937평)이다.

창덕궁 후원 중에서도 부용지 일곽의 모습은 가장 두드러지는데, 부용지 일곽에 있는 모든 건물은 정원의 일부이고 정원은 바로 자연 그 자체라고 할 수 있다(그림 10-08). 즉, 건물과 정원과 자연이 각각 따로 있는 것이 아니라 모두가 일체되어 있다. 네모난 부용지 속에는 둥글게 생긴 작은 섬 위로 잘생긴 나무가 심어져 있는데, 이는 '하늘은 둥글고 땅은

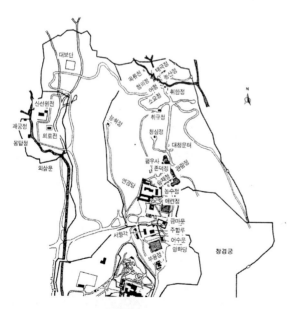

그림 10-07 **창덕궁 후원 배치도**
그림 10-08 **창덕궁 후원의 부용지와 주합루**

모났다'는 천원지방을 나타낸다. 부용지 서쪽으로는 사정기비각이 있고, 남쪽으로는 부용정이 물 위에 반쯤 떠 있으며, 부용정 건너 북쪽 산등성이 마루턱 넓은 터에는 다락집인 주합루가 남쪽을 향해 서 있고 그 앞 경사지는 꽃을 심은 여러 단의 화계로 조성되었다. 이곳으로 오르는 첫 단에 주합루의 정문인 어수문이 있는데, 이 문을 지나 사방으로 난간을 두른 주합루에 서면 부용정과 연못은 물론, 주위 경관이 모두 한눈에 들어온다. 정조는 실학으로 팽배한 유능한 신하들을 위하여 주합루 아래층을 규장각이라 하여 수만 권에 달하는 장서를 보존하는 서고로 꾸몄다. 주합루는 우주의 모든 이치를 합하여 한 자리에 모이게 한 곳이라는 의미를 담고 있다.

후원의 제2영역은 애련정 일대로서, 드나들며 늙지 않기를 기원하였다고 하는 아치 모양의 불로문을 통하여 드나들게 되어 있다. 이곳은 순조의 아들 효명세자(후일 익종, 1809~1830)의 개인 서실이었던 기오헌이 자리한 정숙한 지역이다. 애련정 서쪽으로는 연경당이 있는데, 연경당은 원래 왕과 왕비가 사대부 생활을 체험하도록 하기 위해 효명세자가 1828년에 사대부의 가옥과 유사한 형식으로 지었다고 한다. 동궐도에 묘사되어 있는 효명세자가 지은 연경당은 지금과는 다른 모습이며, 지금의 연경당은 헌종12년(1846) 다시 지은 것이다.

후원의 제3영역에는 부채꼴 모양의 특이한 평면 형태를 지닌 관람정과 지붕이 두 겹으로 된 존덕정이 각각 연못을 끼고 자리해 있다. 존덕정은 육모정자이며, 정조가 절대군주의 의지를 수많은 개울물에 비친 밝은 달에 자신을 비유하여 표현한 '萬川明月主人翁自序(만천명월주인옹자서)'란 기문이 북쪽 창방에 걸려 있다. 존덕정 서남쪽에는 폄우사가 있고 이곳에서 남쪽으로 난 경사지를 오르면 승재정이 북동쪽 아래 연못을 사이에 두고 관람정을 마주 보는 곳에 자리하고 있다.

제4영역은 후원에서 가장 깊숙한 곳에 자리 잡은 옥류천 부근으로서, 소요정, 취한정, 청의정, 태극정, 농산정 등 5개의 정자가 휘돌아 떨어지는 옥류천 계곡 주변에 자리 잡고 있다. 청의정은 유일한 초가정자로, 그 앞에 조성된 작은 논에 임금이 직접 농사를 지어 여기서 나온 벼로 청의정의 지붕을 이었다고 한다.

창덕궁 후원은 그 속의 정자나 건물들의 조성 측면에서 우리나라 건축의 특성을 알 수 있는 배치 기법과 자연을 이용하는 법식을 잘 보여주며, 울창한 숲과 연못, 크고 작은 정자들이 마련되어 자연경관을 살린 점이 뛰어나다. 이 후원은 북악산의 한 줄기인 매봉을 등지고 자연의 지형과 지세에 따라 각양각색의 누정과 연못이 배치되었으며 곳곳에 차고 맑은 샘물이 솟아난다. 현재 남아 있는 연못으로는 부용정이 있는 부용지, 애련정이 있는

애련지, 연경당 앞의 장방지, 몽답정 앞의 장방지, 존덕정 앞 반월지, 관람정 앞 반도지, 옥류천 주위의 청의정이 있는 소형의 못, 태극정 앞의 소형못 등이 있다. 현재 후원에는 누각, 정자, 민가양식 등 건물이 남아 있는데 건물 모양도 사각형, 육각형, 팔각형, 부채형, 다각형 등으로 다양하고, 지붕도 기와지붕, 초가지붕, 나무껍질지붕 등 형태나 수법이 다양하여 건축과 조경의 어울림이 빼어나며, 특히 정자의 난간과 포작, 문살 등에는 기발한 착상과 함께 목조공예의 정교한 솜씨를 엿볼 수 있다. 창덕궁과 후원은 자연의 순리를 존중하여 자연과 조화를 기본으로 하는 한국 전통 문화의 특성을 잘 나타내고 있는 건축과 원림으로 인정되어 1997년 유네스코 세계문화유산으로 등재되었다.

2) 강릉 선교장 활래정

선교장은 안채·사랑채·동별당·서별당·사당·정자·행랑채를 골고루 갖춘 큰집으로 조선시대 상류주택의 대표적인 한 예이며(그림 10-09), 사랑채인 열화당은 순조 15년(1815)에 오은처사 이후가 건립하였고, 정자인 활래정은 순조 16년(1816)에 이근우가 중건하였다고 한다. 활래정이라는 정자이름은 주자의 시 '관서유감'에 나오는 시구인 "爲有頭源活水來(위유두원활수래)" 가운데 '활래'를 따서 지었다고 하는데, "근원으로부터 끊임없이 내려오는 물이 있음일세."라는 뜻이다. 활래정은 우리나라 정원의 진수를 유감없이 보여주는 정자로서, 벽면에 흙을 바르지 않고 문으로만 벽을 연결해 만든 독특한 형태를 하고 있으며 창밖으로는 연꽃이 만연한 연지와 소나무를 심은 인공 섬인 당주를 조성하였다. 대문 밖 바깥마당의

그림 10-09 **강릉 선교장 활래정**

남쪽으로 위치한 넓은 인공연못에 서 있는 활래정은 서울 창덕궁 후원의 부용정과 흡사한 모습으로 돌기둥이 받치고 있는 마루가 연못 안쪽으로 들어가 있는 누각형식의 ㄱ자형 건물이다. 장지문을 닫으면 두 개가 되는 온돌방이 누마루와 합쳐져서 'ㄱ'자형의 평면을 이루며, 방과 마루를 연결시키는 복도 옆에는 차를 끓일 수 있는 다실이 있어 멀리서 뜨거운 물을 가져오지 않고 찻물을 끓여 곧바로 차를 우려낼 수 있는 시설을 마련하였다.

3) 해남 보길도 윤선도 원림, 명승 제34호

윤선도 원림은 천혜의 보길도 자연과 이를 경영한 고산 윤선도의 정원유적이 어우러진 원림으로서, 섬 속의 낙원, 낙원의 섬으로 불리울 만큼 우거진 숲으로 둘러싸인 부용동 원림은 낙서재를 중심으로 꾸며진 정자(세연정)와 계류, 영지(세연지)로 구성되어 있다(그림 10-10). 유명한 시인이며 문인인 고산 윤선도(선조 20년, 1587~현종 12년, 1671)는 부용동 계곡의 지형을 이용하여 아름다운 정원을 조성하였는데, 부용동 입구의 세연지, 계담 위 산자락에 있는 옥소대, 기암괴석의 경승지에 있는 동천석실, 격자봉 밑의 낙서제 곡수당 등은 기발한 조원 안목과 자연과 인공의 조화를 통한 원림 조성의 높은 경지를 보여주고 있다.

그림 10-10 **전남 해남 보길도 윤선도 원림**

부용동 정원은 고산의 기발한 착상이 잘 나타나있는데, 개울에 보(판석보, 일명 굴뚝다리)를 막아 조성된 세연지는 산중에 은둔하는 선비의 원림으로서 화려하고 규모가 크다. 세연정은 계담과 방지방도 사이에 위치한 정사각형의 정자로서, 사방으로 경관을 감상하는데 용이한 구조를 가졌다. 세연정은 중앙 방단상에 다시 3단을 축조해서 기단을 조성한다음 그 위에 건축되었으며 기단의 높이는 주변경관의 조망을 용이하게 하기 위해서 약 1.8~2m가량 높게 되어 있다. 판석보는 길이 약 11m, 폭 2.5m, 높이 약 1m 정도의 유일한 석조보로 세연지의 저수위 조절 시설이며, 평소에는 돌다리가 되고 우기에는 폭포가 되어 수면이 일정량을 유지하도록 했다.

4) 담양 소쇄원, 명승 제40호

별서정원의 대표적인 소쇄원(명승 제40호)은 지정구역 4,399㎡, 보호구역 11만 7,051㎡이고 조선 중종 때 선비인 양산보의 주도로 이루어졌으며 그 정확한 조영 시기는 1520년대 후반과 1530년대 중반으로 추정된다. 소쇄원은 소쇄옹 양산보가 기묘사화로 스승 조광조가 사약을 받자 낙향하여 만든 것으로서, 계곡을 따라 자연을 거스르지 않고 어우러지는 바람과 물소리의 정원이다. 소쇄원의 배치를 보면, 계류가에 단을 조성한 대봉대와 광풍각 그리고 제월당을 중심으로 긴 담장이 동쪽에 조성되어 있고, 북쪽에서 흘러내린 물이 담장 밑을 통과하여 소쇄원의 중심을 관통하게 되어 있다(그림 10-11). 소쇄원은 자연환경을 적절히 활용하여 인공과 자연의 조화를 꾀한 대표적 별서로서 정원에 조성된 건축물, 점경물은 상징적 체계에서뿐만 아니라 자연과 인공의 조화를 절묘하게 이뤄내며, 그 안에 선비들의 심상이 잘 나타나 있으며, 자연에 대한 인간의 경외와 순응, 도가적 삶을 산 조선시대 선비들의 만남과 교류의 장 역할을 하였다.

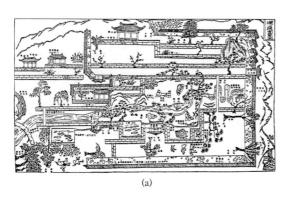

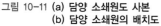
(a)

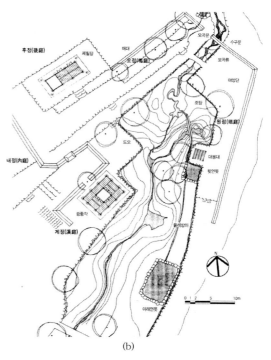
(b)

그림 10-11 (a) 담양 소쇄원도 사본
(b) 담양 소쇄원의 배치도

(c)

(d)

그림 10-11 (c) 담양 소쇄원
(d) 담양 소쇄원 광풍각

소쇄원 서쪽 가장 높은 단 위에는 정면 세 칸, 측면 한 칸의 팔작지붕의 제월당이 소박하게 세워졌고, 오곡류가 흐르는 계간의 하류에는 광풍각이 위치하는데, 사방이 개방된 마루방으로 되어 있어 시원한 바람과 소쇄원의 아름다운 경관을 볼 수 있다. 소쇄원 담은 자연석과 황토 흙을 섞은 토석담으로 약 2m 정도로 내원과 외원을 구별하는 중요한 역할을 한다. 계류의 서쪽 산비탈 담 밑에는 네 단의 축대를 쌓아 화계를 조성하였고, 내원의 입구에는 상지, 하지라는 방지가 두 개 만들어져 있다. 수목은 대나무와 매화, 동백, 오동, 배롱, 산사나무, 측백, 치자, 살구, 산수유, 황매화 등이 있으며, 초본류는 석창포와 창포, 맥문동, 꽃무릇, 국화 등이 있다. 점경물로는 너럭바위, 우물, 탑암과 두 개의 연못이 있으며, 계곡을 이용한 석축과 담장이 조화를 이루고 있다.

5) 영양 서석지, 중요민속문화재 제108호

서석지는 석문 정영방이 광해군 5년(1613)에 조성한 것으로 전해지는 연못과 정자로 이루어진 별서정원으로, 자양산의 남쪽 완만한 기슭에 위치한 연못을 중심으로 경정, 주일재, 수직사, 남문 등의 건물들이 자리 잡고 있다(그림 10-12). 경정은 넓은 대청과 방 2개로 되어 있는 큰 정자이며, 주일재는 서재로서 '운서헌'이라고 쓴 현판

그림 10-12 영양 서석지

제10장
전통정원

10.1 개 관

전 국토가 아름다운 산과 물로 뒤덮여 있는 한국의 정원은 인공미를 최소화하고 자연미를 충분히 살림으로써 자연의 아름다운 환경과 조화되도록 계획되었다. 국토 전역에 산과 숲이 많고 수려한 자연경관을 가진 한국은 자연의 순리에 따르고 동화되도록 하며 비정형적이고 곡선적이며 자연성과 신비성을 내포하는 자연풍경식 조경을 이루어온 것으로서, 서양의 건축이나 도시, 정원의 직선적이고 기하학적인 인공미에 대비된다. 동양 3국을 비교해보아도 차이가 있는데, 중국의 정원은 유교사상과 도가사상이 융화되어 나타나게 되고, 한국은 풍수지리, 유교, 불교, 신선사상이, 일본은 정토사상과 신선사상, 다도 등 특수한 문화가 정원조성의 사상적 배경이 되었으며, 중국의 경우는 자연의 대풍경을 축소, 모방하므로 매우 번잡하고 화려하고, 일본의 경우는 다양한 인공적 조원법칙에 의해 구성되어 인위적으로 변형된 자연의 아름다움을 표현하려 하였다.

한국의 전통정원의 사상적 배경에는 자연숭배사상과 신선사상, 불교사상과 유교사상, 음양오행사상과 풍수지리 등이 놓여 있다고 볼 수 있다. 음양오행사상은 유기체적인 공간을 조성하는 원리와 하늘과 땅을 상징하는 조성원리로, 풍수지리는 산과 인간이 연계된 환경설계이론으로, 유교사상은 공간의 위계를 설정하는 원리로 작용하였다. 음양오행설의 원리를 잘 나타내는 방지원도는 천원지방이라는 음양의 원리를 상징한 것으로 네모난 연못의 윤곽은 땅(음)을, 둥근 섬은 하늘(양)을 나타내는 것이다. 또한 둥근 섬은 신선이 산다는 삼신사상의 표현이라 할 수 있으며, 또 십장생 역시 불로장생을 상징하는 신선사상을 반영하는 것으로 경복궁 자경전의 담장과 굴뚝에 그려진 십장생도가 그 대표적인 예라고 할 수 있다.

풍수지리사상은 도읍이나 마을의 입지선정, 주택의 입지선정, 배치방법, 평면의 형태, 대문 및 주출입구의 결정과 수목의 선정 및 배치 등 정원의 구성 등에 큰 영향을 주었다. 또한 창덕궁 후원 주합루와 부용지 공간은 유교사상의 조원으로 군신의 화합과 천지인의 융합에 의한 천인합일하고자 하는 수신의 터전이라고도 할 수 있다. 창덕궁 후원의 전체적인 조영의 배경은 현실의 속박에서 벗어나 자족하는 무위자연의 사상적 일면을 보여주기도 한다. 한국의 정원은 자연이 수려한 곳에 최소한의 시설을 통해 차경기법을 많이 사용하고 자연과 인공이 융화되도록 조성하는 것이 특징으로서 임천정원이라 하는데, 임천정원은 노장사상의 영향으로 자연경관을 그대로 정원으로 삼은 것으로서 소위 은자의 정원이라고도 불린다. 함양 농월정, 수원 방화수류정, 삼척 죽서루, 예천 초간정, 양양 의상대 등에서 보이듯이 자연 속의 정자에 올라 주변의 풍광을 감상의 대상으로 삼을 때 자연은 심정적 소유물이 되면서 인문경관으로 바뀌게 되고 산이나 바위, 계곡 등에 특별한 이름을 부여하면 자연은 정원의 성격을 띠게 되는데, 이를 산수정원 또는 임천정원이라 부른다. 이렇듯이 한국 전통정원의 특징은 자연의 순리를 존중하여 인간을 자연에 동화시키고자 하는 조화로움에 있다고 볼 수 있다.

10.2 전통정원의 원리와 특징

1. 자연과의 순응과 조화

사계절의 변화가 뚜렷하며 아름다운 강산에 둘러싸인 풍토에서 선인들은 자연을 만물을 생성하고 구제하는 영물로 숭앙하며 자연의 순리를 거역하지 않고 동화되려는 가치관을 지녀왔고, 이에 따라 시와 그림 등의 예술적 표현, 건축 및 정원 등의 기법이 많은 영향을 받아왔다. 즉, 선인들은 인위적이고 인공적인 방법을 배제하고 자연 상태 그대로를 유지하면서 동화되고자 하는 사고를 우선으로 하였으므로, 전통정원은 사람이 만들었기는 하나 마치 자연적으로 만들어진 것과 같은 자연풍경식 정원이 조성되었다. 한국의 정원은 모든 것을 자연에 동화시키고자 하는 자연미를 기본으로 하는데, 물이 있는 곳에 연못을 만들고 폭포를 만들었듯이, 자연의 순리는 정원을 구성하는 기본 질서이며 조경의 원리가 되었다.

인간의 조영물은 자연과 조화되어야 하므로 건물과 정원을 구성할 때 자연에 순응되는 터를 잡는 일이 제일 중요하였고 지세를 함부로 변형시키지 않도록 조경이 만들어졌다. 정원을 조영하는 데 가장 중요한 것은 정원의 자리를 잡는 일이었고, 자연을 허물거나 토질을 변질시키지 않고 습지면 습지에 잘 사는 나무를 심고 연못을 파거나 계간(溪澗)을 조성하였고, 정자나 누각을 배치할 때도 자연의 조화를 먼저 생각하여 연못이나 강가, 산자락에 세웠다. 전통정원은 자연의 인간화, 인간의 자연화로서 인공적인 것을 속된 것으로 여기며 조영물을 설치함에 있어서 자연과 동화되도록 하여 시간과 공간상 가장 자연스럽게 꾸미도록 하였다. 이와 같이 크고 작은 모든 자연적 요소를 가장 자연스럽게 꾸미는 자연과의 조화, 인차의 원리가 우리 전통정원의 기본원리였다.

2. 인차의 원리

인차(因借)는 한국과 중국의 전통조경을 구성하는 기본적이고 원리라 할 수 있는데, 인(因)은 지세와 지형, 주어진 공간적 및 환경적 여건과 특성에 따라 이를 잘 활용하는 것으로서, 건물의 위치와 외형이 주위 환경과 적절하게 융화되어 유기적으로 관계를 지니도록 계획하는 것이다. 차(借)는 차경(借景)으로서 대지 안쪽의 자연과의 조화뿐만 아니라 대지를 둘러싼 주변 경관과도 잘 어울리도록 계획하는 것이다. 즉, 건축물 사이의 적당한 안배와 건축과 대지 내의 조경이 조화를 이루도록 만들며, 원근 등의 모든 시각적 경관이 위치와 계절 등의 공간과 시간을 고려되어야 한다는 것이다. 외부자연을 담장 안으로 끌어들이는 차경수법은 담장 내부만을 정원으로 국한시키지 않고 외부경관 모두를 정원으로 확대시키는 것으로서 여러 가지가 있는데, 원차(遠借)는 멀리 있는 청산의 모습을 바라보고 즐기는 것, 앙차(仰借)는 앞산 봉우리를 빌려오는 것, 부차(俯借)는 들판을 내려다 보고 즐기는 것, 인차(隣借)는 바로 옆 경물을 차용하는 것, 응시이차(應時而借)는 시절마다 변하는 모습을 그때그때 맞추어 보며 즐기는 것이다. 자연과 인간의 매개체였던 누각과 정자는 개방성이 강하며 차경의 효과가 가장 잘 활용되었다고 할 수 있다.

3. 의경의 발달

한국의 정원은 사계절의 변화와 더불어 햇빛과 달빛, 비와 눈, 바람소리, 동물과 곤충 등 다양한 요소가 가미됨으로써 인간의 오감을 자극한다. 선조들은 이러한 정원을 보고 돌아다니는 것 이외에 읽고 느끼는 수준으로 변화시켜서 상징을 부여하고 이름을 짓거나 글을 짓는 등 의경(意景), 곧 뜻으로 이루는 조경을 추구하기도 하였다. 의경은 괴석 한 점, 나무 한 그루를 집안에 두고 그것에 자연경관의 의미를 상징화하는 것이며, 나아가서는 그러한 뜻을 담은 글이나 그림을 건물의 벽이나 담, 바위 등에 쓰고 새기거나 편액이나 주련을 만들어 즐기기도 하였다. 선인들은 형상보다 뜻(意)을 중시하는 의경 정신을 지향하였고 자신들의 사상과 깨우침을 담아 의경으로 끌어올리고자 하였는데, 노자의 도가사상에 의해 자연을 도로 봄으로써 자연의 이(理)를 통해 그것을 깨우치고자 하였고 예술에서도 자연의 도와 이(理)를 의(意)로서 하나의 상(象)으로 표현하여 의경을 구현하고자 하였다. 담양 소쇄원과 같이 선비들이 별서를 조영하여 자신의 이상적인 세계를 만들려고 한 별서 정원 또한 하나의 의경지향의 산물이라 할 수 있다.

별서정원은 현세에서의 좌절이나 번민을 해소하며 자신의 세계를 향유하고 뜻을 펼치기 위해 자연 속에 조성되었다. 별서정원의 대표적인 담양의 소쇄원은 대숲 속에 뚫린 오솔길, 담 밑으로 들어와 폭포가 되어 떨어지는 계류, 그 계류 위에 세워진 오곡문과 주인이 거처하는 제월당과 광풍각 등을 통해 도연명의 안빈낙도하는 사상을 드러내고 있으며, 무위자연, 성리학적 강학의 공간, 이상향의 선계, 선비의 은일거처로 의미를 부여하며 편액과 주련 등으로 사고와 욕망을 표현하였다. 한국의 정원은 기본적으로 뜻을 담은 상징적 경물들로 이루어졌다고 할 수 있는 것으로서, 나무 한 그루, 바위 하나도 그것이 갖는 의미를 따라 배열하고 정원을 조성한 사람의 인생관, 생활철학, 희망 등을 표현하였다. 자연과 조화되며 뜻을 담고자 했던 선인들은 명승의 경관과 풍류를 즐기며 정신을 수양하는 장소로 누정과 정원을 세웠다. 따라서 한국의 정원은 심성을 자연에 순화시키는 안식처이며 여흥을 즐기는 장소이면서, 학문을 수학하는 장소, 현세의 고민에서 벗어나 자각과 자족을 느끼는 수신의 구도장, 천신과 지신, 선조를 받드는 제단의 터전, 인간이 갈구하는 이상세계를 현세에 나타낸 상징적 공간이기도 하였다.

4. 후원의 발달

유교정신과 음양오행사상, 풍수지리설의 성행은 건축과 택지의 선정에 영향을 주어 건축 후면에 경사지가 발생되어 이를 이용하여 정원을 조성하는 후원이 발달되게 하였다. 대체로 건물을 남향의 경사지에 건축하여 건물 뒤쪽의 언덕을 후원으로 조성하였으며, 내향적이고 폐쇄적인 공간으로 만들려 하였다. 후원을 조성하여 화계를 꾸미는 것은 유교사상에 의한 소박 건실한 정신과 국민성에 부합될 뿐만 아니라 궁궐과 사찰, 주택 등에서도 풍수지리설이 근간이 되었으므로 후원 양식은 곳곳에 나타나며 정원양식의 근간이 된 것이다. 우리나라의 경우 안마당에는 조경을 하지 않고 주로 사랑채의 마당에 약간의 정원을 꾸미며 후원에 정원을 본격적으로 조성하였다. 후원은 비탈진 산자락을 이용하여 주위의 낮은 구릉지나 계류, 뒷산에 의해 영역이 설정되고 정자와 연못, 샘과 경물이 적절히 배치되어 조성되며, 계단식 정원이나 화계를 만들어 좁은 공간에서 공간의 수직적 변화를 느낄 수 있도록 구성되었다.

궁궐 후원의 경우 경복궁에는 교태전의 뒤편에 아미산이라는 계단식 후원을 만들어졌는데, 인공적으로 각기 계단수와 너비가 다른 화계를 만든 위에 여러 식물을 식재하였으며 괴석과 석지, 굴뚝 등을 배치하였다. 공적이며 정치적 공간이 철저하게 유교적인 형태를 취하는 궁궐건축에서 숲과 언덕, 정자, 연못으로 자연적이고 풍류적으로 구성된 창덕궁 후원에는 정자가 17동이나 조성되었으며, 가장 깊숙한 곳인 옥류천 지역은 계류가 흐르고 소요정, 청의정, 태극정, 농산정, 취한정 등의 정자들이 만들어지며, 소요암에는 곡수구의 유적이 있고 바위에 숙종의 어제시가 암각되어 있다.

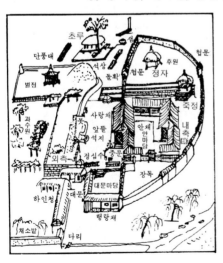

그림 10-01 「옥호정도」-김조순 별장
(고 이병도 박사 소장)

민간의 정원의 경우 「옥호정도」를 통하여 세도가의 주택과 정원 실체를 보면 아름다운 산록에 둘러싸여 있고 넓은 후원, 아름다운 정자각, 텃밭과 벌통, 울창한 송림, 초가지붕의 하인들이 살았던 집으로 보이는 곳과 행랑채, 그리고 기와지붕으로 그린 본체로 구성되어 있다. 순조의 장인 김조순(1765~1832)의 별장 옥호정은 계류가의 자연지형 속에 지어놓은 것이지만 비탈면을 몇 개의 계단상으로 처리하여 후원양식의 정원을 꾸미며 주거와 휴식을 위한 당과 정자를 세우고 나무를 심으며 석상과 화분, 괴석을 두어 휴식공간으로 꾸몄다.

10.3 전통정원의 구성요소

전통정원은 정원의 종류와 크기, 용도, 시대에 따라 차이가 있지만 자연환경적 요소에 풍속과 신앙, 사상 등이 가미되며 인공조영물들이 자연과 조화되며 배치된다. 전통정원의 구성요소는 크게 자연환경적 요소와 인공조영물로 구분되며 주변 환경과 적절히 조화되고 적재적소에 위치함으로써 아름다운 조경을 이루게 된다. 자연환경적 요소로는 지세와 지형, 기암괴석과 화목, 물과 샘, 연못 등이 있고, 인공조영물의 요소로는 정자와 누각의 건물과 담, 다리, 가산, 기물, 보도 등이 있다.

1. 자연환경적 요소

1) 지세

건물과 정원을 위해 지세가 빼어나고 산수가 좋은 곳을 택했으며, 자연을 영적 존재로 생각하여 산세를 허물고 지형을 변형시키지 않으며 토질도 그대로 사용하였다. 창덕궁이나 경복궁에서는 밝고 굳은 토질 곳곳에서 차고 맑은 물이 솟으며 아담한 산자락과 마르지 않는 계류가 흐른다. 소쇄원이나 윤선도의 보길도 유적, 남원의 광한루원, 옥산서원, 덕천서원 등은 모두 경승의 지세에 놓여 있다.

2) 화목(花木)

자연의 순리에 따라 그 지방의 기후와 풍토에 맞는 화목을 심고 자연스럽게 자라도록 하였으며, 역사적으로도 다양한 종류의 화목을 심었음을 알 수 있다. 선비들이 좋아하는 조경재로는 송(松), 죽(竹), 매(梅), 난(蘭), 국(菊), 연(蓮)이 있었고, 느티나무, 회화나무 등으로는 원림을 조성하였으며, 민가에서는 감, 대추 등의 유실수를 많이 심었다. 선인들은 화목에 상징성을 부여하거나 의인화하여 품격을 부여하기도 하였는데, 국화와 소나무, 대나무는 장수와 군자의 절개, 모란은 부귀를 상징하고, 작약은 꽃의 재상, 화상이라고도 하였다.

3) 수천(水泉)

지하수가 곳곳에 솟아 샘이 되는 땅이 뛰어난 명원으로서, 호수와 연못(지당), 제언(堤堰), 계간(溪澗), 정천(井泉) 등 물을 다양하게 이용하였다. 일반적으로 지당은 누정을 수반하며 연못 안에 섬의 유무 또는 개수에 따라 1도형, 2도형, 3도형으로 불리기도 한다. 연못[池

塘으로는 곡지(曲池), 방지(方池), 원지(苑池)가 있는데, 천원지방을 상징하는 방지원도형이 많았지만, 경복궁의 경회루와 창덕궁 후원의 청의정지에서 보이는 방지방도형, 원지원도형의 연못도 있다.

방지로서는 창덕궁의 부용지와 애련지, 경복궁의 경회루 방지와 향원지 등을 들 수 있고, 창덕궁 후원의 반도지와 창경궁의 춘당지는 곡지이다. 선비의 정원으로 이퇴계가 조성한 도산서당의 정우당(淨友塘), 양산보가 조성한 소쇄원의 지당, 윤선도의 보길도 세연정지, 다산초당의 지당, 남원 광한루 방지, 달성군 하빈면 묘동에 있는 하엽지(1770년 조성), 안동시 법흥동의 고성이씨 종택, 강릉 운정동에 있는 선교장의 활래정지(1815년 조성) 등이 모두 네모난 방지들이다. 한편 양산 통도사의 구룡지, 승주 선암사의 삼인당, 안동 병산서원의 광영지는 타원형이며, 전남 광양 서창의 만귀정 원지와 수원성 용연은 둥근 곡지이다. 제언(堤堰)은 내를 막아 자연스러운 못을 만든 것이고 계간(溪澗)이나 계류는 자연 그대로 있는 것을 사용하지만 인공으로 조성한 것도 있다.

4) 괴석(怪石)

형태가 뛰어난 괴석을 감상하도록 한 것을 경석(景石)이라고도 하며 특치와 군치, 산치, 첩치의 설치 기법이 있다. 돌 하나가 특출해서 그것 하나만을 독립되게 놓은 것을 특치(特置)라 하고, 평면만 보이게 배치한 것을 산치(散置), 측면이 좋아 여러 개를 모아서 무더기를 이룬 것을 군치(群置), 첩첩이 쌓아서 하나의 공간을 구성한 것을 첩치(疊置)라 한다. 창덕궁 후원과 창경궁 내에는 정자나 누각 옆에 경석의 괴석을 다양한 형태의 돌 화분 위에 심어서 배치하였다.

2. 인공적 요소

1) 가산(假山)

가산은 돌과 흙을 쌓아 만든 산이라는 석가산(石假山)의 준말로도 사용되며, 『동국여지승람』에 보이듯이 "지기를 모아두는 것과 같다."라고 해석될 수 있는데, 생활 속에서 자연을 즐기려 했던 도가적 자연관의 표현으로서 일반화되어 별서나 정원 설계의 중요한 요소가 되었다. 가산을 정원의 일부로 조성하기 시작한 것은 삼국시대부터 본격적으로 수용되었다. 『삼국사기』에는 백제 진사왕 7년(391)과 신라 문무왕 14년(674)에 궁궐에 연못을 파고 산을 만들어 여러 가지 화초와 진기한 짐승을 길렀다고 하는 기록이 있다. 고려 예종 8년

(1113)에 궁궐 남쪽에 화원과 가산을 만들고 만수정을 지었다고 하며, 경복궁 교태전 뒷산인 아미산 등을 볼 수 있다.

2) 기구(器具)

정원을 구성하는 기구로서는 평상과 석상, 석조, 흐르는 물을 끌어들이는 홈대와 물레방아, 하마석, 석단, 석계, 화계, 유선(遊船), 용기(容器), 가화(假花) 등이 있다. 민가의 후원이나 별당 앞에는 평상이나 석상이 놓이고 사랑 앞이나 별당 앞에 수조가 놓이기도 하였다. 삼국시대의 궁궐이나 사찰에는 석조가 설치되어 있었고, 백제의 석조는 원형과 타원형 등 부드러운 곡선을 이용하고, 통일신라와 고려의 석조는 사각형이 대부분이다. 조선시대 것으로서는 창덕궁 후원의 연경당 마당과 경복궁 교태전 후원인 아미산 석조가 남아 있다. 사찰이나 소쇄원에는 지금도 물을 끌어들이는 나무 홈대가 남아 있고, 화계는 건물 뒤뜰을 꾸미기 위해 장대석으로 계단을 만들어 여러 층의 화단을 만들어 괴석을 설치하고 초화류와 관목류를 심어 장식한 것이다.

3) 담장

담장은 공간을 한정하는 수직요소로서 경계의 표시와 방어적인 기능을 가지면서 장식적인 문양을 새겨넣는 중요한 조경요소가 되기도 하다. 담장의 종류로는 재료에 따라 사귀석담, 잡석담과 토담, 벽돌담, 화초담, 바자울 등이 있다. 화초담장은 화려한 꽃과 그림을 장식한 것으로서 경복궁 내의 자경전, 창덕궁의 대조전 후원과 낙선재 담장에서 볼 수 있는데, 모란과 매화, 도화, 연화의 장식담장과 십장생이 새겨진 굴뚝이 있다. 굴뚝에 아름다운 장식을 넣은 것으로는 경복궁 교태전의 굴뚝을 들 수 있는데, 용과 학, 박쥐, 모란, 대나무, 매화, 소나무 등이 장식되어 있다.

4) 보도(步道)와 다리

보도는 지세를 따라 자연스럽게 설치되며 때로 계단을 놓거나 다리를 설치하여서 동선의 역할을 한다. 다리는 개천을 건너가는 과정 자체가 공간변화의 중요한 요소가 되므로 상징적인 의미를 부여하며 많이 사용되었다. 다리는 재료와 형태에 따라 석교, 목교, 단교(丹橋), 홍교, 징검다리, 외나무다리 등이 있었으며, 아름다운 석수(石獸)나 꽃무늬들이 조각되고 난간이 설치되기도 하였다. 석교로는 창덕궁의 금천교와 창경궁의 옥천교, 선암사의 승선교, 흥국사의 홍교, 창녕 영산의 만년교, 쌍계사의 홍교 등이 대표적인 사례이다.

5) 누정(樓亭)

누정은 누와 정자를 함께 말하는 것으로서, 사방을 둘러볼 수 있도록 바닥을 지면에서 한층 높게 지은 건물로서, 심신의 휴식이나 잔치, 놀이를 위한 기능뿐 아니라 자연과 더불어 삶을 같이하려는 정신적 역할도 하였다. 자연 경관과 풍정을 즐기고 더불어 생활하고자 산 좋고 물 좋은 경관을 배경으로 누정은 계간이나 연못 옆, 섬 속에 위치되어 구조와 규모, 의장이 자연공간과 조화를 이루도록 하였으며, 경복궁의 경회루, 창덕궁 후원의 주합루, 남원 광한루, 밀양 영남루, 진주 촉석루 등이 대표적이다. 누정은 세워진 위치나 건립 취지에 따라서 풍류와 휴식, 추모, 기념 등을 목적으로 하거나 학문을 닦고 강학을 위해 세워졌다. 각 읍성의 객사에는 누를 설치하여 접대와 향연, 풍속에 따른 의식을 베풀었는데, 남원 객사의 광한루, 밀양객사의 영남루, 청풍현 객사의 한벽루 등이 그 사례이다. 상류층 주택에서는 사랑채의 대청에서 한두 단 높게 바닥을 만들고 앞쪽으로 돌출시켜 누마루를 만들었고 주위에 연못을 만들거나 꽃과 나무를 심어 생활 속에서 선인의 경지를 추구하려 하였다.

10.4 조선의 누정건축

1. 누정건축의 개요

누정건축은 자연경관이 아름다운 곳에 주변 경관을 감상하면서 휴식을 취하거나 즐기기 위한 건축으로서, 평소에는 유람상춘의 장소로서 이용하며 전시에는 장수들의 지휘소로서 이용되었다. 선비들은 성리학을 삶의 기준으로 삼고 만년에 자연으로 돌아가 정사를 짓고 주변 경관을 노래하며 자연과 동화되는 삶을 이상으로 여겼다. 이것은 송나라의 주자(1130~1200)가 무이정사를 짓고 은거하면서 9개의 경승지를 찾아 「무이구곡도가」를 지은 것을 따르고자 하는 것으로서, 퇴계의 도선서당과 도산12곡처럼 서경덕, 이이, 조식 등이 각각 자연을 노래하고 정자나 정사를 지었고 17세기에도 송시열의 화양구곡, 김수증의 화음동정사와 곡운구곡으로 이어졌다. 누각과 정자는 선비들에게 있어 정신적 휴식과 재충전의 공간이자 고상한 모임의 장소였다.

16세기에는 정치적 사화로 인해 은거하게 된 선비들이 경승지에 학문과 휴양을 위해 정자와 같은 많은 건물들을 세웠다. 정권 쟁탈과 정치 권력다툼에서 벗어나 고향에서 은둔하며 여생을 보내면서 정자를 지었던 것이다. 이러한 사대부들이 학문과 휴양을 위해 세운 정자나 서당에는 매우 절제되고 축소된 공간과 형태 속에 그들의 정신세계가 잘 드러나고 있다. 이들 건축물은 온돌과 마루라는 단순하며 대조적인 요소가 개방적이고 폐쇄적인 상반적인 공간을 형성하며 주변의 자연경관과 일체가 된다. 선비의 절제된 정신과 성리학적 자연관이 구체화된 학문과 휴식의 건축은 주변 경관과 선비의 취향에 맞추어 다양한 형태로 지어졌는데 대체로 재(齋), 정(亭), 당(堂), 정사(精舍) 등으로 불려졌다. 정자와 비슷한 것으로 누(樓)·대(臺) 등이 있으며 현존하는 많은 정자들은 ○○재, ○○루, ○○당, ○○헌, ○○정 등으로 혼용되고 있다. 재(齋)는 좀더 개인적인 학문을 닦는 곳, 정(亭)과 당(堂)은 학문과 휴식을 즐기는 곳, 정사는 개인이 학문을 닦으면서 후진을 모아 교육하는 의미가 가미된다. 누(樓)란 사방을 트고 마루를 높여 지은 건물이고, 대(臺)는 흙이나 돌로 높이 쌓아 사방을 볼 수 있게 만든 곳, 또는 그곳에 지은 집이다.

누정은 궁궐과 관아, 사찰, 향교, 서원, 주택에 부속된 건물로 건축되거나 독립된 단일건물로 건축되기도 하였다. 궁궐의 후원에는 향연을 위한 누각을 세우기도 했으며, 관아시설과 객사에도 누각을 만들어 접대와 향연, 풍속에 따른 의식을 가졌는데 남원의 광한루, 밀양의 영남루, 청풍의 한벽루, 진주 촉석루, 낙안읍성 낙민루 등이 대표적이다. 사찰에 있어서는 대웅전 앞마당에 누각을 세워 그 밑을 통과해 올라서면 극적으로 전개되는 공간구성을 보여주는데, 부석사 안양루, 봉정사 덕휘루, 전등사 대조루 등이 대표적이다. 향교나 서원에 있어서도 도동서원 수월루, 병산서원 만대루, 여수향교 풍화루 등에서 보이듯이 출입문 앞이나 상부를 누각 형식으로 만들어 풍류 또는 접객을 위한 공간이나 유생들의 여름철 강학 장소로 이용하기도 했다.

누정은 그 모양이나 기능, 형태가 여러 가지로 건립되었는데, 평면 유형은 주변 환경과의 조화, 기능, 수용 등의 여건에 따라 다양하였다. 궁궐에 부속된 정자로는 창덕궁 후원의 부용정과 애련정, 경복궁의 향원정 등, 주택에 부속된 정자로는 강릉 선교장의 활래정, 금원 연경당의 농수정, 안동 임청각의 군자정 등을 들 수 있고, 독립된 건물로 세워진 정자로는 안동의 삼구정, 담양의 식영정, 옥천의 독락정 등이 있다. 정자는 평면 구성이 다양한데, 장방형(창덕궁 후원 능허정, 경주 안강 독락당 계정, 정읍 피향정 등)이 대부분이며 육각형(창덕궁 후원 존덕정, 경복궁 향원정, 영동 세심정 등)과 팔각형(충주 삼련정 등), 칠각형, ㄱ자형(강릉 선교장의 활래정) 등이 있다. 창덕궁 내의 존덕정이나 창경궁의 상량정, 경복궁의 향원정 등은 육각형이고, 경복궁의 부용정은 십자형, 창덕궁의 관람정은 부채꼴을 이루고 있다. 정자는 자연과의 동화를 위하여 주위를 대부분 개방하고, 바닥은 마룻바닥으로 처리하며 난간을 돌리는 것이 일반적이나 때로 마루와 더불어 온돌방을 설치하여 겨울에 대비한 것도 있다. 정자의 가구 구조에는 일반적으로 5량집 구조가 가장 흔하였고, 바닥은 마루틀인 동귀틀과 장귀틀을 짜고 그 사이에 장청판이나 단청판으로 구성하는 우물마루를 주로 사용하였다.

2. 누정건축의 사례

자연과 인생과 학문을 탐구하던 선비들의 사상이 반영된 누정은 과장되지 않고 절제된 규모를 보여주며, 개방된 마루와 따뜻하게 막혀 있는 온돌방으로 다양하게 구성되었다. 경주 양동마을의 독락당(1516)과 계정은 회재 이언적(1491~1553)이 고향에 돌아와 거처한 곳으로서 살림집과 정자가 한 영역 속에 놓였다. 주위를 흐르는 계곡의 맑은 물과 넓은 암반을 수용하도록 구성되었는데, 사랑채 독락당의 담장에는 계곡을 내다볼 수 있도록 좁은 나무로 살을 대어 만든 살창을 내었고 암반에 기대어서 계곡을 내려다 볼 수 있는 정자 계정을 지어 자연에 융합하려고 하였다. 경북 봉화 닭실마을에는 3대에 걸쳐 조성된 누정을 볼 수 있는데, 청암정은 지역 지주이며 중앙의 고위관료를 지낸 충정공 충재 권벌(1478~1548)이 간소한 서재인 충재 곁에 세운 당당한 정자로서, 물이 굽이쳐 돌아가는 거북처럼 생긴 우람한 바위 위에 놓여 절제된 선비의 풍모와 위세를 갖추고 있다. 권벌의 큰 아들 권동보는 기암괴석이 펼쳐지고 맑은 물이 흐르는 곳에 석천정사를 지었고 손자 권래는 인근의 경관이 뛰어난 곳에 한수정을 지어서 제각기 다른 형태의 누정건축을 이루었다.

안동 일대에는 하회마을에 류운룡이 마을을 내려다 보는 건너편 언덕 위에 세운 겸암정사, 학봉 김성일이 가파른 절벽 위에 세운 석문정, 빼어난 경관 속에 세워진 길안면의 만휴정 등 각기 지형조건을 살린 뛰어난 정자가 많이 세워졌다. 호남 지방에도 자연의 아름다움과 시와 풍류를 즐기는 정자들이 많이 지어졌는데, 담양의 소쇄원은 자연의 계곡 속에 여러 개의 정자들이 각각의 경관을 즐기도록 만들어졌고, 송강 정철의 「성산별곡」이 지어진 담양 식영정과 면앙정, 순창 귀래정 등도 자연 속에서 시와 학문을 탐구하는 선비들의 정신이 잘 나타나 있다.

1) 진주 촉석루, 경남 문화재자료 제8호

촉석루는 남강 강변 벼랑 위에 서 있으며 진주성의 남쪽 장대[1]로서 장원루라고도 하는데, 전쟁이 일어나면 진주성을 지키는 지휘본부로, 평상시에는 과거를 치루는 고시장으로 쓰였다. 영남제일이라는 촉석루는 고려 공민왕 14년 (1365)에 세운 후 7차례의 중건과 보수를 거쳤으며, 현재의 누각은 한국전쟁 때 불타 없어진 것을 1960년 재건한 것으로 정면 5칸, 측면 4칸, 단층 팔작지붕 건물이다(그림 10-02).

그림 10-02 진주 촉석루

2) 밀양 영남루, 보물 제147호

영남루는 밀양강을 끼고 절벽 위에서 굽어보는 주변 경관이 뛰어나며 밀양도호부 객사의 부속건물로 손님을 맞거나 휴식을 취하던 곳으로 사용되었다. 공민왕 14년 (1365) 창건한 것인데, 임진왜란 때 밀양객사와 함께 불에 타 없어졌고 지금의 건물은 조선 헌종 10년(1844)에 새로 지은 것이다. 화려하고 뛰어난 건축미의 영남루는 정면 5칸, 측면 4칸의 2층 누각 팔작지붕 건물로, 규모가 매우 크고 당당해 보이며 양쪽 옆으로 능파각과 침류각

그림 10-03 밀양 영남루

이 연결되어 있다(그림 10-03). 마루가 넓게 깔린 2층 평면은 내외진으로 구성되었으며 주위에 난간을 두르고 사면을 모두 개방했다. 공포는 익공양식의 건축으로는 가장 쇠서가 많은 3익공계이고, 천장은 지붕 밑이 그대로 보이는 연등천장에 겹처마 형식으로 꾸며졌다.

3) 강릉 선교장 활래정

선교장 정원의 연못에 세워진 팔작지붕 정자인데, 순조 16년(1816)에 오은거사 이후가 건립하였다. 여름을 지내는 별당 건축인 활래정은 ㄱ자형 평면이고 방과 마루로 구성되었는데, 외부의 사방이 모두 분합문의 띠살문으로 구성되어 있어 한쪽은 온돌방이 되고 다른 한쪽은 대청이 된다(그림 10-04). 활래정은 연못의 한편에 세 칸을 걸쳐 놓고 한편은 물위에 뜬 듯이 장초석을 받

그림 10-04 강릉 선교장 활래정

....
1 지휘하는 사람이 올라서서 명령하던 대

쳐 띄워놓았고, 밖으로는 좁은 툇마루를 놓고 모두 난간으로 둘렀으며, 다실이 방과 누마루 사이에 있는 특이한 모습을 잘 보여준다.

4) 정읍 피향정, 보물 제289호

그림 10-05 **정읍 피향정**

호남에서 으뜸가는 정자 건축인 피향정은 광해 군 때 다시 짓고 현종 때 확장 공사를 하였다고 전 하며, 현재의 건물은 숙종 42년(1715)에 세워진 것 이다. 피향정은 막돌 기단 위에 짧은 석조 기둥을 세우고 4면을 모두 개방하며 난간은 짧은 기둥을 조각하여 두른 누각 건축으로(그림 10-05), '호남제 일정'이라는 현판이 걸려 있다. 피향정은 정면 5칸, 측면 4칸이며 단층 팔작지붕 초익공 구조의 건물로 서, 기둥머리는 창방으로 결구하고 창방 위에 굽받침이 없는 주두를 얹어 주심도리와 장여 를 받치고 있다. 정자 내부는 다시 정면 3칸, 측면 2칸으로 구획하여 고주를 세우고 둘레에 세워진 변주와 퇴량을 연결하였다. 건물 천장은 연등천장이지만 천장 일부를 가리기 위해 건물 좌우 사이 합각 밑을 귀틀로 짠 작은 우물천장으로 꾸몄다.

5) 제천 청풍 한벽루, 보물 제528호

한벽루는 고려시대에 처음 지은 누각으로 고려 충숙왕 4년(1317)에 청풍현이 군으로 승격된 것을 기념하기 위해 세운 관아의 부속건물이었으며, 조선시대에 여러 번 고쳐 지었 고 1972년 대홍수로 무너진 것을 1975년 복원을 하여 현재는 충북 제천의 청풍문화재단지에

그림 10-06 **제천 청풍 한벽루**

있다. 한벽루는 정면 4칸, 측면 3칸의 주심포양식 2층 팔작지붕 건물로(그림 10-06), 자연석 기단과 주초석 위에 배흘림기둥을 세우고 마루를 설치하 였고, 누의 우측에는 정면 3칸, 측면 1칸의 맞배지 붕으로 된 계단식 익랑이 이어져 있다. 기둥 사이 는 모두 개방되며 간결하고 단아한 한벽루 건물 안에는 송시열·김수증의 편액과 김정희의 '청풍 한벽루'라고 쓴 현판이 걸려 있다.

10.5 시대별 정원

선인들에게 자연은 경외의 대상이요 생존의 터전으로 존재하여 왔으며, 휴식과 감상의 대상으로서 한국의 정원은 신선사상에 입각한 중국의 정원양식에 영향을 받으면서 삼국시대부터 본격적으로 발달하기 시작하였는데, 부여에 남아 있는 궁남지, 경주의 안압지 등에서 볼 수 있듯이 경관이 우수한 자연을 그대로 이용해 연못과 돌, 꽃과 나무로 소박하게 꾸몄다.

고구려시대에도 동명성왕 6년(B.C. 32)에 신령스러운 공작이 궁정에 모여들었다는 『삼국사기』 기록에서부터 궁궐건축에 이미 정원이 조성되었음을 알 수 있다. 장수왕 2년에 기이한 새가 왕궁에 모였고, 유리왕 3년에는 별궁을 지었고 양곡에 동서 두 궁을 지었다는 기록으로 보아 고구려 초기부터 궁궐에 정원이 발달하기 시작하였다고 짐작된다. 유리왕 22년에 왕이 정사를 돌보지 않고 사냥만 하여 대보의 직에 있던 협보가 이를 간하자 왕이 노하여 그를 관원으로 좌천시켰다는 기록에서부터, 궁궐의 정원을 관리하는 직종이 있었음을 알 수 있다. 양원왕 7년(551) 장안성을 축조할 때 만들기 시작한 안학궁지는 고구려의 정원 모습을 보여주는데, 남궁의 서쪽과 북궁의 북쪽에 조산이, 동쪽·남쪽·서쪽·북쪽 모두에 원림이, 남궁 서쪽 조산 앞에 원이, 궁성 동쪽 모퉁이에 연못이 만들어졌다. 연못에 흘러드는 물줄기가 성곽 북쪽 벽에 뚫은 수구로부터 연못 옆으로 하여 남쪽 수구로 나가게 되어 있는 것에서부터 궁궐의 연못을 만들기 위하여 일부러 물을 끌어들여 들였다고 짐작할 수 있다. 5세기경 창건된 것으로 추정되는 평양 정릉사지는 정원이 조성되었음을 보여주는데, 승방지 뒤 개울 위에 가공한 석재로 쌓은 석교지가 발견되었고 강당 후원에 석가산이 있는 괴석원(남북 24m, 동서 14m)이 조성되어 있었고, 정릉사 진입로의 입구에 조성한 연지로 보이는 서쪽의 진주지는 장방형에 가까운 못 속에 4개의 섬이 있다.

백제시대에도 『삼국사기』 백제본기 무왕조에 "삼월 연못을 궁궐 남쪽에 파고, 물을 20여 리로부터 끌어들이고 연못 사방에 버들을 심고 물 가운데 방장선산을 모방하여 섬을 만들었다."라는 기록이 있어 일찍부터 정원이 형성되었음을 알 수 있다. 부여의 궁남지에 대한 이 기록에 따르면 이 연못은 사각형으로 생겼으며 신선이 산다는 삼신산인 봉래산, 방장산, 영주산 가운데 하나를 본떠서 작은 섬을 만들어 도가의 신선 사상이 영향을 주었음을 알 수 있다. 또 의자왕 15년에는 대궐 남쪽에 망해정 정자를 지었다는 기록에서 보아 궁남지를 바다로 생각하고 이를 바라보기 위한 정자로 지은 것임을 짐작할 수 있다.

신라시대에는 『삼국사기』 신라본기 첨해이사금조에 252년 4월 용이 궁궐 동쪽 못에 나타나고 금성 남쪽에 누워 있던 버들이 저절로 일어났다는 기록, 통일신라시대인 문무왕 14년(674) 2월 "궁내에 연못을 파고, 산을 만들고 가지각색의 화초를 심고 진귀한 새와 기이한 짐승을 키웠다."는 『삼국사기』의 기록, 경덕왕 19년(760) 2월에 궁중에 큰 못을 파고 궁궐 남쪽 문천 위에 월정교와 춘양교 두 개의 다리를 만들었다는 기록 등에서부터 신라 및 통일신라시대의 궁궐에는 연못을 파고 도교와 관련된 선산을 만들어 정원을 조성하였음을 알 수 있다.

통일신라시대의 정원에 대해서는 경주 안압지와 임해전지를 통해 잘 볼 수 있는데, 이 연못과 전각은 소성왕 2년(800) 4월에 폭풍이 심히 불어 기왓장들이 날아가고 임해문이 파괴되었다는 기록이 있는 것으로 보아 그 훨씬 이전에 건축된 것으로 짐작된다. 안압지는 약 1만 6천m² 되는 면적 속에 호안길이가 1,330m이고, 서쪽측은 동궁과 연결되어 다섯 개의 건물들이 세워지며 북쪽과 동쪽으로는 산봉우리들을 만들었고, 호안들은 굴곡이 져서 괴석들과 더불어 마치 바닷가처럼 보이게 하였으며, 연못 가운데는 세 개의 섬이 이루어졌었다. 또한 통일신라시대의 포석정은 유상곡지연에서 연유된 것으로서, 돌로 전복 모양의 물 흐르는 작은 도랑을 만들어 술잔을 띄워 보내면서 시를 짓고 즐기던 특수한 정원의 한 사례이다.

고려시대에도 삼국시대 및 통일신라시대에 형성되었던 정원양식이 계승, 발전되어, 정원에 연못을 파고 봉래선산 혹은 방장선산 등 삼신산을 본떠서 못 가운데에 섬을 만들고 못가에는 정자를 짓고 괴석들을 늘어놓았다고 한다. 고려시대로 접어들면서 정원 수법은 점차적으로 건축물이 많이 세워지며 호화롭고 사치스러운 것이 되었다. 고려 후기부터는 사대부 집안에서도 정원을 꾸며 진귀한 꽃나무나 과일나무를 심고 낮은 화단을 쌓아 여러 가지 화초를 가꾸며 즐기었다. 『고려사』 예종 8년(1113)기록을 보면 "궁의 서남에 화원 두 곳을 설치하고 누대를 짓고 화원에 민가의 화초를 거두어 옮겨 심었다. 그리고도 부족하여 송나라 상인에게 화목을 사들여 내탕금을 적지 않게 소비하였다."라고 되어 있고, 의종 6년 기록에는 "내시 윤언문이 괴석을 모아 수창궁 북원에 가산을 만들고 그 곁에 작은 정자를 지어 만수정이라 했는데, 벽에 황색 비단을 입혀 사람의 눈을 황홀하게 만들었다."라고 되어 있다. 『고려사』 의종조에는 "11년(1157) 여름 4월에 민가 50여 채를 헐고 태평정을 만들고 태자에게 명하여 현판을 쓰도록 하였으며, 아름다운 꽃을 심고 진기한 과실수를 심었다. 또 기이하고 화려한 것들을 좌우로 늘어놓고 정자 남쪽에 못을 파고 관란정을 짓고 그 북쪽에는 양이정을 지었다. 그리고 그 지붕에 청자 기와를 얹고 남쪽에 양화정을 짓고 종려나무 잎으로 지붕을 덮고, 또 옥석을 갈아 관희대와 미성대라는 두 대를 쌓았다. 또한 괴석을 모아 선산을 만들었으며 멀리서 물을 끌어들여 폭포를 만든 바 극히 화려하였다."라고 기록되어 있다.

조선시대는 삼국시대의 중국식 정원이 한국적인 정원으로 고유한 특색을 갖추며 크게 발전되었다. 조선시대의 정원은 한양으로 수도를 옮김으로서 도성의 조성과 궁궐조경이 시작되어 경복궁의 경회루와 방지가 완성되었고 창덕궁의 창건과 후원의 조경이 시작되었다. 숭유정책에 따라 각 지방에 넓은 토지를 소유하게 된 향교와 서원의 조경이 발달되었고, 당쟁으로 사회적으로 혼란을 가져왔으나 오히려 별서문화가 발생되고 별서정원이 발생되어 소쇄원과 같은 자연의 계류를 이용하여 주변을 계단형태로 처리하고 정자와 수목을 식재한 사대부들의 별서정원이 나타났으며, 민간주택의 정원도 유교사상에 맞는 질서를 갖추게 되었고 풍수지리설에 따른 주택배치의 영향으로 후원양식이 등장하였다.

조선시대의 정원은 공간의 기능, 신분에 따른 위계와 공간구성, 소재의 사용에 따라 유교와 도교, 풍수사상이 적용되었으며, 최고 신분과 문화의 결정체인 궁궐에 조성된 궁궐정원, 사대부 선비들의 주택정원, 전통사회 정주환경 단위인 마을정원, 살림집과 차별되는 선비들의 별서정원, 사찰정원, 향교와 서원의 정원 등으로 구분할 수 있다. 궁궐정원과 마을, 민가정원의 조성에서는 음양오행 사상과 풍수지리 사상의 영향이 컸고, 사찰정원에서는 정토사상이, 서원이나 별서에서는 주자의 은둔사상, 선경을 동경하여 자아의 구제를 위한 신선사상 등이 큰 영향을 미쳤다.

창덕궁의 궁원인 금원과 경복궁의 경회루가 가장 유명한 궁궐 원지이며, 금원은 사람이 자연 속에 파묻혀 동화되게 만들어진 정원이었다. 조선 중기부터는 풍수설이 크게 성행함에 따라 지형적인 제약을 받아 안채의 뒤에 후원이 발달하였다. 이러한 후원양식은 창덕궁 낙선재의 후원과 경복궁 교태전의 후원인 아미산 등에서 보이듯이 건물 뒤에 위치한 언덕의 경사면을 계단 모양으로 다듬어 평지를 만들고 키 작은 꽃나무와 괴석 등을 조화시켰다. 또한 조선시대에는 창덕궁 후원에서 볼 수 있듯이 자연 그대로의 바위나 시냇물, 지형 조건과 서로 어울려 깊은 숲속에 자리 잡은 정원 수법이 있었다. 그 밖에도 조선시대에는 전국 각지의 명승지에 수많은 누각이나 정자를 세웠는데, 평양 대동강변의 부벽루, 서울 자하문 밖의 세검정, 진주의 촉석루, 남원의 광한루, 수원의 방화수류정 등이 대표적이다.

서원과 별서의 유적은 주자의 무이정사를 최고의 이상향으로 삼은 조선의 유학자들이 그를 흠모하여 조경 속에 이를 상징화한 것으로, 자연주의 바탕 위에 조원이 이루어지고 현실의 명리를 떠나 선현의 학문을 수학하고 사색할 수 있도록 조성되었다. 경북 영주의

이 걸려 있고, 그 앞에는 연못 쪽으로 돌출한 석단인 사우단을 만들고 소나무와 대나무, 매화, 국화를 심었다.

사우단을 감싸는 U자형 연못의 동북쪽 귀퉁이에는 물을 끌어들이는 도랑을, 서남쪽 귀퉁이에는 물이 흘러나가는 도랑을 만들었다. 각양각색의 형태로 솟아 있는 연못 안의 크고 작은 돌을 서석군이라 하는데, 돌 하나하나에 모두 이름이 있어 정영방 선생의 학문과 인생관, 은거생활의 이상적 경지와 자연의 오묘함과 아름다움을 찬양하고 심취하는 심성을 잘 나타내 주고 있다.

6) 석파정, 서울시 유형문화재 제26호

석파정은 흥선대원군 이하응의 별서로서 서울 성곽의 북서쪽 밖에 자리 잡고 있어서 수려한 자연경관과 조선 말기의 건축술이 조화된 대표적 건축이다. 커다란 바위와 시냇물, 소나무를 배경으로 하여 안태각, 낙안당, 망원정, 유수성중관풍루 등 8채의 건물로 구성되어 있는 석파정은 뜰에 노송들이 차일처럼 그늘을 만들고 있으며, 서쪽 바위산에서 흘러내린 계류 한가운데에는 평대를 쌓고 그 위에 서양식 건축기법이 더해진 유수성중관풍루를 세웠다.

참고문헌

- 강만길 외, 『한국사 1, 2』, 한길사, 서울, 1994
- 강영환, 『한국주거문화의 역사』, 기문당, 1992
- 고유섭, 『한국건축미술사초고』, 고고미술동인회, 1984
- 김광언, 『한국의 주거민속지』, 민음사, 1988
- 김동욱, 『한국건축공장사』, 기문당, 1993
- _____, 『한국의 건축역사』, 기문당, 1997
- 김동현, 『한국목조건축의 기법』, 발언, 서울, 1995
- 김방, 『한국문화사』, 한올출판사, 2013
- 김부식, 이병도 역주, 『삼국사기』, 을유문화사, 서울, 1988
- 김정기, 「한국주택사」, 『한국문화사대계』, Vol.4, 민족문화연구소
- _____, 『한국목조건축』, 일지사, 1982
- 김종서, 정인지, 『고려사』, 1451
- 김홍식, 『한국의 민가』, 한길사, 서울, 1992
- 대한건축학회, 『한국건축사』, 기문당, 1996
- 문화재관리국, 『문화재지』
- _____, 『문화재대관』, 서울, 1967
- 리화선, 『조선건축사』, 과학백과사전종합출판사(평양), 1989년(1993년 발언에서 복간)
- 박언곤, 『한국건축사강좌』, 문운당, 1986
- 신영훈, 『한국고건축단장』 상하, 통문관, 서울 1977
- _____, 『한옥과 그 역사』, 한국건축사대계1, 통문관, 서울, 1975
- _____, 『한국의 미』, 계간미술, 1984
- 안영배, 『한국건축의 외부공간』, 보진재출판사, 1980
- 윤장섭, 『한국건축사』, 동명사, 1986
- _____, 『한국의 건축』, 서울대학교 출판부, 1996
- 이기백, 『한국사신론』, 일조각, 서울, 1985
- 이용조 외, 『한국선사문화의 연구』, 평민사, 서울, 1980
- 장경호, 『한국의 전통건축』, 문예출판사, 서울 1992
- 장기인, 『한국건축사전』, 보성문화사, 서울, 1985
- _____, 『창호』, 『목조』, 『기와』, 보성문화사, 1986
- 정인국, 『한국건축양식론』, 일지사, 서울 , 1974
- 정재훈, 『한국의 옛 조경』, 대원사, 1990

- 주남철, 『한국주택건축』, 일지사, 1980
- _____, 『한국건축미』, 일지사, 1983
- 최창조, 『한국의 풍수사상』, 민음사, 1984
- 한국정신문화연구원, 『한국민족문화대백과사전』, 웅진출판사, 1993
- 고려대학교 민족문화연구소, 『한국민속대관』, 1982

찾아보기

정영철

계명대학교 건축공학과 졸업
한양대학교 대학원 졸업 / 공학박사
North Carolina State University 방문교수
현재 경일대학교 건축학부 교수
    문화재청 문화재 전문위원
    경상북도 문화재 전문위원
    대구광역시 문화재위원

저서 및 역서

『서양건축사』(기문당)
『한국건축개론』(경일대학교 출판부)
『건축설계의장론』(도서출판 국제) 외 다수

한국건축의 흐름

초판발행 2016년 3월 10일
초판 2쇄 2019년 7월 24일

저 자 정영철
펴 낸 이 김성배
펴 낸 곳 도서출판 씨아이알

책임편집 박영지, 김동희
디 자 인 송성용, 윤미경
제작책임 김문갑

등록번호 제2-3285호
등 록 일 2001년 3월 19일
주 소 (04626) 서울특별시 중구 필동로8길 43(예장동 1-151)
전화번호 02-2275-8603(대표)
팩스번호 02-2265-9394
홈페이지 www.circom.co.kr

I S B N 979-11-5610-198-7 93610
정 가 28,000원